经贸信息
财经商事
贺教育部
各大政府门项目
成果立项

李忠林

教育部哲学社会科学研究重大课题攻关项目

"十四五"时期国家重点出版物出版专项规划项目

# 政府债务预算管理与绩效评价

## BUDGET MANAGEMENT AND PERFORMANCE EVALUATION OF GOVERNMENT DEBT

金荣学　张　晴　等著

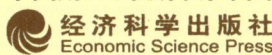

中国财经出版传媒集团
经济科学出版社
·北京·

图书在版编目（CIP）数据

政府债务预算管理与绩效评价/金荣学等著. -- 北京：经济科学出版社，2023.12 (2025.1 重印)
教育部哲学社会科学研究重大课题攻关项目 "十四五"时期国家重点出版物出版专项规划项目
ISBN 978 - 7 - 5218 - 5445 - 9

Ⅰ.①政… Ⅱ.①金… Ⅲ.①地方政府 - 债务管理 - 预算管理 - 研究 - 中国 Ⅳ.①F812.7

中国国家版本馆 CIP 数据核字（2023）第 252686 号

责任编辑：孙丽丽　纪小小
责任校对：郑淑艳
责任印制：范　艳

**政府债务预算管理与绩效评价**
金荣学　张　晴　等著
经济科学出版社出版、发行　新华书店经销
社址：北京市海淀区阜成路甲 28 号　邮编：100142
总编部电话：010 - 88191217　发行部电话：010 - 88191522
网址：www.esp.com.cn
电子邮箱：esp@esp.com.cn
天猫网店：经济科学出版社旗舰店
网址：http://jjkxcbs.tmall.com
北京季蜂印刷有限公司印装
787×1092　16 开　36.25 印张　720000 字
2023 年 12 月第 1 版　2025 年 1 月第 2 次印刷
ISBN 978 - 7 - 5218 - 5445 - 9　定价：146.00 元
（图书出现印装问题，本社负责调换。电话：010 - 88191545）
（版权所有　侵权必究　打击盗版　举报热线：010 - 88191661
QQ：2242791300　营销中心电话：010 - 88191537
电子邮箱：dbts@esp.com.cn）

## 课题组主要成员

**课题组首席专家** 金荣学
**课题组主要成员** 张　晴　宋菲菲　赵常恒
　　　　　　　　　张晓旭　胡晓倩　何珮珺

# 总 序

哲学社会科学是人们认识世界、改造世界的重要工具,是推动历史发展和社会进步的重要力量,其发展水平反映了一个民族的思维能力、精神品格、文明素质,体现了一个国家的综合国力和国际竞争力。一个国家的发展水平,既取决于自然科学发展水平,也取决于哲学社会科学发展水平。

党和国家高度重视哲学社会科学。党的十八大提出要建设哲学社会科学创新体系,推进马克思主义中国化、时代化、大众化,坚持不懈用中国特色社会主义理论体系武装全党、教育人民。2016年5月17日,习近平总书记亲自主持召开哲学社会科学工作座谈会并发表重要讲话。讲话从坚持和发展中国特色社会主义事业全局的高度,深刻阐释了哲学社会科学的战略地位,全面分析了哲学社会科学面临的新形势,明确了加快构建中国特色哲学社会科学的新目标,对哲学社会科学工作者提出了新期待,体现了我们党对哲学社会科学发展规律的认识达到了一个新高度,是一篇新形势下繁荣发展我国哲学社会科学事业的纲领性文献,为哲学社会科学事业提供了强大精神动力,指明了前进方向。

高校是我国哲学社会科学事业的主力军。贯彻落实习近平总书记哲学社会科学座谈会重要讲话精神,加快构建中国特色哲学社会科学,高校应发挥重要作用:要坚持和巩固马克思主义的指导地位,用中国化的马克思主义指导哲学社会科学;要实施以育人育才为中心的哲学社会科学整体发展战略,构筑学生、学术、学科一体的综合发展体系;要以人为本,从人抓起,积极实施人才工程,构建种类齐全、梯队衔接的高校哲学社会科学人才体系；要深化科研管理体制改革，发挥高校人才、智力和学科优势，提升学术原创能力，激发创新创造活力，建设中国特色新型高校智库；要加强组织领导、做好统筹规划、营造良好学术生态，形成统筹推进高校哲学社会科学发展新格局。

哲学社会科学研究重大课题攻关项目计划是教育部贯彻落实党中央决策部署的一项重大举措，是实施"高校哲学社会科学繁荣计划"的重要内容。重大攻关项目采取招投标的组织方式，按照"公平竞争，择优立项，严格管理，铸造精品"的要求进行，每年评审立项约40个项目。项目研究实行首席专家负责制，鼓励跨学科、跨学校、跨地区的联合研究，协同创新。重大攻关项目以解决国家现代化建设过程中重大理论和实际问题为主攻方向，以提升为党和政府咨询决策服务能力和推动哲学社会科学发展为战略目标，集合优秀研究团队和顶尖人才联合攻关。自2003年以来，项目开展取得了丰硕成果，形成了特色品牌。一大批标志性成果纷纷涌现，一大批科研名家脱颖而出，高校哲学社会科学整体实力和社会影响力快速提升。国务院副总理刘延东同志做出重要批示，指出重大攻关项目有效调动各方面的积极性，产生了一批重要成果，影响广泛，成效显著；要总结经验，再接再厉，紧密服务国家需求，更好地优化资源，突出重点，多出精品，多出人才，为经济社会发展做出新的贡献。

作为教育部社科研究项目中的拳头产品，我们始终秉持以管理创新服务学术创新的理念，坚持科学管理、民主管理、依法管理，切实增强服务意识，不断创新管理模式，健全管理制度，加强对重大攻关项目的选题遴选、评审立项、组织开题、中期检查到最终成果鉴定的全过程管理，逐渐探索并形成一套成熟有效、符合学术研究规律的管理办法，努力将重大攻关项目打造成学术精品工程。我们将项目最终成果汇编成"教育部哲学社会科学研究重大课题攻关项目成果文库"统一组织出版。经济科学出版社倾全社之力，精心组织编辑力量，努力铸造出版精品。国学大师季羡林先生为本文库题词："经时济世 继往开来——贺教育部重大攻关项目成果出版"；欧阳中石先生题写了"教育部哲学社会科学研究重大课题攻关项目"的书名，充分体现了他们对繁荣发展高校哲学社会科学的深切勉励和由衷期望。

伟大的时代呼唤伟大的理论，伟大的理论推动伟大的实践。高校哲学社会科学将不忘初心，继续前进。深入贯彻落实习近平总书记系列重要讲话精神，坚持道路自信、理论自信、制度自信、文化自信，立足中国、借鉴国外，挖掘历史、把握当代，关怀人类、面向未来，立时代之潮头、发思想之先声，为加快构建中国特色哲学社会科学，实现中华民族伟大复兴的中国梦做出新的更大贡献！

教育部社会科学司

# 前　言

**政**府债务作为宏观经济调控与公共资源配置的重要手段，其规模、结构与效率直接关系到国家的财政安全、经济发展与社会福祉。本书旨在深入探讨政府债务预算管理的理论与实践，构建科学合理的绩效评价体系，为政府决策提供有力支撑，促进政府债务的科学管理与高效利用。

政府债务作为经济增长的"双刃剑"，在弥补公共项目资金缺口和实现国家宏观调控的同时，又影响着国家财政安全，甚至威胁到国家经济社会发展的稳定性和可持续性。近年来，党中央和国务院高度重视政府债务治理，也采取了系列措施防范政府债务风险，经过几年的探索取得了重要的阶段性成效，但在我国已进入全面建设小康社会的关键时期和深化改革开放、加快转变经济发展方式的攻坚阶段，我们也必须清醒地认识到新时期政府债务治理工作的艰巨性与紧迫性。

本书以建立政府债务预算管理和绩效评价体系研究为主线，科学界定政府债务效应及其形成机理，瞄准政府债务治理与风险防控的目标，系统地探讨预算管理理论体系和预算管理框架。同时，还探讨政府债务绩效评价指标和绩效评价方法，构建政府债务预算管理制度和绩效评价方案，以预算管理和绩效评价为"两大举措"，从政府债务源头和结果上管理政府债务，这对于丰富政府预算管理、公债管理理论和公共支出绩效评价方法，创新政府债务管理制度与方法，具有重大现实意义。在政府债务预算管理和绩效评价的目标体系指引下，构建政府债务管理框架，就具体的政府样本，形成有针对性的预算管理和绩效评价方案。在此基础上，提出一系列加强政府债务管理的制度建设对策建议。为政府实施规范化管理政府债务，合理化解债务包袱和防范债务风险提供新思路与决策参考。

本书围绕构建政府债务预算管理和绩效评价体系这一研究主线，基于构建政府债务预算管理体系和构建政府债务绩效评价体系两个研究视角进行研究。为保证研究内容的逻辑性，本书分为上、下两篇，其中，上篇专注于政府债务预算理论、方法和预算体系构建；下篇专注于政府绩效评价的理论、方法、评价体系和实证分析。

本书上篇，即地方政府债务预算管理篇，一共包括12章，即本书的第二至第十三章，本篇主要内容包括：第二章主要从政府债务研究综述、政府债务治理、政府预算理论、政府预算方法、预算公共责任和政府预算管理等方面梳理政府债务预算管理的相关文献。第三章侧重于探讨政府债务预算管理的理论基础。第四章详细梳理我国地方政府债务预算管理框架，分别从东部、中部、西部地区选出数个代表性省（自治区、直辖市）对其政府债务管理实践进行比较分析。第五章侧重于探讨政府债务预算管理模式与适度规模。第六章主要侧重于转移支付影响政府债务预算规模分析。第七章侧重于识别债务分权对地方政府预算纪律的影响及相关传导机制分析。第八章侧重于构建地方政府债务的动态调整模型。测算地方政府最优债务规模，并分析影响地方政府债务最优规模和债务调整速度的因素。第九章采用回归分析法回归预测地方政府债务的合理规模。第十章侧重于地方政府专项债的"马太效应"实证分析。第十一章侧重于采用 KMV 模型测度各省的地方政府债务风险，并对政府债务风险进行纵向和横向对比分析。第十二章侧重于研究国外政府债务预算管理的经验与共性特点。第十三章重点探讨优化地方政府债务预算管理的路径与对策。

本书下篇，即地方政府债务绩效评价篇，一共包括10章，即本书的第十四至第二十三章，主要内容包括：第十四章重点梳理政府债务绩效评价的相关文献。第十五章侧重于政府债务绩效评价的理论基础。第十六章运用 DEA 模型实证检验我国地方政府债务绩效。第十七章运用随机前沿法评价我国地方政府债务绩效。第十八章运用网络层次分析法和熵权法评价我国地方政府债务绩效。第十九章运用模糊综合评价法（FCE）评价我国地方政府债务绩效。第二十章主要运用 Super -

SBM 模型分析法评价我国地方政府债务绩效。第二十一章运用层次分析法和专家打分法评价我国地方政府债务绩效。第二十二章主要侧重于探讨典型国家政府债务绩效评价的经验与借鉴。第二十三章侧重于归纳政府债务绩效的优化路径与政策建议。

本书是教育部哲学社会科学研究重大课题攻关项目"政府债务预算管理与绩效评价研究"（15JZD024）的最终研究成果。

建立政府债务管理的长效机制和风险防范是新时代实现经济高质量发展的必然要求，也是完善债务管理制度改革的关键。在许多国家和政府严重依赖债务为规模庞大的公共支出融资的当代背景下，债务管理已然成为全球性难题。党的二十届三中全会提出，完善政府债务管理制度，建立全口径地方债务监测监管体系和防范化解隐性债务风险长效机制。加强政府债务预算管理和绩效评价是构建长效机制的重要内容。本书研究所涉及的一些内容似乎已是"过去时"，但这对于看清变革的过程和依据，分析其中的合理与不足，把握未来的方向与路径，仍具有其价值。本书所收集整理的大量资料、数据，以及所采用的研究方法和得出的判断和结论，也能为进一步深化该领域的研究提供重要的参考。

# 摘　要

**本**书基于两个研究视角：一是构建政府债务预算管理体系；二是构建政府债务绩效评价体系。

在构建政府债务预算管理体系方面：梳理了政府债务预算管理的研究动态，建立债务预算理论基础，包括公共选择理论、委托—代理理论、新公共管理理论、内部人控制理论。构建了政府债务预算管理模式并分析地方政府债务的适度规模，包括政府债务规模的研究动态、地方政府债务规模适度性的理论基础、政府债务预算编制的典型实践、地方政府债务预算模式选择及路径、地方政府债务适度性分析。分析了转移支付对政府债务预算规模的影响，包括转移支付与地方政府债务的现状分析、转移支付影响地方政府债务规模理论、模型设计及变量说明、预算软约束的中介效应实证检验。探究了我国地方政府债务预算管理实践，包括政府债务预算管理框架以及东部地区、中部地区、西部地区代表性省市政府债务管理实践探索。基于理论和实践，本书运用六种方法实证分析债务预算管理的相关问题，包括债务分权影响地方政府预算纪律实证、转移支付影响政府债务预算规模分析、基于动态调整模型的地方政府债务规模测算、基于回归分析的地方政府债务规模测度、地方政府专项债的马太效应实证分析、基于KMV模型的地方政府债务风险测度。介绍和借鉴了国外政府债务预算管理的经验，包括美国、英国、德国、日本政府债务预算管理的经验及启示，以及这些国家地方政府债务预算管理的共性特点。

在构建政府债务绩效评价体系方面：梳理了政府债务预算绩效评价的研究动态，包括公共支出绩效评价理论、公共支出绩效评价方法、公共支出绩效评价应用、地方政府债务绩效评价、地方政府债务主流评价方法。探讨了债务绩效评价的理论基础，包括分权理论、债务的风险理论、绩效评价理论，并探讨了地方政府债务影响机理和传导机制。在政府债务支出绩效评价指标体系方面，结合本书拟采用的方法、模型以及政府债务支出的自身特点，初步设计政府债务支出绩效评价指标体系。设计了六种债务绩效评价方法，并结合这些方法，选取标量，用相关数据做实证分析，主要方法包括基于 DEA 的地方政府债务绩效评价、基于随机前沿法的地方政府债务绩效评价、基于 ANP 和熵权法的政府债务绩效评价、基于模糊综合评价法的政府债务绩效评价、基于 SUPER–SBM 分析法的地方政府债务绩效评价、基于层次分析法和专家打分法的地方政府债务绩效评价。介绍和借鉴了国外政府债务绩效评价的模式，包括美国、英国、日本、澳大利亚、巴西等国政府债务绩效评价的模式，并分析了这些国家的经验启示。基于理论和实证分析结果，提出了政府债务绩效优化路径与政策建议，包括事前规范制度建设、事中管理体系建设和事后处置机制建设。

# Abstract

There are two main research perspectives in this topic. The first one is to establish a government debt budget management system. The second one is to establish a government debt performance evaluation system.

In terms of establishing a government debt budget management system: reviewed the research progress of government debt budget management, established the theoretical basis of debt budget, including public choice theory, principal-agent theory, new public management theory and internal control theory. Constructed a model of government debt budget management and analyzed the moderate scale of local government debt, including the research progress of government debt scale, theoretical basis of moderate scale of local government debt, typical practice of government debt budget formulation, selection and path of local government debt budget model, analysis of moderate scale of local government debt. Analyzed the impact of fiscal transfers on the scale of government debt budget, including analysis of the current situation of fiscal transfers and local government debt, theory of fiscal transfers' impact on the scale of local government debt, model design and variable description, empirical test of the intermediary effect of budgetary soft constraints. Explored the practice of local government debt budget management in China, including the framework of government debt budget management, exploration of debt management practice of representative provincial and municipal governments in Eastern China, Central China, and Western China. Based on theory and practice, this report empirically analyzed related issues of debt budget management using 6 methods, including empirical analysis of the impact of fiscal decentralization on local government budget discipline, analysis of the impact of fiscal transfers on the scale of government debt budget, estimation of local government debt scale based on dynamic adjustment model, measurement of local government debt scale based on regression analysis, empirical analysis of the Matthew Effect of local government special debt, and measurement of local government debt risk based on KMV model. Introduced and drew experiences from foreign government debt budget management, including experiences and enlightenments of debt budget management of governments in the United States, the United Kingdom, Germany and Japan, as well as common characteristics of debt budget management of local governments in these countries.

In terms of establishing a government debt performance evaluation system: reviewed the research progress of government debt budget performance evaluation, including theories of public expenditure performance evaluation, methods of public expenditure performance evaluation, applications of public expenditure performance evaluation, performance evaluation of local government debt, and mainstream methods of local government debt performance evaluation. Explored the theoretical basis of debt performance evaluation, including theories of fiscal decentralization, risk theory of debt and performance evaluation. Discussed the impact mechanism and transmission mechanism of local government debt. In terms of the system of indicators for government debt expenditure performance evaluation, an initial design of the system of indicators for government debt expenditure performance evaluation was made by combining the methods, models and inherent characteristics of government debt expenditures to be adopted in this research. Six methods of debt performance evaluation were designed and empirical analyses were carried out using relevant data based on these methods, the main methods including DEA-based performance evaluation of local government debt, performance evaluation of local government debt based on stochastic frontier method, government debt performance evaluation based on ANP and entropy weight method, government debt performance evaluation based on fuzzy comprehensive evaluation method, performance evaluation of local government debt based on SUPER – SBM analysis method, and performance evaluation of local government debt based on hierarchical analysis method and expert scoring method. Introduced and drew experiences from foreign government debt performance evaluation modes, including performance evaluation modes of governments in the United States, the United Kingdom, Japan, Australia, Brazil and analyzed the enlightenments of experiences from these countries. Based on theoretical and empirical analysis results, options and policy suggestions of optimizing government debt performance were proposed, including pre-regulation institutional construction, mid-management system construction, and post-disposal mechanism construction.

# 目 录

第一章 ▶ 导论　1

　　第一节　研究背景与意义　2
　　第二节　研究任务　5
　　第三节　研究方法、重难点及创新点　10

## 上篇

**地方政府债务预算管理　15**

第二章 ▶ 政府债务预算管理文献梳理　17

　　第一节　政府债务研究综述　17
　　第二节　地方政府债务治理　38
　　第三节　政府债务预算管理　45

第三章 ▶ 理论基础　51

　　第一节　公共选择理论　52
　　第二节　委托—代理理论　55
　　第三节　新公共管理理论　58
　　第四节　内部人控制理论　60

第四章 ▶ 我国地方政府债务预算管理实践比较　63

　　第一节　政府债务预算管理框架　63
　　第二节　东部代表性省份政府债务管理实践探索　68

第三节　中部代表性省份政府债务管理实践探索　　75

　　第四节　西部代表性省份政府债务管理实践探索　　77

## 第五章 ▶ 政府债务预算管理模式与适度规模　　85

　　第一节　政府债务规模的研究动态　　85

　　第二节　地方政府债务规模适度性的理论基础　　91

　　第三节　政府债务预算编制的典型实践　　94

　　第四节　地方政府债务预算模式选择及路径　　99

　　第五节　地方政府债务适度性分析　　105

## 第六章 ▶ 转移支付影响政府债务预算规模分析　　118

　　第一节　转移支付与地方政府债务的现状分析　　118

　　第二节　转移支付影响地方政府债务规模理论　　126

　　第三节　模型设计及变量说明　　135

　　第四节　实证结果　　137

　　第五节　预算软约束的中介效应实证检验　　142

　　第六节　结论与建议　　145

## 第七章 ▶ 债务分权影响地方政府预算纪律实证分析　　151

　　第一节　债务分权影响政府预算纪律的研究现状　　151

　　第二节　制度背景与理论分析　　154

　　第三节　模型设定及变量选取　　158

　　第四节　实证结果与分析　　161

　　第五节　研究结论与相关建议　　168

## 第八章 ▶ 基于动态调整模型的地方政府债务规模测算　　170

　　第一节　动态调整模型介绍　　170

　　第二节　动态调整模型构建　　172

　　第三节　指标选取与数据说明　　173

　　第四节　地方政府债务规模的实证结果分析　　177

## 第九章 ▶ 基于回归分析的地方政府债务规模测度　　186

　　第一节　政府债务合理规模测算方法介绍　　186

　　第二节　变量选取、数据来源及描述性统计　　189

第三节 实证结果分析　190
第四节 结论与建议　196

## 第十章 ▶ 地方政府专项债的马太效应实证分析　199

第一节 概念界定与基础理论　200
第二节 地方政府专项债的现状分析　208
第三节 专项债规模的马太效应实证分析　219
第四节 马太效应下区域经济增长的异质性分析　226
第五节 研究结论与相关建议　235

## 第十一章 ▶ 基于 KMV 模型的地方政府债务风险测度　239

第一节 KMV 模型介绍　239
第二节 指标体系构建　241
第三节 样本选取与数据来源　242
第四节 实证分析　243

## 第十二章 ▶ 国外政府债务预算管理的经验借鉴　257

第一节 美国政府债务预算管理的经验及启示　257
第二节 英国政府债务预算管理的经验及启示　262
第三节 德国政府债务预算管理的经验及启示　269
第四节 日本政府债务预算管理的经验及启示　277
第五节 国外地方政府债务预算管理的共性特点　284

## 第十三章 ▶ 优化政府债务预算管理的路径与对策　292

第一节 约束政府举债行为　292
第二节 完善政府债务预算管理　295

### 下篇

**地方政府债务绩效评价　299**

## 第十四章 ▶ 政府债务绩效评价文献梳理　301

第一节 地方政府债务绩效评价　301
第二节 地方政府债务主流评价方法　307

## 第十五章 ▶ 债务绩效评价的理论基础　316

　　第一节　理论基础　316
　　第二节　地方政府债务影响机理分析　330
　　第三节　地方政府债务传导机制分析　344

## 第十六章 ▶ 基于DEA的地方政府债务绩效评价　350

　　第一节　模型介绍　350
　　第二节　指标体系构建　353
　　第三节　变量选取与数据来源　360
　　第四节　实证分析　364
　　第五节　实证结论与建议　371

## 第十七章 ▶ 基于随机前沿法的地方政府债务绩效评价　373

　　第一节　模型介绍　373
　　第二节　指标体系构建　375
　　第三节　数据来源　378
　　第四节　实证分析　379
　　第五节　研究结论与建议　388

## 第十八章 ▶ 基于ANP和熵权法的政府债务绩效评价　391

　　第一节　模型介绍　391
　　第二节　构建指标体系　396
　　第三节　数据来源　400
　　第四节　实证分析　402
　　第五节　研究结论与建议　415

## 第十九章 ▶ 基于模糊综合评价法的政府债务绩效评价　421

　　第一节　模型介绍　421
　　第二节　指标体系构建　425
　　第三节　数据来源　426
　　第四节　实证分析　428
　　第五节　实证结论与建议　434

## 第二十章 ▶ 基于 Super-SBM 分析法的地方政府债务绩效评价　436

  第一节　模型介绍　437
  第二节　构建指标体系　437
  第三节　数据来源　439
  第四节　实证分析　440
  第五节　实证结论与建议　444

## 第二十一章 ▶ 基于层次分析法和专家打分法的地方政府债务绩效评价　446

  第一节　模型介绍　446
  第二节　构建指标体系　448
  第三节　实证分析　455
  第四节　本章小结　457

## 第二十二章 ▶ 典型国家政府债务绩效评价经验借鉴　458

  第一节　美国地方政府债务支出绩效管理模式　458
  第二节　英国地方政府债务支出绩效管理模式　467
  第三节　日本地方政府债务支出绩效管理模式　471
  第四节　澳大利亚地方政府债务支出绩效管理模式　476
  第五节　巴西地方政府债务支出绩效管理模式　480
  第六节　国外政府债务支出绩效评价的经验启示　483

## 第二十三章 ▶ 政府债务绩效优化路径与政策建议　486

  第一节　事前规范制度建设　486
  第二节　事中管理体系建设　499
  第三节　事后处置机制建设　507

**参考文献**　513

**后记**　541

# Contents

**Chapter 1　Introduction　1**

　　Section 1　Research Background and Significance　2
　　Section 2　Research Tasks　5
　　Section 3　Research Methods, Key Points and Innovations　10

**Part I　Local Government Debt Budget Management　15**

**Chapter 2　Literature Review on Government Debt Budget Management　17**

　　Section 1　Overview of Government Debt Research　17
　　Section 2　Local Government Debt Governance　38
　　Section 3　Government Debt Budget Management　45

**Chapter 3　Theoretical Basis　51**

　　Section 1　Public Choice Theory　52
　　Section 2　Principal-Agent Theory　55
　　Section 3　New Public Management Theory　58
　　Section 4　Internal Control Theory　60

**Chapter 4　Comparative Analysis of Local Government Debt Budget Management Practices in China　63**

　　Section 1　Government Debt Budget Management Framework　63

Section 2　Exploration of Government Debt Management Practices in Representative Eastern Provinces and Cities　68

Section 3　Exploration of Government Debt Management Practices in Representative Central Provinces　75

Section 4　Exploration of Government Debt Management Practices in Representative Western Provinces and Cities　77

## Chapter 5　Government Debt Budget Management Model and Appropriate Scale　85

Section 1　Research Dynamics on Government Debt Scale　85

Section 2　Theoretical Basis for the Appropriateness of Local Government Debt Scale　91

Section 3　Typical Practices of Government Debt Budget Compilation　94

Section 4　Selection and Path of Local Government Debt Budget Model　99

Section 5　Analysis of the Appropriateness of Local Government Debt　105

## Chapter 6　Analysis of the Impact of Transfers on the Scale of Government Debt Budget　118

Section 1　Current Situation Analysis of Transfers and Local Government Debt　118

Section 2　Theoretical Analysis of the Impact of Transfers on the Scale of Local Government Debt　126

Section 3　Model Design and Variable Description　135

Section 4　Empirical Results　137

Section 5　Empirical Test of the Mediating Effect of Soft Budget Constraints　142

Section 6　Conclusions and Suggestions　145

## Chapter 7　Empirical Analysis of the Impact of Debt Decentralization on Local Government Budget Discipline　151

Section 1　Research Status on the Impact of Debt Decentralization on Government Budget Discipline　151

Section 2　Institutional Background and Theoretical Analysis　154

Section 3　Model Setting and Variable Selection　158

Section 4  Empirical Results and Analysis  161

Section 5  Research Conclusions and Relevant Suggestions  168

**Chapter 8  Estimation of the Scale of Local Government Debt Based on the Dynamic Adjustment Model  170**

Section 1  Introduction to the Dynamic Adjustment Model  170

Section 2  Construction of the Dynamic Adjustment Model  172

Section 3  Indicator Selection and Data Description  173

Section 4  Empirical Analysis of the Scale of Local Government Debt  177

**Chapter 9  Measurement of the Scale of Local Government Debt Based on Regression Analysis  186**

Section 1  Introduction to the Methods of Calculating the Reasonable Scale of Government Debt  186

Section 2  Variable Selection, Data Sources and Descriptive Statistics  189

Section 3  Empirical Results Analysis  190

Section 4  Conclusions and Suggestions  196

**Chapter 10  Empirical Analysis of the Matthew Effect of Local Government Special Bonds  199**

Section 1  Conceptual Definition and Basic Theory  200

Section 2  Current Situation Analysis of Local Government Special Bonds  208

Section 3  Empirical Analysis of the Matthew Effect of Special Bond Scale  219

Section 4  Analysis of the Heterogeneity of Regional Economic Growth Under the Matthew Effect  226

Section 5  Research Conclusions and Related Suggestions  235

**Chapter 11  Measurement of Local Government Debt Risk Based on the KMV Model  239**

Section 1  Introduction to the KMV Model  239

Section 2  Construction of the Indicator System  241

Section 3  Sample Selection and Data Sources  242

Section 4  Empirical Analysis  243

## Chapter 12  Experience Lessons from International Government Debt Budget Management    257

### Section 1  Experiences and Implications of U. S. Government Debt Budget Management    257
### Section 2  Experiences and Implications of U. K. Government Debt Budget Management    262
### Section 3  Experiences and Implications of German Government Debt Budget Management    269
### Section 4  Experiences and Implications of Japanese Government Debt Budget Management    277
### Section 5  Common Characteristics of International Local Government Debt Budget Management    284

## Chapter 13  Path and Countermeasures for Optimizing Government Debt Budget Management    292

### Section 1  Constraint on Government Borrowing Behavior    292
### Section 2  Improvement of Government Debt Budget Management    295

# Part II  Performance Evaluation of Local Government Debt    299

## Chapter 14  Literature Review on Government Debt Performance Evaluation    301

### Section 1  Performance Evaluation of Local Government Debt    301
### Section 2  Mainstream Evaluation Methods of Local Government Debt    307

## Chapter 15  Theoretical Basis of Debt Performance Evaluation    316

### Section 1  Theoretical Basis    316
### Section 2  Analysis of the Influence Mechanism of Local Government Debt    330
### Section 3  Analysis of the Transmission Mechanism of Local Government Debt    344

## Chapter 16  Performance Evaluation of Local Government Debt Based on DEA    350

### Section 1  Introduction to the Model    350

Section 2　Construction of the Indicator System　353
Section 3　Variable Selection and Data Sources　360
Section 4　Empirical Analysis　364
Section 5　Empirical Conclusions and Recommendations　371

**Chapter 17　Performance Evaluation of Local Government Debt Based on Stochastic Frontier Analysis　373**

Section 1　Introduction to the Model　373
Section 2　Construction of the Indicator System　375
Section 3　Data Sources　378
Section 4　Empirical Analysis　379
Section 5　Research Conclusions and Recommendations　388

**Chapter 18　Performance Evaluation of Government Debt Based on ANP and Entropy Weight Method　391**

Section 1　Introduction to the Models　391
Section 2　Construction of the Indicator System　396
Section 3　Data Sources　400
Section 4　Empirical Analysis　402
Section 5　Research Conclusions and Recommendations　415

**Chapter 19　Performance Evaluation of Government Debt Based on Fuzzy Comprehensive Evaluation　421**

Section 1　Introduction to the Model　421
Section 2　Construction of the Indicator System　425
Section 3　Data Sources　426
Section 4　Empirical Analysis　428
Section 5　Empirical Conclusions and Recommendations　434

**Chapter 20　Performance Evaluation of Local Government Debt Based on Super-SBM Analysis　436**

Section 1　Introduction to the Model　437
Section 2　Construction of the Indicator System　437
Section 3　Data Sources　439

Section 4　Empirical Analysis　440

Section 5　Empirical Conclusions and Recommendations　444

## Chapter 21　Performance Evaluation of Local Government Debt Based on AHP and Expert Scoring　446

Section 1　Introduction to the Models　446

Section 2　Construction of the Indicator System　448

Section 3　Empirical Analysis　455

Section 4　Chapter Summary　457

## Chapter 22　Experience Lessons from Typical Countries' Government Debt Performance Evaluation　458

Section 1　Performance Management Model of U. S. Local Government Debt Expenditure　458

Section 2　Performance Management Model of U. K. Local Government Debt Expenditure　467

Section 3　Performance Management Model of Japanese Local Government Debt Expenditure　471

Section 4　Performance Management Model of Australian Local Government Debt Expenditure　476

Section 5　Performance Management Model of Brazilian Local Government Debt Expenditure　480

Section 6　Experience Implications of International Government Debt Expenditure Performance Evaluation　483

## Chapter 23　Optimization Path and Policy Recommendations for Government Debt Performance　486

Section 1　Ex-ante Regulatory System Construction　486

Section 2　In-process Management System Construction　499

Section 3　Ex-post Disposal Mechanism Construction　507

**References**　513

**Postscript**　541

# 第一章

# 导　论

截至 2023 年末，全国政府法定债务余额 70.77 万亿元。其中，国债余额 30.03 万亿元，地方政府法定债务余额 40.74 万亿元。[①] 地方政府债务已成为我国社会关注的焦点问题，其作为影响经济增长的"双刃剑"，既能弥补地方政府公共项目资金缺口和实现国家宏观调控，又影响我国地方政府的财政安全，甚至威胁到国家经济社会的稳定性和可持续性。地方政府债务支出不同于一般财政支出，其担负着偿本付息的责任。因此，科学评价地方政府债务支出绩效、优化债务性支出投资结构、提升投资绩效与预防债务违约等都是我国政府目前亟待解决的问题。本章作为"政府债务预算管理与绩效评价"研究课题的导论，主要侧重于系统地阐述本课题的研究背景与意义、研究动态、研究思路与框架、研究任务以及研究方法等。本章第一节主要概述研究背景和研究意义；第二节概述本课题的研究任务；第三节系统阐述本课题的研究方法、重难点以及创新点。

---

① 《国务院关于 2023 年度政府债务管理情况的报告——2024 年 9 月 10 日在第十四届全国人民代表大会常务委员会第十一次会议上》，中国人大网，http：//www.npc.gov.cn/c2/c30834/202409/t20240913_439617.html。

## 第一节 研究背景与意义

按照党的十八届三中全会提出"必须完善立法、明确事权、改革税制、稳定税负、透明预算、提高效率,建立现代财政制度,发挥中央和地方两个积极性。要改进预算管理制度,完善税收制度,建立事权和支出责任相适应的制度"①的要求,加快建立健全政府债务管理制度,以建立现代财政制度为目标,把政府债务预算和绩效评价作为政府债务管理制度改革的突破口,利用新制度经济学基本理论,设计债务预算渐进式改革步骤和加强相关配套制度建设。综合运用制度经济学、财政学、管理学、法学、会计学和计量经济学等学科的理论和方法,结合《预算法》(2014)和2014年出台的《国务院关于加强地方政府性债务管理的意见》,以政府债务管理模式研究为主线,从宏观与微观、理论与实际、国内与国外的多维角度辨析政府债务的规模、结构、成因和效率等层面问题,以预算管理和绩效评价为"两大举措",以建立政府债务预算管理和绩效评价为目标体系,在构建政府债务预算管理和绩效评价的目标体系指引下,构建政府债务管理框架,就具体的政府样本,形成有针对性的预算管理和绩效评价方案。在此基础上,提出一系列加强政府债务管理的制度建设建议。

本课题研究坚持理论与实践的紧密结合,在实践中总结、探索,在总结、探索中展开理论探讨乃至理论提升,为政府债务治理提供坚定的实践基础与理论支撑。课题围绕"一根主线,两个视角,三条路径"总体思路开展研究。

## 一、研究主线

本课题研究的"一根主线"是以践行党的十八届三中全会财政工作精神,构建政府债务预算管理和绩效评价体系为主线。要及时跟进政府债务治理的研究最新动态,在准确把握、科学领会中央政策精神的基础上,突出政府债务管理新思路,强调政府债务预算,加快绩效评价,启动政府债务第一责任人制,规范实施

---

① 《中国共产党第十八届中央委员会第三次全体会议公报》,中国政府网,http://politics.people.com.cn/n/2013/1112/c1001-23519239.htm,2013年11月12日。

政府债务审计制度，建立权责发生制的政府综合财务报告制度。既有学理探讨寻求理论突破，更为党和政府提供智力支持与决策参考。

## 二、研究视角

党的十八届三中全会提出，"财政是国家治理的基础和重要支柱，科学的财税体制是优化资源配置、维护市场统一、促进社会公平、实现国家长治久安的制度保障。必须建立权责发生制的政府综合财务报告制度，建立规范合理的中央和地方政府债务管理及风险预警机制"[①]。本书立足于贯彻执行党的十八届三中全会精神和财税工作方针，结合《预算法》（2014）和2014年《国务院关于加强地方政府性债务管理的意见》的相关规定，坚持构建政府债务预算管理体系，坚持构建政府债务绩效评价体系。因而本课题研究的"两个视角"分别是构建政府债务预算管理体系和构建政府债务绩效评价体系，特别强调和重点突出政府债务管理的"预算"和"绩效"四个字，进一步完善政府债务管理制度。

## 三、研究路径

本课题主要包括以下三条路径。

一是构建政府债务预算管理体系。在构建政府债务预算管理体系方面，梳理政府债务预算管理的研究动态，建立政府债务预算理论基础，具体包括公共选择理论、委托—代理理论、新公共管理理论以及内部人控制理论等。构建政府债务预算管理模式，分析地方政府债务的适度规模，包括政府债务规模的研究动态、地方政府债务规模适度性的理论基础、政府债务预算编制的典型实践、地方政府债务预算模式选择及路径、地方政府债务适度性分析。分析转移支付如何影响政府债务预算规模。探究我国地方政府债务预算管理实践，具体包括政府债务预算管理框架、东部地区代表性省市政府债务管理实践探索、中部地区代表性省市政府债务管理实践探索以及西部地区代表性省市政府债务管理实践探索等。本书进行了政府债务预算管理实证分析，为政府债务预算管理提供支撑体系，具体包括基于债务分权影响地方政府预算纪律的实证分析、基于动态调整模型的地方政府债务规模测算、基于回归分析的地方政府债务规模测度、基于 KMV 模型的地方

---

① 《中国共产党第十八届中央委员会第三次全体会议公报》，中国政府网，http：//politics.people.com.cn/n/2013/1112/c1001 - 23519239.htm，2013 年 11 月 12 日。

政府债务风险测度以及地方政府专项债的马太效应实证分析等。

二是构建政府债务绩效评价体系。梳理政府债务预算绩效评价的研究动态，包括公共支出绩效评价理论、公共支出绩效评价方法、公共支出绩效评价应用、地方政府债务绩效评价以及地方政府债务主流评价方法等。探讨政府债务绩效评价的理论基础，包括分权理论、债务的风险理论和绩效评价理论等，并探讨地方政府债务影响机理和传导机制。在政府债务支出绩效评价指标体系方面，结合本书拟采用的方法、模型以及政府债务支出的自身特点，根据初拟指标体系中各项指标间关系的密切程度（相关系数）与概括能力（贡献率）大小，筛选出具有决定意义的指标并确定指标权重，确立系列绩效评价指标体系。设计六种政府债务绩效评价方法，并结合这些方法，选取标量，用相关数据进行实证分析。主要方法和实证包括基于DEA的地方政府债务绩效评价、基于随机前沿法的地方政府债务绩效评价、基于ANP和熵权法的政府债务绩效评价、基于模糊综合评价法的政府债务绩效评价、基于SUPER-SBM分析法的地方政府债务绩效评价以及基于层次分析法和专家打分法的地方政府债务绩效评价等。基于理论和实证分析，提出政府债务绩效优化路径与政策建议，包括事前规范制度建设、事中管理体系建设和事后处置机制建设。

三是经验借鉴和政策建议。美国、英国、德国、日本、巴西、澳大利亚等西方国家，发行国债时间较长，经验较丰富，本书借鉴这些国家的债务管理经验，有利于丰富和完善我国政府债务管理体系。美国政府债务预算管理历史悠久，且经验较为成熟，因此探究美国政府债务预算管理和绩效经验，有利于我国借鉴其地方政府债务预算管理经验。英国作为控制国债规模最为成功的国家之一，从财政预算计划、财政预算周期、政府预算控制以及债务风险控制等方面梳理英国政府债务预算管理经验，归纳其对我国地方政府债务预算管理的启示。德国有很好的债务预算管理法律基础，在政府预算信息的公开透明、政府财权划分、债务预算管理成本与风险控制以及国债制度设计等方面强化债务管理。日本政府在推进"地方分权化改革"过程中逐步实现"财政健全化"，从举债权限、举债方式、债务预算管理模式、管理机制债务风险控制和风险化解透析等梳理日本政府债务预算管理经验。归纳总结美国、英国、德国以及日本等发达国家地方政府债务预算管理的共性特点，这些经验对于完善和优化我国地方政府债务预算管理有着重要的参考价值。基于理论分析、方法构建和实证分析，提出优化以绩效为导向的地方政府债务预算管理路径，具体包括事前、事中、事后三个阶段的具体建议和举措。

## 第二节 研究任务

### 一、政府债务预算管理理论

政府债务预算管理理论涉及经济学、管理学、政治学、法学和会计学等多门学科。本书拟从多学科角度系统地梳理政府债务预算管理理论，重点分析预算渐进主义理论、全面预算管理理论、博弈论、委托—代理制度以及公共选择理论等。构建政府债务预算理论的最优体系，为推行政府债务预算奠定理论基础。试图在政府债务预算管理中融入多学科理论和方法，拟引入新的债务预算理念和新技术手段，以提高政府债务预算成效和债务支出效率。

延伸预算管理理论研究的深度和广度，以提高债务使用效率，从源头控制债务风险以及实现政府债务最优配置为目标，研究政府债务预算管理理论。拟在分析博弈论、公共选择理论和效率理论基础上，分析影响债务预算的主要因素，如信息不对称、债务预算管理复杂性以及可变性等。在构建债务预算理论时，更加全面地研究部门预算管理体系，以追求部门预算管理的持续改进为理念和控制债务风险预算为目标，系统探讨绩效预算、预算审查机制、预算透明度以及预算精细性等债务预算编制和管理问题，使政府债务预算管理研究能够解决政府债务管理的实际问题。

### 二、政府债务绩效评价理论

**1. 政府债务绩效评价宏观管理层面的理论**

系统梳理国内外有关公共支出绩效管理与绩效评价研究的成果和动态，综述主要文献及基本观点，包括公共财政理论、制度经济学、公债学、绩效管理、公共支出绩效评价、公共选择理论、新制度经济学和管理科学理论等，界定公债及公债绩效评价的概念、内涵和范围，阐述政府债务绩效评价基本理论。根据公共产品理论、"3E"理论、委托—代理理论、福利经济学和新公共管理理论等理论，探讨我国政府债务支出绩效评价机理，提出政府债务支出绩效评价理论框架，为确定政府债务支出绩效评价体系提供最佳理论支撑。

### 2. 政府债务绩效评价微观管理层面的理论

分析经济建设性支出绩效评价的指标体系与绩效评价方法的研究现状，系统地探讨政府债务支出绩效评价指标体系设计和评价方法理论，阐释政府债务支出绩效评价指标体系特点在政府债务管理中的重要作用以及应遵循的一般理论和原理，为构建政府债务支出绩效评价体系奠定理论基础。针对政府债务支出绩效评价的多维性、目标的多元化和较强的专业性及特殊性，本书主要从政府债务支出总量、结构、效率以及体制等几个方面，对国内外关于政府债务支出与经济发展的文献进行分析、整理和评价。归纳政府债务支出指标体系与评价方法的研究特点，构建政府债务支出的绩效评价指标体系、方法和模型的理论框架，从而建立政府债务绩效评价的理论体系。

## 三、政府债务预算管理体系构建与实证分析

### 1. 建立长效机制的政府债务预算管理体系

将政府债务收入和支出纳入财政预算管理，建立资金使用的信息披露机制，提高政府债务信息透明度。厘清部门预算管理职责，建立部门预算管理工作基本原则，规范部门预算管理流程，并根据这些原则提出建立部门预算管理工作规程的具体设想。通过系统设计政府债务核算和披露制度，解决隐性债务显性化、或有债务确定化和核算方法规范化等政府债务管理的难点问题。构建与政府债务预算制度相适应的政府债务统计与报告制度。基于负债风险最小化研究政府债务分类纳入预算管理的路径和措施。为避免政府各部门多头举债和管理的分散性，避免行政干预，建立流程化的债务预算管理框架体系。在这一体系下，债务预算必须在政府宏观政策目标下运行，并且评价债务支出效率和有效性。对于各部门内部的债务预算，我国需要建立部门内部的财务管理体系和控制体系。借鉴企业会计及国外成功经验设计政府债务信息质量指标体系，构建政府债务信息质量标准体系，系统设计政府债务核算制度体系。在政府债务预算部门财务管理制度方面，为避免跨期债务责任人不明确带来的债务积累问题，研究如何建立政府债务内部控制制度和首席财政负责人制度，拟考虑将债务的举借、使用、偿还、产出效应及其规模控制纳入债务责任人的政绩考核范围。

### 2. 探讨政府债务预算管理的支撑体系

基于理论和实践，本书拟采用六种方法，为政府债务预算管理提供方法和支撑体系，为保证方法的科学性，对这些方法做实证检验分析。具体包括债务分权如何影响地方政府预算纪律、基于动态调整模型的地方政府债务规模测算、基于回归分析的地方政府债务规模测度、地方政府专项债的马太效应实证检验以及基

于 KMV 模型的地方政府债务风险测度等。

基于动态调整模型的地方政府债务规模测算方法是根据公共产品理论、财政联邦主义理论和财政可持续性理论等理论探讨地方政府债务规模适度性的理论基础，并从地方政府债务限额管理、债务预算编制和批复、债务预算执行、债务监督管理和债务分类管理等方面探索政府债务预算编制的实践。转移支付如何影响政府债务预算规模是结合公共池激励、粘蝇纸效应、地方政府救助预期、转移支付的基本功能以及预算软约束等相关理论，全面分析转移支付对地方政府债务规模的直接影响和间接影响，并提出相应的理论假设。基于理论分析，运用省级面板数据实证分析转移支付对地方政府债务规模的直接影响，并在此基础上分析预算软约束的中介效应。识别债务分权对地方政府预算纪律的影响及相关传导机制分析是以地方政府债券发行机制改革作为一项准自然实验，构建多期 DID 模型，对债务分权如何影响地方政府预算纪律做实证结果分析。构建地方政府债务的动态调整模型的目的是测算地方政府最优债务规模，并分析影响地方政府债务最优规模和债务调整速度的因素。采用回归分析法回归预测地方政府债务的合理规模是基于地方政府债务理论的现有基础，从举债需求和偿债能力两个角度归纳出经济发展水平与质量、城镇化水平以及地区财力等影响政府债务的因素，根据相关分析提出 5 个理论假设，再通过实证分析进行检验。地方政府专项债的马太效应的实证分析是运用马尔科夫链模型构造转移概率矩阵，检验专项债马太效应的存在性，运用固定效应模型和分位数回归模型，研究专项债对经济增长影响的程度及异质性，并以基础设施投资作为传导变量进行分步回归，实证检验专项债通过影响基建投资从而影响经济增长的传导机制。采用 KMV 模型测度我国各省份（不包括港、澳、台）的地方政府债务风险，并对政府债务风险进行纵向和横向对比分析。

## 四、政府债务绩效评价方法构建与实证分析

政府债务支出绩效评价作为公共支出绩效评价的重要组成部分，其推行难点在于如何用一套指标和方法科学度量政府债务支出绩效，如何选择度量绩效指标和方法是本书研究的核心和难点。

**1. 政府债务支出绩效评价指标体系**

依据公共支出绩效评价的"4E"理论，结合本书拟采用的方法和模型以及政府债务支出的自身特点，对政府债务支出绩效评价指标体系进行初步设计。该指标体系由目标层（政府债务支出绩效）、准则层（描述绩效的主要方面）、指标层（可以反映要素特性的定量和定性指标）三层树状结构构成。其中，准则层

包括四种类型的指标（经济性指标、效率性指标、有效性指标和公平性指标）。运用相关系数、变差系数组合或因子分析法，根据初拟指标体系中各项指标间关系的密切程度（相关系数）与概括能力（贡献率）大小，筛选出具有决定意义的指标并确定指标权重，确立系列绩效评价指标体系。

**2. 政府债务支出绩效评价方法与模型**

设计六种债务绩效评价方法，并结合这些方法，选取标量，用相关数据做实证分析，主要方法包括基于 DEA 的地方政府债务绩效评价、基于随机前沿法的地方政府债务绩效评价、基于 ANP 和熵权法的政府债务绩效评价、基于模糊综合评价法（FCE）的政府债务绩效评价、基于 SUPER-SBM 分析法的地方政府债务绩效评价以及基于层次分析法和专家打分法的地方政府债务绩效评价。

DEA 模型拟依照评价体系构建和评价指标层级设置的原则，构建出一套完整的评价指标体系，运用三阶段 DEA 效率评估模型，并结合 Malmquist 指数，实证评估我国地方政府债务支出效率。随机前沿法评价是基于 Battese-Coelli 模型，采用随机前沿方法评估效率水平，对各省（自治区、直辖市）政府债务支出效率进行比较，并分析其相关影响因素。网络层次分析法和熵权法评价我国地方政府债务绩效是运用层次分析法（AHP）和熵权法相结合的主客观赋权重方法，测算债务资金使用效率。运用模糊综合评价法从财力与债务匹配角度出发，考虑政府债务支出方向，借鉴模糊理论分析方法，评价和分析我国内地 30 个省（自治区、直辖市）政府债务支出的绩效情况。运用 Super—SBM 模型来测算地方政府债务资金的使用效率，并通过构建面板 Tobit 模型来分析债务资金使用效率的影响因素。运用层次分析法和专家打分法，在遵循绩效评价相关原则的前提下，根据系统论相关知识，建立地方政府债务绩效评价四阶段结构模型，根据层次分析法和"4E"评价法选择地方政府债务绩效评价指标，并结合专家打分法和模糊综合评价法确定各具体指标的权重，通过定量分析和定性分析等研究方法多层次地构建我国地方政府债务绩效评价体系。

## 五、政府债务预算与绩效管理国外经验借鉴

**1. 政府预算管理经验借鉴**

美国、英国、法国、德国和日本等发达国家目前已基本形成了规范、高效的部门预算管理体系，成为实施部门预算管理的典范。这些国家已建立比较完善的预算管理法律体系，建立了规范的预算管理程序，在健全的法律框架下，西方国家都规定了详细的预算管理程序以及明确清晰的预算管理职责。普遍建立了清晰

的职责分工体系，建立了明确的预算编制时间表和工作要求。本书拟分别从政治体制、预算编制模式、预算编制模式内容、预算编制原则、编制方法和程序、预算调整管理等方面进行介绍和分析，总结提炼这些国家对我国财政预算和绩效评价制度建设可供参考借鉴的理念和做法。

**2. 绩效评价经验借鉴**

西方国家部门预算管理关心效率、效果和公共服务质量的绩效目标，特别注重投入的产出和效果，从追求财政资金效益的角度出发，在部门预算编制的基础上，逐步推行绩效预算改革，取得了成功经验。在具体实践中，西方国家通过项目的成本—效益分析，以及实施绩效预算这一新的预算管理模式，不断提高资源的配置效率。目前，美国、新西兰、澳大利亚等国家开始实施绩效预算改革。本书试图对绩效预算制度的理论基础和特定内涵做进一步阐述，着重对发达国家的绩效预算改革实践成果做比较详细的介绍和分析。从理论上而言，阐述绩效预算制度的内涵，有助于廓清对绩效预算的认识混乱，有助于理解绩效预算制度背后折射的政府治理模式和理念的转变。从实践方面而言，中国目前所进行的部门预算改革预示了中国预算体制改革正在向"以结果和绩效为基础"的预算制度靠拢，在这种情况下，对发达国家绩效预算实践的深入研究无疑可以为中国未来的预算制度改革提供一些借鉴。

**3. 政府债务管理经验借鉴**

在债务管理方面，这些国家也初步建立较完善的管理制度。美国主要采取约束性制度，一般举债必须经听证、公决、议会的批准。在风险管理方面已采取硬预算约束、预算管理、发行审批、规模控制、风险预警、偿债准备金、信用评级制度、透明度要求和市场化约束等制度。英国政府债务管理采取谨慎性制度，在债务管理方面，严格控制政府债务规模。谨慎性制度，包括谨慎性准则、谨慎性指标及具体的执行手段，偿债准备金、采用权责发生制编制政府债务预算和财务报告等。德国从源头就开始控制风险，具体包括在举债前期对利率风险、市场风险进行评估，确定合理的举债价格和发行成本，并采取应对风险的办法和措施，在举债后采取多种措施进行债务全过程管理，以控制风险，不断创新政府债务管理模式。在技术层面上，德国能够通过精确计算国库现金流以确定政府资金需求，运用市场化手段降低债券利率成本和控制风险。日本政府债务发行实行计划管理，每年都编制政府债务计划，计划内容具体包括政府债务发行总额、用途以及各种发行方式的发债额等。日本对各地方政府举债实行严格的协议审批制度，以控制债务规模。这些国家政府债务管理经验非常值得借鉴。

## 六、政府债务预算与绩效管理制度创新及政策建议

**1. 政府债务预算制度创新与政策建议**

坚持在大制度结构中分析财政预算制度。财政预算制度并不是单独发展变化的，它受到国家政治制度、经济制度、社会意识形态、权力架构、利益格局、社会主体地位及意识变动等多方面因素影响，在上述制度格局中，任何变动都会影响和波及财政预算制度，从而触发财政预算制度变迁。因而，本书坚持在大制度结构中研究财政预算制度变迁，总结提炼政府债务管理规律，探讨政府预算管理路径，设计一套有利于提升我国政府债务预算管理水平的制度体系，具体包括政府债务预算编制、执行、审批等管理制度。建立全方位、多层次和广覆盖的政府债务预算管理体系，提出完善我国债务预算监督体系的基本原则和具体设想。

**2. 政府债务支出绩效评价制度创新与政策建议**

分析我国政府债务管理制度的基本框架，包括举债权限管理、规模控制管理、预算管理、债务信息披露制度、债务监管制度、债务偿还和化解机制等。为适应新时期政治、经济和社会发展需要，借鉴发达国家政府债务管理先进经验和规律，破解政府债务管理的难题和矛盾。以提高资源的配置效率和资源使用效益为基本原则，以完善政府债务管理的绩效评价体系为目标，从政府债务化解主体的激励机制、政策协调机制、绩效评估机制与执行监督机制等维度系统设计政府债务绩效评价体系，寻找政府债务绩效评价的新思路，为我国政府债务支出绩效评价设计一套制度体系并提出政策建议。

## 第三节　研究方法、重难点及创新点

### 一、本书拟解决的重点、难点

问题1：如何科学地构建政府债务预算管理体系？

理由：科学地构建政府债务预算管理体系是本书的中心问题之一，政府债务预算管理涉及多方面内容，宏观方面涉及预算管理制度体系，包括编制制度、指标体系、编制流程、首席财政负责人制度、债务统计与报告制度和信息披露制度

等内容，微观层面涉及具体编报表内容、债务预算报表如何体现政府债务预算信息、细化债务预算管理制度、建立政府综合财务报告制度、推进项目库和标准体系建设和债务项目支出预算报告等内容，这些都是本书拟解决的关键问题，也是政府债务预算管理的重点难点问题。

问题2：如何科学地设计政府债务绩效评价指标体系？

理由：政府债务绩效评价指标体系是科学评价政府债务绩效的重要前提，而政府债务作为政府财政支出的重要组成部分，与一般财政支出不同的是债务支出具有有偿性，需要偿本付息，既强调社会效益，又强调经济效益，绩效评价指标体系设计目标和原则具有多维性、复杂性。如何科学设计这些指标体系使其满足政府债务绩效评价需要也是关键问题。

问题3：如何科学地构建政府债务绩效评价方法与模型？

理由：科学地评价政府债务绩效是本书的中心问题之二，为确保政府债务绩效评价科学性，必须构建一套科学的评价方法与模型，而如何用一套科学方法度量政府债务支出绩效，如何选择度量绩效指标和方法评价政府债务绩效是本书的研究核心和重点。结合政府债务支出绩效评价指标体系和政府债务的自身特点，借用成本—效益分析法、综合指数法、生产函数法、层次分析法、主成分分析法、模糊综合评价法、DEA方法和灰色关联法等多种绩效评价方法来构建政府债务的绩效评价方法，以便系统地评价政府债务支出绩效，从而科学地把握政府债务支出变动的内在规律。

问题4：如何设计和创新政府债务预算管理制度与政策建议？

理由：财政预算制度并不是单独发展变化的，它受到国家政治制度、经济制度、社会意识形态、权力架构、利益格局、社会主体地位及意识变动等多方面因素影响，在上述制度格局中，不同的变动都会影响和波及财政预算制度，从而触发财政预算制度变迁。因而，本书坚持在大制度结构中研究财政预算制度变迁，总结提炼政府债务管理规律，探讨政府预算管理路径，设计一套提升我国政府债务预算管理水平的制度体系并提出政策建议，包括政府债务预算编制、执行、审批等管理制度。建立全方位、多层次和广覆盖的政府债务预算监督体系，提出完善我国预算监督体系的基本原则和具体设想。

问题5：如何设计和创新政府债务绩效评价制度与政策建议？

理由：分析中国政府债务管理制度的基本框架，包括举债权限管理、规模控制管理、预算管理、债务信息披露制度、债务监管制度、债务偿还和化解机制。为适应新时期政治、经济和社会发展需要，借鉴发达国家政府债务管理先进经验，破解政府债务管理的难题和矛盾，以提高资源的配置效率和资源使用效益为基本原则，以完善政府债务管理的绩效评价体系为目标，从政府债务化解主体的激励机制、政策协调机制、绩效评估机制与执行监督机制等维度系统设计政府债务绩效评价体系，探讨政府债务绩效评价的新思路，为我国政府债务支出绩效评价设计一套制度体系并提出政策建议。

## 二、研究方法

（1）综合分析与典型个案分析相结合。运用综合分析法对我国政府债务现状和效应进行系统分析，对政府债务效应分析的研究结果进行聚类分析，分析政府债务和财政风险之间的关系。在东、中、西部地区分别选取样本省、市，用个案调查法，通过个案研究全面了解政府债务规模和现有管理情况，从而有利于构建政府债务预算管理和绩效评价体系。

（2）实证分析与规范分析相结合。本书主要使用访谈、问卷调查等方法。访谈法：以电话访谈和实地访谈为主，了解不同政府的债务管理和债务管理的相关建议。问卷调查法：运用调查问卷表收集不同群体关于治理政府债务的真实意愿。同时，从理论上规范分析与阐释债务预算和绩效评价方案。

（3）定性分析与定量分析相结合。本书将定性分析和定量分析相结合，在定性分析中，以制度经济学分析方法为主，同时采用博弈论、动态经济等理论分析手段；在定量分析中，以计量经济学分析方法为主，分别采用因子分析、Hodrick-Prescott 滤波分解、单位根检验、协整检验、Granger 因果关系检验、时间序列模型估计、VAR 模型、脉冲响应函数等技术手段。在对政府债务绩效评价时，引入聚类分析法、因子分析法和层次分析法，筛选与设计指标体系，采用 BCC 模型、Malmquist 等技术手段构建债务评价方法。基于聚类分析法，建立债务评价指标体系，通过因子分析法，构建绩效评价指标的多个公共因子，然后借助神经网络理论构建政府债务绩效评价模型。

（4）国际比较与现实国情相结合。我国政府债务问题和管理既有多数国家的普遍性，同时又具有一定的特殊性。本书对西方发达国家和我国政府债务管理经验进行比较分析，重点借鉴发达国家的预算管理和绩效评价经验，为我国更好地解决政府债务问题提供借鉴。同时，立足于我国国情，以期形成符合中国国情的政府债务管理框架。

（5）归纳法和演绎法相结合。本书拟归纳出政府债务预算管理和绩效评价的一般理论原理和发展趋向，也注重从一般的规律中演绎出符合实际需求的应对政策。为了建立起符合我国国情的政府债务管控体系，本书通过对政府债务预算管理与绩效评价的业务流程和数据流程进行分析，利用结构化的程序设计方法，具体设计一个预算管理和绩效评价相结合的政府债务治理方案。

## 三、主要创新之处

### （一）研究问题切入点有所突破

本课题是首席专家在 2014 年 12 月向教育部社科司推荐的选题，从研究学术史综述得知，国内外学者在政府预算管理、公共支出绩效评价和政府债务管理方面开展了系列研究，取得了丰硕成果，为我国财政事业发展提供了很好的理论支持。然而，现有政府债务治理研究主要聚焦地方政府债务化解和风险防范等问题，少有从债务的源头（预算管理）和使用效果（绩效评价）"两头"研究政府债务治理问题。按照党的十八届三中全会财政工作精神和《预算法》（2014）的规定，我国财政改革大趋势是建立全口径预算和提高财政资金使用效率，把政府债务纳入预算管理，从源头上控制债务也是财政改革的必然要求。同时，建立一套科学的政府债务绩效评价体系，系统地评价其绩效也是防范和化解债务风险的重要举措。因此，本课题以债务的预算管理和绩效评价为切入点提出政府债务治理的新思路具有创新性。

### （二）研究内容创新之处

一是构建多维度的政府债务预算体系。系统阐述我国地方政府债务预算管理框架，探讨建立长效机制的政府债务管理制度。基于政府债务预算管理的理论和实践，本课题多维度构建政府债务预算管理的科学体系，为政府债务预算管理提供方法和支撑体系，主要包括六种方法，为保证方法的科学性，对这些方法做实证检验分析，主要包括构建多期 DID 模型研究债务分权如何影响地方政府预算纪律；基于动态调整模型的地方政府债务规模测算；基于回归分析的地方政府债务规模测度；地方政府专项债的马太效应实证检验；基于 KMV 模型的地方政府债务风险测度。

二是构建六种政府债务绩效评价方法，运用这些方法评价我国地方政府债务绩效。在政府债务支出绩效评价指标体系方面，结合本书研究拟采用的方法、模型以及政府债务支出的自身特点，初步设计我国政府债务支出绩效评价指标体系。根据初拟指标体系中各项指标间关系的密切程度（相关系数）与概括能力（贡献率）大小，筛选出具有决定意义的指标并确定指标权重，确立绩效评价指标体系。设计六种债务绩效评价方法，并结合这些方法，选取标量，用相关数据做实证分析。主要方法包括：基于 DEA 的地方政府债务绩效评价；基于随机前沿法的地方政府债务绩效评价；基于 ANP 和熵权法的政府债务绩效评价；基于模糊综合评价法的政府债务绩效评价；基于 SUPER – SBM 分析法的地方政府债务绩效评价；基于层次分析法和专家打分法的地方政府债务绩效评价。

## （三）研究方法创新之处

学科交叉研究和各种研究方法的综合运用。本课题的研究不仅涉及财政学、金融学、制度经济学和计量经济学等多学科，还将综合运用政治学、投资学、社会学、历史学等多学科的研究方法。具体而言，经济学的博弈论分析、收益—成本分析、计量经济学方法、经济学与政治学交叉的公共选择分析、社会学样本分析、经济学与历史学交叉的制度变迁分析以及比较研究方法，在本课题研究中都将得到运用，这也是本课题研究的特色。

## （四）分析工具的突破

本课题以系统科学理论为指导，运用计量经济分析、演绎推理法构建评价体系及开发绩效评价软件，结合有关信息集成、组织集成、管理集成和绩效评价指标制定的理论和方法，利用不同绩效方法之间的联系，集成不同绩效评价方法，构建一套完整的、动态的集成绩效评价系统，瞄准财政学理论、公债学和预算研究的前沿进展，建立集成的绩效评价体系，为我国政府债务治理提供综合性的预算管理和绩效评价的理论与方法。本课题还组织了计算、管理信息系统方面的学者，负责开发政府债务预算管理和绩效评价的软件。

# 上 篇

地方政府债务
预算管理

# 第二章

# 政府债务预算管理文献梳理

规范化、制度化地加强地方政府债务预算管理是构建和完善现代财政制度的重要组成部分，也是提升和加强国家治理能力现代化水平的重点。本章主要从政府债务研究综述、地方政府债务治理、政府预算理论、政府预算方法、预算公共责任和政府预算管理等方面梳理政府债务预算管理的相关文献。其中，政府债务研究综述包括政府债务相关理论、政府债务成因分析、政府债务风险管理以及政府债务可持续性分析等；地方政府债务治理措施包括财源建设、约束机制、风险防范、绩效评价和预算管理等；政府预算理论包括渐进预算理论、官僚预算最大化理论以及预算支出增长理论等；政府预算方法包含分享排列预算、绩效预算、零基预算、新绩效预算和计划项目预算等方法；预算公共责任包括预算软约束和预算监督等；政府预算管理包括预算制度、预算执行管理、预算编制和政府债务预算等。

## 第一节 政府债务研究综述

### 一、政府债务相关理论

#### （一）西方政府债务经典理论

**1. 早期古典学派理论**

20世纪30年代以前，经济学家们一般反对国家干预，主张政府无为而治，因此,那一时期的古典学派基本上否定政府借债的作用。负债有害论,是经济大危机以前的正统公债理论。作为自由资本主义时期政府债务思想的代表和古典经济学派的创始人,亚当·斯密(Adam Smith,1776)认为,公债对国民经济的发展是有害的,公债完全不是追加的资本,而是对国内现有资本的扣除,并且会造成社会劳动和物质财富的非生产性的耗费。古典经济学的大卫·李嘉图(1817)也认为公债是国民资本被浪费的因素,政府债务对经济的发展无贡献,反而存在较高风险。

**2. 新经济学派理论**

20世纪30年代的经济大衰退,引起了人们对市场机制的重新思考,产生了所谓"政府债务新理论",这一时期的大多数经济学家对公债的态度开始由否定转向肯定。其代表性人物凯恩斯(1936)认为,经济大衰退的原因是有效需求不足,克服有效需求不足就需要政府增加公共支出,推行赤字财政。他认为,政府债务对经济的正面效应超过其带来的风险,鼓励适当举债。作为新凯恩斯主义的代表性人物,萨缪尔森(1972)则认为,政府债务与私人债务有所不同,他主张运用减税刺激经济,支持借债融资,政府债务的增加与否,必须根据整个国民经济的增长情况而定。

**3. 20世纪90年代以来的西方政府债务理论**

这一时期西方政府债务理论的重大发现就是政府"隐性债务"和"或有债务"概念的提出,同时财务管理理论开始逐步应用到政府债务管理实践中。美国教授哈维·罗森(1992)提出,政府债务包括政府的直接债务和隐性债务。隐性债务是由于政府承诺未来支付一定数额款项而产生的。由于隐性债务的不明显性,导致分析时的范围如何界定存在困难。对此,罗森教授提出根据经济分析的目的来界定政府债务的分析范围。20世纪90年代,世界银行的高级经济学家汉纳·波兰克瓦(Hana Polackova)提出了"政府或有负债的"的概念,其财政风险矩阵是一个理论突破,在矩阵中,她提出了新概念——"隐性债务"和"或有债务",并对其作了明确的界定和区分,这无疑为全面分析和评估政府债务提供了一个有用的工具。

**4. 西方经典公债效应理论**

政府效应理论有三种观点——政府债务有害论、有益论和中性论。政府债务有害论:亚当·斯密(1974),他主张自由竞争的资本主义,反对政府干预和政府举债,认为政府偿还债务时会加重人民的税收负担,并具有很大的风险,长远来看,税收制度更具有稳定性和规律性,税收制度优于政府债务制度。扎伊尔(Zaire,1803)提出政府举债会产生代际成本。他认为政府在当代举借的债务,需要在以后的若干年内通过增加税负的形式来积累资金偿还债务,这无疑也就加重了后代人的税收负担。里卡多（Ricardo，1817）认为发行公债会对生产性投资产生挤出效应。政府发行的公债如果不能用于生产，就相当于把原本用于生产的资本"借"走了，使这部分资本失去了转化为产出的可能性。保罗·A.萨缪尔森（Paul A. Samuelson，1972）认为政府债务将会对资本的数量产生直接冲击，即政府债务将对私人资本具有替代作用，将使得资本量减少从而减少经济总体的产出，在这种情况下政府债务具有潜在的巨大风险。政府债务有益论：凯恩斯（Cairns）的有效需求理论，主张国家采取扩张性的经济政策，通过增加需求促进经济增长，实行赤字财政；他提倡政府适当举借债务，认为政府债务对经济的正面效应超过其带来的风险。① 阿尔文·汉森（Alvin Hansen）表明支持政府的举债行为，他认为在当今的经济条件下，没有必要维持预算平衡，而政府债务的持续增长将有利于经济的繁荣和充分就业的实现。②

政府债务中性论：詹姆斯·M.布坎南（James M. Buchanan）指出，公债既有利也有弊，其合理性取决于支出的预期生产力和预期收益。政府举债应当被限制用于预期可以产生长期利益的公共工程，即只适用于资本项目举债，不能用于非生产的消费性支出。③ 斯蒂格利茨（Stiglitz）从金融学的角度丰富了政府债务理论，分析了公债资金用途与公债负担之间的关系问题。他对公债理论的最大贡献就是引进了开放经济条件和资本市场要素来分析公债的影响机制，并据此成功解释了20世纪80年代美国高额的贸易赤字和财政赤字同时出现，即所谓的"双赤字"现象。④ 哈维·罗森（Harvey Rosen，1985）提出了政府"隐性债务"的概念，他认为要根据经济分析的目的来计算资产和负债的合理规模。从效率的角度来看，税收融资和债务融资必须在它们各自产生的超额负担的基础上进行比较。如果不存在任何排挤，债务融资的超额负担小一些，但排挤一旦发生，这个结论可能会反过来。海曼（Hyman）从公共财政的角度考虑了外债对本国经济的影响，认识到用借债的办法来筹集政府经费就意味着未来税收收入中相当大的部分要用来支付该债务的利息而不是用来提供政府服务。⑤ 如果预算赤字持续多年，那么这一代纳税人就会将税收负担转嫁给下一代纳税人，导致下一代人的生活质

---

① Cairns. Commercial Policy and the Outlook for International Trade in Agricultural Products [J]. *Agricultural and Food Sciences，Economics*，1936.

② Hansen A H. *Fiscal Policy and Business Cycles* [M]. Fiscal Policy and Business Cycles. W W Norton & Company Inc.，1941：55 – 78.

③ Buchanan J M. *Public Principles of Public Debt* [M]. R. D. Irwin，1958.

④ Stiglitz E J. The Role of the State in Financial Markets [J]. *World Bank Economic Review*，1993，7（1）：19.

⑤ Hyman，David N. *Public Finance：A Contemporary Application of Theory to Policy* [M]. Dryden Press，2002.

量下降。

## （二）国内政府债务理论

1981年，我国开始恢复发行公债，因此这个阶段理论界研究的重点主要集中在中央政府公债方面，主要讨论公债的负担、数量界限、公债与财政赤字的关系等问题。可以说，这一时期，我们对政府债务概念的理解还是相当狭隘的，所研究的对象多数也是政府的债务数量界限、公布的账面赤字和发行的国债规模，对隐性赤字和其他类型的政府债务基本没有进行研究。1998年，我国实行积极财政政策，随着实践中部分政府债务问题的出现，政府债务问题研究成为一个既具有理论意义又具有重大实践意义的课题进入理论界的视野，对于政府债务理论的研究重点也开始从中央政府公债开始转向地方政府隐性债务层面。

樊纲是国内比较早涉及政府隐性、或有债务的学者，虽并没有提到"或有债务"的概念，但实际上，他把属于政府或有隐性债务性质的银行坏债列入国家债务的范畴，因此"国家综合负债率"的分析框架实质上已经包含了政府隐性、或有债务的因素。[①] 张春霖在论及中国政府债务的可持续性问题时也指出：中国公共部门债务或国有部门债务远大于现在所计算的财政债务，其中造成差别最大的两个项目一是国有银行体系的不良资产的潜在损失，二是隐性养老金债务。他认为一定要考虑政府的"隐性负债"，使用公共部门债务这一范畴的根本原因在于中国的国有经济仍然是一个由财政、银行、企业三个部门组成的巨型公司。[②] 贾康和赵全厚的研究区分中国国债的名义规模和现实规模这两个不同的范畴，他们认为由于存在着各种形式的性质上类似于国债的政府债务，中国国债的现实规模要远远大于其名义规模。[③]

在一定的条件下，隐性债务会显性化，而或有负债也会变成直接、必然的债务。中国在转型时期积累的隐性、或有债务已经成为中国国债规模的潜在增加因素。贾康和赵全厚把这些预算外的国家负债分成了六类，包括因工资欠发而形成的债务、粮食采购和流通中的积累亏损、国有银行的不良贷款形成的国家隐性债务、其他公共部门债务、社会保障资金债务、供销合作社系统以及农村互助合作基金坏账中需要财政"兜底"的部分。马拴友在国内首先运用了汉娜的财政风险矩阵，从直接显性债务、隐性债务和或有债务三个角度对中国公共部门的债务进

---

① 樊纲：《论国家综合负债——兼论如何处理银行不良资产经济研究》，载于《经济研究》1999年第5期。
② 张春霖：《如何评估我国政府债务的可持续性？》，载于《经济研究》2000年第2期，第66~71页。
③ 贾康、赵全厚：《国债适度规模与我国国债的现实规模》，载于《经济研究》2000年第10期，第46~54页。

行了估算。他指出中国政府总债务占国内生产总值（GDP）的比重已相当高，单国内债务负担率 1999 年合计已达 72.4%，财政的潜在风险已经很大。① 刘尚希提出了或有债务管理的政府双重主体假定说，认为转轨时期政府显性与隐性债务、直接与或有债务产生的理论根源是：地方政府在社会中具有双重身份，既是一个经济主体，又是一个公共主体。由于身份不同导致承担的风险不同，由此形成的债务风险也不尽相同。② 在刘尚希和赵全厚（2002）的研究中，他们依据财政风险矩阵的框架对中国政府的债务规模进行了更为全面和细致的估算。根据他们的估计，2000 年中国政府总债务规模占到当年 GDP 的 130.6%，其中或有债务占 GDP 的比重为 65.6%。

于海峰等在对政府债务成因进行论述的基础上，指出地方或有债务和隐性债务的大量存在以及债务信息的不透明导致政府信用较难判断，应当建立政府财务报告制度，披露政府资产负债情况，摸清政府债务总量及结构。③ 王明艳指出，或有债务是指在某一些不确定性事件发生的前提下才会实现的责任，我国政府或有债务具有条件性、不确定性、隐蔽性等特征。④ 马恩涛认为，不仅要认识到由政府显性担保所导致的显性或有债务，还要认识到更多的因为政府最后"兜底"功能而导致的隐性或有债务；不仅要认识到已经直接化了的或有债务所导致的现实风险，更要充分认识还未暴露的或有债务的潜在风险。⑤ 刘慧芳指出，在各种约束条件下，政府只能依靠隐性和或有负债来实现自己的政策目标，政府所采取的机会主义的手段有多种，目的是将显性债务隐性化，将直接债务或有化。⑥ 孟淼认为地方政府或有债务是中央政府管辖的、拥有行政管理权力的各地方政府，当发生某一特定事件后，依据相关法律条文的规定，向债权人履行偿付资金的义务；或者在没有法律或协议约束，且债务的数额、期限、风险价值都不确定的情况下，地方政府在道义上仍需承担的一种责任。⑦ 胡欣然等（2018）基于新供给理论，指出地方债务作为资本性公共产品支出波动的工具具有合理性与必要性；分析了在供给侧结构性改革下政府债务的管理规范化的同时存在信用等级等问题，应从制度供给层面入手解决债务难题。张婉苏（2024）认为地方政府债务治

---

① 马拴友：《中国公共部门债务和赤字的可持续性分析》，载于《经济研究》2001 年第 5 期。
② 刘尚希：《中国财政风险的制度特征："风险大锅饭"》，载于《管理世界》2004 年第 5 期，第 39~44 页。
③ 于海峰、崔迪：《防范与化解地方政府债务风险问题研究》，载于《财政研究》2010 年第 6 期。
④ 王明艳：《或有债务视角下的主权债务危机分析》，北京交通大学硕士学位论文，2011 年。
⑤ 马恩涛：《政府或有债务控制：国外经验与启示》，载于《财贸研究》2012 年第 5 期。
⑥ 刘慧芳：《财政机会主义与完善地方政府或有债务预算管理》，载于《地方财政研究》2013 年第 5 期。
⑦ 孟淼：《基于全面风险管理的地方政府或有债务会计研究》，载于《财会通讯》2014 年第 7 期。

理的法治逻辑和实践维度呈现出的复杂性和多层次性等特征是由于央地关系"上下"多层次的政治结构,地方政府债务需要制度支撑和保障,为有效化解债务负担政府应加强治理手段和规制工具的运用。

## 二、政府债务成因分析

### (一) 公共产品层次理论

以蒂布特(Tiebout, 1956)、马斯格雷夫(Musgrave, 1959)、奥茨(Oates, 1972)等为代表的第一代财政联邦理论提出了通过多层级的政府体系提供公共品,比由单一的中央政府对所有公共支出做出决策更为有效。一般而言,政府债务与联邦债务形式不同,主要是长期债务融资的目的是教育和公共设施。① 地方政府最主要的职能就是提供地方性公共产品,而公共产品的有效供给则要求地方政府强有力的融资保障。从理论角度看,税收和公债分别是弥补地方政府经常性支出和资本性支出的最优手段。但是,由于地方政府财政收支经常出现一些季节性和临时性的不平衡,少数国家如加拿大、美国、德国等还允许地方政府通过借债为临时性的经常性财政收支缺口融资。不过出于财政纪律的考虑,为防止地方政府过度举债或债务规模失控,大部分国家依然明确禁止地方政府通过举债为经常性支出融资。② 李晓红(2017)认为随着经济社会发展,人们对公共产品需求增加,政府需扩大财政支出以满足需求,导致财政赤字和政府债务增加。公共产品边界漂移成为政府债务扩张的重要原因,地方政府背负巨额债务以促进本地区经济发展。

### (二) 财政分权理论

在计划经济下,政府部门的经济决策由中央政府统一集中做出,地方政府的财政自主性基本丧失。只有当中央政府将部分财政自主权下放到地方时,地方政府才有可能出现财政不平衡和举债融资的需要。③ 基于财政分权的视角,有学者在对印度地方政府筹资和地方政府债务发行进行研究时发现:地方债的发行与地

---

① John L Mikesell. *Fiscal Administration: Analysis and Applications for the Public Sector* [M]. Wadsworth Publishing, 2002.
② 类承曜:《我国地方政府债务增长的原因:制度性解释框架》,载于《经济研究参考》2011年第38期,第23~32页。
③ 龚强、王俊、贾坤:《对中国地方政府债务问题的政策建议》,载于《经济研究参考》2011年第54期,第23页。

方政府事权相对应。由于各联邦的经济发展参差不齐，税制结构迥异，致使近年来很多地方的收支差距越来越大。这不仅需要邦和地方政府发行债券，而且需要各地健全债券市场，以鼓励地方政府直接进入市政债券市场来为基础设施建设筹资（Henmanta K. Pradhan，2003）。关于地方政府的举债动因，国外文献主要归纳为以下几点：一是地方政府若通过税收来为公共支出融资有违代际公平原则；二是通过借款为公共投资提供资金的投资效率更高，公共服务的运营成本也更低；三是借款融资可为地方政府的临时性赤字提供一个平滑缺口的方法；四是地方政府借债融资有助于促进对地方政府的问责，激励地方政府要降低自己的借款成本，就必须注意维持财政平衡和进行良好的财政管理（World Bank，2004）。李淑娟指出，中国式分权下地方政府的竞争是投资驱动型的竞争，竞争的实质是资金的竞争。① 以中央政府满意和地方经济控制权为利益函数的地方政府更重视短期性的、显性的经济增长，这就异化了地方政府的融资行为。地方政府并不把依靠培养税基而增加的税收作为重要的资金来源，而是首选债务融资。

沈雨婷（2019）指出地方政府财政集权程度的增加能够显著降低其债务融资需求，但地方官员任期年限增加带来的晋升压力，会推动当地城投债的发行，完善对地方债务现状成因的理解，通过对2005～2013年中国各省城投债发行数据的实证分析得出结论。刘馨月等（2021）认为财政支出分权程度越高，地方政府债务水平也随之提升；地方政府间存在举债竞争，相邻地区债务水平相互影响。为了规范债务管理应加强官员考核与公共品供给机制。詹绍菓等（2023）结合财政制度环境因素，深度探讨财政分权与地方政府债务规模之间的内在联系及其作用机制，以2009～2017年全国30个省份面板数据为基础，检验财政分权对地方政府债务规模的影响，指出财政分权对地方政府债务规模的影响呈现显著的倒"U"型关系。

### （三）政府职能理论

有学者指出，通过借款来满足政府的部分资本支出需求是正当的。消防、治安、公路、下水道等城市化设施的加速发展需要大量的建设资金，仅靠政府自身的财力积累是远远不够的，需要通过发行市政债券、银行借款和融资租赁等形式进行债务融资（Vander Ploeg' Casey，2004）。由于地方政府支出也是全国财政支出的一部分，同样具有乘数效应，因此在符合条件的地区，如果允许中央政府代地方发行债券，不仅可以拉动地方经济的加速发展，而且能够通过公共支出的乘

---

① 李淑娟：《解析政府竞争视角下的地方政府融资行为——兼论我国地方政府债务形成与膨胀》，载于《现代经济探讨》2014年第1期，第47～50页。

数效应使国民总产出成倍增长。① 在我国西部大开发的战略背景下，政府债务的出现为地方政府造就了一个灵活的筹资机制，可以有效解决西部大开发战略中存在的资金供求矛盾。② 亦有学者进一步指出，地方政府债务是解决地方财政赤字的客观要求，对我国稳健财政政策的实施有着积极的推动作用。③ 有学者通过实证发现，乡镇债务的确对乡镇财政支出和乡镇经济增长产生了显著的正向影响，政府通过举债改善当地的投资环境，吸引私人投资，并通过公共品的建设提高了居民福利水平，履行了政府职能。④ 也有学者认为，政府债务的积极效应有提供公共产品与服务效应、经济增长效应，地方政府的债务支出能够促进地方发展、改善民生环境，为地方经济增长起到推动作用。⑤

国内外已有研究成果从经济发展、财政体制、政府行为等方面探讨了政府债务形成及增长原因。

从经济发展的角度来看，恢复和发展经济的各种经济社会项目建设，是促进政府债务形成及增长的主要原因。迈克塞尔（Mikesell）认为形成政府债务的原因大致有三个：弥补财政赤字、为资本性建设项目融资、在某一财政年度中弥补短期资金不足。⑥ 曹信邦等以经济发达地区为例，指出政府债务规模与经济发展水平呈现高度相关性，而这些政府借款主要用于经济建设。⑦ 安春明指出政府为拯救经济，安排4万亿元投资计划，这在很大程度上迫使地方政府举借债务。⑧ 于海峰和崔迪（2010）指出，强烈的利益动机将导致地方政府追求本地区经济快速增长，而这样一个以"政府代替市场"的投资行为必然导致政府投资过宽，不得不通过举借债务来实现。中国人民银行靖安县支行课题组（2011）通过实证指出，地方工业发展、城市功能完善等均要求增加地方政府债务，同时也能取得较好效益。拉奇福德（Ratchford，1947）指出美国1930~1940年的联邦债务达到

---

① 姚新民：《对中央政府代理地方政府发债筹资的思考》，载于《上海财税》1998年第8期，第20~21页。
② 张琳、陈本燕、邹敏：《西部大开发中发行地方政府债券的思考》，载于《财经科学》2001年第S1期，第85页。
③ 王鹏程、赵晓东：《关于地方政府发债的制度构想》，载于《经济论坛》2006年第10期，第102~104页。
④ 陈彩虹、陈东平：《乡镇政府借债影响因素的实证分析——基于江苏省的调查研究》，载于《农业技术经济》2010年第7期，第98~104页。
⑤ 汤睿君：《浅论地方政府债务的效应及原因》，载于《时代金融》2012年第24期，第228、245页。
⑥ Mikesell, John. The Threat to State Sales Taxes from Ecommerce: A Review of the Principal Issues [J]. Municipal Finance Journal, 2002 (3): 48 - 61.
⑦ 曹信邦、裴育、欧阳华生：《经济发达地区基层地方政府债务问题实证分析》，载于《财贸经济》2005年第10期，第46~50页。
⑧ 安春明：《关于地方政府债务风险生成机理的探讨》，载于《社会科学战线》2009年第2期，第263~265页。

325亿美元，除了30亿美元用于退伍军人的津贴外，其余全部用于和平年代的经济社会项目支出，主要目标是实现经济复苏。希尔德雷思和米勒（Hildreth and Miller，2002）通过实证得出，政府债务与经济发展息息相关，一方面，政府债务举借越多，对未来地方经济发展越具有较大的促进作用；另一方面，地方经济总量积累越大，越能为举借债务奠定较强的承载能力基础。伊斯兰和汉森（Islam and Hasan，2007）以美国战后时期为例，实证得出公共债务虽然伴随一定的通货膨胀，但能带来资本积累和实际产出增长，这也就成为各地举借债务发展经济的重要依据。格雷纳（Greiner，2012）认为债务对经济增长的影响完全取决于经济中"刚性"因素的存在，特别是在一个不存在劳动力供给刚性的模型中，债务会对劳动力供给、投资以及经济增长产生负面影响。然而，在存在工资刚性和失业的情况下，公债对资源的分配没有影响，但如果公债是为生产性投资提供融资，债务会对经济增长产生正面影响。陈丽宇（2019）以山东省17个城市为例，认为地方政府债务对经济发展有阈值效应，指出适当负债促进经济增长，但超过阈值则抑制增长，且各区域阈值存在差异，需控制债务规模以促进经济健康发展。盛虎等（2020）通过地市级数据实证分析指出政府债务与经济增长间呈非线性倒"U"型关系，西部地区因经济水平低，而东中部地区不显著。地方政府债务通过生产性支出促进区域经济增长，消费性支出传导作用不明显。林毅夫等（2023）聚焦地方投资平台债务的角度指出地方政府通过投资平台举债，在短期内能显著推动经济增长，而在长期内，这种债务对经济增长的促进作用依然显著。

  从财政体制的角度来看，政府间财政分权及预算制度导致的财力减少、支出扩张，是政府举借债务的直接原因。格林（Green）从税收国家和债务国家的关系出发，指出向居民征税与举借债务具有替代性，在税收减少的情况下政府不得不举借债务。① 唐普勒（Temple）指出，在公共基础设施投资中，应该采用当前税收收入还是应该利用市政债券，很大程度上取决于居民收入水平，一般情况下，税收比重过低是导致政府盲目举债的直接原因。② 泰雷莎和克雷格（Teresa and Craig）将政府债务膨胀归因于一国政府间不合理的财政关系，包括横向和纵向的财政非均衡缺口，以及政府间缺乏透明的转移支付标准等。③ 克罗尔（Krol，1997）认为预算条例将决定政府收入和支出大小，从而也就决定地方政府是否会

---

① Green, Christopher. From Tax State to Debt State [J]. Journal of Evolutionary Economics，1993（1）：25-43.
② Temple, Judy. The Debt/Tax Choice in the Financing of State and Local Capital Expenditures [J]. Journal of Regional Science，1994（4）：529-548.
③ Teresa and Craig. Control of Subnational Government Borrowing [R]. Fiscal Federalism in Theory and Practice IMF，1997.

举借债务，因此预算软约束导致的支出膨胀是政府债务风险形成的根源。在国内，郭琳和樊丽明也指出财政体制缺陷会引发我国政府债务风险，包括政府间事权与支出责任划分不清形成的偿债意识缺乏和财政收不抵支。①

呼显岗认为国家实施积极的财政政策导致地方支出压力过大，以及分税制改革不彻底导致地方政府事权与财权不匹配，以此导致债务增加和偿债能力弱化。②张远（2005）认为我国非正式预算体制的软约束，会推迟正式预算制度的完善过程，使地方政府收支进一步弱化，从而衍生出举债筹资欲望的制度化。安春明（2009）指出伴随着分税制改革，地方在经济分权和赶超战略的驱动下开始自主地发挥资源配置功能，在预算财力无法满足的情况下，开始运用债务工具弥补建设资金的缺口。贾康等指出分税制改革虽然规范了收入分配，但是并没有解决财力与事权匹配的问题，任何一项宏观经济政策的实施都会增加地方政府的支出压力，从而被迫举借债务。③蔡玉（2011）指出在我国事权和支出责任不明晰的背景下，中央出台的各项民生政策，地方政府只能依靠举借债务落实。

牛成喆等（2016）指出，地方政府预算约束的软化为地方政府过度举债提供了空间，官员的政治激励机制也促使地方政府为了追求经济增长和政绩，过度依赖债务资金进行投资。龙俊桃等（2018）指出，地方政府债务的形成及增长主要源于财政管理体制对地方政府财权的束缚，以及地方政府在追求绩效过程中不合理的举债行为，这些导致了债务规模的迅速扩张和风险的日益累积。中国人民银行广州分行国库处课题组（2019）指出，经济新常态下地方财政存在事权划分不清、土地财政、债务举债权利及偿还责任不对等、转移支付制度缺陷等问题，使得地方财力结构变化过程中产生负面影响，这些问题促使了地方政府性债务的形成。

从政府行为的角度看，在信息不对称的条件下，政府作为"经济人"将追求自身利益最大化，导致债务规模膨胀。罗登（Rodden，2002）指出无论是发达国家还是发展中国家，拥有自由支出权限的政府积累了大量不可持续的赤字，并要求中央政府通过增加转移支付或提供特别的救助等方式承担起部分或全部债务。欧普拉斯（Oplas）认为越来越多的政府债务出现，主要表现为政府在财政上的不负责任，而且这种不负责任已经成为一种规则，即政府在职期间因为需要支付其前辈欠下的债务从而导致自身财政压力，所以，这些政府官员不仅借款支付债

---

① 郭琳、樊丽明：《地方政府债务风险分析》，载于《财政研究》2001年第5期，第65~68页。
② 呼显岗：《地方政府债务风险的特点、成因和对策》，载于《财政研究》2004年第8期，第42~45页。
③ 贾康、刘微、张立承、石英华、孙洁：《我国地方政府债务风险和对策》，载于《经济研究参考》2010年第14期，第2~28页。

务，同时也采用债务来供给新的福利工程，由此导致债务越积越多。① 雅佳和佐藤（Akai and Sato）指出，政府举债事前激励一旦与中央政府实施救助或者成本分担行为相结合，那么就可能导致政府过度举债行为。②

在国内，冯静和石才良在解释政府违约博弈模型理论基础上，得出政府成为独立预算主体就会产生转移债务成本的动机；资本市场不完善或银行体系不成熟，分散或抗拒风险能力不强，就会增强地方政府对中央政府救援的预期。③ 安春明（2009）指出，如果地方政府作为"经济人"追求自身利益最大化，那么就会将个人或所属组织的利益凌驾于公共利益之上，这种"经济人"行为将导致地方政府不顾国家利益而相互攀比举债。类承曜（2011）从治理结构来看，公民是委托人，而政府作为一种组织和制度安排是公民的代理机构，而我国政府业绩主要通过经济指标来考核，因此，政府不惜举借债务来追求经济增长。李茂媛（2012）认为，政府或政府官员自身利益包括公共利益、个人利益和小集团利益，在现行行政体制下，官员为了政治利益需要会凸显其政绩，从而不惜举借债务极力扩大支出。另外，官员还会极力扩大支出以创造设租和寻租的机会，也会大力举债新办各种工程。崔治文等指出，在中央政府和地方政府信息不对称的情况下，政府迫于 GDP 压力及政治升迁考虑，可能出现非理性举债的机会主义行为，另外，中央政府与地方政府行为目标的不一致也会导致地方政府盲目举债。④ 黄国桥和徐永胜（2011）认为，在现行行政管理体制下，一些地方政府官员将个人的政治前途放在首位，为了应付上级考核和凸显工作业绩，实现自身利益最大化，在任期内会超越现有财力和经济实力，不惜通过债务融资发展经济。韩鹏飞（2015）指出，我国地方政府债务之所以形成这样的布局，有着深层次的原因。首先，政府职能不清晰，导致政府将债务对外转嫁。其次，GDP 政绩考核方式促成地方政府对基础设施领域的投资冲动。最后，中央政府对五大国有商业银行的控股权，保障了市场机制在地方政府筹措资金过程中的正常运行。时红秀（2021）指出地方政府为了快速推进城镇化的发展，大量举债以支持城市开发和基础设施建设，地方政府在财政收入有限而支出压力增大的情况下，通过债务融资来弥补

---

① Oplas Bienbenido, J R. *Local Government and Civil Society* 2008 *Seminar* [R]. Friedrich Naumann Foundation Repot, 2008.

② Akai and Sato, Motohiro. Soft Budgets and Local Borrowing Regulation in A Dynamic Decentralized Leadership Model With Saving And Free Mobility [A]. Working Papers Institute Economia de Barcelona (IEB), 2009.

③ 冯静、石才良：《地方政府债务违约的博弈理论分析》，载于《中央财经大学学报》2006 年第 3 期，第 6～10 页。

④ 崔治文、刘丽、周世香：《地方政府债务风险的形成机理与规避》，载于《财政监督》2012 年第 4 期，第 73～75 页。

资金缺口;另外,地方政府缺乏有效的债务管理机制和风险控制意识,也加剧了地方政府债务的累积和增长。林志超(2023)认为地方政府在城市化加速发展的背景下需要投入大量资金用于基础设施建设,而财政收入无法满足这一需求,因此不得不通过举债来筹集资金;另外,在经济下行压力加大和疫情冲击的双重影响下,地方政府为了稳定经济增长和保障民生福祉,这些措施需要大量资金支持,地方政府通过举债来弥补资金缺口。

## 三、政府债务风险管理

### (一)政府债务风险的界定与特征

汉纳和波兰克瓦(1998)制定了财政风险矩阵,得到了四种不同性质的政府债务,即直接显性负债、直接隐性负债、或有显性负债和或有隐性负债。武彦民(2004)认为财政风险是指财政运行难以有效履行其自身职能的状态。张春霖认为,财政风险和政府的债务水平密切相关,财政风险是国家财政出现资不抵债和无力支付的风险。[①] 刘尚希(2003)认为,财政风险是政府未来拥有的公共资源与其未来支出不均衡,导致其难以履行应承担的责任和义务,以至于经济、社会的稳定与发展随之受损的一种可能性。他进一步指出,政府既是经济主体又是公共主体,财政风险是经济主体风险转化为公共主体风险时的产物,其大小与制度变迁速度有关。

黄燕芬和邬拉(2011)认为,地方政府债务作为地方政府平衡财政收支的一种手段,是社会事业发展的一把典型的"双刃剑",若利用得当,适度负债将会使地方社会事业得到长足的发展和稳定,但是若过度举债,将会危及社会的长期稳定与可持续运转,容易诱发各种社会危机,进而致使当地社会出现不和谐。李经纬(2012)将政府债务风险界定为广义的政府债务风险,即指"政府因无力履行其未来应承担的支出责任和义务,以至于使本地乃至国家经济、社会的稳定与发展受到损害的可能性"。孙哲(2013)将政府债务风险定义为政府在各种不确定性因素的影响下,对其所承担的债务无还本付息的可能性及其相应后果,如政府财政无法正常运转、拖欠职工养老金等。于树一(2014)将政府债务风险分为债务规模风险、逾期债务风险、偿债能力风险、融资平台风险和管理风险五大类,并认为政府债务风险研究应从这五个方面出发。曹萍等(2015)指出在当前经济下行压力剧增、产能出现过剩,经济步入"新常态",地方政府过度负债容

---

① 张春霖:《如何评估我国政府债务的可持续性?》,载于《经济研究》2000年第2期,第66~71页。

易给经济社会发展带来较大的风险,因此对于地方政府债务风险,有必要从公共选择理论角度进行研究。张明等(2021)认为地方政府显性债务已逼近警戒线,地方债务分布极不均衡,隐性债务内的广义债务规模庞大,融资成本过高。地方政府债务面临的主要风险包括付息压力沉重、政府广义债务负担高企、中西部地区债务压力更为突出、财政与金融风险相互溢出等。温来成等(2022)指出我国政府债务风险不仅存在债务规模持续扩大、结构不合理、偿债能力不足等显性风险,还有地方政府隐性债务、债务资金使用效率低下等潜在风险。

### (二) 政府债务风险成因分析

赵志耘(2002)、刘尚希(2003)描述了中国政府债务的风险,并进一步对这些风险的成因进行了分析,最后在此基础上提出了防范政府债务的对策和政策建议。胡静林(2006)将中国城市债务风险的形成归因于城市化加速和政府投资冲动。冉光和等(2006)利用粗糙集相关理论,解释了中国政府债务风险形成机制,并进行了实证分析。李昊等(2010)从财权事权不均衡、财政机会主义和体制历史方面分析了中国债务风险的生成机理。郭琳(2001)认为政府风险来源于体制转轨扭曲、不彻底的财政体制转轨和不完善的债务管理制度。李增来(2005)认为政府债务风险乃多重因素交互作用的结果,这些因素包括历史、职能转变滞后以至边界不清晰、监管机制不完善。宋洪远等(2004)通过实际调查,运用调查的数据,对中国乡村债务的规模、结构、风险、效应等进行了详细分析。胡静林(2006)从城市化进程加速和政府投资冲动的角度剖析了城市债务风险成因。时红秀(2007)指出竞争性政府是推动中国经济增长的重要引擎,也是引发中国宏观经济波动的重要根源。陈虹(2007)从政府债务管理体制出发,探讨了政府债务风险的成因,认为对债务风险的有效量化管理不到位、地方政府债务管理制度滞后而且缺乏相应的偿还机制、地方财政缺乏相应的举债权限,同时融资渠道相对狭窄,这些因素都在一定程度上刺激了地方政府债务风险。

安春明(2009)从五个方面细致深入地探讨了政府债务风险的形成机理,包括经济体制变迁、技术进步、经济人自利行为、政府投机举措和信息不对称。缪小林(2013)指出,经济发展、财政体制、管理制度和政府行为等虽然促进了地方政府债务增长,但并不是导致债务风险生成的真正动因,一个重要的原因是地方政府并非"责任政府"。实际上,我国地方政府债务固有地存在权责时空分离,与之相伴随的是地方政府举债权力的无约束扩张,从而不断演化为债务风险,其内在动力包括非理性的利益动机、债务责任转移预期和债务责任预期破灭。卫志民(2014)认为,长期以来,由于受地方政府投资冲动、融资平台盲目扩张及财政体制内在缺陷等因素的影响,我国地方政府面临着债务规模庞大、债务增长速度过快、债务负担沉重、资金使用率低、期限错配严重、部分地方违规融资、违规使用债务资金、偿债资金主要依赖土地出让收入等问题,重建地方政府投融资体制,防范和化解地方政府债务危机成为当务之急。

王俊(2015)认为,地方政府出于各种目的需要筹集外部资金,从不同的视角出发,地方政府债务形成可概括为四个方面的因素:(1)财政体制性因素:财政分权体制下的财权事权不对称;财政转移支付制度下的结构不完善。(2)金融体制性因素:金融分权体制下的行政干预;隐性担保机制下的非理性动机。(3)政治体制性因素:官员考核体制下的政绩激励;官员任期制度下的政治产业周期。(4)宏观政策性因素:积极财政政策下的债务累积;城镇化发展战略下的债务扩张。杨林(2015)以新型城镇化建设与地方政府债务风险的耦合关系为逻辑起点,对地方政府债务风险展开研究后发现:财权事权不对等格局下建设新型城镇化,催生地方政府债务的规模风险;以融资平台为建设新型城镇化的筹资渠道,突增地方政府债务的结构风险;偿债主体责任意识模糊引致地方政府债务的管理风险;以土地为杠杆的融资模式加剧地方政府债务的偿还风险。

林世权(2022)认为债务风险成因包括地方政府之间的竞争、预算软约束、财力与支出责任不匹配、财政收入增长乏力等造成了债务风险凸显。韩文琰(2024)指出我国专项债存在包装、谎报、闲置不用、挪作他用、低效使用等情况,这些问题与国家政策和发债初衷相违背,甚至出现收支不抵、以债养债等现象,债务风险的形成归纳为三个方面。一是理论上对专项债发挥财政工具作用的方向界定不准;二是制度安排上赋予了专项债券过多的财政职能;三是实践中存在"财政幻觉"。郑越(2024)认为债务风险成因首先是政府为解决财政分权衍生问题而使用财政转移支付制度存在拨款拖延现象,导致资金使用效率偏低、效果偏差等问题;其次是财政收入增长速度持续减缓,一些地方政府利用预征税款、垫税等方式完成考核任务,进而引发债务风险;最后是政府信息披露模糊阐述等。

### (三)政府债务风险实证分析

目前国内的主要研究思路是建立风险评估指标体系,收集研究所需数据,对单一或若干政府面临的具体债务风险进行分析。欧阳华生等(2006)以地处不同区域的A、B两省为例,从债务规模和结构两方面进行了比较,最后得出结论:从总量上看,中国政府债务拥有显著的区域性特征,而且政府债务规模与当地经济发展程度高度相关。杜威(2006)运用收支流量对比法、嫡权法和资产负债法等一系列方法评估了中国政府的债务风险,同时分析了政府债务对地方经济增长、公共产品供给、财政外部性和挤出效应的影响。王淑梅(2008)以辽宁省为例，从政府债务的实际情况出发，分析其中存在的问题，并提出化解风险的建议和对策。李经纬（2012）以政府债务风险构成来源的三个案例作实证分析，指出在制度不完善，导致广大民众对政府监督缺位的情况下，在"理性人"机制的作用下，政府及其官员必然利用制度性环境攫取私利，无论是政治私利、社会私利还是物质私利。

朱成龙（2013）通过政府债务风险预警系统实证分析，得出的结论是增加财政收入、减少财政支出、增加地方 GDP 并不是降低债务风险的主要手段，浙江省政府控制债务风险的最重要的环节是减少债务余额。葛方园（2013）从财政集中、税收弹性、财政赤字、狭义债务和债务资金运作五个方面阐明黑龙江省地方政府债务风险现状，并指出黑龙江省地方政府债务风险已经成为制约地方经济发展的消极因素。刘纪学和李娜（2014）建立了政府债务风险评价体系，并对 R 市地方政府债务风险模糊综合评价，得出政府负有担保责任的债务和其他相关债务风险暴露可能性较小、融资平台债务率较高且运行风险较大等结论。

赵树宽（2014）用 AHP 模糊评价方法构建地方政府债务评价模型，得出对地方政府债务风险影响程度的大小依次为债务违约风险、债务规模风险、债务偿债风险、债务结构风险，并通过实证分析证实该模型具有较好的评价功能和可信度。潘志斌（2014）在收集和整编多方数据的基础上，通过构建简化的地方政府或有权益资产负债表，研究地方政府债务规模与资产价值变动对地方政府债务风险的影响，并对我国 31 个省份地方政府债务展开实证研究，其结果表明，目前我国地方政府债务风险总体可控；地方政府债务风险与地方政府资产价值显著负相关，与债务规模正相关，但并不显著；当地方政府债务规模持续增长且资产价值不断缩减时，债务风险状况会加速恶化，甚至很有可能出现违约。

孙克竞（2015）基于 2000~2012 年我国省际面板数据，构建地方政府负债、地方公共预算收支缺口等六个主要变量组成的 VAR 或 VEC 模型，重点分析地方债自身存量对地方政府债务规模变化的长期动态影响及各成因间的相互作用，结果表明地方政府债务规模的自身滚动增长、地方政府投资性支出等方面构成了地方政府债务规模变化趋于长期膨胀的主要成因。余应敏等（2018）基于 2008~2013 年我国 31 个省级政府面板数据，实证分析了财政分权、审计监督对地方政府债务风险的影响，结果表明财政分权程度与地方政府债务风险呈正相关关系；审计监督力度与地方政府债务风险存在负相关关系；审计监督对财政分权与地方政府债务风险间的关系具有负向调节作用。高华等（2020）依据风险能量释放理论，构建地方政府债务风险评价的系统动力学模型，同时借助灰色预测模型进行风险预测，从动态角度明晰地方政府债务风险系统的多重反馈结构，实证结果表明税收收入和财政支出是最敏感因素，揭示了地方政府债务风险系统敏感性因素的影响机制。

### (四) 政府债务风险对策

杨聪杰（2005）通过总结国际上防范政府债务风险的经验，指出了其对中国的借鉴意义。樊丽明等（2006）在国际比较的基础上加入了历史变迁的视角，主要对政府债务风险管理进行了分析，主要集中于债务风险管理实务方面并提出了对策。为防范政府财政风险，贾康和白景明（2002）提出了平衡事权、财权和税基。

王大用（2003）认为，防范地方政府债务风险的关键在于完善法律体系，合法化政府债务。魏加宁（2004）认为解决债务风险的首要工作是债务透明化、公开化。王胜春（2003）认为，允许政府独立发行债券并不能解决中国政府债务风险问题。章耀（2008）分析了影响我国公债规模的主要因素，认为政治稳定与政府债务规模之间存在正相关。政治经济环境越好，公众对政府的偿债意愿和偿债能力越有信心。张海星（2009）认为化解地方政府债务风险的方法为逐渐开放地方债，并从法律监督、行政监控和市场监管三个层次构建地方债运行的风险防范体系。湖北省荆门市财政局课题组（2010）进行了荆门市政府债务的指标分析及风险评价，认为政府债务风险仍然较大，若不采取措施加以控制，将会影响全市财政的良性运行与经济的健康发展。孙勇（2010）以辽宁省为例着重分析了我国地方政府债务风险所呈现的主要特征，并提出了合理化我国政府债务风险的对策建议。敬志红、杨胜刚（2011）通过对湖南省政府债务风险成因的分析，得出有效防范和化解政府债务的对策建议，包括规范举债行为、加强银企合作，以及落实举债责任、实行项目管理等。

李茂媛（2012）对政府债务风险的本源进行了探究，认为风险制度性的原因包括分税制改革与地方官员的激励模式导向等。王威和李育川（2012）通过构建计量模型对西部某省进行分析，得出财政支出和金融机构贷款总额对政府债务的影响较大的结论。孙哲（2013）认为应借鉴国际经验，建立政府债券市场，借助成熟、规范、完善的资本市场来发展适合我国国情的政府债券，加强政府债务管理。范旭东（2014）指出必须从三个方面控制债务风险：合理划分各级政府的事权与财权，加强转移支付制度建设；建立健全债务管理制度，加强行政管理；不断完善风险控制体系，建立政府债务监测预警系统及债务偿还机制。王桂花和许成安（2014）以违约债务为基点，构建基于熵模型的地方政府债务风险预警模型指标体系。在量化地方政府债务风险基础上，提出新型城镇化进程中防范地方政府债务风险的对策建议，比一般的线性预警方法能更有效而合理地反映债务风险规模，在理论上提供了一种新的债务风险控制思路。

同生辉、李燕（2014）从关于地方政府债务的理论研究现状入手，根据我国地方政府债务预算管理的现状，对地方政府债务管理从预算编制、审批、执行到绩效考评各个阶段的风险状况进行了系统总结和分析，并就如何将地方政府债务管理纳入地方政府预算管理的各个阶段及降低风险提出了相应的改进建议。杨大光和李存（2014）认为，地方政府应盘活存量资产，集中优势资源，进行合理的整合重组。应该继续贯彻落实相关管理制度，稳步拓展中央代地方发债规模。地方政府融资平台可充分利用信贷和资本市场吸纳可用资金，也可积极研究地方基础设施投融资平台上市的渠道和方法，扩大募集资金的范围。栾彦（2015）剖析21世纪初一系列主权债务的新根源及警示作用，提炼出我国防范地方政府债务风险的对策建议，避免"中国式债务危机"的发生。其主要防控策略包括改革地方官员考核晋升机制，遏制过度的房地产金融化，超前推出应对老龄化预案，创建地方政府债务危机预警、救助机制，设立专门债务管控机构，从精英化金融向普惠金融、人本金融转变等。鲍静海等（2017）指出地方政府在加速发展和风险防范之间寻找平衡点，以保持地方经济社会稳定发展时应该加强债务风险防范，主要包括债务风险预警与监管机制、债务偿还保障机制、债务约束机制等方面的完善和深化财税体制改革，合理划分中央与地方的财权事权。李本松（2020）指出债务风险防范的关键是进行风险等级管理，以制定科学风险等级划分标准为前提，不同风险等级采取不同应对之策。即：通过制定科学的地方政府性债务风险等级划分标准，把各地地方政府性债务现实状况与之对照，由此确定各地方政府性债务风险等级，具体风险等级对应采取相应处理措施。林世权（2022）指出为了将债务风险控制在合理区间，地方政府需要做好两项工作：一是控制举债规模，主要包括强化适度举债观念、合理界定举债空间、积极推行PPP模式等；二是壮大财力，主要包括发展产业、培植税源、确立地方主体税种、完善财政体制等。

### （五）政府债务风险预警方法

裴育（2003）提出以预算为基础的直接显性财政风险预警系统，建立了反映宏观经济总体态势的指标组，反映财政收支状况及债务状况的指标组，反映财政分配体制的指标组，反映财政支出效益的指标组。通过建立方程组来预警一国面临的财政风险，根据所列的财政风险指标体系，进行了实证研究，结合我国近几年的情况，对我国财政风险作了一个综合的评价，并从政策上提出了建议。姚绍学等（2003）提出了政府债务风险预警的三个指标：以新增债务违约/地方一般预算收入反映地方财政的流动性，以地方财政债务余额/地方一般预算收入反映地方财政的清偿能力，同时选取地方财政违约债务余额/地方一般预算收入作为反映地方财政的流动性和清偿能力的补充。谢春讯和雷良海（2007）分析了构建政府预警指标体系的步骤，从经济学角度选取警情指标——财政赤字与财政收入，以及22个警兆指标建立预警指标体系。贾忠厚等（2006）提出从债务预算系统基础指标、综合债务负担指标、风险预期指标、政府承受能力指标四个方面构建宏观预警指标，从政府担保或有负债、社会保障资金缺口、地方政府金融机构资本金缺口三个方面构建微观预警指标，并将未纳入上述体系的其他六项指标组成辅助预警指标，通过哥伦比亚的"债务报警信号"进行预警。

赵雷鹰（2000）结合财政风险自身特点，依据宏观经济预警模型中的信号分析法，应用层次分析法作为财政风险监测预警的方法，介绍了具体的步骤和实施过程，并进行了实证。张振川（2004）引入财政评估三因素模型和风险树分析法，亦基于层次分析法对财政风险进行预警，为财政风险的掌控提供了有益的思路。丛树海和李生祥（2004）选择了20个预警指标，并确定了各指标的预警区间，设置了财政风险预警信号系统，将1990～2001年相关预警指标的样本数据输入上述系统，结果表明样本期内我国的财政风险一直未超过预警区间的警戒线，处于基本安全状态，并且呈现出两轮小的波动周期，但这期间多数年份财政风险的合成指数接近警戒线。金荣学等从经济、政治和社会三个角度选择14个政府债务风险预警指标，并发现运用德尔菲法对每个指标赋予权重，按照权重和指标值，可以求出政府风险系数，从而综合评估债务风险水平。[①] 伏润民和缪小林（2014）指出，如果地方政府在被赋予债务权力的同时，也受到相应债务责任约束，就可以被看成"责任政府"，这样就不会采取公共利益上的非理性行为，债务也不会出现超常规增长，风险也能得到合理规避。

赵全厚（2014）认为，构建规范有序的地方政府债务管理制度和风险预警机制是防范财政风险、实现政府债务融资健康发展的重要举措。应深化体制改革，加快政府职能转变，调整政绩考核机制，继续深化政府间财政体制改革，逐步实现事权和支出责任相匹配；构建规范有序的地方政府债务管理制度；有效构建地方政府债务的风险预警和防范机制。刘李福等（2014）在肯定我国政府存在正常债务必然性的基础上，构建了我国政府债务管理的风险预警及评价体系，客观地评价了我国政府债务的现状，深刻地分析了政府债务管理中的各类问题及其原因，并提出针对性的解决措施，以完善我国政府债务管理体系。朱文蔚（2015）采用因子分析法对我国30个省份的地方政府债务风险进行综合评估及预警。整体而言我国地方政府债务风险可控，但对于贵州等四个处于高风险预警区间的省份，应保持高度关注与警惕。要化解地方政府债务风险，各省份应建立完善的预

---

[①] 金荣学、张楠、张迪：《我国地方政府性债务风险预警模型构建研究》，载于《湖南财政经济学院学报》2013年第1期，第116～121页。

算管理及债务信息披露体系,并严格落实地方政府债务责任追究制度。

贾晓俊等(2017)采用线性加权综合评价模型,通过 AHP 方法确定指标权重和功效系数法为指标打分构建地方政府债务风险预警指标体系,最后确定综合分值以评价地方债风险并进行预警。结果表明部分省份债务风险呈增大的趋势,各省份地方政府债务风险增加原因不尽相同,如贵州等省份主要原因是债务增长速度快、债务负担重;而辽宁等则主要是由于经济增长下行幅度较大导致公共财政预算收入大幅下滑所致。洪源等(2018)运用 TOPSIS – AHP 法和 K – 均值聚类法评估地方政府债务风险,结合噪声信号比法筛选预警指标,并导入 GA – BP 神经网络进行训练和检验。构建了非线性先导预警系统,提高了预警精度和操作性,为地方政府债务风险治理提供了科学依据。何涌等(2022)用主成分分析法(PCA)构建地方政府债务风险预警模型,以 H 省 2017~2019 年债务数据为样本,结果表明 H 省发生风险概率逐年升高,但整体债务风险处于可控水平,该研究为地方政府债务风险预警提供了量化分析工具。

## 四、政府债务可持续性

### (一)政府债务可持续性内涵

就目前国内外相关研究文献来看,对于政府债务可持续性概念具有代表性的观点大致有以下三类:第一,从维持平衡的角度理解。该类观点认为,政府债务可持续性是指在未来任何一个时期都能够实现经济同步增长并保持财政收支平衡的债务状态。布兰沙尔和戴蒙德(Blanchard and Diamond,1990)认为,当确定财政收支水平的时候,能够使目标时期内的净债务占 GDP 的比重保持不变,以此确立债务具有可持续性。凯德尔(Keyder,2002)进一步认为政府公债的可持续问题可以用净债务负担率和各类期限的国债实际利率来衡量,在保持净债务负担率不变或下降的同时,政府需要维持国债的实际利率水平,以在减少还债风险的同时保证民众对国债的收益预期。勒茹尔等(Lejour A et al.,2010)认为如果政府在长期融资过程中不出现"蓬齐融资"现象,经济增长率和财政收入增长率则对融资构成约束,政府性债务占 GDP 的比将会维持在一个稳定的水平,此时该政府性债务状态是可持续的。张宏(2013)指出债务可持续性指的是一种状态,在这种状态下,借款人有能力偿还其债务而毋须对其未来的收支平衡表进行重大调整。债务可持续性是监测一国宏观经济健康状况的重要指标。胡娟等(2016)认为债务可持续性是指地方政府在未来能够持续、稳定地偿还债务,同时保持经济的稳定增长和社会的和谐稳定。这要求地方政府在举债时,必须充分考虑自身的偿债能力和经济增长潜力，确保债务规模与经济发展水平相适应。

第二，从筹资能力的角度理解。该类观点认为，只要政府还可以举借到新的债务，那么所负担的政府债务都具有可持续性。巴乔·卢比奥（Bajo - Rubio，2010）认为，原则上只要政府可以举借债务，那么在短期内公共部门的赤字是可持续的。然而，如果政府债券的利率超过了本国经济增长率，由此产生的债务格局将导致债务负担率不断增长，而这一赤字只能依靠紧缩预算来缓解，且公共部门将陷入恶性循环，并导致债务的不可持续。比特（Buiter，2002）认为，政府债务可持续性就是政府的财政融资不会发生违约风险。洪源等（2006）认为政府债务可持续性取决于政府是否能借到新债，只要政府还能举借到足够的新债务，就可以偿还旧债，说明此时政府债务还具有继续发行的空间。王慧琪（2013）将政府债务可持续性定义为政府能够不断通过举债维持收支预算（赤字），且财政政策的效力不受影响，并将最优债务上限作为债务可持续的临界点。李丹等（2017）指出政府债务可持续性的评估应充分考虑财政空间的存在和变化，通过制定合理的财政政策和债务管理策略，确保政府债务的长期可承受性，为经济的持续健康发展提供有力保障。白积洋等（2022）指出中国地方政府债务可持续性存在异质性，财政空间与经济增长呈倒"U"型关系，政府债务需通过公共投资和私人投资等渠道合理调控，以实现债务可持续与经济增长的双赢。

第三，从偿债能力的角度理解。该类观点认为，只要政府还能够在未来如期偿还债务，不发生债务违约事件，所举借的债务就具有可持续性。威尔科克斯（Wilcox，1989）从信贷约束角度认为，为实现政府职能，偶然的冲击会迫使政府产生一系列短暂性的债和赤字，当赤字水平满足净现值预算约束时，债务是可控的，而不满足净现值预算约束的永久性债务是不可持续的。康登（Condon，1990）认为如果一个国家的债务水平占国内GDP财政收入和出口总额的比重不再增长，那么政府将有主动偿债意愿，此时的举债是有效的、可持续的。梅金（Makin，2005）认为政府当局控制着债务负担率、新债的积累和旧债的偿还，肆意融资将不断增加债务负担率，并导致债务规模最终的不可持续。布迪娜和韦森伯恩（Budina and Wijnbergen，2009）将政府债务可持续性拓展到跨时期平衡范畴，即在长期内满足世代交叠预算约束条件。刘国艳等（2012）认为政府债务可持续性在很大程度上等同于政府清偿债务能力的可持续性，因此一国的债务负担率水平被认为是衡量一国财政是否可持续的重要指标。郭雨薇（2014）认为政府债务不可持续是指政府不再能够获得资金以偿还到期债务的情况，即出现违约。若政府采取了逐渐增加税收减少支出或者能够继续以政府可以承受的成本借债的政策，此时的政府债务也可以认为是可持续的。顾海兵等（2015）认为持续增长的政府债务规模将是不可持续的,但当政府债务偿还能力低于政府债务规模时,即使政府债务规模水平维持稳定或者低位,也不能完全避免债务危机的发生。张敏强等(2019)指出地方政府公共债务风险主要表现为风险转嫁,即地方政府通过借新还旧等方式,将债务风险向后推移。这种风险转嫁行为虽然短期内可能缓解债务压力,但长期来看,会加剧地方政府的债务负担,降低其偿债能力,进而影响债务可持续性。吴季钊(2023)认为地方政府债务规模庞大,隐性债务问题突出,综合负债率上限对地方财政稳定造成一定影响。

### (二)政府债务可持续性测度方法

实现政府债务可持续性,除了需要深入理解其内涵之外,还需要掌握其测度方法。国内外学者延续以上对政府债务内涵的理解,围绕债务数量规模,结合不同经济条件下的利益关系及其演变过程,从不同的视角形成了各类测度政府债务可持续性的方法体系。

一是检验政府债务是否符合"非蓬齐博弈"条件。汉密尔顿和法拉万(Hamilton and Flavin,1986)基于巴罗的基本预算约束条件,使用现值约束法首次构建了一个迭代方程来判断"非蓬齐博弈"条件是否成立,从而验证政府债务路径是否满足跨期预算约束,实证结果显示,美国财政在现行债务水平下具有可持续性。但由于该方程对政府跨期预算约束研究是基于现有的经济状况进行的,富韦勒(Fullwiler,2006)又做了一定扩展,综合考虑了利率、国债、可借贷资金市场间的互相作用对美国财政的可持续性影响。

二是基于政府预期收益对先行举借债务的影响。杜威等(2007)认为在社会资金供给量允许的情况下,政府可适度举债,但必须使政府未来各期基本预算盈余的贴现值之和能够弥补期初基本预算赤字,此时政府债务才是可持续的。刘立峰(2009)指出,如果到某一时点政府无力进行新的项目投资,此时的财力只要能够支撑归还未来时期的债务本息,该时点的债务就是政府能够承担的最大规模债务。

三是基于现有公共部门偿债能力来研究政府债务可持续。有学者(Hakkio and Rush,1991)把现值约束法和收支平衡的会计原理相联系,分析得出现值约束法实际利率要求大于债务增长率,但并没有排除债务增长率以无界速度递增的可能性。

四是政府债务可持续性研究若干新思路。巴恩希尔和柯彼茨(Barnhill and Kopits,2004)考虑了新兴市场国家面临着较大的不确定性,而风险正是由不确定性带来,因此在研究财政可持续性时运用风险价值法(VAR),这种方法弥补了之前对或有债务和某一时点流动性等问题没有进行考虑的缺陷。门多萨和奥维耶多（Mendoza and Oviedo，2004）将宏观经济不确定性和或有负债纳入政府债务可持续性研究体系，提出了"自然债务限度"。缪小林和伏润民（2014）采用反映发展规模和承载能力的地方综合收入份额进行初次分配，再采用债务综合风险系数进行修正，然后得到各二级单一主体可持续性地方政府债务。实证测度表明，我国地方政府债务总体上处于可持续，但存在区域分布上的结构差异，尤其是较为落后的西部地区表现出债务不可持续。解决这一问题的关键，就是要提升西部地区及相关地区的债务收益水平。

魏向杰（2014）基于一个分析框架，构建地方政府债务可持续模型，利用1997~2012年数据，估算样本区域2012年地方政府债务的最优规模与实际规模。结果发现，目前地方政府债务均具有可持续性；政府债务实际规模呈现"东高西低"的特征，最优规模不具有这种特征；债务逾期率则呈现"西高东低"的特征，但样本区域仍处于安全值内。地方政府债务融资仍具有一定空间，但需加强监管。顾海兵和丁孙亚（2015）指出，根据所采用预警方法的不同，政府债务可持续性测度方法可分为直接判断法、综合指数法和模型预警法三种。展望政府债务可持续性研究的未来发展，可进一步将债务结构、债务用途、贷方市场、制度因素纳入分析框架。

朱娜等（2018）从经济增长视角出发，构建了门槛回归模型，并选取了地方政府负有偿还责任的债务和或有债务作为研究对象，分别考察了它们与经济增长的关系，研究结果表明我国地方政府负有偿还责任债务能显著促进经济增长，或有债务对经济增长没有显著影响；我国地方政府债务对经济增长的促进效应没有出现收敛现象。杨志安（2022）等采用单指标分析法、资产流动性和KMV模型等方法多角度分析债务风险水平，指出我国地方政府债务风险整体而言处于安全范围，但从时间演变角度来看存在波动较大等现象，并无呈现持续稳定态势，全国各地政府债务风险差异也较大。

## 第二节　地方政府债务治理

### 一、政府债务治理措施之一：财源建设

通过改革财税体制、完善转移支付制度以及拓宽政府融资渠道来治理政府债务。杨灿明和鲁元平提出财税体制改革是政府债务的治本之道，中央与地方财

权、事权相匹配的财税体制有利于政府财政收入的合理增加,从源头上治理政府债务问题。① 时红秀提出要减少政府层级,完善财政分税制度,增加政府的财政收入。② 巴曙松基于地方债成因的"财政体制说"观点,提出中央税收以增值税、消费税和关税为主,省级税收以营业税为主,县级税收以财产税为主的财税体制改革思路。③ 金荣学等提出进行房地产税制改革,构建以财产税为主的地方税收体系,赋予省级政府税收管理权限,从分税制的视角解决地方政府债务问题。④ 沈斌(2013)指出政府应在基建领域适当引入民间资本,降低准入门槛,吸引民资参与城镇化建设,让政府投资和民间资本共同作用于经济建设,创新融资渠道和方式,引入股权融资、项目融资以及资产证券化等补充性融资方式。

胡定荣等也提出探索公共部门与私人企业合作的 PPP 融资模式,在投资人和政府签订合作协议的基础上明确双方权利和义务,实现双赢。⑤ 李冬梅(2011)认为应将转移支付制度法治化、规范化,建立合理规范的转移支付分配标准和运行机制,编制转移支付预算,审查、研究和监督转移支付制度的合理运行,充分发挥转移支付制度在防范和化解政府债务方面的作用。马海涛等指出应当完善转移支付制度,调节转移支付的功能与结构,推动转移支付的整体功能建设。⑥ 胡胜等(2017)指出为了有效增加地方政府财政收入,使地方政府债务更有可持续性,应加强土地财政改革,不断改良土地使用权的转让方式,公开透明土地市场转让标准,规定合理的土地价格,公平地处理土地问题。辜胜阻等(2017)指出解决债务管理问题应处理好政府与市场的关系,市场能做的政府要有所不为,为民间资本进入基础设施和公共服务领域腾出空间,鼓励更多的民间资本进入基础设施和公共服务领域,以多元化的投融资主体避免政府单一投资主体可能引发的系统性风险。

## 二、政府债务治理措施之二:约束机制

通过预算约束强化、政府财政职能转变以及政府官员政绩考核制度改革来治理政府债务。陈新光等(2013)提出清理不同类型的政府债务风险项目,将政府

---

① 杨灿明、鲁元平:《地方政府债务风险的现状、成因与防范对策研究》,载于《财政研究》2013年第11期,第58~60页。
② 时红秀:《地方政府债务出路问题再讨论》,载于《银行家》2010年第3期。
③ 巴曙松:《地方政府债务如何化解》,载于《西南金融》2011年第10期。
④ 金荣学、宋菲菲、周春英:《从分税制视角看地方政府性债务治理》,载于《税务研究》2014年第1期,第31~34页。
⑤ 胡定荣、王政军:《地方政府性债务问题的几点思考》,载于《中国财政》2013年第15期。
⑥ 马海涛、李升:《我国分税制财政体制改革的再认识》,载于《经济与管理评论》2013年第4期。

负债情况、债务偿还情况以及债务资金使用情况等信息公开透明化，编制政府债务子预算。刘煜辉等（2013）提出要通过立法方式硬化政府债务的预算约束，建立债务的投资问责机制，防止政府债务向上级政府或下届政府转移。科尔内（Kornai）在分析社会主义国家的国有行为时发现，预算软约束大量存在于各级政府中，负债严重的政府会得到中央政府的拨款及税收优惠，导致政府竞争中央政府潜在的支援，所以应当强化并落实政府的预算约束。[①] 赵珺（2013）提出要健全政府债务发行管理体制，强化对政府的约束与监管，将政府债务管理纳入宏观审慎管理制度框架，建立适当的逆周期机制，实施适当的逆周期政策。林晓宁（2013）也提出建立公共财政制度，取消政府建设性的财政职能，将建设性的财政任务交由市场投资完成，政府只承担规则制定和质量监督作用，政府职能转移到教育、医疗、养老、住房等公共财政领域方面。

马海涛等（2013）提出积极转变政府职能和财政职能，处理好政府、企业和市场三者之间的关系，使政府、企业和市场的边界清晰化，在一定程度上减少国有企业的活动范围，财政职能由经济干预型转向经济服务型、由投资主导型转向公共服务型。政府官员考核机制影响政府债务可以从政府竞争尤其是"标杆竞争"理论中得到验证。卡尔代拉（Caldeira，2012）在研究中表明中国政府竞争是一种追求中央政府和上级政府满意度的自上而下的"标杆竞争"。杨兴龙和何国亮基于文献探明了地方政府债务风险本质，提出将地方政府债务风险问题融入国家治理体系的构想，进而对地方政府债务治理的起点、困境和基本逻辑进行探讨，最终推演出内部控制服务地方政府债务治理的政策思路，并对其机理进行了初步的分析。[②] 黄飞鸣（2014）在对地方融资平台债务扩张的原因进行文献梳理的基础上，从金融约束理论的视角对地方融资平台债务扩张进行了分析，认为在存贷款利率管制下，地方融资平台与商业银行一起分享这种金融约束政策创设的租金，并提示应警醒地方融资平台的风险，尤其是道德风险因素；治本之策在于利率市场化。

温来成等（2014）从以下方面提出了政策建议：建立健全债务预警制度，增强对中国地方政府举债融资约束力度，条件成熟时引入地方政府财政破产制度；建立地方政府债务风险党政官员责任追究制度，提高违约失信成本；建立地方政府财务报告和信用评级制度，形成地方政府债务有效市场约束机制等。匡小平和蔡芳宏（2014）建议通过建立相关预算管理制度对地方债予以约束。首先，确定预算中地方债管理目标是举债规模限制、遵从宏观经济目标与追求成本最小化。

---

[①] Kornai MR. Understanding the soft budget constraint [J]. *Journal of Economic Literature*, 2003 (2).
[②] 杨兴龙、何国亮：《内部控制服务地方政府性债务治理的逻辑和机理》，载于《中央财经大学学报》2014 年第 10 期，第 65～69 页。

其次，建立规则控制为主，市场约束为辅的地方债管理模式。最后，以预算报告附录形式把融资平台预算管理纳入预算制度。李秋婵（2015）以地方财政的可持续性为着眼点，研究国内地方政府债务规模是否满足跨期预算约束，在借鉴国内外理论的基础上，结合我国地方政府债务实情，拓展了传统的跨期预算方程，将债务的期限结构纳入跨期预算约束方程中，并指出我国地方政府债务规模并不能严格满足跨期预算约束。随着国家预算法的完善并将地方政府债务纳入规范化管理，以跨期预算约束模型为基础的约束机制将是衡量地方政府财政是否可持续的基准。辜胜阻等（2017）指出应强化预算硬约束，健全地方政府举债融资机制，发挥外部市场约束作用，健全风险预警和早期干预机制，建立安全防线和风险应急处置机制，严防债务风险的累积与蔓延。张曾莲等（2018）对2008~2011年和2013~2015年的28个省级面板数据进行回归分析、中介效应模型检验，得出预算软约束在土地财政与地方政府债务规模间存在显著的中介效应，解决地方政府的债务风险问题和土地管理问题，必须严控土地资源的抵押转化，限制预算软约束。管治华等（2020）以交互关系模型为基础，通过实证分析得出预算软约束和经济增长会同时导致地方政府隐性债务规模扩张，预算软约束的政策驱动作用会导致地方政府隐性债务规模扩张，而经济增长的目标会加大预算软约束对隐性债务规模的驱动作用。

## 三、政府债务治理措施之三：风险防范

通过政府债务信息透明化、政府投融资平台的整顿以及偿债机制的建立来化解政府债务。时红秀（2010）通过对目前我国政府债务现状的分析，认为可以从资本市场信息披露以及各级政府预算和执行情况的公开透明两方面入手，尽快实现政府债务信息透明化，要求金融机构如实上报各级政府及其融资平台公司信息，实施政府信息公开条例，将政府担保或因潜在担保义务对其所属企业的担保义务列入公开项目，使得政府债务显性化、有序化，有利于政府债务的监督和管理。马进等（2010）提出应当赋予政府有限的发债权并公开债券发行人、发行规模、信用等级、期限、还款来源以及资金使用情况等债券信息，使其符合市场化的要求并接受社会监督。

秦德安等（2010）指出投融资平台能有效满足政府辖区内公共事业和公共设施建设的融资需求，但同时融资平台本身的软约束机制容易引发财政体系或银行体系的信贷风险。魏加宁（2010）提出要清晰定位投融资平台的行为，将其限定在某些特定领域，明确政府对投融资平台的责任，健全政府的债务管理体系。林晓宁（2013）基于财政视角提出要整顿政府的投融资平台，引入民间投资资本，

将投融资平台市场化、民营化，要将财政部代发的地方政府债券纳入预算管理。于树一（2014）指出，研究并提出可操作的地方政府债务风险管理方案是当前较为紧迫的任务。为了完成这项任务，需要从全面分析当前我国地方政府债务风险开始，即运用近年审计报告提供的基础数据，深入探析各项债务风险因素，在此基础上提出相应的风险管理建议。李本松（2020）指出地方政府性债务管理的核心问题是风险防范管理，地方政府性债务风险防范管理的关键是进行风险等级管理，具体实施对策是分类管理、分级处置，通过制定科学的地方政府性债务风险等级划分标准，把各地地方政府性债务现实状况与之对照，由此确定各地方政府性债务风险等级，具体风险等级对应采取相应处理措施。李茹霞（2024）指出要实现地方政府债务治理转型，就要树立底线思维、建立债务风险预警机制。中央政府应对地方政府的财政状况进行充分了解和及时预测，敦促各地方政府建立健全财政风险预警机制，及时清理和化解债务问题。刁伟涛等（2024）基于文本分析的视角，研究了地方政府的债务治理逻辑，指出"防风险"是债务治理的重要路径，将防风险提到更加重要、更加优先的位置，要进一步认识到防范化解地方债务风险"灰犀牛"是确保中国经济行稳致远的重要工作。

## 四、政府债务治理措施之四：绩效评价

伊淑彪结合对地方政府财政收支的分析，运用主成分分析法，选取了六个主成分因子，通过对2008年山西某地区县市的财政数据进行分析得出结论：这六个因子对政府财力指数特别是债务指数影响较大。[①] 王淑梅和考燕鸣将政府债务支出划分为四个领域：经济建设、科研教育、居民福利、治安环保，运用多元统计法和主成分分析法选取了七个主成分因子，根据得出的主成分因子权重，指出政府债务支出应该向经济建设和居民福利倾斜，应该提高债务资金在地方工业投入中的比重，通过扩大社保覆盖面、调控消费品零售价格来提高居民福利水平。[②]

金荣学和宋菲菲运用定量指标计分区间的方法，从投入—产出的角度，设计了一个三级结构的包含38个具体指标的绩效指标评价体系，提出要将债务资金的绩效与预算结合在一起。[③] 考燕鸣（2009）运用因子分析法，选取了9小类51

---

[①] 伊淑彪：《地方政府债务评价指标体系构建及实证分析》，载于《财政管理》2011年第4期。

[②] 王淑梅、考燕鸣：《试论构建地方政府债务绩效考核指标体系》，载于《改革与战略》2008年第4期。

[③] 金荣学、宋菲菲：《地方政府债务支出的绩效评价体系研究》，载于《行政事业资产与财务》2013年第5期，第31~34页。

个指标，设置了一个比较全面的绩效指标体系，并构建评价模型，在指标体系和评价模型的构建过程中引入实证分析，指出绩效评价不仅注重债务风险，应更偏重债务投入带来的长远社会效益，以便能够在风险较低的情况下提高债务投入产出。窦玉明（2004）对财政支出绩效评价的主体与客体进行了区分。吴建南和阎波（2005）研究了政府绩效评价机制，并对政府绩效评价系统的运行过程、政府绩效评价系统要素进行了详尽分析。

张梦茜（2009）分析了在政府绩效评价中引入标杆管理的原因，并从政府绩效评价指标、评价方法及评价程序等方面讲述了标杆管理对政府绩效评价系统的改进。王磊（2010）从财政支出视角对乡镇债务绩效进行评价，并对S市乡镇进行实证分析，得出将绩效评价和债务风险相结合逐渐成为新时期评价体系的方向。宓燕（2006）借鉴国债绩效评价研究方法，运用层次分析法，指出比较系统的政府债务绩效评价指标体系应包括经济水平和产业结构调整、科技进步与人口素质提高及居民生活水平提高3大类20项具体指标。徐旭初和应丽构建了一个政府债务风险评价指标体系，并运用层次分析法对我国某个具体的政府债务样本进行了研究分析。①

赵爱玲和李顺凤（2015）针对地方政府债务审计涉及面广、层次多、过程持久且多为定量与定性分析的特点，利用层次分析法构建地方政府债务绩效审计质量控制评价指标体系，以西部某省地方政府债务审计为例进行实证研究，提出改善地方政府债务绩效审计质量控制对策。陈业华和邓君针对地方政府融资债务的运作特点及融资债务绩效的内涵，设计出地方政府融资债务绩效评价的指标体系，给出一种考核地方政府融资债务绩效的规范化评价框架，将网络层次分析法（ANP）和模糊综合评价法（Fuzzy）相结合，构建一种网络层次模糊综合评价（ANF）方法，利用ANF方法对地方政府融资债务绩效进行综合评价。② 阿尔弗雷德（Alfred，2018）指出，预算绩效评估的结果往往不被用于预算决策过程，或者很少以一种刻板或惩罚性质的方式，将绩效结果与预算资金的分配直接挂钩。金大智（2020）建立了地方政府债务预算绩效管理指标体系框架，设计了收入管理、支出管理、存续期管理、影响力四类一级指标，为推进政府债务预算绩效管理提供有益建议。冀云阳（2021）指出在新时代背景下地方政府债务管理由传统预算管理向绩效治理转型的必要性，对于经济形势与发展理念的转变、防范化解地方债务风险的要求，亟须构建全方位、全过程、全覆盖的地方政府债务预算绩效管理体系。

---

① 徐旭初、应丽：《地方政府债务风险评价体系及例证》，载于《商业现代化》2010年第26期。
② 陈业华、邓君：《地方政府融资债务绩效的评价》，载于《统计与决策》2015年第10期，第55~57页。

## 五、政府债务治理措施之五：预算管理

艾伦·锡克（Allen Schick，2000）揭示了传统预算编制方法的不足，同时，在政府预算基础上，提出了管理政府债务风险的四套方法：一是政府债务公开，包括债务总量和结构、风险类型和风险可能产生的后果，以及各种政府支付承诺兑现的可能性；二是将政府债务风险管理和决策纳入政府预算中；三是对政府举债和风险行为进行必要的限制，以期实现对风险的管理；四是依靠市场机制，政府可以将"或有风险"分散转移给私营企业或其他市场主体。在考察各国债务风险管理实践和总结已有理论的基础上，艾伦·锡克（2002）又制定了政府债务风险管理的标准。霍米·卡拉思和迪帕克·米什位（Homi Kharas and Deepak K. Mishra，2003）认为放弃"财政赤字"引发货币危机的观点为时过早。

在反映赤字和货币危机的关系之前，要解决度量的问题。现有研究认为预期赤字不可能量化，也没有哪个国家能够精确度量真实的财政状况。由此，他们提出"精算的预算赤字"来度量一国的财政赤字。阿纳斯塔西娅·古西娜（Anastasia Guscina，2006）建立了一个包含19个新兴市场国家的政府债务数据库，在研究该数据库后指出，尽管政府债务的结构影响因素很多，但总的来说，债务结构与国家货币稳定的记录高度相关。莱因哈特（Reinheart，2010）通过对过去两个世纪以来各国外债和内债的研究指出，银行和主权债务危机间存在一种重复性模式。快速上升的私人负债对于预测银行危机来说非常重要。同时，银行危机直接和间接地导致公共债务激增，增加了主权债务违约的可能性。因此，对私人债务的监测和控制有助于防止主权债务违约。

马骏（2014）认为，引入市政债券市场和配套改革可以硬化地方政府的预算约束。长期来看，地方债应该逐步取代当前政府融资平台中的贷款、信托等较不透明的融资方式，成为地方政府融资的主要来源，这样不仅可以增加地方政府财政透明度，还可以降低地方政府融资的期限错配风险，避免风险过度集中于银行体系，降低系统性金融风险。马海涛和崔运政（2014）指出，将地方政府债务纳入财政预算，通过预算的法定性、严肃性对地方政府债务进行管理和规范，已经成为业界与学界的共识。地方政府债务的预算管理包括公共预算、附属预算和复式预算三种模式，复式预算模式下的债务管理是债务纳入预算管理的最理想状态和最终模式。陈小林等（2017）认为应加强修订《预算法》，完善法规法治建设。发挥预算约束作用，明确地方政府举债权利与责任，规定中央财政救助条件与范围，降低地方政府过度举债请求救助可能性。杨皖宁等（2023）指出预算作为依法规制地方政府债务发行的首要程序，在现代预算制度的框架下，地方政府

债务预算管理能够更有效地控制债务规模、优化债务结构、提高债务资金使用效率,从而防范和化解债务风险。洪源等(2024)通过理论分析与实证研究相结合的研究方法发现尽管制度强调将政府债务纳入全口径预算管理并实施硬约束,以提升地方财政可持续性,但当前仍存在预算编制不透明、审批流程不规范、执行监督不严格等问题。

## 第三节 政府债务预算管理

### 一、债务预算制度

温来成(2014)认为2014年修订的《预算法》提出了建立地方政府债务风险评估和预警机制、应急处置机制以及责任追究制度,是我国地方政府债务管理制度的重要进步。预算管理是现代国家财政管理的核心,地方政府债务管理也要全面纳入预算管理,从预算的编制、执行和决算等各个环节,加强地方政府债务管理。袁金凌和李琪琦(2023)认为从财政体制来看,我国财政体制与国外差异较大,造成了政府债务结构与管理上的差异,但也具有自身优势。我国属于单一制国家,中央政府拥有强大的行政控制和执行力,管理效率高,这为防范化解地方政府债务风险政策的实施提供了支撑。匡小平和熊高鹏(2023)认为完善政府债务管理制度既是推进现代财政制度建设的重要环节,也是统筹发展和安全的必要措施,对促增长和防风险发挥着关键作用,对此应当从完善政府债务管理机制、控制地方政府债务风险、完善政府债券发行管理机制三个方面着手。

孙琳和陈淑敏(2015)提出在政府债务预算管理制度和管理机构中,政府债务的预算管理尤为重要,基于收付实现制的预算管理不利于全面反映政府债务的规模和构成。郑方方和陈素云(2021)将作为政府预算重要组成部分的地方政府债务纳入预算绩效管理,既是当下预算绩效理念在地方政府债务管理中的贯彻与执行,亦是地方政府债务治理发展的必然。杨皖宁和梁三利(2023)提出坚持现代预算制度导向对地方政府债务预算管理进行检视完善,对于有效防范金融风险、守住不发生系统性风险底线和推进实现依法治债具有重大的引领作用和现实意义。以健全现代预算制度为基础深化债务预算管理改革,可以更好发挥预算制度的约束性和功能性作用,推动债务发行在依法合规基础上优化绩效,实现合理配置财政资源、提高公共服务供给能力和水平、最大限度保证债务融资的社会效益。魏西和赵鑫（2024）认为虽然我国目前已经建立了地方政府财政重整制度的基本框架，但在地方政府债务风险处置、财政重整制度设计等方面还存在着法律缺失的问题。华国庆和汪永福（2015）提出地方债预算的规范，不仅需要地方债预算条款的完善，还依赖于《预算法》的整体进步，同时地方债预算监督也十分重要。深化财税体制改革课题组（2024）提出为提升财政治理效能，深化财税体制改革应以增加地方自主财力为重点，完善中央与地方财政关系，以加强统筹能力和绩效导向，健全现代预算制度，进一步完善政府债务管理制度以统筹发展和安全。

刘蕾（2018）认为在预算框架中，立法机关可以运用财政预算、财政决算等政治程序，实现对地方政府债务的举借、使用、偿还的民主监督和程序控制。冀云阳（2021）提出地方政府债务作为政府预算的重要组成部分，将其纳入预算绩效管理，建立地方政府债务管理绩效和项目绩效评价体系理应成为未来全面实施预算绩效管理的重要内容。洪源等（2024）认为不断完善地方政府债务治理的制度化建设是深入推进地方财政可持续性的关键，债务预算硬约束的强化奠定了债务治理制度化的基础，并通过实证研究分析了地方政府债务预算硬约束政策对地方财政可持续性的影响，提出应当加快推进地方政府债务显性化进程，完善债务预算的"借、用、管、还"制度，激励地方政府税基涵养式增收和支出绩效优化。郭玉清（2024）认为以中央谋划新一轮财税体制改革为契机，我国地方政府债务治理可沿着财权划分、事权配置、行政监察、市场约束等改革路径继续推进，从而继续释放深水区改革红利，加快构建高水平社会主义市场经济体制。刘子茜（2024）认为我国地方政府财政重整制度应定性为地方政府的"一揽子"化债机制，引入自动中止制度、债务人待履行合同选择权、破产撤销权等机制可以在程序启动后实现对地方政府公共资产的有力保护，进而引导地方政府与债权人协商形成债务调整方案。

## 二、债务预算执行管理

夏诗园和郑联盛（2020）提出地方政府债务治理的主要内容可从财政收入端和财政支出端两个方面进行描述：从财政支出角度，地方政府债务资金主要用于社会保障、基础设施建设以及公共服务。从财政收入角度，税收收入和土地财政收入是地方财政的两大重要来源，而地方财政收支间的差额主要通过社会保障收入和转移支付进行弥补。阳敏等（2024）指出2018年新《预算法》实施以后，地方政府通过自主发行债券进行直接融资，债务发行规模、偿还资金来源、债务管理方式都更加明晰和透明，债务管理能力和约束程度增强，地方政府对土地财政的依赖度将有所降低，违规举债问责也可能使得地方政府债务资金使用中的腐败、违规现象减少，地方政府债务资金使用更加规范。张婉苏（2024）认为在"中央—地方"上下级府际关系的政治体制下，地方政府债务法治化治理呈现出复杂性和多层次性，在稳经济和防范发生系统性金融风险的发展背景下，更加需要强调多元主体的协商共治治理模式。王红莉（2024）提出未来的地方政府债务管理，要健全地方政府债务管理体制，完善地方官员责任激励机制，优化债务风险监测预警系统，保障财政常态运行安全。

游宇（2022）提出在政策实施上因地制宜地对省以下层面实施分类或分级管理，并在管控地方债务方面理顺中央与地方、省本级与省以下两大类财政关系，以规范省级层面的资金汲取、财税收支与公共品供给。毛捷和马光荣（2022）认为加强地方政府债务管理的长效机制之一是加快构建新型央地财政关系，构建各级政府事权、支出责任与财力划分相匹配的制度，同时破除地方对中央的无限兜底预期，从而打破地方政府在举债中存在的道德风险问题，真正建立地方政府举债的责任清晰、自主约束机制。张志红等（2023）认为以高质量发展为导向的预算绩效管理是提高国家治理能力与财政资金使用效能的重要举措，地方政府债务作为财政收支的重要组成部分，将其纳入预算绩效管理是预算绩效理念在地方政府债务管理中的体现，也是地方政府债务治理的必然选择。于志洁和王茂庆（2023）认为政府的举债权作为财政权的重要组成部分，应当受到法律的约束。因此，对隐性债务进行风险问责，对显性债务启动绩效问责，既是防范化解地方债务风险、完善地方债务治理的现实选择，也是防止权力滥用、建设法治国家的必然要求。陈凯（2024）认为，我国政府债务管理面临更好实现高质量发展与高水平安全良性互动、优化债务主体和期限结构、切实避免局部地区偿债压力再次集聚以及加快构建债务风险防范长效机制等重大任务，并提出通过优化中央与地方债务结构、构建债务管理长效机制等方式来妥善统筹当前与长远、稳增长与防风险的建议。

胡华强等（2016）提出要有定量化管理、研究信用衍生工具对地方政府债务风险的转移途径，并且要多联系我国特色情况、实际情况，体现出隐性地方政府债务的风险，探讨地方政府财政功能的破产机制，研究破产机制的利弊与后果。王世涛（2021）认为，明确可预见的破产机制可以使地方政府时刻具有危机意识，重视财政可持续原则，对举债规模有所顾忌，从而产生防范债务风险的效果。马恩涛和任海平（2022）认为"绩效型治理"是地方政府债务治理模式演变的长期导向，而绩效结果与问责能力成反比。坚持绩效问责的核心在于建立起地方政府平衡举债融资和风险防范的绩效激励与约束机制，使地方官员产生持续改进绩效的内在驱动力。刁伟涛等（2022）通过实证研究发现限额管理对地方政府举债行为和举债规模的影响是双向的，一方面是约束限制，而更为重要的另一方面是推动引导，因此如果限额确定和分配不合理，会加剧地方政府的预算软约束，导致债务规模的过度扩张和债务风险的不断累积。申亮和范润婕（2023）提出要对专项债进行全生命周期绩效管理，从决策、过程、产出、效益四个维度构建绩效评价体系。杨皖宁和梁三利（2023）认为提升债务资金绩效，既应当逐步对绩效目标和评价标准加以完善，也需要拓宽预算执行绩效的监督渠道，构建债务预算执行严格有效和发债投融资机制良性运转的制度架构。

李一花等（2019）认为应通过健全地方人大对债务预算监督的信息来源和对话机制，促进人大代表和社会公众对政府资本性支出、发行债务使用去向、结构规模和偿债来源的了解、评估和控制。荣莉等（2023）认为，财政监督与审计监督对地方政府债务治理效能显著，可优化财政监督与政府审计监督的协同机制，完善地方政府债务信息披露制度。郑安（2023）提出地方政府要健全债务风险的预警和评估机制，建立"举债必问效、无效必问责"的政府债务资金绩效管理机制。特别在提高资金使用绩效上，加强债务资金使用和对应项目实施情况监控。孙轩（2023）认为数据作为所有管理、决策行为的直接依据和重要载体，能够为政府风险管理提供更强的洞察力、决策力和流程优化能力，因此，系统性公共风险防控的关键在于实现跨部门的数据协作与分析。于志明（2024）认为要打破传统理念的藩篱，从维护国家经济安全的角度出发，不断强化法治化、透明化理念，强化地方政府的责任意识、担当意识和大局意识，摆脱地方债"化而不解"的死循环，从根源上逐步解决存量债务风险，全面推动国家治理体系和治理能力的现代化。

## 三、债务预算编制

李燕（2009）认为应当推动地方政府债务的信息披露，逐步实现地方政府编制资产负债表，规范财务、统计报表的定期报送制度，同时构建完整透明的政府债务预算并强化地方人大和审计部门对政府债务，特别是准地方债的监督审查权力和责任。郑洁和翟胜宝（2014）认为通过编制地方政府性债务预算，把地方政府性债务的所有收支项目都纳入预算，一方面可以控制地方政府性债务的总规模，另一方面能够使地方政府性债务处于立法机关、地方人大和全体公民的监督和制约之下。孙海凤（2015）认为新形势下，长期游离于预算管理之外的地方政府债务如何进行规范的预算编制和会计核算，如何建立和完备政府综合财务报告制度，将地方政府债务纳入预算管理，构建科学系统的财政预算管理框架体系，值得进一步深入研究。马恩涛和任海平（2022）认为中央政府的财政制度安排和政策措施是实现对地方政府债务治理的主线和关键环节，新《预算法》和《国务院关于加强地方政府性债务管理的意见》奠定了新时代地方政府债务治理的制度基础，为规范地方政府举债融资机制提供了法律约束和制度保障。

郑洁和寇铁军（2014）认为为了切实控制地方政府性债务规模，进一步防范财政风险，必须编制地方政府性债务预算，对债权债务构成、分布、实施和偿债情况进行一次全面清查。应当积极推进建立地方政府性债务预算，稳妥处理存量债务，严格控制新增债务，防范和化解潜在的债务风险和危机。杨志勇和张馨（2018）提出自2006年起，中国参照国际通行做法，建立了国债余额管理体制，对国债规模进行科学管理，有效防范了国债发行和偿付带来的财政风险。袁宁（2018）提出要加强债务预算管理的基础性研究，包括研究如何科学地设置地方政府性债务预算收支分类，这是编制和管理政府性债务预算的基础。杨皖宁和梁三利（2023）认为对标于"综合统筹、规范透明、约束有力、讲求绩效、持续安全"的现代预算制度标准，债务预算管理仍然存在编制缺乏实质性论证、批准缺乏实质性审查和执行缺乏实质性绩效评价等问题。政府债务预算编制就不能是按照一般经济指标做简单的比例预测，而是必须根据具体项目所需融资规模进行科学的规划计量。李红霞和李沐林（2023）认为我国地方人大审查监督权范围应当涵盖债务预算的全过程和全方位，为防止预算监督权缺位或流于形式，需要运用法治方式明确划定审查监督权范围。

马海涛和崔运政（2014）认为地方政府债务的预算管理包括公共预算、附属预算和复式预算三种模式，并提出"三种模式""三步走"的渐进思路，按此逐步将地方政府债务纳入财政预算，最终形成涵盖四本预算和政府债务预算的复式预算体系。孙琳和陈淑敏（2015）提出，我国目前政府债务总额在总体上还较为稳健，但债务结构问题十分突出，根据国际经验和我国现阶段的情况，权责发生制的采用应该选择渐进式改革的做法。在政府财务会计和预算会计并行的同时，还应该逐渐打通财政总预算会计、行政单位会计和事业单位会计之间的边界。王银梅和陈志勇（2016）认为地方政府性债务预算管理存在的问题及困境主要包括四个方面：首先，缺乏全面债务预算管理的总体框架设计；其次，债务预算编制内容涵盖范围不全；再次，债务预算编制模式存在问题；最后，或有债务编制所存困境。陈凯和申现杰（2022）提出优化地方政府专项债券投向和额度分配，重点向经济大省和使用效益较好的地区倾斜，优先支持成熟度高的项目和在建项目，更好发挥债券资金的撬动作用。王泽彩（2023）认为应当合理利用政策空间，适度提高中央政府新增债务占比，将体现中央战略意图的项目确定为中央与地方共同财政事权，并明确各承担主体的支出责任。

## 四、政府债务预算

为了进一步加强政府债务预算绩效管理，有必要将债务预算管理重点从收入向支出拓展。完善支出管理的重点在于进行科学有序的绩效评价。金大智（2020）认为，我国已建立较为完备的政府债务发行、管理、监督问责和信息公开制度，不足之处在于政府债务预算绩效评价尚不完善。闫坤等（2020）认为，对政府进行科学的债务绩效评价必须综合考虑资金偿还风险和债务支出效率。金荣学和徐文芸认为，如何运用好预算工具约束地方政府的举债行为具有重要的现实意义。① 一般预算程序对资本性的债务支出难以真正奏效，约束地方政府债务行为需要建立资本预算。应优化现行预算体系，积极推动债务预算模式由嵌入式预算向资本预算过渡，实行政府债务的全面预算管控。张志红等（2023）提出目前研究并未明确预算绩效管理与地方政府债务之间的内在机制，也并未对预算绩效管理对地方政府债务的治理路径进行深入探索，因此今后研究可将重点放在预算绩效管理如何治理地方政府债务问题方面。汪德华和侯思捷（2024）认为当前中国需要推行的债务与资本性预算有双重目标，一是将政府债务与政府投资统筹管理，建立地方政府债务风险防范的长效机制，二是提高政府投资的决策科学性和透明度，进而优化投资领域的财政资金配置效率。

---

① 金荣学、徐文芸：《地方政府隐性债务特征、成因及治理》，载于《中国财政》2020 年第 11 期，第 64~66 页。

# 第三章

# 理论基础

第二章从多个方面梳理了政府债务预算管理的相关文献，本章主要侧重于探讨政府债务预算管理的理论基础。在政府预算管理理论中，公共选择理论、委托—代理理论、新公共管理理论和内部人控制理论等均为政府债务预算管理提供了理论依据。公共选择理论指出在政府债务管理过程中政府债务预算管理存在失效的问题，认为相关部门通力合作可以改进政府债务的预算管理制度，从而提高政府债务支出的效率和时效性。公共选择理论还强调通过制度设计规范政府债务预算管理流程，这是完善政府债务管理和提高政府债务效率的主要方式。委托—代理理论从债务资金使用过程中的受托关系出发，明确社会公众、政府（包括财政部门）以及债务资金使用单位之间的双重委托—代理关系，通过激励相容和惩罚约束机制，从而强化债务资金受托人的公共受托责任，迫使受托人采取有效措施提高债务资金的使用效益，并接受资金委托人的监督和考核。新公共管理理论立足于政府债务管理理念与角色的转换，通过市场化方式提高政府债务支出的效率、效果和质量。内部人控制理论从债务资金所有权和经营权"两权分离"出发，聚焦资金使用过程中的内部人控制现象，通过缓解内部控制人现象来解决政府债务预算管理中的信息不对称问题。

## 第一节 公共选择理论

### 一、公共选择理论的内涵

所谓公共选择,是指具有公共治理功能的集体把该集体中的个体选择通过一定的方式有效转化为集体意志的实现。换而言之,提高对公共物品的选择效率。公共选择问题是悠久的学术课题,取得了丰硕的成果,其研究范畴是"非市场化决策的选择问题"。作为政治学中的一个研究范畴,公共选择的特点是"用经济学的范式研究公共选择问题"。公共选择理论起源于20世纪30年代,是将经济学和政治学融合的研究方法,是利用经济学方法来分析集体行为和决策的理论,其主要研究内容是用效率和公平分析方法来分析和研究市场化背景下政府干预行为的不足和失灵。缪勒直接视其为非市场决策研究;布坎南的《公共选择理论》中提出"公共选择是用研究市场机制的方法来分析公共部门行为的学说"。

政府债务作为政府财政收入的重要组成部分,其主要用途是应对财政支出的不足,同时使资金使用主体在政府监督下做出更加高效的支出决策。如果无法保证这一点,政府债务就缺乏经济上的效率意义。然而实际中的政府债务决策通常无法实现这一目标,从而阻碍了政府干预经济社会的"正效应",换而言之,债务支出的政策效果在实际生活中往往是损害了社会福利。那么,为什么政府债务决策会产生"负效应"以及怎样才能克服政府债务的"负效应"?于是,公共选择理论研究在政府债务领域的中心问题是存在"政府失灵"的情形下,分析政府债务支出行为的效率,找到最优的政府债务管理体系。

"政府失灵"的含义是社会大众对公共物品和公共服务的需求没有得到很好的满足,公共物品和公共服务在供给过程中存在浪费或滥用现象,导致政府债务支出规模过大或效率过低,政府债务支出没有达到理论上的效率。为达到理论上的效率水平,对政府债务实行规范科学的全过程预算管理是一个值得考虑的方法。从公共选择理论的视角,政府债务管理的局限性表现在以下几个方面。

第一,政府债务决策往往可能存在一定的偏差或不足。公共选择理论认为,政府债务管理属于非市场行为,具备不同于市场行为的特点。在政府债务管理的过程中,虽然个体也属于决策的单位,但形成最终债务管理决策的往往是政府部门整体，以政府债务收入和支出为决策对象，并按照规范的流程来完成。政府债务管理相关决策是一个比较复杂的流程，存在诸多不确定性和扰动因素。

第二，政府债务相关机构的效率有待提高。这是指政府在进行政府债务收支管理时，偏离了公共利益最大化这一目标，存在片面追求政绩影响支出的可能，可能导致地方政府债务收支政策执行实际结果与预期目标出现较大偏差，出现政府债务领域的政府失败现象。

第三，政府债务预算的无序扩张。以部门利益和官僚集团利益最大化为目标的施政模式会导致政府债务预算的无序扩张，导致政府债务管理成本过高和效率低下。

政府失败现象会降低政府债务效率，扭曲公共资源配置，降低公共产品和服务的供给效率，导致地区长期潜在增长率下降，进而降低地区经济发展水平。社会公众通过"以足投票"的方式显示他们的公共产品地区偏好，这会损害地区人力资本的有序积累。

在政府债务管理的公共选择操作中，有三点需要考虑：一是政府债务支出应该符合基本的公开、公平和公正原则；二是政府债务支出应该具备良好的可操作性；三是政府债务支出项目应该充分考虑成本收益比。

## 二、政府债务预算管理是公共选择的结果

对政府债务资金实行预算管理是社会大众的选择，是构建现代财政制度的选择，是公共选择在政府债务管理领域的必然结果。

### （一）政府债务预算管理顺应了公共选择理论的发展

公共选择理论是当代公共财政的理论基础，并认为政府债务预算模式的本质是通过公共选择机制形成公共意志，然后政府去执行这一公共选择。这与我国人民代表大会制度在本质上是异曲同工的。政府的债务收支行为务必体现社会大众对公共物品和公共服务的共同需求，追求公共利益最大化。因此政府必须设法建立和完善符合社会大众公共需求、提高债务资金有效性的途径，而政府债务预算管理就是一条可行的路径。

### （二）公共预算绩效管理是社会大众的必然选择

根据公共选择理论，个体要进行评价是出于社会公平的需求与责任心。任一理性人总会要求社会公平。政府债务支出的还款大多来源于纳税人未来要缴纳的

税收，这属于公共利益，因而纳税人十分重视政府债务资金支出的透明性、经济性和有效性。为了更好地实现对政府债务资金的监督，人们希望实施政府债务预算管理。由于政府是一个集体，其由一个个政治家和官员个体组成，那么政府各项决策和行为往往是由这些个体部署并执行的，于是政府作为一个整体层面的行为和目标往往受到一个个政治家和官员个体动机的影响。因此社会公众需要质疑政府债务支出行为的合理性和必要性。从形式上看，政府债务支出会给社会提供公共产品和服务。

在实际生活中，产生"公共效益"是政府债务支出的直接结果，政府债务支出是为提供公共福利而进行的开支，并非为某个个人或某个利益群体。但由于个人或者利益群体在追逐自身利益的过程中，必然导致在政府债务资金使用过程中产生滥用公共权力的现象。且在此过程中，债务支出预算不断出现膨胀的趋势。两个因素相结合，将进一步使公共利益受损，进而导致政府债务支出的实质和政策效果变得扭曲。

### （三）政府债务预算管理是政府的必然选择

政府迫于社会公众的客观压力和提高管理效率的现实需求，也应该进行债务预算管理。政府的根本目的在于维护公众利益，维护公众利益也是取得公众支持和信任、加强持续执政能力的重要保证。根据公共选择理论的观点，官员的效用函数是为了获取最大的政治资本以博得晋升，体现为最广泛的公众支持。在这样的激励模式下，实行规范科学的政府债务支出预算管理也是十分自然的。在广大纳税人要求实行债务预算管理的呼声下，政府部门也应促成债务预算管理机制的建立。

## 三、公共选择理论在债务预算管理中的指导原则

政府债务支出预算管理作为一项鲜明的公共行政活动，按照公共选择的原则，维护和代表最广泛的公共利益，应该尽量遵守以下原则。

### （一）绩效性

政府是债务收支的对象，支出是为了公共利益，偿还来源归根结底是社会大众，其本质上属于公共资金，纳税人希望政府尽力提高债务资金的使用效率。因此，为了达到纳税人的要求，就要在预算管理过程中把提高公共资金借、用和还的规范性作为评价政府债务管理工作的首要目标。

## （二）调控性

财政主要是通过合理配置和引导资源，实现宏观调控的职能。债务资金是财政资金的重要部分，其分配和使用也必须有利于改善这些职能。政府债务预算管理制度建立的目标就是要梳理和规范债务资金的借、用、还，提高科学性和透明性，促使债务资金支出能够取得预期的政策目标，并且通过债务预算管理结果的运用，进一步指导债务资金的管理和使用。

## （三）权责性

政府债务支出，本质上是社会公众通过委托政府提供公共产品和服务、为提供公共效用而对公共资金的使用。于是，应该将债务使用过程中的责、权、利关系予以清晰的界定，保证相关单位和部门担负资金支出责任。就政府债务预算管理而言，其一，强化政府债务预算管理宣传以及资金使用教育，使他们牢记债务资金使用中的责任意识；其二，建立并完善债务预算管理的法律法规，对债务资金流转过程中的部门和单位实行激励约束规定，同时实行有效的追究制度，全方位提升债务资金的安全性和科学性。

## （四）透明性

实现政府债务资金的透明化运作，提升社会公众对政府的信任度。其一，通过政府债务预算管理，全面规范政府债务资金的运作流程；其二，要定期公开债务资金预算管理考评的结果，确保债务资金使用情况为社会各界所了解。

# 第二节　委托—代理理论

委托—代理理论是契约理论的重要组成部分之一，一直都是研究契约经济学的热点。委托—代理理论主要是一种聚焦代理关系的研究范式，主要集中于设计出一个激励结构（契约）来促使代理人以委托人的利益进行活动。借助委托—代理理论，可以知道为什么应该对政府债务资金实行预算管理。

## 一、委托—代理理论的主要内容

委托人委托代理人存在多种原因，如欠缺代理人所拥有的专业技能、无法独立完成等。委托—代理关系的履行过程中,委托人的利益取决于代理人是否能够有效履行受托责任,代理人的代理行为是否有效决定了是否能够实现委托人的利益最大化。委托人和代理人都具有"经济人"假设,因此其具有效用最大化、有限理性和机会主义等特征。然而,代理人与委托人的目标函数往往不完全一致,甚至往往存在矛盾。此外,由于受托责任的履行可能存在着不确定性和信息不对称,代理人可能存在"逆向选择"和"道德风险行为"等问题,可能出现损害委托人利益的现象。已有文献结论表明,有两种路径可以缓解代理人问题:一是设计激励机制,二是建立监督机制。①

委托—代理关系履行过程中需要注意两个方面:道德风险和委托—代理费用。道德风险是指因为种种原因无法把握代理人行为与绩效之间的可靠关系,由此导致代理人对委托人隐瞒行为信息的情况。道德风险产生的原因是委托人和代理人之间的信息不对称。而代理费用是指委托—代理关系的运行成本,具体包括委托人的监督费用、代理人的担保费用和剩余损失。

## 二、政府债务资金使用中的双重委托—代理关系

由于信息不对称和利益的非一致性,公众、政府债务资金管理者(财政部门)和政府债务资金使用者(用款单位)在政府债务资金分配和使用过程中属于三方博弈,进而形成了双重委托—代理关系。

### (一)政府债务资金管理者为委托方,用款单位为代理方

在履行该委托—代理关系过程中,以社会公众和政府债务资金管理者(财政部门)之间不存在道德风险为假设前提,财政部门把政府债务资金拨付到用款单位,由用款单位按照预先向财政部门申报的资金用途使用政府债务资金。因为用款单位存在着信息优势,所以如果缺乏对债务资金使用流程的有效监控,往往导致债务资金实际使用偏离预定的目标方向,进而出现资金使用低效的情况。为了避免这一现象的出现,必须实行规范的预算管理流程,使财政部门能够彻底掌握债务资金使用情况,避免委托—代理风险。

### (二)公众为委托方,政府债务资金管理者为代理方

委托—代理关系存在于所有具有"两权分离"特征的组织中,因此政府债

---

① 李寿喜:《产权、代理成本和代理效率》,载于《经济研究》2007年第1期,第102~113页。

务管理也必然存在委托—代理关系。这种关系内在假定代理人在运用相关资源时，必须履行受托责任，即政府必须遵循广大纳税人的意愿来运用政府债务资金，保证政府债务资金分配和使用的公平性、效率性和有效性，同时接受公众的监督。

根据委托—代理理论，作为代理方的政府债务资金管理者处在信息更为充分的有利位置。在政府债务资金分配和使用过程中，若政府债务资金管理者为了谋求小群体或个体利益最大化，会导致公共利益受损。政府债务资金管理者随意分配政府债务资金，也会导致公共物品和服务供给的公平性受损。没有完善的债务监督制度，政府债务资金管理者便有可能不规范履行监督职能，无法强力约束不当行为的产生。这两种情况的出现可能让公众对政府丧失信心，因而政府务必重视和制定规范合理的政府债务预算管理体系，尽力降低由于信息不对称可能给公众带来的损失。

## 三、委托—代理理论在政府债务预算管理工作中的应用

在实际应用中，政府债务预算管理的主要应对措施是防范道德风险和减少委托—代理费用。关于如何防范道德风险和减少委托—代理费用，已有研究已得出大量可靠的结论，对政府债务预算管理有一定的借鉴作用。

### （一）完善契约机制的构建

委托—代理的核心问题是如何合理界定代理人责任，而对于委托人而言实质在于设计良好的契约。契约设计的关键在于如何规制受托方。委托人通过提供若干可供选择的规制目标范围优化决策空间的制定，并通过约束潜在管制目标的可能性（约束代理人的自由选择空间），从而一定程度上使委托人利益免受代理人侵占。因此，在进行政府债务预算管理制度设计时，第一要明确界定债务预算管理的相关定义；第二要梳理债务预算管理的责任主体和运行流程；第三要构建切实可行的、科学的预算管理指标体系；第四要制定规范的预算管理办法以及考评与管理报告模式；第五要明确预算管理结果的应用。

### （二）建立激励和惩罚机制

条件成熟的部门和地区可以结合实际情况先行试点，开展政府债务预算管理工作。在政府债务预算管理工作经过起步和长时间发展之后，政府债务预算管理部门可以根据前期的经验对合规行为进行奖励，对违规行为进行惩罚。

### （三）多维度平衡制约

引入第三方协助委托人对代理人实施监督。例如，委托人可以借助媒体或者第三方专业机构对代理人进行监督，其有权对已被授权的代理人进行质询。这种多维度制约可以为政府机构带来新的平衡机制。因此，为保证债务预算管理制度的顺利运行和长期稳定发展，可以由专业的中介机构作为第三方或社会各界代表对政府债务预算具体工作进行监督。

## 第三节　新公共管理理论

新公共管理模式的提出有着深刻的理论基础，它是在公共选择理论、现代产权理论、新古典经济学、新制度经济学等理论思想的影响下形成的，其核心思想是"政府再造"。

### 一、新公共管理理论的提出背景

新公共管理运动与思潮的出现，有其深刻的社会历史渊源。它发轫于西方政府的空前管理危机。20世纪70年代的石油危机和西方国家的社会福利负担过重，使得经济发展陷入滞涨，政府面临着财政紧张的局面。与此同时，社会公共需求却与日俱增，使得政府面临巨大的财政压力。更加严峻的是，官僚体制运行成本不断增加、机构膨胀问题频发以及行政办事效率现象凸显等问题也困扰着西方国家。

此外，经济全球化与新技术革命对政府管理也提出新的要求。媒介传播速度的飞速增长要求政府对社会问题应做出更加迅速的反应；经济社会问题更加复杂，这迫切需要提高政府应对复杂问题的能力。信息化媒介的发展破除了长久以来政府对公共信息的垄断，使得社会大众更加容易地表达自己的公共偏好。这些新情况的出现客观上提高了对公共产品和服务供给能力的要求，政府预算管理也面临新的任务和挑战。从20世纪80年代初开始，英国政府开始实行政府职能改革，主要目的是提高政府效率，具体是以市场化方式对政府进行改革。虽然这些改革存在一些问题，但客观上提高了政府提供公共产品和服务的效率。在此过程中，预算管理成为政府提高效率的主要工具，因为预算管理仿照企业的方式使得政府管理的绩效考核变得更加简便易行。

## 二、新公共管理理论的主要内容

新公共管理理论的内容主要包括五个方面：(1) 更加关心服务效率、效果和质量。(2) 分权管理环境取代高度集权、等级制的组织结构。在管理分权的背景下，资源配置和服务提供的信息更接近决策者，信息不对称的程度降低，进而有利于政府管理降低成本和提高效率。(3) 绩效是政府管理的重要目标之一。大力实行市场机制替代政府行政化管理。(4) 更加注重公共产品和服务的供给效率，具体包括公共部门绩效的设置以及部门之间形成竞争性的环境。(5) 强化国家综合治理能力，以低成本和灵活有效的方式应对各种社会事件。

新公共管理理论比较注重市场化导向，注意从市场化管理中借鉴有效提高效率的方法，强调在公共部门的事务管理中运用市场经济中的行为激励机制。作为一种综合性的实践模式与理论思潮，新公共管理理论反映了新的社会经济发展阶段下传统公共行政模式的低效率，并提出了许多针对性的建议。

## 三、政府债务预算管理是新公共管理理论的创新实践

新公共管理理论认为政府应该从"战术执行者"转换到"战略制定者"，从首席执行官（CEO）转换到董事会，从关注执行过程转换到关注执行效果。政府债务预算管理的管理理念、管理方式和管理方法与新公共管理理论如出一辙，通过债务预算管理加强政府管理是新公共管理理论新实践最直接的体现。通过实行债务预算管理制度，政府所充当的角色从公共产品和服务的生产商转变到公共产品和服务的甲方；与以往的全盘负责不同，实行预算管理制度后政府只负责资源投入与最终结果的考核。

实行债务预算管理，实际上是在政府内部树立投入产出比的概念，从而把提高债务绩效的思想贯穿于债务预算管理活动的各个环节。债务预算管理有助于增强债务资金管理者对政府公共项目的责任感，树立提高债务产出效率的观念。

债务预算管理是新公共管理理论的组成部分。从政府债务支出预算管理的全过程来看：一是政府在分配使用债务资金时根据社会公众对公共服务的需求，确定当期政府提供公共产品和服务的总体目标，并且根据当前的公共物品和服务公共需求的不足情况，确定政府在下一财政年度应提供的公共产品和服务的数量和种类，安排债务预算中优先的建设项目范围，对债务预算编制和预算执行进行科学监管。二是各部门单位根据公共物品和服务等公共需求的不足情况，对各自应建设和提供的公共产品和服务目标进行划分，形成自己具体的债务支出目标。

## 第四节 内部人控制理论

### 一、内部人控制理论的提出

按照现代企业理论的观点,所有权与经营权的分离促使了内部控制人问题的产生。所有权和经营权分离是为适应现代复杂的社会化大生产而产生的,它具备现代管理的特征。两权分离背景下,经营者与所有者分别拥有管理权和所有权。因此,内部人控制问题是一个关于组织内部治理结构中管理权限的配给问题。

政府是公共权力机关,所以也存在内部控制人问题。内部控制人问题是指政府在履行公共职能、提供公共产品和服务时的职权分配。具体包括以下方面:(1)公共权力为公共部门所有,取得这一授权的组织称为执行者;(2)公共权力的范围与政府提供的公共产品和服务内容紧密相连;(3)法律是重要的授权形式,选举投票和委托—代理等也属于重要的授权方式;(4)公共权力具有强制性的特征,依靠国家为后盾来保障其运行。

公共权力理论告诉我们,如何行使公共权力是政府内部控制权的配给问题。全国人民代表大会领导下的各项公共权力均属于"人民",即司法权和行政权的行使都必须向人民代表大会负责。不仅各个公共部门内部分工方式存在差异,各式各样的公共部门治理结构中控制权的激励约束机制也是各有不同的。在不同的社会背景下,因为公共权力往往会脱离私人利益,并背靠国家强制力,所以它是一种超脱性的权力。正因为公共权力的这些特性,使得具备公共权力的各个公共部门取得了超然的地位;在公共权力缺乏良好制度约束的情况下,公共部门也会出现内部人控制问题。

### 二、内部人控制及其现象

#### (一)企业中的内部人控制现象

内部人控制(insider control)指企业管理人员凭借授权而掌握了企业的管理权,他们的个人利益和意志在企业决策中能够得到充分的体现。作为现代企业治理的内在问题，内部人控制现象在当前是非常普遍的。企业中的内部人控制现象可以分为以下两种：

第一，两权分离制度形成后致使所有权与经营权不一致所产生的委托—代理问题。伯利和米恩斯基于200家美国企业进行实证研究，其研究表明：随着现代公司制度的发展，企业的经营管理受到经营者的控制从而导致了所有权与经营权的分离。[①]

第二，在计划经济体制向市场经济体制转轨过程中企业经营者利益与国家利益不一致，进而造成所有者与经营者的激励不相容。例如国有企业等，由于国有企业实际被经营者所控制，所以国家在国有企业信息方面处于不利地位。这种现象在俄罗斯和东欧国家的国有企业中表现较为突出，在中国的国有企业中也时有存在。

### （二）政府债务资金管理中的内部人控制现象

在政府债务资金日益庞大的当前，如果缺乏科学有效的制度约束，政府债务支出的权力就很容易产生"寻租"现象。寻租现象指政府寻求政治收益如政治局势稳定或政治关系牢固最大化机会等而进行贪污腐败行为的现象。腐败是指个人或部门在运用政治权力的过程中由于掺杂个人意志或个人利益而违背了公共利益原则。这一定义表明，执政者利用政府债务资金，为实现个人升迁、树碑立传等目的而浪费人民钱财，如政绩工程、形象工程等。

## 三、内部人控制产生的原因

日本经济学家青木昌彦研究发现，虽然内部人控制在某些社会主义国家的转轨时期阶段表现得比较明显，但内部人控制问题绝不是社会主义国家转轨经济中所特有的。[②] 由于公共权力"三权分立"等问题的存在，西方国家政府部门都不同程度地出现过内部人控制问题。

政府是政府债务管理的受托人，庞大的债务资金被委托给政府管理，政府应当对债务资金的使用及其效率负责。财政的作用不仅是对国民收入进行二次分配，更重要的是履行宏观调控职能。财政的这一作用源于公共部门对公共资金的

---

[①] ［美］伯利、米恩斯：《现代公司和私有财产》，甘华鸣、罗锐韧、蔡如海译，商务印书馆2005年版。

[②] 陈英、艾传涛：《"内部人控制"现象及其控制对策研究》，载于《山东经济战略研究》2004年第2期，第118~120页。

依赖性，即市场经济背景下，纳税人缴纳了税收等费用后，公共部门的职能履行应当依靠财政拨款等公共资金来保障，且不得"与民争利"。因为政府各部门的职能履行取决于公共资金的保障，所以财政就应当担负起公共经济的保障责任。资源配置职能的核心是效率，而公共资源配置效率的提高会增进公共利益或公共福利。由于债务资金是公共资金的重要组成部分，因而政府债务预算是重要的公共经济管理问题。

然而，实际中政府（代理人）与社会公众（委托人）在公共资源配置方面存在较大的道德风险、逆向选择风险和信息不对称风险等。因此在不良的公共部门治理结构或低效的政府管理体系中，个人或小部门的利益往往会侵占或损害公共利益，进而导致分配职能无法实现公平分配，导致资源配置职能无法提高公共资源配置效率。

## 四、内部人控制的危害

内部人控制是公司制度发展不完善的结果，会对公司的集体利益带来多种危害。由于政府部门代表了比公司股东更大群体的利益，因此政府部门的内部人控制问题会产生更广泛和更严重的结果。内部人控制导致政府的实际行为会忽视或一定程度偏离公众利益或社会利益最大化。

内部人控制实际是一种公共权力运行缺乏制约而失衡的现象。由于缺乏外部监督的约束机制，政府管理者为了个人意志和小团体利益会尽量扩大自己的控制权，大量举债或扩大政府债务规模。由于政府内部人实际上是风险无关者，政府的债务风险实际上由全体公民（纳税人）承担，因此地方政府债务规模的扩大并不能保证纳税人利益的增加，却加大了纳税人的经济负担和风险。

为了消除内部人控制现象，政府需要健全完善的政府债务预算治理结构，尽快从内部监督治理结构的"形式"走向外部监督治理结构的"实质"——强化政府债务预算管理中的权力制衡，加强纳税人和大众媒体对决策者的监督或约束。

# 第四章

# 我国地方政府债务预算管理实践比较

  **本**章首先从预算额度管理、预算编制管理、债务绩效管理、债务监督预警和还本付息管理五个方面详细梳理我国地方政府债务预算管理框架。在比较各地方政府债务预算管理实践中，由于我国东、中、西部地区省份的经济发展水平存在较大差异，预算管理的规范程度也是参差不齐，由此本章按照东部地区、中部地区、西部地区这一依据划分我国各省（自治区、直辖市），并分别从东部、中部、西部地区选出数个代表性省（自治区、直辖市）对其政府债务管理实践进行对比分析。

## 第一节　政府债务预算管理框架

  地方政府债务管理应该包括预算额度管理、预算编制管理、债务绩效管理、债务监督预警和还本付息管理等方面。

### 一、预算额度管理

  地方政府债务额度管理实际包括如下两部分。
  一是纳入预算管理的政府债务限额和余额。根据《新增地方政府债务限额分配管理暂行办法》，新增地方政府债务限额分配，遵循立足财力水平、防范债务风险、保障融资需求、注重资金效益、公平公开透明的原则,各省、自治区、直辖市、计划单列市新增限额由财政部在全国人大或其常委会批准的地方政府债务规模内测算,报国务院批准后下达地方。省本级及市县新增限额由省级财政部门在财政部下达的本地区新增限额内测算,报经省级政府批准后,按照财政管理级次向省本级及市县级财政部门下达。

二是未纳入预算管理的隐性债务管理。隐性债务是指地方政府在政府法定债务限额之外直接或间接承诺以财政资金偿还以及违法提供担保等方式举借的债务,与地方政府债务(即以发行地方政府债券形式举借的债务)相比,隐性债务不在预算管理系统内体现,更具有隐蔽性。

隐性债务包括直接举借的债务、变相举借的债务、担保承诺的债务三种类型,相关判断标准如下:

第一,直接举借的债务,即地方政府及其下属部门、国有企事业单位等举借,约定由财政资金偿还的债务,关键判断标准为由财政资金偿还,还包括名义上地方政府或其下属部门提供担保,但由于项目缺少经营收入或债务方缺乏还款能力,实质上仍由财政资金偿还的债务。

第二,变相举借的债务,即地方政府在中长期支出事项(如PPP项目、政府购买服务、专项建设基金、政府投资基金等)中,违法违规通过约定回购本金、承诺保底收益等方式固定政府支出责任的,名为"PPP项目"或"政府购买服务"等的债务。关键判断标准为,是否存有回购本金、保底收益等固定政府支出责任的安排。

第三,担保承诺的债务,即地方国有企事业单位等举借,由政府提供担保、承诺的债务,关键判断标准为实质上并非由财政资金偿还,但政府提供了担保或承诺,包括但不限于出具承诺函、宽慰函,以财政收入或公益性资产担保等。

在实践当中,第一种纳入预算管理的限额和余额管理基本上已全面纳入预算管理,存在的问题只是管理精细度是否达到一定标准的问题,而第二种尚未纳入预算管理的隐性债务管理,由于并未出台统一的管理办法,目前仍处于比较模糊的状态,其整体风险是大于第一种的。

## 二、预算编制管理

在实践当中,政府举债资金投向的大部分都用于城市基础设施建设、收储土地和拆迁补偿以及工业园区建设等,这些投资为提升城市功能、改善民生和培植财源打下了基础,对地方经济社会发展起到了积极的推动作用。但政府债务在预算管理和资金使用方面还存在一些突出问题，应该引起政府部门的高度重视和关注。当前政府债务存在的主要问题有：第一，近年政府举债急速增长，且有继续增长趋势；第二，没有统一管理部门和管理规章，导致政府债务总量不清；第三，急剧增长的政府债务与偿还机制错位；第四，投融资机构融资贷款不规范。产生这些问题的根源在于：债务管理处于缺乏统一管理的状态，地方政府举债存在一定的盲目性，地方财力增长速度和城市基础设施建设等公共需求增长速度不成正比。为进一步管好用好政府债务资金，应着力控制政府负债规模，加强政府债务管理，提高资金使用效益，防范和化解债务风险，促进地方经济社会又好又快发展。为解决上述问题，政府可以实施的措施包括：尽快出台政府债务管理制度和法律法规，规范举债行为；建立风险预警机制和债务偿还机制，实行政府债务统一归口管理。

加强政府债务项目预算管理。全面加强政府债务项目库建设，及早做好项目准备。建立涵盖项目需求申报、债券资金审核、债务限额分配、支出使用管理以及债务还本付息等在内的政府债务全过程项目管理机制，形成政府债务"借、用、管、还"相统一的闭环管理系统，如实完整反映政府债务规模、结构、使用和偿还情况。

## 三、债务绩效管理

债务绩效管理包括事前绩效评估、绩效目标的设置和审核、绩效运行监控、绩效评价、评价结果的运用和绩效信息公开等内容，重点关注政府债务资金使用方向及用途、支出结构、使用效果及还本付息等情况。为了加强政府债务绩效管理，2021年6月财政部出台了《地方政府专项债券项目资金绩效管理办法》，这是政府逐步重视债务资金使用绩效情况的一个重要举措。债务绩效评价一般包括以下几个方面。

### （一）事前准备情况

主要评价政府债务资金支出项目的可行性、必要性、决策过程、目标设定、评价指标设置等情况。

### （二）资金管理情况

主要评价政府债务资金支出项目的预决算管理、债券资金使用与项目管理及偿债责任匹配、债券期限与项目期限匹配、资金使用合规性、还本付息等情况。

## （三）资金使用效益

主要评价政府债务资金支出项目的使用效益。政府债务资金只能用于公益性资本支出，优先保障在建工程项目建设，不得用于经常性开支；使用一般债务资金的项目，应重点评价其社会效益；使用专项债务资金的项目，应重点评价其经济效益。债务绩效评价的核心在于设置科学合理的评价指标，并加强债务绩效评价通用项目库的建设，如公路、医疗等通用项目库。

**1. 明确绩效管理内容，规范政府债务支出过程环节**

一是开展事前绩效评估。论证项目立项必要性、债务投入经济性、绩效目标合理性、实施方案可行性及潜在风险等，形成绩效评估报告，使其作为预算单位申请债券资金的必要条件。二是设置绩效目标。要求部门单位在申报年度政府债务资金需求时，参照财政部门确定的共性绩效指标框架，结合所承担项目的实际情况，逐项设置绩效目标。绩效目标包括产出、成本、效益、可持续影响和服务对象满意度等。绩效目标作为政府债务资金安排的前置条件，应报同级人民代表大会或其常务委员会进行批复。三是进行绩效运行监控。政府债务资金下达后，围绕项目绩效目标，从运行成本、管理效率、履职效能、社会效应、可持续发展能力和服务对象满意度等方面，按月对政府债务资金项目支出绩效目标的实现程度和预算执行情况进行"双监控"。四是进行绩效评价。项目竣工完成后，要求部门单位对整个项目的事前准备情况、债券资金管理使用情况和资金使用效益等指标进行综合评价。绩效评价主要包括项目基本概况、项目组织实施情况、项目资金管理及使用绩效情况等。

**2. 建立绩效监督机制，确保政府债务支出安全有效**

建立绩效评价结果与次年政府债券资金安排挂钩机制，对绩效评价结果好的项目资金予以优先考虑，对绩效评价结果差的项目资金一律削减或不予安排。建立债务绩效管理信息公开机制。按照政府信息公开有关规定，对人大批复的政府债务支出绩效目标和绩效评价结果进行公开，接受社会监督。建立预算绩效管理监督机制。把债券支出实施成效、支出绩效和绩效责任作为财政监督和审计的重点，发现违纪、违法问题线索后交给相关部门，由相关部门进行责任追究。

## 四、债务监督预警

债务监督预警是指根据地方经济社会发展情况、综合财力以及政府债务的状况，综合运用债务率、偿债率、债务依存度和债务逾期率等有效监控指标，将地方政府债务规模控制在安全范围内，并进行风险评价和跟踪监控，充分发挥资金使用绩效。

2020 年新修订的《中华人民共和国预算法实施条例》规定，财政部和省、自治区、直辖市政府财政部门应当建立健全地方政府债务风险评估指标体系，组织评估地方政府债务风险状况，对债务高风险地区提出预警，并监督地方政府化解债务风险。

实践当中，已有部分地方政府实施了债务风险预警管理办法。如四川省在 2016 年颁布了《四川省人民政府办公厅关于印发四川省政府债务风险评估和预警暂行办法的通知》，政府债务风险评估主要指标为综合债务率、一般债务率和专项债务率等；辅助指标为新增债务率、偿债率和逾期债务率等。

南通市通州区在债务风险预警办法中，规定政府债务风险评估和预警指标为债务率。该指标用来衡量债务规模的大小，用公式可以表示为：债务率＝年末债务余额÷当年政府综合财力。

在靖边县政府债务风险评估和预警办法中，政府债务风险评估和预警指标包括债务率、新增债务率、偿债率、逾期债务率以及综合债务率等。第一，债务率。该指标反映地方政府动用当期财政收入满足偿债需求的能力，分为一般债务率和专项债务率。第二，新增债务率。该指标反映地方政府债务增长速度，分为一般债务新增债务率和专项债务新增债务率。第三，偿债率。该指标反映地方政府当期财政支出中用于偿还债务本金的比重，分为一般债务偿债率和专项债务偿债率。第四，逾期债务率。该指标反映地方政府债务余额中逾期债务余额的比重，分为一般债务逾期率和专项债务逾期率。第五，综合债务率。根据债务率、新增债务率、偿债率和逾期债务率等分项风险指标计算综合风险指标。地方政府列入风险预警名单和风险提示名单后，要积极采取措施，制定债务风险化解规划，通过控制项目规模、调整支出结构、压缩一般性支出以及处置存量资产等方式减少政府债务，加大偿债力度，逐步降低风险。

《连云港市地方政府债务风险评估和预警暂行办法》规定地方政府债务风险评估和预警指标包括债务率、新增债务率、偿债率、逾期债务率以及综合债务率等。这与上述靖边县政府债务风险评估和预警指标基本一致，由此表明地方政府债务风险评估和预警指标就是以上这些指标。

## 五、还本付息管理

地方政府债券还本付息资金分类纳入预算管理。一般债券还本付息资金纳入一般公共预算管理，主要以一般公共预算收入偿还；专项债券还本付息资金纳入政府性基金预算管理，通过对应的政府性基金或专项收入偿还。

市直行政事业单位举借的政府存量债务应由该单位通过压减预算支出等措施偿还的，还本付息资金在该单位部门预算中安排（扣回）。

市教建投和学校举借的政府存量债务应由在国有土地出让收入中计提的教育资金、教育专项资金或教育费附加等偿还，还本付息资金在教育资金、教育专项资金或教育费附加预算中安排（扣回）。

市土地储备中心举借的政府存量债务，用于土地储备并应由出让土地宗地成本偿还的部分，还本付息资金在国有土地出让收支预算的宗地成本中归还（扣回）。

由上级专项资金安排或补助的棚户区改造、公路交通等项目举借的政府债务，还本付息资金在相应的专项资金预算中统筹安排。

市级融资平台公司举借已由置换债券置换的政府存量债务，按照省财政厅有关地方政府债券置换政府存量债务的规定和"权责利相一致"原则，由该平台公司与市财政局或其他相关部门单位依法签订资产等有关事项的划转协议，同步将相应的资产、收入、权利、义务和责任等事项划转给市财政局或其他相关部门单位。在平台公司完成转型和资产等事项实质性划转之前，平台公司的地方政府债券还本付息资金暂由该平台公司负责筹集。

其他应由市本级政府统筹安排资金偿还的政府债务，其还本付息资金从以下渠道筹集：国有资产（包括行政事业资产）处置收入、经营城市（如城市户外广告等）收入、争取国家政策资金、争取上级项目专项资金、一般公共预算安排、政府性基金预算（包括国有土地使用权出让收入等）以及专项收入安排、申请发行地方政府债券等。

## 第二节 东部代表性省份政府债务管理实践探索

地区政府债务管理办法一般是由各省份根据实际情况，按照中央关于政府债券管理的相关规定和要求进行拟定的，属于地区政府债务管理的官方文件。不同省份的管理办法存在一定的区别，这在一定程度上反映各个地区政府债务预算管理的特点，也为对比分析各地区的政府债务预算管理提供了相关材料。由于我国东、中、西省份的经济发展水平存在较大差异，预算管理的规范程度也是参差不齐，因此，本章根据东部、中部和西部等地域对各省（自治区、直辖市）进行区分，并分别对比分析。

本节在东部各省（自治区、直辖市）中选择北京市、广东省、江苏省和辽宁省作为代表性省（自治区、直辖市）。具体来说，政府债务管理实践主要包括举债主体、举债方式、举债程序、规模限制、资金使用、偿还机制、风险预警机制、应急处理机制、预算监督、信息披露和法律责任等。这四省（自治区、直辖市）政府债务管理办法的各个要素都比较全面，仅在举债主体、举债方式、规模限制和信息披露等方面存在一定的缺失。东部代表性省（自治区、直辖市）政府债务管理办法中管理实践的具体情况如下。

## 一、北京市政府债务管理实践

北京市政府债务管理办法的各个要素都比较全面，仅在举债主体、规模限制、应急处理机制、信息披露和法律责任等方面存在一定的缺失。北京市政府债务管理实践的具体情况如下。第一，对于政府债务管理办法的举债方式，北京市政府债务管理办法规定采取审批方式。

第二，对于政府债务管理办法的举债程序，北京市政府债务管理办法的举债程序是由债务主体于每年9月底前提出下一年度债务项目计划，经行政主管部门审批后报送同级发展改革部门。

第三，关于政府债务资金使用的规定，北京市政府债务管理办法规定政府债务资金必须用于难以吸引社会投资的公益性项目建设，并严格按照债务计划规定的用途使用，不得用于经常性支出和平衡地方财政预算。

第四，关于政府债务的偿还机制，北京市政府债务管理办法规定各级政府应当按照当年政府债务余额的一定比例设立本级政府性债务偿债准备金，纳入当年预算，实行专户管理，专账核算，专项用于未能及时偿还债务的临时垫付及清偿。

第五，关于政府债务的风险预警机制，北京市政府债务管理办法规定各级政府根据债务率和偿债率等指标对债务风险进行预警。

第六，关于政府债务的预算监督，北京市政府债务管理办法规定各级政府债务资金必须进行专账核算和管理，债务资金要与项目严格对应，债务资金的使用应当符合有关法律法规规定，专款专用、专账核算，接受财政和审计部门的监督。

## 二、广东省政府债务管理实践

广东省作为东部代表性省份，其政府债务管理办法仅在举债主体、举债方式、举债程序和规模限制等方面存在一定的缺失，其他政府债务管理方式都有较为具体的规定。

第一，关于政府债务在资金使用方面的规定。广东省政府债务管理办法规定政府一般债券资金只能用于公益性资本支出和适度偿还存量政府债务，不得用于经常性支出，不得用于违规修建楼堂馆所和其他国家明确禁止的项目，专项债券资金要严格限定用于发债对应的具体项目，不得用于平衡预算和其他项目。

第二，关于政府债务的偿还机制。广东省政府债务管理办法规定一般债务和专项债务等政府债务纳入预算管理，政府负有偿还责任，应制定偿还计划和落实偿还资金来源，及时按照偿还计划筹措财政性资金足额偿还。

第三，关于政府债务的风险预警机制。广东省政府债务管理办法规定相关部门将根据各地区一般债务、专项债务、或有债务等情况，测算债务率、新增债务率、偿债率、逾期债务率等指标，评估各地区债务风险状况，对债务高风险地区进行风险预警。

第四，关于政府债务的应急处置机制。广东省政府债务管理办法规定各市县政府对其举借的政府债务负有偿还责任，省级政府实行不救助原则，各级政府要制定债务风险应急处置预案，建立债务违约责任追究机制。

第五，关于政府债务的预算监督。广东省政府债务管理办法规定审计部门负责依法加强对地方政府债务的审计监督，促进规范和完善债务管理，提高资金使用效益，金融监管部门负责加强监管、正确引导，制止金融机构等违法违规提供融资。

第六，关于政府债务管理办法在债务信息披露的实践。广东省政府债务管理办法规定各级政府经本级人大或其常委会批准的债务相关情况及表格，应当在批准后20日内由本级财政部门向社会公开；财政部门主要公开本级政府债务总体情况，并对重要事项作出说明。经本级财政部门批复的部门和单位债务相关情况及表格，应在批复后20日内由各部门和单位向社会公开，主要公开债务"借、用、还"情况和项目建设情况，并对重要事项作出说明。

第七，关于政府债务管理办法对法律责任这一要素的规定。广东省在政府债务管理办法中明确规定严格把政府债务作为一项硬指标纳入政绩考核，尽快建立考核问责机制，对脱离实际过度举债、违法违规举债或担保、违规使用债务资金、恶意逃废债务等行为，要严肃追究相关责任人员的责任。

## 三、江苏省政府债务管理实践

江苏省政府债务管理办法的各个要素都比较全面，仅在举债主体、规模限制和信息披露等方面存在一定的缺失。江苏省政府债务管理实践的具体情况如下。

第一，关于政府债务管理的举债方式，江苏省政府债务举借采取审批方式。

第二，对于政府债务管理办法的举债程序，江苏省政府债务管理办法规定由债务主体按照债务管理办公室的要求编制并报送年度政府债务收支计划及有关资料，债务主体必须严格执行债务管理办公室批复下达的年度政府债务收支计划，需要调整的，应当按上述规定程序审批，不得擅自变更。

第三，关于政府债务在资金使用方面的规定，江苏省政府债务管理办法规定债务主体应根据政府债务年度收支计划，合理筹措和安排使用政府债务资金，提高资金使用效益，努力降低政府债务成本，且政府债务资金应专项用于公益性项目，不得用于竞争性项目，不得用于经常性支出和平衡地方财政预算。

第四，关于政府债务的偿还机制，江苏省政府债务管理办法规定政府债务"谁举借、谁偿还"，政府债务建设项目产生的收益应优先用于偿还相应的债务。

第五，关于政府债务的风险预警机制，江苏省政府债务管理办法规定各级人民政府应根据本地区的经济发展水平、财政状况以及债务风险等情况，综合测定负债率、债务率和偿债率等指标并进行债务控制。

第六，关于政府债务的应急处置机制，江苏省政府债务管理办法规定各级人民政府应建立政府债务规模管理和风险预警机制，跟踪分析政府债务情况，制定有效措施防范和化解政府债务风险。

第七，关于政府债务的预算监督，江苏省政府债务管理办法规定各级领导小组对政府债务的举借、使用、偿还和担保实施全程监督管理，各级财政部门应建立政府债务统计报告制度，负责统计汇总政府债务，报同级人民政府和上级财政部门。

第八，关于对法律责任这一要素的规定，江苏省在政府债务管理办法中明确规定：对违反本办法规定的，依法追究有关单位和人员的责任，构成犯罪的，依法移送司法机关。

## 四、辽宁省政府债务管理实践

辽宁省政府债务管理实践的方式比较全面，仅在举债主体、规模限制、风险预警机制、预算监督和信息披露等方面存在一定的缺失。辽宁省政府债务管理实践的具体情况如下。

第一，对于政府债务管理办法的举债方式，辽宁省政府债务管理办法规定采取审批方式。

第二，对于政府债务管理办法的举债程序，辽宁省政府债务管理办法规定，申请举借政府债务的单位应当向同级财政部门、发展和改革部门提供下列资料：（1）举借政府债务申请书；（2）财务报告；（3）需要提供的其他资料。

第三，关于政府债务在资金使用方面的规定，辽宁省政府债务管理办法规定政府债务资金重点用于基础性和公益性项目建设，严格控制用于非基础性和公益性项目建设，不得用于经常性支出。

第四，关于政府债务的偿还机制，辽宁省政府债务管理办法规定各级政府应当按照政府债务余额的一定比例建立政府偿债准备金，政府偿债准备金由财政部门设立偿债准备金专户管理。

第五，关于政府债务的应急处置机制，辽宁省政府债务管理办法规定各级政府应当建立政府债务预警机制，根据政府债务风险情况，制定有效的防范和化解措施及应急预案。

第六，关于政府债务管理办法对法律责任这一要素的规定，辽宁省在政府债务管理办法中明确规定各级政府违反本办法规定，按照国务院《财政违法行为处罚处分条例》有关规定予以处理。

通过横向对比北京市、广东省、江苏省和辽宁省四个东部代表性省（自治区、直辖市）的政府债务管理实践可发现，在举债程序方面，北京市、辽宁省和江苏省等均要求政府要进行债务审批。四个省份均对资金使用和偿还计划等方面进行了详细的规定。在风险预警机制、应急处置机制、预算监督和法律责任等方面四个省份都进行了相关规定。可以看出，东部省（自治区、直辖市）的政府债务预算管理内含于政府债务管理办法当中，预算管理比较规范，但仍存在需改进的地方，如需要进一步加强债务资金的信息披露、细化债务资金的规模限制、明确举债主体和举债方式等。

北京市、广东省、江苏省和辽宁省等东部代表性省（自治区、直辖市）政府债务管理办法的具体情况如表4-1所示。

**表4-1　东部代表性省（自治区、直辖市）政府债务管理办法**

| 管理方式 | 北京市 | 广东省 | 江苏省 | 辽宁省 |
| --- | --- | --- | --- | --- |
| 举债方式 | 审批 | | 审批 | 审批 |
| 举债程序 | 债务主体于每年9月底前提出下一年度债务项目计划，经行政主管部门审批后报送同级发展和改革委员会 | | 按照债务管理办公室的要求编制并报送年度政府债务收支计划及有关资料。债务主体必须严格执行债务管理办公室批复下达的年度政府债务收支计划，需要调整的，应当按上述规定程序审批，不得擅自变更 | 申请举借政府债务的单位，应当向同级财政部门、发展和改革部门提供下列资料：（1）举借政府债务申请书；（2）财务报告；（3）需要提供的其他资料 |

续表

| 管理方式 | 北京市 | 广东省 | 江苏省 | 辽宁省 |
| --- | --- | --- | --- | --- |
| 规模限制 | 中央限额内 | 中央限额内 | 中央限额内 | 中央限额内 |
| 资金使用 | 政府债务资金必须用于难以吸引社会投资的公益性项目建设，并严格按照债务计划规定的用途使用，不得用于经常性支出和平衡地方财政预算 | 政府一般债券资金只能用于公益性资本支出和适度偿还存量政府债务，不得用于经常性支出，不得用于违规修建楼堂馆所和其他国家明确禁止的项目。专项债券资金要严格限定用于发债对应的具体项目，不得用于平衡预算和其他项目 | 债务主体应根据政府债务年度收支计划，合理筹措和安排使用政府债务资金，提高资金使用效益，努力降低政府债务成本。政府债务资金应专项用于公益性项目，不得用于竞争性项目，不得用于经常性支出和平衡地方财政预算 | 政府债务资金重点用于基础性和公益性项目建设，严格控制用于非基础性和公益性项目建设，不得用于经常性支出 |
| 偿还机制 | 各级政府应当按照当年政府债务余额的一定比例设立本级政府债务偿债准备金，纳入当年预算，实行专户管理、专账核算，专项用于未能及时偿还债务的临时垫付及清偿 | 一般债务和专项债务等政府债务纳入预算管理，政府负有偿还责任，应制定偿还计划和落实偿还资金来源，及时按照偿还计划筹措财政性资金足额偿还 | 政府债务"谁举借、谁偿还"，政府债务建设项目产生的收益应优先用于偿还相应的债务 | 政府应当按照政府债务余额的一定比例建立政府偿债准备金。政府偿债准备金由财政部门设立偿债准备金专户管理 |
| 风险预警机制 | 债务风险预警指标主要包括债务率、偿债率 | 国家相关部门将根据各地区一般债务、专项债务、或有债务等情况，测算债务率、新增债务率、偿债率、逾期债务率等指标，评估各地区债务风险状况，对债务高风险地区进行风险预警 | 各级人民政府应根据本地区的经济发展水平、财政状况、债务风险等情况综合测定负债率、债务率、偿债率等指标并进行债务控制 | |

续表

| 管理方式 | 北京市 | 广东省 | 江苏省 | 辽宁省 |
| --- | --- | --- | --- | --- |
| 应急处置机制 | | 市县政府对其举借的政府债务负有偿还责任，省级政府实行不救助原则。各级政府要制定债务风险应急处置预案，建立债务违约责任追究机制 | 各级人民政府应建立政府债务规模管理和风险预警机制，跟踪分析政府债务情况，制定有效措施防范和化解政府债务风险 | 政府应当建立政府债务预警机制，根据政府债务风险情况，制定有效的防范和化解措施及应急预案 |
| 预算监督 | 政府债务资金必须进行专账核算和管理。债务资金要与项目严格对应，债务资金的使用应当符合有关法律法规规定，专款专用、专账核算，接受财政和审计部门的监督 | 审计部门负责依法加强对地方政府债务的审计监督，促进规范和完善债务管理，提高资金使用效益。金融监管部门负责加强监管、正确引导，制止金融机构等违法违规提供融资 | 各级领导小组对政府债务的举借、使用、偿还和担保实施全程监督管理，各级财政部门应建立政府债务统计报告制度，负责统计汇总政府债务，报同级人民政府和上级财政部门 | |
| 信息披露 | | 经本级人大或其常委会批准的债务相关情况及表格，应当在批准后20日内由本级财政部门向社会公开；财政部门主要公开本级政府债务总体情况，并对重要事项作出说明。经本级财政部门批复的部门和单位债务相关情况及表格，应在批复后20日内由各部门和单位向社会公开，主要公开债务"借、用、还"情况和项目建设情况，并对重要事项作出说明 | | |

续表

| 管理方式 | 北京市 | 广东省 | 江苏省 | 辽宁省 |
|---|---|---|---|---|
| 法律责任 | | 严格把政府债务作为一项硬指标纳入政绩考核。尽快建立考核问责机制,对脱离实际过度举债、违法违规举债或担保、违规使用债务资金、恶意逃废债务等行为,要严肃追究相关责任人员的责任 | 对违反本办法规定的,依法追究有关单位和人员的责任。构成犯罪的,依法移送司法机关 | 违反本办法规定,按照国务院《财政违法行为处罚处分条例》有关规定予以处理 |

## 第三节 中部代表性省份政府债务管理实践探索

本节选择河南省、江西省和山西省等作为中部代表性省份。具体来说,我国政府债务管理实践主要包括举债主体、举债方式、举债程序、规模限制、资金使用、偿还机制、风险预警机制、应急处理机制、预算监督、信息披露和法律责任等。这三个中部代表性省份的政府预算管理办法相对而言比较简略,仅列举了举债方式、举债程序和规模限制等要素。中部代表性省份政府债务管理办法中管理实践的具体情况如下。

### 一、河南省政府债务管理实践

河南省作为中部代表性省份,其政府债务管理实践相对比较简略,仅在举债方式、举债程序和规模限制等方面有明确规定。河南省政府债务管理实践的具体情况如下。

第一,关于政府债务管理的举债方式,河南省政府债务管理办法规定由省政府授权省财政厅通过发行债券的方式举借地方政府债务。

第二,对于政府债务管理办法的举债程序,河南省政府债务管理办法明确规定发展没有收益的公益性事业确需政府举借一般债务的,通过发行一般债券融资,主要以一般公共预算收入偿还。

第三，关于政府债务管理办法在举债规模限制方面的规定，河南省政府债务管理办法明确规定对各级地方政府债务规模实行限额管理。

## 二、江西省政府债务管理实践

江西省作为中部代表性省份，其政府债务管理办法仅仅规定了政府债务的举债程序。江西省政府债务管理实践的具体情况如下：江西省政府债务管理办法规定各级政府所属部门和单位申请举借政府债务时，应当向同级财政部门提供下列材料：（1）举借政府债务申请书；（2）经批准的项目建议书或者可行性研究报告；（3）本部门、本单位的财务报表；（4）财政部门认为应当提供的其他相关资料。

## 三、山西省政府债务管理实践

山西省作为中部代表性省份，其政府债务管理实践相对比较简略，仅在举债方式、举债程序和规模限制等方面有明确规定。山西省政府债务管理实践的具体情况如下。

第一，关于政府债务管理的举债方式，山西省政府债务管理办法规定各级地方政府举债采取发行政府债券的方式。

第二，对于政府债务管理办法的举债程序，山西省政府债务管理办法明确规定省政府在国务院批准的限额内确定省级债务规模、具体项目和市县债务总限额，并编制预算调整方案，报省人大常委会批准。

第三，关于政府债务管理办法在举债规模限制的规定，山西省政府债务管理办法明确规定由上级政府负责核定下级政府的债务规模。

河南省、江西省和山西省等中部代表性省份政府债务管理办法的具体情况如表4-2所示。

表4-2　　　　中部代表性省份政府债务管理办法

| 管理方式 | 河南省 | 江西省 | 山西省 |
| --- | --- | --- | --- |
| 举债方式 | 省政府授权省财政厅通过发行债券方式举借政府债务 | 政府举债采取发行政府债券方式 | 政府举债采取发行政府债券方式 |

续表

| 管理方式 | 河南省 | 江西省 | 山西省 |
|---|---|---|---|
| 举债程序 | 发展没有收益的公益性事业确需政府举借一般债务的，通过发行一般债券融资，主要以一般公共预算收入偿还 | 各级政府所属部门和单位申请举借政府债务时，应当向同级财政部门提供下列材料：（1）举借政府债务申请书；（2）经批准的项目建议书或者可行性研究报告；（3）本部门、本单位的财务报表；（4）财政部门认为应当提供的其他相关资料 | 省政府在国务院批准的限额内确定省级债务规模、具体项目和市县债务总限额，并编制预算调整方案，报省人大常委会批准 |
| 规模限制 | 对政府债务规模实行限额管理 | | 上级政府负责核定下级政府的债务规模 |

## 第四节 西部代表性省份政府债务管理实践探索

本节选择四川省、广西壮族自治区、云南省和甘肃省四个省份作为西部代表性省份。具体来说，我国政府债务管理实践主要包括举债主体、举债方式、举债程序、规模限制、资金使用、偿还机制、风险预警机制、应急处理机制、预算监督、信息披露和法律责任等。与东部代表性省（自治区、直辖市）类似，这四个西部代表性省（自治区）政府债务管理办法的要素也比较全面，仅在举债主体这一要素上存在普遍缺失的现象；举债程序、资金使用、偿还机制、风险预警机制、应急处置机制、预算监督和法律责任等要素均在政府债务管理办法中予以了明确规定。西部代表性省份政府债务管理办法中管理实践的具体情况如下。

### 一、四川省政府债务管理实践

四川省作为西部代表性省份，其政府债务管理办法仅在举债主体和规模限制等要素方面处于缺失的状态，其他政府债务管理方式都有较为具体的规定。四川省政府债务管理实践的具体情况如下。

第一，关于政府债务管理的举债方式，四川省政府债务管理办法规定各级地方政府举债采取发行政府债券方式。

第二，对于政府债务管理办法中的举债程序，四川省政府债务管理办法明确规定：没有收益的公益性事业发展举借一般债务，通过发行一般债券融资；有一定收益的公益性事业发展举借专项债务，通过发行专项债券融资；全省各级人民政府及其部门不得通过其他任何方式举借政府债务。

第三，关于政府债务在资金使用方面的规定，四川省政府债务管理办法规定政府债务资金只能用于公益性资本支出和适度归还存量债务，不得用于经常性支出。

第四，关于政府债务的偿还机制，四川省政府债务管理办法规定使用政府债务资金的单位无法按照原定偿债计划安排偿债资金，由财政安排偿债准备金或其他资金先行垫付偿还，债务单位应制定还款计划并及时归垫财政资金。

第五，关于政府债务的风险预警机制，四川省政府债务管理办法规定省政府根据市、县债务总量、债务结构、综合财力等相关因素，测算债务率、新增债务率、偿债率、逾期债务率等债务风险指标，评估市、县债务风险状况。评估结果作为确定市、县政府债务限额的主要依据，定期向市、县政府进行通报预警。

第六，关于政府债务的应急处置机制，四川省政府债务管理办法规定全省各级人民政府应当制定风险应急处置预案，出现偿债危机时须及时上报上一级人民政府，按照预案设置启动债务风险应急处置措施和追究相关责任。

第七，关于政府债务的预算监督，四川省政府债务管理办法规定全省各级人民政府及其部门应当加强政府债务统计监控、考核评价、信息公开、考核问责等工作。

第八，关于政府债务管理办法在债务信息披露中的实践，四川省政府债务管理办法规定各级政府建立政府债务信息公开制度，依法定期向社会公开政府债务和或有债务情况，主动接受社会监督。

第九，关于政府债务管理办法对法律责任这一要素的规定，四川省在政府债务管理办法中明确规定：对恶意转嫁或逃废债务、强制金融机构提供政府性融资，以及其他违反政府债务管理相关法律法规的行为，依照《财政违法行为处罚处分条例》等规定对相关单位和责任人予以处罚处分。违反本办法规定，构成犯罪的，依法追究刑事责任。

## 二、广西壮族自治区政府债务管理实践

广西壮族自治区作为西部代表性省份，其政府债务管理办法仅在举债主体和举债方式等要素方面处于缺失的状态，其他政府债务管理方式都有较为具体的规

定。广西壮族自治区政府债务管理实践的具体情况如下。

第一，对于政府债务管理办法的举债程序，广西壮族自治区政府债务管理办法明确规定举债单位应根据本单位偿债能力等实际情况编制举债计划，各行政主管部门根据行业规划、全区经济社会发展规划、国家产业政策以及政府重点工作安排等对举债计划进行初核，同级财政部门根据本地的偿债能力、债务风险、债务规模等情况在自治区批准的举债限额内审核举债计划，经同级人民政府确定后报同级人大或其常委会批准。

第二，关于政府债务管理办法在举债规模限制的规定，广西壮族自治区政府债务管理办法明确规定各级人民政府债务实行限额管理，各级人民政府举债不得突破自治区确定的限额。

第三，关于政府债务在资金使用方面的规定，广西壮族自治区政府债务管理办法规定各级人民政府举借的债务，只能用于公益性资本支出和适度归还存量债务，不得用于经常性支出。

第四，关于政府债务的偿还机制，广西壮族自治区政府债务管理办法规定明确政府与企业的责任，按照"谁举债、谁偿还"原则，严格确定偿债责任单位，确保落实偿债资金来源，并按合同规定按期还本付息。

第五，关于政府债务的风险预警机制，广西壮族自治区政府债务管理办法规定财政厅根据各地一般债务、专项债务、或有债务等情况，测算债务率、新增债务率、偿债率、逾期债务率等指标，评估各地债务风险状况，对债务高风险地区进行风险预警和提示。

第六，关于政府债务的应急处置机制，广西壮族自治区政府债务管理办法规定全省各级人民政府要制定应急处置预案，建立责任追究机制。出现偿债困难时，要通过控制项目规模、压缩公用经费、处置存量资产等方式，多渠道筹措资金偿还债务。

第七，关于政府债务的预算监督，广西壮族自治区政府债务管理办法规定各有关部门要加强沟通协作，认真履行自身职责，抓好落实政府债务管理和监督的各项工作。

第八，关于政府债务管理办法在债务信息披露中的实践，广西壮族自治区政府债务管理办法规定各级政府建立政府债务公开制度，各级人民政府要定期向社会公开政府债务及其项目建设情况，自觉接受社会监督。

第九，关于政府债务管理办法对法律责任这一要素的规定，广西壮族自治区在政府债务管理办法中明确规定财政部门负责会同有关部门查处违法违规违纪举债或提供担保、骗取政府债务资金、违规使用债务资金及偿债资金、不按规定履行偿债义务、恶意逃废债务、造成财政性资金损失等违规违纪行为，需要追究相关单位及责任人的行政责任的，移送监察机关依法依规处理。

## 三、云南省政府债务管理实践

云南省作为西部代表性省份，其政府债务管理办法在举债主体、举债方式、规模限制以及信息披露等要素方面处于缺失的状态，其他政府债务管理方式都有较为具体的规定。云南省政府债务管理实践的具体情况如下。

第一，对于政府债务管理办法的举债程序，云南省政府债务管理办法明确规定：除外债转贷外，政府债务通过发行地方政府债券方式举借。没有收益的公益性事业发展举借一般债务，通过发行一般债券融资；有一定收益的公益性事业发展举借专项债务，通过发行专项债券融资。

第二，关于政府债务在资金使用方面的规定，云南省政府债务管理办法规定：新增政府债券资金应依法用于公益性资本支出，优先用于保障公益性项目后续融资，不得用于经常性支出和国家明确禁止的项目；置换债券资金只能用于偿还锁定的政府债务本金，除此以外不得用于其他任何用途。资金应及时足额拨付，不得闲置、挤占和挪用，不得改变资金用途。

第三，关于政府债务的偿还机制，云南省政府债务管理办法规定地方政府债券以及政府债务中的外债转贷债务都由各级财政部门统一办理还本付息。

第四，关于政府债务的风险预警机制，云南省政府债务管理办法规定各级政府建立债务风险预警体系，对债务高风险地区进行风险预警。

第五，关于政府债务的应急处置机制，云南省政府债务管理办法规定列入风险提示或预警名单的高风险地区，要定期向省人民政府报告本地债务风险化解工作和应急处置情况。

第六，关于政府债务的预算监督，云南省政府债务管理办法规定各级政府定期向本级人大或其常委会报告政府债务情况，加快建立权责发生制的政府综合财务报告制度，全面反映政府资产负债状况；依法定期向社会公开政府债务情况，主动接受社会监督。

第七，关于政府债务管理办法对法律责任这一要素的规定，云南省在政府债务管理办法中明确规定各级政府对政府债务"借、用、管、还"过程中出现的违法违规行为，依法依规进行责任追究，具体办法由纪检监察部门另行制定。

## 四、甘肃省政府债务管理实践

甘肃省作为西部代表性省份，其政府债务管理办法在举债主体、偿还机制、信息披露以及法律责任等要素方面处于缺失的状态,其他政府债务管理方式都有较为具体的规定。甘肃省政府债务管理实践的具体情况如下。

第一,关于政府债务管理的举债方式,甘肃省政府债务管理办法规定政府举债采取政府债券方式。

第二,对于政府债务管理办法的举债程序,甘肃省政府债务管理办法明确规定:没有收益的公益性事业发展确需政府举借一般债务的,通过发行一般债券融资,主要以公共财政预算收入偿还;有一定收益的公益性事业发展确需政府举借专项债务的,通过发行专项债券融资,以对应的政府性基金或专项收入偿还。

第三,关于政府债务管理办法在举债规模限制方面的规定,甘肃省政府债务管理办法明确规定政府债务规模实行限额管理,各级政府举债不得突破批准的限额。

第四,关于政府债务在资金使用方面的规定,甘肃省政府债务管理办法规定各级政府举借的债务,只能用于公益性资本支出和适度归还存量债务,不得用于经常性支出。

第五,关于政府债务的风险预警机制,甘肃省政府债务管理办法明确规定省财政厅根据财政部发布的债务风险评估结果,细化测算债务率、新增债务率、偿债率、逾期债务率等指标,评估分析市县政府债务结构和风险状况,向债务高风险地区发布风险预警。

第六,关于政府债务的应急处置机制,甘肃省政府债务管理办法明确规定:市县政府难以自行偿还债务时,要及时上报,本级和上级政府要启动债务风险应急处置预案和责任追究机制,切实化解债务风险,并追究相关人员责任;债务风险应急处置预案由各级财政部门牵头制定,经本级政府批准后报省财政厅备案。

第七,关于政府债务的预算监督,甘肃省政府债务管理办法明确规定各级政府要定期向社会公开政府债务及其项目建设情况,自觉接受社会监督。

通过横向对比四川省、广西壮族自治区、云南省和甘肃省四个西部代表性省份的政府债务管理实践可发现,西部代表性省份的政府债务管理实践在举债程序方面均明确通过政府债券的方式进行举债,资金使用明确规定只能用于公益性支出;预算监督方面也规定了政府债务的定期公开、财务报告和监督考核等事项。总的来说,西部代表性省份的预算管理办法比较详尽,在审批、公开和监督等方面均进行了较为细化的规定。

四川省、广西壮族自治区、云南省和甘肃省等西部代表性省(自治区)政府债务管理办法的具体情况如表4-3所示。

表 4-3　　　　　　　　西部代表性省份政府债务管理办法

| 管理方式 | 四川省 | 广西壮族自治区 | 云南省 | 甘肃省 |
|---|---|---|---|---|
| 举债程序 | 没有收益的公益性事业发展举借一般债务，通过发行一般债券融资；有一定收益的公益性事业发展举借专项债务，通过发行专项债券融资。全省各级人民政府及其部门不得通过其他任何方式举借政府债务 | 举债单位应根据本单位偿债能力等实际情况编制举债计划，各行政主管部门根据行业规划、全区经济社会发展规划、国家产业政策以及政府重点工作安排等对举债计划进行初核，同级财政部门根据本地的偿债能力、债务风险、债务规模等情况在自治区批准的举债限额内审核举债计划，经同级人民政府确定后报同级人大或其常委会批准 | 除外债转贷外，政府债务通过发行地方政府债券方式举借；没有收益的公益性事业发展举借一般债务，通过发行一般债券融资；有一定收益的公益性事业发展举借专项债务，通过发行专项债券融资 | 没有收益的公益性事业发展确需政府举借一般债务的，通过发行一般债券融资，主要以公共财政预算收入偿还。有一定收益的公益性事业发展确需政府举借专项债务的，通过发行专项债券融资，以对应的政府性基金或专项收入偿还 |
| 规模限制 |  | 各级人民政府债务实行限额管理，各级人民政府举债不得突破自治区确定的限额 |  | 政府债务规模实行限额管理，各级政府举债不得突破批准的限额 |
| 资金使用 | 政府债务资金只能用于公益性资本支出和适度归还存量债务，不得用于经常性支出 | 各级人民政府举借的债务，只能用于公益性资本支出和适度归还存量债务，不得用于经常性支出 | 新增政府债券资金应依法用于公益性资本支出，优先用于保障公益性项目后续融资，不得用于经常性支出和国家明确禁止的项目；置换债券资金只能用于偿还锁定的政府债务本金，除此以外不得用于其他任何用途；资金应及时足额拨付，不得闲置、挤占和挪用，不得改变资金用途 | 各级政府举借的债务，只能用于公益性资本支出和适度归还存量债务，不得用于经常性支出 |

续表

| 管理方式 | 四川省 | 广西壮族自治区 | 云南省 | 甘肃省 |
|---|---|---|---|---|
| 偿还机制 | 使用政府债务资金的单位无法按照原定偿债计划安排偿债资金，由财政安排偿债准备金或其他资金先行垫付偿还，债务单位应制定还款计划并及时归垫财政资金 | 明确政府与企业的责任，按照"谁举债、谁偿还"原则，严格确定偿债责任单位，确保落实偿债资金来源，并按合同规定按期还本付息 | 地方政府债券、政府债务中的外债转贷债务由各级财政部门统一办理还本付息 | |
| 风险预警机制 | 省政府根据市、县债务总量、债务结构、综合财力等相关因素，测算债务率、新增债务率、偿债率、逾期债务率等债务风险指标，评估市、县债务风险状况。评估结果作为确定市、县政府债务限额的主要依据，定期向市、县政府进行通报预警 | 财政厅根据各地一般债务、专项债务、或有债务等情况，测算债务率、新增债务率、偿债率、逾期债务率等指标，评估各地债务风险状况，对债务高风险地区进行风险预警和提示 | 建立债务风险预警体系，对债务高风险地区进行风险预警 | 省财政厅根据财政部发布的债务风险评估结果，细化测算债务率、新增债务率、偿债率、逾期债务率等指标，评估分析市县政府债务结构和风险状况，向债务高风险地区发布风险预警 |
| 应急处置机制 | 全省各级人民政府应当制定风险应急处置预案，出现偿债危机时须及时上报上一级人民政府，按照预案设置启动债务风险应急处置措施和追究相关责任 | 各级人民政府要制定应急处置预案，建立责任追究机制。出现偿债困难时，要通过控制项目规模、压缩公用经费、处置存量资产等方式，多渠道筹措资金偿还债务 | 列入风险提示或预警名单的高风险地区，要定期向省人民政府报告本地债务风险化解工作和应急处置情况 | 市县政府难以自行偿还债务时，要及时上报，本级和上级政府要启动债务风险应急处置预案和责任追究机制，切实化解债务风险，并追究相关人员责任。债务风险应急处置预案由各级财政部门牵头制定，经本级政府批准后报省财政厅备案 |

续表

| 管理方式 | 四川省 | 广西壮族自治区 | 云南省 | 甘肃省 |
|---|---|---|---|---|
| 预算监督 | 全省各级人民政府及其部门应当加强政府债务统计监控、考核评价、信息公开、考核问责等工作 | 各有关部门要加强沟通协作，认真履行自身职责，抓好落实政府债务管理和监督的各项工作 | 定期向本级人大或其常委会报告政府债务情况，加快建立权责发生制的政府综合财务报告制度，全面反映政府资产负债状况；依法定期向社会公开政府债务情况，主动接受社会监督 | 各级政府要定期向社会公开政府债务及其项目建设情况，自觉接受社会监督 |
| 信息披露 | 建立政府债务信息公开制度，依法定期向社会公开政府债务和或有债务情况，主动接受社会监督 | 建立政府债务公开制度，各级人民政府要定期向社会公开政府债务及其项目建设情况，自觉接受社会监督 | | |
| 法律责任 | 对恶意转嫁或逃废债务、强制金融机构提供政府性融资，以及其他违反政府债务管理相关法律法规的行为，依照《财政违法行为处罚处分条例》等规定对相关单位和责任人予以处罚处分。违反本办法规定，构成犯罪的，依法追究刑事责任 | 财政部门负责会同有关部门查处违法违规违纪举债或提供担保、骗取政府债务资金、违规使用债务资金及偿债资金、不按规定履行偿债义务、恶意逃废债务、造成财政性资金损失等违规违纪行为，需要追究相关单位及责任人的行政责任的，移送监察机关依法依规处理 | 对政府债务"借、用、管、还"过程中出现违法违规行为的，依法依规进行责任追究，具体办法由纪检监察部门另行制定 | |

# 第五章

# 政府债务预算管理模式与适度规模

第三章基于公共选择理论、委托—代理理论、新公共管理理论和内部人控制理论等理论阐述了政府债务预算管理的理论基础,本章主要侧重于探讨政府债务预算管理模式与适度规模。从国内和国外两方面系统梳理政府债务规模的研究现状,并对政府债务规模的研究动态进行评述。根据公共产品理论、财政联邦主义理论、财政可持续性理论等理论探讨地方政府债务规模适度性的理论基础,并从地方政府债务限额管理、债务预算编制和批复、债务预算执行、债务监督管理和债务分类管理等方面探索政府债务预算编制的实践。此外,还从我国现有的预算模式出发,基于政府债务的公共产品属性视角,在遵循一般预算管理原则下,从理论层面探讨包括或有债务的政府债务预算模式选择及实现路径。以 H 省为例,从债务最优规模、债务现状、基本特征、结构特征、存在问题等方面详细分析地方政府债务规模的适度性。

## 第一节 政府债务规模的研究动态

### 一、国外公共债务规模研究现状

国外学者对于公共债务的相关研究具有悠久的历史,以亚当·斯密、李嘉图等为代表的古典经济学派最早开始对公共债务进行研究；20世纪80年代地方政府债务相关问题逐渐受到学术界的重视，研究范围涵盖了地方政府负债模式、债务适度规模、债务风险防范、市政债券产品创新等诸多方面。从各国实践来看，地方政府通过发行市政债券进行外源融资已经常态化，例如澳大利亚、美国等国家；但完善和成熟的金融资本市场才能够有效规范市政债券的交易价格和发行规模。

1929~1933年世界性大危机和大萧条的爆发，使主流经济学家们意识到依靠市场这只"看不见的手"并非万能，开始主张发挥政府这只"看得见的手"的宏观调控和资源配置功能，解决当时的"市场失灵"问题。各级政府纷纷增加地区财政支出进行大型基础设施建设，这些政府投资项目消耗了过剩的社会供给，为市场注入新的活力，同时也导致各级政府债务规模的不断扩张。这一时期，以政府债务为工具的积极财政政策对经济复苏起到了重要推动作用，学者们纷纷对政府债务的经济增长效应进行理论和实证分析，但未能对债务规模扩张可能产生的负面效应和规模控制问题进行深入研究。政府债务规模不断增长在带来地区经济社会发展的同时，其本身存在的负面效应也在不断显现。

各国学者开始深入研究政府债务规模与经济增长之间的关系以及政府债务规模是否存在一个最优债务规模等。埃弗塞·D. 多马（Evsey Domar，1944）以其动态经济增长理论为基础创立了著名的多马模型，研究结论表明，在确定地方政府债务规模是否可控时需要同时考虑地方政府债务增长与GDP的增长。科塞蒂（Corsetti，2005）认为公共债务与金融危机之间存在一定的关联关系，政府过度负债会对整体经济发展产生反向拉动作用，甚至爆发金融危机。因此一国政府应当充分认识到保持适度债务规模的重要性，且政府适度债务规模需保持低于央行的国际储备水平。库马尔和伍（Kumar and Woo，2010）通过实证研究发现过高的债务负担率会对经济增长起到负面影响：发展中国家债务负担率上升10个百分点会导致经济增长率下降0.2个百分点，而发达国家与发展中国家相比存在着细微差异。

另外，还有部分学者从财政跨期预算约束视角和政府债务可持续性视角对公共债务规模的适度性进行了定性和定量分析。汉密尔顿和弗拉文（Hamiliton and Flavin）通过研究引发拉丁美洲国家债务危机的财政约束条件提出了财政跨期约束条件理论[1]，认为国家在当期可以存在预算赤字并通过债务实现收支平衡，但从整个生命周期来看必须积累足够的基本盈余偿还当期债务，且未来各年度预算盈余的现值决定了公共债务的适度规模。[2] 布兰查德和戴蒙德（Blanchard and Di-

---

[1] 财政跨期预算约束，也称借贷现值约束，在借贷市场上，债权人会根据借款人是否具有清偿能力、有多大清偿能力来确定贷款额度，理性的债务人也会根据预期未来基本盈余对其借款规模进行约束。

[2] Hamiliton J. D and Flavin M. A. On the Limitations of Government Borrowing: A Framework for Empirical Testing [J]. *American Economics Review*，1986，76（4）：808-819.

amond，1990）研究政府债务可持续性时，认为在当前财政收支水平可以确定的情况下所考虑的某个时期内政府的债务净值和 GDP 的比值保持不变，即以一个固定的债务负担率为标准对地方政府债务规模适度性进行控制。

## 二、国内地方政府债务规模研究现状

由于我国地方政府债务的特殊国情，国内有关地方政府债务的研究在很长一段时间内一直停留在定性分析和描述性统计分析层面。近年来，随着我国地方政府债务规模的不断累积以及欧洲各国债务危机的相继爆发，人们开始重视政府债务在推动我国地区经济平稳增长的过程中所隐含的债务风险，学术界开始纷纷对地方政府债务规模适度性等问题进行定性和定量分析。

### （一）地方政府债务规模扩张原因的分析

目前我国对于地方政府债务规模扩张机制的研究日臻完善，而地方政府债务规模扩张是多种因素综合作用的结果。相关文献主要从中国式财政分权体制[①]、地方官员中经济增长的政绩考核体系[②]、地方财政职能"越位"[③]、国家宏观经济政策[④]等方面进行了研究和检验。

1994 年开始实施的分税制改革削弱了地方财权，但并未对不同层级政府的事权范围进行明确清晰的界定。近年来，我国事权范围逐渐下放至基层政府，导致地方财政承担了更多的支出责任，财政收支缺口不断扩张，同时地方政府缺乏科学规范的融资渠道和约束机制，从而导致了地方政府债务问题的产生。[⑤] 陈菁和李建发（2015）基于城投债数据实证分析表明财政分权程度越高，地方政府债务规模越大。曹信邦等（2005）以经济发达地区地方政府债务为样本探索债务规模扩张的根源，结果证明财政职能"越位"现象也是地方政府债务过度扩张的原因之一，主要体现为地方政府过度干预市场以及为地区企业提供债务担保，这不仅违反了市场经济的竞争原则，也为地方政府带来了沉重的偿债压力。另外，地

---

[①] 邱栎桦、伏润民：《财政分权、政府竞争与地方政府债务——基于中国西部 D 省的县级面板数据分析》，载于《财贸研究》2015 年第 3 期。

[②] 陈菁、李建发：《财政分权、晋升激励与地方政府债务融资行为——基于城投债视角的省级面板经验证据》，载于《会计研究》2015 年第 1 期，第 61～67、97 页。

[③] 曹信邦、裴育、欧阳华生：《经济发达地区基层地方政府债务问题实证分析》，载于《财贸经济》2005 年第 10 期，第 46～50 页。

[④] 李永刚：《地方政府债务规模影响因素及化解对策》，载于《中南财经政法大学学报》2011 年第 6 期，第 3～6 页。

[⑤] 魏加宁：《中国地方政府债务风险与金融危机》，载于《商务周刊》2004 年第 5 期，第 42 页。

方官员以经济增长指标为核心的政绩考核机制也会对地方政府举债投资行为产生激励。陈菁和李建发（2015）通过实证分析发现官员晋升激励越强，地方政府债务规模越大。郭玉清等（2017）主要研究了地方政府官员任期对地方政府债务规模扩张的影响：由于地方政府官员任期与债务期限存在差异，从而导致地方政府提供"隐性担保"引起的跨域卸责问题和地方政府债务"期限错配"引起的跨期卸责问题；且地方政府债务规模扩张风险和负担易于转嫁的特点强化了地方政府的举债动机。

部分学者还从预算软约束视角和地方政府债务监管体系缺失等方面探讨了地方政府债务规模扩张的原因。周学东等（2014）通过构建博弈均衡模型证明了预算软约束是地方政府债务规模过度扩张的原因之一；预算软约束程度会影响地方财政支出行为：预算约束力较高时，地方财政支出与债务规模水平会保持在适度性水平范围内波动；预算约束力度一旦低于临界值，地方财政支出与地方政府债务规模会急剧扩张。赵丽江和胡舒扬（2018）研究发现地方政府债务生成和扩张的根本原因在于经济体制和政治体制的改革，直接原因在于公共服务制度的变迁。杨灿明等（2013）认为由于地方政府债务监管不力，缺乏严格的债务举借审批制度、资金使用绩效评价制度以及偿债约束制度，从而导致地方政府债务规模过度扩张。

### （二）地方政府债务规模影响因素的分析

通过对地方政府债务规模扩张机制进行总结分析可以看出，地方财政收支状况、经济发展状况以及金融市场发展程度等均会影响地方政府债务规模适度性。陈钦贤和林奕仁（2005）认为深化财政体制改革，通过扩大地方政府税收分成比例有助于解决地方财政困境，从而控制并缩小地方政府债务规模。张华蕾（2011）通过构建向量自回归模型实证检验信贷规模和财政赤字规模对地方政府债务规模的影响，研究发现两者对债务规模都产生正面效应。杨大楷等（2014）从地方政府竞争视角出发探究地方政府债务规模扩张的原因，研究发现：由于当前地方官员的政绩考核内容主要侧重于地区经济增长水平高低，地方官员为实现快速晋升，倾向于通过扩大政府投资规模来提高本地区经济发展速度，导致地方政府不断增加借贷规模；且政府竞争行为在预算软约束下更容易导致地方政府债务规模的膨胀。刘锡良等（2015）通过构建门槛面板模型，实证检验金融发展水平对地方政府债务规模是否存在"门槛效应"。研究发现金融发展水平越高，地方政府债务最优债务规模越高；地方政府债务规模一旦越过其"门槛值"，地方政府则较难通过金融市场来缓解债务压力。徐友华等（2017）通过构建地方政府债务形成机理的理论框架，从理论上阐释中央政府财政集权程度、户籍登记人口数、低收入人口占比和失业率等对地方政府债务规模的正向影响以及人均年可支配所得对地方政府债务规模的负向影响。马原驰（2018）通过构建动态空间计量模型实证验证了财政分权和政府竞争程度对地方政府债务规模的扩张效应；研究发现，提高财政透明度对地方政府债务规模和风险具有控制效应且随财政分权程度的加深而不断增强。

### （三）地方政府债务适度规模的分析

贾康和赵全厚在分析国债适度规模时首次对国债适度规模进行概念界定，其认为国债最优规模水平是指将债务资金的正面效应与负面效应抵消产生的净效应为正且最大时的规模水平①，同时指出债务适度规模并非其潜在最大规模②。之后对于地方政府债务规模适度性的相关研究一直借鉴并沿用这一概念。陈俊君（2017）基于信用风险的角度对地方政府债券适度规模进行了测算和评价，结果表明最优安全发债规模是在地方政府能承受的风险范围内的最佳发债规模。

刘洪钟等（2014）实证检验政府债务与经济增长之间的非线性关系，研究发现这种非线性关系普遍存在于发达国家和发展中国家，但两者的政府债务阈值存在明显差异。张英杰等也认为政府债务对经济增长存在"门槛效应"，并通过测算适度债务规模，对我国省级政府债务规模现状进行评价。研究发现我国 20 个省（自治区、直辖市）实际债务规模明显偏离其适度债务规模水平，债务规模过度扩张导致其经济增长效率下降。③ 杜思正和冷艳丽（2015）利用 1997～2010 年云南省 126 个县（市、区）的相关数据测算了地方政府最优债务规模和调整速度。王立勇等（2016）在充分考虑中央和地方政府隐性债务和或有债务的基础上，测算我国全口径政府债务规模，发现我国经济增长与政府债务率之间呈倒"U"型关系，且我国政府最优债务率在 33.4%～34.6%。刁伟涛（2016）研究了我国地方政府债务对地区经济增长的影响，发现 2012 年后地方政府对地区经济增长的负面效应开始显现，因而认为这一时点的债务规模为地方政府债务适度规模。孙玉栋（2018）通过构建系统动力学模型证实了我国地方政府债务对经济增长的影响存在阈值效应，并提出地方政府偿债压力的时间会集中在 2021 年以后。

此外，部分学者从信用风险的角度出发，通过 KMV 模型对地方政府债务规模适度性问题进行探讨。韩立岩和郑承利（2003）首次将模型中企业资产和负债

---

① 贾康、赵全厚：《国债适度规模与我国国债的现实规模》，载于《经济研究》2000 年第 10 期，第 46～54 页。
② 潜在的国债最大规模是指国家信用崩溃的临界点所对应的国债规模。
③ 张英杰、赵继志、辛洪波：《我国地方政府适度债务规模与偏离度问题研究》，载于《经济纵横》2014 年第 8 期，第 73～77 页。

的相关变量替换为地方财政收入和政府债务余额指标，使 KMV 模型适用于研究我国地方政府债务的信用风险。周鹏（2010）基于改进 KMV 模型实证测算了辽宁省地方政府债务的违约概率以及地方政府债务的适当规模，结果表明当债务规模保持在财政收入的 15% 以下是安全的。张旭等（2011）创新性地将信用风险视角和财政分权视角的地方政府债务规模限额相结合以确定适度债务规模范围，即以财政分权视角下为弥补财政赤字所需债务规模占地方财政收入比重为债务下限，以信用风险视角下测算的债务风险临界值为债务上限，实际债务规模水平保持在这一区间范围内则认为是适度的。李腊生等（2013）将中央政府对地方政府债务的"财政兜底"抽象为债务的可转移性变量加入模型，实证分析表明我国中央集权的政治体制背景下地方政府债务不存在违约风险，但中央"财政兜底"行为可能加剧地方政府对债务规模的竞争，导致地方政府债务过度扩张，因而中央政府有必要以地方政府偿债能力为依据对债务发行规模实施控制。

## 三、研究评述

从各国政府债务管理实践来看，国外地方政府债务融资的发展历史悠久，其债务规模控制以及风险管控等方面的制度设计已趋于成熟。而国内对地方政府债务规模的扩张机理和影响因素等进行了较为细致的研究，当前研究更侧重于债务规模的风险防范和债务资金的使用效益。通过对已有相关研究进行梳理得到如下发现：

首先，我国地方政府债务问题出现时间较短，因此地方政府债务的相关研究仍处于初期探索阶段，多数学者在实证研究方面更倾向于借鉴国外学者的研究思路，即测算单一或多个债务规模控制指标并与国外公认的适度区间界限值进行比较来评价我国地方政府债务现状和存在的问题。但这一做法可能忽略了不同国家在行政管理体制、经济发展水平、财政体制以及债务统计口径等方面存在着差异，仅通过债务规模指标与国外经验标准的对比分析得出的结论可能会导致错误的判断和评价。

其次，研究地方政府债务规模适度性的方法较为单一，主要包括以下三种：财政跨期预算约束模型、KMV 模型和经济增长的阈值效应。这是因为我国地方政府在过去很长一段时间内并没有举债权限，难以获取完整的债务数据进行系统性分析。《预算法》（2014）实施后，我国开始实施地方政府债务预算管理，进一步提高各级地方政府的财政透明度。省级政府获得适度举债权限后，地方债务规模实现稳步增长，债务限额管理制度并不能全面、真实反映地方政府债务规模的适度性。

## 第二节 地方政府债务规模适度性的理论基础

根据传统凯恩斯主义理论，政府投资作为 GDP 的一部分，其增加能够促进经济增长。因此，扩大政府投资将在短期内通过提供更多的基础设施和互补的公共产品来促进经济增长，其积极的外部效应可以有效改善私营部门的投资环境。然而，最近的一些理论和实证研究表明过度的政府投资可能会阻碍经济增长。因为政府投资过度和政府过度垄断会扭曲资源配置、混乱人力资源和鼓励寻租，这些都会削弱公共投资的正外部性。此外，过度的政府投资也会增加融资需求、增加税收以及提高私人负担和公共债务，这些均不利于经济增长。

### 一、公共产品理论

公共产品理论是新政治经济学的基本理论，也属于处理政府与市场关系、转变政府职能以及实现公共服务市场化等的基础理论。根据公共经济学理论，基于产品是否具有排他性和竞争性，可以将社会产品分为公共产品、准公共产品和私人产品。1954 年萨缪尔森在《公共支出的纯理论》中首次对纯公共产品进行规范性研究，将其定义为：每个人消费这种物品或劳务不会导致他人对该种物品或劳务消费的减少。1965 年布坎南在《俱乐部的经济理论》中放松纯公共产品的内涵界限，提出同时具备纯公共产品和私人产品部分特性的准公共产品，进一步完善公共产品的概念和范围，并提出了著名的俱乐部理论。与私人产品相比，公共产品具有消费的非竞争性和受益的非排他性，不同消费者能够同时从公共产品中受益却不愿意为此付出代价，寄希望于他人为自己的消费买单，这就是所谓的"搭便车"现象。这种现象导致的直接后果就是市场对公共产品供给的"失灵"，仅依靠市场力量无法满足消费者对公共产品的需求，因此政府作为社会公共组织成了公共产品的主要提供者。

蒂鲍特（1956）认为地方政府根据辖区居民需求提供不同的税负和公共产品组合，地方性公共产品只有辖区居民受益；个人可以根据偏好通过迁居的方式来选择自己想要消费的公共产品，地方公共产品的成本也应由受益的辖区居民共同负担。根据蒂鲍特的辖区受益原则，如国防、外交这种惠及全国的公共产品应当由中央政府提供，如市政交通、农田水利设施这种仅部分地区居民受益的公共产品应当由地方政府负责。通过上述分析，公共产品理论证实了地方政府具有提供公共产品和服务的重要职能。

在实践中，由于公共投资建设项目存在建设周期长、资金需求大、受益时限长等特点，所以由地方政府进行项目投资建设可能存在以下两方面问题：一方面，分税制改革削弱了地方财政收入能力，项目建设期的地方财政盈余无法满足政府投资项目短期大额资金需求；另一方面，使用项目建设期的地方税收进行项目建设存在着代际公平问题，因为公共产品成本仅由建设期纳税居民负担，而公共投资项目的受益范围除项目建设期纳税居民外还包括未来潜在纳税居民。赋予地方政府适度发债权是解决上述问题的最好方法：地方政府通过举债融资能够获得政府提供公共产品和服务所需的资金，同时地方政府债务的偿债负担由辖区受益的居民共同负担。

## 二、财政联邦主义理论

财政联邦主义（又称"财政分权主义"）主要是研究不同层级政府财政和职能关系的基础理论。该理论主张赋予地方政府一定的财政自主权，包括地方税收立法权、发债权和财政支出权限，从而能提高地区资源配置效率和行政管理效率。传统财政联邦主义理论认为通过中央政府与多层级地方政府分工提供公共产品比由中央政府独自提供公共产品更能满足公众的需求，也更有效率。相较于中央集权政府按照统一标准分配的公共产品，地方政府更能准确掌握本地居民需求偏好，利用地区资源优势因地制宜满足本地居民多样化的公共产品需求。此外，多层级地方政府分散化提供公共产品可以提高供给效率。在联邦制国家中，联邦政府所拥有的权利源于联邦成员，联邦成员从宪法上独立于中央政府，其拥有独立的税收权和举债权利。

1994年分税制财政体制改革是财政联邦主义在中国的具体运用和实践，由于我国的特殊国情，所以形成了兼具中国特色的"中国式分权"。中央政府将部分自主权下放至地方政府，给予地方政府强烈的财政刺激；地方政府通过自身财政努力实现收支平衡，从而激发了地方政府发展经济的动力。但此次分税制改革并不彻底，我国并未形成成熟的政府间财政关系，财政分权体制还存在不完善、不健全的地方。首先，中央与地方财政收入权利的划分是分税制改革的重点内容，但1994年的分税制改革并未提及事权与支出责任的划分标准和具体方法，进而出现各级政府间事权划分不清、逐级下移的现象。其次，中国地方政府缺乏独立的征税权和自主举债权，所以没有独立的收入来源。最后，地方政府竞争是财政分权的结果之一，实证研究表明财政竞争导致的资源配置扭曲会恶化地区居民的福利状况。因此，赋予地方政府自主举债权是财政联邦主义理论的内在要求。

综上所述，公共产品的非竞争性和非排他性会导致市场供给失灵，公共产品理论为向地方政府辖区居民提供公共产品和服务以及完善辖区基础设施建设提供了理论根基，而地方政府通过举债为投资建设项目融资不仅能满足建设资金需求，还符合代际公平的原则。传统财政联邦主义理论的本质是分权，政府间财政事权与财权的划分要相互匹配，因而赋予地方政府自主举债权是成熟财政分权体制的内在要求。公共产品理论和财政联邦主义理论均为地方政府发债权提供了理论基础。

## 三、财政可持续性理论

1987年，世界环境与发展委员会在《我们的未来》报告中首次阐述了"可持续发展"这一概念，在此基础上延伸出的可持续性概念也逐渐广泛应用于各个领域，经济领域则有"经济可持续性"和"财政可持续性"。经济学家布特（Willem H. Buiter）首次对财政可持续性概念进行规范化表述，认为财政可持续性是指作为经济实体的国家或地方财政的一种存续状态，或者说保持长期存续的能力。从公共债务的角度理解，当国家或地方政府所需偿还的债务规模超过其财政收入能力时，财政不具有可持续性，反之亦然。基于这一研究思路，财政可持续性理论实质是对各级政府偿债能力可持续性的研究。

从政府债务视角，地方财政可持续性理论主要研究各级地方政府财政收支是否能够实现周期平衡、是否能够举债以及是否具有偿债能力等问题。发达国家普遍采用债务负担率作为衡量财政可持续性的重要指标。多玛（Domar，1944）通过数理分析论证了一国的政府债务水平收敛于一个固定值，即政府债务存在一个最优债务负担率。如果将国家政府债务水平保持在最优债务负担率水平之下，则说明政府部门具有偿还存量债务的能力，此时国家财政具有可持续性。20世纪80年代《马斯特里赫特条约》明确将60%的债务负担率和3%的赤字率作为判断财政可持续性的标准。但这一债务规模警戒线在指导发达国家债务管理实践过程中逐渐暴露出其固有的局限性。例如，20世纪90年代后期新兴市场国家债务规模急剧扩张，导致国家债务负担激增，甚至出现了严重的债务问题，但这些国家债务负担率的加权平均值为50%，明显低于《马斯特里赫特条约》60%的警戒线水平。因此，基于发达国家具体国情制定的适度债务规模标准可能并不适用于我国地方政府债务管理实践和保持地方财政可持续性。

过度的公共债务可能会阻碍经济长期增长。理由是：（1）过度的公共债务通过减少个人收入、提高和放大税收的扭曲成本来排挤私人投资；（2）预期飙升的公共债务以非线性方式提高长期主权收益率，而高长期回报率会降低生产性政府投资，并因较高的资本成本而排挤私人投资，导致经济增长放缓；（3）一些政府为了稀释公共债务可能会发行更多货币，导致通胀上升，从而不利于经济长期可持续增长。

进行规范有序的债务预算管理，是约束地方政府债务的一个可行途径。因此不仅可以通过规范政府债务的无序使用，也可以通过利用预算绩效评估等手段有效削减无效项目，压缩债务总额。

## 第三节 政府债务预算编制的典型实践

在预算管理模式上，政府债务预算不应与一般性财政资金预算存在本质区别，因为两者均是政府将财政资金用于公共支出的过程。尽管政府债务从资金来源、支出动机等方面与一般财政支出存在很大的不同之处，但无法变更两者均是公共性支出的内核。政府债务预算虽起步的时间比较晚、发展比较快，但仍存在一些问题。政府债务预算最终应该与一般性公共预算对标，在及时性、规范性和公开性等方面均应以同等标准对待。

政府债务预算管理具有起步时间晚、发展比较快等特点，且政府债务预算编制存在一个摸索和提高的过程，这是政府债务预算管理的一个客观规律。政府债务预算除了限额和余额的报批这一环节外，其余环节与一般的预算一样。

目前，政府债务预算管理包括限额和余额的报批、编制和批复、执行和决算、监督管理等几个部分：

一是确定地方政府债务限额。依据经国务院批准的《财政部关于对地方政府债务实行限额管理的实施意见》等有关规定，明确地方各级政府债务限额的确定依据和程序，要求地方政府做好限额管理与预算管理的衔接，保障地方政府债务余额不超过法定的"天花板"上限要求。

二是规范预算编制和批复的流程。按照《预算法》（2014）和《国务院关于加强地方政府性债务管理的意见》等提出的"将一般债务收支纳入一般公共预算管理和将专项债务收支纳入政府性基金预算管理"等要求，《预算法》（2014）细化了债务收支列入预算草案和预算调整方案的编制内容、审批程序、科目使用等，推动政府举借债务和使用债券资金的规范化、制度化。

三是严格预算执行。按照《预算法》（2014）和《国务院关于加强地方政府性债务管理的意见》提出的"地方政府举债应当有偿还计划和偿还资金来源，市县级政府确需举借债务的由省级政府代为举借"等规定，《预算法》（2014）细化了债券发行、转贷、使用，以及还本付息和发行费用支付的处理方法，保障偿债资金来源，维护政府信用。

四是非政府债券形式存量债务纳入预算管理。按照《国务院关于加强地方政府性债务管理的意见》提出的"经清理甄别的地方政府存量债务纳入预算管理"要求，明确存量债务纳入预算的程序、总预算会计账务处理、转化为政府债券的程序、或有债务转化为政府债务的程序等，提高存量债务管理透明度和规范性。

五是强化监督管理。按照《国务院关于加强地方政府性债务管理的意见》提出的"建立地方政府性债务公开制度……各地区要定期向社会公开政府性债务及其项目建设情况，自觉接受社会监督"等规定，强调债务公开有关要求，强化人大和社会监督，发挥地方财政部门和专员办的监督作用，形成依法监管合力。

## 一、地方政府债务限额管理

政府债务限额管理的根本问题是限额如何确定。学术界一般以政府债务与 GDP 或者财政收入的比值作为研究和探讨政府债务最优规模的尺度，因为大量研究表明政府债务促进经济增长存在一个最优阈值，即政府债务与 GDP 或财政收入之比接近某一比值时，最利于经济增长。然而，这一标准在实际应用过程中存在诸多无法操作之处：第一，经济增长最常使用的标准是经济增长率。一旦经济发展目标不是追求最快的经济增长速度，那么这一政府债务与 GDP 或财政收入之比便难以确定。例如当前我国追求经济高质量发展目标，所以最快的经济增长速度已不再是我们的政策目标。第二，各个地区限额如何分配的问题。由于各个地区之间的经济发展水平不同，各个区域在经济发展和社会公平政策目标之间的取舍是不一样的。因此，无法运用统一的标准进行限额划分。

事实上，实践中政府债务限额的分配也是如此。根据《财政部关于对地方政府债务实行限额管理的实施意见》的规定，全国地方政府债务总限额由国务院根据国家宏观经济形势等因素确定。财政部在全国人大或其常务委员会批准的总限额内，根据债务风险、财力状况等因素并统筹考虑国家宏观调控政策和各地区建设投资需求等提出各省（自治区、直辖市）的政府债务限额，并报国务院批准后下达各省级财政部门。根据财政部印发的《新增地方政府债务限额分配管理暂行办法》，通过选取影响政府债务规模的客观因素，如各地区债务风险和财力状况等，并统筹考虑中央确定的重大项目支出、地方融资需求等情况，采用因素法确定新增限额的分配。可见，政府债务限额管理的主要目标是防范风险。

依据《预算法》（2014）第三十五条以及《财政部关于对地方政府债务实行

限额管理的实施意见》等有关规定，明确地方政府债务限额的确定程序和依据。

一是国务院确定各省级政府债务限额。财政部在全国人民代表大会或其常务委员会批准的债务限额内，根据债务风险、财力状况等因素并统筹考虑国家调控政策、各地区公益性项目建设需求等情况，提出分地区债务限额及当年新增债务限额方案，报国务院批准后下达省级财政部门。

二是省级政府确定省本级及各市县政府债务限额。省级财政部门在财政部下达的政府债务限额内，根据债务风险、财力状况等因素并统筹考虑本地区公益性项目建设需求等情况，提出省本级及所辖各市县当年债务限额方案，报省级政府批准后下达市县级财政部门。

各省（自治区、直辖市）应当在批准的限额内举借政府债务，本地区地方政府债务余额不得超过国务院批准的地方政府债务限额。

## 二、地方政府债务预算编制和批复

按照《地方政府一般债务预算管理办法》和《地方政府专项债务预算管理办法》的规定，地方政府债务只能用于公益性资本支出，不得用于举债付息。

依据法律法规和现行财政管理有关规定，地方各级政府应遵循债务预算的编制程序，地方各级财政部门要依法依规开展工作，规范地方政府债务预算编制。

增加举借一般债务收入，以下内容应当列入预算调整方案：（1）省（自治区、直辖市）在新增一般债务限额内筹措的一般债券收入；（2）市县级政府从上级政府转贷的一般债务收入。

一般债务收入应当在一般公共预算收入合计线下反映，省级列入"一般债务收入"下对应的预算科目，市县级列入"地方政府一般债务转贷收入"对应的预算科目。

增加举借一般债务安排的支出应当列入预算调整方案，包括本级支出和转贷下级支出。一般债务支出应当明确到具体项目，纳入财政支出预算项目库管理，并与中期财政规划相衔接。

一般债务安排本级的支出，应当在一般公共预算支出合计线上反映，根据支出用途列入相关预算科目；转贷下级支出应当在一般公共预算支出合计线下反映，列入"债务转贷支出"下对应的预算科目。

一般债务还本支出应当根据当年到期一般债务规模、一般公共预算财力等因素合理预计、妥善安排，并列入年度预算草案。

一般债务还本支出应当在一般公共预算支出合计线下反映，列入"地方政府一般债务还本支出"下对应的预算科目。

一般债务利息和发行费用应当根据一般债务规模、利率、费率等情况合理预计，并列入一般公共预算支出统筹安排。

一般债务利息、发行费用支出应当在一般公共预算支出合计线上反映。一般债务利息支出列入"地方政府一般债务付息支出"下对应的预算科目，发行费用支出列入"地方政府一般债务发行费用支出"下对应的预算科目。

增加举借一般债务和相应安排的支出，财政部门负责具体编制一般公共预算调整方案，由本级政府提请本级人民代表大会常务委员会批准。

一般债务转贷下级政府的，财政部门应当在本级人民代表大会或其常务委员会批准后，及时将一般债务转贷的预算下达有关市县级财政部门。

接受一般债务转贷的市县级政府在本级人民代表大会或其常务委员会批准后，应当及时与上级财政部门签订转贷协议。

总的来说，省市县各级政府应将债务还本支出列入年度预算草案，报同级人民代表大会批准；应当将在新增地方政府债务限额内筹措的债务收入、安排的支出等列入预算调整方案，报同级人民代表大会常务委员会批准。

## 三、地方政府债务预算执行

《地方政府一般债务预算管理办法》和《地方政府专项债务预算管理办法》依据法律法规和现行财政管理有关规定，对地方各级政府执行本级人大批准的预算。预算对举借、拨付、使用、偿还债务的全过程均做出了明确规定。

省级财政部门统筹考虑本级和市县情况，根据预算调整方案、偿还一般债务本金需求和债券市场状况等因素，制定全省一般债券发行计划，合理确定期限结构和发行时点。

省级财政部门发行一般债券募集的资金，应当缴入省级国库，并根据预算安排和还本计划拨付资金。

代市县级政府发行一般债券募集的资金，由省级财政部门按照转贷协议及时拨付市县级财政部门。

省级财政部门应当按照规定做好一般债券发行的信息披露和信用评级等相关工作。披露的信息应当包括一般公共预算财力情况、发行一般债券计划和安排支出项目方案、偿债计划和资金来源以及其他按照规定应当公开的信息。

省级财政部门应当在发行一般债券后3个工作日内，将一般债券发行情况报财政部备案，并抄送财政部驻当地财政监察专员办事处（以下简称"专员办"）。

地方各级财政部门应当依据预算调整方案及一般债券发行规定的预算科目和用途，使用一般债券资金。确需调整支出用途的，应当按照规定程序办理。

省级财政部门应当按照合同约定，及时偿还全省（自治区、直辖市）一般债券到期本金、利息以及支付发行费用。市县级财政部门应当按照转贷协议约定，及时向省级财政部门缴纳本地区或本级应当承担的还本付息、发行费用等资金。

市县级财政部门未按时足额向省级财政部门缴纳一般债券还本付息、发行费用等资金的，省级财政部门可以采取适当方式扣回，并将违约情况向市场披露。

预算年度终了，地方各级财政部门编制一般公共预算决算草案时，应当全面、准确反映一般债务收入、安排的支出、还本付息和发行费用等情况。

## 四、地方政府债务监督管理

县级以上地方各级财政部门应当按照法律法规和财政部规定，向社会公开一般债务限额、余额、期限结构、使用、偿还等情况，主动接受监督。

县级以上地方各级财政部门应当建立和完善相关制度，加强对本地区一般债务的管理和监督。

专员办应当加强对所在地一般债务的监督，督促地方规范一般债务的举借、使用、偿还等行为，发现违反法律法规和财政管理规定的行为，应及时报告财政部。

违反《预算法》（2014）规定情节严重的，财政部可以暂停相关地区一般债券发行资格。违反法律、行政法规的，依法追究有关人员责任；涉嫌犯罪的，移送司法机关依法处理。

## 五、政府债务分类管理

在充分借鉴金融发达国家市政债券发行经验的基础上，立足我国国情和预算管理实际，《预算法》（2014）和《国务院关于加强地方政府性债务管理的意见》明确了地方政府举债采取发行政府债券方式，规范地方政府融资行为，改进地方政府财政管理，优化我国的融资结构。其中，没有收益的公益性事业发展确需政府举借债务的，由地方政府发行一般债券融资，以一般公共预算收入偿还。有一定收益的公益性事业发展确需政府举借债务的，由地方政府通过发行专项债券融资，以对应的政府性基金或专项收入偿还。

根据《预算法》（2014）和《国务院关于加强地方政府性债务管理的意见》规定，明确将一般债务收支纳入一般公共预算管理，主要以一般公共预算收入偿还；专项债务收支纳入政府性基金预算管理，主要通过政府性基金收入、项目收益形成的专项收入偿还。专项债务以对应的政府性基金收入、专项收入偿还，从而实现平衡。

## 第四节 地方政府债务预算模式选择及路径

通过梳理国内外学者的现有研究文献，发现对债务预算模式的讨论主要聚焦于独立预算模式和资本预算模式的选择，且研究的侧重点是直接政府债务，对或有债务（担保、隐性）纳入预算模式缺乏系统研究。以往研究重点集中在总体框架的顶层设计，局限于基础概念的讨论，缺乏背后的理论支撑。在对债务预算模式实现路径的研究中，学者倾向于预算的一般过程管理，缺乏对资本性支出的特殊性考量。无论将政府债务编入独立的债务预算还是资本预算，其本质都是约束和引导地方政府的行为和权力运作。政府将债务预算作为一种独立的预算模式可以强化债务主体责任和提高债务数据的准确性，有利于地方政府债务的全过程管理。但这种预算模式没有完全将一般性支出和资本性支出区分开，不利于明确两种支出的规模和范畴，不利于债务投资项目统筹规划，也无法了解公共资本积累的动向。资本预算模式使得资本支出计划更加明确和具体。这一方面有利于资本项目规范化管理，便于资本项目的核算和绩效考核；另一方面有利于投资资本的形成和跨年平衡观念的确立。但资本预算需要政府投融资体制、资本资产定价以及权责发生制的政府预算会计制度等的支撑。鉴于此，本节从我国现有的预算模式出发，基于政府债务的公共产品属性视角，在遵循一般预算管理原则下，从理论层面探讨包括或有债务的债务类型的模式选择。

### 一、地方政府债务预算模式选择的理论基础

地方政府债务预算是围绕着债务预算收支资金分配进行的，其形式是由地方各级预算主体依据法律法规编制并经法定程序批准的地方政府债务资金"借用还"计划情况一览表。地方政府债务预算过程不仅是公众和政府的行为选择过程，还是中央政府与地方政府的经济秩序博弈过程，更是调动社会各方力量化解公共风险的过程。因此，地方政府债务预算不只是简单的技术或工具，还是一定时期内社会公众为控制政府债务行为而形成的具有实际约束力的法律文件。

#### （一）地方政府债务统计口径定义

确定统计口径是债务预算模式选择的基础和逻辑起点，而我国地方政府债

的统计口径在各地区之间存在着差异。目前，我国地方政府债务主要有两类统计口径：一是官方统计中使用的口径。财政部将地方政府债务分为直接债务和担保债务。审计署统计口径与其基本保持一致，分为三大类：直接债务、担保债务和救助债务。二是学者在研究中结合我国实际国情，借助汉娜（Hana）的政府风险对冲矩阵界定的统计口径。代表学者是刘尚希（2012），其根据政府要承担的支出责任与义务提出了地方政府债务矩阵。

从政府统计口径上看，我国的政府债务不仅仅是法律和企业会计准则中的债权债务关系，还包括政府作为公共主体在履行政府职责和化解社会公共风险时承担的道义责任。因此，本书借助审计署和刘尚希的分类，将政府债务分为：（1）地方政府债务（直接债务）。直接债务是地方政府及部门依据法律举借，且支付责任到期后，明确需要财政资金偿付的负债。依据资金使用用途将其分为地方一般债和地方专项债。（2）地方政府或有显性债务。最常见的或有显性负债形式是担保，例如基于政府合同的PPP担保。（3）隐性债务。隐性债务不是基于法律或合同约束，而是政府在某些条件或特定情形下迫于公共压力而承担的公共责任。需要说明的是政府的债务缘由与政府现在及未来的支出责任并不一致，当隐性债务显性化以及政府预期基于公众压力需要承担现实支付义务时，这部分隐性债务转化为政府直接债务。为了避免概念的混淆，本书不再区分政府性债务和政府债务。因此，本书在上述分类的基础上探讨了地方政府债务、担保债务以及可显性预估的隐性债务等的债务预算模式。

## （二）地方政府债务预算模式选择的依据

运用预算工具管理地方政府债务的本质在于约束和引导政府的行为和权力运作，使其权利在规则制度下运行。将全部直接债务及或有收支统一纳入财政预算是大势所趋。当前，我国地方政府的显性债务较为清晰，多为或有债务或隐性债务。政府以隐性担保方式承担的或有债务规模扩张明显加快，已经超过政府直接债务规模。在经济下行和财政支出压力下，过度依赖借贷资金拉动经济增长模式会促使政府债务（特别是隐性债务）规模持续攀升，风险积累。基于风险防控，现行全口径预算实践表明政府债务应与隐性债务切割。但如果这部分隐性债务非显性化、非阳光化，将会引发财政风险甚至社会公共风险。然而，担保债务（或隐性债务）如何计量并在预算表中列示却值得深入研究。

当前，地方政府筹措的资金主要投向公益性基础设施和公共服务建设。这部分基建项目投资具有生命周期长、前期投资大、项目支出跨年度且有一定差异以及现金流和收益回收期长等特点，因此需要明确的投资计划和融资匹配。公共基础设施资金来源主要是负债，短期内难以运用市场定价机制产生与融资相匹配的有效收入，存在着期限错配，因而产生大量的负债项。

　　本书基于公共产品资产属性的角度重新定义政府债务。从需求方面审视政府债务的成因，发现政府作为公共主体举借债务用于大量政府公共投资，是为了满足人民日益增长的生产、生活和生态方面的现实需求。政府作为举借人将举借的资金用于公益性设施，化解公共风险和应对公共危机。政府对公益设施的大量直接投资并不是为了获取公共设施本身，而是为公众提供公共产品和服务。政府作为公众权利的代理人，接受社会公众的委托，凭借公共权力取得债务资金提供公共产品和服务。社会公众才是公益性设施的最终受益人，也是最终债务人。因此，地方政府债务可以定义为社会公众债务。政府作为代理人，看中的是公益设施背后可以为社会公众提供公共服务的潜力。公益性设施是地方政府债务的资产形态，是地方政府运用公共权力为社会公众提供的一类非常重要的公共产品。进入政府财政预算表的公共基础设施由实物形态转为资本形态，因此需要重新定义债务支出的边界，将资本化的债务支出纳入政府资产负债表的核算中。

　　政府举借的债务通过基础设施资产折旧定价等方式进行市场化配置，政府还本付息的债务金额通过政府基础设施资产的折旧摊销实现价格配置。这为政府化解债务，尤其是解决隐性债务难以计量的难题提供了理论基础。政府将资产形态的基础设施通过引进社会资本的方式经营，其取得的收益对应的就是对政府资产价格的补偿。政府可以通过有偿的方式转让基础设施有偿使用权，收回政府举借的债务资金，化解政府债务风险。政府无论使用一般债务、专项债务还是PPP等新型融资方式筹集债务资金，其资产端对应的都是基础设施。资本性基础设施的融资和负债一一对应，可以全部编制到一本预算中，这就为权责发生制下的资本预算提供了理论依据。

## 二、地方政府债务预算模式选择

　　我国地方政府债务模式选择需要在中期财政框架下准备，建立与公共基础设施运用周期相匹配的公共基础设施投资中长期预算。地方政府在科学评估宏观经济环境和财政收支规模的情况下确定政府债务限额，并在限额总量控制下编制年度预算。根据一般公共预算中资产支出的定义，明确直接债务、担保债务和或有债务边界，并确定政府购买公共基础设施服务的潜力折旧定价。在资产和负债匹配的框架下建立公共基础设施资产与地方政府债务资金对应的预算模式。当前我国债务预算模式由嵌入式预算向资本预算过渡，并将或有债务的预期成本纳入预算。

　　目前我国地方政府债务预算嵌入在全口径预算中编制。这种债务模式侧重于加强政府对债务资金的使用和管理，编制模式比较简单但无法清晰地反映政府债务收支规模和债务资金的用途，且债务收支分散编制在不同预算中，收支完整信息难以直接读取。改进现阶段预算编制模式，将资本性的债务支出分离出来，作为独立的资本预算，进而全面反映政府债务借用和偿还等情况。同时对政府或有债务和隐性债务进行考量，这有利于立法机关和社会公众监督债务资金使用情况，强化地方政府综合平衡预算的责任。在债务资本预算模式下，无论是一般政府债券还是专项政府债券，与工程建设相关的资金均纳入资本预算。对于符合债务确认条件的或有债务可合理估计其成本再纳入资本预算；对不符合债务确认条件的或有债务需在预算报告中进行充分的信息披露。

### （一）或有显性债务补助成本预算

地方政府或有显性债务的主要形式是地方政府为各项贷款提供担保。在我国试编的政府综合财务报告中，根据前述对债务筹资建设的基础设施的定义，资产化的基础设施就是政府担保债务的资产项。如果担保成本可以通过资产折旧收益满足其成本费用，则担保成本即是与政府资产对应的成本费用项。如果政府采取不同的负债形式，其成本现值都相同，则债务预算就是无偏的，从而促使政府认为选择发行债券和担保贷款没有区别。因此，可对或有显性债务进行补助成本预算，担保的预期成本可通过预期净现值预算估算。

在中长期预算中政府根据其财政承受能力预估其未来债务担保预期现值，并在预算环节提交立法机关审查时使其知悉这一支出，确保这一或有担保支出在未来预算执行中不会被挤占。政府提交的预算草案也应该包含对有关担保所导致的政府拨款的解释性说明，并特别强调那些预期在将来可能导致政府支出的担保计划。具体可借鉴美国政府的做法，政府对其借款和担保都提供一笔费用预算，且未来几年内无论是否要拨款，都将其作为预期补贴成本计入预算，通过补贴成本与发行债券的差异处理减弱政府在基础设施债务融资中对担保的过分偏爱，有效避免了或有债务引发的债务风险。为减小实际补助成本与估计补助成本的差异，政府每年都需要对贷款和担保的补助成本进行重新评估。虽然政府担保补助成本的估算存在一定的技术难度（例如成本模型和适当贴现率），但这是一个今后值得我们努力的方向。

### （二）或有隐性债务显性化预估

或有隐性债务是政府在履行职能过程中产生的具有不确定性的或有支出。面对具有不确定性特征的隐性债务，嵌入式预算约束失效。目前我国对地方政府债务的界定基本上属于流量概念。隐性负债大多是政府的或有债务，主要通过变相举债和不合规操作产生,很难受到预算约束。在对地方政府债务核算过程中我们可借鉴企业财务管理的经验,对不确定性非常大以及无法有效计量的隐性负债在预算报表的附注中披露。由于我国政府财务报表尚在改革中,这部分债务如何在报表附注中体现,尚没有明确的指导原则。随着时间的推移,无论何种方式的隐性债务都会显性化,而且突然爆发的可能性非常大,短期内造成政府财政资源的突然损失。因为这部分债务是隐性债务,所以其有可能发生,也可能不发生。对于不确定性较大的政府或有隐性债务,在其显性化时,政府可以根据其支出责任选择是否承担这一债务,其选择依据是评估不偿付这一债务的风险代价是否可以承受。因此,对或有隐性债务管理的核心问题在于债务风险的概率分布估算,评估地方政府在受到公众期望和政治压力时需要偿还的显性化债务的概率。实践中首先要完成政府或有隐性债务的类型划分,估计或有债务风险价值信息和偿付概率分布信息,然后计算每种隐性债务真正显性化的概率,最后计算出它们的期望值。

### (三) 或有债务信息披露

对于不符合债务确认条件的或有债务,由于其债务主体不明确,地方政府未来支出金额不能确定,不存在确认和计量等问题,所以这部分或有债务无法通过预算表列示。基于会计谨慎性和重要性原则,这部分或有债务可在会计报表中披露。目前我国政府财务报告没有及时披露政府隐性债务和或有债务,不利于立法机构和公众全面了解政府的负债情况,且对政府管控财政风险和财政状况也产生了不利影响。地方政府直接债务既要通过预算手段约束,也要在附注中披露。政府或有隐性债务通常需要在政府资产负债表附注中进行披露,其中需要披露的信息包括隐性或有债务的种类、无法预估其显性化概率的原因以及可能给地方财政带来的风险。此外,还需要对或有隐性债务进行持续评价,及时披露其存续期间债务信息的变化,确定其获得补偿金额的可能性,及时预估其显性化概率,从而在政府债务预算表中列示。

## 三、地方政府债务预算实现路径

经过以上分析,地方政府债务预算基本实现路径也就清晰了。因此,本部分从中期预算框架、科学确定限额指标、完善政府预算会计制度和信息披露与公开等方面提出完善我国地方政府债务预算的实现路径。

### (一) 中期预算框架

所谓中期预算,是指将中长期收支计划镶嵌在年度预算中实现跨年度预算平衡。年度预算不仅要考虑当年的财政收支规模，还要预计未来政府财政收支变化的趋势，其实质是在预测的长期经济社会发展总额内，如何划分预算资金。建立中长期预算框架可以使决策者直接在各项预算规划间分配预算资金，使决策者对当前债务和未来财政收支之间的关系做出客观的分析和评价。基础设施资本项目建设期较长，其偿付期跨年度，且各年偿付金额差异较大。因此，地方政府债务预算管理还需着眼未来宏观经济，科学判断财政发展趋势，深化预算改革，实现周期债务预算平衡，改革跨年政府收支指导计划，与年度预算形成良好的衔接。从而使地方政府在中长期形成基础设施投资与政府债务偿付能力相匹配的财政收支能力。

### （二）科学确定限额指标

我国地方政府债务限额是由国务院根据国家宏观经济形势等因素确定并报全国人民代表大会批准，各省级政府在批准的总限额内逐步分配给地方政府。我国地方政府在限额管理中存在着一系列问题，例如，债务配额方面缺乏科学依据、债务限额指标单一、绝对债务限额限于笼统总量控制而对重点领域和重要债务缺少关注等。我国债务限额规定仅针对地方政府的直接债务，但地方政府还有大量游离于监管之外由政府担保或最后"兜底"而产生的或有债务。如果这部分债务一直被排除在限额管理之外，随着时间的推移，或有债务的积累可能会威胁到地方政府财政的安全。因此，按照完整性原则，这些或有债务也需采取限额管理，进而确保地方政府财政和债务的可持续性。为合理确定债务限额标准，本书提出如下建议。一是在中期财政框架下做好中期预算规划。在中期预算规划中，科学预测政府财政收支是分析经济发展影响地方政府债务限额的重要因素。二是采用绝对量限额指标和相对量限额指标。绝对量限额指标直接规定了债务规模的上限；相对量限额指标由债务规模与国内生产总值的比值来衡量，如债务负担率和债务率等。三是扩大债务限额管理的范围。地方政府对 PPP 模式也需进行限额管理，合理估计因政府对无法获得足够现金流的项目提供担保所产生的政府或有债务规模，从而确保地方政府 PPP 模式下债务风险的可控。

### （三）完善政府预算会计制度

传统的政府会计侧重于反映某个财政年度政府现金收支的执行情况，无法区分出收益性支出和资本性支出，也无法综合反映政府资产、负债以及约定承诺的或有债务等。或有债务在需要承担支付义务时，只要还没有支付，就无法作为预算收支项在财政总预算会计中核算，从而无法全面反映整个债务存量和结构。在政府资产一定的情况下，该情况会导致政府净资产虚增。事实上，按照现行的会计准则，预防和控制债务风险的做法只能是消减政府现金支出项，且没有充分考虑未来需要承担的以及不确定的隐性债务成本。这很容易通过延长财政支付周期隐藏债务风险，推卸社会代际纳税责任，导致无法对未来风险进行防控。将政府债务预算管理和政府预算会计制度改革结合起来，在完善预算会计的基础上将收付实现制转变为权责发生制。这一做法为编制能全面反映政府债务状况的政府综合财务报告奠定了基础。按照权责发生制的要求，公共基础设施作为债务的资产项，在其折旧期间仍具有为公众提供公共服务的潜力。因而政府可以根据政府债务还本付息金额与政府基础设施资产折旧摊销的一一对应，来实现资产价格的收回。

### （四）信息披露与公开

建立政府债务报告制度，履行政府举债受托责任，将有助于政府评估或有债务，提升政府财政信息披露的透明度。政府债务预算的公开性原则要求政府公开的债务内容要细化，公众可以了解债务收入的来源和债务资金的去向。我国政府债务预算模式选择是一个动态的、不断发展的过程。随着我国政府职能的转变以及会计制度的改革，我国地方政府债务预算的内容也将不断扩展。对于一般债券，由于公众主要关注债券结构、预算平衡、税收收入和经济环境等方面，因而应披露地方财政总体负债情况和税收偿还债务的能力。对于专项债券，公众主要关注资本项目未来收益的现金流，因而应披露使用该债券企业的盈利能力，预测其偿债能力和现金流等。对于或有债务，充分考虑其预期补贴成本对政府财政的影响，披露其变为直接债务的预期成本。对于确实无法量化的或有隐性债务，因其发生概率不稳定，所以无法对其规模进行合理的估计，但在预算中也应及时披露这部分债务的信息，使政策制定者可以对其进行充分的风险评估。因此，我国应建立地方政府债务报告制度，接受立法机关、债权人、信用评级机构及社会公众的监督，满足相关利益者对债务信息的需求。

## 第五节　地方政府债务适度性分析

### 一、地方政府最优债务规模概述

#### （一）保持地方政府债务规模适度性的必要性

从理论上来说，地方政府债务规模大小应当与地区经济和社会发展的具体情况相适应，而最优债务规模是实现风险与收益、效益与成本最优的数量组合状态。基于我国财政分权体制的内在要求，我国适度放开了地方政府发债的法律约束，地方政府能够在规定限额内自主发债。然而，地方政府债务问题的根源在于度的把握，无论是过度负债还是负债不足都不是理性政府的选择。一方面，适度负债是地方政府平衡财政收支以及稳定经济增长的重要手段，且债务规模适度性意味着地方政府债务资金的使用所带来的经济和社会效益能抵消掉债务风险可能造成的损失。另一方面，地方政府过度负债行为可能导致债务风险不断累积从而爆发债务危机；而负债不足则主要表现为地区经济建设缺乏资金支持，难以走出政府当前面临的财政困境。

由此可以看出，确定一个适度的负债规模和构建一套科学的债务规模适度性评价指标体系是当前地方政府实施债务规模行政管制的关键。保持地方政府债务规模适度性需要具备严格的限制条件和客观界限，应确定适度的债务规模，将地方政府债务限定在财政承载范围内，进而避免地方政府出现负债不足或过度负债等情况。

### (二) 地方政府最优债务规模的界定

地方政府最优债务规模，是指地方政府债务的宏观经济效应与所形成的地方财政负担相抵消后形成的净正效应最大化时的债务规模水平，且该水平的地方政府债务规模是适度的。在充分考虑地方政府面临的法律约束及其偿债能力等情况下，地方政府的举债空间是在地方财力承受范围内地方政府能额外发行的债务规模（Hildreth and Zorn，2005）。理论上，地方政府债务存在一个最优债务规模，但这一最优规模在债务规模管理实践中却很难把握。因为我国市场经济体制和财政分权体制改革不够完善，缺乏系统规范的债务管理体制，地方政府债务规模的调整成本普遍较高，无法自发调节至最优债务规模（或者说调整速度缓慢）。债务调整成本的存在使得地方政府债务规模只能在最优规模水平左右进行动态调整。

地方政府最优债务规模水平应当符合经济性原则和可持续性原则。如果地方政府债务规模超过最优规模这一限额，不仅会减弱地方政府未来提供公共服务的能力，损害地方经济发展的基础和潜力，还会增加政府违约风险，影响政府权威和信用评级；若地方政府债务规模低于最优规模水平，则会削弱政府投资在社会投资中的地位和作用，使国家必要的建设得不到财力保障。本书所要研究的地方政府债务适度规模是指地方政府在考虑当前财政体制、地方财政实力以及经济和社会现实约束形成的调整成本等情况下所能达到的最优债务规模。

## 二、地方政府债务现状分析

赋予地方政府适度举债权既是当前财政分权体制和财政可持续发展的内在要求，也是我国地方政府财政的现实需求。上文梳理了本书所涉及地方政府债务的相关概念和理论基础。本部分则重点构建适合我国的地方政府直接债务和担保债务规模适度性评价指标体系，随后则以 H 省政府债务为例，分析地方政府债务规模和结构特征以及债务管理存在的问题。

### （一）地方政府债务规模适度性评价指标体系构建

债务规模适度性评价指标可以简单分为两类：绝对规模指标和相对规模指标。绝对规模指标具体包括政府债务规模总限额和新增政府债务限额等，其能够简洁、直观地反映地方政府存量债务和新增债务总量，但缺陷在于无法反映债务规模与地方经济和财政收支状况之间存在的内在联系。相对规模指标具体包括债务负担率、债务率、偿债率、利息支出率和债务依存度等，其有利于对比分析不同时期、不同地区地方政府债务规模的发展趋势，但选取不同指标对债务规模进行评价时，其得出的结论可能存在差异，甚至截然相反。为克服不同类型指标存在的缺陷，考察地方政府债务规模的适度性状况，需要构建一套全面规范的债务规模适度性评价指标体系，对各级地方政府债务规模和债务风险进行管理和监控。

### （二）地方政府直接债务规模适度性评价指标体系

地方政府直接债务以地方财政收入作为主要偿债来源，债务规模是否适度直接影响地方经济发展和财政可持续性。地方政府直接债务规模适度性评价指标体系如表 5-1 所示。

表 5-1　　地方政府直接债务规模适度性评价指标体系

| 指标 | 公式 | 内涵 |
| --- | --- | --- |
| 债务负担率 | 年末地方政府债务余额÷当年地区生产总值 | 反映地方经济实力对存量债务的承载能力 |
| 债务率 | 年末政府债务余额÷地方政府综合财力 | 反映地方政府动用当期政府综合财力来满足偿债需求的能力 |

续表

| 指标 | 公式 | 内涵 |
|---|---|---|
| 债务依存度 | 当年举借债务数额÷当年财政支出 | 反映财政支出对政府债务的依赖程度 |
| 新增债务率 | 本年新增债务额÷地方年度财政收入增量 | 反映地方政府财政收入增量对新增债务的保障程度 |
| 新增政府债务限额 | 因素分析法测算 | 反映政府举借新债的能力 |
| 偿债率 | 年度债务还本付息额÷地方年度财政收入 | 反映地方政府债务对地方财政产生的偿债压力 |
| 利息支出率 | 债务利息支出额÷地方年度财政收入 | 反映地方政府动用当期财政收入支付债务利息的能力 |

衡量地方政府债务规模适度性的指标包括债务负担率、债务率和债务依存度等。债务负担率是从地区整体经济规模的角度衡量债务规模的适度性，某种程度上来说是地方政府债务规模上限，既反映了地区国民经济发展的应债能力，也反映了政府债务对地区经济的影响程度。债务率则从财政实力的角度反映地方政府当期财政收入满足偿付债务本金的能力，地方财政收入能力是一般债务的主要偿债来源，地方政府债务规模应当控制在地方财政的承载范围内，其指标值越大，则债务风险越高。债务依存度则主要是测度地方政府财政支出对政府债务的依赖程度，一般认为其低于20%时政府债务规模是适度的①，高于20%则认为政府的债务负担过重，甚至可能出现地方财政困难等情况。

衡量地方政府债务增量适度性的指标则有新增债务率和新增政府债务限额。《新增地方政府债务限额分配管理暂行办法》中公布了新增地方政府债务限额的制定原则以及测算方法等详细内容，明确规定新增地方政府债务限额是在充分考虑地方政府财政实力、债务风险、融资需求和资金使用效益等多个方面之后采用因素分析法测算得到的。新增政府债务限额为各级地方政府管理和控制新增债务规模提供了重要的基础。

衡量地方政府偿债压力的指标有偿债率和利息支出率，这类指标的大小可以判断地方政府即期偿债能力，这类指标值越大则地方政府即期偿债压力越大，预期发生信用风险的可能性越高。偿债指标结合了地方政府的借款需求和偿债能力，能够有效遏制其扩张债务规模的无序投资行为。国际经验表明，偿债率的上限为10%，但对于利息支出率并没有公认的限额标准。

---

① 刘京焕等：《财政学原理》，高等教育出版社2018年版。

## (三) 地方政府担保债务规模适度性评价指标体系

我国《担保法》明令禁止国家行政机关为任何债务人提供担保，因为一旦国家行政机关履行其担保的代偿义务，担保债务就会转化为国家行政机关的直接债务，需要用国家行政机关的事业经费去偿还，因而可能会严重影响政府行政职能的履行。在我国政府担保债务实践中，地方融资平台公司主要投资于城市基础设施建设等公益性和准公益性项目，其自身盈利能力不足，所以资产负债状况虽往往无法满足银行贷款的指标要求，却仍能取得充足的贷款资金用于项目投资建设。产生这一现象的主要原因就在于地方政府通过背书以及承诺函等直接或间接的方式为融资平台公司作保。从规模总量来看，担保债务规模仍不可小觑，但实际上地方政府担保债务的比值已经降低。我国各省份都逐渐减小地方政府担保债务规模并降低比重，进而防止政府或有债务转化为直接债务，最终加重地方财政负担。

我国地方财政经常性支出具有刚性扩张和弹性较小的特点，而建设性支出资金需求较高且弹性也较大，地方政府经常性支出和建设性支出缺口长期存在，因此，通过地方政府债务融资已经成为必不可缺的财政手段。在此背景下，仅从贷款需求端进行制度约束可能效果不佳，还需要从贷款供给端（金融机构）入手，通过将部分担保债务的偿债负担和预期损失转嫁给地区金融机构来约束银行等金融机构严格发放由地方政府担保的银行贷款行为。加拿大政府为有效管控其所承担的贷款以及担保风险实施了银行共担风险原则，一旦担保债务发生违约累及地方政府，银行需要承担一定额度的违约损失。这一举措将银行的经济利益与地方政府债务规模控制联系在一起，能够有效激励银行严格筛选债务主体和控制发债规模。

根据当前的政府债务管理经验可以得到如下启示：防范和化解我国地方政府担保债务风险需要从债务供给端和需求端共同控制，使债务供给端和需求端共担风险。一方面，逐步化解地方政府存量担保债务，完善地方政府违规担保的责任追究机制。另一方面，根据银行等金融机构与地方政府共担损失的原则完善制度设计，构建规范的政府担保债务规模适度性评价指标体系，激励金融机构严格执行债务主体资格审核和放贷流程。具体的政府担保债务规模适度性评价指标体系如表5-2所示。

表5-2　　　　　政府担保债务规模适度性评价指标体系

| 指标 | 公式 | 内涵 |
| --- | --- | --- |
| 担保债务比重 | 年末担保债务余额÷当年财政收入 | 反映地方政府的担保风险 |
| 地方政府贷款占金融机构净资产比重 | 地方政府担保债务余额÷金融机构净资产价值 | 反映银行共担风险原则下金融机构承担的风险 |

续表

| 指标 | 公式 | 内涵 |
| --- | --- | --- |
| 贷款损失分担率 | 金融机构承担的净损失金额÷地方政府担保债务违约净损失 | 反映债务违约情况下金融机构需要承担的损失比重 |

资料来源：黄芳娜：《中国地方政府债务管理研究》，财政部财政科学研究所，2011年，第116~118页。

## 三、H省政府债务规模现状及基本特征

目前，我国地方政府债务规模适度性的研究还需要以完整、透明的政府债务数据为基础，因此，本章梳理H省政府债务规模适度性评价指标，结果发现H省政府直接债务规模总量处于适度性水平，债务增长较快；偿债压力较低但逐年递增；政府担保债务在地方政府债务中占比较小，但规模总量不容忽视。

### （一）地方政府相对债务规模水平较低

根据政府债务规模评价指标体系可知，H省地方政府债务绝对规模水平保持在国家规定的地方政府债务限额内，债务负担率和债务率也明显低于适度性标准界限，债务总规模也是适度的。H省具体的地方政府债务规模评价指标数据如表5-3所示。截至2017年末，H省地方政府直接债务总额为5 715.53亿元，其中：一般性债务余额为3 402.5亿元，专项债务余额为2 313亿元。H省政府债务限额为5 996.5亿元，其中，一般债务限额为3 604.3亿元，专项债务限额为2 393.2亿元。① 从债务限额来看，H省地方政府债务余额未超过国务院批准的债务限额，其债务规模是适度的。基于地方经济发展水平角度分析发现，H省政府债务负担率在15%~16%的水平，明显低于30%的警戒线水平，总体债务水平较低。从地方财政实力角度来看，根据2016~2017年地方一般公共预算收入和政府性基金收入衡量地方政府综合财力，测算出的政府债务率在164%~176%，相较于美国和新西兰的债务率标准是适度的。从地方财政支出的角度来看，衡量H省政府财政支出的债务依存度在17%~19%的区间内波动，该项指标比较稳定且低于20%的适度规模标准。

---

① 根据H省财政厅相关信息整理。

表 5-3　　　　　H 省地方政府债务规模评价指标　　　　单位：%

| 指标 | 2015 年 | 2016 年 | 2017 年 |
| --- | --- | --- | --- |
| 债务负担率 | 15.47 | 15.62 | 16.11 |
| 债务率 | 152.12 | 164.53 | 175.95 |
| 债务依存度 | 18.86 | 17.14 | 18.84 |

资料来源：H 省 2016~2018 年度预决算报告和《2018 年 H 省统计年鉴》。

### （二）新增债务规模较大，增速较快

本书将新增债务率定义为新增债务规模占地方财政收入增量的比重，反映地方财政收入增量对新增债务的保障程度，其中，一般债务和专项债务所对应的财政收入分别是一般公共预算收入和政府性基金预算收入。H 省 2016~2018 年一般债务、专项债务以及总体债务的新增债务率如表 5-4 所示。

表 5-4　　　　　　　H 省新增债务率　　　　　　单位：%

| 指标 | 2016 年 | 2017 年 | 2018 年 |
| --- | --- | --- | --- |
| 新增一般债务率 | 286.04 | 69.54 | 578.95 |
| 新增专项债务率 | 13.93 | 96.64 | 56.37 |
| 新增债务率 | 28.08 | 90.76 | 82.82 |

资料来源：H 省预决算报告。

近年来，H 省一般债务的新增债务率波动幅度较大，总体新增债务规模保持在地方财政收入增量承载能力内。由表 5-4 可以看出，新增一般债务率具有很大的波动性且比重较大。其中，2018 年一般债务增量是一般公共预算收入增量的 5.78 倍，明显超过新增公共预算收入的保障程度。新增专项债务率的比重均低于 100% 的水平，其中，2017 年新增专项债务占政府性基金预算收入增量的 96.64%。由于各国国情不同，新增债务率指标红线的设定存在较大差异，巴西规定新增债务率指标红线为 18%，日本则规定不超过 9%，而从我国的债务数据来看，相较于地方财政收入增量，地方政府新增债务规模水平较高，增长速度惊人。

### （三）地方政府偿债压力较小但逐年增长

从近几年数据来看，H 省地方政府债务偿债压力较小。H 省 2015~2017 年的偿债率水平分别为 0.81%、2.11% 和 3.12%，而国际经验表明偿债率的适度性标准为 10%，说明 H 省政府债务产生的即期偿还压力较小、预期信用风险较

低。我国地方政府从 2015 年开始进行存量债务置换工作,将大量到期债务和其他形式的政府债务置换为期限不等的地方政府债券,债务置换工作延缓了债务偿债高峰的到来,也分散了集中偿债风险。从新增债务的增长趋势来看,地方政府新增债务规模较大,波动性也较大。由此可以看出,H 省偿债率呈逐年增长的趋势,未来地方政府偿债压力将会越来越大,且随着新增债务的增长,潜在的偿债压力和信用风险也不容小觑。

### (四) 地方政府担保债务风险现状分析

H 省地方政府担保债务的绝对规模和相对规模均表现出逐年递减的趋势,但存量债务规模依然较大,其潜在的隐性债务风险仍不容忽视。H 省地方政府担保债务绝对规模以及担保债务占地方财政收入比重等数据如表 5-5 所示。由表 5-5 可知,H 省政府负有担保责任的债务总体规模在不断下降,担保债务比重也呈下降趋势,2017 年担保债务比重最低,为 17.97%。不同于地方政府直接债务,政府负有担保责任的债务只有在债务人无力偿还到期债务时才会转化为政府直接债务,成为当期地方财政负担。我国《担保法》规定除特殊情况外,国家行政机关不得作为担保人,所以地方担保债务更多的是地方违规举债的结果。随着创新型金融工具层出不穷地产生,地方政府担保债务形式也更加多样化,从而导致地方政府隐性债务规模不断扩大。

表 5-5　　　　　　　　H 省担保债务比重

| 年份 | 政府负有担保责任的债务(亿元) | 地方财政收入(亿元) | 担保债务比重(%) |
| --- | --- | --- | --- |
| 2014 | 1 082.52 | 2 566.90 | 42.17 |
| 2015 | 854.78 | 3 005.53 | 28.44 |
| 2016 | 734.70 | 3 102.06 | 23.68 |
| 2017 | 583.81 | 3 248.32 | 17.97 |

资料来源:2015~2018 年 H 省预决算报告和《2018 年 H 省统计年鉴》。

### 四、H 省政府债务结构特征

地方政府债务结构是指不同性质政府债务的搭配状况以及与利率、债务收入来源和发行期限等的有机结合,主要包括债务政府层级结构、债务期限结构、债权结构、债务资金投向和利率结构等方面。由于我国地方政府债务结构的数据透明度不高,本书主要从债务政府层级、债务分类、债务资金投向三个方面进行政府债务结构特征分析。

### (一) 政府债务集中于市县级政府

地方政府债务主要集中于市县级政府,且县级政府债务规模增长较快。H省地方政府债务层级分布状况如表5-6所示。由表5-6可知,市州级政府债务占比最高,2015~2017年平均值约为56.56%,明显高于全国平均水平42.37%;其次为县级政府债务,2015~2017年平均比重约为41.24%;省级政府债务占比最低。另外,县级政府债务规模呈明显增长的趋势,在2017年几乎与市级政府债务占比持平。

表5-6　　　　　　　　H省政府债务层级分布

| 级别 | 2015年 | | 2016年 | | 2017年 | |
| --- | --- | --- | --- | --- | --- | --- |
| | 规模（亿元） | 占比（%） | 规模（亿元） | 占比（%） | 规模（亿元） | 占比（%） |
| 省级 | 168.97 | 3.70 | 147.58 | 2.89 | 254.01 | 4.44 |
| 市州级* | 2 703.95 | 59.14 | 3 059.99 | 59.96 | 2 891.75 | 50.59 |
| 县级 | 1 698.97 | 37.16 | 1 896.09 | 37.15 | 2 823.78 | 49.41 |
| 全省 | 4 571.89 | 100.00 | 5 103.67 | 100.00 | 8 069.28 | 104.44 |

注:*本章所列市州级政府与县级政府不同于官方行政区划:仙桃市、潜江市、天门市三个省直辖县归属于县级政府,不包括在市州级政府中。

资料来源:H省各市州、县级政府预决算报告。

### (二) 政府直接债务规模居于主体地位,内部结构不断优化

为实现我国政府债务分类与国际政府债务分类体系接轨,2013年债务审计公告①将地方政府性债务进一步分类为政府直接债务和政府或有债务,两者最大的区别在于债务资金的偿付是否需要特定条件的发生。政府直接债务所产生的还本付息压力会直接施加于地方财政,而政府或有债务只有在特定条件下才需要地方财政收入偿还,即当债务人以其自身财力无力偿还到期的债务时,地方政府才需要履行代偿责任,且只需偿付被担保债务人无力偿付的剩余债务规模。这表明政府或有债务是否转化为政府直接债务存在着一个"转化率"或者说"显性化率",但这一概率究竟有多大则不得而知。

H省政府债务分类规模状况如表5-7所示。自2015年起,H省政府直接承

---

① 即审计署2013年第32号公告:全国政府性债务审计结果。

担还本付息责任的债务规模稳步扩大,所占比重也在不断攀升;同时政府也在逐步化解政府或有债务风险,政府负有担保责任的债务所占比值稳步下降。虽然H省不同类别地方政府债务比例较为合理,但政府直接债务规模持续扩张所产生的财政压力和债务风险仍不容忽视。

表 5-7　　　　　　　　　H 省政府债务分类规模状况

| 分类 | 2015 年 规模（亿元） | 2015 年 比重（%） | 2016 年 规模（亿元） | 2016 年 比重（%） | 2017 年 规模（亿元） | 2017 年 比重（%） |
| --- | --- | --- | --- | --- | --- | --- |
| 政府直接债务 | 4 571.89 | 59.88 | 5 103.67 | 64.20 | 5 715.53 | 70.83 |
| 政府负有担保责任的债务 | 854.78 | 11.20 | 734.70 | 9.24 | 583.81 | 7.23 |
| 政府可能承担救助责任的债务 | 2 208.18 | 28.92 | 2 111.35 | 26.56 | 1 769.95 | 21.93 |
| 合计 | 7 634.85 | 100.00 | 7 949.72 | 100.00 | 8 069.28 | 100.00 |

资料来源：H 省 2016~2019 年度预决算报告。

政府直接债务可以进一步分类为一般债务和专项债务。一般债务主要投资于公益性项目,以一般公共预算收入作为主要偿债来源;专项债务则主要投资于具有一定收益的准公益项目,以项目投资预算收益作为主要偿债来源。H 省政府一般债务和专项债务结构分布如表 5-8 所示。可以看出,H 省政府在逐步提高专项债务在政府直接债务中所占的比重,降低一般债务所占比重。

表 5-8　　　　　　　H 省政府直接债务分类　　　　　　　单位:%

| 年份 | 一般债务 | 专项债务 |
| --- | --- | --- |
| 2015 | 66.01 | 33.99 |
| 2016 | 64.68 | 35.32 |
| 2017 | 59.53 | 40.47 |
| 2018 | 56.06 | 43.94 |

资料来源：H 省 2016~2019 年度预决算报告。

### (三) 新增债务资金投向公益性基础设施建设

基于债务资金投向数据的可获得性,本章主要以 2018 年 H 省政府债务使用状况对债务资金投向进行一般性分析。H 省 2018 年度新增地方政府债务资金投向如表 5-9 所示。由表 5-9 可知,H 省的一般债券资金主要用于环境保护、市县交通基础设施建设、易地扶贫搬迁等,投入资金分别占一般债券规模的

31.21%、23.61%和11.93%；而专项债券资金投向较为集中，其中59.8%的专项债券用于市县土地收储，34.08%用于棚户区改造，剩余专项债券资金则主要投向具有一定收益的基础设施建设项目。

表5-9　　　　　　　　2018年H省债务资金投向情况

| 债券类型 | 资金用途 | 金额（亿元） |
| --- | --- | --- |
| 一般债券 | 市县普通公路建设 | 50.0 |
|  | "四好农村路"建设 | 10.0 |
|  | 重大铁路项目 | 27.3 |
|  | 易地扶贫搬迁 | 44.1 |
|  | 长江生态修复 | 22.5 |
|  | "四个三重大生态工程" | 92.9 |
|  | 高标准农田建设 | 11.6 |
|  | 水利"补短板" | 24.7 |
|  | 其他基础设施建设 | 86.6 |
| 合计 | — | 369.7 |
| 专项债券 | 省属公办高校基础设施建设 | 10.0 |
|  | 市县土地储备 | 383.9 |
|  | 棚户区改造 | 218.8 |
|  | 政府收费公路 | 4.5 |
|  | 轨道交通等 | 24.8 |
| 合计 | — | 642.0 |

资料来源：H省2018年预决算报告。

## 五、地方政府债务管理存在的问题

根据前文基于指标分析法对H省政府债务现状进行评价的结果可知：从规模上来看，H省政府债务严格控制在地方政府债务限额内，总体上是适度的，偿债压力较小但有逐年增长的趋势，新增债务规模较高，未来偿债压力不容小觑；从结构上来看，H省95%的政府债务集中在市县级政府，且县级政府债务规模增长较快，几乎与市级政府持平。此外，H省政府也在不断采取措施优化债务分类结构，逐步降低政府担保债务所占比重，提高具有较高收益率的专项债务规模和比重。根据上述分析可以看出，随着我国地方政府债务规模的快速扩大，我国地方政府债务管理问题也在日益凸显。

### （一）地方政府债务管理缺乏统一的制度性规范

赋予地方政府自主发债权是我国财政分权体制和地方财政可持续发展的内在要求，地方政府债务是我国地方综合财力必不可少的组成部分，然而如何实现地方政府债务规范化管理是当前各级地方政府债务管理实践中亟须解决的问题之一。《预算法》（2014）对地方政府债务管理实践提供了框架式指导，明确我国实施地方政府债务限额管理和预算管理，中央政府开始对各级地方政府的举债行为进行规范化管理。为完善地方政府债务管理制度，国务院和财政部发布了一系列对各级地方政府债务管理实践提供指导的政策性文件，如《国务院关于加强地方政府性债务管理的意见》和《关于进一步规范地方政府举债融资行为的通知》等。这一系列地方政府债务管理文件主要解决不同领域地方政府债务规模扩张过程中存在的风险漏洞。目前，我国还缺少指导地方政府债务管理实践的法律文件。纵观外国地方政府债务管理实践，多数国家为地方财政和债务管理制定了统一的法律法规，进而对地方政府控制地方政府债务规模风险提供了制度性指导，如俄罗斯政府通过颁布的《地方政府财政基础法》对地方政府不同类型债务管理提供实践指导，美国通过颁布的《地方政府破产法》对出现债务危机的地方政府制定了详细的申请破产程序。

### （二）地方政府债务限额管理制度不完善

《预算法》（2014）明确要求我国地方政府债务实施限额管理，省级政府在中央政府规定的债务限额内自主发行地方政府债券，同时由省级政府负责设定市县级地方政府债务规模配额。这一制度虽然在控制我国地方政府债务规模方面效果显著，但也存在一些问题。一是不同层级地方政府普遍存在的信息不对称和不完全问题，在上级政府决定下级政府债务配额时更多考虑的是不同地方政府之间债务分配的均衡，而非下级政府债务规模扩张风险和偿债能力，从而导致地方政府需求量与供给量的错位。二是我国债务限额管理指标单一，只有地方政府债务限额这一绝对规模指标。虽然便于统一化管理，但容易忽略限额内债务规模增长的潜在风险。三是以总量控制为主要手段的债务限额管理制度未对不同支出领域内的重点债务规模管理给予关注，进而导致除地方政府债券外其他形式的隐性债务规模不断扩张。

### （三）缺乏客观公正的地方政府信用评级制度

长期以来，我国地方政府并没有发行政府债券的权力，所以与之相关的地方政府信用评级制度尚处于起步阶段。因此，我国在构建和完善地方政府信用评级机制过程中存在如下三个问题：一是缺乏专业的信用评级法律依据，《证券法》和《企业债券管理条例》等法律法规明确规定了企业债券的信用评级，但并未对地方政府信用等级划分等问题进行明确规定。二是我国信用评级机构对地方政府的信用评级缺乏客观公正性。我国是中央集权制国家，国家行政机关在我国具有较高的权威性和公信力，地方政府特殊的政治地位可能会影响政府债券的信用评级结果，从而导致信用评级结果并不能真正反映地方政府真实财政收支状况、债务承载能力和偿债能力等，使得公众可能低估了地方政府债券资金的信用风险。三是地方政府信用评级在地方政府债券管理实践中并未充分发挥作用。在我国地方政府债券市场上，信用等级不同的地方政府债券到期收益率没有明显的差异，且政府投资项目风险由地方财政兜底，从而弱化了信用评级制度对地方政府债务规模扩张的约束作用。

### （四）基层地方政府偿债能力不足

我国部分地方政府缺乏偿债意识且至今未能建立完善健全的偿债准备金制度，债务偿还问题将会是目前以及未来地方政府最为棘手的问题。根据 Wind 金融终端数据，2021 年底宽口径地方政府债务余额排名前五的省份为江苏、浙江、山东、广东、四川，而负债率超过 60% 的省份有青海（93%）、贵州（77%）、天津（77%）、甘肃（65%）、吉林（62%）、新疆（64%）。[①] 我国地方专项债务规模增长较快且规模较大，同时专项债务所投向的政府项目往往建设周期长，短期内并不会产生收益。因而项目收益所产生的现金流入与债务付息还本所需要的现金流出存在较长时间差，且项目收益是否能够满足偿债需求也未可知。我国地方政府新增一般债务规模波动幅度较大，不同年度产生的偿债压力不断叠加。虽然部分地方政府通过"借新还旧"方式缓解即期偿债负担，但地方政府未来债务还本付息压力仍在不断增加。

---

① 资料来源：人民智库 | 如何化解地方政府债务风险？（baidu.com）。

# 第六章

# 转移支付影响政府债务预算规模分析

第五章主要侧重于政府债务预算规模膨胀与转移支付制度的研究。在理论分析和实证检验之前，本章首先对转移支付和地方政府债务的概念及分类进行准确的界定和划分，明确具体的研究对象和研究范围，还梳理了当前我国转移支付和地方政府债务的现状。结合公共池激励、粘蝇纸效应、地方政府救助预期、转移支付的基本功能以及预算软约束等相关理论，全面分析转移支付对地方政府债务规模的直接影响和间接影响，并提出相应的理论假设。基于理论分析，运用省级面板数据实证分析转移支付对地方政府债务规模的直接影响，并在此基础上分析预算软约束的中介效应。研究发现，由于公共池激励、粘蝇纸效应以及地方政府救助预期等因素的存在，转移支付会对地方政府债务规模产生正向影响；预算软约束确实会产生部分中介效应，地方政府获得的转移支付越多，预算软约束的情况越恶化，进而间接地导致举债规模显著扩张。

## 第一节 转移支付与地方政府债务的现状分析

在理论分析和实证检验之前，本节首先对转移支付和地方政府债务的概念及分类进行准确界定和划分，明确具体的研究对象和研究范围，为接下来的研究分析做好铺垫。此外，本节还梳理了我国转移支付和地方政府债务的现状，通过现状分析进一步表明了对转移支付和地方政府债务规模进行研究的必要性。

## 一、转移支付

### (一) 转移支付的概念界定及分类

1928 年，英国著名经济学家庇古在《财政学研究》中提出转移支付的概念，具体是指由于事权、财权失衡问题，为弥补地区财力不均，保障公共产品与服务的有效供给，在不同层次政府间自上而下划拨或者同一层级政府之间相互调配的一种资金运转方式。对中国的转移支付而言，其模式可以分为两种：一是纵向转移支付，即上级政府按照一定的比例和计算方式向下级政府提供财政资金，缓解下级政府由于财权和事权不匹配而造成的财政收支缺口；二是横向转移支付，即相同层级政府基于促进公共服务均等化的目的而转移财政资金。当前我国实施的是以纵向转移支付为主、横向转移支付为辅的财政转移支付制度模式。本章所涉及的研究对象主要是中央政府自上而下向省级地方政府划拨资金的转移支付。

根据国际划分标准，转移支付一般可以分为两类：无条件转移支付和有条件转移支付。

**1. 无条件转移支付**

上级政府向下级政府分配资金时，不设置任何附加条件的转移支付被称为无条件转移支付。地方政府对无条件转移支付资金的使用拥有充分的自主权利，没有资金配套的额外负担，可根据自身的实际需求调配资金使用，弥补财权和事权不匹配而导致的财政收支缺口，一定程度上能够解决地区财力失衡的难题。

**2. 有条件转移支付**

上级政府向下级政府分配资金时，强制性地规定地方政府只能将资金用于限定用途，并要求下级政府设置配套资金等其他附加条件，这种资金被称为有条件转移支付。

按照上级政府在确定转移支付份额时是否强制规定下级政府提供配套资金，有条件转移支付还可以分为有条件非配套转移支付与有条件配套转移支付两类。下级政府使用有条件非配套转移支付时，无须提供配套资金，仅需要严格执行上级政府对资金使用用途的限定。而下级政府使用有条件配套转移支付资金时不仅要严格遵循限定用途的规定，还需要提供配套资金才能最终获得相应数量的转移支付资金。

按照上级政府确定转移支付份额时是否规定最高限额，有条件配套转移支付可以继续分为无限额配套转移支付和有限额配套转移支付两类。其中，根据下级政府的配套资金提供固定比例的且没有最高限额规定的配套转移支付被称为无限额配套转移支付，而有限额配套转移支付是指上级政府提供转移支付资金时规定了最高限额，如果超过最高限额，即使下级政府再增加配套资金，上级政府也无法继续增加转移支付资金，因为其已达到转移支付的最高限额。

### （二）我国转移支付的发展现状

我国转移支付的具体情况如表 6-1 所示。由表 6-1 可知，2009~2018 年我国转移支付规模呈现出快速扩张的趋势，且转移支付规模已经非常大，其在中央财政预算支出中的地位也越来越重要。1994 年我国最早实施转移支付制度时，中央政府分配的转移支付仅有 560 亿元。其中，一般性转移支付约 100 亿元；专项转移支付约 360 亿元；税收返还约 100 亿元。而 2018 年中央政府对地方转移支付合计高达 6.97 万亿元，且不含税收返还的转移支付也达到 6.16 万亿元，这相比 1994 年扩张了 110 倍；2018 年中央政府对地方转移支付的增长速度达 8%，转移支付规模的扩张速度远超 GDP 增速。其中，2018 年我国一般性转移支付预算约为 3.9 万亿元，比 2017 年增长了 10.9%，且一般性转移支付的占比从 2009 年的 39.62% 上升至 2018 年的 55.57%，一般性转移支付的增幅明显较快。当前我国转移支付绝大多数的资金形式为一般性转移支付，这更加有利于发挥其均衡地区财力的作用。

表 6-1　　　　　　　不同转移支付的分配情况

| 年份 | 合计 | 转移支付（亿元） | | | 比重（%） | | |
| --- | --- | --- | --- | --- | --- | --- | --- |
| | | 一般性转移支付 | 专项转移支付 | 税收返还 | 一般性转移支付 | 专项转移支付 | 税收返还 |
| 2009 | 28 563.79 | 11 317.20 | 12 359.89 | 4 886.70 | 39.62 | 43.27 | 17.11 |
| 2010 | 32 341.09 | 13 235.66 | 14 112.06 | 4 993.37 | 40.93 | 43.64 | 15.44 |
| 2011 | 39 921.21 | 18 311.34 | 16 569.99 | 5 039.88 | 45.87 | 41.51 | 12.62 |
| 2012 | 45 361.68 | 21 429.51 | 18 804.13 | 5 128.04 | 47.24 | 41.45 | 11.30 |
| 2013 | 48 019.92 | 24 362.72 | 18 610.46 | 5 046.74 | 50.73 | 38.76 | 10.51 |
| 2014 | 52 477.69 | 28 455.02 | 18 941.12 | 5 081.55 | 54.22 | 36.09 | 9.68 |
| 2015 | 54 210.86 | 27 568.37 | 21 623.63 | 5 018.86 | 50.85 | 39.89 | 9.26 |
| 2016 | 59 400.70 | 31 864.93 | 20 708.93 | 6 826.84 | 53.64 | 34.86 | 11.49 |
| 2017 | 64 051.77 | 34 145.59 | 21 883.36 | 8 022.82 | 53.31 | 34.17 | 12.53 |
| 2018 | 69 680.66 | 38 722.06 | 22 927.09 | 8 031.51 | 55.57 | 32.90 | 11.53 |

资料来源：中国财政部预算司 2008~2018 年《全国财政决算》。

此外，据统计数据可知，2018 年中央财政对中西部地区的转移支付规模高达 5.26 万亿元，占全部转移支付的比重为 85.3%，给予中西部地区的转移支付大大弥补了中西部地区财力薄弱的缺陷，有助于推动地区公共服务均等化，也有利于中西部地区落实我国的宏观战略与规划，进一步促进了中西部地区的经济发展和人民生活水平的提高。此外，中央财政分配给革命老区、民族地区、边疆地区以及贫困地区等的转移支付资金约为 2 142.8 亿元，其增速也超过了转移支付整体增速，有力地支持了"老少边穷"地区补齐经济发展的短板，且有利于认真落实精准脱贫。中央财政安排的县级基本财力保障机制奖补资金有 2 462.79 亿元，这部分资金主要向经济转型时期财政收入大幅缩水，且为保工资、保运转和保基本民生等支出增加较多的资源能源型地区、主导产业衰退的东北地区和其他县级财政困难的地区倾斜，从而帮助这些地区兜住财政底线。①

就转移支付的地区流向而言，2018 年政府转移支付主要流向了中西部地区。为了配合西部大开发等战略，转移支付明显偏向中西部地区，用以支持落后地区的经济发展，进一步缩小与发达地区的发展差距。从转移支付结构上看，我国一般性转移支付的占比存在逐年升高的趋势，且当前占比较大。2018 年中央对地方的转移支付预算数（不含税收返还）高达 61 649.15 亿元，其中，一般性转移支付为 38 722.06 亿元，约占全部转移支付的 63%，当前我国一般性转移支付的比重已经超过 60% 的政策建议值，且根据我国转移支付制度的改革方向，为进一步保障地方政府公共事权的财政经费充足，一般性转移支付占比升高的趋势还会继续保持。② 此外，从转移支付分配对象来看，转移支付加大了基层部门的投入，并且重点转向民生领域。之前我国转移支付经常地发生挪用现象，不能很好地支持公共事业的发展，且与基层政府的资金需求存在错配情形。当前我国中央政府改进转移支付的工作方法，立足于基层政府需求，选择合适的配套转移支付项目，与省级政府共同分摊项目支出，进而提高资金使用的绩效水平。早前我国转移支付实际更多地运用在城市相关基础设施建设方面，但如今我国转移支付资金的分配重点放在了科教文卫以及生态保护等领域，这有利于我国进一步快速实现公共服务均等化。

我国转移支付表现出上述特征的具体原因如下：首先，当前我国社会愈发重视发展的均衡性，致力于缩小地区发展差距。东部地区经济发展状况普遍较好，公共服务供给水平相对较高，而中西部地区的整体发展水平存在显著差距，因此需要中央政府给予更多的财力支持。其次，当前我国更加重视民生及绿色发展，

---

①② 《2018 年中国中央财政加大对地方转移支付力度》，中国新闻网，https://baijiahao.baidu.com/s?id=1621639769493064395&wfr=spider&for=pc，2019 年 1 月 3 日。

注重社会的可持续发展。最后，相较于专项转移支付而言，一般性转移支付因为是根据特定公式进行核算得到的，计算方法公平公正，所以具备较高的透明性。因此，提高一般性转移支付的比例实际是提升转移支付透明度的重要手段，且一般性转移支付在支配使用方面更适合地区的实际需求，其能够因地制宜，更好地提高财政资金的使用绩效。

无论从规模上还是从战略导向上来看，当前我国转移支付在财政体系中的重要性与日俱增。因此，政府必须要继续优化转移支付制度，加强对转移支付资金的管理，大力发挥转移支付制度的积极效应，促进地区经济均衡化和公共服务均等化。然而，转移支付在产生一系列的积极作用时，也会带来一系列的负面效应。例如，部分落后地区对转移支付产生较强的依赖性，且由于转移支付制度不完善和监督机制不健全等，转移支付还可能会扭曲地方政府财政行为，滋生道德风险，从而对地区经济造成负面影响。因此，我们应该对由转移支付带来的负面效应进行密切关注。

转移支付作为中央政府和地方政府互动的重要媒介，不仅仅是单方面自上而下财力转移的工具，更是中央政府和地方政府互动博弈过程中策略抉择的结果。因此，完善转移支付制度对厘清央地关系以及优化财政资源配置等都有着重要的意义。当前我国地方政府财政可持续性问题受到了较高的关注，但在各地区减税降费的制度背景下，地方政府财政可持续性问题变得更加复杂。因此在此情况下，政府一方面要继续发挥转移支付的积极作用，另一方面也要关注地方政府财政可持续性与转移支付依赖性之间的矛盾，从而更好地发挥转移支付制度在我国财政体系中的作用。

## 二、地方政府债务

### （一）地方政府债务的概念界定及分类

《预算法》（2014）实施以前，一般将一段时期内地方政府所负担需要偿还的所有债务统称为地方政府债务。由于该时期地方政府本身没有发行地方政府债券的权利，所以地方政府通过融资平台或财政部代发等其他形式举债融资。虽然这一阶段的地方政府性债务不是由地方政府的信用直接承诺，但其中都隐含着地方政府的隐性担保和救助责任，与地方政府信用息息相关，实质上等同于地方政府债务。《预算法》（2014）实施后，地方政府在一定程度拥有了自主发债的权利，且中央政府对地方政府实施严格的债务限额管理。自此之后，我国对留存的地方政府债务进行甄别和分类，并积极推进地方政府债务的置换工作，用权责清晰的地方政府债券替代以前界定模糊的地方政府债务，从而对地方政府债务进行统一预算管理。当前我国地方政府债务管理已开始步入制度化和规范化的道路。然而，由于我国政府债务置换工作未能覆盖所有的地方政府债务，地方政府债务中存在的隐性债务问题依旧不容小觑。考虑到本书的理论研究假设和研究目的，将地方政府债券和地方政府隐性债务统称为地方政府债务。

《预算法》（2014）中规定，发行地方政府债券是当前我国地方政府唯一的举债融资方式，并对地方政府债券进行了严格的限额管理。不过，当前我国地方政府仍存在一定规模的隐性债务，地方政府隐性债务是指地方政府在地方政府债券发债限额之外直接或间接以地方政府信用举借的，需用政府财政资金进行偿还或事后救助的债务，主要包括国有企事业单位等举借的债务；地方政府违规担保而形成的或有债务；地方政府在设立政府投资基金、开展与社会资本合作的PPP项目以及地方政府购买服务等过程中通过约定回购投资本金以及承诺保底收益等形式形成政府中长期支出事项而产生的地方政府债务等。

目前，国内外学者已采用多种分类方式划分地方政府债务，具体包括债务风险矩阵、地方政府债务的偿还责任、偿债资金来源以及政府层级等。其中，"财政风险矩阵"是目前国际上最广为人知和普遍应用的分类方法，这种分类方法是由哈娜·波拉科娃（Hana Polackova）[①]提出的，一直沿用到今天。债务风险矩阵的具体分类内容如表6-2所示。

表6-2　　　　　　　　　地方政府债务的风险矩阵

| 地方政府债务 | 直接债务（即时义务） | 或有债务（未来义务） |
| --- | --- | --- |
| 显性债务 | （1）国债转贷<br>（2）地方政府统借统还外债<br>（3）政府专项贷款<br>（4）拖欠的工程款和工资<br>（5）拖欠的财政周转金<br>（6）农业开发贷款<br>（7）国际金融组织贷款<br>（8）社会资本融入借款<br>（9）向金融机构的借款 | （1）政府担保外债（包括对外国政府、国际金融组织的担保贷款）。<br>（2）政府担保的内债（包括对国内金融组织、单位、个人的担保借款以及中外合资融资租赁特定贷款）。<br>（3）离退休人员养老金 |

---

① Hana polakova Brixi. Contingent Government Liabilities: A Hidden Risk for Fiscal Stability. World Bank Policy Research Working Paper, 1998, No.1989.

续表

| 地方政府债务 | 直接债务（即时义务） | 或有债务（未来义务） |
| --- | --- | --- |
| 隐性债务 | （1）教育负债；<br>（2）粮食亏损补贴；<br>（3）基础设施建设负债；<br>（4）社会保障支出负债 | （1）国有企业存续成本；<br>（2）地方金融机构呆坏账；<br>（3）政府违规担保；<br>（4）政府项目单位无力偿还的借款；<br>（5）下级政府财政危机；<br>（6）国有企业、政策性金融机构承担政策负担形成的债务 |

如表 6-2 所示，直接显性债务是政府在履行职责过程中难以避免的债务，也是经过法律契约或文书明确规定偿还责任，与地方政府信用直接关联的债务。国债还本付息、地方政府专项借款、政府工作人员工资以及政府项目工程款等按照合同或法律规定应该及时付款的债务均属于此类。直接隐性债务名义上并不属于绝对意义上的地方政府债务范畴，但由于地方政府的职能作用，直接隐性债务很可能是为满足公共需求或出于政府道德救助义务而承担的债务，这种债务不可避免。教育负债、基础设施建设负债、粮食亏损补贴和社会保障支出负债均属于直接隐性债务，且此类债务有逐步扩大的趋势。或有显性债务是存在可能性但不是必然发生的债务，通常是由于地方政府的担保而引发的债务，作为担保方的地方政府，有责任在被担保人无法按时履行偿还义务时承担这一偿债义务，而这种债务责任发生在被担保人违约之后，因此称它为或有显性债务。或有隐性债务是在特定情况下产生的债务，目的在于维护政府及相关机构的正常运转，避免政府出现财政危机，化解政府的不良资产。在政府主动承担的债务中或有隐性债务的风险最高，或有隐性债务一旦爆发很可能对政府信用以及整个金融和经济体系产生不可估量的影响。

### （二）我国地方政府债务的发展现状

自四万亿投资计划实施以来，我国地方政府债务规模开始急剧攀升，2012年审计署的统计报告显示我国地方政府债务规模达 9.63 万亿元，而到 2023 年末，地方政府法定债务余额达 40.74 万亿元。[①] 我国地方政府债务规模庞大且增速较快，由此导致的债务风险问题受到了社会公众的广泛关注。2015 年我国开

---

① 《国务院：截至 2023 年末，全国政府法定债务余额 70.77 万亿元》，北京日报，https：//baijiahao. baidu. com/s? id = 1810141343487909652&wfr = spider&for = pc，2024 年 9 月 14 日。

始实施《预算法》(2014)，且连续出台多项政府债务管理政策，大力规范地方政府债务管理制度；大规模启动债务置换工作，加快实现地方政府债务显性化；实行严格的债务限额管理制度，规范债券发行工作，开好"前门"；规范推进 PPP 项目建设，严查地方政府违规举债融资，建立倒查责任和终身问责机制，堵好"后门"。当前，我国地方政府债务管理已经取得了初步成效，同时地方政府债务管理也进入深水区。因此，我国各级政府仍需继续落实和完善政府债务管理相关工作，积极克服难题，保持政府债务的可持续性。

由于统计口径的差异，我国地方政府融资平台的相关债务并不包含在地方政府债务统计口径之中。然而，各地方政府最初设立地方政府融资平台时就隐含着政府信用的隐性担保，由于融资平台的实际运营能力较差，绝大部分融资平台债务的偿还责任实质上还是由地方政府负担，由此积累起庞大的政府隐性债务。虽然我国已经加强对地方政府融资平台的规范管理，但是由于隐性债务新形式的出现等原因，当前我国地方政府隐性债务风险依旧不容小觑。

近些年，我国政府不断地出台针对地方政府债务的相关政策，严格限制政府的融资通道，将发行债券视为地方政府举债融资的唯一合法途径，打破地方政府融资的信用幻觉，坚决遏制隐性债务存量风险。自《预算法》(2014) 颁布之后，财政部多次声明中央不再兜底，明确债务责任归属。2016 年国务院发布了《地方性政府债务风险应急处置预案》，从总体上部署了风险应急处置的相关规定和系统性流程，进一步明确了中央不救助原则，并提出在必要时将依法实施财政重整计划。自 2018 年以来，政府债务市场违约风波不断，由于城投债依旧表现出"刚性兑付"的特性，投资者依旧对城投债表现出较强的信任，而 2019 年 12 月，城投债"16 呼和经开 PPN001"① 出现违约危机，一定程度冲击了"城投债信仰"，最终仍判定为技术性违约，采用部分展期和部分兑付的方式予以化解。我国城投债未来可能会迎来更大规模的到期偿债压力，虽然打破"刚性兑付"是大势所趋，但城投平台和地方政府是否能承受住违约压力，这又会对金融系统产生何种震荡，这些问题仍然难以估量。

由于我国前期存在地方政府债务管理不规范、融资平台泛滥等情况，所以地方政府隐性债务依旧是制约地区经济发展以及影响地区经济稳定的巨大阻碍。目前而言，我国地方政府显性债务处于可控状态，地方政府债务限额管理取得较好成效。此前政府通过债务置换，使一部分隐性债务逐渐显性化，但留存下来的地方政府隐性债务难题依旧亟待解决。地方政府隐性债务的具体规模和化解方式都

---

① 2019 年 12 月 6 日是呼和浩特经济技术开发区投资开发集团有限责任公司 2016 年度第一期非公开定向债务融资工具（简称"16 呼和经开 PPN001"）的投资人回售行权执行日及付息日。截至当日日终，银行间清算所仍未足额收到呼和经开的付息兑付资金，暂无法代理发行人进行本期债券的付息兑付工作。

仍在探索阶段，地方政府债务风险至今仍被认为是当前我国经济中存在的"灰犀牛"。且部分基层政府的偿债压力愈演愈烈，一旦处置不当，地方政府债务问题很可能形成"黑天鹅"危机事件，严重破坏政府信用。如何维持地方政府债务可持续性依旧是我国政府接下来一段时间的重要议题。

近些年，由于我国经济下行压力较大，为了刺激国内经济的发展，拉动投资和扩大内需，我国地方政府在其中发挥着重要的作用。在减税降费以及增加民生开支的大趋势下，地方政府财政收支压力攀升，必然会增加对政府债务的依赖性。就当前情况而言，我国地方政府债务规模已经在高位徘徊，并且存在较大的地区异质性。

当前我国经济处于转型升级的关键时期，国际形势愈发复杂，面对恶劣的经济和政治环境，我国对于地方政府债务问题更应该保持高度警惕。地方政府债务危机一旦爆发，很可能会诱发系统性金融风险，进而对经济社会发展产生难以估量的打击。因此，我国各地方政府仍要高度关注地方政府债务问题，加强政府债务日常规范管理，各个阶段的政府债务管理工作都要确保符合规定，尤其对于债务风险较高的地区，其财政能力较弱且债务负担较重，特别是部分地区债务透明化程度较差，隐性债务压力较大，地方政府要更加严格地防范突发性债务危机，一方面主动积极化解存量债务，另一方面也要加强应对突发性债务危机的处置能力，谋定先手，从而避免地方政府发生系统性金融风险。

## 第二节 转移支付影响地方政府债务规模理论

以上详细介绍了转移支付、地方政府债务的基础理论，并对研究对象进行了概念界定，且就转移支付和地方政府债务的现状进行了分析评价。本节结合公共池激励、粘蝇纸效应、地方政府救助预期、转移支付的基本功能以及预算软约束等相关理论，全面分析转移支付对地方政府债务规模的直接影响和间接影响，并提出相应的理论假设。

### 一、转移支付对地方政府债务规模的直接影响

#### （一）转移支付的正向影响及理论假设

本部分主要结合公共池激励、粘蝇纸效应以及地方政府救助预期等相关理论

研究转移支付对地方政府债务的正向影响。

**1. 公共池激励**

对于地方政府而言，中央政府对地方政府的转移支付类似于"公共池资源"，转移支付会使得地区经济和居民受益，而转移支付的支出成本会通过转移支付制度由整个社会分摊。因此，地方政府都有非常强的动机去尽可能攫取更多的公共池资源。在这种公共池激励下，地方政府的行为不可避免地会发生扭曲。

由于财政体制和转移支付制度等原因，地方政府会将转移支付视为"公共池资源"，尽可能攫取更多的转移支付份额，特别是我国转移支付制度尚不健全，中央政府和地方政府还存在信息不对称等问题，且转移支付的分配也并非完全公开透明的，这都会加剧地方政府的竞争。卢洪友等实证发现关系资本会在很大程度上影响纵向转移支付的分配，有关系资本的辖区会获得相对较多的财政转移支付补助，因此关系资本导致财政转移支付分配存在一定的人为"操作空间"。[①] 范子英发现转移支付的分配会显著受到政治家个人决策行为的影响，地方政府与中央部委的政治关联在很大程度上会影响其所能获得的转移支付，而这种"不义之财"的获得不一定能给地方经济带来好处，甚至可能会影响中央政府战略目标的实现。[②] 由此可以发现，当前我国转移支付制度确实存在一定的问题，这些问题可能会进一步恶化转移支付的分配管理。在公共池资源激烈竞争的情况下，政府转移支付很可能会发生资金错配的问题，从而无法满足地方政府的真实需求，反而会扭曲地方政府行为，对地方经济发展产生一定的负面影响。

郭玉清等（2016）在分析大国中央政府和地方政府互动博弈时发现，地方政府官员在晋升考核和风险分摊的激励下，会产生卸责心理，试图通过转移支付这一公共池资源分摊成本和风险，致使地方政府债务规模上升，谋求债务的事后救助。汪冲（2015）认为我国中央政府转移支付的方式不够科学和规范，且为转移支付制定的额外条款和规定过于烦琐，容易发生资金错配情形，而这些都有可能促使地方政府采取机会主义行为以争夺财政资源。

就转移支付自身而言，它对地方政府具有正的内部性，地方政府获得越多的转移支付，则可以支配更多的资金用于地区经济建设和公共事业发展，能增进辖区居民福利，且能够为企业提供更多的税收优惠政策，吸引优质企业入驻，提升地区的经济实力。为了证明获取财政转移支付的合理性，地方政府经常会放大自身的财政困难，并更多地扩张财政支出，扩大财政收支缺口，为攫取转移支付资

---

[①] 卢洪友、卢盛峰、陈思霞：《关系资本、制度环境与财政转移支付有效性——来自中国地市一级的经验证据》，载于《管理世界》2011年第7期，第9~19、187页。

[②] 范子英：《李欣部长的政治关联效应与财政转移支付分配》，载于《经济研究》2014年第6期，第129~141页。

源创造合理的条件。与此同时，地方政府扩大债务规模同样可以实现放大财政困难的目标，主动抬高地方政府偿债压力，使地方政府在财政状况方面表现得更为困难，以此作为与上级政府博弈的筹码，表明本地区获得更多转移支付份额的合理性，以便进一步攫取公共池资源。此外，转移支付制度还具备转嫁成本和风险的功能，地方政府将提供公共产品的成本和债务风险通过转移支付机制进行分摊和转嫁，从而对社会产生负的外部性。

总而言之，在公共池资源的激励以及中央政府和地方政府信息不对称的情况下，地方政府为保持已有的转移支付份额或争夺更大的转移支付份额，很可能会选择机会主义行为，尽可能多地攫取转移支付份额，且通过转移支付制度将提供公共产品的成本和债务风险进行分摊和转嫁。不同地方政府之间还可能存在因为竞争公共池资源而发生的恶意攀比，在这种情况下地方政府容易滋生举债道德风险，进而造成地方政府债务规模的无序扩张。

**2. 粘蝇纸效应**

早期的研究理论认为若地方政府是完全理性的经济人，则无论政府是从中央支付中得到一次性的无条件转移支付还是一定量的减税，这两种方式所带来的经济效应是相同的。来自中央政府的转移支付会导致地方政府可支配财力增加，减税会导致地区居民收入增加，两者都会导致地方政府所提供的公共产品增加相同的数量。一般来说，无条件转移支付通常被认为只有收入效应没有价格效应；而配套转移支付和专项转移支付不仅会产生收入效应，还会产生价格效应，并扭曲公共产品的市场价格。然而，20 世纪 60 年代以来学者们发现即使是无条件转移支付也会产生价格效应，且其具有一定的替代效应。因此，转移支付造成地方政府财政收入增加的幅度要超过地区居民收入增长所带来的财政收入增加的幅度。格拉姆利希（Gramlich，1969）通过分析美国数据，发现地区居民收入增长与地方政府从中央政府获取的转移支付对地方政府支出的影响存在显著差异，每增加一单位的地区居民可支配收入，地方政府财政支出会随之增长 0.02 ~ 0.05 个单位，而增加一单位的转移支付所能带来的扩张效应约是 0.3 个单位，显著高于地区居民收入增长所带来的财政支出的增幅。格拉姆利希将这一经济现象称为转移支付的粘蝇纸效应，即"钱粘在它所到达的地方"，这意味着地方政府从中央政府获取的转移支付会更多地留在公共部门，而不会以减税等惠民方式直接回馈给地区居民，转移支付以不合理的比例粘在政府公共开支上。

粘蝇纸效应产生的原因主要有以下四个：一是财政幻觉理论，地区居民往往会认为地方政府获取的转移支付是无偿的，从而低估公共产品的供给成本。转移支付不仅会产生收入效应，还会产生价格效应，但转移支付实际上不会降低边际成本，而是降低其平均成本，由于信息不对称，地区居民则会按照平均成本的价格消费公共产品，使得地方政府超出正常水平供给公共产品。二是税收成本理论，政府通过增税筹集资金可能会造成社会的无谓损失，而转移支付不存在额外损失。因此，当转移支付在地方政府财政收入结构中占比越高时，地方政府会越倾向于保持较高的财政支出水平。三是利益集团理论，地方政府的公共支出决策要受到相关利益集团力量对抗的影响。因此，能够左右最终结果的利益集团会迫使地方政府将转移支付用于有利于自身的财政支出项目。四是政府行为相关理论，地方政府官员追求的目标并非社会福利最大化或经济效益最大化，而可能是为获得更大政治权力而使得预算最大化。地方政府从中央政府获得转移支付后，财政预算加速膨胀，公共支出规模也随之扩张。

自我国实施分税制以来，我国中央政府向地方政府转移支付的规模越来越庞大，部分中国学者开始关注粘蝇纸效应，范子英和张军（2010）发现我国的转移支付同样会产生严重的粘蝇纸效应，相较于地方政府自身收入能力提高，转移支付增长会导致政府财政支出规模严重膨胀，转移支付增加 1 个单位，会造成地方财政支出水平增长 0.6 ~ 1.3 个单位，而 GDP 或者居民收入增长的效应仅为 0.1 ~ 0.2 个单位，而且在粘蝇纸效应存在的情况下，我国存在较为严重的"吃饭财政"问题。刘畅和马光荣（2015）、吴敏（2019）分别利用我国县级面板数据和省级面板数据进行分析也都得到了相同的结论，发现我国转移支付确实存在明显的粘蝇纸效应。因此，由于粘蝇纸效应的存在，我国中央政府给地方政府的转移支付越多，地方政府财政规模会越膨胀，进一步刺激其支出需求，因而需要开拓更多的资金渠道来弥补财政支出缺口。

此外，来自中央政府的转移支付往往会被地方政府视为税收的替代品，产生一定的替代效应，从而更高的转移支付将会弱化地方政府对于税收的努力程度。乔宝云（2006）、胡祖铨等（2013）运用实证方法研究发现我国转移支付确实会弱化地方政府的征税努力，进一步验证了上述观点。

综上所述，一方面粘蝇纸效应的存在会造成政府财政规模膨胀，财政开支扩张；另一方面转移支付会对地方政府的征税努力产生削弱作用，从而进一步降低地方政府自身的财政收入。因此，在这种一张一弛的作用下，地方政府在预算约束范围内安排财政开支的难度加大，地方政府会产生更强的举债激励，以相对便利的举债融资方式来弥补扩张的财政收支缺口，从而造成地方政府债务规模扩张。

**3. 地方政府救助预期**

转移支付是中央政府和地方政府互动博弈的重要媒介。早期我国财政预算主要是"量入为出""以收定支"以及"不列赤字"等，实行刚性预算。随着分税制的实施，财权上移和事权下放导致地方政府的财权和事权出现不平衡。在此情况下，中央政府以转移支付方式向地方政府提供更多的可支配财力，以缓解地政府财政收支压力。因此，地方政府很可能会将转移支付视为地方政府的潜在收入，逐渐表现出"以支定收"的特性，诱发地方政府产生预算软约束。不仅如此，转移支付制度也被地方政府视为中央政府对债务危机施以援手的潜在救助机制，以致对转移支付形成较强的救助预期，地方政府更倾向于选择主动举债的策略行为。因此，在任期内一些地方政府官员不顾辖区实际的财政承受能力，盲目扩张地方政府债务规模，因为其寄希望于中央政府事后会以中央补助方式施以援手，解决地方政府的偿债难题。

我国政府多次明确申明中央不救助原则，中央政府坚决不会为地方政府债务买单。金融机构也必须坚决打消对中央政府的信用幻觉，必须真实考虑各级政府的违约风险。中央政府已经多次释放"不救助信号"，且从立法层次限定了地方政府债务的归属责任。然而，多次严厉申明的背后也一定程度表现出我国地方政府和金融机构确实存在一定程度的救助预期。当前我国地方政府破产和财政重整的具体流程和机制并不完善，一旦其债务危机真正爆发，在现有制度背景下中央政府是否真能完全放任地方政府进入破产重整程序、任由信用危机蔓延，这一问题仍然有待商榷。此外，转移支付当前的主要功能在于弥补地方政府财政缺口和促进公共服务均等化。随着地方政府债务压力不均衡的情况愈发明显，偿债压力均衡化目标很可能会成为影响转移支付分配份额的重要因素，转移支付制度不可避免地会使得地方政府在发债时形成较强的事后救助预期，进而滋生举债道德风险。

金融领域的"大而不倒"和"多而不倒"理论在一定程度上也可以解释地方政府的债务救助预期。在我国单一制的政治体制下，一旦地方政府破产会对政府信用和国家信用产生较大的冲击。我国各级地方政府都拥有较大的经济体量，局部地方政府的信用危机很可能会蔓延全局，诱发系统性金融风险，这将对我国经济和社会发展产生难以估量的影响。在这种情况下，转移支付制度很容易就会被地方政府视为中央政府潜在的债务救助手段，因为我国当前的制度背景决定了我国政府很难承受地方政府破产的沉重代价，所以地方政府超载的偿债压力最终会倒逼中央政府进行救助，而这种自上而下的转移支付制度很可能会成为事后救助的重要载体。虽然当前我国转移支付制度并未表现出中央政府债务救助的特征，但是地方政府的救助预期一旦形成，无论中央政府是否有施以援手的先例，地方政府的债务救助预期已经足以扭曲地方政府的举债行为。罗登（Rodden，2002）也提出地方政府对中央救助策略的预判会直接干预地方政府的债务融资决策，纵然当前并不存在中央政府会施救的事实，但如果地方政府预判到中央政府最终必定会进行援助行动，则难以避免地会产生举债道德风险，开始无序扩张债务。

我国转移支付制度为地方政府债务救助预期提供了制度滋养的土壤，转移支付中一般转移支付和税收返还的计算方法比较公开透明,而对于专项转移支付,中央政府具备较大的相机抉择权。转移支付的分配目标经历了从财政均等化到公共服务均等的转化,接下来转移支付的分配还可能会受到平衡地方政府债务压力的影响。汪冲(2015)认为通过财政转移支付为地方政府债务问题提供救助会成为我国解决地方政府债务危机较为可能的选择,近些年的转移支付规模持续扩张很可能就是地方政府"倒逼机制"产生的后果。在这样的财政制度情况下,地方政府主动扩张性举债行为其实是针对自上而下的转移支付机制做出的策略性反应,地方政府举债融资决策是基于中央政府终将对地方政府进行债务危机救助而形成的预判,一旦事前预判形成,出于利益最大化的考虑,地方政府官员很可能会忽视地区自身债务承载能力,造成政府债务规模的无序扩张。

**4. 理论假设**

从上述理论分析可知,第一,转移支付这一公共池资源会使得地方政府产生较强的公共池激励,为尽可能多地攫取转移支付份额,地方政府会倾向于放大自身财政困难,选择主动举债的策略行为,从而造成地方政府债务规模扩张。第二,我国的转移支付会产生较强的粘蝇纸效应,这会造成地方政府财政规模膨胀和财政支出扩张,且转移支付作为税收替代品还会削弱地方政府的税收努力,两者的综合作用必然会造成地方政府产生预算软约束,而地方政府也会选择相对便利的举债融资方式来弥补政府预算缺口。第三,转移支付被地方政府视为中央政府给予的潜在救助手段,从而对地方政府产生较强的救助激励,地方政府预判中央政府终将对地方政府的债务危机施以援手,从而滋生出举债道德风险,并盲目扩张地方政府债务。

综上所述,本书提出如下竞争性假设。

假设 6-1:转移支付会对地方政府债务规模产生正向影响,地方政府获得的转移支付增加,政府债务规模也会随之扩张。

**(二) 转移支付的负向影响及理论假设**

转移支付主要是弥补地方政府财政收支缺口,促进公共服务均等化。我国实施分税制财政体制改革之后,中央政府与地方政府的财权事权都发生了变化。首先,对于中央政府与地方政府的支出责任划分而言,中央政府主要承担国家安全、外交、中央机关运转所需经费、优化产业结构、协调地区发展以及实施宏观调控等方面的支出,而地方政府承担辖区内政府机关正常运转所需经费、促进辖区内经济发展以及支持公共事业发展等方面的支出。其次,就中央政府与地方政府的收入划分来说,按照税种将税收划分为中央税、地方税以及中央地方共享税。当前地区税收收入中,中央税和共享税占较大比例,而只有一些小的税种被划为地方税，由地方政府征管，直接确认为地方收入。最后，为解决政府之间纵向和横向财力不均衡问题，中央政府配套实施了转移支付制度，用于均衡地区间财力差距，从而实现公共服务均等化等目标。由于当前我国分税制制度仍不健全，税种划分和事权划分还存在着不合理之处，这导致了地方政府事权和财权的不匹配，全部事权开支仅凭地方政府自有财力难以为继，并且由于公共产品的外部性等特征，中央政府应当运用转移支付制度来弥补地方财政收支缺口，调节公共产品的外部性。因此，转移支付毫无疑问地会增加地方政府的可支配收入，为地区经济和公共事业的发展提供财力支持。

此外，融资功能也是地方政府债务的最基础功能。地方政府通过举借债务，拓宽了财政资金来源渠道，弥补地方政府财力不足，并为政府的资本性项目筹集资金。根据《预算法》(2014)，地方政府举债的资金用途受到限制，只能用于公益性资本支出，不得用于经常性支出。因此，在弥补地方政府财力不足和支持公共事业发展方面，地方政府债务也发挥了重要作用。

综上可以发现，在弥补地方政府财力不足方面，地方政府债务和转移支付存在一定的互补性。相较而言，当获取转移支付时地方政府所需付出的成本更低，也不需要背负偿还责任；而发行债券的审核流程更长且监管更加严格，且债券规模也受到了严格的限额管理。因此，当地方政府获得较多的转移支付时政府可支配财力显著提高，能够缓解其支出压力，从而降低了举债激励，促使地方政府缩减举债规模。

根据上述理论分析，本书提出如下竞争性假设。

假设6-2：转移支付会对地方政府债务规模产生负向影响，随着地方政府获得的转移支付增加，地方政府债务规模会下降。

## 二、转移支付对地方政府债务规模的间接影响

转移支付会直接影响地方政府财政收支行为，诱发地方政府财政产生预算软约束，进而影响其举债行为。此外，转移支付还可能会产生间接影响，而预算软约束这一中介变量在间接影响中发挥着重要的渠道作用。

### (一) 预算软约束的相关理论

#### 1. 预算软约束的概念界定

"预算软约束"最早是由匈牙利的经济学家科尔内（J. Kornai, 1979）在分析社会主义国家经济转型时期存在的问题时提出的，主要特指社会主义国家采取财政补贴和贷款等方式维系低效率、高负担的国有企业的生产，破坏市场竞争机

制,导致"僵尸国企"充斥市场。随着预算软约束理论的丰富发展,预算软约束研究已经扩展到财政领域,重点用于分析中央政府与地方政府的关系。本书中的"预算软约束"主要是指财政预算软约束,特别指地方政府突破预算安排,造成制度约束乏力的现象。

**2. 地方政府预算软约束的成因**

国内外学者积极探索财政领域预算软约束的成因,科尔内(2003)发现预算约束体的生存本能会促使其积极寻求预算支持体的资金或政策帮扶,而预算支持体由于政治安定、政治裙带关系和财政压力等原因不得不为预算约束体提供资金支持,进而恶化地方政府预算软约束。弗罗马热(Fromaget,2008)认为发展中国家预算软约束的成因主要有五类,分别是纵向财政制衡引发自上而下的转移支付、不同层级政府的自由裁量权、政治制度的动态不一致、制度约束机制不健全以及"大而不倒"引发较低层级政府的救助预期和道德风险等。谭志武(2006)从政府审计的角度进行分析,发现财政体制不健全、相关配套制度不匹配以及预算监督体系不完善等是造成地方政府预算难以形成强有力约束的主要原因。汪冲(2014)通过构建财政分权理论模型,研究发现转移支付会弱化地方政府的自主筹资能力,且粘蝇纸效应也会加剧地方政府财政支出的扩张,诱发地方政府产生预算软约束行为。杨志安和邱国庆(2019)通过理论分析与实证检验,发现我国现行分税制下不规范的税收优惠政策和政府投资扩张冲动是造成地方政府预算软约束的重要原因。

党的十九大报告要求"建立全面规范透明、标准科学、约束有力的预算制度,全面实施绩效管理"①。硬化预算约束是完善现代预算制度的内在要求。但当前我国地方政府仍存在较为复杂的预算软约束现象。我国分税制这一财税体制为地方政府预算软约束提供了制度源头。此外,政府官员错误的政绩观、央地之间的信息不对称、地方政府的债务救助预期以及预算监督机制不健全等都会造成财政预算软约束现象的发生。在这种情况下,地方政府官员容易滋生道德风险,盲目突破预算约束,扩张举债规模,从而对地区经济和社会发展产生严重的负面影响。

**3. 预算软约束影响地方政府债务的研究**

预算软约束在很大程度上会扭曲地方政府的举债行为,我国部分学者也关注到了该问题,运用不同方式研究预算软约束对地方政府债务的影响。姜子叶(2016)通过构建财政分权框架,发现预算软约束导致地方政府债务规模发散增

---

① 《安钢:深入学习领会党的二十大精神 坚决贯彻落实健全现代预算制度任务要求》,财政部官网,https://sd.mof.gov.cn/gzdt/caizhengjiancha/202302/t20230228_3869795.htm,2023年1月4日。

长,从而增强政府债务的顺周期效应。郑华(2011)从制度根源角度研究发现地方政府预算软约束会引发地方政府过度负债行为,这是当前经济体制和政治体制改革亟待解决的重要难题。郭平和江姗姗(2017)利用静态面板模型、GMM模型和面板门槛模型实证检验了预算软约束、财政分权与地方政府债务规模之间的关系,静态和动态面板模型的检验结果都表明"中国式财政分权"和预算软约束都与地方政府债务规模呈正相关关系;面板门槛模型检验发现:财政分权会发挥出双门槛效应,当财政分权水平较低时,预算软约束与地方政府债务规模负相关;当财政分权高于一定水平时,预算软约束与地方政府债务规模正相关。郑长军等(2017)基于城投债视角研究预算软约束作用下地方政府的融资行为,分析政策冲击下地方政府特征影响城投债信用利差的作用,研究结果发现由于地方政府对城投平台的显性或隐性担保使得地方政府对城投债存在预算软约束,进而影响了城投债的信用利差。张曾莲和严秋斯(2018)实证研究预算软约束这一变量在土地财政和地方政府债务规模之间的中介效应,实证结果表明土地财政和预算软约束都会对地方政府债务规模产生正向影响,且证实预算软约束的中介效应显著存在。

从上述研究分析可以发现,大多数学者都发现地方政府预算软约束的现象越严重,地方政府债务规模增长越快。在预算软约束显著存在的情况下,地方政府的举债行为不可避免地会发生扭曲,进而容易滋生道德风险,采取扩张性的举债融资行为,造成债务规模迅速扩张。

### (二)预算软约束的中介效应分析及理论假设

前文从公共池激励、粘蝇纸效应以及救助预期三个方面理论分析转移支付对地方政府债务规模的正向影响。转移支付也会更加直接地影响预算软约束,再通过预算软约束渠道间接地影响地方政府债务规模。

从预算软约束的成因来看,转移支付会诱发地方政府产生预算软约束。首先,由于粘蝇纸效应的存在,转移支付会扩大政府财政支出,同时作为税收的替代品,转移支付还会弱化地方政府纳税努力,收少支多必然会提升地方政府严格执行预算安排的难度。其次,转移支付会使得地方政府产生债务救助预期,且我国地方政府也存在"大而不倒"和"多而不倒"的现象,因此地方政府更易滋生道德风险,这些都是地方政府出现预算软约束现象的诱因。最后,在公共池资源的激励下,地方政府之间会产生恶性竞争和攀比行为,由于信息不对称和委托—代理关系,中央政府很难准确地判断地方政府财政困难的真实情况,且监管机制尚不健全,这又会加剧地方政府之间的恶性竞争,导致地方政府过度扩张财政开支,最终诱发预算软约束。

从预算软约束的影响来看,地方政府一旦发生预算软约束,其举债行为会受到很大程度的影响,一般而言,地方政府预算软约束越严重,地方政府债务规模增长越快。

综上所述,本书提出如下理论假设。

假设6-3:预算软约束是转移支付和地方政府债务规模之间的中介渠道,转移支付会通过预算软约束间接地影响地方政府债务规模,地方政府获得的转移支付越多,则预算软约束情况越严重,从而导致地方政府债务规模快速扩张。

## 第三节 模型设计及变量说明

前文综合分析了转移支付对地方政府债务规模的直接影响和间接影响。在直接影响方面,分别分析了转移支付对地方政府债务规模正向影响和负向影响的理论机制,并提出竞争性研究假设;在间接影响方面,理论分析发现转移支付会通过预算软约束这一中介变量对地方政府债务规模产生正向的间接影响。基于此,本章运用省级面板数据实证分析转移支付对地方政府债务规模的直接影响,并在此基础上分析预算软约束的中介效应。

### 一、实证模型

针对转移支付对地方政府债务规模的直接影响,上一节提出了竞争性假设6-1和假设6-2,由此本部分进一步运用实证检验方法验证转移支付对地方政府债务规模的直接影响作用。首先构建省级面板数据模型分析两者的相关性,检验模型如式(6.1)所示。

$$DEBT_{i,t} = \beta_0 + \beta_1 TRANS_{i,t-1} + \beta_2 X_{i,t} + \mu_i + \gamma_t + \varepsilon_{i,t} \qquad (6.1)$$

式(6.1)中,被解释变量$DEBT_{i,t}$是地方政府债务指标,解释变量$TRANS_{i,t-1}$是转移支付指标,考虑到互为因果造成的内生性问题以及影响作用的时滞性,本章选用转移支付指标的一阶滞后项作为解释变量,$X_{i,t}$是控制变量合集,主要包含财政分权指标、土地出让金指标、经济发展水平指标、经济发展结构指标和经济对外开放指标等,控制变量的选取比较综合,从而尽可能地缓解由遗漏变量而产生的内生性问题。$\mu_i$是省份固定效应,$\gamma_t$是年份固定效应,$\varepsilon_{i,t}$是模型中的随机扰动项。

## 二、变量选取

### (一) 被解释变量

本章采用我国省级政府的地方政府债务规模作为被解释变量。在实证研究中,时间跨度较长的地方政府债务数据主要采用以下两种方法进行衡量:一是选用地方政府城投债规模衡量地方政府债务规模;二是选用代理变量衡量地方政府债务规模,而代理变量的选取方法有多种。例如,张曾莲(2017)在实证分析中选用城市建设资金中当年新增国内贷款和新增债券发行量的总和来构造地方政府债务的代理变量。我国地方政府债务的主要用途就是城市建设方面,且何杨和王蔚(2015)指出城市建设资金的波动趋势与地方政府借贷规模的走势大致相当。虽然新增国内贷款和债券发行量之和在城市建设资金中占比不高,但是选用其作为地方政府债务的代理变量仍然具备代表性。

考虑到本章选用的面板数据时间跨度较大,而2014年后政府城投债数据代表性不强,且为保证数据统计口径的一致性,选用代理变量衡量地方政府债务规模,同样地选用城市建设资金中国内贷款和债券的总和衡量地方政府债务规模,并以人均地方政府债务规模作为模型(6.1)的被解释变量($DEBT$)。

### (二) 解释变量

解释变量 $TRANS$ 是地方政府获得的转移支付。本章选用财政收入表中的中央补助收入衡量地方政府获得的转移支付,基于此进行基准回归。同时选用中央补助收入扣除上交中央支出的差额衡量地方政府所获得的净转移支付,采用其替换地方政府转移支付,从而进行稳健性检验。

### (三) 控制变量

由于地方政府债务规模还会受到其他经济因素的影响,因此本章从财政自给率、土地出让金、经济发展水平、经济发展结构以及对外开放水平五个方面选择控制变量以控制其他经济因素对地方政府债务规模的影响。本章选择地方政府预算内财政收入占财政支出的比重来衡量财政自给率;选择人均土地出让收入来衡量土地出让金;选用GDP增长率来衡量经济发展水平;选择第三产业的GDP占地区总GDP的比重来衡量经济发展结构;选择人均外商投资规模来衡量对外开放水平。

## 三、数据来源

考虑到样本可获得性，本章选取 2005～2017 年中国省级面板数据作为研究样本，并剔除西藏、台湾、香港和澳门等地区，最终保留 30 个省级面板数据。转移支付数据、地方政府债务规模数据和土地出让金数据分别来自《中国财政年鉴》《中国城市建设统计年鉴》和《中国国土资源年鉴》，其他数据来自国家统计局的统计年鉴以及国泰安（CSMAR）数据库。为了避免异方差等因素的影响，本章对绝对量数据指标进行了对数化处理，主要变量的名称、符号及其定义如表 6-3 所示。

表 6-3　　　　　　　实证模型所选变量及具体定义

| 变量类型 | 变量名称 | 变量符号 | 具体定义 |
| --- | --- | --- | --- |
| 被解释变量 | 地方政府债务规模 | $DEBT$ | log（人均国内贷款和债券总额） |
| 解释变量 | 转移支付 | $TRANS1$ | log（人均中央补助收入） |
| | 净转移支付 | $TRANS2$ | log（人均中央补助收入－人均上交中央支出） |
| 控制变量 | 财政自给率 | $SELF$ | 地方政府财政收入÷财政支出 |
| | 土地出让金 | $LAND$ | log（人均土地出让金） |
| | 经济发展水平 | $GDP$ | （地区当年的 GDP÷该地区上一年的 GDP）－1 |
| | 经济发展结构 | $ECO$ | 第三产业 GDP÷地区当年的 GDP |
| | 对外开放水平 | $FTEC$ | log（人均外商直接投资总额） |

# 第四节　实证结果

## 一、描述性检验

首先对主要变量进行描述性统计检验，结果如表 6-4 所示。从表 6-4 的描述性统计结果可以发现，经过对数化处理的人均地方政府债务规模 $DEBT$ 的均值为 5.153，标准差为 1.199，最大值和最小值分别是 8.190 和 1.458，差值为 6.732，说明我国不同地区的地方政府债务规模存在显著差异，地方政府债务规模波动较大。对数化后的转移支付 TRANS1 的均值为 3.655，标准差为 1.350，最大值和最小值分别为 6.823 和 0.845，各地区的转移支付还存在较大的差异；对数化处理后的净转移支付 TRANS2 的均值为 7.806，标准差为 0.753，最小值为 5.955，最大值为 9.809，表现出相同的特性。其他控制变量的情况详见表 6-4，这里不再一一赘述。

表 6-4　　　　　　　　　变量的描述性统计结果

| 变量 | 均值 | 标准差 | 中值 | 最小值 | 最大值 |
| --- | --- | --- | --- | --- | --- |
| DEBT | 5.153 | 1.199 | 5.204 | 1.458 | 8.190 |
| TRANS1 | 3.655 | 1.350 | 3.502 | 0.845 | 6.823 |
| TRANS2 | 7.806 | 0.753 | 7.829 | 5.955 | 9.809 |
| SELF | 0.517 | 0.195 | 0.455 | 0.148 | 0.951 |
| LAND | 7.072 | 1.103 | 7.173 | 3.392 | 12.079 |
| GDP | 0.110 | 0.031 | 0.112 | -0.025 | 0.238 |
| ECO | 0.423 | 0.090 | 0.402 | 0.286 | 0.806 |
| FTEC | -2.117 | 1.268 | -2.363 | -5.071 | 1.194 |

## 二、实证结果分析

根据豪斯曼检验结果可知，Chi2 检测值为 44.59，P 值为 0.000，表明显著拒绝原假设，即个体效应和解释变量相关。因此，转移支付影响地方政府债务规模的实证研究选用双向固定效应。

实证检验结果如表 6-5 所示。从表 6-5 第（1）列可以发现，在不加入其他控制变量时，被解释变量 DEBT 与解释变量 TRANS1 的估计系数为 0.474，且在 5% 的显著性水平上显著正相关，一定程度验证了竞争性假设 6-1。此外，在逐步加入控制变量（财政自给率 SELF、土地出让金 LAND、经济发展水平指标 GDP、经济发展结构指标 ECO 和对外开放水平指标 FTEC）后，解释变量 TRANS1 的估计系数分别为 0.397、0.412、0.424、0.422 和 0.414，且至少在 10% 的水平上显著，这说明转移支付显著促进了地方政府债务规模扩大。因此，实证结果进一步证明转移支付与地方政府债务呈显著的正相关关系，即转移支付越多，则地方政府债务规模扩张越快。从表 6-5 第（6）列的核心估计系数来看，我国人均转移支付每增长 1 个百分点，会造成人均地方政府债务规模增长 0.414 个百分点，转移支付的正向影响作用还是比较大的。当前实证结果能够较好地验证竞争性假设 6-1 的结论，即转移支付对地方政府债务规模产生正向影响，这也说明在我国财政体制中，转移支付制度依旧存在较大的缺陷，转移支付越多，地方政府债务规模越小的理想情况并未出现。反而由于公共池激励、粘蝇纸效应以及救助预期等问题，转移支付会激化地方政府之间的竞争，致使地方政府官员产生举债道德风险，从而对地方政府举债融资行为产生正向刺激作用，进一步恶化地方政府债务风险。

为进一步验证检验结果的稳健性，本书将解释变量转移支付 $TRANS1$ 替换成净转移支付 $TRANS2$，重新基于式（6.1）进行实证检验。根据表 6-5 第（7）列可以发现，解释变量 $TRANS2$ 的估计系数为 1.637，在 1% 的显著性水平上显著，这进一步证明实证结果的稳健性，转移支付和地方政府债务规模存在显著的正相关关系，地方政府获得的转移支付越多，举债激励越强，则地方政府债务规模增长越快，进一步支持了竞争性假设 6-1。

表 6-5　　　　　　　　　　逐步回归实证检验结果

| 解释变量 | 被解释变量：DEBT | | | | | | |
|---|---|---|---|---|---|---|---|
| | （1） | （2） | （3） | （4） | （5） | （6） | （7） |
| $TRANS1$ | 0.474** (2.445) | 0.397* (1.989) | 0.412** (2.111) | 0.424** (2.121) | 0.422** (2.123) | 0.414** (2.079) | |
| $TRANS2$ | | | | | | | 1.637*** (2.960) |
| $SELF$ | | 4.558*** (2.653) | 4.240** (2.406) | 4.031** (2.309) | 3.864** (2.200) | 3.891** (2.185) | 4.790*** (3.219) |
| $LAND$ | | | 0.186* (1.893) | 0.170 (1.641) | 0.165* (1.662) | 0.158* (1.708) | 0.099 (1.324) |
| $GDP$ | | | | 3.070 (0.859) | 2.508 (0.626) | 2.336 (0.601) | -0.284 (-0.070) |
| $ECO$ | | | | | -1.723 (-0.757) | -1.542 (-0.639) | 1.208 (0.645) |
| $FTEC$ | | | | | | 0.074 (0.353) | 0.109 (0.677) |
| 常数项 | 3.168*** (4.683) | 0.998 (1.108) | -0.011 (-0.011) | -0.261 (-0.239) | 0.622 (0.385) | 0.830 (0.584) | -9.685*** (-2.682) |

续表

| 解释变量 | 被解释变量：DEBT | | | | | | |
|---|---|---|---|---|---|---|---|
| | (1) | (2) | (3) | (4) | (5) | (6) | (7) |
| 样本量 | 358 | 358 | 358 | 358 | 358 | 358 | 359 |
| $R^2$ | 0.183 | 0.211 | 0.223 | 0.226 | 0.229 | 0.229 | 0.265 |
| $\overline{R^2}$ | 0.155 | 0.182 | 0.191 | 0.192 | 0.192 | 0.190 | 0.228 |

注：\*\*\*、\*\*、\* 分别代表 1%、5%、10% 的显著性水平；括号内为 t 值。

## 三、区域异质性检验分析

我国地域跨度很大，不同地区的经济状况和财政状况都存在较大的差距，因此，不同地区的地方政府从中央政府获得转移支付之后的行为选择可能会有所差异，其对地方政府债务规模的影响也可能会呈现出差异的实证结果。由此，本章对区域差异进行了异质性检验。

一般区域异质性检验都按照东部、中部和西部等地理区域划分来进行实证分析研究，但是单纯的地理区域划分不能很好地区分各个地区的经济属性。因此，本章按照经济区域的划分方式将我国 30 个省级行政区划分为经济发达地区、经济次发达地区和经济不发达地区。其中，经济发达地区包括北京、天津、上海、浙江、江苏、广东和山东等；经济次发达地区包括辽宁、河南、河北、安徽、江西、湖北、湖南、福建、广西、四川、新疆、重庆和山西等；剩余地区则都属于经济不发达地区。然后基于此种经济分区方式分别进行区域异质性的实证检验，检验结果如表 6 - 6 所示。

表 6 - 6　　　　　　　　区域异质性检验结果

| 解释变量 | 被解释变量：DEBT | | |
|---|---|---|---|
| | (1) | (2) | (3) |
| | 经济发达地区 | 经济次发达地区 | 经济不发达地区 |
| TRANS1 | 0.863\*<br>(1.976) | 0.280<br>(0.952) | 0.313<br>(1.346) |
| SELF | 2.112<br>(0.442) | 6.507\*\*\*<br>(2.609) | 3.107<br>(1.027) |
| LAND | -0.181<br>(-0.675) | 0.203<br>(1.509) | 0.356<br>(1.475) |

续表

| 解释变量 | 被解释变量：DEBT | | |
|---|---|---|---|
| | （1） | （2） | （3） |
| | 经济发达地区 | 经济次发达地区 | 经济不发达地区 |
| $GDP$ | -4.289<br>（-0.435） | -0.022<br>（-0.003） | 7.451<br>（1.199） |
| $ECO$ | -4.860<br>（-0.879） | -2.567<br>（-0.608） | 0.356<br>（0.103） |
| $FTEC$ | 0.145<br>（0.151） | -0.358<br>（-0.879） | 0.085<br>（0.330） |
| 常数项 | 3.727<br>（0.719） | -1.005<br>（-0.317） | -0.233<br>（-0.088） |
| 样本量 | 84 | 154 | 120 |
| $R^2$ | 0.252 | 0.306 | 0.298 |
| $\overline{R^2}$ | 0.059 | 0.219 | 0.181 |

注：***、**、* 分别代表1%、5%、10%的显著性水平；括号内为t值。

从表6-6的结果来看，在经济发达地区中，解释变量转移支付TRANS1的估计系数为0.863，在10%的显著性水平上显著，且该估计系数值明显大于表6-5第（6）列全国整体的估计系数值（0.414），这说明在经济发达地区，地方政府从中央政府获得转移支付后，更倾向于选择激进的举债行为，从而过度扩张地方政府债务规模。在经济次发达地区和经济不发达地区中，解释变量转移支付TRANS1的估计系数分别为0.280和0.313，且不显著，其系数相对较小，明显低于全国整体的估计系数（0.414），这说明在经济次发达地区和经济不发达地区，转移支付对地方政府债务规模的促进作用并不显著，不存在显著的正相关关系。

上述结果产生的原因很可能是近些年我国经济发达地区一直是国家经济发展的先行者，其在城市建设和公共服务方面较为领先，特别是北京、上海、浙江和江苏等地区，公共基础设施等方面的完善程度也远远高于其他地区。因此，经济发达地区的财政收支规模相对较大，且政府在举债方面会更加积极，与中央政府的博弈能力更强，当经济发达地区的地方政府从中央政府获得较多转移支付时该地区政府官员会放松预算约束，地方政府从而容易发生举债道德风险，致使债务规模呈现过度扩张的态势。

## 第五节 预算软约束的中介效应实证检验

### 一、预算软约束的中介效应模型设计

根据前文的理论假设 6-3 可知，转移支付还会通过预算软约束这一中介渠道对地方政府债务规模产生间接的正向影响，转移支付越多，地方政府越有动力突破预算安排，产生预算软约束，进而导致地方政府举债规模扩张。本书借鉴巴伦和肯尼（Baron and Kenny，1986）的逐步法，通过实证检验方法验证预算软约束的中介效应。

中介效应的逐步法具体操作是：假设被解释变量是 $Y$，解释变量是 $X$，中介变量是 $M$。为验证 $X$ 通过 $M$ 影响 $Y$，第一步检验解释变量 $X$ 影响被解释变量 $Y$ 的总效应，第二步检验解释变量 $X$ 对中介变量 $M$ 的影响，第三步检验解释变量 $X$ 和中介变量 $M$ 对被解释变量 $Y$ 的联合效应，这三个步骤要求检验系数均要显著，并且在第三步的过程中，若解释变量 $X$ 的估计系数和中介变量 $M$ 的估计系数均显著，说明中介变量 $M$ 存在部分中介效应；若解释变量 $X$ 的估计系数不显著，中介变量 $M$ 的估计系数显著，说明中介变量 $M$ 存在完全中介效应。此处的被解释变量是地方政府债务，解释变量是转移支付，中介变量是预算软约束，然后按照这种方法检验预算软约束在转移支付与地方政府债务之间的中介效应。

近些年来，诸多学者也在实证研究中考虑到预算软约束变量。汪冲（2014）运用系统广义矩估计方法分析预算软约束的空间外溢效应及其对地方政府征税行为和财政行为的影响，实证结果发现转移支付会导致广泛的预算软约束现象。张曾莲和严秋斯（2018）研究发现预算软约束是土地财政影响地方政府债务的中介变量。本章借鉴上述两位学者构造预算软约束变量的方法，选用地方政府本级支出预算数减去自有财力决算数的数额与本级支出预算数的比值作为中间变量预算软约束（SOFT）的衡量指标。

根据中介效应的逐步法，分别构造三个实证模型逐步检验预算软约束的中介效应，实证模型如式（6.2）、式（6.3）和式（6.4）所示。

$$DEBT_{i,t} = \beta_0 + \beta_1 TRANS_{i,t-1} + \beta_2 X_{i,t} + \mu_i + \gamma_t + \varepsilon_{i,t} \quad (6.2)$$

$$SOFT_{i,t-1} = \beta_3 + \beta_4 TRANS_{i,t-1} + \beta_5 X_{i,t} + \mu_i + \gamma_t + \varepsilon_{i,t} \quad (6.3)$$

$$DEBT_{i,t} = \beta_6 + \beta_7 TRANS_{i,t-1} + \beta_8 SOFT_{i,t-1} + \beta_9 X_{i,t} + \mu_i + \gamma_t + \varepsilon_{i,t} \quad (6.4)$$

式（6.2）、式（6.3）和式（6.4）中变量的含义与式（6.1）保持一致，$SOFT_{i,t-1}$ 表示地方政府的预算软约束。根据豪斯曼检验结果，各个模型同样都采用双向固定模型进行实证检验分析。

## 二、预算软约束的中介效应检验结果

按照逐步法的方法，运用省级面板数据实证检验预算软约束的中介效应，检验结果如表6-7所示。

表6-7　　　　　预算软约束的中介效应实证检验结果

| 解释变量 | (1) DEBT | (2) SOFT | (3) DEBT |
|---|---|---|---|
| TRANS1 | 0.414** (2.079) | 0.490*** (5.042) | 0.404** (2.363) |
| SOFT |  |  | 1.234** (2.547) |
| SELF | 3.891** (2.185) | -0.553 (-1.634) | 4.626*** (2.783) |
| LAND | 0.158* (1.708) | -0.004 (-0.352) | 0.148* (1.768) |
| GDP | 2.336 (0.601) | 0.743 (1.420) | 0.752 (0.199) |
| ECO | -1.542 (-0.639) | -0.562 (-1.531) | 0.102 (0.051) |
| FTEC | 0.074 (0.353) | 0.022 (0.740) | 0.029 (0.163) |
| 常数项 | 0.830 (0.584) | 3.166*** (3.483) | -7.430** (-2.342) |
| 样本量 | 358 | 360 | 358 |
| $R^2$ | 0.229 | 0.984 | 0.252 |
| $\overline{R}^2$ | 0.190 | 0.984 | 0.212 |

注：\*\*\*、\*\*、\* 分别代表1%、5%、10%的显著性水平；括号内为t值。

从表6-7的实证结果来看，第（1）列中转移支付 TRANS1 与地方政府债务

规模 $DEBT$ 在 5% 的显著性水平上呈正相关关系，且估计系数为 0.414，表明地方政府从中央政府获得的转移支付越多，地方政府债务规模增长越快。在第（2）列中，被解释变量被替换为预算软约束 $SOFT$，实证检验转移支付与预算软约束之间的关系，从第（2）列的结果来看，转移支付 $TRANS1$ 的估计系数为 0.490，且在 1% 的显著性水平上显著，说明地方政府从中央政府获得越多的转移支付，其预算软约束的情况越严重，则有更大的激励突破预算约束。第（3）列同时检验转移支付和预算软约束对地方政府债务规模的综合影响。从第（3）列的结果来看，转移支付 $TRANS1$ 的估计系数为 0.404，且在 5% 的显著性水平上与地方政府债务规模呈正相关关系；而预算软约束 $SOFT$ 的估计系数为 1.234，且在 5% 的显著性水平上显著。首先，转移支付和预算软约束的估计系数都为正，均符合理论预期，且系数都在 5% 的显著性水平上显著，这说明预算软约束发挥了部分中介效应，在一定程度上验证了理论假设 6-3。此外，通过对比估计系数值可以发现，第（1）列转移支付 $TRANS1$ 的估计系数为 0.414；而当加入中介变量预算软约束 $SOFT$ 后，第（3）列转移支付 $TRANS1$ 的估计系数为 0.404，估计系数值下降，说明转移支付对地方政府债务规模的直接影响作用因预算软约束这一渠道而产生弱化，这也进一步验证了预算软约束这一中介变量的合理性。研究发现：预算软约束确实存在部分中介效应，通过预算软约束渠道，转移支付能够对地方政府债务规模产生间接的正向影响，地方政府获得的转移支付越多，则预算软约束的情况越严重，进而导致地方政府债务规模越大。由此可知，我国财政预算情况依旧有待改善，硬化预算约束任重而道远，转移支付制度不完善会诱发地方政府出现较为严重的预算软约束情形，扭曲其财政行为决策，特别是在举借债务方面的决策更容易发生变化，在这种情形下地方政府债务规模很可能会超出自身的财政承载能力。

## 三、实证结果分析

为实证检验理论假设的合理性，首先运用双向固定效应模型，结合 2005~2017 年 30 个省级行政区的面板数据实证检验转移支付与地方政府债务的相关性，研究结果表明：转移支付的估计系数为 0.414，说明转移支付与地方政府债务呈显著的正相关关系，转移支付越多，则地方政府债务规模扩张越快。这与上文提出的竞争性假设 6-1 相符，并且通过替换解释变量进行稳健性检验，与实证结果保持一致，进一步说明了研究结果的稳健。这说明由于公共池激励、粘蝇纸效应以及地方政府救助预期等因素的存在，转移支付会对地方政府债务规模产生正向影响。

其次，本章通过经济分区方式将我国 30 个省级行政区划分为经济发达地区、经济次发达地区和经济不发达地区，然后对其进行异质性检验。区域异质性检验结果发现在我国经济发达地区，转移支付对于地方政府债务规模的正向效应依旧显著，并且估计系数要远高于全国整体水平，而在经济次发达地区和经济不发达地区，转移支付与地方政府债务规模不存在显著的正相关关系。

最后，本章还运用逐步法进一步检验预算软约束的中介效应，分析转移支付是否通过预算软约束这一中介变量间接地影响地方政府债务规模。实证结果表明：预算软约束确实会产生部分中介效应，地方政府获得的转移支付越多，预算软约束的情况越恶化，进而间接地导致举债规模显著扩张。

## 第六节 结论与建议

### 一、本章小结

当前我国社会的主要矛盾已经发生转变，政府愈发重视发展不平衡和不充分等问题，注重发展质量，而地区之间经济发展不平衡和地方公共服务供给不充分正是这种社会主要矛盾的重要体现。西部大开发战略和乡村振兴战略等都是为解决经济发展过程中的不平衡问题而提出的，转移支付制度也是解决经济发展不平衡问题的重要政策工具。

2019 年是我国政府推进减税降费的关键年度。习近平总书记在新年贺词中更是强调"减税降费政策措施要落地生根，让企业轻装上阵"①。然而，政府在大力推进减税降费时要特别注意地方政府财政的可持续性问题，地方政府在为企业和人民减少负担时要依旧保证能够有充足财力支持地方经济和社会发展。为保证有充足财力，地方政府应该积极开辟新税源，促进供给侧结构性改革，增进地区居民福祉，使地区财力能长效可持续性的增长。同时，为了使政府转移支付制度和地方政府举债融资策略在保证地方财政可持续性方面都能发挥重要的作用，应正确处理好两者的关系。

首先，就财政转移支付而言，当前我国财政转移支付规模日渐庞大，在改善

---

① 《推进减税降费 税务部门将建立纳税人投诉快速响应机制》，中新网，https：//www.chinanews.com.cn/cj/2019/01-30/8742745.shtml，2019 年 1 月 30 日。

地方政府财力不平衡和促进公共服务均等化等方面均发挥了重要作用。转移支付制度已成为我国财政分权制度下实现国家宏观发展战略调整的重要制度，很好地保障了转型时期政府经济的平稳性。然而，当前我国地方政府仍存在事权和财权不匹配的情况，地方政府财政支出压力依旧紧张。当前我国的转移支付制度确实有力地夯实了边远落后地区的经济基础，助力其追赶经济发达地区，促进了边远落后地区医疗、教育和基础设施等公共事业的发展，增强了边远落后地区的福利水平。但转移支付也会带来一系列负面问题。例如，中西部部分地区可能对转移支付产生较强依赖性，还可能诱发地方政府出现预算软约束，加剧地方政府间竞争，还会使地方政府出现地区保护主义、重复建设以及市场分割等现象，严重影响我国地区经济的协调发展，加速了不同地区的福利分化，最终影响我国的宏观战略目标。

其次，从地方政府债务方面来看，《预算法》（2014）正式实施以来，我国针对政府债务管理出台了多项相关政策，积极完善顶层法律法规和政策制度，涵盖了从债券发行、风险预警、债务监督和绩效评价等整个流程。这进一步提升了债务监管力度，加强了法律层面的制度约束。根据相关规定，我国地方政府只能通过发行债券的方式进行举债融资，且严厉打击其他违法违规的举债方式。地方政府债务既要开好"前门"，合理扩大地方政府债务规模，保证地方政府财政的可持续性，还要堵好"后门"，认真贯彻落实相关法律法规，严厉打击违法违规的举债行为，遏制地方隐性债务风险，清晰地划分各层级政府的权力边界，明确地方政府的偿债责任。当前我国地方政府显性债务基本处于可控状态，地方政府通过发行置换债券以及预留偿债准备金等途径，能够较好地维持债务可持续性。除了存量风险以外，地方政府隐性债务目前又有了新形式，如与政府购买合同以及PPP项目挂钩的新型政府隐性债务。因此，我国不仅要积极化解隐性债务存量风险，还要防范新形式、新特征的新增隐性债务，避免隐性债务风险转化为地方政府的债务危机。

最后，从整体上来看，转移支付和地方政府债务都属于财政预算管理的范畴，如果想要实现改善地方政府财政预算状况以及推进绩效预算等目标，政府必须要提升与转移支付和地方政府债务等相关的管理能力。地方政府可以通过合法的举债行为解决转移支付配套资金不足问题，缓解地方政府的财政支出压力，从而更好地发挥政府职能，但中央政府分配转移支付的机制可能会扭曲地方政府的举债动机，滋生地方政府举债的道德风险。转移支付和地方政府债务的背后均隐藏着央地财权和事权互动的关系，并且存在较强的关联机制，因而综合性地考虑两者之间的关联作用是非常有必要的，这对于全面提升政府治理能力以及深入挖掘地方政府举债行为的财政体制根源都有较大的帮助。

## 二、相关建议

本章第二节至第五节从理论和实证两个层面分析转移支付与地方政府债务的相关性，以及预算软约束在两者之间发挥的中介作用。由此本部分针对上述研究结论，从优化转移支付管理、硬化地方政府预算约束和加强地方政府债务管理三个方面提出如下相关政策建议。

### （一）优化转移支付管理

**1. 强化转移支付制度约束**

首先，加强制度顶层设计。政府应当专门出台管控转移支付资金的法律，明确转移支付的相关法律概念和法律原则，明确规定转移支付的分配份额划分、分配流程、资金使用以及监督机制等相关内容，确立转移支付制度的基本法，为地方政府规章制度以及其他相关法规的制定提供法律依据。

其次，修订转移支付的配套规章制度。根据基本法的相关原则，全面梳理各级政府的配套规章制度，剔除不符合基本法律逻辑和实际情况的条款，弥补法律法规中的不足之处，搭建系统全面的转移支付法律体系，使之更加贴合当前的实际情况，从而更好地发挥转移支付制度的积极作用。

最后，完善转移支付的资金监管制度。对于转移支付资金流转的各个环节，中央政府都要明确相关的监管要求和惩罚机制，建立转移支付绩效评价体系，提高转移支付制度的规范性和效率性，避免地方政府挪用或滥用资金。

**2. 合理划分地方政府事权和财权**

转移支付制度成立的目的就是解决由于不完善的分税制而导致的地方政府事权和财权不匹配问题。因此，完善转移支付制度必须要继续完善我国分税制财政体制，合理划分政府事权和支出责任。

在划分政府事权时，一方面要与地区经济发展目标相适应，地方政府更加了解地区发展的具体情况，因此部分事权交与地方政府更加具有效率性；另一方面也要与政府治理能力相适应，中央政府在调动跨区域资源方面更有优势，这类事权适合由中央政府处置。我国应该进一步细化事权划分原则，不同事权应当有明确的划分规定，特别是推动民生领域的财政事权和支出责任划分，避免事权的重叠和空白。此外，我国还应继续优化税收结构，加强税收征管能力，通过优化税收结构保障地方政府财力。

为保证地方政府财权的灵活性以及运用转移支付资金的积极性，最大限度地发挥转移支付资金的使用效率，我国还应该继续优化转移支付结构，继续提高一般性转移支付的比重,保障地方政府拥有较为充足的可支配财力,更好地发挥事权职责。

**3. 完善转移支付的监管机制**

转移支付规模越来越庞大,一旦资金使用和监管不当,很可能会对地区经济产生负面影响。因此,我国必须要加强转移支付管理。

第一,规范转移支付资金管理,明确转移支付资金使用目标。我国要大力落实转移支付资金管理和使用办法,严格执行各环节的审核流程,加强转移支付全流程监管,畅通各部门之间的协作,实现监管与资金流向同步化,及时纠正转移支付使用过程中的问题,确保转移支付资金在监管范围内合理使用。

第二,完善转移支付绩效评价体系,丰富绩效评价指标,建立长效的评价机制。针对一般性转移支付和专项转移支付的不同特征,应该采取差别化的评价办法,提高绩效评价结果的科学性。除了内部评价机制以外,我国还应该积极发挥第三方监管的作用,与专家团队或社会机构开展合作,为后续工作提供更多有价值的参考资料和建议。

第三,健全转移支付制度实践过程中的问责和惩罚机制。针对转移支付实践过程中可能存在的资金挪用与占用、对下拨转移支付资金缺乏宏观目标把握以及资金使用效率和绩效较差等情况应及时进行公告披露,严厉处罚违法违规的行为,并建立长效问责机制。

## (二) 硬化地方政府预算约束

**1. 完善官员绩效考核指标**

目前我国地方政府官员考核指标虽然不再是"唯经济论",但是仍有不足之处,因此我国应该继续完善官员绩效考核指标,将更多的民生指标或债务指标纳入官员考核标准,尽可能地增加可量化指标,利于横向和纵向对比。加强官员的道德教育,引导官员树立正确的政绩观,时刻以人民利益为中心,规范自身行为活动。

此外,政府官员要特别防范举债道德风险,避免投机心态,强化官员社会责任意识和风险意识;地方官员还要综合考虑自身行为的现实影响和长远影响,避免因个人私利而突破制度红线,过度扩张财政开支,重面子而轻实绩,损害地区居民的整体福利水平。

**2. 加强地方政府预算管理**

自《预算法》(2014)实施以来,我国在预算体制改革方面已取得较大进展,但在实践过程中,部分细则仍未落实到位。因此,我国应当强化财政预算管理,全面提高预算的编制和执行能力,规范预算编制流程,细化预算核算指标,同时还应当健全预算信息公开制度，严格落实信息公开准则。

我国应当全面实施绩效预算管理，各级地方政府应该成立专门的绩效评价部门或者绩效评价小组，积极落实绩效管理各项要求。绩效管理不仅要加强内部自评管理，还要注重与社会第三方机构合作，切实保障预算绩效的真实性和可比性。

此外，地方政府还应畅通预算监督渠道，真正落实预算的人大监督和社会监督，规范政府行为，有效防范财政风险，实现有效监督，把权力关进制度的笼子，确保财政预算的合法性和合规性。

**3. 明确中央政府不兜底原则**

我国应该建立和完善财政破产重整相关机制，明确打破中央兜底幻觉。地方政府突破预算约束、盲目扩张举债规模以及金融机构不顾实际情况发放政府贷款的根源之一就在于债务救助预期，存在较强的信用幻觉，认为中央政府会对地方政府债务兜底。

自2014年以来我国中央政府多次申明中央不再兜底，但是地方政府破产机制和财政重整机制并不健全。因此，中央政府必须完善相关配套制度，切实打消地方政府财政幻觉，落实政府债务自借自偿，强化地方政府的偿债责任意识。此外，金融机构也应该加大对政府相关项目的审核力度，审慎放债，打消信用幻觉，充分保障资金的流动性，防范政府债务违约风险，及时调整银行信贷结构，提升经营的抗风险能力。

### （三）加强地方政府债务管理

**1. 规范地方政府举债融资行为**

自《预算法》（2014）实施以来，我国大力加强地方政府举债行为的制度约束和监管机制，显性债务风险基本可控，但是还要继续规范地方政府举债融资行为，巩固债务风险防控成效，防患于未然。

我国应当继续强化地方政府债务的立法地位，完善相关法律法规，明确举债主体、限额管理、预算管理、风险预警、清理甄别和政绩考核等方面规范管理的要求。地方政府应当高度明确发行地方政府债券是地方政府的唯一举债方式，严禁以任何方式为任何单位和个人债务提供担保，坚决制止地方违法违规或变相举债。

各级地方政府要严格执行上级政府对举债融资行为的要求，积极对本级政府债务、PPP项目以及政府购买等项目开展审查整改，划清政府举债的政策边界和负面清单，从而杜绝违法违规举债行为。优化债务置换工作，通过合理的期限调配，避免债券扎堆到期，切实保障政府债务可持续性。

**2. 推进地方政府债务市场化管理进程**

首先，完善政府债券信用评级体系，规范信用评价市场。客观、公开地进行政府债券信用评价工作，保障政府债券发行定价工作顺利开展，杜绝地方政府干预债券发行定价的行为，为之后政府债券的市场化运转打好基础。

其次，我国应当积极将地方政府债务纳入市场化进程，鼓励社会资本积极参与政府债务投资，保障投资主体多元化。推进地方政府债务市场化和法治化管理，明确地方政府债券市场化管理流程，大力开放地方政府债券市场。

最后，金融机构应严格按照市场规则，审慎评估地方政府真实财政状况，规范参与地方政府债务管理工作，参与流程要公开、公正和透明，报价机制要科学合理。同时，地方政府应积极配合相关政府部门的债务管理工作，大力推进法治化和市场化进程。

### 3. 全面实施地方政府债务绩效评价

第一，完善地方政府债务绩效评价指标体系。为保障绩效评价结果的科学性和合理性，应将可量化的衡量指标纳入绩效评价体系，特别是民生指标和福利指标等，进而提升地方政府债务绩效评价结果的标准化和可比性。

第二，加快推进全流程的债务资金绩效评价工作，建立统一的绩效评价工作办法，全面实施地方政府债务绩效评价，强化各相关部门官员的绩效意识，举债必问效、无效必追责，让绩效评价工作真正落实到工作中。

第三，加强地方政府债务绩效审计工作，全面查处无效或低效的政府投资项目，查明原因，督促相关工作人员及时改正，积极总结工作经验，提升财政资金使用效率。

### 4. 强化地方政府债务监管

第一，建立全过程、穿透式的监管机制，加强常态化监管，保证多部门协同监管工作，全面提升监管强度，特别是地方政府债务的薄弱环节，监管部门应重点审核，拉紧监管红线。

第二，要加强地方政府债务的动态大数据后台管控，搭建动态实时的数据监管平台。进一步加强地方政府债务数据公开，地方政府及各个职能部门要加强数据交流，共享数据，实现数据动态化管理。进一步明确各部门的职责，严格执行管理规定，及早甄别政府违法违规举债行为，切实保障地方政府举债行为规范化、流程化和标准化。

# 第七章

# 债务分权影响地方政府预算纪律实证分析

第六章分析比较了我国地方政府债务预算管理实践,本章侧重于识别债务分权对地方政府预算纪律的影响及相关传导机制。梳理债务分权影响政府预算纪律的已有研究,介绍研究的制度背景,并对债务分权影响地方政府预算纪律进行理论分析。基于理论分析,以地方政府债券发行机制改革作为一项准自然实验,构建多期 DID 模型,对债务分权如何影响地方政府预算纪律做实证结果分析,研究发现债务分权显著提高地方政府预算纪律的有效性。根据研究结论提出具有可行性的相关建议,具体包括合理配置地方政府举债权,强化举债责任机制;完善转移支付制度和地方税体系,赋予地方政府更大的财权。这对于提升地方政府债务治理水平和改善政府间财政关系具有重要作用。

## 第一节 债务分权影响政府预算纪律的研究现状

### 一、债务分权的概念界定

债务权力分配,究其本质是在分权体制下对政府财政权力分配的一种制度安排,强调中央政府向地方政府的财政放权。① 财政自主权力是保障地方政府财政责任能力的前提条件,而地方政府的举债自主权又源于财政自主。长期以来我国财政预算体制抑制地方政府发行债券,中央政府通过国债转贷方式将地方政府债券发行权力牢牢集中在中央,地方政府债务自主权基本丧失。合法举债渠道的受限,进一步刺激地方政府在预算外以各种形式举借债务以争取财政自主空间。财政自主权受限和预算外借款缺乏约束等都没有足够的激励机制促使地方政府将本地支出负担内在化,导致地方财政赤字显著提高②。为破解地方政府融资难题,中央政府打破多年禁锢,自2011年起推进地方政府债券发行机制改革,允许地方政府自行发行债券,以防范和化解政府债务风险。中央政府逐步财政放权赋予地方政府有限债务自主权,并强化地方政府的预算责任。地方政府在限额管控下自主组织地方政府债务的举借和偿还,对外独立承担债务责任。地方政府债务治理模式由中央集权式向地方分权式过渡。这一政策的实施意味着中央和地方在财权分割中对举债权利的重新分配,是财政分权体制下我国政府间财政关系的一次调整。政府间财政权力分配的协调,深刻影响着地方政府的行为。中央政府试图通过拓宽地方政府的财权,来消除地方政府制度外举债行为的生存空间。在此背景下,本章考察债务分权是否促进地方政府更有效地管理财政状况?地方政府又通过何种机制强化预算约束来改善预算纪律?

## 二、债务分权的文献梳理

现有研究表明,政府间财政关系的理论分析和实证分析存在着较大的争议,特别是在财政分权深刻影响地方政府财政决策方面。经典公共财政和财政联邦理论支持拥有更多的财政自主权有助于促进对地方政府问责,激励地方政府对公共支出做出有效的政策选择,有利于促进地方的财政稳定。由于地方政府具有信息优势,其可以更好地使公共政策与居民的偏好相匹配(Stigler, 1957; Oates, 1972),因而财政分权有望提高公共部门的效率,以及公共决策的责任制和透明度③。与财政集权相比,分权促进了地方政府之间的财政竞争(Qian and Roland, 1998)。政府间的标尺效应和权力制衡,为政治官员提供了强有力的财政刺激,

---

① 金荣学、胡晓倩:《债务分权影响地方政府预算纪律吗?——基于地方政府债券发行机制改革的视角》,载于《华中师范大学学报》(人文社会科学版)2021年第2期,第61~70页。

② Rodden, Jonathan. The Dilemma of Fiscal Federalism: Grants and Fiscal Performance around the World [J]. *American Journal of Political Science*, 2002 (3): 670–688.

③ Luiz R, de Mello, Jr. Fiscal Decentralization and Intergovernmental Fiscal Relations: A Cross-Country Analysis [J]. *World Development*, 2000, 28 (2): 365–380.

限制了地方政府滥用其政策权威（Tiebout，1956；Oates，1972）。实证结果表明，更大的收入分权与更负责任的预算有关，分权带来更大的税收努力，对过度负债形成了有效约束，有利于地方政府外部性行为的内在化（Sanguinetti and Tomassi，2004；Foremny，2014；Asatryan et al.，2015）。地方政府支出自主度提高，有助于降低预算支出的偏离度（王志刚和杨白冰，2019），而支出分权和收入分权都有助于改善政府预算纪律[①]。

第二代财政分权理论从公共池资源和预算软约束的角度，分析财政分权可能会导致财政政策扭曲和效率低下。财政分权可能会刺激地方政府的挥霍行为，加剧政府间财政关系协调失败（De Mello，2000），进而导致地方政府赤字扩张偏向（Weingast，2009）。其根源在于财政分权产生的代理问题和转移支付产生的公共资源问题。地方政府之间因"搭便车"动机导致的竞争可能通过增加支出的机会成本来诱发财政纪律（Qian and Roland，1998）。如果地方政府期望获得上级政府救助，财政分权可能会导致地方公共决策的效率低下，也就是地方政府产生"预算软约束"。面临软约束的地方政府做出审慎决策的财政激励减少（地方政府可以增加支出而不是增加收入），导致了更高的财政赤字（Wildasin，1999）。当预算更具有约束力时，财政分权对预算纪律更有效率（Akin and Bulut，2016）。而当公共池激励和预算软约束等负向激励占据主导地位时，削弱了地方财政自给能力，不利于预算纪律的改善。[②]

财政分权是改善地方政府预算纪律还是危害地方政府预算纪律，这取决于政府间是否有权责清晰的财政关系。当地方政府拥有较高的财政自给能力时，财政分权可能会缓解财政违规和政府债务，有利于地方政府将其财政决策的成本内部化。而当纵向财政失衡和预算缺乏硬约束时，地方政府可能不会对其预算分配结果全部负责，从而导致政府过度支出问题。现有学术文献分别从税收分权、支出分权和转移支付等政府间财政关系角度解释了财政分权对预算纪律的影响。然而，只有少数研究涉及地方政府的债务自主权。除了收入分权和支出分权维度外，财政分权还包括地方政府对政府收入和支出的决策权[③]，即地方政府在税收管理、债务管理和预算执行等方面享有更大的自主权。地方政府债务自主权可能会减轻财政上的无纪律负债。当地方政府致力于财政纪律，更加谨慎地管理债务和支出时，其会缓解因财政分权而可能加剧的财政不平衡（De Mello，2000）。

---

① Neyapti B. Fiscal decentralization and deficits：International evidence [J]. *European Journal of Political Economy*，2010，26（2）：155–166.

② 刘勇政、贾俊雪、丁思莹：《地方财政治理：授人以鱼还是授人以渔——基于省直管县财政体制改革的研究》，载于《中国社会科学》2019年第7期。

③ Stegarescu D. Public sector decentralisation：Measurement concepts and recent international trends [J]. *Fiscal Studies*，2005，26（3）：301–333.

当前债务分权采取债务限额管控,这种债务自主权只是中央放权的结果,其范围和程度受中央约束。因此,此次财权分割只能称为"部分债务分权"。但不可否认,赋予地方政府债务自主权仍需中央政府统一领导,这是财政分权体制下政府间财政关系的必然选择。尽管中央政府对地方政府债务拥有较大话语权,但地方政府债务自主空间仍然存在。因此,限额管控的债务放权是一次分权性质的改革。债务权力分配作为财政分权内容的一部分,又与财政分权并不完全一致。由此本章拟从债务分权的视角,探讨政府间举债权力划分对政府预算纪律的影响程度、传导机制及其异质性问题,为地方政府债务治理和政府间财政关系改革提供经验支撑。

## 第二节 制度背景与理论分析

### 一、制度背景

本章以中央政府通过不断放权,基于地方政府债券发行机制改革,研究债务分权对地方政府预算纪律的影响。自1998年以来,我国地方政府债务治理模式由中央高度集权管理模式逐渐向部分分权的债务治理模式转变。1998~2010年"国债转贷""代发代还"为中央集权管理模式下的代发债券方式。"自发代还"模式(2011~2013年):2011年10月,财政部印发的《2011年地方政府自行发债试点办法》指出,自行发债是指试点省(市)在国务院批准的发债规模限额内,自行组织发行本省(市)政府债券的发债机制,不过试点省(市)政府债券还本付息仍由财政部代办执行,即"自发代还"模式。"自发自还"模式(2014年5月开始):2014年5月,财政部印发《2014年地方政府债券自发自还试点办法》,主要包括上海、浙江、广东、深圳、江苏、山东、北京、江西、宁夏、青岛十省市试点地方债自主发行和偿还。2015年地方政府债券全面完成了向"自发自还"模式的转变,所有省份均可以在规定范围内自行发债、自行偿还。本章分析2011年后中央和地方分权债务治理模式对预算纪律的影响,首先对地方政府债券改革历程进行梳理。不同债务治理模式下的地方政府债券发行方式如图7-1所示。

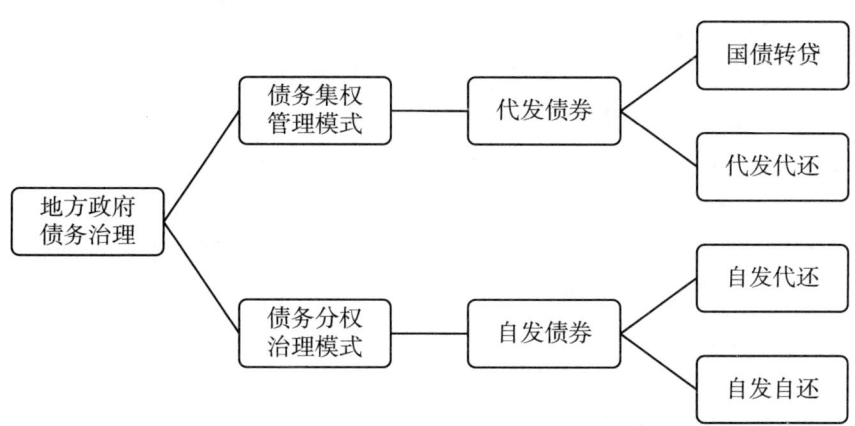

**图 7-1　不同债务治理模式下的地方政府债券发行方式**

### （一）中央集权模式下的地方政府债券代发方式

1994 年分税制改革后，地方政府的举债行为一直受到中央政府的限制。1994 年颁布的《预算法》明确要求各级地方政府保持预算收支平衡，未经中央授权不得发行政府债券。地方政府受制于制度约束未被赋予预算赤字所需的举债权。1998 年，为应对东南亚金融危机我国实施积极财政政策。在不突破地方政府不得发行政府债券的大框架下，中央政府以国债转贷方式支持基础设施项目建设。中央对地方政府债券实施高度集权控制，转贷额度、转贷用途等完全在中央控制之下，地方政府无任何的自由裁量权，权责不对等加重了中央的财政负担。因此 2006 年起，中央政府转向稳健财政政策，国债转贷这种债券形式基本上被停止。

2009 年，为应对新一轮金融危机和破解地方政府融资难题，中央放宽限制，实行代理发债。然而，这一时期实行的依然是中央集权式发债，实质上仍是国债转贷的延伸和拓展。中央政府统一债权，以财政部为依托，代理地方政府发行债券，按预先协商确定的额度拨付给地方政府。地方政府将还本付息的资金上缴中央，由中央统一代办执行。在地方政府债券"代发"模式下，地方政府缺乏发行债务的自主权。在地方政府债券"代还"模式下，隐含着中央政府的担保与兜底，缺乏激励约束的"债务集权"可能诱导地方政府把过度赤字和无力偿债责任转移到中央。

### （二）部分分权模式下的地方政府债券自发方式

2011 年，中央首次实行地方政府债券发行机制改革，探索地方政府自行发债模式。中央采取债权下放方式，赋权上海、浙江、广东以及深圳四省（市）在年度发行额度内自行组织本地区政府债券的发行，并自行决定发债定价机制，这是中央首次允许地方政府直接发债。地方政府作为自行发债主体在债券发行和定价上获得一定自主权,此次债务放权预示着我国政府间财政关系的一次改革,地方政府债务管理从中央集权阶段进入分权治理阶段。地方政府在分税制改革的基础上,进一步获得发债权,但债务本息仍由地方上缴中央由财政部代理兑付。"自发代还"的模式并未破除中央政府对地方政府的信用担保背书,试点省(市)享有隐性担保。从这个角度讲,此次权责不匹配的赋权与完全意义上的自主发债还有一定的差距,因此,此次赋权称为部分债务放权。2013 年中央进一步扩大"自发代还"改革试点,将江苏和山东纳入自行发债试点范围。2011~2013 年,试点六省(市)实行"自发代还"政策,非试点地区仍沿用中央"代发代还"政策。

2014 年,中央进一步放权将自行发债向深层次改革推进,探索地方政府自主发债模式。中央在 6 个试点省份自发债券的基础上,增加北京、江西、宁夏回族自治区和青岛 4 个省市实施地方政府债券"自发自还"模式。地方政府以自己的信用背书,自主决定地方政府债券的发行和偿还,成为拥有债券兑付管理独立自主权的债务主体。此次放权明晰了地方政府作为举债主体和偿债主体的权责对等,打破了地方政府对中央兜底救助的幻想。地方政府在争取债务额度时,需从举债能力和偿债能力等多方面考虑,这就为地方政府自律发债建立了制度基础。需要明确的是,"自发自还"模式在发行额度、发行期限和利率定价等方面仍然受到中央政府的约束,与完全自主发债还有一定差别。从这个角度讲,"自发自还"发债模式仍为不彻底的债务分权。在此次试点中,除试点十省(市)实行"自发自还"模式外,其他地区仍维持传统的"代发代还"机制。2014 年新修订的《预算法》(2014)和颁布的《国务院关于加强地方政府性债务管理的意见》都明确规定自 2015 年起,政府债券为地方举债的唯一合法方式。至此,"自发自还"改革由试点地区向全国范围推广,地方政府债务规范治理进入新阶段。

## 二、理论分析

举债权是地方政府财政应有的权利。从地方政府债券发行改革轨迹来看,举债权的逐步下放体现了中央与地方在财权分割中对地方政府债务自主权的一种制度安排,预示着我国政府间财政关系的一次改革。长期以来地方政府承担着大量公共投入,而现有分税体制却没有赋予地方政府与支出责任相一致的财权。债务分权在确定"以支定收"的基础上,赋予地方政府独立发债的财政自主权,一定程度上增强了地方政府为辖区居民提供有效公共服务的财政自主能力。地方政府举债自主权的增加必然引起地方政府财力的变化。按照权责匹配的原则，地方政府的举债权需要与地方政府的偿债责任相匹配。与集权模式下的中央偿还（或代偿）责任不同，分权模式强调地方财政决策的成本和收益全部由地方政府承担。从这个角度讲，债务分权有助于促进地方政府行政问责和透明举债，更有利于强化预算约束。作为自主发债的过渡性政策，虽然"自发代还"模式赋予地方政府发行债券的自主权，但其债务偿还中依然隐含着中央兜底责任。这种责权不对等可能会降低地方政府保持健康财政状况的动机。而"自发自还"模式打破权责时空分离，强调谁举债谁负责，更有利于打破地方政府的财政机会主义，控制地方政府的道德风险。由此，提出本章的第一个假设。

假设7-1：债务分权有助于降低试点地区的预算赤字。相较于"自发代还"模式，自发自还债券更有利于降低预算赤字。

债务分权为什么能降低预算赤字，这与地方政府的投资行为密切相关，政府的投资行为会受到财政分权和政治竞争的影响。中国式经济分权和向上负责的模式明显扭曲了地方财政支出结构，地方政府倾向把资本要素投向基础设施领域，而忽视对人力资本和公共服务的提供。① 而当存在预算软约束时，标尺竞争加剧财政分权对政府投资结构的扭曲，即基础设施投资会挤出公共物品支出。② 单纯依靠财权下放并不能改变地方政府对基础设施支出的偏好，财政支出结构偏向的制度原因在于中国垂直政治管理体制。因此，有效的问责机制是解决政治集权和经济分权体制下公共服务投入不足的有效手段。债务分权通过权责配置，使地方政府的举债权与举债责任一致，减少了中央和地方之间不必要的博弈。地方政府举债会充分考虑其偿债责任和后果，对自己的投资行为也更加谨慎。③ 因而，分权债务治理模式下自主发债在硬化预算约束时，不会刺激地方政府向基建领域过度投资，也不会挤出其他公共产品的投资。④ 由此，本章提出如下假设。

假设7-2：债务分权激励地方政府减少预算软约束，提高预算纪律。试点地区通过减少投资性支出，增加公共服务支出来硬化预算约束。

标尺竞争对财政支出的最终影响取决于财政分权程度。对于财政能力薄弱的地区，其地方政府的财政压力更大，垂直政治管理体制更容易刺激地方政府注重

---

① 傅勇、张晏：《中国式分权与财政支出结构偏向：为增长而竞争的代价》，载于《管理世界》2007年第3期，第4~12、22页。

② 姜子叶、胡育蓉：《财政分权、预算软约束与地方政府债务》，载于《金融研究》2016年第2期，第198~206页。

③ 吕炜、周佳音、陆毅：《理解央地财政博弈的新视角——来自地方债发还方式改革的证据》，载于《中国社会科学》2019年第10期，第134~159、206~207页。

④ 王永钦、戴芸、包特：《财政分权下的地方政府债券设计：不同发行方式与最优信息准确度》，载于《经济研究》2015年第11期，第65~78页。

短期经济增长效应，地方政府缺乏将财政支出成本内部化的激励，而将希望寄托在中央政府的救助。横向财政失衡程度越高，地方政府过度赤字的动机越强；而纵向财政失衡越高，地方政府的救助预期越强。财政失衡降低了地方政府设计有效公共政策的动机，导致公共服务的供给不足和公共政策成本过高。因而财政自给能力强的地区，地方政府财政支出扩张和财政成本转嫁动机较小。在转移支付依赖度较高的地区，公共池激励不利于地方政府财政支出成本的内部化，弱化了地方财政预算约束，导致地方政府过度支出。因此，财政失衡程度对地方政府预算赤字产生了异质性影响。因此，本章提出如下假设。

假设 7-3：债务分权对预算纪律的影响取决于财政失衡程度，转移支付依赖度低（反映纵向财政失衡）和财政自主度高（反映横向财政失衡）的地区，预算纪律会表现得更好。

## 第三节 模型设定及变量选取

在考察债务分权改革对地方政府预算纪律的影响时，鉴于这一地方政府债券发行方式改革具有较典型逐步推广的政策试验性质，由此本章采用多期 DID 模型检验债务分权改革对地方政府预算纪律的效应。

### 一、模型设定

经典双重差分法（Standard DID）作为估计"处理效应"（treatment effects）的流行方法，通过构造受到政策冲击的"处理组"（treatment）与未受到政策影响的"控制组"（control）来评估跨期政策效果。经典 DID 模型的一个前提假设是处理组的每个个体的处理期均完全相同，即同时受到政策冲击。但现实中，一项政策实施的地区和时间都不尽相同，一般先在试点地区分批推出，再逐渐向全国推广。此时，需要采用每位个体处理期不完全一致的多期 DID 模型。地方政府债券发行改革采取的就是这种渐进式方式，由此本章借鉴贝克等（Beck et al.）的多期 DID 模型分析 2011 年后债务分权与预算纪律的关系。[①] 该模型不仅能评估政策冲击期间"处理组"和"对照组"的处理效应，还能评估政策冲击后的动态变化

---

① Beck T, Levine R, Levkov A. Big bad banks? The winners and losers from bank deregulation in the United States [J]. *The Journal of Finance*, 2010, 65 (5): 1637-1667.

趋势。本章设置如下多期 DID 模型，分析 2011 年后债务分权与预算纪律的关系：

$$Y_{it} = \alpha + \delta \times Treat_{it} + \gamma \times X_{it} + \mu_i + \tau_t + \varepsilon_{it} \quad (7.1)$$

式（7.1）中，$i$ 代表个体（省份），$t$ 代表时间（年份），$i=1,\cdots,31$；$t=2009,\cdots,2017$。$\mu_i$ 和 $\tau_t$ 分别为个体和时间固定效应，$\varepsilon_{it}$ 为随机扰动项。$Y_{it}$ 是被解释变量，是衡量预算纪律的指标。$Treat_{it}$ 是核心解释变量，此处具体表示的是衡量地方政府是否获得发债权的二元虚拟变量。$X_{it}$ 为一组随时间和个体变动的协变量。

在式（7.1）中，本章主要关注估计系数 $\delta$ 的符号和显著程度，它反映了债务分权对地区预算纪律的政策影响。估计系数 $\delta$ 若不显著或显著为正，则表明债务分权对预算纪律无显著影响或具有消极影响，不符合本章的理论预期；如果估计系数 $\delta$ 显著为负，则表明债务分权有助于改善预算纪律，符合前文的理论分析结果。

## 二、变量选取与数据说明

### （一）被解释变量

预算纪律（财政纪律）是一个广泛的概念，指公共债务规模或公共债务的可持续性、年度预算赤字，或财政整顿的速度等。本章关注的是年度预算赤字，因此本章的被解释变量为预算赤字，具体选择以下两个指标衡量预算赤字：（1）财政缺口占 GDP 的比例；（2）财政缺口占预算收入的比例。其中，财政缺口为一般公共预算支出与预算收入之差。一般而言，预算纪律良好的地方政府的预算赤字应维持在一个较为健康的水平，而预算纪律较差的地方政府的预算赤字则会较为极端。

### （二）核心解释变量

$Treat_{it}$ 是因个体而异的处理期虚拟变量，反映了 $i$ 省份 $t$ 年是否实施了债务分权政策，即是否获得举债权。本章统一定义地方政府获得自发债券主体资格后即为获得举债权。2011～2013 年的自行发债阶段和 2014～2017 年的自主发债阶段皆为地方政府获得举债权的时间。省份 $i$ 在获得发债权的当年及以后年份赋值为 1，否则赋值为 0。2009～2010 年，全部省份的 $Treat_{it}$ 均为 0；2011～2012 年上海、浙江和广东三省份的 $Treat_{it}$ 赋值为 1，其余省份赋值为 0；2013 年上海、浙江、广东、江苏和山东五省份的 $Treat_{it}$ 赋值为 1，其余省份赋值为 0；2014 年上海、浙江、广东、江苏、山东、北京、江西和宁夏回族自治区八省份的 $Treat_{it}$ 赋值为1，其余省份赋值为0；2015～2017年全部省份的 $Treat_{it}$ 赋值为1。

### （三）控制变量

此外，一系列时变的省份特征变量也会影响预算赤字，为保证模型估计的有效性，在回归模型中本章还需要控制这些干扰因素。干扰因素的变量选取如下：（1）人均 GDP 对数，其衡量地区经济发展水平；（2）滞后一期地方政府债务率对数，本章用滞后一期债务余额占财政收入的比重衡量滞后一期地方政府债务率，其中，债务余额通过"招、拍、挂"土地出让收入计算而得；（3）财政分权，本章使用各省本级财政支出占中央本级财政支出的比重来衡量；（4）转移支付依赖度，使用人均转移支付占预算收入的对数衡量，其中，转移支付是由中央补助收入减去上交中央支出得到的差额；（5）滞后一期预算赤字对数，赤字决策具有连续性，由此加入滞后一期预算赤字控制前期预算赤字对本期预算赤字的影响。

本章的数据来源主要为历年《中国财政年鉴》《中国统计年鉴》和《中国区域经济统计年鉴》等。研究样本是2009～2017年31个省级行政区的279个样本观察值。主要变量的描述性统计如表7-1所示。

表7-1    变量的描述性统计

| 变量 | 样本量 | 均值 | 标准差 | 最小值 | p25 | p50 | p75 | 最大值 |
| --- | --- | --- | --- | --- | --- | --- | --- | --- |
| log（财政缺口/GDP） | 279 | 2.345 | 0.927 | 0.360 | 1.724 | 2.462 | 2.867 | 4.823 |
| log（财政缺口/预算收入） | 279 | 4.597 | 1.001 | 1.997 | 3.940 | 4.789 | 5.129 | 7.288 |
| log（人均GDP） | 279 | 1.406 | 0.488 | 0.0300 | 1.073 | 1.386 | 1.738 | 2.557 |
| log（滞后一期债务率） | 279 | 3.609 | 0.642 | -0.307 | 3.262 | 3.704 | 4.015 | 5.495 |
| 财政分权 | 279 | 17.590 | 8.800 | 2.834 | 12.510 | 16.190 | 22.180 | 50.370 |
| log（转移支付依赖度） | 279 | 4.494 | 1.034 | 2.061 | 3.872 | 4.715 | 5.053 | 7.355 |

## 第四节 实证结果与分析

本章的实证模型具有一个前提假设：地方政府获得举债权的时机不受政府预算赤字的影响，即自发债券试点的选择过程是随机的。对尚未获得举债权的省份而言，只知晓它们地方政府债券受中央管控的时间。为此，本章可以构建风险函数，预测 $i$ 省份在时间 $t$ 获得举债权的瞬时概率。借鉴克罗茨纳和斯特拉恩（Kroszner and Strahan，1999）的思路构建 Cox 比例风险模型加以说明，如果省份 $i$ 尚未获得举债权，风险率 $h[t, X(t)]$ 表示省份 $i$ 在 $t$ 时获得举债权的可能性，具体的 Cox 比例风险模型如式（7.2）所示。

$$h_i[t, X_i(t)] = h_0(t)\exp[X_i(t)\beta] \qquad (7.2)$$

风险率由两部分组成：$h_0(t)$ 为基准风险，只依赖时间 $t$，与省份的个体特征无关；$\exp[X_i(t)\beta]$ 为相对风险，反映省份 $i$ 的个体特征。$X_i(t)$ 为一组时变的协变量，具体包括本章关注的预算赤字变量和控制变量等，$\beta$ 为待估系数向量。样本期为 2009~2014 年，定义从样本开始时间（2009 年）到获得举债权的这段时间为"获得举债权的时间"。一旦获得举债权，各省就会从样本中退出。样本期结束于 2014 年，此时还有 23 个省份尚未获得发债权。

表 7-2 是 Cox 比例风险模型的估计结果，被解释变量为获得举债权的概率。表 7-2 第（1）~（4）列报告了预算赤字的回归结果，第（2）和第（4）列报告了控制协变量后预算赤字的回归结果。根据表 7-2 的回归结果可知，被解释变量（财政缺口÷GDP、财政缺口÷预算收入）在回归结果中都不显著，这表明地方获得举债权的时间不随预先存在的预算赤字程度而变化，试点举债权的样本选择是随机的。

表 7-2　　　　　　Cox 比例风险模型估计结果

| 变量 | (1) | (2) | (3) | (4) |
| --- | --- | --- | --- | --- |
| 财政缺口÷GDP | 0.050<br>(0.041) | -0.025<br>(0.041) | | |
| 财政缺口÷预算收入 | | | 0.595<br>(0.396) | 0.235<br>(0.430) |

续表

| 变量 | (1) | (2) | (3) | (4) |
|---|---|---|---|---|
| 控制变量 |  | 控制 |  | 控制 |
| 样本 | 175 | 175 | 175 | 175 |

注：括号内为回归系数稳健的标准误，在省份层面聚类修正。

## 一、基准回归结果

本章分别将两个预算赤字的度量指标作为被解释变量，然后基于式（7.1）进行回归，检验债务分权改革是否缩小了预算赤字规模，回归结果如表7-3所示。表7-3第（1）和第（3）列为仅控制省份和年份固定效应的回归结果；表7-3第（2）和第（4）列为引入控制变量后的回归结果。由表7-3的回归结果发现，自发债券改革后以log（财政缺口÷GDP）衡量的预算赤字显著下降；以log（财政缺口÷财政收入）衡量的预算赤字也出现下降，但未加入控制变量时不显著。总体来说，债务分权改革赋予地方政府举债自主权，促使地方政府保持更健康的地方公共财政水平。这意味着相对于中央集权管理模式，分权债务管理模式更能显著减少地方政府预算赤字。以表7-3第（1）列为例，多期DID所关注的核心解释变量（自发债券）的$\delta$估计系数估计值为-0.110，且在5%的水平上显著，这表明如果地方政府实施了债务分权政策，在其他条件保持不变时，则会导致预算赤字平均下降11%。假设7-1得到检验。

表7-3　　　　　　债务分权改革对预算纪律的影响

| 变量 | log（财政缺口÷GDP） | | log（财政缺口÷财政收入） | |
|---|---|---|---|---|
| | (1) | (2) | (3) | (4) |
| 自发债券 | -0.110** <br> (0.047) | -0.109*** <br> (0.030) | -0.044 <br> (0.041) | -0.093*** <br> (0.034) |
| log（人均GDP） | | -0.776*** <br> (0.095) | | -0.353** <br> (0.142) |
| log（滞后一期债务率） | | 0.007 <br> (0.018) | | 0.026 <br> (0.025) |
| 财政分权 | | 0.042*** <br> (0.009) | | 0.031** <br> (0.013) |

续表

| 变量 | log（财政缺口÷GDP） | | log（财政缺口÷财政收入） | |
|---|---|---|---|---|
| | （1） | （2） | （3） | （4） |
| log（转移支付依赖度） | | 0.227*<br>(0.112) | | 0.426**<br>(0.189) |
| 滞后一期预算赤字 | | 0.298***<br>(0.096) | | 0.353***<br>(0.088) |
| 省份固定效应 | 是 | 是 | 是 | 是 |
| 时间固定效应 | 是 | 是 | 是 | 是 |
| 样本 | 279 | 279 | 279 | 279 |

注：括号内为回归系数稳健的标准误，在省份层面聚类修正；\*\*\*、\*\*、\* 分别代表 1%、5%、10% 的显著性水平。

另外，人均 GDP 的估计系数显著为负，这表明比较富裕城市的地方政府拥有更稳定的财政状况。滞后一期债务率的估计系数为正但并不显著，这表明过度地方政府债务并不一定会导致地方政府财政赤字恶化。财政分权系数显著为正，表明财政能力与财政支出责任不匹配不利于降低预算赤字。转移支付系数显著为正，表明地方政府对公共资金池的高度依赖与更高的预算赤字相关，支持了地方政府软预算约束情况。滞后一期预算赤字显著为正，表明地方政府在制定赤字决策时会考虑前期赤字情况。

接下来，本章将研究地方政府债务分权与预算赤字之间的动态关系，并对平行趋势假设进行检验。本章通过在标准回归方程中加入一系列的虚拟变量来检验债务分权对预算赤字的逐年影响。具体的动态模型如下：

$$Y_{it} = \alpha + \delta_1 \times Treat_{it}^{-2} + \delta_2 \times Treat_{it}^{-1} + \cdots + \delta_5 \times Treat_{it}^{+2} + \gamma \times X_{it} + \mu_i + \tau_t + \varepsilon_{it}$$

(7.3)

其中，自发债券（自行/自主）的虚拟变量 $Treat^j$ 等于 0，除了以下情况：$Treat^{-j}$ 表示自发债券前的第 $j$ 年的省份为 1，$Treat^{+j}$ 表示自发债券后的第 $j$ 年的省份为 1。排除了自发债券的年份，从而估计了相对于自发债券年份，债务分权对预算赤字的动态影响。$\mu_i$ 和 $\tau_t$ 分别为省份和年份虚拟变量。样本窗口期为 4 年，从自发债券前 2 年到自发债券后 2 年。在自发债券前 2 年或 2 年以上的年份，$Treat_{it}^{-2}$ 等于 1；而在自发债券后的 2 年或 2 年以上的年份，$Treat_{it}^{+2}$ 等于 1。因此，这些断点的方差要大得多，估计值的精度可能要低得多。在对自发债券年份去趋势化和中心化估计后，图 7-2 绘制了 95% 置信区间的回归结果，并在省份层面聚类修正。

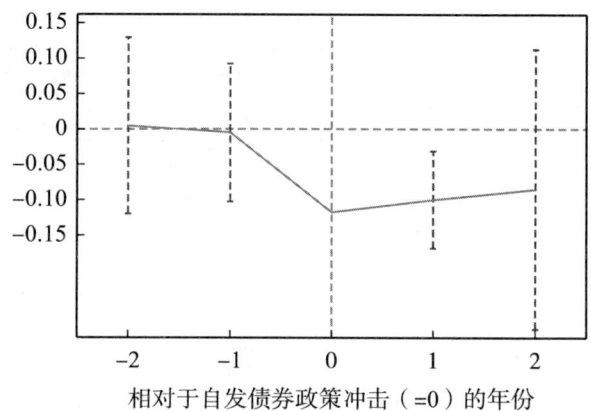

图7-2 债务分权对预算赤字自然对数的动态影响

注：虚线表示95%置信区间。

如图7-2所示，在自发债券的前两期中，自发债券虚拟变量的估计系数都不显著，说明处理组和控制组的预算赤字不存在明显差异，满足平行趋势假设。在自发债券改革当年预算赤字立即下降，滞后一期 $Treat_{it}^{+1}$ 在95%的置信水平上显著为负，表明政策的持续效果为1年。图7-2的估计结果表明自发债券改革对地方政府预算赤字存在显著负向影响。

自发债券改革分为2011~2013年的"自发代还"阶段和2014~2017年的"自发自还"阶段。为了对照分析这两个阶段对地方政府预算赤字的不同影响，本章将样本区分为2011~2013年和2014~2017年两个阶段，进行分样本回归。表7-4的回归结果显示，"自发代还"和"自发自还"两个阶段的自发债券改革与地方政府预算赤字均存在负相关关系，但"自发代还"阶段的估计系数不显著。在自行发债改革的第二阶段，预算赤字下降的效果更加明显，这与假设7-1的预期一致。

表7-4　　　　　　　不同发债方式对预算纪律的影响

| 变量 | log（财政缺口÷GDP） | | log（财政缺口÷财政收入） | |
| --- | --- | --- | --- | --- |
| | 2011~2013年 | 2014~2017年 | 2011~2013年 | 2014~2017年 |
| | (1) | (2) | (3) | (4) |
| 自发代还 | -0.038<br>(0.028) | | -0.005<br>(0.036) | |
| 自发自还 | | -0.174***<br>(0.062) | | -0.155**<br>(0.063) |
| 控制变量 | 是 | 是 | 是 | 是 |

续表

| 变量 | log（财政缺口÷GDP） | | log（财政缺口÷财政收入） | |
|---|---|---|---|---|
| | 2011~2013年 | 2014~2017年 | 2011~2013年 | 2014~2017年 |
| | （1） | （2） | （3） | （4） |
| 省份固定效应 | 是 | 是 | 是 | 是 |
| 时间固定效应 | 是 | 是 | 是 | 是 |
| 样本 | 93 | 124 | 93 | 124 |

注：括号内为回归系数稳健的标准误，在省份层面聚类修正；***、**分别代表1%、5%的显著性水平。

## 二、稳健性检验

### （一）安慰剂检验

为了检验结果的有效性，本章在真实试点时间之前设置两个虚拟试点时间进行安慰剂检验：假设自发债券试点时间分别在真实试点时间的前1年和前2年。如果安慰剂试验的估计结果不显著，而真实的试点估计结果显著，则可以说明预算赤字的下降是由真实试点的自发债券改革导致的；如果虚拟试点也能引起预算赤字的显著下降，则说明在自发债券改革试点之前存在其他未观测的因素导致预算赤字的下降，从而无法区分预算赤字的下降究竟是试点改革的效果还是其他未观测到的因素的影响。安慰剂检验结果如表7-5所示。安慰剂检验结果表明，在两个自行发债虚拟试点时间，自发债券的估计系数均不显著。这说明本章的多期DID模型是稳健的，表7-3基准回归的估计效果可靠。

表7-5　　　　　　　　安慰剂检验结果

| 变量 | log（财政缺口÷GDP） | | log（财政缺口÷财政收入） | |
|---|---|---|---|---|
| | 前1年 | 前2年 | 前1年 | 前2年 |
| 自发债券 | -0.068<br>(0.048) | 0.000<br>(0.078) | -0.083<br>(0.054) | -0.038<br>(0.081) |
| 控制变量 | 是 | 是 | 是 | 是 |
| 省份固定效应 | 是 | 是 | 是 | 是 |

续表

| 变量 | log（财政缺口÷GDP） | | log（财政缺口÷财政收入） | |
|---|---|---|---|---|
| | 前1年 | 前2年 | 前1年 | 前2年 |
| 时间固定效应 | 是 | 是 | 是 | 是 |
| 样本 | 279 | 279 | 279 | 279 |

注：括号内为回归系数稳健的标准误，在省份层面聚类修正。

## （二）排除其他渠道的影响

地方政府债券改革期间，还有一项与之并行的重要改革是"营改增"改革。"营改增"降低了中央和地方的税收分成比例，从而改变了地方政府的财力自主权，因此，"营改增"有可能改变地方政府的预算赤字水平。鉴于此，本章在基准回归中加入"营改增"虚拟变量（即某省份如果当年推行"营改增"改革，则当年及以后年份取值为1，否则为0），重新进行回归。根据表7-6的估计结果，在考虑"营改增"改革后自发债券变量的估计系数与理论预期基本一致，说明表7-3的回归结果是稳健的。

表7-6　　　　考虑"营改增"后的回归结果

| 变量 | log（财政缺口÷GDP） | | log（财政缺口÷财政收入） | |
|---|---|---|---|---|
| | （1） | （2） | （3） | （4） |
| 自发债券 | -0.100** <br> (0.046) | -0.106*** <br> (0.030) | -0.038 <br> (0.040) | -0.091** <br> (0.034) |
| "营改增" | -0.100** <br> (0.048) | -0.059** <br> (0.024) | -0.061 <br> (0.048) | -0.044 <br> (0.027) |
| 控制变量 | 控制 | 控制 | 控制 | 控制 |
| 省份固定效应 | 是 | 是 | 是 | 是 |
| 时间固定效应 | 是 | 是 | 是 | 是 |
| 样本量 | 279 | 279 | 279 | 279 |

注：括号内为回归系数稳健的标准误，在省份层面聚类修正；***、**分别代表1%、5%的显著性水平。

## 三、机制分析与检验

由上文分析可知，硬化预算约束是地方政府债券改革影响预算纪律的中介机制,地方政府通过调整支出结构使自己的投资行为更加谨慎。由此本章选用"城乡社区支出占比""交通运输支出占比"和"资源勘探支出占比"作为投资性支出代表;选用"教育支出占比""科技支出占比"和"医疗支出占比"作为公共服务支出代表。检验债务分权改革对投资性支出和公共服务支出的影响效应。机制分析的回归模型设置如下:

$$B_{it} = \alpha + \delta \times Treat_{it} + \gamma \times X_{it} + \mu_i + \tau_t + \varepsilon_{it} \tag{7.4}$$

其中,$B_{it}$为投资性支出占比和公共服务支出占比,并取对数。

机制检验的回归结果如表7-7所示。表7-7第(1)~(4)列反映地方财政投资性支出的结果,可以发现债务分权改革显著减少了投资性支出占比,自发债券省份较之代发债券省份投资性支出占比平均下降10.1%。表7-7第(5)~(8)列反映地方财政公共服务支出的结果,可以发现债务分权改革显著增加了公共服务支出占比,自发债券省份较之代发债券省份公共服务支出占比平均高出5.7%。至此,假设7-2得到检验。

表7-7　　　　　　　　机制检验回归结果

| 变量 | 城乡 | 交通 | 资源 | 投资性 | 教育 | 科技 | 医疗 | 公共服务 |
| --- | --- | --- | --- | --- | --- | --- | --- | --- |
| | (1) | (2) | (3) | (4) | (5) | (6) | (7) | (8) |
| 自发债券 | -0.024<br>(0.044) | -0.170**<br>(0.065) | -0.075<br>(0.078) | -0.101***<br>(0.024) | 0.063**<br>(0.025) | 0.056<br>(0.063) | 0.056***<br>(0.016) | 0.057***<br>(0.016) |
| 控制变量 | 是 | 是 | 是 | 是 | 是 | 是 | 是 | 是 |
| 省份固定效应 | 是 | 是 | 是 | 是 | 是 | 是 | 是 | 是 |
| 时间固定效应 | 是 | 是 | 是 | 是 | 是 | 是 | 是 | 是 |
| 样本量 | 279 | 279 | 279 | 279 | 279 | 279 | 279 | 279 |

注:括号内为回归系数稳健的标准误,在省份层面聚类修正;\*\*\*、\*\* 分别代表1%、5%的显著性水平。

## 四、异质性分析

为了考察财政失衡对预算纪律的异质性影响,本章用转移支付依赖度(人均转移支付占预算收入的比重)衡量纵向财政失衡程度,用财政自给率(财政收入占财政支出的比重)衡量横向财政失衡程度。根据转移支付依赖度和财政自给率的中位数分别将样本分为两个组,然后按不同的组分别回归。异质性检验的结果如表7-8所示,表7-8第(1)~(2)列是按转移支付依赖度进行分组的估计结果;表7-8第(3)~(4)列是按财政自给率进行分组的估计结果。根据表7-8

可发现，在转移支付依赖度低和财政自给率高的分组中，自发债券的估计系数显著为负，且系数的绝对值明显高于相应对比组，这说明财政平衡地区（地方政府拥有更多的财政能力和更少的转移支付）的地方政府更倾向于做出稳健的预算决策，债务分权有利于减少预算赤字。在转移支付依赖度高和财政自给率低的分组中，自发债券的估计系数不显著，这说明在财政不平衡地区，地方政府膨胀预算的动机增强，债务分权对预算纪律的改善效果不显著。这与前文的假设7-3预期一致。

表7-8　　　　　　　财政失衡对预算纪律的影响

| 变量 | 转移支付依赖高<br>（1） | 转移支付依赖低<br>（2） | 财政自给率高<br>（3） | 财政自给率低<br>（4） |
| --- | --- | --- | --- | --- |
| 自发债券 | -0.009<br>(0.011) | -0.096*<br>(0.051) | -0.098**<br>(0.046) | -0.002<br>(0.011) |
| 控制变量 | 控制 | 控制 | 控制 | 控制 |
| 省份固定效应 | 是 | 是 | 是 | 是 |
| 时间固定效应 | 是 | 是 | 是 | 是 |
| 样本量 | 279 | 279 | 279 | 279 |

注：括号内为回归系数稳健的标准误，在省份层面聚类修正；**、*分别代表5%、10%的显著性水平。

## 第五节　研究结论与相关建议

### 一、研究结论

本章以中国自2011年逐步试点推行的地方政府债券发行方式改革作为政府间财政关系调整的准自然实验，使用31个省份2009~2017年的面板数据，检验了债务分权对地方政府预算纪律的影响、机理及其异质性效应。研究发现：（1）债务分权管理通过地方政府权责配置硬化了地方政府预算约束，相比于"自发代还"模式，"自发自还"债券改革更能减少预算赤字。（2）债务分权管理使得地方政府的投资决策更加理性审慎，地方政府积极调整财政支出结构，强化支出责任。（3）纵向和横向的财政不平衡产生了马太效应：财政自主度更高和转移支付依赖度更低的地区预算纪律表现更好。在安慰剂检验和剔除"营改增"改革等稳健性检验之后，债务分权管理对预算纪律的改善效应仍存在。

## 二、相关建议

通过以上分析与检验，本章得到如下研究启示：财政自主权是促进地方政府维持财政纪律的重要条件之一。中央政府从责权配置的角度夯实地方政府财权，方是解决地方政府财政赤字的有效手段。基于此，这里提出以下两点建议。

第一，合理配置地方政府举债权，强化举债责任机制。长期以来我国地方政府债务管理采用自上而下行政控制的手段，使地方政府过度依赖中央政府的支持，难以调动地方平衡预算和控制债务的积极性。中央通过大规模财政救助平衡地方财力，弥补地方财政赤字，造成中央对地方赤字和偿债责任的实际承担。因此，在分级负责的原则下中国政府应将财政责任下放到地方，强化地方财政责任主体地位，引导地方政府的财政权力在规则制度下运行，有利于地方政府主动健全预算和债务管理（金荣学和胡晓倩，2019）。目前，我国的举债权限仅限于省级政府，且不得突破中央限额。市县政府举债需通过省级政府代为发行债券，债务主体和资金使用主体分离，无异于集权管理模式的国债转贷。市县政府在分税制改革中承担了更大的事权，其财政压力更大。因此，我国可以逐步下放市县政府的举债权并优化地方财政绩效考核，提高市县政府全面管理财政的自主能力。

第二，完善转移支付制度和地方税体系，赋予地方政府更大的财权。地方政府独立对外承担财政责任离不开清晰的政府间财政关系。我国历次政府间财政关系调整，财权基本都向中央倾斜，地方政府财权削弱、财力趋紧。而仅仅依靠中央政府大规模财政救助调整地方政府财力，并不能塑造地方政府的财政自主地位。地方税体系的完善，有助于提高税收自主度，充实地方财源，这也意味着地方政府的财政支出可依赖自有财政收入负担，地方政府的预算纪律得到加强。因此，下一步财政体制改革中，可适当减小转移支付规模，健全地方税体系，增强地方政府的财政能力，激励地方政府保持健康的财政状况。

# 第八章

# 基于动态调整模型的地方政府债务规模测算

第七章探讨了债务分权对地方政府预算纪律的影响及相关传导机制,本章主要侧重于构建地方政府债务的动态调整模型测算地方政府最优债务规模,并分析影响地方政府债务最优规模和债务调整速度的因素。地方政府债务是各级地方政府筹集资金发展经济、提供公共服务的重要工具。合理的政府债务规模可以促进当地的投资和经济社会发展,也有助于提高公共服务水平。如果地方政府债务规模过于庞大,就会引发一定程度的债务风险。因此,科学地测算地方政府债务规模是非常必要的。本章首先简要介绍动态调整模型;其次构建动态调整模型,选取恰当的指标度量地方政府债务规模;最后进行实证模型检验,分析实证结果。

## 第一节 动态调整模型介绍

《预算法》(2014)赋予省级政府自主发债权,由此政府债务成为各级地方政府的重要财政资金来源。地方政府负债在完善基础设施建设、改善民生以及促进经济增长等方面发挥了巨大的正面效应,同时其潜在的还本付息压力会进一步加大地方政府财政负担。从理论上来讲,通过合理权衡政府债务所产生的正面效应和负面效应可以测算地方政府债务的最优债务规模。最优债务规模受到地区经济发展水平、财政收支状况以及金融开放程度等多种因素的影响,地方政府债务规模的变化也会反作用于地区经济和社会发展,因而地方政府最优债务规模始终处于动态调整的过程。

我国各级政府债务融资规模同时还受到行政管理体制、经济发展状况以及债务管理制度等多种因素的综合影响，债务规模调整体制复杂多变，且我国实施的地方政府债务限额管理制度增加了债务规模调整成本。因而，当地方政府实际债务规模偏离其最优规模时，其并不能迅速恢复至最优状态，只能循序渐进地调整。另外，地方政府债务调整速度快慢和调整幅度也受宏观经济规模和调整成本的影响。本章通过借鉴连玉君（2007）、杜思正和冷艳丽[①]等学者测算最优债务负担率的动态调整模型，将地方政府债务规模调整过程设定为式（8.1）：

$$LTB_{it} - LTB_{it-1} = \alpha_{it}(LTB_{it}^* - LTB_{it-1}) \tag{8.1}$$

其中，$LTB_{it}^*$ 表示地区 $i$ 在第 $t$ 年的最优债务规模；$LTB_{it}$ 表示地区 $i$ 在第 $t$ 年的实际债务规模；$\alpha_{it}$ 是债务规模的调整系数，即表示地方政府实际债务规模向最优债务规模调整幅度的大小和速度的快慢，同时该系数也能间接地反映调整成本的高低：

（1）当 $\alpha_{it}=1$ 时，表明地区 $i$ 的政府债务规模能够在一个预算年度内自发调整到最优水平，此时调整成本为零。

（2）当 $0<\alpha_{it}<1$ 时，表明地区 $i$ 的政府债务规模在一个预算年度内无法调整至最优状态，说明调整过程存在一定的调整成本。

（3）当 $\alpha_{it}=0$ 时，表明地方政府债务规模调整到最优水平所需的成本大于收益，因而地区 $i$ 不会进行任何调整，则债务规模仍然保持在上一年债务水平上。

从理论上来说，地方政府债务存在一个最优规模，此时政府对债务的使用效率最高，能够达到资金"净正效应"最大化，但这一最优规模水平往往无法直接通过观测得到。基于此，本章主要通过设定一组影响地方政府最优规模水平的变量来设定最优债务规模的函数表达式，函数表达式如式（8.2）所示：

$$LTB_{it}^* = F(B_{it}, H_i, H_t) \tag{8.2}$$

在模型（8.2）中，$B_{it}$ 代表一组地方政府最优债务规模影响因素的变量，$H_i$ 表示时间的虚拟变量，主要反映宏观经济状况和经济结构变化对地方政府最优债务规模的影响程度；$H_t$ 则表示行政地区的虚拟变量，用以反映地区自身特征对地方政府最优债务规模的影响程度。与地方政府最优债务规模相同，地方政府债务规模的调整速度会因所处地区不同而存在差异，由此设定一组影响债务调整成本的变量 $R_{it}$，并将债务调整系数设定为函数表达式（8.3）：

$$\alpha_{it} = L(R_{it}, H_i, H_t) \tag{8.3}$$

---

[①] 杜思正、冷艳丽：《地方政府债务规模动态调整机制研究——基于县域面板数据的实证分析》，载于《统计与信息论坛》2015 年第 11 期，第 3~11 页。

模型（8.1）做如下变换：

$$LTB_{it} = \alpha_{it} LTB_{it}^* + (1 - \alpha_{it}) LTB_{it-1} \tag{8.4}$$

为方便实证分析，将模型（8.2）的具体形式设定为式（8.5）：

$$LTB_{it}^* = \beta_0 + \sum_j \beta_j B_{jit} + \sum_s \beta_s H_s + \sum_t \beta_t H_t + \varepsilon_{it} \tag{8.5}$$

其中，下标 $i$ 表示县（市、区），下标 $t$ 表示时间，$B_{jit}$ 表示地区经济实力、经济增长率、政府规模和地方财政收入等变量，$H_t$ 表示时间虚拟变量，$H_s$ 表示地区特征虚拟变量，$\varepsilon_{it}$ 表示残差项。

同理，将债务调整速度模型（8.3）具体设定为式（8.6）：

$$\alpha_{it} = \gamma_0 + \sum_k \gamma_k R_{kit} + \sum_s \gamma_s H_s + \sum_t \gamma_t H_t + \mu_{it} \tag{8.6}$$

其中，下标 $i$ 表示县（市、区），下标 $t$ 表示时间，$R_{kit}$ 表示经济增长率、新增债务规模和偏离最优债务规模的程度三个变量，$H_t$ 表示时间虚拟变量，$H_s$ 表示地区特征虚拟变量，$\mu_{it}$ 表示残差项。

## 第二节 动态调整模型构建

第一节介绍了债务规模动态调整的理论模型，而本节主要采用计量回归模型（8.7）来模拟地方政府债务规模的动态调整过程：

$$LTB_{it} = \alpha_{it} LTB_{it}^* + (1 - \alpha_{it}) LTB_{it-1} + \varphi_{it} \tag{8.7}$$

其中，地方政府最优债务规模 $LTB_{it}^*$ 和调整速度 $\alpha_{it}$ 分别由模型（8.5）和模型（8.6）决定。基于模型（8.7）具有非线性特征，本章选择采用高斯—牛顿迭代法对其进行非线性最小二乘拟合，主要包括以下三步：

第一步：以地方政府实际债务规模水平为被解释变量，对静态模型（8.8）进行回归分析，记录各个解释变量的回归系数：

$$LTB_{it} = \beta_0 + \sum_j \beta_j B_{jit} + \sum_s \beta_s H_s + \sum_t \beta_t H_t + e_{it} \tag{8.8}$$

通过模型可以看出，静态模型（8.8）的解释变量与模型（8.5）中的解释变量相同，$e_{it}$ 为残差项。将高斯—牛顿迭代法下非线性最小二乘拟合得到的参数值代入模型（8.5）作为对应参数的初始值进行线性拟合，所得到的拟合值即为地方政府最优债务规模。

第二步：将地方政府最优债务规模 $LTB_{it}^*$ 的拟合值代入模型（8.1），根据 $\alpha_{it} = \dfrac{\Delta LTB_{it}}{\Delta LTB_{it}^*}$ 估计得到一组 $\alpha_{it}$ 的初始值。其中，$\Delta LTB_{it} = LTB_{it} - LTB_{it-1}$，$\Delta LTB_{it}^* = $

$LTB_{it}^* - LTB_{it-1}$。

第三步：运用测算的调整系数（$\alpha_{it}$）初始值对模型（8.6）进行回归分析，并记录所有变量的初始估计值。

为检验动态调整模型的合理性是否符合地方政府债务的调整过程，本书还对静态模型（8.8）和准动态模型（8.9）进行对比分析：

$$LTB_{it} = \alpha_0 LTB_{it}^* + (1 - \alpha_0) LTB_{it-1} + v_{it} \qquad (8.9)$$

由第一节可知，若令模型（8.7）中的调整系数 $\alpha_{it} = 1$，则债务规模的调整成本为零，地方政府债务规模始终处于最优状态，此时就是所谓的静态模型（8.8）；若假设 $\alpha_{it} = \alpha_0 =$ 常数，由于债务调整成本的存在，地方政府债务规模只能在偏离最优债务规模水平状态下进行部分调整，即为所谓的准动态模型（8.9）。在此提出本章的两个研究假设：

假设 8-1：短期内宏观经济状况会保持稳定，地方政府最优债务规模水平可能不存在明显的年度差异。

假设 8-2：地方政府债务规模调整优化是一个动态过程，调整速度 $\alpha_{it}$ 在不同时期可能存在差异。

## 第三节 指标选取与数据说明

### 一、地方政府债务规模的度量

自 2014 年以来，中央政府采取了一系列清理地方政府债务的措施，将地方政府负有偿还责任的债务置换为地方政府债券，并将其纳入财政预算管理，因而地方政府债券成为地方政府债务的主要形式。本章采用政府直接债务来衡量地方政府债务规模，具体包括从 2014 年起纳入预算管理中的一般债务和特别债务。此外，衡量地方政府债务规模的指标可以分为绝对指标和相对指标，绝对指标包括地方政府债务余额和新增债务规模等；相对指标包括债务比率、偿债比例以及逾期债务比率等。由于区域间资源收益与经济发展之间存在较大差异，选用绝对指标进行比较分析不用消除区域经济因素的影响，因此本章利用债务相对规模指标进行经验分析，即采用地方政府债务占比来衡量地方政府债务规模。

## 二、地方政府债务最优规模的拟合变量

### (一) 地方政府规模和地方财政收入

地方财政收支状况是政府债务规模过度扩张的直接原因。一方面，地方财政收入与地方政府债务规模之间存在反向变动关系，即地方财政实力越强则依靠债务融资满足政府重大投资项目资金的需求越小，进而缩小了举债融资规模。另一方面，地方财政支出规模与地方政府债务规模呈正向变动趋势，地方政府为了履行其资源配置职能、经济增长职能和行政管理职能，满足人民日益增长的美好生活需要，需要源源不断提供公共产品和服务、更新和完善地区基础设施建设。因为地方财政支出存在"刚性"扩张的特征，所以更具灵活性的债务资金成为满足财政支出"刚性"扩张需求的重要财政资金来源。由此，本章选取财政支出占地区生产总值的比重来衡量地方政府支出，以地方财政收入占地区生产总值的比重作为地方财政收入状况的代理变量。

### (二) 经济增长和经济规模

孙玉栋和庞伟通过构建了地方政府债务适度规模系统动力学模型，发现中国地方政府债务总量的绝对规模与 GDP 呈现"U"型关系。[1] 如果地方政府债务规模低于最佳水平，地方政府债务就会产生"净正经济效应"，扩张地方政府债务规模能够有效促进经济增长。但当地方政府债务规模超出最佳规模时，地方政府债务将成为该地区经济增长的障碍，甚至引起债务危机的发生。在经济发展新常态的背景下，地方政府稳定增长的经济目标为地方政府获得贷款和融资提供了财政激励，而具有"财政实力"的地方政府往往吸收更多资金进行基础设施建设。经济发展水平高意味着地方政府具有雄厚的财政实力和偿债能力，这意味着加强地方财政实力可以减少其对债务资金的需求，提高地方政府的偿债能力，为债务融资提供保障。因此，本章选取地区 GDP 增长率和地区 GDP 总量作为经济增长和经济规模的代理变量。

## 三、债务调整速度的影响因素

地方政府债务调整速度快慢和调整幅度大小取决于其调整成本，主要包括债

---

[1] 孙玉栋、庞伟：《中国地方政府债务适度规模研究》，载于《经济研究参考》2018 年第 19 期，第 3~14 页。

务发行的固定成本和制度成本。前者是指地方政府发行债券或转贷债券资金时所承担的发行成本；后者则根据地方政府财政收支绩效和资本市场的发展状况而确定。对于同一层级的地方政府，地方政府债务规模调整的固定成本大致相同，但其相对不同层级的政府债务规模则因政府规模以及债务资金使用效率的不同而有所差异。制度成本主要源于资本市场的不完善以及地方政府债务管理效率低下等因素，这些因素也会导致地方政府融资环节过于复杂或债务资金沉淀，从而增加债务资金的机会成本。对于地方政府债务而言，制度成本是地方政府债务最优规模调整成本的主要组成部分。因此，本章选取以下几个对调整成本有显著影响的变量来拟合由式（8.6）决定的调整速度模型，主要变量如下。

### （一）偏离地方政府最优负债率的程度

理论上，当地方政府实际债务规模远小于其最优负债规模时，虽然政府债务融资会增加偿债压力，但通过债务融资进行政府投资所产生的经济效益和社会效益更具吸引力，地方政府会倾向于扩大债务融资规模；当地方政府实际债务规模大于其最优负债规模时，地方政府通过举债增加政府投资对经济增长的边际效应较小甚至产生负增长，且偿债压力会明显增加，因而地方政府应该缩减债务融资规模。由此可以看出，调整速度与地方政府偏离其最优负债率的程度正相关。

### （二）经济增长

经济增长对债务调整速度的影响存在以下两条路径：一方面，经济增长的收入效应使得地方政府能够以较小的成本进行债务规模调整，所以经济增长与债务调整速度应存在同向变动关系；另一方面，在一定范围内地方政府债务能够推动地区经济快速增长，经济增长率较大意味着政府债务基数大，债务规模调整的成本较高，因而此时经济增长与政府债务调整速度存在反向变动关系。经济增长对债务调整速度的影响机制究竟是由何种路径居于主导，则需要采用实证检验进行验证。

### （三）新增债务规模

新增债务对债务调整速度的影响取决于地方政府实际债务规模水平：若地方政府过度扩张债务规模则新增债务将会不断增加调整成本，从而降低债务调整速度和幅度；同理，若地方政府债务规模明显低于最优状态，新增债务规模会降低调整成本，从而加速债务规模的优化过程。

本章主要变量的描述性统计结果如表8-1所示，具体包括了变量的计算方法和基本统计量。其中，经济规模（econ）的标准差最大，高达 0.68，波动最为明显；政府规模（gover）和债务规模（LTB）的标准差次之，分别为 0.18 和 0.11；经济增长（G）、地方财政收入（fical）和新增债务（XXZW）的标准差较小，波动较小。

表 8-1　　　　　　　　　　主要变量的描述性统计

| 变量名称 | 变量含义 | 计算方法 | 平均值 | 标准差 | 最小值 | 最大值 |
| --- | --- | --- | --- | --- | --- | --- |
| LTB | 债务规模 | 地方政府债务规模÷地区生产总值 | 0.15 | 0.11 | 0.02 | 0.58 |
| econ | 经济规模 | 地区生产总值的自然对数 | 5.22 | 0.68 | 3.87 | 6.58 |
| G | 经济增长 | 地区生产总值增长率 | 0.08 | 0.03 | -0.06 | 0.25 |
| gover | 政府规模 | 地方财政支出÷地区生产总值 | 0.26 | 0.18 | 0.06 | 1 |
| fical | 地方财政收入 | 地方财政收入÷地区生产总值 | 0.08 | 0.06 | 0.01 | 0.33 |
| XXZW | 新增债务 | 新增债务÷地区生产总值 | 0.01 | 0.04 | -0.25 | 0.13 |
| DEVI | 偏离最优负债率程度 | — | — | — | — | — |

注：起止时间为 2015~2017 年。
资料来源：湖北省统计局网站搜集整理。

本章按照行政区域将 H 省 70 个县划分为 11 个组别，具体分组情况如表 8-2 所示。由于不同市级政府所包含县（市、区）的数量不同，所以本章对包含县级政府较少的市级政府进行了合并，通过在计量模型中定义虚拟变量来衡量地区差异对最优债务规模和调整速度的影响。

表 8-2　　　　　　70 个县（市、区）地区特征变量的定义

| 地区组别（代码） | 县（市、区）数目 | 百分比（%） | 地区特征虚拟变量 | 合并方法 |
| --- | --- | --- | --- | --- |
| 武汉（A） | 0 | | | |
| 黄石（B） | 2 | 2.86 | group2 | B+M+O(HST) |
| 十堰（C） | 6 | 8.57 | group3 | C(SY) |
| 荆州（D） | 7 | 10.00 | group4 | D(JZ) |
| 宜昌（E） | 9 | 12.86 | group5 | E(YC) |
| 襄阳（F） | 4 | 5.71 | group6 | F(XY) |

续表

| 地区组别（代码） | 县（市、区）数目 | 百分比（%） | 地区特征虚拟变量 | 合并方法 |
|---|---|---|---|---|
| 鄂州（G） | 3 | 4.29 | group1 | EZ |
| 荆门（H） | 4 | 5.71 | group7 | H + N + P(JXQ) |
| 孝感（I） | 7 | 10.00 | group8 | I(XG) |
| 黄冈（J） | 10 | 14.29 | group9 | J(HG) |
| 咸宁（K） | 5 | 7.14 | group10 | K(XN) |
| 恩施自治州（L） | 7 | 10.00 | group11 | L(ES) |
| 随州（M） | 3 | 4.29 | | |
| 仙桃（N） | 1 | 1.43 | | |
| 天门（O） | 1 | 1.43 | | |
| 潜江（P） | 1 | 1.43 | | |
| 合计 | 70 | 100 | | |

基于定性分析，本章提出如下两个研究假设：

假设 8-3：地方政府最优债务规模具有显著的地区差异性。

假设 8-4：地方政府债务规模的优化调整是一个动态过程，调整速度 $\alpha_{it}$ 会随着地区特征的变化而变化。

### 四、数据说明

基于县级政府财政数据和债务数据的可获得性，本章最终筛选了 H 省 70 个县（市、区）作为研究样本，研究时间范围为 2015～2017 年。在实证分析中，H 省 70 个县（市、区）的地方政府债务数据主要源于各市级政府的年度决算报告，而财政收支数据和经济发展数据则源于各市级政府财政统计年鉴和《H 省统计年鉴》（2015～2018 年）。

## 第四节 地方政府债务规模的实证结果分析

### 一、实证模型检验

2015 年我国开始明确将地方政府债务纳入预算管理，为了确保数据可获得，本章选取了2015~2017年度官方公布的实际债务规模数据来测算地方政府最优债务规模和调整速度。

## （一）模型识别检验

模型设定部分详细介绍了本章使用的非线性动态调整模型，并在此基础上，通过改变调整系数的取值分别设定债务规模的静态调整模型和准动态调整模型。本章所设立的三种债务调整模型之间的最大区别在于调整系数是否是动态变化的，但地方政府债务调整系数是动态变化的假定是否合理呢？本章则主要从以下两方面验证模型设定的合理性：一方面，通过F统计量检验模型中调整系数的取值是否固定，即原假设$H_0：\alpha_{it}=$常数，从而验证研究假设8-2；另一方面，检验动态调整模型中残差的序列相关性。

F统计量的检验结果为$F(17,192)=107.90>F_{0.01}(17,192)$，F检验结果表明在1%的显著性水平上拒绝原假设，即地方政府债务调整系数是动态变化的，从而验证了研究假设8-2。另外，动态调整模型残差的一阶序列相关性检验结果为$F(1,138)=0.60$，P值为0.4411，说明残差不存在序列自相关性。以上检验结果充分表明前文非线性动态调整模型的设定不存在严重偏误，使用该模型进行高斯—牛顿迭代法的非线性最小二乘法测算地方政府最优债务规模是合理的。

## （二）多重共线性检验

本章首先对变量之间是否存在多重共线性进行相关检验，检验结果如表8-3所示。根据检验结果可以发现，本章所选取变量之间并不存在多重共线性问题。其中，地方政府债务规模（LTB）和经济规模（econ）与政府规模（gover）之间的相关系数最大，分别为0.9020和-0.8101，其他变量之间的相关系数均在0.8以下。另外，各变量的方差膨胀因子均小于10，其中政府规模（gover）的方差膨胀因子最大，达7.67，方差膨胀因子最小的是经济增长（G），仅为1.24，由此可以判定，本章选取的变量之间不存在严重的多重共线性。

表8-3　　　　　　　　　　相关系数矩阵

| 变量 | LTB | G | econ | gover | fical | XXZW |
|---|---|---|---|---|---|---|
| LTB | 1.0000 | | | | | |
| G | 0.1111 | 1.0000 | | | | |
| econ | -0.7231 | 0.0274 | 1.0000 | | | |

续表

| 变量 | LTB | G | econ | gover | fical | XXZW |
|---|---|---|---|---|---|---|
| gover | 0.9020 | 0.0360 | -0.8101 | 1.0000 | | |
| fical | 0.6593 | -0.0010 | -0.4698 | 0.6827 | 1.0000 | |
| XXZW | 0.3727 | 0.1894 | -0.1488 | 0.2797 | 0.2332 | 1.0000 |
| VIF | — | 1.24 | 4.25 | 7.67 | 3.10 | 1.38 |

## 二、实证结果分析

### (一) 最优债务规模

**1. 影响因素分析**

地方政府债务动态、准动态和静态调整模型的回归结果如表8-4所示。通过对比分析三种调整模型的回归结果可以发现，地方政府债务动态调整模型能够更好地测度实际债务规模的动态调整过程，地方政府存在一个最优债务规模，实际债务规模围绕该水平不断进行动态调整，同时债务规模调整的速度和幅度受限于调整成本。此外，进一步比较地方政府债务规模动态调整模型与准动态调整模型的回归结果可以发现，两模型对应变量的符号一致且模型的拟合优度很高，但动态调整模型的解释能力更强。从调整系数来看，动态调整模型和准动态调整模型的调整系数均值分别为0.156和0.087，调整系数普遍较低，这说明当前我国地方政府债务规模调整面临较高的调整成本。

表8-4 静态、准动态和动态调整模型的回归结果分析
(最优债务规模部分)

| 变量 | 静态模型 | | 准动态模型 | | 动态模型 | |
|---|---|---|---|---|---|---|
| | LTB | t值 | LTB | t值 | LTB | t值 |
| 常数项 | -0.053 | (-1.085) | 0.155*** | (4.793) | 0.127*** | (5.732) |
| G | -0.092 | (-0.934) | -1.523*** | (-15.727) | -0.975*** | (-12.019) |
| econ | 0.010 | (1.313) | -0.006 | (-1.118) | -0.003 | (-0.923) |
| gover | 0.347*** | (9.339) | 0.009 | (0.304) | 0.012 | (0.628) |
| fical | 0.587*** | (5.615) | 0.055 | (1.011) | 0.153*** | (3.763) |

续表

| 变量 | 静态模型 | | 准动态模型 | | 动态模型 | |
| --- | --- | --- | --- | --- | --- | --- |
| | LTB | t值 | LTB | t值 | LTB | t值 |
| XXZW | 0.200** | (2.236) | 11.227*** | (22.008) | 7.826*** | (15.666) |
| _Iyear_2016 | 0.009 | (1.353) | 0.006 | (1.423) | 0.003 | (0.659) |
| _Iyear_2017 | 0.030*** | (4.038) | 0.010 | (0.065) | 0.014*** | (3.202) |
| group_2 | -0.004 | (-0.353) | 0.001 | (0.065) | -0.039*** | (-3.571) |
| group_3 | 0.071*** | (3.159) | 0.013 | (1.103) | -0.034*** | (-3.001) |
| group_4 | -0.009 | (-1.252) | 0.011 | (1.117) | -0.027*** | (-3.212) |
| group_5 | 0.092*** | (4.770) | 0.020* | (1.835) | -0.045*** | (-3.011) |
| group_6 | -0.008 | (-0.869) | 0.005 | (0.573) | -0.032*** | (-3.478) |
| group_7 | -0.048*** | (-5.410) | 0.006 | (0.624) | -0.033*** | (-4.184) |
| group_8 | -0.037*** | (-3.818) | 0.006 | (0.596) | -0.020 | (-0.978) |
| group_9 | -0.005 | (-0.594) | 0.009 | (0.930) | -0.025 | (-1.338) |
| group_10 | -0.004 | (-0.400) | 0.009 | (0.963) | -0.030*** | (-3.280) |
| group_11 | 0.027*** | (2.765) | 0.012 | (1.325) | -0.035*** | (-3.902) |
| 样本量 | 210 | | 210 | | 210 | |

注：***、**分别代表1%、5%的显著性水平。表8-4和表8-6是一个整体回归结果，为便于排版，拆分为表8-4和表8-6两部分。

根据表8-4动态调整模型的回归结果可知，经济增长和经济规模与地方政府最优债务规模均存在反向变动关系，即经济越发达地区的最优债务规模相对较小。这一结论可以从微观和宏观两个视角进行分析：从微观层面来看，经济实力雄厚且经济增长较快的地区具有稳定充裕的税收收入，地方财政仅依靠其税收能力就能满足其支出需求，因而政府对债务融资需求较少，其最优债务规模水平往往保持在较低水平；从宏观层面来看，我国经济进入发展新常态，经济由高速增长转为中高速增长，经济下行压力增大，在此背景下地方政府为维持固定增长率水平会通过大规模举债增加政府投资，进而带动经济增长。例如，2008年中央政府实施的"四万亿"经济刺激计划。

此外，地方财政收入和新增债务规模与政府债务规模呈正相关关系，即如果地方财政收入和新增债务较高则意味着地方政府在预算年度内拥有更多的机动财力，可以为其大规模举债行为提供财力保障。地方财政支出规模对地方政府债务规模的扩张效应更容易理解，分税制改革后地方财权上移和事权下移的现状使得地方政府必须举债才能履行政府职能，地方财政支出的"刚性扩张"特点则导致地方政府形成了举债惯性，且我国法律制度体系还不能对政府扩张债务规模的行为进行有效约束。

**2. 最优债务规模**

H 省 11 个组别地区的地方政府最优债务规模水平如表 8 – 5 所示。其中，ES 地区测算的最优债务规模最高，高达 34.7%；最优债务规模水平最低的是 XY 地区，仅为 6.0%。整体来看，H 省仅有两个地区的县级政府平均最优债务负担率超过 20%，其余地区的最优债务规模水平普遍较低。

表 8 – 5　　　　　各组别地区地方政府债务最优规模水平

| 地区组别 | EZ | HST | SY | JZ | YC | XY | JXQ | XG | HG | XN | ES | Mean |
| --- | --- | --- | --- | --- | --- | --- | --- | --- | --- | --- | --- | --- |
| 最优规模（%） | 17.0 | 8.7 | 27.3 | 11.6 | 13.2 | 6.0 | 7.3 | 10.2 | 14.3 | 10.6 | 34.7 | 14.9 |

为检验我国地方政府最优债务规模是否存在时间和地区差异，本章进行了 Kruskal – Wallis H 差异性检验，结果证明我国地方政府最优债务规模短期内不存在明显的时间差异性，但存在显著的地区差异性。时间差异性检验结果显示，时间差异检验的卡方值为 1.627，自由度为 2，p 值为 0.4433，这表明我国地方政府最优债务规模短期内不存在明显的时间差异，研究假设 8 – 1 成立；地区特征差异检验结果表明我国地方政府债务最优规模在 1% 的水平上存在显著性差异，假设 8 – 3 得到验证。

**（二）地方政府债务规模的优化调整**

**1. 债务调整速度的影响因素**

动态调整模型和准动态调整模型测算的债务调整速度的回归结果如表 8 – 6 所示。根据表 8 – 6 的回归结果可知，经济增长与债务调整速度存在显著的正相关关系，这说明经济增长的收入效应在债务调整速度方面居于主导地位，经济发展较快的地区凭借其充裕的社会发展资金能迅速调整其债务规模以达到最优状态。新增债务与政府债务规模调整速度也存在显著的正相关关系，这间接表明我国地方政府债务一直处于未饱和状态，而新增债务能迅速调整政府债务规模。由于我国地方政府债务登上我国财政金融舞台的时间尚短，所以政府债务规模持续高速扩张是地方政府债务发展初期的显著标志。检验偏离地方政府最优债务规模的影响机制，发现与定性分析结果相一致。

**表 8 – 6　静态、准动态和动态调整模型的回归结果分析**
**（调整速度部分）**

| 变量 | 准动态模型 | | 动态模型 | |
|---|---|---|---|---|
| | LTB | t 值 | alpha | t 值 |
| alpha | 0.087*** | (23.769) | | |
| 常数项 | | | 0.118*** | (15.884) |
| G | | | 0.072*** | |
| econ | | | | |
| gover | | | | |
| fical | | | | |
| XXZW | | | 0.029*** | (2.644) |
| DEVI | | | 0.003* | (1.725) |
| _Iyear_2016 | | | 0.001 | (0.187) |
| _Iyear_2017 | | | -0.006** | (-1.993) |
| group_2 | | | 0.039*** | (3.659) |
| group_3 | | | 0.036*** | (5.432) |
| group_4 | | | 0.032*** | (4.041) |
| group_5 | | | 0.042*** | (4.676) |
| group_6 | | | 0.031*** | (4.080) |
| group_7 | | | 0.030*** | (5.214) |
| group_8 | | | 0.004 | (0.080) |
| group_9 | | | 0.027 | (0.865) |
| group_10 | | | 0.037*** | (4.073) |
| group_11 | | | 0.041*** | (5.250) |
| 样本量 | 210 | | 210 | |

注：***、**、*分别代表1%、5%、10%的显著性水平。

为检验我国地方政府债务规模调整速度是否存在时间和地区特征差异，本部分进一步采用 K–W 差异检验法检验债务调整速度的时间和地区特征差异性，结果发现债务调整速度存在明显的时间和地区差异性。检验结果显示：时间差异性检验的卡方值为17.017，自由度为2，p 值为0.0002，拒绝了债务调整速度在不同时期保持不变的原假设，说明债务调整速度存在时间差异性，研究假设 8 – 2 成立；地区差异性检验的卡方值为180.547，自由度为10，其 p 值为0.0001，表明调整速度存在显著的地区差异性，不同地区地方政府债务规模的调整成本存在差异，研究假设 8-4 成立。这一结论也间接证明了动态调整模型设定的合理性，即债务调整速度随时间和地区特征而存在差异。

**2. 债务规模的优化程度**

本章主要采用最优债务规模与实际债务规模的比值（即最优比率）来衡量地方政府债务规模的优化程度，并对各地区地方政府债务规模的优化程度进行对比分析。最优比率取值区间不同代表着不同含义：

（1）最优比率 >1，表明地方政府实际债务规模小于其最优债务规模，地方政府仍然存在一定的发债空间。

（2）最优比率 =1，表明地方政府实际债务规模即为其债务适度规模水平，此时应当严控债务规模。

（3）最优比率 <1，表明地方政府已经存在过度负债行为，政府财政债务负担较重，应当引起上级政府的特殊关注。

不同年份和地区的地方政府债务最优比率和调整速度如表 8-7 所示。从债务调整速度来看，债务调整速度平均值为 0.156，远远低于 1，这表明当前不断完善的地方政府债务限额管理制度和基层政府较小的自主发债权限提高了地方政府债务规模的调整成本，且较高的制度性成本严重制约了地方政府债务规模调整速度。从最优比率来看，不同地区的债务最优比率在 1 附近上下波动，这表明我国地方政府债务规模接近最优债务规模水平，而县级政府债务规模基本已经达到饱和状态。

表 8-7　　　　　　调整速度和最优比率的分类统计描述

| 时间/地区组别 | A 调整速度 | B 最优比率 |
| --- | --- | --- |
| 2015 年 | 0.156 | 1.001 |
| 2016 年 | 0.158 | 0.999 |
| 2017 年 | 0.152 | 1.001 |
| EZ | 0.125 | 1.004 |
| HST | 0.155 | 1.000 |
| SY | 0.168 | 0.999 |
| JZ | 0.155 | 1.002 |
| YC | 0.153 | 0.998 |
| XY | 0.127 | 0.999 |
| JXQ | 0.150 | 1.001 |
| XG | 0.160 | 1.001 |

续表

| 时间/地区组别 | A 调整速度 | B 最优比率 |
|---|---|---|
| HG | 0.165 | 1.000 |
| XN | 0.162 | 1.000 |
| ES | 0.161 | 1.000 |
| 样本总体 | 0.156 | 1.000 |

由于本章所选样本时间跨度为我国开始实施地方政府债务限额管理的 3 年，受这一宏观政策环境的影响，我国地方政府债务规模的调整速度普遍较低，地方政府债务规模在最优规模附近小幅波动。从地区来看，鄂州、荆州、荆门（仙桃和潜江）以及孝感的政府债务最优比率大于 1，说明这些地区的政府实际债务规模水平并未达到最优债务规模水平，存在适度的举债空间；十堰、宜昌、襄阳的政府债务最优比率小于 1，说明这些地区政府实际债务规模大于其最优债务规模，存在过度负债现象；其余地区的政府债务最优比率等于 1，这说明这些地区的地方政府债务规模存在最大"净正效应"。无论从时间还是地区来看，我国地方政府债务规模的调整速度普遍较低，其可能存在以下两个原因：一方面，中央政府通过制定并实施地方政府债务限额管理制度对地方政府债务规模进行严格控制，各省政府债务规模限额需由财政部制定并经全国人大批准，这一宏观政策约束导致地方政府债务规模的调整成本非常高，因而严重制约了政府债务规模的调整速度；另一方面，我国地方政府债务规模基本已经达到饱和状态，政府实际债务规模在最优债务规模水平上下波动，使得地方政府债务规模的调整只能是微调，这也意味着地方政府通过债务融资方式增加政府投资对经济的拉动作用已经较小甚至可能产生负拉动效应。

## 三、实证结论

本章运用 2015~2017 年 H 省县级政府的统计数据，在定性分析地方政府债务规模内在调整机制的基础上，通过将最优债务规模和债务调整系数内生化建立了政府债务规模非线性动态调整模型，证明了地方政府存在最优债务规模，但由于我国行政体制和债务管理制度严格限制债务规模，债务规模的调整成本普遍较高。本章得到的研究结论如下：

第一，相对于静态调整模型和准动态调整模型，非线性动态调整模型可以更好地解释地方政府债务规模的调整行为。这在一定程度上说明中国地方政府债务规模、经济增长和地方财政收支等因为受到多种宏观和微观因素的综合影响可能存在非线性关系。

第二，研究结果表明地方政府存在最优债务规模，且最优债务规模水平存在明显的地区差异性。以本章研究数据为例，H省县级地方政府的最优规模值为0.149。从整体来看，地方政府债务规模基本上已经达到饱和状态，部分地区尚有适度举债空间，但还有部分地区已经出现过度负债现象。基于实证研究结果可以看出，我国地方政府债务规模处于适度性水平，但这并不意味着债务风险也处于可控范围。

第三，我国地方政府债务规模调整速度的平均值为0.156，远远小于1，这表明债务规模的优化调整面临较高的成本。在我国政府财政分权体制不完善和地方政府债务限额管理制度背景下，地方政府债务发行规模受到较多的管控和限制，从而大大降低了债务规模的调整速度，使得债务规模的调整过程渐进而缓慢。

第四，地方政府最优债务规模与地方财政收入、政府规模和新增债务规模等均呈正向变动关系，而与地区经济增长和经济规模呈反向变动关系；地方政府债务调整速度与经济增长、新增债务规模和偏离最优债务规模的程度等均存在正相关关系。通过K-W差异检验法验证了前文提出的四个研究假设，实证检验发现地方政府最优债务规模存在显著的地区差异性，短期内不存在时间差异性，而地方政府债务调整速度存在明显的时间和地区差异。

# 第九章

# 基于回归分析的地方政府债务规模测度

第八章基于 H 省 70 个县（市、区）政府财政数据和债务数据，采用非线性动态调整模型测算地方政府债务规模，最终确定了地方政府最优债务规模。然而采用动态调整模型测算地方政府债务规模需要数个前提假设，其科学性需要进一步论证。本章进一步采用回归分析法回归预测地方政府债务的合理规模，论证第八章测算的地方政府最优债务规模。在有关地方政府债务理论的现有基础上，从举债需求和偿债能力两个角度归纳出经济发展水平与质量、城镇化水平、地区财力等影响政府债务的因素，根据相关分析提出 5 个理论假设，然后再通过实证分析进行检验。在变量选取及数据处理后，基于回归分析模型预测地方政府新增债务的合理规模以及地方政府债务的合理规模，并对比两种预测的差异，结果发现两种预测结果的差异不大，但差异有扩大趋势。

## 第一节 政府债务合理规模测算方法介绍

### 一、合理政府债务规模的理论机制分析

在现有研究成果中有关地方政府债务理论的基础上，本章从举债需求和偿债能力两个角度归纳以下影响因素，对其作出理论上的分析和假设，然后再通过实

证分析进行检验。

## （一）经济发展水平与质量

具体分析经济发展水平与经济结构对地方政府新增债务的影响。

在一般情况下，经济发展水平的提高，会提高金融业的发展水平，这样一来，地方政府的融资渠道会更为多元。以指标衡量来说，即地区的人均 GDP 越高，其经济发展水平越高，地方政府就更容易融资发展经济，因此，在以 GDP 增长为官员晋升的主要考核指标的大背景下，地方政府官员往往更有动力大量举借债务发展经济。另外，经济结构也会影响政府对债务资金的需求，尤其是以资本密集型产业为主导的第二产业，往往具有规模经济的特征，由于进入门槛高、资金投入量大、固定资产投资比例高、产业调整和转换成本高，对资金的需求也更为强烈。

综上所述，现提出以下假设：

假设 9-1：经济发展水平的提高会带动地方政府的融资需求升高，从而增大地方政府的债务资金需求。

假设 9-2：工业化的推进会导致地方政府对债务资金需求上升。

## （二）城镇化水平

从前文的理论分析可以看出，城镇化建设的推进过程少不了公共产品的建设和投入使用，城镇化进程越深入，公共产品和服务建设需求越高，这意味着地方政府出资推动城镇化进程符合公共产品理论。但是，在城镇化的推进过程中，地方政府承担了更多的事权，地方政府过小的财权和过大的事权导致了财政收支缺口的扩大，在以 GDP 增长为主要政治考核指标的晋升机制的激励下，地方政府更是大规模举借债务以扩大经济投资。

我国的城镇化建设和推进又使得房价迅速上涨，在此背景下土地出让金既成为各地方政府主要的财政收入，也成为部分地方政府偿债资金的主要来源，为地方政府债务扩张带来了新的动力。① 2023 年，经全国人大批准的全国地方政府债务限额 42.17 万亿元，其中一般债务限额 16.55 万亿元、专项债务限额 25.62 万亿元。2023 年末地方政府债务余额 40.74 万亿元。② 从投向领域看，地方政府债

---

① 刘尚希、赵全厚、孟艳、封北麟、李成威、张立承：《"十二五"时期我国地方政府性债务压力测试研究》，载于《经济研究参考》2012 年第 8 期，第 3~58 页。

② 《国务院关于 2023 年度政府债务管理情况的报告》，中国人大网，http：//www.npc.gov.cn/npc/c2/c30834/202409/t20240913_439617.html，2024 年 9 月 10 日。

券主要投向公益性基础设施、市政设施、保障性住房、交通基础设施建设和社会事业等领域，积极发挥政府投资撬动作用，支持地方经济社会发展。而我国大部分地区目前仍处在城市化进程之中，从各级政府预算也可以看出，地方政府将很大部分的财政资金用于基础设施的投资建设，因此，地方政府资金需求很大。

综上，提出假设9-3：

假设9-3：城镇化进程的加快会导致地方政府对债务资金需求的扩大。

### （三）地区财力

地方政府的债务空间是指在不损害地方政府财政可持续性和地区经济稳定性的前提下，给定地区政府当期债务余额和法律约束，根据对本地区经济和财政状况发展趋势的预测，地方政府能够额外发行的债务数额。根据我国地方财政现状分析可知，受经济体制转轨、现行财政体制、地方政府债务管理等因素影响，在我国地方政府层级中越往下政府的财政收入能力越低，而受分税制财政体制影响，基层政府对基础设施建设投资责任较大，其财政支出相对收入较多，导致政府财政赤字较大，因此政府举借债务的倾向高，风险也相应提高（庞保庆、陈硕，2015）。因此，基于不同地区的财政收入能力严格控制举债，对于县级政府来说至关重要。财政收入较高的地区，其债务需求较小。同时，地区财力越高，其可偿债资金越多，可额外发行的债务规模也越大。因此本章提出假设9-4、假设9-5：

假设9-4：地区财力越大，其额外发行的债务规模越小。

假设9-5：地区财力越大，其偿债能力越高，可额外发行的债务规模越大。

## 二、模型介绍

由于本章选取的样本数据年份跨度较小，其序列基本上不会存在不平稳的可能性，因此，不进行平稳性检验和协整检验以及格兰杰因果分析。基于前文理论分析与变量选取，本章设定如下一组模型，以检验地方政府债务空间的影响因素：

$$D_{i,t}^* + R_{i,t}^* = D_{i,t-1} + B_{i,t} = \alpha + \sum_{j=1}^{n} \beta_j X_{i,t} + \gamma_i + \varepsilon_{it} \quad (9.1)$$

其中，$D$ 表示债务余额，$D_{i,t-1}$ 表示在 $t$ 期初的政府债务余额；$B_{i,t}$ 为 $t$ 期的新增债务额；$R_{i,t}^*$ 是不可观察的变量，其由两部分组成：一是县级政府当期的债务偿还金额，二是确保县级政府在 $t$ 期达到合理债务规模时应调整的部分。$X_{i,t}$ 表示其他影响地方政府债务规模的因素。

进一步将期初政府债务余额作为解释变量，以控制债务存量的影响。为尽可能避免内生性问题，对主要影响变量选择其滞前一期，从而得到本章需要的模型如下：

$$B_{i,t} = \alpha + \delta D_{i,t-1} + \sum_{j=1}^{n}\beta_j X_{i,t-1} + \gamma_i + \varepsilon_{it} \tag{9.2}$$

## 第二节 变量选取、数据来源及描述性统计

### 一、变量选取

对于被解释变量新增地方政府债务而言，本章采用新增人均直接债务来衡量新增地方政府债务。本章在已有研究基础上，选取一系列控制变量以排除其他因素对地方政府债务规模的干扰。控制变量选取如下：

经济发展水平能反映宏观经济增长形势，因此采用地区人均GDP衡量经济发展水平；工业是第二产业的重要组成部分，因此采用第二产业产值与GDP之比来衡量工业化水平，根据资本密度计算可知第二产业属于资本密集型产业，投资需求越高，第二产业占GDP的比重越高；地方政府债务与城镇化水平密切相关，因此本章采用每个县城镇居民人口的百分比来衡量该地区的城镇化率；关于地区财政水平，由于部分县级政府数据未公开，数据采集不全，因此本章采用地区公共财政预算收入近似地衡量地区财力。

### 二、数据来源与描述性统计

本章采用县级数据的跨度为 2014～2016 年，这正是地方政府债务开始走上法治化道路的阶段。除债务数据来自各地区政府债务报告以外，其余数据均源于历年《中国统计年鉴》和各地区《关于财政预算执行的报告》。主要变量的描述性统计结果如表 9-1 所示。

表 9-1　　　　　　主要变量说明及其描述性统计结果

| 变量 | 样本数 | 均值 | 标准差 | 最小值 | 最大值 |
| --- | --- | --- | --- | --- | --- |
| 新增人均地方政府债务（元） | 225 | 433.565 | 956.300 | -5 152.451 | 3 664.877 |
| 人均地方政府债务余额（元） | 225 | 4 063.165 | 1 791.997 | 852.189 | 11 006.240 |
| 公共财政预算收入（亿元） | 225 | 14.751 | 12.397 | 2.360 | 82.570 |

续表

| 变量 | 样本数 | 均值 | 标准差 | 最小值 | 最大值 |
|---|---|---|---|---|---|
| 城镇化率（%） | 165 | 44.870 | 9.712 | 28.472 | 75.955 |
| 第二产业占 GDP 比重（%） | 185 | 45.149 | 10.659 | 27.560 | 66.030 |
| 人均地区生产总值（元） | 225 | 40 804.350 | 24 022.140 | 13 095 | 140 911 |

由表 9-1 可知，2014~2016 年各地区每年新增人均地方政府债务金额约为 433.565 元，标准差为 956.300；人均地方政府债务余额约为 4 063.165 元，标准差为 1 791.997；可以看出，各地区间政府债务情况差异较大。从新增人均地方政府债务来看，其最小值与最大值相差近两倍，而人均地方政府债务余额的最小值和最大值相差接近 13 倍。其中，2015 年新增人均地方政府债务为负数的地区有 36 个，2016 年有 12 个，2017 年有 3 个。可见，受债务管理政策影响，各地区债务规模增长得到了一定的控制，但存量债务规模风险短期内难以化解。

地区财力、城镇化率和经济发展同样情况各异且差异明显。这说明 H 省的各地区之间发展不均衡，其债务情况也不同。因此，针对不同地区的情况进行债务合理规模分析具有重要的现实意义。同时可以发现，大部分指标的均值都是大于标准差的，这说明本章选取的数据离散程度不高，适合进行回归分析。

## 第三节 实证结果分析

### 一、回归方法的定量分析

利用统计软件 Stata 14 进行回归分析，豪斯曼检验结果如表 9-2 所示。根据表 9-2 的豪斯曼检验结果可以发现，豪斯曼检验的统计量数值不大，且其 p 值小于 0.05。因此，可以认为原假设（随机效应模型是最有效率的）不成立，所以本章采用固定效应模型。

表 9-2 豪斯曼检验结果

| Test Summary | Chi-Sq. Statistic | prob |
|---|---|---|
| Cross-section random | 11.0700 | 0.0258 |

本章选择固定效应模型对式（9.2）进行回归分析（由于为短面板数据，不需要检验面板数据的协整性），回归结果如表 9-3 所示。表 9-3 报告了回归结果，其中，表 9-3 第（1）和第（2）列选择的是控制地区的单项固定效应；表 9-3 第（3）和第（4）列选择的是控制时间和地区的双向固定效应，并加入地方财力、地区城镇化水平、工业化程度和经济发展水平等控制变量。由表 9-3 可以看出，模型整体有效。表 9-3 的回归结果表明，人均地区生产总值上升可以显著刺激地方政府债务增加，即人均地区生产总值每增加 1 万元，当年的人均地方政府债务发行就会升高 1 436 元。这意味着经济发展水平较高的地区，更偏好于债务融资渠道，对新增债务的需求也较高；反之，欠发达地区新增债务的发行量相对较小。在同时控制了时间和地区的双向固定效应模型中，其估计结果同样显示人均生产总值较高的县级政府也更偏好于债务融资，即人均地区生产总值每提高 1 万元，当年人均地方政府债务需求就会增加 844 元。

表 9-3　　　　　　　　　固定效应模型的回归结果

| 变量 | FE | | Two-way FE | |
| --- | --- | --- | --- | --- |
| | (1) | (2) | (3) | (4) |
| 人均政府债务 | -1.0139*** (0.0892) | -1.0861*** (0.0796) | -1.0287*** (0.0722) | -1.0568*** (0.0746) |
| 地区财力 | 22.322 (43.1372) | -146.4617*** (35.0524) | -101.9138*** (37.2839) | -141.4866*** (42.0286) |
| 城镇化率 | 245.0118*** (82.1299) | 280.254*** (43.8927) | 73.393* (39.4262) | 115.028* (67.471) |
| 工业化程度 | | 115.06* (42.029) | | 161.2745*** (42.029) |
| 人均地区生产总值 | | 0.1436*** (0.0330) | | 0.08437** (0.0342) |
| 常数项 | -6 971.026** (3 136.276) | -16 651.33*** (4 258.031) | 2 130.948* (1 889.023) | -9 489.921** (3 708.887) |
| 样本量 | 165 | 135 | 165 | 135 |
| $R^2$ | 0.6964 | 0.8297 | 0.8030 | 0.8476 |

注：***、**、* 分别代表 1%、5%、10% 的显著性水平。括号中的标准误为稳健性标准误。

从产业结构来看，地区工业化程度越高，其对债务融资的需求也越大。具体而言，地区第二产业占地区生产总值比重每升高1%，该地区的人均政府债务发行量随之增加115～161元。

自从中央对地方政府债务发行出台一系列收紧管理措施以后，地方政府债务发行倾向于回归理性。根据表9-3，无论是单项固定效应还是同时控制了时间和地区的双项固定效应模型的回归结果都表明，人均地方政府债务每增加1元，就会导致该地区人均地方政府债务发行量减少1元左右。这在一定程度上可以证实债务管理的严格，也说明中央对于地方政府债务管理的收紧政策取得了一定的成效，尤其是原来存在的"借新债还旧债"的不理性政府行为已经得到了一定的约束，地方政府举借债务也更注重其可持续性，从而在一定程度上增强了地方政府债务膨胀的可控性，避免地方政府债务风险的积聚。

由表9-3的回归结果可知，地方政府的债务资金需求与城镇化建设具有紧密关系，城镇化进程的推进要求地方尤其是基层政府提供一定的配套公共服务和基础设施建设，可以说，城镇化建设对地方政府的资金投入要求比较高，城镇化率每提高1%，则要求该地区人均地方政府债务发行增加73～280元。城镇化建设资金在短期内需要依靠地方政府债务融资，考虑到县级政府的融资渠道相对省市级政府较少，且其财政收入能力较低，因此这一研究结果也符合预期。

从地区财力情况来看，地区财力与地区人均政府债务发行量存在显著的负相关关系，即地区的财政收入能力越高，其对债务融资的需求越低。具体而言，地区财政收入每增加1元，则该地区人均政府债务发行将减少102～146元。从这方面进行分析，并结合研究样本可以证实，随着地方政府债务管理的日趋规范，县级政府的举债一定程度上来说是由于其财政收支缺口较大。因为县级这样的基层政府承担了大部分的事权，但其财政收入能力并未与事权匹配，由此可以认为央地财政体制不合理所导致的债务融资激励在县级政府依然存在（贾康和白景明，2002）。因此，财政收入能力较弱的基层政府对于举债建设的依赖性相对较高；而自有财力较强的地区有较充裕的财力保证，其举债融资的意愿有所减弱。

## 二、回归分析方法下的新增债务合理规模预测

基于上述回归结果，且鉴于所需的部分县级地方政府数据未公开，因此本章从经济发展水平较高的区县、经济欠发达的国家级贫困县和经济发展水平居中的区县分别选取几个具有代表性的地区，预测其未来3年的债务合理新增规模。首先，根据上文解释变量的估计系数，测算2018年的债务合理新增规模，并与其限额值进行比较。其次，结合比较结果，判断未来3年的债务空间。对于趋势值的选择，则选择各地区相关变量2013～2016年的平均增长率，主要反映当前趋

势的可能影响。上述地区债务合理规模的预测结果如表 9-4 所示。

表 9-4　　　基于回归分析的地方政府债务合理规模预测

| 地区 | | 2018 年实际值（万元） | 2018 年预测值（万元） | 预测误差（%） | 2019 年（万元） | 2020 年（万元） | 2021 年（万元） |
|---|---|---|---|---|---|---|---|
| 较发达地区 | Q 市 | 475 237 | 561 332 | 18.12 | 631 287 | 732 700 | 879 649 |
| | C 县 | 345 736 | 350 105 | 8.79 | 430 281 | 518 374 | 691 823 |
| 国家级贫困县 | D 市 | 366 251 | 461 212 | 25.93 | 465 588 | 472 327 | 480 007 |
| | M 市 | 496 174 | 322 507 | 35.00 | 363 421 | 398 502 | 431 847 |
| 经济发展水平居中地区 | L 市 | 321 828 | 273 028 | 15.16 | 286 124 | 304 941 | 331 820 |
| | Y 区 | 474 158 | 459 823 | 3.02 | 464 786 | 474 875 | 489 803 |
| | J 县 | 192 200 | 150 422 | 21.74 | 157 858 | 161 713 | 174 095 |

由表 9-4 可以看出，不同地区的债务限额与其债务合理水平差异不一，预测误差也各有差异。H 省中 Q 市、C 县和 D 市当前地方政府债务余额都尚在债务合理水平范围之内，从结果来看并未超过按照经济和财政指标所能确定的债务合理规模。相比较而言，其他地区的债务余额可能超过其举借债务合理规模范围。受本章所选择变量的影响，经济发展水平越高或者城镇化水平越高的地区，其债务合理水平相对越高。因此，相对于经济发展落后、财政收入能力差的国家级贫困县 D 市和 M 市，经济发展水平较高的 Q 市和 C 县具有较大的债务新增合理规模空间，且其债务空间规模增长较快。经济发展水平处于 H 省中线水平的几个县级区域债务余额也略高于本章计算得出的债务合理规模，但基本处于可控范围内。值得说明的是，预测结果很容易受指标增速值设定的影响，从而在预测初期产生较大差异。

## 三、基于财政收入能力的债务合理规模预测

为验证上述回归分析方法测算债务合理规模的准确性，本部分以 L 市为例①，利用地方财政能力的预估和存量债务还本付息额计算该地的债务合理新增规模。具体来说，利用地方政府年度债务还本付息额占本年度财政收入比重上限衡量政府当前的偿债能力，并且给这一指标设定上限以保证地方政府债务的可持续性，进而得到不同财政和债务情况下的地区债务合理新增规模。测算步骤如下。

---

① L 市数据源于政府调研，因此掌握数据全面，适合作分析。

第一步：根据地方政府以往的财政表现情况预测未来 5 年地方政府的财政总收入，并给出其还本付息能力，从而可以计算得到每年可用于偿付债务的最大资金数。

第二步：在已知存量债务当前年度应偿付本息额的情况下，根据之前得到的结果可计算得到当年政府的净偿债能力，即除了偿还当前应还的本息，还能提前偿还的债务本息额。

第三步：结合得到的净偿债能力，运用政府的债券发行期限和利率计算政府每年的应偿债额，进而就能测算出当前设定下本地区将来可以发行的合理债务规模。

结合当前我国实行地方政府债务置换的现实政策情况，在短期内，地方政府利用 3~5 年期的中长期债券对部分当年到期的存量债务进行置换。L 市 2017 年底政府债务中负有直接偿还责任的债务余额为 26.5 亿元，2018 年和 2019 年需要偿还的债务本金及利息分别为 2.08 亿元和 2.78 亿元。根据表 9-5，假定该市平均财政收入增长速度不变，其等于 2011~2017 年全市财政收入的平均增速。根据 L 市的平均财政收入增长速度不变，因而预计 2018 年和 2019 年全市财政收入分别可达到 18.34 亿元和 21.55 亿元，但 2018 年和 2019 年债务还本付息占同期财政收入的比重分别为 11.34% 和 12.9%，超过了地方政府的偿债能力。

表 9-5　　　　2011~2017 年 L 市全市财政收入情况　　　　单位：亿元

| 年份 | 全市财政总收入 | 一般公共预算收入 | 政府性基金收入 | 国有资本经营收入 |
|---|---|---|---|---|
| 2011 | 6.05 | 4.16 | | |
| 2012 | 7.87 | 5.59 | | |
| 2013 | 10.16 | 7.29 | 7.47 | |
| 2014 | 12.13 | 8.75 | | |
| 2015 | 13.36 | 10.27 | 11.2 | 0.0015 |
| 2016 | 14.55 | 10.76 | 15.22 | 0.0015 |
| 2017 | 15.61 | 11.11 | 6.72 | 0.002 |
| 2018 | 18.34 | 13.15 | 7.39 | 0.0023 |
| 2019 | 21.55 | 15.57 | 8.13 | 0.0027 |
| 平均增速（%） | 17.48 | 18.37 | 9.99 | 16.67 |

资料来源：各年 L 市政府预算执行报告以及预测。

结合当前地方政府债务管理实践，本部分假设在 5 年内（2018~2022 年）地方政府会适度提高其还本付息能力，因而将其年度债务还本付息额占比定为

7%，其中固定用于偿还已发生债务本金的比率定为5%。同时，对各年度在实际还本总额以外的当期未偿还债务采用3年期、5年期和7年期的债务进行置换①（为便于计算，将展期一般债券的利率统一设定为3.9%），延长债务期限，优化期限结构，使之更符合政府公益性投资的回报周期，腾出更多资金用于重点项目建设。此外，留出2%的空间用于发行10年期的新债。表9-6给出根据债务限额法测算的L市在未来10年的举债新增合理规模。由表9-6可知，假定政府财政收入能以2011~2013年年均17.48%的速度增长，则随着财政收入的增长，每年可以偿还的债务本金及利息也呈递增状态，从2018年的9 170万元上升至2027年的39 106万元。

表9-6　　L市政府债务合理新增规模测算（2018~2027年）

| 财政年度 | 总财政收入（万元） | 年度还本付息能力（万元） | 新增债券期限10年 | | 财政收入增速17.48% | | | | 债务率（%） |
|---|---|---|---|---|---|---|---|---|---|
| | | | 年度应还本付息额（万元） | 年度实际还本付息额（万元） | 年度展期金额*（展期3/5/7年）（万元） | 还本付息能力剩余空间（万元） | 可新增债务规模（10年期）（万元） | 负有偿还责任债务余额（万元） | |
| 2017 | 156 113 | 10 928 | | | | | | 265 321 | 169.95 |
| 2018 | 183 410 | 12 839 | 20 757 | 9 170 | 11 587 | 3 669 | 28 890 | 285 041 | 155.41 |
| 2019 | 215 480 | 15 084 | 27 767 | 10 774 | 16 993 | 4 310 | 33 940 | 308 207 | 143.03 |
| 2020 | 253 157 | 17 721 | 75 308 | 12 658 | 62 650 | 5 063 | 39 870 | 335 419 | 132.49 |
| 2021 | 297 422 | 20 820 | 69 886 | 14 871 | 55 015 | 5 949 | 46 842 | 367 390 | 123.52 |
| 2022 | 349 427 | 24 460 | 104 845 | 17 471 | 87 374 | 6 989 | 55 032 | 404 951 | 115.89 |
| 2023 | 410 525 | 28 737 | 109 943 | 20 526 | 89 417 | 8 211 | 64 653 | 449 078 | 109.39 |
| 2024 | 482 307 | 33 761 | 126 687 | 24 115 | 102 573 | 9 646 | 75 953 | 500 916 | 103.86 |
| 2025 | 566 640 | 39 665 | 154 586 | 28 332 | 126 255 | 11 333 | 89 236 | 561 820 | 99.15 |
| 2026 | 665 718 | 46 600 | 162 185 | 33 286 | 128 899 | 13 314 | 104 836 | 633 370 | 95.14 |
| 2027 | 782 121 | 54 748 | 209 126 | 39 106 | 170 020 | 15 642 | 123 166 | 717 430 | 91.73 |

注：*年度展期金额，即对于超出固定还本额的本年度应还本债务余额，按照3年期、5年期、7年期的一般债券进行存量置换，从而将存量债务期限拉长。在确认2018年以后的应还本付息额时，考虑上述展期债务的利息支出和新增债务的利息支出。

① 以表9-6为例，2018年的未还本债务分别在2021年、2023年、2025年各偿还1/3。

以 2019 年为例，L 市偿还 10 774 万元的本金及利息，将剩余 16 993 万元的本金及利息进行展期，此后分别以 3 年期、5 年期和 7 年期的利率（3.9%）逐渐偿还，2019 年 L 市剩余的债务还本付息能力为 4 310 万元，还可发行的新增债务规模为 33 940 万元。到 2019 年底，负有偿还责任的债务余额为 308 207 万元，全市债务率为 143%，全市债务率降至 150% 的风险警戒线以内，相比 2018 年的 155.4% 略有下降。由此可以看出，采用该方法计算的政府债务新增合理规模，对政府的可新增债务规模进行了严格约束，使新增债务规模与地方政府财政收入增速相匹配，从而逐步降低政府的债务率水平，进而控制政府债务风险。由表 9-6 可知，2027 年 L 市政府债务率能降至国际上公认的较低合理区间，即 90% 左右。

表 9-7 展示了两种测算方法得到的地方政府债务空间结果。由表 9-7 可以看出，两种结果的差异不大，但差异有扩大趋势。这是因为限额法受初始设定的财政收入增长率影响较大，其假定财政收入增长率每年都不变，而实际上受经济下行的大背景影响，财政收入增长率近年有下降趋势，因而回归分析法得出的结果相比限额法数值较小。

表 9-7  两种测算方法所得结果比较

| 项目 | 2019 年 | 2020 年 | 2021 年 |
| --- | --- | --- | --- |
| 回归分析法结果（万元） | 286 124 | 304 941 | 331 820 |
| 限额法结果（万元） | 308 207 | 335 419 | 367 390 |
| 结果差异（%） | 7.16 | 9.09 | 9.68 |

## 第四节  结论与建议

### 一、实证结论

本章建立适用于我国国情的县级地方政府债务合理规模回归分析测算体系。通过回归结果下的债务合理规模测算，结合地区经济发展水平和地区财力较为准确地预测县级政府未来的新增债务发行规模。实证结果显示：（1）经济发展水平越高的地区，其举债需求越大；地区的第二产业占地区生产总值比重越高，其举债需求越大。（2）县级地区城镇化进程的推进尤其倾向于依靠债务融资。（3）县级地区债务很大程度上是为弥补财政收入空缺，以匹配其事权。（4）利用回归分析方法得出的债务合理规模能在满足基本资金需求的基础上,较好地控制债务膨胀,从而逐步化解和降低债务风险。

## 二、政策建议

**1. 适当将债务合理规模测算应用于地方政府债务管理**

首先,在统一县债务空间标准的基础上,结合不同地区实际,科学确定各地区的债务合理规模。在为各地区债务合理规模提供统一标准方面,可由省财政厅确定统一的大类标准指标,再下至各市财政局对不同县级地方进行债务的合理水平测算。如上所述,各县级地区的经济发展水平和结构、地区财力状况以及城镇化推进需求等都有一定程度的不同,因此,各地区对于自身的债务规模上限的确定标准也各有不同,从这一层面来说,由上级财政部门统一标准,可以同时从更全面的角度对县级政府债务合理规模进行横向比较,也更具合理性和权威性。另外,在前述基础上,各地区也可以确定更具针对性的地区内地方政府债务合理水平测算标准,以此来规范和约束地方政府举债行为。其次,在合理设定地方政府债务规模情况下,加强对地方政府债务限额的预算管理,硬化预算约束。通过债务空间的动态测算和分析,为不同地区确定相应的债务规模区间,及时发现接近规模上限的地方政府,严控超过规模上限的地方新增债务,从而避免债务风险扩大。在债务合理规模的测算方面,可根据不同情况添加相应的控制变量,从而更全面地得出适合不同地区的债务规模。对于债务规模超上限的地方政府,可根据其债务风险程度,合理减少其新增债务额度,甚至是一定时期内禁止其产生新增债务,以约束地方的过度举债。

**2. 弱化基层政府对债务收入的依赖**

根据本章研究结果,我国县级地方政府经济发展和城镇化推进支出具有明显债务融资依赖,这主要是由于"一级政府、一级事权、一级财权"的体制。要减少基层政府的债务融资依赖,一是要深化财税体制改革,拓宽县级地方收入渠道,以保障县级地方独立和相对充裕的财政收入来源,从而有较为充足的财力行使基本职能。二是进一步明确划分事权,落实中央和地方的支出责任,属于中央事权的中央项目应该由中央筹集建设资金,不得要求地方举债配套;地方政府举债只能用于属于地方事权的地方项目建设。三是以推进基本公共服务均等化为核心,规范财政转移支付制度,重点是扩大一般转移支付的规模,相应缩减专项转移支付的规模。据此,逐步降低基层政府对土地出让收入与债务收入的依赖程度。

**3. 完善政府间财政关系**

如前所述,县区级政府财力不足是其举借债务融资的重要原因。因此,要降低县级政府对债务的依赖，有效控制债务规模的无序膨胀，必须深入完善政府间财政关系。为此，应尽快实现"财权事权相匹配"，具体而言，参考国际先进经验，主要是在公共支出占比最大的基础设施和公共服务领域，合理界定各级政府的责任。其次是给予各级政府对应的财政收入来源，在此基础上，还要充分利用转移支付制度的作用，增大一般转移支付力度，有效弥补低层级地方政府财政资金缺口。值得注意的是，除了确立基本财政制度之外，严格的硬预算约束同样应得到重视，这样可以避免县区级地方政府以各种手段将债务风险转移至上级，从而有利于促进低层级政府合理配置资源。

### 4. 规范县级政府新增债务程序和资金用途

政府层级越往下，约束和规范往往越软化。为加强政府债务管理，提高县级政府债务支出效率，进一步规范其增大债务规模的程序必不可少。低层级地方政府也需在一定的债务限额内举借资金，且只能由政府部门负责，使债务举借和使用环节不脱节，明确偿还责任；新增债务和债务资金的使用都必须通过一定的标准程序，这样一来，地区就能根据实际情况合理确定债务规模和高效使用债务。在债务资金的使用方面，严格执行《预算法》，必要的话可设立专门的债务管理机构，禁止债务资金用于经常性支出，而只能用于资本性支出。

### 5. 加大县区级政府债务的信息公开力度

在《预算法》（2014）出台以前，大部分地区都有大规模的存量隐性债务，有的甚至超过偿还责任债务规模，而有关政府债务的信息几乎都是不公开的，信息人透明度非常低，在研究中笔者还发现，政府层级越低或是经济发展程度越低，信息透明度倾向于越低，多项研究也证明，不透明的信息机制对债务资金的不合理形成以及不规范使用有一定的正向影响。因此，要促进债务资金在各个环节的规范化管理从而提高使用效率，应在锁定和控制隐性债务规模的基础上，加大债务信息公开力度，建设规范和完善的各级地方政府债务信息工程和信息管理系统，进而使得社会公众、市场机制和政府部门都可以发挥充分的积极作用，及时监督和掌握县区级地方政府债务的多方面信息。

# 第十章

# 地方政府专项债的马太效应实证分析

第九章采用回归分析法回归预测了地方政府债务的合理规模，本章侧重于地方政府专项债的马太效应实证分析。介绍马太效应的内涵及成因，并整理不同学派对地方政府发债以及地方政府债务影响经济增长的观点，从理论上分析专项债对经济增长的影响机制。介绍我国地方政府专项债的发展历程及发行现状，梳理新增专项债限额分配的办法，并从地方政府财力、重大项目支出和融资需求、债务风险这三个方面来分析对专项债发行规模的影响，分析不同发展水平的地区获得专项债限额规模不同的原因。从2015年开始，我国地方政府债务分为一般债务和专项债务分别纳入预算进行管理，因为本章研究时间起点为2015年。运用马尔科夫链模型构造转移概率矩阵，检验专项债马太效应的存在性，通过实证检验说明欠发达地区在专项债限额分配中处于劣势地位，而发达地区能够保持先发优势。运用固定效应模型和分位数回归模型，研究专项债对经济增长影响的程度及异质性，并以基础设施投资作为传导变量进行分步回归，实证检验专项债通过影响基建投资从而影响经济增长的传导机制。

## 第一节 概念界定与基础理论

### 一、概念界定

#### （一）地方政府专项债的概念

为规范对地方政府债务的管理，从 2015 年开始，我国将地方政府债务分为一般债务和专项债务分别纳入预算进行管理，一般债务收入通过发行一般债券方式筹措，专项债务收入通过发行专项债券方式筹措。

专项债券的发行主体为省（自治区、直辖市）级政府，计划单列市政府经省政府批准也可以自己发行专项债券，市县级政府确需举债的，由省级政府代为发行。专项债资金主要投向有一定收益的项目，偿还以对应的政府性基金或项目收入作担保。2017 年以来，财政部鼓励地方政府发行项目收益专项债，更加注重项目的收益与融资自求平衡。因此，与一般债相比，专项债的发行更加注重对项目收益的考察。

地方政府专项债根据用途可分为新增、置换和再融资三类。在地方政府债务限额管理下，新增专项债的发行规模必须以新增专项债的限额为依据，不得突破限额，实际发行的新增专项债规模小于或者等于新增限额规模。由于只有实际发行的新增专项债能为基建投资提供增量资金，因此，本章以新增专项债的发行规模为研究对象，且为了名称的简洁，本章中均用"专项债"来指代"地方政府发行的新增专项债"。

#### （二）马太效应的内涵及成因

**1. 马太效应的内涵**

马太效应起源于圣经的一则寓言故事，其中心思想是"凡有的，还要加倍给他叫他多余；没有的，连他所有的也要夺过来"。在我国，两千多年前的老子也有过类似的论述："天之道，损有余而补不足。人之道则不然，损不足以奉有余。"[①]

---

[①] 摘自《老子·道德经·第七十七章》，古诗文网，https://www.gushiwen.cn/mingju/juv_f73fc4e93a69.aspx。

1968 年，美国学者罗伯特·默顿（Robert K. Merton）将马太效应运用到科学家评奖的研究中，此后越来越多的研究领域也引入了马太效应的概念。① 经济学领域的马太效应主要是反映一种"贫者愈贫，富者愈富"的两极分化现象，在经济实力、资源禀赋、经营能力等存在差异的客观现实下，资金表现出向优势群体积聚，强者与弱者之间的差距由于马太效应的存在而被不断拉大。

**2. 马太效应的成因**

对马太效应成因的研究结果发现，初始资源的分配差异是一个重要影响因素。由于不同群体之间存在着资源禀赋的差异，起点水平不同，在后续的发展中通过"棘轮效应"和"赢者通吃"两个机制逐渐形成了发展差距拉大的局面。"棘轮效应"即初始资源禀赋高的群体能够始终保持优势，其资源的积累会保持向上的惯性。"赢者通吃"是指本身具有资源优势的那一方会不断吸纳资源，甚至把处于劣势那一方的资源也给吸纳过来。在一定程度上，这种现象反映了市场经济的要求：资源总是流向具有效率的一方。然而，这种具有效率的资源流动本身存在不公平的问题，不仅会影响经济的长期健康发展，还会造成严重的社会公共问题。

**3. 地方政府专项债的马太效应**

地方政府专项债的马太效应是指地区间专项债的发行规模分化加大的现象。具体表现为初期专项债发行规模处于高水平的地区，在后续年份的发行中能够保持领先地位；而初期专项债发行规模处于低水平的地区则陷入了低水平的困境，难以改变弱势地位。

新增专项债是一种有限的资源，在进行分配时，需要考虑其投向地区对债务资金的使用效能，使这种有限的资源能够获得最大的收益。发行新增专项债是地方政府重要的融资渠道，要求资金担保，因此还需要考虑地区的经济实力，以降低债务的偿还风险，现有专项债额度分配规则易导致资源向发达地区集中。② 由于财政实力雄厚、资信评级好、项目收益可观、偿债风险低，越发达的地区获得新增专项债的限额越高；而欠发达地区无论是财政实力还是项目储备的数量和质量均处于劣势，从而发达地区能够获得充足的现金流，而欠发达地区却不能获得与需求相匹配的债务资金，区域间的专项债规模差距不断扩大，产生马太效应。

---

① Merton R K. The Matthew effect in science: The reward and communication systems of science are considered [J]. *Science*, 1968, 3810 (159): 56 ~ 63.

② 杨帆：《地方政府专项债券的主要问题及政策建议》，载于《中国物价》2019 年第 7 期，第 54 ~ 55 页。

## 二、基础理论

### （一）地方政府专项债发行的理论

**1. 财政分权理论**

20 世纪 50 年代，第一代财政分权理论起源于西方，蒂博特（Tibout）、布坎南（Buchanar）和奥茨（Oates）等提出的模型和理论解释了地方政府存在的必要性及合理性，其核心思想是地方政府具有信息优势，其提供的公共产品能够更好地与当地居民的偏好相契合。① 另外，"用脚投票"现象的存在使得地方政府间展开良性竞争，有利于提高资源配置效率。因此，第一代财政分权理论主张的是中央政府应放权给地方政府。第二代财政分权理论则更加关心地方政府行为，特别是地方政府行为对经济增长的影响，主张央地政府间存在委托—代理关系，中央政府要对地方政府的行为作出干预，防止地方政府权力的不合理扩张。

新中国成立以来，我国的三次财政体制改革历程体现了"放权让利"的特点。在计划经济时代，为了集中力量进行生产发展，我国实行的是集权式财政体制，财政资金由中央政府统收统支，地方政府的财政支配权和管理权很小，最终导致全社会审查效率较为低下。为了提高地方政府的积极性，中央将一部分权力下放地方，地方政府有了自己的财政收入及对财政收入的支配权。虽然这种"分灶吃饭"的财政体制调动了地方发展经济的积极性，但是却使得中央政府陷入财政收入不足、宏观调控能力不强的局面。为了扭转"强地方，弱中央"的局面，1994 年我国开始进行分税制改革，明确了中央和地方政府的财政收入范围，在保证地方积极性的同时加强了中央的权威。虽然分税制改革对我国经济发展具有重要意义，但是仍然存在不足之处，具体表现在事权与财权的划分不对等。主要税种的税收收入归中央所有，地方政府独立税均是房产税、车船税等小税种，中央与地方共享的税收也是中央分得了较大比例的收入，而事权支出责任却是层层下放，地方政府承担着发展本地区经济的主要责任，需要提供大量的公共商品和服务，财政支出负担加重，出现财政收支缺口，中央对地方的税收返还制度无法有效解决地方政府财政资金不足的问题。

2014 年之前，我国地方政府没有举债权，且预算不列赤字，为了弥补发展资金缺口，地方政府通过融资平台举借了大量债务，极易引发系统性金融风险，地方政府隐性债务的问题引发广泛关注，为此，财政部表示要剥离融资平台公司

---

① 刘京焕等：《财政学原理》，高等教育出版社 2018 年版。

的政府融资职能,严堵"后门"。同时,《预算法》(2014)赋予了省级政府举债权,地方政府举债开始合法化、显性化、规范化。在分税制的财政管理体制下,允许地方政府举债是扩宽地方政府融资渠道的必然趋势。

**2. 代际公平理论**

代际公平理论最早出现在环境保护领域,体现的是一种可持续发展的思想。美国学者爱蒂丝·布朗·魏伊丝教授指出各世代的人共同掌管着地球的自然资源,各世代的人都有权使用并从中受益,当代人过度开发使用有限的资源,这对后代人来说是不公平的,因此有必要设置一种约束机制来保障各世代的人能公平地享用资源。① 虽然当代人必须约束自己的行为以免损害后代人的福利,但是也不能要求当代人过于节俭,为了后代人的利益而支付巨大成本,否则就会造成对当代人的不公平。

财政活动实质上是对国民收入的再分配,影响的不仅是当代不同群体之间的利益,而且与后代人的利益息息相关,将可持续发展的理念引入财政学领域便产生了"财政代际公平"的概念。财政代际公平要求不得损害后代人的财政权益,反对当代人举债提前消费,因为现在的债务意味着将来的税收,政府举债只不过是将征税的时间推迟了,这对后世的人来说是不公平的。然而,人们在讨论地方政府债务问题时只看到了后世人支付的税收,往往容易忽视后代也将在当代人种的大树下乘凉,考虑到所费与所得之间的关系,才是对财政代际公平含义的完整理解。

政府的公共支出一般分为消费性支出和投资性支出,消费性支出是一种非生产的消耗性支出,用于实现国家职能的行政管理和社会服务活动,不能形成任何资产,只对当代人有益。投资性支出则能形成资产,当代人和后代人均能从中受益。地方政府举债主要是为了进行基础设施建设,例如修路、架桥、通信工程等,而基础设施项目的建设周期一般较长,且一旦建成,将会形成政府的固定资产,可在代际间传递,后代人也将享受到这些基础设施带来的便利,为此支付一定的税收也是合理的。当代人既能在当下享受充足的公共产品和服务,也不用为后代人的收益而买单,只要能平衡好各世代人的成本和收益,政府举债有利于代际公平的实现。

**3. 地方政府负债偏好理论**

在政治晋升激励下,地方政府为了发展地区经济,增加对企业投资和人才的吸引力,有动力去提供良好的、有竞争力的公共产品和服务,这也要求地方政府

---

① Weiss, Edith Brown. In Fairness to Future Generations and Sustainable Development [J]. *American University International Law Review*, 1992, 1: 19 – 26.

加大发展性财政支出。由于纳税人的有限理性,往往容易产生公债幻觉。公共选择学派认为,个人往往不将公债发行包含的将来税收现值等同于没有贴现的即期税收,即没有意识到公债是未来政府税收的凭证。① 因此,相比通过增加税收或者增发货币的方式来弥补财政支出缺口,发行公债以换取对货币购买力的即期支配权更容易被接受,个人或纳税人就更倾向于"投票赞成"更大债务创造所支持的更大规模公共支出方案。

对政府而言,增发货币容易带来通货膨胀的不良影响,且地方政府不具备货币创造的资格,货币创造手段的使用受到很大的限制,而举债能够很好地暂时缓解收入与支出之间的矛盾。由于举债与偿债存在时间上的不一致性,也会产生公债幻觉效应,导致政府偏好用公债替代税收来筹集资金。社会中的个人(包括政府官员)往往没有私人的义务对整个社会的债务负责,这种社会责任机制也易使政府有动力发行更多的公债,从而在债务资金利用上出现超标准、低效率的现象。

为了防止政府过度负债,有效控制举债规模,要完善地方政府融资机制,做好"堵后门、开前门"的工作部署。专项债的发行使地方政府为项目建设筹集资金有了合法、规范的渠道,有利于化解隐性债务风险,并且专项债要求资金与项目对应,做好信息披露,科学评估项目的收益性,有利于约束不负责任的冲动举债行为。

### (二) 政府债务与经济增长的理论

#### 1. 政府债务的有用论

凯恩斯主义学派主张政府举债能对经济增长产生积极作用。凯恩斯经济周期理论指出经济的发展要经历繁荣、衰退、萧条、复苏四个阶段的循环,并认为有效需求不足导致的资本边际收益下降是经济衰退的主要原因。在市场经济中,有效需求总是不足,且社会总供给和总需求难以自动实现均衡。凯恩斯的国家干预政策就是在经济萧条的背景下登上了历史的舞台,并发挥了积极作用。

凯恩斯认为经济走出萧条关键在于增加有效需求,缓解供给的相对过剩。当社会上存在着大量的闲置资源,政府通过扩大基础设施建设等方面的开支,能够解决就业问题,增加人民收入,刺激有效需求。由于乘数效应的存在,总需求能够成倍数增加,从而刺激国民经济活动,重振经济。因此,在经济不景气的情况下,政府应当实行积极的财政政策,通过举债来聚集社会闲散资金,扩大公共支出和公共投资,以激发社会活力。凯恩斯国家干预经济理论为本章中地方政府债

---

① 金荣学、傅鑫:《构建地方政府性债务责任承担机制的国际经验借鉴——以巴西实施〈财政责任法〉为例》,载于《财会月刊》2017年第18期,第74~78页。

务对经济增长的影响机制奠定了理论基础。

在居民消费倾向等相关理论的基础上，凯恩斯进一步提出了投资乘数理论。投资的乘数效应是指投资的变动会使国民收入发生数倍的变动，这一倍数就是投资乘数，为国民收入增量与投资增量的比值。投资乘数给出了投资与产出间确切的数量关系，为政府通过增加债务来扩大投资规模，进而扩大总需求提供了理论依据，肯定了地方政府通过增加债务来发展的积极作用。

**2. 政府债务的无用论**

新古典主义学派是主张政府举债对经济增长有消极作用的代表性学派，反对政府对市场的过度干预，支持自由市场经济，强调个人选择和理性预期。[①] 该学派认为政府举债虽然在短期内能刺激消费和投资，提高当期的国民收入和福利，但是债务增长的同时也将税负转嫁给了后代，会加重后代人的税收负担，牺牲后代人的福利。当资源配置处于最佳状态时，政府举债在刺激消费的同时会导致储蓄量下降，使得市场利率上升，从而挤出私人投资，对经济增长产生负面影响。在长期，政府的债务扩张甚至会造成扭曲性的税收，使经济陷入恶性循环。

**3. 政府债务的中性论**

李嘉图的等价定理认为政府债务对经济的影响是中性的，政府举债对经济增长不产生影响。基于人都是理性的和完全信息假设，该定理认为人们能清楚地知道政府当期举借的债务都要用未来的税收偿还，政府举债实质上是征税的延迟。在预期未来税收增加的情况下，理性的消费者会相应减少当期的消费而增加储蓄，这与征税直接减少了消费者的可支配收入从而减少当期消费的效果相同。因此，无论是通过征税还是通过举债筹资，这对社会公众经济选择的影响是一样的。由于人们能够理性预期政府未来的行为，所以政府债务在长期对经济也不会产生影响。

巴罗对李嘉图等价定理进行了补充发展。他引入代际利他假设，认为人们具有利他动机，能够从他们的后代的消费中获取效用，因此，不论是由其自身还是后代承担的税负都是无差异的，这就解释了为什么消费者在意识到现在的债务会增加未来的税收负担后会做出减少当期消费的决策。

通过政府债务对经济增长影响的理论分析发现，在现实中，新古典主义和李嘉图等价定理的很多前提假设无法得到完全满足。由于消费者实际上是有限理性的，且在我国经济进入新常态的现实背景下，对有为政府的呼声越来越大，积极的财政政策在市场经济发展中发挥日益重要的作用。因此，在现实中，凯恩斯主义的举债有用论得到广泛的认可和应用。

---

① 金荣学、傅鑫：《中美地方债务管理制度比较》，载于《当代经济》2017年第13期，第6~8页。

## （三）专项债对经济增长的影响机制

政府举债最终为了形成财政支出，从而作用于区域经济增长和社会发展。财政支出可分为生产性支出和消费性支出两类，生产性支出主要包括基本建设等支出，能形成物质资本，经济效用较高；消费性支出则是一种福利性支出，例如科教文卫支出。学界的观点普遍认为我国地方政府发债主要是用于政府领域的投资，即增强基础设施与公用设施的建设。对地方政府债务进行分类管理后，要求专项债资金主要投向有一定收益的项目，因此，与一般债相比，专项债的生产性支出属性更加突出。

近年来，为应对宏观经济增速下行，稳增长被摆在突出位置，在出口和消费增长乏力的情况下，稳投资成为应对经济下行的最直接有效的举措，由于房地产调控坚持"房住不炒"，基建投资成为主要的增长手段。另外，受大规模减税降费的冲击，地方政府财力紧张，用于基础设施等重要领域的投资资金，越来越依赖专项债筹资。2020年以来，监管部门要求专项债重点用于国务院常务会议确定的交通基础设施、冷链物流设施、市政和产业园区基础设施等七大领域，积极支持"两新一重"①建设，不得用于土地储备、棚改等与房地产相关领域，并且提前下达下一年度的专项债额度，就是为了配合基础设施投资，以尽早形成对经济的有效拉动。

综合上述分析，本书认为专项债主要是通过基础设施投资渠道影响经济增长。主要表现为两个方面：一是以直接投资的形式增加GDP，并吸引更多的私人投资，通过乘数效应促进经济增长；二是增加公共资本存量，改善经济发展环境，提高资本的经济效益。若存在专项债规模的马太效应，则发达地区不仅能够获得较高的直接投资，通过乘数效应放大政府资金的杠杆作用，而且能够进一步获得更多、更高质量的公共资本；而欠发达地区由于专项债资源少，在增加投资和增加资本存量方面的表现都较差，从而使得不同地区经济水平的差异进一步拉大。

### 1. 增加投资

专项债资金直接增加总投资。随着中央和地方政府事权关系的变化，我国基础设施建设长期依赖中央财政投入的格局已完全打破，地方政府获得地方基础设施的投资决策权，地方项目越来越多，份额不断上升，地方政府投资成为基础设施建设的主力军。地方政府专项债券是地方政府投资的主要资金来源，其是将社

---

① 2020年5月22日，国务院总理李克强在发布的2020年国务院政府工作报告中提出，重点支持"两新一重"建设，即新型基础设施建设，新型城镇化建设，交通、水利等重大工程建设。

会闲置资金汇拢到政府手中,然后针对项目进行定向投放,因此,发行专项债具有直接增加总投资的作用。2008年国际金融危机以来,为应对经济下行,地方政府主导的基础设施投资成为逆周期调控的重要抓手。在经济新常态下,作为积极财政政策的重要组成部分,地方政府专项债有利于缓解地方政府资金压力,保障重点项目资金需求,是补短板与稳投资的直接力量,已成为稳定经济增长的必要着力点。

地方政府债务还对私人投资存在挤入效应。在不考虑其他条件差异的情况下,社会资本总是倾向于流入政府投资较大的地区。由于有政府信用担保,地方政府债务资金的投向对社会资本具有"风向标"的作用,地方政府债务作为外生的资金投入公共设施建设,会带动社会资本的跟进。① 在适度范围内,地方政府用于基础设施投资的债务规模越大,投资者对该地的投资也越多,单位投资资金的产出相应增加,从而能够吸引更多资金。

投资活动会产生需求效应,投资增加会引起社会对产品和劳务的需求增加。加大基础设施建设能够吸纳大量劳动力,促进就业,提高居民收入和消费能力,刺激总需求,通过乘数效应放大对经济增长的影响,使国民收入成倍数增加。

**2. 增加公共资本存量**

投资具有供给效应,是实现社会资本增量的重要途径。专项债主要用于地方基础设施建设,这些基础设施一旦完工,实质上形成了具有正外部性的公共物质资本,兼有非排他性和非竞争性。作为评价地区经济发展环境的重要指标,基础设施是国民经济的组成部分,也是人们生产、生活的必要保障,为地区经济发展服务。加大基础设施投资力度,有利于改善当地的投资环境和经济环境。

投资环境是影响地区经济增长的重要因素。大部分基础设施的供给与企业需求间有较精确的定量关系,比如水电、道路、热力等设施,直接参与生产全过程。还有一部分基础设施不直接参与企业生产活动,通过提高非基础设施投资的边际产出水平间接影响企业经济效益。基础设施短缺、不适应以及各类设施间的不匹配问题,不仅会影响企业的正常生产活动,还会造成投资浪费,影响基础设施投资的经济效果,不利于经济的发展。

我国各地基础设施水平不同,发达地区配套基础设施体系比较健全,管理水平较高,容易通过举债获得高水平的基础设施和公共品,目前有很多地区已经开始涉足效益更高的新基建领域。欠发达地区在传统基建领域还存在很多短板,市场化融资力量较弱,对政府债券的依赖度大,但是相应的专项债券额度并不多,

---

① 朱文蔚、陈勇:《地方政府性债务与区域经济增长》,载于《财贸研究》2014年第4期,第114~121页。

难以满足项目需求，并且部分欠发达地区由于管理水平不高，还存在盲目建设和重复建设的问题，造成债务资金的浪费，使经济发展受限。

## 第二节 地方政府专项债的现状分析

### 一、发展历程

#### （一）禁止发行阶段

新中国成立之初，我国曾在黑龙江、安徽等地小规模发行过地方政府债券，后来由于经济环境不稳定、地方政府偿债能力较弱等原因被逐步叫停。1994 年颁布的《预算法》明确规定地方政府预算不列赤字，地方政府不得发行地方政府债券。与此同时，分税制改革使得地方政府收入减少，中央对地方的转移支付也存在不规范、不及时的问题。为了缓解发展建设资金不足的压力，地方政府纷纷开始通过各种融资平台公司举债。这种融资方式确实为地方政府筹集了大量的建设资金，显著地提高了地方基础设施水平，推动了地区经济迅速发展，同时也形成了大量的隐性债务，给财政系统的健康运行埋下了隐患。

#### （二）"代发代还"阶段

2008 年，为应对金融危机，国家出台经济刺激计划，要求地方政府提供配套建设资金。为解决地方政府资金不充裕的难题，从 2009 年开始，财政部可在国务院批准的额度内代理发行地方政府债券，后续的管理及债务归还也由财政部统一负责，这种发债模式在一定程度上弥补了地方政府建设配套资金的不足。但这还只是名义上的地方政府债，地方政府只有债务资金的使用权而没有实质性的举债权。

#### （三）试点发行阶段

有了财政部统筹管理地方政府债务的良好基础，2011 年财政部发布了《2011 年地方政府自行发债试点办法》，批准上海市、深圳市、浙江省和广东省作为试点自行发行地方政府债，2013 年将山东省和江苏省也纳入了试点范围。虽然试点地方政府可以在本省（市）政府债券承销商中择优选择主承销商，对本省（市）政府债券的发债机制有一定的自主权，但是债券规模的限额、品种、期限等具体要求还是依据财政部的指导办法，且政府债券的还本付息仍由财政部代办，还不是真正意义上的地方政府自主发债。2014年经国务院批准，在上海、浙江、广东等10个省（市）开展地方政府债"自发自还"试点，按照市场化原则发行政府债券①，是地方政府债券发展的一个重大进步。

### （四）全面规范阶段

基于地方政府债券试点发行积累的经验，《预算法》（2014）规定地方政府可以通过发行地方政府债券的方式筹措建设投资资金，为地方政府举债提供了法律依据。随之出台的《国务院关于加强地方政府性债务管理的意见》（以下简称《意见》）则明确规定了发行地方政府债券是地方政府融资的唯一合法途径，必须划清政府与企业的界限，《意见》还从融资机制、债务的预算管理、规模控制、风险预警、配套措施等方面提出了对地方政府债务管理的要求。为了进一步落实《意见》的指导要求，规范地方政府债务的管理，财政部相继出台了《关于对地方政府债务实行限额管理的实施意见》《地方政府一般债务预算管理办法》和《地方政府专项债券预算管理办法》，将一般债券和专项债券分别纳入预算进行限额管理，2015年我国开始正式发行地方政府一般债和专项债。一般债券是为没有收益的公益性项目发行的，以财政收入作为偿债来源；专项债是为有一定收益的公益性项目发行的，项目自身能形成收益，并以项目对应的政府性基金或专项收入作为偿债来源。

为完善地方政府专项债券管理打造立足国情的地方政府"市政项目收益债"，2017年我国在土地储备和政府收费公路两个领域开始试点发行项目收益专项债，相比普通专项债，项目收益专项债作为专项债的一个子项，更加注重实现项目收益与融资的自求平衡。随着试点的成功以及管理制度的完善，陆续出现了教育、医疗、环境等领域的项目收益专项债，为政府提高公共产品和服务的供给能力筹集了大量资金。

## 二、特征分析

### （一）发行主体及信用评级

在我国省、市、县、乡四级地方政府中，目前只有省（自治区、直辖市）级

---

① 详见《2014年地方政府债券自发自还试点办法》。

政府被赋予了举债权,通过省政府批准的计划单列市也可以自办发行专项债券,确需发行专项债券的市县级政府可以通过省级财政部门代为举借,并统一办理还本付息。

在省级政府代发模式下,举债主体与实际使用债务资金的主体脱离,债券的定价和利率基于省级政府的信用等级,无法体现各市县政府的信用等级差异。从各评级机构出具的专项债券信用评级报告来看,我国的地方政府专项债券评级均为AAA级①,这种无差异化评级一方面体现了信用评级机构独立性不高,我国地方政府债券市场化程度还不够;另一方面体现了中央政府对地方政府债务的隐性担保。因为根据地方政府专项债券信用评级等级符号的解释,AAA级表示地方政府偿还债务能力极强,违约风险极低,而我国各省财力状况、债务资金的使用管理水平实际上存在很大的差距。

## (二) 发行品种及期限

专项债券按资金用途划分,可分为新增专项债、置换专项债和再融资专项债三个品种。其中,置换专项债用于置换非政府债券形式的存量债务,集中在 2015~2018 年发行;再融资专项债主要用于地方政府到期债务的借新还旧,于 2018 年开始发行;只有新增专项债是增量资金,用于投资新项目,能够形成新的资产,拉动固定资产投资。

按债券的功能定位划分,专项债可分为普通专项债和项目收益专项债。普通专项债可以对应单一项目发行,也可以对应多个项目打包发行;项目收益专项债则致力于打造成中国版的市政债,与特定的项目相联系,对信息披露提出了更高的要求。具体来看,项目收益专项债又有着丰富的品种,发行最早的也是规模最大的品种是土地储备专项债,其次是收费公路专项债和轨道交通专项债。近年来,各省在医疗、教育、环保、基建等领域陆续推出了项目收益专项债,品种不断丰富。

2015 年财政部发布的《地方政府专项债券发行管理暂行办法》规定专项债券期限为 1 年、2 年、3 年、5 年、7 年和 10 年,并且对 7 年期和 10 年期的债券发行比例做出了限制。2018 年,公开发行的地方政府普通专项债券增加 15 年、20 年期限。

从统计的实际发行情况来看,专项债券的期限主要为 5 年期和 7 年期,短期债券尤其是 1 年期的发行数量极少;2018 年开始少量发行 15 年期和 20 年期的长

---

① 《三评级机构抢占地方债评级市场为何都给3A》,第一财经日报,https://www.yicai.com/news/4017541.html,2014 年 9 月 11 日。

期债券；到了 2019 年，虽然 5 年期和 7 年期的债券仍占较大比例，但是 10 年期及以上的长期债券发行数量呈大幅增长，甚至出现了 30 年期的专项债，由此可见专项债的期限延长是大势所趋，如表 10-1 所示。

表 10-1  2015~2019 年不同期限专项债券的数量   单位：只

| 年份 | 1 年 | 2 年 | 3 年 | 5 年 | 7 年 | 10 年 | 15 年 | 20 年 | 30 年 |
|---|---|---|---|---|---|---|---|---|---|
| 2015 | | | 30 | 56 | 43 | 51 | | | |
| 2016 | | | 54 | 85 | 76 | 71 | | | |
| 2017 | 1 | | 56 | 248 | 92 | 47 | | | |
| 2018 | | | 53 | 200 | 84 | 75 | 5 | 1 | |
| 2019 | 1 | 3 | 49 | 222 | 137 | 213 | 41 | 35 | 32 |

注：由于部分债券打包发行，难以区分不同用途的专项债券期限，因此，该表统计的是除了内蒙古、西藏和香港、澳门、台湾以外的 29 个省份发行的新增专项债券、再融资债券和置换债券的期限。

资料来源：根据中国债券信息网披露信息整理。

### （三）发行规模及资金投向

**1. 新增专项债发行规模**

我国地方政府债务规模呈稳步增长趋势，且专项债的增长速度超过一般债的增长速度。2015 年，一般债规模是专项债规模的 5 倍；到了 2016 年，专项债规模的增长率高达 300%，一般债规模的增长率仅为 46%，专项债与一般债规模的差距大大缩小；截至 2019 年底，专项债的发行规模已经远大于一般债的发行规模，其中新增一般债为 8 173.6 亿元，新增专项债为 20 182.9 亿元，专项债券占据主体地位。[①] 未来在经济增速放缓和减税降费的背景下，财政收入增速放缓，专项债的发行规模将进一步扩大，在补短板、扩投资和稳增长领域发挥积极作用。

**2. 新增专项债资金投向**

2017 年之前的专项债多打包发行，主要用于公益性资本支出，但项目信息披露不完善，无法完全统计债务资金流向领域的具体数据。整理 2017~2019 年的新增专项债资金披露信息，可以发现项目收益债的比重不断提高，已成新增专项债主要构成，且补短板品种不断增加，具有明显的公益属性。其中，投向土地储备的新增专项债比例逐年减少，投向收费公路、轨道交通等基础设施建设领域的资金不断增加。

---

① 根据中国债券信息网整理，详见 https://www.chinabond.com.cn/。

## （四）发行规模的区域特征

由于西藏、内蒙古、香港、澳门和台湾的专项债券信息披露不完善，部分年份的数据缺失，因此，本部分整理了 29 个省份的新增专项债发行情况，并进行分析。分地区来看，各省份的专项债规模相差较大，除贵州省、辽宁省以外，各省份的专项债规模均有明显增长，尤其是经济发达的东部地区增长速度最快。整理 2015～2019 年各地区新增专项债发行规模①发现，位列前三的江苏省、广东省、山东省，年平均发行规模分别为 917.2 亿元、709.8 亿元、662.4 亿元；贵州省以 8.2 亿元的年平均发行规模位居末尾，年平均发行规模的最大值约是最小值的 112 倍，差距悬殊，反映了地区间专项债发行规模的不均衡。

2015～2019 年新增专项债发行规模的描述统计如表 10-2 所示。按年份来看，各地区专项债发行规模：2015 年的最大值（60 亿元）为最小值（7 亿元）的 8.57 倍；2016 年的最大值（539 亿元）为最小值（7 亿元）的 77 倍；2017 年的最大值（952 亿元）为最小值（8 亿元）的 119 倍②；2018 年的最大值（1 370 亿元）为最小值（12 亿元）的 114.17 倍；2019 年的最大值（1 678 亿元）为最小值（7 亿元）的 239.7 倍，地区间专项债规模的差距呈扩大趋势。

表 10-2　2015～2019 年新增专项债发行规模描述性统计结果　单位：亿元

| 年份 | 中位数 | 最小值 | 最大值 | 平均值 |
| --- | --- | --- | --- | --- |
| 2015 | 32 | 7 | 60 | 31.2759 |
| 2016 | 39 | 7 | 539 | 133.5517 |
| 2017 | 213 | 8 | 952 | 263.1755 |
| 2018 | 318 | 12 | 1 370 | 443.7306 |
| 2019 | 675 | 7 | 1 678 | 695.9548 |

## 三、发行规模的影响因素分析

《地方政府专项债务预算管理办法》规定各级政府应当在专项债务限额内举借专项债务，即各地发行的专项债规模要以上级下达的限额为依据，不得突破限额。因此，专项债发行规模的大小受到限额分配的影响，限额越高，发行的规模

---

① 根据中国债券信息网披露信息整理，详见 https://www.chinabond.com.cn/。
② 2015 年和 2017 年部分省份未发行新增专项债，专项债新增额为 0，为计算准确，这里选取最小正整数计算。

越大;限额越低,发行规模越小。本部分梳理了专项债限额分配的办法,对影响新增专项债区域发行额度的因素进行分析,为实证检验和政策建议提供现实依据。

## (一) 发行规模与限额的关系

### 1. 专项债限额分配办法

目前,我国专项债新增额度的分配严格遵循流程,各省新增专项债限额的确定大致经历三个步骤:首先,由国务院综合考虑宏观因素确定年度地方政府债务总限额,并报全国人民代表大会批准。总限额等于上年地方政府债务限额加上当年新增债务限额,或减去当年调减债务限额。总限额由一般债务限额和专项债务限额组成。其次,由财政部在经人大批准的专项债务限额内,根据各省的实际情况,提出当年分地区总的专项债务限额及新增专项债务限额方案,新增地方政府专项债务限额按照政府性基金预算的管理单独测算。最后,进一步考虑各省专项债务率高低,在地区新增限额总量不变的前提下,调整新增专项债限额,以优化其债务结构。专项债限额管理的有关规定如表10-3所示。

表 10-3　　　　　　　专项债限额管理的有关规定

| 时间 | 文件 | 规定 |
| --- | --- | --- |
| 2014年 | 《国务院关于加强地方政府性债务管理的意见》 | 地方政府债务规模实行限额管理,地方政府举债不得突破批准的限额 |
| 2015年 | 《关于对地方政府债务实行限额管理的实施意见》 | 严格按照限额举借地方政府债务。年度地方政府债务限额等于上年地方政府债务限额加上当年新增债务限额(或减去当年调减债务限额),具体分为一般债务限额和专项债务限额 |
| 2016年 | 《地方政府专项债务预算管理办法》 | (1) 财政部在专项债务限额内,提出分地区专项债务限额及当年新增专项债务限额方案。<br>(2) 省(自治区、直辖市)应当在专项债务限额内举借专项债务,专项债余额不得超过本地区专项债务限额 |
| 2017年 | 《新增地方政府债务限额分配管理暂行办法》 | (1) 新增地方政府一般债务限额、新增地方政府专项债务限额(以下均简称"新增限额")分别按照一般公共预算、政府性基金预算管理方式不同,单独测算。<br>(2) 各地区的新增限额不应超过本地区申请额。<br>(3) 测算分地区新增限额后,在分配该地区新增限额总量不变的前提下,应当优化其一般债务、专项债务结构 |

续表

| 时间 | 文件 | 规定 |
|---|---|---|
| 2019 年 | 中共中央办公厅、国务院办公厅印发的《关于做好地方政府专项债券发行及项目配套融资工作的通知》 | 地方政府要根据提前下达的部分新增专项债务限额,结合国务院批准下达的后续专项债券额度,抓紧启动新增债券发行 |
| | 《土地储备项目预算管理办法(试行)》 | 财政部门应当委托第三方评估机构对土地储备机构年度自评估结果进行再评估,再评估结果作为调整相应中期财政规划和核定专项债务限额、土地储备专项债券额度的依据 |
| 2021 年 | 《地方政府专项债券项目资金绩效管理办法》 | 按照评价与结果应用主体相统一的原则,财政部在分配新增地方政府专项债务限额时,将财政部绩效评价结果及各地监管局抽查结果等作为分配调整因素。省级财政部门在分配专项债务限额时,将抽查情况及开展的重点绩效评价结果等作为分配调整因素 |

资料来源:财政部网站。

为进一步规范新增地方政府债务限额分配管理,《新增地方政府债务限额分配管理暂行办法》(以下简称《暂行办法》)中明确给出了新增地方政府债务的限额分配公式:

某地区新增限额 = [该地区财力 × 系数1 + 该地区重大项目支出 × 系数2] × 该地区债务风险系数 × 波动系数 + 债务管理绩效因素调整 + 地方申请因素调整

其中:

系数1 = (某年新增限额 − 某年新增限额中用于支持重大项目支出额度) ÷ ($\sum$ 各省市政府财力)

系数2 = (某年新增债务限额中用于支持重大项目支出额度) ÷ ($\sum$ 各地重大项目支出额度)

在防范地方政府债务风险的大背景下,新增债务限额的测算和分配主要是基于各地区财力、债务状况的综合考量,重视严控风险,强调地方财力可持续性,而不是简单的"扶贫济困"。公式明确体现了"正向激励"原则,即财政实力强、举债空间大、债务风险低、债务管理绩效好的地区多安排,反之则少安排或不安排。重大项目支出因子体现了对地方经济发展和事权需要的考虑，鼓励地方政府支出向重大项目建设倾斜，一般来说，经济发达地区重大项目的安排较多，欠发达地区的重大项目比较少。公式中还加入了债务风险系数，用波动系数对债务增长速度做反向调整，避免债务过快增长和异常波动。债务管理绩效因素调整和地方申请因素调整则反映了新增限额的分配存在一定的政策倾斜。

**2. 限额规模**

为保持与发行规模数据样本的一致性，本部分整理了 2015~2019 年除西藏、内蒙古、香港、澳门和台湾以外的 29 个省份新增专项债限额数据，如图 10-1 所示。总体上看，限额高的地区集中分布在江苏、广东、山东等经济发达地区，贵州、辽宁、宁夏等经济欠发达地区则限额较低。限额年平均规模最大的为江苏省，最小的为贵州省，限额的地区分布特征与发行规模的地区分布特征一致。

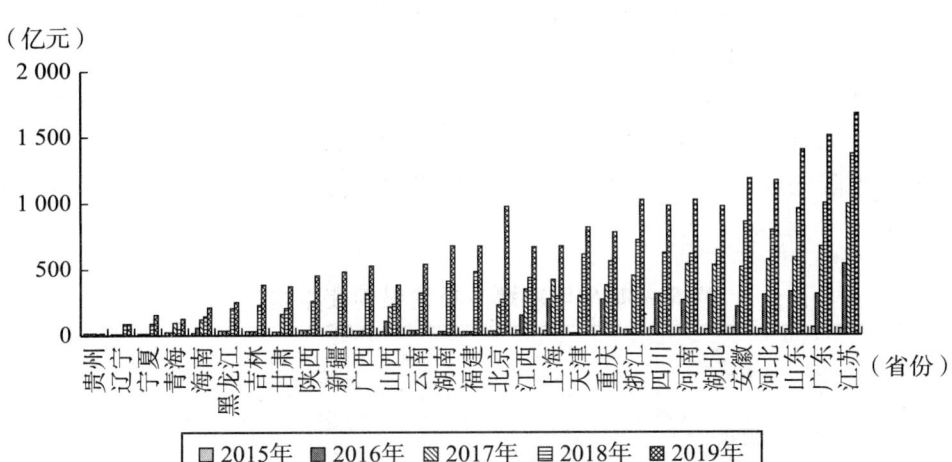

图 10-1　2015~2019 年各省新增专项债限额

资料来源：东方财富 Choice 数据。

2015~2019 年新增专项债限额描述统计如表 10-4 所示。按年份来看，在地方政府债务限额管理初期，各地的新增债务限额都较小，差距不明显，2015 年，各省份新增专项债限额的最大值（60 亿元）为最小值（7 亿元）[①] 的 8.57 倍；2016 年，最大值（539 亿元）为最小值（7 亿元）的 77 倍；2017 年，最大值（992 亿元）为最小值（8 亿元）的 124 倍；2018 年，最大值（1 370 亿元）为最小值（12 亿元）的 114.17 倍；2019 年，最大值（1 678 亿元）为最小值（7 亿

---

① 2015 年，湖南省专项债新增限额为 0，发行规模也为 0，为了保证结果的准确性，这里选取非 0 的最小值计算。

元) 的 239.7 倍, 地区之间的限额规模差距呈扩大趋势。

表 10 – 4　　2015~2019 年新增专项债限额描述性统计结果　　单位: 亿元

| 年份 | 中位数 | 最小值 | 最大值 | 平均数 |
| --- | --- | --- | --- | --- |
| 2015 | 32 | 7 | 60 | 31.58621 |
| 2016 | 39 | 7 | 539 | 132.2759 |
| 2017 | 213 | 8 | 992 | 266.069 |
| 2018 | 318 | 12 | 1 370 | 451.2069 |
| 2019 | 675 | 7 | 1 678 | 696.069 |

**3. 限额使用情况**

综合分析新增专项债的限额及实际发行规模,考察各省份对新增专项债限额的使用情况。表 10 – 5 列出了 2015~2019 年新增专项债限额未足额使用的省份,其他未列出的省份当年的新增专项债发行额等于其限额,即限额的使用率均达到了 100%。其中, 辽宁省在 2017 年未发行新增专项债, 因此新增额为 0, 未使用限额达 100%, 可能是由于项目储备不足, 新增限额超过了其融资需求。

表 10 – 5　　　　2015~2019 年新增专项债限额使用情况

| 年份 | 地区 | 发行规模<br>(亿元) | 限额<br>(亿元) | 未使用限额<br>(亿元) | 未使用限额占比<br>(%) |
| --- | --- | --- | --- | --- | --- |
| 2015 | 海南 | 8 | 17 | 9 | 52.94 |
| 2017 | 辽宁 | 0 | 11 | 11 | 100.00 |
| | 黑龙江 | 32.14 | 35 | 2.86 | 8.17 |
| | 四川 | 308.86 | 309 | 0.14 | 0.05 |
| | 安徽 | 497.0905 | 517 | 19.9095 | 3.85 |
| | 江苏 | 952 | 992 | 40 | 4.03 |
| 2018 | 辽宁 | 28 | 87 | 59 | 67.82 |
| | 新疆 | 283 | 303 | 20 | 6.60 |
| | 浙江 | 719.6 | 720 | 0.4 | 0.06 |
| | 河北 | 640 | 795 | 155 | 19.50 |
| 2019 | 四川 | 976.69 | 980 | 3.31 | 0.34 |

通过数据分析可以发现，大部分省份都能用足限额，少数省份未足额使用的限额规模也并不大。自 2017 年以来，为有效促进地区经济发展，财政部要求年度新增债务限额当年完成发行，因此，新增债务限额在计划与实际中均能直接反映区域新增政府债务的发行额度。

### （二）影响因素分析

由前文分析可知，受限额分配的制约，一个地区要扩大专项债的发行规模，首先要争取更高的限额，影响限额分配的因素也是影响发行规模的因素。新增专项债限额按照政府性基金预算的管理方式单独测算，且《暂行办法》中未对其测算因素详细描述，因此，本部分以 2019 年的专项债发行情况为例，根据分配公式，从地方政府财力、重大项目支出与融资需求、债务风险这三个方面来分析对专项债发行规模产生的影响。

**1. 地方政府财力**

项目收益与融资的自求平衡是专项债发行的必要条件，但基础设施项目一般建设周期较长，投资收益回收慢，目前很多项目的收益难以完全覆盖成本。根据各评级机构发布的专项债券信用评级报告可知，地方政府财力仍是专项债券偿还能力的重要支撑。① 从往年的发行情况来看，地方政府财力与新增专项债规模之间体现出较高的相关性。

由于专项债纳入政府性基金预算管理，因此，相比地方财政总收入，政府性基金收入对专项债偿债能力的影响更为直接。从政府性基金预算管理的狭义口径来看，2019 年新增专项债发行规模与上一年政府性基金收入之间的相关系数为 0.8350，如图 10-2 所示。财力状况是一个地区经济水平的重要体现，江苏、广东、山东等经济大省政府性基金收入较高，专项债发行规模也较大；而政府性基金收入较低的地区多为欠发达地区，专项债发行规模较小。由此说明政府性基金收入是影响专项债发行规模的重要因素。

**2. 重大项目支出与融资需求**

中央确定的地区重大项目支出多与国家战略相关，图 10-2 中，河北、天津、湖北、安徽、四川、重庆等地位于拟合线上方，说明限额分配对"一带一路"建设、京津冀协同发展、长江经济带发展三大战略的资金倾向，从而对区域专项债发行额度产生影响。

---

① 《三评级机构抢占地方债评级市场为何都给 3A》，第一财经，https：//www.yicai.com/news/4017541.html，2014 年 9 月 11 日。

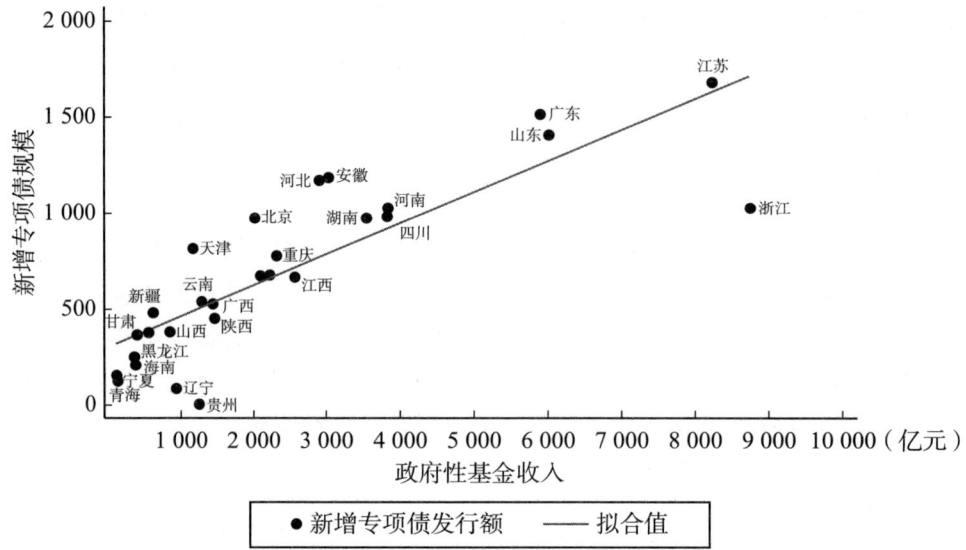

**图 10－2　2018 年政府性基金收入与 2019 年新增专项债规模的散点图**

地方融资需求是提高专项债使用效率、尽早形成实物工作量的前提条件。《暂行办法》中提到，为合理反映各地区公益性项目建设融资需求，各地区的新增限额不应超过本地区申请额。在"资金跟着项目走"的要求下，新增专项债额度向融资需求强烈地区明显倾斜，这种融资需求是一种有效的融资需求，要求有论证充分、科学合理的项目支撑。欠发达地区储备的项目较少，对项目的管理能力较弱，前期的论证工作和相关手续办理不充分，能够争取专项债资金支持的项目有限；而经济越发达的地区，储备项目越多，准备越充分，有效的融资需求越强，很多项目能迅速开展，形成实物工作量。因此，有效融资需求的差异影响了专项债的发行规模。

**3. 债务风险**

从政府性基金预算管理口径来评估债务风险对专项债发行额度的影响，选取政府性基金债务率（专项债务余额÷政府性基金收入）作为衡量地方政府债务风险的指标。2018 年的政府性基金债务率与 2019 年的新增专项债额度之间的相关系数为－0.7998，债务率越高的地区，专项债规模越小，如图 10－3 所示。说明地方政府在发行专项债时也要注意风险防控，避免大规模举债导致的偿债危机。

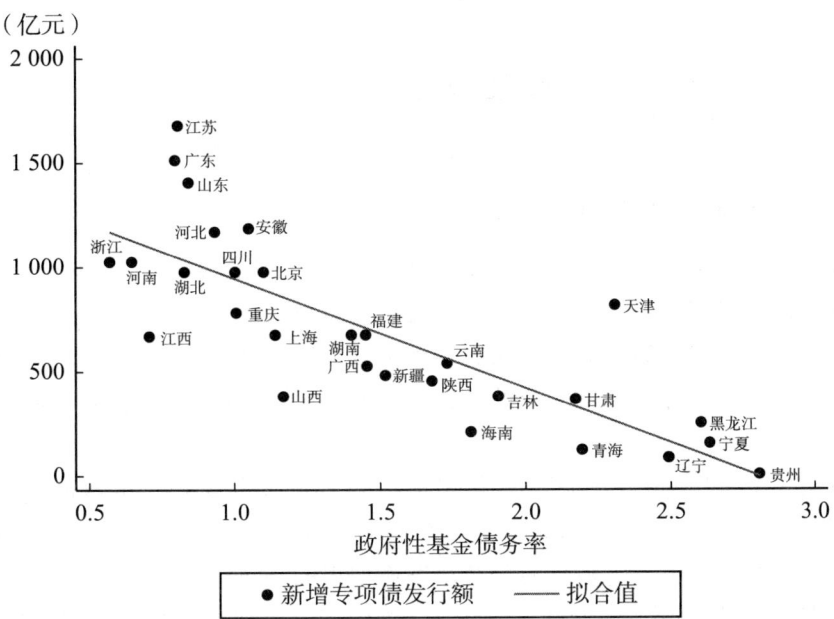

图 10-3　2018 年政府性基金债务率与 2019 年新增专项债规模的散点图

## 第三节　专项债规模的马太效应实证分析

由本章第二节的分析可知,在限额分配不均衡的情况下,各省之间新增专项债发行规模的差距呈扩大趋势,可能存在马太效应。具体表现为初始发行规模较大的省份增长速度快,能够保持优势,从而越来越大于其他地区的发行规模;初始发行规模较小的省份虽然规模也在不断扩大,但是增量较小,难以追赶高水平地区,陷入低水平规模的处境。

在市场经济条件下,生产要素总是流向回报率高的地方,可以明确的是,如果不对政府举债规模设置限额,那么经济发达地区凭借雄厚的财力和资本优势,政府举债规模可能会更高,经济落后地区的政府资源更加匮乏,区域间的发展失衡问题可能更加严重。地方政府债务的限额管理对发达地区举债规模具有一定的约束作用,从而对控制地区之间的发展差距具有一定的积极作用。本章不对比地方政府债务限额管理政策冲击前后发行规模马太效应的程度大小,而是分析在限额管理下,地区间的新增专项债规模是否仍然存在马太效应,以及对区域经济发展不均衡造成的影响。

## 一、马太效应的存在性检验

### (一) 马尔可夫链模型

马尔可夫 (Markov) 链是一种时间和状态均为离散的一阶平稳马尔可夫过程。许多区域经济现象演变过程的状态转移都具有无后效性的特征,在这种条件下,马尔可夫链能够研究时间和状态均为离散的随机转移问题,可以准确地描述事物分布动态,测算出随着时间的推移,不同水平类型的地区转移成其他水平类型的概率。

丹尼·奎 (Danny T. Quah) [1] 最早运用马尔可夫链来检验俱乐部趋同现象,而我国学者周迪和张虎[2]首次将丹尼·奎的分布动态学模型运用到我国创新水平俱乐部收敛的研究中,对传统的分布动态模型中的马尔可夫链进行了扩展。在传统的分布动态模型中,马尔可夫链方法只能研究一步时长为 1 年的转移概率[3],得不到多年的状态转移特征。周迪和张虎 (2015) 创造性地构造了不同时长的一步转移概率矩阵,从而可以更多地揭示出转移规律。进一步地,张虎[4]将马尔可夫链运用到我国高等教育领域的马太效应研究中,周迪[5]也运用马尔可夫链检验了我国 R&D 公平与效率的马太效应,说明马尔可夫链模型是检验马太效应的有效方法。本章借鉴上述学者的研究成果,运用马尔可夫链研究我国新增专项债规模的马太效应。

马尔可夫链的具体应用是将地理现象不同时刻的连续属性值进行数据离散化处理,按照数值的大小将其划分成不同类型,计算各类型的概率分布及变化,从而反映事物的演变过程。本章参考周迪等 (2015) 对创新水平的划分标准,根据专项债新增额的高低,将 29 个省份划分为四类,即高水平、中高水平、中低水

---

[1] Danny T. Quah. Empirics for economic growth and convergence [J]. *European Economic Review*,1996,40:1353 - 1375.

[2] 周迪、张虎:《中国创新水平区域趋同时空演变》,载于《中国科技论坛》2015 年第 6 期,第 11 ~ 15 页。

[3] 蒲英霞、马荣华、葛莹、黄杏元:《基于空间马尔可夫链的江苏区域趋同时空演变》,载于《地理学报》2005 年第 5 期,第 817 ~ 826 页。

[4] 张虎、周迪:《我国高等教育公平与效率马太效应比较及协调发展实施路径——基于 1995 ~ 2012 年分省份数据的实证研究》,载于《教育发展研究》2015 年第 Z1 期,第 12 ~ 18、28 页。

[5] 周迪、宋时蒙、钟绍军:《我国 R&D 公平与效率的马太效应比较及协调发展》,载于《科学学研究》2017 年第 12 期,第 1832 ~ 1840 页。

平、低水平。① 通过计算各地区在不同水平类型间的转移概率，检验我国地区之间的专项债新增额是否存在马太效应。

$d$ 年转移概率记为 $P_{ij}^{t,t+d} = P\{X_{t+d} = j | X_t = i\}$，表示第 $t$ 年新增专项债规模属于 $i$ 类型的地区 $d$ 年之后变成 $j$ 类型的一步转移概率，综合整个考察期内所有地区和可能转移的情况，得到考察期内的马尔科夫转移概率 $P_{ij}^d$，并进行估计：

$$P_{ij}^d = \sum_{t=t_0}^{t_n-d} n_{ij}^{t,t+d} \bigg/ \sum_{t=t_0}^{t_n-d} n_i^t \qquad (10.1)$$

式中，$n_{ij}^{t,t+d}$ 为整个考察期内，在 $t$ 年属于 $i$ 类型而在 $t+d$ 年转移为 $j$ 类型的所有地区数之和，$n_i^t$ 表示第 $t$ 年中新增专项债发行规模属于 $i$ 类型的地区总数。分别对不同类型的转移概率进行估计，进而得到 $d$ 年时长马尔可夫转移概率矩阵，如式（10.2）所示。

$$\begin{bmatrix} \frac{n_{11}^d}{n_{1.}^d} & \cdots & \frac{n_{1j}^d}{n_{1.}^d} & \cdots & \frac{n_{14}^d}{n_{1.}^d} \\ \frac{n_{21}^d}{n_{2.}^d} & \cdots & \frac{n_{2j}^d}{n_{2.}^d} & \cdots & \frac{n_{24}^d}{n_{2.}^d} \\ \cdots & \cdots & \cdots & \cdots & \cdots \\ \frac{n_{41}^d}{n_{4.}^d} & \cdots & \frac{n_{4j}^d}{n_{4.}^d} & \cdots & \frac{n_{44}^d}{n_{4.}^d} \end{bmatrix} = \begin{bmatrix} p_{11}^d & \cdots & p_{1j}^d & \cdots & p_{14}^d \\ p_{21}^d & \cdots & p_{2j}^d & \cdots & p_{24}^d \\ \cdots & \cdots & \cdots & \cdots & \cdots \\ p_{41}^d & \cdots & p_{4j}^d & \cdots & p_{44}^d \end{bmatrix} \qquad (10.2)$$

矩阵（10.2）对角线元素表示考察期内各类水平地区在 $d$ 年时长下维持现状的概率，如果 $p_{11}^d$ 和 $p_{44}^d$ 较大，则表示高低水平地区（阵营）的等级固化现象明显。如果某一地区初始专项债规模属于 $i$ 类型，一次转移后仍为 $i$ 类型，则认为该转移处于平稳状态；如果一次转移后类型等级升高，则认为该地区专项债规模水平向上转移，否则为向下转移。若一个地区的水平向上或者向下转移超过一个类型时，则认为该地区发生了大幅度的转移。当随着时间的变化，高水平地区能维持相对高水平地位，低水平地区却陷入相对低水平，则认为存在着马太效应。

### （二）检验结果

我国地方政府新增专项债规模的马太效应存在性检验主要考察随着时间的推移，各个省份专项债规模的水平是否发生变化，强者恒强、弱者恒弱的局面是否改变。若高水平地区长期保持较高水平，而低水平地区在不同年份依然维持在较

---

① 分类标准为：高水平——高于样本平均新增额的 150%；中高水平——介于样本平均新增额的 100%~150%；中低水平——介于样本平均新增额的 50%~100%；低水平——低于样本平均新增额的 50%。

低水平，则认为马太效应显著存在，说明目前新增专项债限额的分配办法有待改进，长期处于低水平的地区也应积极作为，争取更高的发行额度，主动走出低水平的困境。

由于数据时间跨度较短，表 10-6 给出了时长为 1 年和 2 年的情形下 MATLAB 计算的专项债规模的转移概率矩阵，即马尔可夫链模型的分析结果[①]，刻画不同时长跨度下各地专项债规模的水平转移情况。其中 n 代表样本数量，各矩阵对角线上的数值表示各地区的新增专项债发行规模水平未发生变化的概率，该值越大，表明新增专项债发行规模的地区固化程度越高。矩阵左上角的数值表示低水平区域始终停留在低水平的概率，右下角的数值表示高水平区域始终维持在高水平的概率，这两个值能够较好地刻画区域间的马太效应程度。

表 10-6　　　　　　　专项债规模的马尔可夫链分析结果

| 时长 | 类型 | n | L | ML | MH | H |
|---|---|---|---|---|---|---|
| 1 年 | L | 49 | 0.8459 | 0.1541 | 0 | 0 |
| | ML | 22 | 0 | 0.625 | 0.375 | 0 |
| | MH | 12 | 0 | 0 | 0.6863 | 0.3137 |
| | H | 33 | 0.1746 | 0 | 0 | 0.8254 |
| 2 年 | L | 28 | 0.7857 | 0.2143 | 0 | 0 |
| | ML | 20 | 0 | 0.6875 | 0.3125 | 0 |
| | MH | 18 | 0 | 0 | 0.6 | 0.4 |
| | H | 21 | 0.2353 | 0 | 0 | 0.7647 |

我国新增专项债规模呈现出高低水平阵营等级固化特征，高低水平阵营的固化概率明显大于其他水平阵营。具体地，在 1 年和 2 年的时间跨度中，对角线上的值均比非对角线上的值大。其中，低水平阵营固化概率分别为 0.7857 和 0.8459，高水平阵营固化概率分别为 0.7647 和 0.8254。高水平地区的等级固化显著，由于高水平地区自身经济实力较强、债务风险较低等因素更容易获得较高的限额，拥有较大的举债空间，使其能够大规模发行新增专项债，并且这种高水平的优势地位不易丧失。低水平地区始终保持低发行规模水平的概率最高，说明低水平地区的等级固化更加显著，在新增专项债限额的分配中相对劣势的现状更难改善。

---

① 马尔可夫链模型一般要求时间跨度在 10 年以上，由于新增专项债发行规模只有 5 年的数据，为了减少分析结果的误差，本章只给出时长为 2 的转移概率矩阵。事实上，时长为 4 不影响本次研究的结论。

地方政府新增专项债规模的马太效应显著存在。对发行规模处于高水平和低水平的地区而言，维持原有水平的概率最大，发生水平转移的概率较小。且随着时间积累，高低阵营间的差距不断扩大，高水平与低水平阵营固化程度的差距从1年时长的0.0205增长到2年时长的0.021，即高水平地区保持在相对高水平，低水平地区陷入了相对低水平。

转移矩阵显示，低水平、中低水平、中高水平地区均存在向上转移的趋势，但低水平地区向上转移到中低水平的概率很小，且没有发生水平的大幅度转移。这说明低水平地区不仅初始发行规模较小，且在短时间内实现向高水平的跨越难度较大。而高水平地区则存在一定的大幅度转移。时长为1的矩阵中数据显示，高水平地区向低水平地区转移的概率为0.1746，时长为2时，概率为0.2353。这种现象主要是由于新增专项债发行的年份较短，在发行的起始年份，地区间的专项债发行规模差距不大，高水平的地区可能包括少数欠发达地区，经过1~2年的发展变化，发达地区与欠发达地区专项债规模的差距逐渐明显，这些欠发达地区便转移至低水平地区。总体来说，高水平向低水平转移的概率很小，高水平地区的大幅度转移不具有普遍性，因此不影响存在马太效应的结论。

## 二、马太效应的经济影响

资本是经济增长的关键要素之一，经典的宏观经济学理论强调投资通过乘数效应影响经济增长，通常情况下，持续稳定的资金注入是一个地区经济快速增长的重要原因。新增专项债作为政府的重要融资工具，直接影响一个地区的投资资本总量。通过上述的研究可知，当前的专项债限额分配规则有利于发达地区获得更大的举债空间，使不同地区间新增专项债发行额的差距扩大，由于新增专项债能够通过影响投资而对地区的经济增长产生乘数效应，因而会造成地区之间经济水平差距扩大的后果。

本部分试图检验在不同的专项债规模水平下，各省的经济水平差异。其中专项债规模水平的划分与前文一致，具体过程是利用2015~2019年29个省份的人均GDP数据，测算各省经济发展水平的相对差异系数，从而分析具体差异情况。

表10-7的计算结果显示，不同省份的相对差异系数有明显的上升和下降趋势，且相对差异系数的极差由2015年的1.56扩大到2019年的1.87，说明地区间的发展差异增加。北京、上海、江苏、浙江、福建等经济发达省份的相对差异系数始终位居前列且持续上升；甘肃、青海、宁夏等欠发达地区不仅相对差异系数落后，且呈持续下降趋势。

表10-7　　2015~2019年29个省份经济发展水平的相对差异系数

| 地区 | 2015年 | 2016年 | 2017年 | 2018年 | 2019年 |
| --- | --- | --- | --- | --- | --- |
| 北京市 | 2.031 | 2.099 | 2.114 | 2.332 | 2.336 |
| 天津市 | 2.059 | 2.044 | 1.949 | 1.306 | 1.286 |
| 上海市 | 1.980 | 2.070 | 2.075 | 2.266 | 2.238 |
| 重庆市 | 0.998 | 1.039 | 1.040 | 1.065 | 1.079 |
| 河北省 | 0.768 | 0.765 | 0.744 | 0.728 | 0.659 |
| 山西省 | 0.666 | 0.631 | 0.689 | 0.691 | 0.651 |
| 辽宁省 | 1.246 | 0.902 | 0.877 | 0.884 | 0.814 |
| 吉林省 | 0.974 | 0.957 | 0.899 | 0.847 | 0.620 |
| 黑龙江省 | 0.753 | 0.718 | 0.687 | 0.659 | 0.515 |
| 江苏省 | 1.678 | 1.721 | 1.756 | 1.754 | 1.759 |
| 浙江省 | 1.481 | 1.508 | 1.509 | 1.503 | 1.531 |
| 安徽省 | 0.687 | 0.703 | 0.711 | 0.727 | 0.832 |
| 福建省 | 1.296 | 1.327 | 1.355 | 1.389 | 1.524 |
| 江西省 | 0.700 | 0.718 | 0.712 | 0.723 | 0.756 |
| 山东省 | 1.224 | 1.221 | 1.193 | 1.162 | 1.005 |
| 河南省 | 0.746 | 0.756 | 0.765 | 0.764 | 0.802 |
| 湖北省 | 0.966 | 0.989 | 0.986 | 1.015 | 1.101 |
| 湖南省 | 0.815 | 0.824 | 0.812 | 0.807 | 0.819 |
| 广东省 | 1.287 | 1.315 | 1.326 | 1.316 | 1.340 |
| 广西壮族自治区 | 0.671 | 0.675 | 0.624 | 0.632 | 0.611 |
| 海南省 | 0.778 | 0.788 | 0.794 | 0.791 | 0.804 |
| 四川省 | 0.701 | 0.711 | 0.732 | 0.745 | 0.794 |
| 贵州省 | 0.569 | 0.591 | 0.622 | 0.628 | 0.661 |
| 云南省 | 0.549 | 0.552 | 0.561 | 0.566 | 0.682 |
| 陕西省 | 0.908 | 0.906 | 0.938 | 0.967 | 0.948 |
| 甘肃省 | 0.499 | 0.491 | 0.467 | 0.477 | 0.469 |
| 青海省 | 0.787 | 0.773 | 0.722 | 0.726 | 0.697 |

续表

| 地区 | 2015年 | 2016年 | 2017年 | 2018年 | 2019年 |
| --- | --- | --- | --- | --- | --- |
| 宁夏回族自治区 | 0.835 | 0.838 | 0.832 | 0.824 | 0.771 |
| 新疆维吾尔自治区 | 0.764 | 0.721 | 0.736 | 0.754 | 0.772 |

注：相对差异系数 = 各省人均 GDP ÷ 29 个省份的人均 GDP。

资料来源：根据国家统计局官网以及各省（自治区、直辖市）统计年鉴数据自行整理计算。

按照与前文同样的划分标准，表 10 - 8 和图 10 - 4 给出了 2015 ~ 2019 年新增专项债发行规模不同水平的地区相对差异系数均值。高水平地区的相对差异系数明显高于低水平地区，且高水平地区的相对差异系数总体上呈稳步上升趋势，低水平地区呈下降趋势，2018 年高水平地区与低水平地区间相对差异系数的极差高达 0.58，说明 2015 ~ 2019 年，在专项债新增额存在马太效应的情况下，地区间的经济发展水平差距也在逐渐扩大，呈现不均衡发展的状态。

表 10 - 8　　不同专项债发行规模地区经济发展水平的相对差异系数均值（2015 ~ 2019 年）

| 地区 | 2015年 | 2016年 | 2017年 | 2018年 | 2019年 |
| --- | --- | --- | --- | --- | --- |
| 低水平地区 | 1.051 | 0.983 | 0.805 | 0.713 | 0.710 |
| 中低水平地区 | 1.002 | 0.631 | 1.090 | 1.058 | 0.917 |
| 中高水平地区 | 1.000 | 0.718 | 1.108 | 1.002 | 1.119 |
| 高水平地区 | 1.020 | 1.129 | 1.229 | 1.292 | 1.276 |

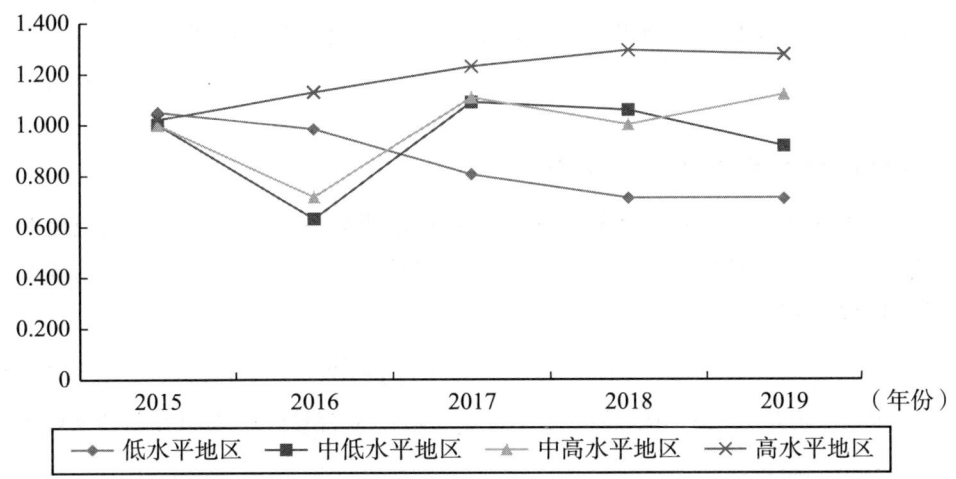

图 10 - 4　不同专项债发行规模地区经济发展水平的相对差异系数均值（2015 ~ 2019 年）

## 第四节 马太效应下区域经济增长的异质性分析

根据经济学原理，消费、投资、出口是拉动经济增长的"三驾马车"。我国地方政府发行新增专项债主要投向基础设施建设领域，是一种生产性投资支出。新增专项债通过影响投资而对地区经济增长产生乘数效应，在这个过程中，由于债务规模不同，对资金的使用和管理水平不同，以及地区本身的资源禀赋不同，新增专项债对经济增长的促进作用也不同，从而进一步拉大了地区间经济发展水平的差距。本节通过研究新增专项债对经济影响的异质性及传导机制，进一步说明在新增专项债发行规模存在马太效应的情况下，区域间经济发展水平差距扩大的原因。

### 一、模型与实证分析

在现有文献中，有学者考虑了生产性公共基础设施建设对于地区增长的重要性，指出经济发展条件不同的地区，资本与基础设施投资的不同决策会导致地区增长的差异，其所用模型和所得结论得到广泛认可。[①] 在此基础上，徐长生（2016）等对模型进行了拓展，证明了基建投资和地区发展水平在资本积累和土地资本化中的重要作用，明确解释了债务促进经济增长的路径，即地方政府债务增加能够有效扩大基础设施投资规模，从而促进该地区的经济增长。本节借鉴以上研究，构建如下模型。

#### （一）面板分位数回归模型

在考察新增专项债对经济增长的影响时，运用分位数回归方法可以更清楚地分析在不同经济水平的地区，专项债对经济增长的影响程度差异。本章构建如下面板分位数回归模型：

$$\ln gdp_{it} = \alpha_0 + \alpha_1 \ln debt_{it} + \sum \alpha_j \ln x_{j,it} + \varepsilon_{it} \qquad (10.3)$$

其中，$gdp_{it}$是人均GDP，$debt_{it}$是本章的核心解释变量——新增专项债实际发行

---

① Hongbin Cai, Daniel Treisman. Does Competition for Capital Discipline Governments Decentralization, Globalization, and Public Policy [J]. *American Economic Association*, 2005, 95: 817-830.

额，$x_{j,it}$ 表示其他控制变量，$\varepsilon_{it}$ 是残差项。同时，为了回归结果的稳健性，本章采用面板数据的 bootstrap 方法来估计系数的标准误。

### （二）变量选取与定义

**1. 被解释变量**

对于经济增长，目前大部分文献主要还是采用地区生产总值的增长率来衡量。考虑到通货膨胀的影响，本章选取人均地区生产总值（pergdp）来反映地区的经济发展水平，数据源于国家统计局网站。

**2. 解释变量**

由于债务余额不能很好地反映地区专项债的新增量，置换专项债和再融资专项债均不能形成投资，因此本章选取专项债新增额作为核心解释变量。根据闫衍和明明（2019）等学者的观点，土地一级开发不属于固定资产投资范围，土地储备专项债暂时无法成为拉动基建的主力，不应计入基建投资范围，而棚户区改造专项债则难以剔除。棚户区改造投资不仅会计入房地产投资，能够带动与地产相关的产业投资，也会带动与棚户区改造相关的基建配套投资。因此，为了更准确地考察专项债对经济的影响，本节实证部分使用的数据是专项债新增额剔除了土地储备专项债的剩余部分（debt）。与明明和李晗等①仅将棚改投资份额的 6.5% 计入基建投资的做法不同，本章为了保证数据的有效性，对棚改专项债未作剔除。数据根据中债网公布的地方政府债券发行信息披露文件整理而得。

**3. 控制变量**

现代经济增长理论认为，资本、劳动和技术是决定经济增长的关键因素。因此，本章选取技术进步、投资率、人力资本等指标作为控制变量（见表 10-9），数据来自各省的统计年鉴和国家统计局网站。对选取的变量均做对数处理。

表 10-9　　　　　　　　变量说明

| 变量类型 | 变量名称 | 变量代码 | 变量定义 | 单位 |
| --- | --- | --- | --- | --- |
| 被解释变量 | 人均 gdp | pergdp | / | 元 |
| 核心解释变量 | 新增专项债发行额 | debt | / | 亿元 |
| 控制变量 | 技术进步 | tech | 专利授权数量 | 项 |
| | 人力资本 | humancap | 教育支出/GDP | % |
| | 人口规模 | pop | 人口规模 | 万人 |

---

① 明明、李晗、徐烨烽：《地方政府专项债新政对基建投资的拉动作用及对债市的影响》，载于《债券》2019 年第 9 期，第 61~66 页。

续表

| 变量类型 | 变量名称 | 变量代码 | 变量定义 | 单位 |
|---|---|---|---|---|
| 控制变量 | 投资率 | Invest | 固定资产投资÷GDP | % |
| | 新增一般债发行额 | newdebt | 新增一般债发行额 | 亿元 |

技术进步（tech）意味着生产方式的改进和生产效率的提高，是一个社会进步的动力之源。借鉴胡亚南（2019）等对技术进步的度量方法，采用简单直观的专利授权量来反映我国各省的技术进步情况。

人力资本（humancap）积累可以改善劳动力水平，也是影响经济增长的重要因素，而教育是提升人力资本水平的重要手段[①]，因此，本章采用教育支出占GDP的比重（杨露速，2018）作为人力资本的代理变量。

人口规模（pop）对经济增长具有双重作用，一方面，人口越多意味着更大的市场需求；另一方面，过多的人口也会挤占有限的发展资源，对地区人均生产总值产生负面影响。

投资率（invest）是经济增长的重要动力来源，更高的投资增长率将带动经济实现高速发展。固定资产投资是扩大生产规模的重要条件，资本要素的投入能够更新生产设备和技术，提高生产效率，扩大社会再生产。本章选取固定资产投资占GDP的比重（徐长生，2016）来代替投资率。

新增一般债（newdebt）规模的增速近年来有所放缓，但仍然是政府举债的重要部分，能够缓解地方政府资金紧张，增强了政府购买力，通过刺激总需求来促进经济增长。

变量的描述性统计结果显示，地区间各方面的发展水平均存在不均衡的现象。新增专项债发行规模最小值为0，表示当年该地区未发行新增专项债，或发行的均为土地储备专项债，未进入基建投资领域；平均值为212.2，远小于最大值1 167，说明多数地区新增专项债发行规模偏小，新增专项债资源集中在少数地区。除了人力资本外，其他变量的均值与最大值和最小值均存在显著差异，详见表10-10。

表10-10    变量描述性统计结果

| 变量 | Obs | Mean | Std. Dev. | Min | Max |
|---|---|---|---|---|---|
| pergdp | 145 | 61 482 | 28 911 | 26 165 | 164 220 |
| debt | 145 | 212.2 | 248.8 | 0 | 1 167 |

---

① 王士红：《人力资本与经济增长关系研究新进展》，载于《经济学动态》2017年第8期，第124~134页。

续表

| 变量 | Obs | Mean | Std. Dev. | Min | Max |
|---|---|---|---|---|---|
| tech | 145 | 66 422 | 88 533 | 1 217 | 527 390 |
| humancap | 145 | 4.056 | 1.449 | 2.129 | 7.624 |
| pop | 145 | 4 687 | 2 791 | 588.4 | 11 521 |
| invest | 145 | 83.58 | 28.58 | 21.00 | 148.0 |
| newdebt | 145 | 241.4 | 124.2 | 0 | 595.4 |

### (三) 实证结果分析

**1. 豪斯曼检验**

在进行固定效应之前，本章进行豪斯曼检验，以确定模型采用固定效应还是随机效应，检验结果显示，chi2(7)=59.8，P值小于0.01，因此应该拒绝原假设，即认为应该使用固定效应模型，而非随机效应模型。使用固定效应模型可以有效消除区域间不可观测的异质性，消除扰动自相关的影响，避免伪回归的出现。

**2. 面板分位数回归结果**

首先采用面板数据的常规方法，使用面板数据得出固定效应模型的估计结果，再运用分位数回归方法进行分析。本章选择5个具有代表性的分位点10%、25%、50%、75%和90%，以反映在不同的经济发展水平上新增专项债对地区经济的影响。

表10-11给出的STATA 16.0回归结果，表明新增专项债无论是在固定效应模型中还是在各个分位数上均对经济发展有正向促进作用。在固定效应模型中，可以看出，专项债新增额每提高1%，人均GDP提高0.0146%。这说明2015～2019年新增专项债的发行有力地促进了我国的经济增长，符合国家通过发行专项债来实现稳投资，托底经济增长的政策预期。

表10-11　　　　　　　　面板分位数回归结果

| 变量 | (1) fe | (2) QR_10 | (3) QR_25 | (4) QR_50 | (5) QR_75 | (6) QR_90 |
|---|---|---|---|---|---|---|
| lndebt | 0.0146*** (0.0053) | 0.0028 (0.0135) | 0.0181* (0.0157) | 0.0180* (0.0100) | 0.0203* (0.0108) | 0.0225* (0.0126) |
| lntech | 0.1565*** (0.0255) | 0.2903*** (0.0290) | 0.2242*** (0.0335) | 0.2311*** (0.0213) | 0.2461*** (0.0232) | 0.2933*** (0.0270) |

续表

| 变量 | (1)<br>fe | (2)<br>QR_10 | (3)<br>QR_25 | (4)<br>QR_50 | (5)<br>QR_75 | (6)<br>QR_90 |
| --- | --- | --- | --- | --- | --- | --- |
| lnhumancap | 0.9712***<br>(0.0710) | 0.4767***<br>(0.0793) | 0.6588***<br>(0.0916) | 0.5236***<br>(0.0583) | 0.4209***<br>(0.0634) | 0.3150***<br>(0.0740) |
| lnpop | -3.5519***<br>(0.5470) | -0.4443***<br>(0.0358) | -0.4014***<br>(0.0414) | -0.4508***<br>(0.0263) | -0.4486***<br>(0.0286) | -0.4564***<br>(0.0334) |
| lninvest | 0.0079<br>(0.0315) | 0.0748**<br>(0.0479) | 0.0506*<br>(0.0553) | 0.1695***<br>(0.0352) | 0.1964***<br>(0.0383) | -0.1637***<br>(0.0447) |
| lnnewdebt | 0.0070*<br>(0.0058) | 0.0361*<br>(0.0185) | 0.0487**<br>(0.0214) | 0.0545***<br>(0.0136) | 0.0468***<br>(0.0148) | 0.0379**<br>(0.0172) |
| 常数项 | -18.6849***<br>(4.4133) | 12.1666***<br>(0.3450) | 12.5918***<br>(0.3988) | 13.3347***<br>(0.2535) | 13.2292***<br>(0.2757) | 12.6442***<br>(0.3219) |
| $N$ | 145 | 145 | 145 | 145 | 145 | 145 |
| $R^2$ | 0.874 | 0.6297 | 0.638 | 0.7041 | 0.7569 | 0.7678 |

注：***、**、*分别代表1%、5%、10%的显著性水平。

进一步观察各分位数上新增专项债与经济增长的关系。随着经济水平上升，新增专项债对经济增长的正向促进作用呈现出上升的变化趋势。具体而言，专项债新增额每提高1%，人均GDP提高0.018%~0.0225%。其中，对于75%分位数以上的省份，即经济发展处于中上水平的省份，新增专项债对经济增长的促进作用较大，而对于10%分位数水平上的省份，也即经济发展处于中下水平的省份，新增专项债对经济增长的促进作用较小。这说明，在经济条件与禀赋较好的地区，政府举债融资对经济增长的推动作用更大。这是因为一个地区的经济发展情况是受众多因素共同作用的，除了增量因素外，存量因素的影响也很重要，例如地理位置、资源禀赋等先天因素，还有地区在长期发展中形成的基础设施及配套服务设施条件、积累的人才和资本、制度政策环境等。对于经济发展水平高的地区，在发展初期利用自身的先天优势和政策利好获得了迅猛的发展，基础设施建设发展快，从而形成优势积累，即高发展水平地区，由于基础设施较为完善，配套设施较为齐全，资本较为充足，从而专项债对经济增长"四两拨千斤"的效果更好；而低发展水平地区，本身的起点较低，基础设施建设还存在许多短板，配套设施及服务落后，甚至存在由于地方政府治理能力欠缺出现债务资金投向不合理的浪费现象，导致对经济增长的促进作用较为有限。

观察控制变量，技术进步在固定效应和各分位数上均显著为正，说明技术进步能够促进经济发展。专利数量是国家创新实力和技术进步的一个重要标志，近年来，我国实施科技强国战略，不断强化知识产权保护，创新活力不断迸发，新发明、新技术的运用提高了生产率，为经济发展赋能。

人力资本对经济增长的作用在固定效应和各个分位数上显著为正。人力资本是一个经济社会发展最重要的资源，通过教育可以提升人力资本水平。近年来，我国全面推进教育优先发展战略，教育经费已成为公共财政的第一大支出，劳动力的综合素质也得到了极大提高。从回归结果来看，10%~50%分位数水平上的系数较大，人力资本对欠发达地区经济增长的影响更加明显，说明我国加大对欠发达地区的教育扶持，有效增强了当地经济发展的内生动力。

人口规模对经济增长的影响在固定效应和各个分位数上均显著为负。我国是人口大国，庞大的人口规模一方面意味着广阔的市场需求；另一方面也会挤占经济资源，一个地区的人口越多，意味着有更多的公共支出和财政负担，从而不利于人均GDP的增长。

投资率对经济增长的影响在90%的分位数水平上为负，在其他分位数上和固定效应中均为正。欠发达地区固定资产存量相对落后，固定资产投资不仅成为经济发展的直接驱动力，而且增加了固定资本的积累，能有效撬动经济增长。发达地区经过长期的投资积累，固定资产存量水平较高，当前最重要的是优化投资方向，提高固定资产的使用效率。

新增一般债的回归系数在各个分位数上显著为正，说明新增一般债有效促进了经济的增长。一般债资金投向的公益性项目虽然不直接创造经济收益，但在客观上能够弥补建设资金的不足，增强政府购买力，刺激市场需求，是实施积极财政政策的重要手段。

专项债新增额与经济发展水平之间的关系存在比较明显的内生性问题，最突出的就是反向因果关系。一方面，经济发展水平体现了地方政府的财政实力，影响新增专项债限额的分配，从而影响其实际新增额；另一方面，新增专项债也会影响经济增长。同时，考虑到债务资金对经济的影响可能存在滞后性，本章采用学术界处理内生性的普遍办法，对核心解释变量滞后一期进行重新估计。当年国内经济生产总值受到上一年度新增专项债发行的影响，但当年国内经济生产总值的增长情况不能作为上一年新增专项债规模的依据，从而能使反向因果问题得到有效解决。

滞后1期的新增专项债对经济增长仍为正向影响，且随着分位数水平的提高，对经济增长的促进作用仍呈上升趋势，如表10-12所示。

表 10-12　　　　　　　滞后 1 期面板分位数回归结果

| 变量 | (1)<br>fe | (2)<br>QR_10 | (3)<br>QR_25 | (4)<br>QR_50 | (5)<br>QR_75 | (6)<br>QR_90 |
|---|---|---|---|---|---|---|
| lndebt | 0.0145***<br>(0.0054) | 0.0072<br>(0.0158) | 0.0144*<br>(0.0131) | 0.0272**<br>(0.0119) | 0.0251*<br>(0.0177) | 0.0293**<br>(0.0116) |
| lntech | 0.1356***<br>(0.0261) | 0.2960***<br>(0.0253) | 0.2472***<br>(0.0376) | 0.2337***<br>(0.0336) | 0.2930***<br>(0.0278) | 0.2799***<br>(0.0246) |
| lnhumancap | 0.9571***<br>(0.0756) | 0.5378***<br>(0.0692) | 0.6042***<br>(0.1027) | 0.4944***<br>(0.0918) | 0.3673***<br>(0.0759) | 0.2706***<br>(0.0673) |
| lnpop | -3.7531***<br>(0.6361) | -0.4895***<br>(0.0299) | -0.4442***<br>(0.0444) | -0.4371***<br>(0.0397) | -0.4733***<br>(0.0328) | -0.4255***<br>(0.0291) |
| lninvest | 0.0213<br>(0.0389) | 0.1131***<br>(0.0389) | 0.0832*<br>(0.0578) | 0.1828***<br>(0.0516) | 0.1399***<br>(0.0427) | -0.1825***<br>(0.0379) |
| lnnewdebt | 0.0082<br>(0.0081) | 0.0795***<br>(0.0207) | 0.1022***<br>(0.0307) | 0.0553**<br>(0.0274) | 0.0056<br>(0.0227) | 0.0460**<br>(0.0201) |
| 常数项 | -20.0765***<br>(5.1357) | 12.4038***<br>(0.2882) | 12.4690***<br>(0.4278) | 13.2701***<br>(0.3820) | 12.9021***<br>(0.3161) | 12.4913***<br>(0.2802) |
| $N$ | 116 | 116 | 116 | 116 | 116 | 116 |
| $R^2$ | 0.886 | 0.6366 | 0.6265 | 0.6859 | 0.7572 | 0.7727 |

注：***、**、* 分别代表 1%、5%、10% 的显著性水平。

#### （四）稳健性检验

由于部分样本值偏大或偏小均会对实证结果产生干扰，为了避免新增专项债发行额异常值和离群值对回归结果的影响，本章对新增专项债发行额进行 0.5% 的缩尾处理，剔除异常值和离群值的影响，并进一步建立固定效应模型和面板分位数回归模型进行实证分析。由表 10-13 可以发现，剔除极端值和异常值后的专项债新增额，稳健性检验结果与之前模型检验结果保持一致。

表 10-13　　　　　　稳健性检验：剔除极端值和异常值

| 变量 | (1)<br>fe | (2)<br>QR_10 | (3)<br>QR_25 | (4)<br>QR_50 | (5)<br>QR_75 | (6)<br>QR_90 |
|---|---|---|---|---|---|---|
| lndebt | 0.0144***<br>(0.0053) | 0.0029<br>(0.0133) | 0.0181*<br>(0.0169) | 0.0164*<br>(0.0102) | 0.0165*<br>(0.0111) | 0.0237*<br>(0.0139) |

续表

| 变量 | (1)<br>fe | (2)<br>QR_10 | (3)<br>QR_25 | (4)<br>QR_50 | (5)<br>QR_75 | (6)<br>QR_90 |
|---|---|---|---|---|---|---|
| lntech | 0.1562*** <br>(0.0256) | 0.2870*** <br>(0.0282) | 0.2242*** <br>(0.0359) | 0.2304*** <br>(0.0217) | 0.2505*** <br>(0.0236) | 0.2943*** <br>(0.0295) |
| lnhumancap | 0.9777*** <br>(0.0723) | 0.4764*** <br>(0.0771) | 0.6588*** <br>(0.0981) | 0.5303*** <br>(0.0594) | 0.4230*** <br>(0.0647) | 0.3167*** <br>(0.0806) |
| lnpop | -3.5420*** <br>(0.5492) | -0.4414*** <br>(0.0349) | -0.4014*** <br>(0.0444) | -0.4515*** <br>(0.0269) | -0.4538*** <br>(0.0293) | -0.4567*** <br>(0.0365) |
| lninvest | 0.0072 <br>(0.0317) | 0.0671* <br>(0.0465) | 0.0506 <br>(0.0592) | 0.1695*** <br>(0.0359) | 0.1912*** <br>(0.0390) | -0.1615*** <br>(0.0487) |
| lnnewdebt | 0.0071 <br>(0.0058) | 0.0363** <br>(0.0180) | 0.0487** <br>(0.0230) | 0.0567*** <br>(0.0139) | 0.0486*** <br>(0.0151) | 0.0372* <br>(0.0189) |
| _cons | -18.5676*** <br>(4.4282) | 12.1408*** <br>(0.3355) | 12.5918*** <br>(0.4271) | 13.3522*** <br>(0.2588) | 13.2122*** <br>(0.2815) | 12.6294*** <br>(0.3509) |
| $R^2$ | 0.875 | 0.6302 | 0.638 | 0.7051 | 0.7595 | 0.7675 |

注：***、**、*分别代表1%、5%、10%的显著性水平。

## 二、传导机制分析

徐长生（2016）等通过分步回归，验证了地方政府债务促进经济增长的核心机制，即通过基础设施的完善进行招商引资，从而拉动经济增长。为进一步说明专项债的稳投资、托底经济增长功能，本章借鉴其分步回归的做法，先以基础设施投资为被解释变量①，考察新增专项债对基建投资的直接影响，再用基建投资对人均GDP回归，考察基建投资对经济增长的作用。

表10-14和表10-15的回归结果显示，新增专项债对基础设施投资的促进作用显著为正。在基础设施水平较低、社会资本较少的欠发达地区，基础设施建设投资主要依赖作为政府资源的专项债资金。专项债的发行释放了政府重点建设项目的信号，有利于增强市场主体信心，对基建投资有明显的拉动作用。

---

① 基础设施行业包括我国官方国民经济行业分类标准按门类划分中的"电力、燃气及水的生产和供应业""交通运输、仓储和邮政业""信息传输、计算机服务与软件业"以及"水利、环境和公共设施管理业"。本节使用的基础设施投资数据根据统计年鉴披露的以上四个行业的投资额相加得出。

表 10-14　　　专项债新增额对基础设施建设投资回归

| 变量 | 固定效应模型 | 分位点回归结果 | | | | |
|---|---|---|---|---|---|---|
| | | QR_10 | QR_25 | QR_50 | QR_75 | QR_90 |
| lndebt | 0.0093* | 0.1073* | 0.2466*** | 0.2695*** | 0.1602*** | 0.1245*** |
| 常数项 | 是 | 是 | 是 | 是 | 是 | 是 |
| 控制变量 | 是 | 是 | 是 | 是 | 是 | 是 |
| 观测值 | 145 | 145 | 145 | 145 | 145 | 145 |
| $R^2$ | 0.639 | 0.4644 | 0.5324 | 0.5773 | 0.5382 | 0.5480 |

注：\*\*\*、\* 分别代表 1%、10% 的显著性水平。

表 10-15　　　滞后一期新增专项债发行额对基础设施建设投资回归

| 变量 | 固定效应模型 | 分位点回归结果 | | | | |
|---|---|---|---|---|---|---|
| | | QR_10 | QR_25 | QR_50 | QR_75 | QR_90 |
| L.lndebt | 0.0745** | 0.1573*** | 0.3549*** | 0.3327*** | 0.1358*** | 0.1064*** |
| 常数项 | 是 | 是 | 是 | 是 | 是 | 是 |
| 控制变量 | 是 | 是 | 是 | 是 | 是 | 是 |
| 观测值 | 116 | 116 | 116 | 116 | 116 | 116 |
| $R^2$ | 0.5589 | 0.4821 | 0.531 | 0.5772 | 0.5356 | 0.5616 |

注：\*\*\*、\*\* 分别代表 1%、5% 的显著性水平。

基础设施投资对经济增长的作用显著为正，如表 10-16 和表 10-17 所示。这说明在消费和出口乏力的经济环境中，增加投资仍然是拉动经济增长的有效手段。欠发达地区的基础设施建设亟待补短板、强弱项，以激发经济活力；发达地区经济发展环境好，配套服务设施更加完善，资源密集且配置效率高，基建投资带来的经济收益显著。

表 10-16　　　基础设施建设投资对人均 GDP 回归

| 变量 | 固定效应模型 | 分位点回归结果 | | | | |
|---|---|---|---|---|---|---|
| | | QR_10 | QR_25 | QR_50 | QR_75 | QR_90 |
| lninvest | 0.0111** | 0.1069* | 0.0216** | 0.0294** | 0.0666** | 0.1242** |
| 常数项 | 是 | 是 | 是 | 是 | 是 | 是 |
| 控制变量 | 是 | 是 | 是 | 是 | 是 | 是 |
| 观测值 | 145 | 145 | 145 | 145 | 145 | 145 |
| $R^2$ | 0.9654 | 0.4274 | 0.3968 | 0.4096 | 0.4846 | 0.5197 |

注：\*\*、\* 分别代表 5%、10% 的显著性水平。

表 10 – 17　　滞后一期基础设施建设投资对人均 GDP 回归

| 变量 | 固定效应模型 | 分位点回归结果 | | | | |
| --- | --- | --- | --- | --- | --- | --- |
|  |  | QR_10 | QR_25 | QR_50 | QR_75 | QR_90 |
| L. lninvest | 0.2756 *** | 0.1728 ** | 0.0513 ** | 0.0640 ** | 0.1806 ** | 0.1509 ** |
| 常数项 | 是 | 是 | 是 | 是 | 是 | 是 |
| 控制变量 | 是 | 是 | 是 | 是 | 是 | 是 |
| 观测值 | 116 | 116 | 116 | 116 | 116 | 116 |
| $R^2$ | 0.966 | 0.4719 | 0.4506 | 0.4805 | 0.5165 | 0.5155 |

注：\*\*\*、\*\* 分别代表 1%、5% 的显著性水平。

以上回归结果与预期一致，进一步解释了专项债务影响经济增长的作用机制，即专项债资金的注入扩大了基础设施投资规模，从而有利于激发市场活力，对经济增长具有正向促进作用。

## 第五节　研究结论与相关建议

### 一、研究结论

本章主要研究新增专项债的发行规模是否存在马太效应及其经济后果。以 29 个省份为研究样本，首先，对样本省份新增专项债的限额规模、实际发行规模以及发行规模与地区经济的相关性进行描述性分析；其次，运用马尔可夫链模型检验新增专项债发行规模马太效应的存在性，并通过计算各省经济发展水平的相对差异系数说明这种马太效应可能带来的经济后果；最后，通过面板分位数回归分析新增专项债对经济增长的影响，并对影响传导机制进行理论分析和实证检验。通过上述研究，本章得出如下结论。

第一，2015~2019 年，我国地方政府新增专项债经历了一个迅速发展的阶段，规模不断扩大，品种不断增多。基于各省每年均在规定的新增专项债限额内足额发行的假设，得出新增专项债的限额分配办法使债务资源更多地向发达地区倾斜，从而导致发行规模的区域分化，经济发达地区的发行规模普遍较大，经济欠发达地区的发行规模普遍较小，且最大发行规模与最小发行规模的差距呈扩大趋势。

第二，我国地区之间的新增专项债发行规模显著存在马太效应。根据新增专项债发行规模的高低，将样本省份划分为高水平、中高水平、中低水平、低水平四类，运用马尔可夫链模型，得出 1 年和 2 年时长下的水平转移概率矩阵，发现高水平和低水平阵营的等级固化现象显著，维持原有水平的概率最大，发生水平转移的概率最小，从而高水平地区能保持高水平，低水平地区陷入了相对低水平，且低水平地区的不利地位更难改变。

第三，新增专项债的发行对经济增长起到了积极的促进作用，符合国家通过发行专项债来实现稳投资、托底经济增长的政策预期。同时，各省间的发展差异扩大，尤其是高水平地区与低水平地区的经济发展水平相对差异系数均值之差呈扩大趋势，呈现出不均衡发展的状态。

第四，新增专项债对不同经济水平地区的促进作用具有异质性。通过面板分位数回归结果发现，在不同分位数上，新增专项债发行额每提高 1%，人均 GDP 提高 $0.018\% \sim 0.0225\%$，且总体上随着分位数水平的提高而增加。经济发展水平越高的省份，新增专项债对经济增长的促进作用越大；经济发展水平越低的省份，新增专项债对经济增长的促进作用越小。

第五，经济发展环境的差异是债务对经济增长的影响具有异质性的重要原因。通过分析新增专项债对经济增长影响的传导机制和分步回归的实证检验，进一步解释了新增专项债通过基建投资影响经济增长的机理。由于新增专项债的发行规模存在马太效应，发达地区更容易通过举债获得高水平的基础设施和公共品，优化发展环境，实现经济的更快增长；欠发达地区更难通过举债改善地区的基础设施建设，发展环境改善缓慢，从而导致地区间经济发展水平的差距进一步扩大。

## 二、相关建议

### （一）优化地方政府新增专项债限额指标

债务限额决定着地方政府的最大举债空间，且年度全国总的专项债规模有限，如果某个地区的限额规模过大，容易导致债务资源利用率不高，也会挤占其他地区的债务限额；如果限额规模过小，则会造成对地方政府合理融资需求的束缚，制约地方的建设发展。在地方政府债务管理中，"防风险"是最低要求，是不可突破的底线；"促发展"是最高要求，也是发行债券的目的之所在。当前，我国对于地方政府专项债限额的确定，主要还是基于防控风险思路。从债务的举借到资金使用，再到债务本息偿还的全周期来看，使用债务资金是最为关键的一环。专项债券的募投项目具有一定的收益，债务资金的使用绩效即募投项目的盈利能力是影响举债主体偿债能力的重要因素。因此，对于新增专项债可以采取更有弹性的限额管理方法，进一步优化完善限额分配的指标体系。

改进新增专项债的限额分配办法，坚持项目导向，增加项目考核在限额分配公式中的权重。地方政府可以借鉴信用债标准，加强对项目现金流等详细信息的披露，全面反映项目收益状况。第三方评估机构的监管重点也应侧重于保证项目收益能够覆盖成本，要增加项目绩效在限额规模核定中的权重，对使用效率高、支出效益好的项目，在分配新增债券限额时予以适当倾斜。

优化地方政府财力的测算公式，加入地方政府资产指标，更加全面地衡量地方政府的财力水平和偿债能力。拓宽地方政府新增专项债的担保渠道，除了传统的国有土地出让收入担保外，还可以在欠发达地区适当增加社会担保力量，比如保险公司担保。担保渠道的多样化能够对欠发达地区债券的发行起到增信作用，从而有利于缩小专项债规模的区域分化程度，缓解马太效应。

## （二）补齐基础设施及配套服务短板

基础设施及配套服务设施的水平是一个地区经济发展环境水平的重要衡量指标，影响着债务资金对经济增长的促进作用大小。经济发展环境较好的地区，能实现更大程度的债务引资效果；经济发展环境较差的地区，新增债务对经济的促进作用较小。要减少因发展环境差距造成的对债务资金使用效果的不利影响，应加快缩小欠发达地区与发达地区的硬件设施差距。

从纵向来看，中央政府应进一步加大对落后地区的扶持力度，加大重大项目政策倾斜，帮助落后地区加快基础设施及配套服务建设。还可以引导政策性金融机构适度参与建设，相比商业金融机构，政策性金融机构对项目收益的敏感度较低，甚至可以提供无息贷款，可在一定程度上弥补欠发达地区社会资本欠缺的不足，提高基建补短板的政策效果。

从横向来看，"局部发达、整体落后"的局面不利于社会整体经济水平的提高，应加强不同发展水平地区之间的经济交流合作。发达地区在新增专项债限额的分配规则中享受到了红利，有一定的责任为欠发达地区提供适当的经济援助；同时，欠发达地区也可以主动寻求与发达地区合作，以合理的资金回报率向发达地区借入部分资金，弥补基础设施建设需求缺口，实现不同地区资金需求与供给的均衡。

目前，很多发达地区开始追求城市的内涵和更高质量发展，专项债资金的布局重点从传统的基建投资转向生态文明建设、民生福利和新基建领域；相比之下，正在进行产业转型升级和大规模城镇化建设的欠发达地区，新增专项债资金的投入仍集中在基础设施建设、棚户区改造等方面。因此，欠发达地区在加快基础建设投资补短板的同时，还要重视提供其他经济发展的硬件配套设施和服务，合理规划债务资金投向，避免出现基础设施重复建设、无效投资等浪费债务资源情况，实现地区的可持续发展。

### （三）提高地方政府专项债管理水平

不同地方政府的政治力量和债务管理水平存在差异，举债能力较弱的地方政府一般政治力量也较弱，对债务资金的管理水平较低，其债券发行成本更高。由于越是欠发达地区受到马太效应影响的程度越大，因此，要有效缓解马太效应的影响，关键是要提高欠发达地区政府的债务管理水平，尤其是在人才、制度等方面处于劣势的落后地区，应加强专项债管理的专业队伍建设，引进先进管理模式，提高对债务资金的使用能力，最大限度发挥债务资金的效益，降低偿债风险。

提高债务资金的使用效率，合理分配专项债资金的项目投向。在债券发行前期，相比债券的可发性研究，应更加注重项目的可行性论证，做好项目储备和前期手续办理工作，从而为争取更高的限额提供项目支持。要加强项目管理，注重项目的长远规划、合理规划，聚焦补短板、惠民生、强弱项的基础设施建设，将准备充分的项目作为专项债券发行使用重点，构建项目优先发展顺序。加强新增专项债资金集中使用，防止资金"碎片化"导致的重复建设和浪费，保障项目建设的实效性。地方政府应当发挥自身的优势，以优势项目带动劣势项目，对项目资金进行全生命周期管理，解决项目和资金存在期限不匹配的问题，合理配置有限的债务资源，确保资金不闲置，实现综合效益最大化。同时，还要做好风险防控工作，加强对专项债偿债资金的管理。进一步完善偿债准备金制度，降低偿债资金不足的风险。

# 第十一章

# 基于 KMV 模型的地方政府债务风险测度

第十章探讨了我国地方政府专项债马太效应的实证分析，本章主要侧重于采用 KMV 模型测度各省（自治区、直辖市）的地方政府债务风险，并对政府债务风险进行纵向和横向对比分析。科学测度地方政府债务风险有助于中央政府了解地方政府举债融资的真实情况，从而迫使地方政府建立规范有序的地方政府债务管理制度和风险预警机制。本章首先介绍 KMV 模型；其次构建 KMV 模型的指标体系；再次解释样本和数据的选取，介绍数据来源；最后对基于 KMV 模型预测的地方政府债务风险进行分析。

## 第一节 KMV 模型介绍

KMV 模型是一种期权定价模型，主要考察到期时企业资产市值与偿还债务本息总值之间的距离，并以此为依据测量企业的违约概率。假设企业资产市值为 $W$，偿还债务本息总额为 $D$，到期时若 $D < W$，则企业债务安全，不会违约；到期时若 $D > W$，则企业不能偿还债务，企业违约。到期时企业债务总额与企业资产市值之间的距离称为违约距离 $DD$，违约距离 $DD$ 越大，违约概率越小；违约距离 $DD$ 越小，违约概率越大。假设 $W$ 的函数表达式如下：

$$W_t = f(Z_t) \tag{11.1}$$

其中，$W$ 为企业资产市值，$t$ 时期企业资产市值为 $W_t$，$Z_t$ 表示 $W_t$ 服从随机分布，企业债务到期日为 $T$，$WT < DT$ 表示企业违约，即当债务到期时，企业资产市值 $WT$ 小于应当偿还的债务总额 $DT$。预期违约概率 EDF 用 $p$ 表示，则有：

$$p = p[WT < DT] = p[f(ZT) < DT] = p[ZT < f-1(DT)] \quad (11.2)$$

假设
$$p = N[f-1(DT)] \quad (11.3)$$

若 $\sigma$ 代表 $W$ 波动值，则违约距离 $DD$ 为：

$$DD = \frac{W_T - D_T}{W_{T\sigma}} \quad (11.4)$$

根据式（11.1）、式（11.3）和式（11.4）可得：

$$DD = -f-1(DT) \quad (11.5)$$

$$p = \Phi(-DD) \quad (11.6)$$

假设企业资产市值也服从随机过程，$\mu$ 为 $W$ 的波动率，$dzt$ 为标准几何布朗运动的增量，则：

$$\mathrm{d}W_t = \mu W_t \mathrm{d}t + \sigma W \mathrm{d}zt \quad (11.7)$$

$Z_t \sim N(0,1)$，当 $t > 0$ 时 $W$ 可以表示为：

$$W_t = W\exp\left\{\left(\mu - \frac{1}{2}\sigma^2\right)t + \sigma\sqrt{t}Z_t\right\} \quad (11.8)$$

均值和方差分别为：

$$E[\ln W_t] = \ln W + \mu t - \frac{1}{2}\sigma^2 t = \frac{1}{n-1}\sum_{i=1}^{n-1}\ln W\frac{W_{i+1}}{W_i} = \ln W + \frac{1}{n-1}\sum_{i=1}^{n-1}\ln\frac{W_{i+1}}{W_i}$$

$$(11.9)$$

$$\mathrm{Var}[\ln W_t] = \sigma^2 t = \frac{1}{n-2}\sum_{i=1}^{n-1}\left(\ln W\frac{W_{i+1}}{W_i} - \frac{1}{n-1}\sum_{i=1}^{n-1}\ln W\frac{W_{i+1}}{W_i}\right)^2$$

$$= \frac{1}{n-2}\sum_{i=1}^{n-1}\left(\ln\frac{W_{i+1}}{W_i} - \frac{1}{n-1}\sum_{i=1}^{n-1}\ln\frac{W_{i+1}}{W_i}\right)^2 \quad (11.10)$$

由此得出资产收益率 $\mu$ 和企业资产市值的波动值 $\sigma$：

$$\mu = \left[\frac{1}{n-1}\sum_{i=1}^{n-1}\ln\frac{W_{i+1}}{W_i} + \frac{1}{2}\sigma^2 t\right]\Big/t \quad (11.11)$$

$$\sigma = \sqrt{\left[\frac{1}{n-2}\sum_{i=1}^{n-1}\left(\ln\frac{W_{i+1}}{W_i} - \frac{1}{n-1}\sum_{i=1}^{n-1}\ln\frac{W_{i+1}}{W_i}\right)^2\right]\Big/t} \quad (11.12)$$

违约距离 $DD$ 与预期违约概率 $p$ 分别为：

$$DD（违约距离）= \frac{\ln W - \ln D_T + \mu T - \frac{1}{2}\sigma^2 T}{\sigma\sqrt{T}} \quad (11.13)$$

$$p = \Phi[-DD] = \Phi\left[\frac{\ln D_T - \ln W - \mu T + \frac{1}{2}\sigma^2 T}{\sigma\sqrt{T}}\right] \quad (11.14)$$

## 第二节 指标体系构建

本部分运用 KMV 模型对地方政府债券的信用风险进行测度，需先对 KMV 模型进行调整。政府财政收入相当于 KMV 模型中的企业资产市值，用 $AT$ 表示；到期时地方政府债券的本息市值相当于企业应偿还债券的本息总额，用 $BT$ 表示；$\sigma$ 表示地方财政收入的波动率；$\mu$ 表示地方财政收入增长率的均值。

到期时政府财政收入为 $AT$，偿还债务本息总额为 $BT$，到期时若 $BT < AT$，则地方政府债务安全，不会违约；到期时若 $BT > AT$，则地方政府不能偿还债务，政府违约。由于地方财政收入具有波动性，所以地方财政预期收入可能会小于应偿还的债务本息总值，从而会发生违约，而违约概率可用来评估地方政府债券信用风险，具体如图 11-1 所示。

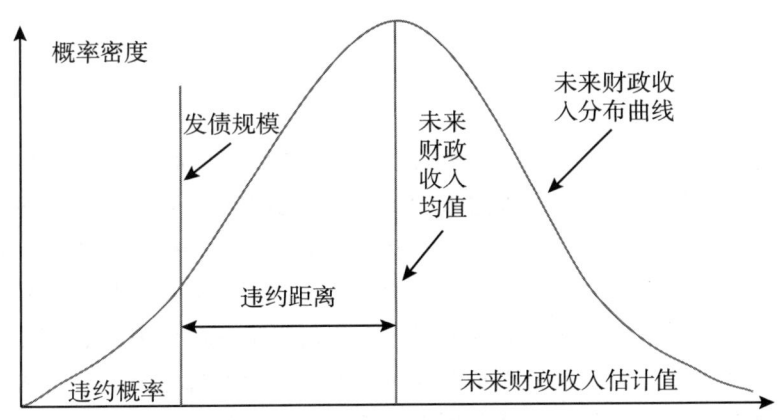

**图 11-1 地方政府债券信用风险模型**

在图 11-1 中，水平轴表示未来财政收入的估计值，垂直轴表示违约概率密度，财政收入的未来分布曲线确定正分布曲线，曲线的中位数由未来财政收入的平均值来确定，未来财政收入的平均值和发债规模线决定违约距离，之后由债务发行比例线和未来财务分配曲线确定违约概率。在债券发行规模一定的情况下，未来平均财政收入越大，违约距离越远；未来平均财政收入特定条件下违约概率越低，债券发行规模越小，违约距离越近，违约概率越小。鉴于未来财政收入的平均值和债券发行规模，可以据此计算违约距离和违约概率，以进行地方政府债券信用风险评估。

令 $t=1$，则 $\mu$ 和 $\sigma$ 分别为：

$$\mu_i = \ln(A_t/A_{t-1}) \qquad (11.15)$$

$$\sigma_t = \sqrt{\frac{1}{n-1}\sum_{i=1}^{n}(\mu_i - \mu)^2} \qquad (11.16)$$

其中 $\mu = \frac{1}{n}\sum_{i=1}^{n}\mu_i$，$n$ 表示年数。

根据违约距离的定义，则有：

$$DD = \frac{\alpha AT - BT}{AT\sigma_t} \qquad (11.17)$$

$$p = \Phi[-DD] \qquad (11.18)$$

## 第三节 样本选取与数据来源

### 一、样本选取

本章选取 15 个省份作为研究样本，并按照东部、中部和西部等区域的划分，从每个区域选取 5 个省份。样本选取时考虑的主要因素有：第一，数据的可获得性和连续性以及研究的可行性。由于某些省份的统计数据较难获得或数据的可研究性较差，所以本章没有将所有省份都纳入研究范围。第二，样本的代表性。我国地区间经济发展水平存在巨大的差异，东部沿海地区经济发达，而中西部地区相对落后。考虑到这个因素，本章在样本选取时按照东部地区、中部地区和西部地区等为划分依据，从每个区域分别选取 5 个有代表性的省份。因此，本章所选择的样本基本可以代表全国所有省份，表示全国整体的情况。第三，2014 年拥有地方债券自发自还资格的试点地区。2014 年，经国务院批准，上海、浙江、广东、深圳、江苏、山东、北京、江西、宁夏、青岛试点地方政府债券"自发自还"。[1] 考虑到试点省份地方政府债券发行经验较为成熟，而且分布在我国东、中、西部地区的典型省份，其具有代表全国其他省份的作用，因此在挑选样本时优先考虑试点省份。综合以上三个因素进行样本的筛选，最终选取 15 个省份作为本章的研究样本，具体如表 11-1 所示。

---

[1] 《财政部印发〈2014 年地方政府债券自发自还试点办法〉》，中国政府网，https://www.gov.cn/xinwen/2014-05/21/content_2683802.htm，2014 年 5 月 21 日。

表11-1　　　　地方政府债券信用风险测度的样本省份

| 区域名称 | 样本省级行政区 |
| --- | --- |
| 东部地区 | 山东省、北京市、上海市、浙江省、广东省 |
| 中部地区 | 河南省、湖北省、湖南省、安徽省、江西省 |
| 西部地区 | 陕西省、宁夏回族自治区、重庆市、四川省、云南省 |

## 二、数据选取与来源

地方财政收入的数据主要来自国家统计局网站。因为地方财政一般预算收入是衡量一个地方政府可支配财力的重要指标，所以本章选取1998～2017年20年间15个省级行政区的地方一般预算收入来衡量地方财政收入。计算地方政府刚性支出占地方政府总支出比重的原始数据均来自国家统计局网站，具体来自2012～2016年的分省份财政支出。预测年度即2018～2020年需偿还的债务数据来自财政部官网《2017年全国财政决算》报告和中债资信网站。

## 第四节　实证分析

### 一、地方财政收支测算

#### （一）地方财政收入测算

根据国家统计局网站得到15个省级行政区的地方财政收入总额数据，可以绘制出东部、中部和西部15个省级行政区财政收入随时间变化的趋势图，具体如图11-2所示。从图11-2中可以看出，从1998年到2017年的近20年间15个省份的财政收入逐年增长，且增长趋势平滑，与年份增长相关性较强。由此，本章选择时间序列模型来拟合15个省份的财政收入，然后预测15个省份2018～2020年的财政收入。

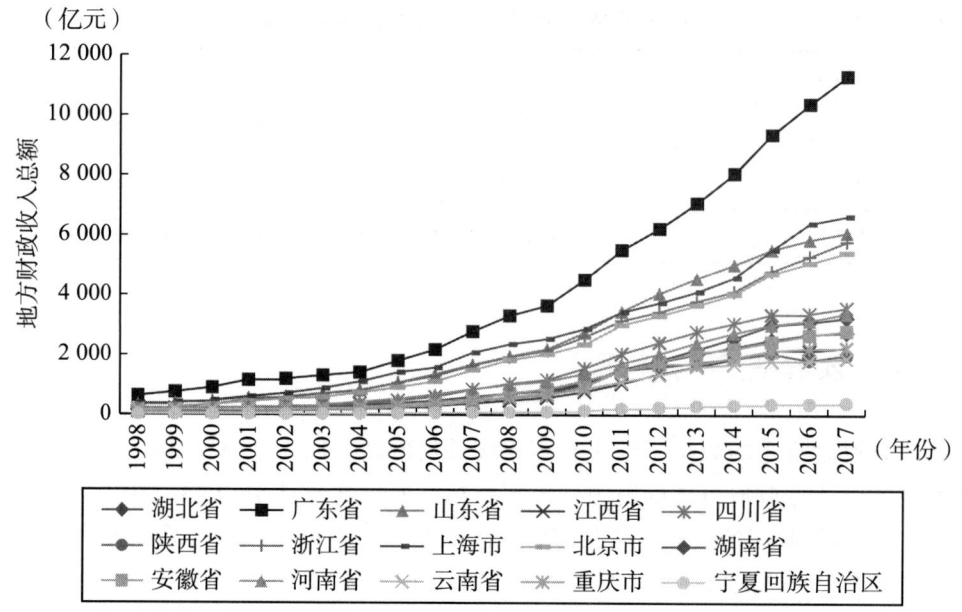

**图 11-2　1998~2017 年 15 个省级行政区财政收入增长趋势**

选择 ADF 单位根检验来检测 15 个省份 1998~2017 年的财政收入数据序列是否平稳。检验发现 ADF 检查结果为平稳，所以本章选择一阶自回归模型来拟合财政收入。假设地方财政收入在时间序列上满足带有截距项的一阶自回归模型，运用计量软件 EViews 8 进行一阶自回归，一阶自回归模型如下所示：

$$R_t = c + \alpha \times R_{t-1} \qquad (11.19)$$

其中，$c$ 是常数项，$\alpha$ 是滞后项的系数，$t$ 为时间（单位：年），$R_t$ 是第 $t$ 年的地方财政收入，$R_{t-1}$ 是第 $t-1$ 年的净收入。

一阶自回归的主要参数如表 11-2 所示。由表 11-2 的结果可发现，上海市、重庆市和湖北省这三个省份的固定项 P 值显著性较差，大于 0.05；广东、浙江等其余省份的 P 值都小于 0.05，结果较好。另外，15 个省份财政收入滞后项的 P 值都几乎为零，$R^2$ 接近 1，结果非常显著。因此，可得出一阶自回归对地方政府财政收入的拟合效果较好。

**表 11-2　15 个省份地方财政收入一阶自回归主要参数值**

| 省份 | C | T | R(-1) | T | $R^2$ |
|---|---|---|---|---|---|
| 广东省 | 149.3826<br>(0.0499) | 2.019076 | 1.108368<br>(0.0000) | 72.81932 | 0.996804 |
| 浙江省 | 114.0413<br>(0.0116) | 2.828957 | 1.088878<br>(0.0000) | 69.84465 | 0.996527 |

续表

| 省份 | C | T | R(-1) | T | R² |
|---|---|---|---|---|---|
| 山东省 | 155.0285<br>(0.0209) | 2.545615 | 1.064459<br>(0.0000) | 51.32357 | 0.993588 |
| 上海市 | 111.8225<br>(0.0962) | 1.522859 | 1.091415<br>(0.0000) | 44.16261 | 0.991359 |
| 北京市 | 119.5983<br>(0.0293) | 2.379770 | 1.079721<br>(0.0000) | 53.26207 | 0.994043 |
| 湖南省 | 69.48711<br>(0.043) | 1.989009 | 1.069309<br>(0.0000) | 39.62647 | 0.989290 |
| 湖北省 | 72.42539<br>(0.0930) | 1.591010 | 1.085953<br>(0.0000) | 34.17757 | 0.985655 |
| 安徽省 | 63.36942<br>(0.0500) | 2.081005 | 1.079967<br>(0.0000) | 45.46328 | 0.991842 |
| 江西省 | 60.41763<br>(0.0485) | 1.807057 | 1.071548<br>(0.0000) | 32.97490 | 0.984606 |
| 河南省 | 69.38423<br>(0.0433) | 2.183268 | 1.082433<br>(0.0000) | 52.88465 | 0.993958 |
| 四川省 | 99.27619<br>(0.0500) | 2.108420 | 1.060578<br>(0.0000) | 38.90874 | 0.988895 |
| 重庆市 | 79.66508<br>(0.0955) | 1.765194 | 1.043764<br>(0.0000) | 25.68699 | 0.974883 |
| 云南省 | 53.36761<br>(0.0466) | 1.818805 | 1.049735<br>(0.0000) | 34.28848 | 0.985747 |
| 宁夏回族自治区 | 10.41765<br>(0.0358) | 1.966759 | 1.076972<br>(0.0000) | 38.48527 | 0.988652 |
| 陕西省 | 83.11113<br>(0.0489) | 1.642319 | 1.022227<br>(0.0000) | 21.45938 | 0.964398 |

运用上述一阶自回归模型动态测算 15 个省份 2018～2020 年财政收入的结果，如表 11-3 所示。表 11-3 的测算结果显示，15 个省份的财政收入在 2018～2020 年逐年增长，且增长幅度也在扩大。

表 11-3　　2018~2020 年 15 个省份财政收入测算　　单位：亿元

| 省份 | 2018 年 | 2019 年 | 2020 年 |
| --- | --- | --- | --- |
| 广东省 | 12 690.80 | 14 215.46 | 15 905.34 |
| 浙江省 | 6 433.21 | 7 119.03 | 7 865.79 |
| 山东省 | 6 646.63 | 7 230.10 | 7 851.17 |
| 上海市 | 7 361.29 | 8 146.04 | 9 002.53 |
| 北京市 | 5 983.34 | 6 579.93 | 7 224.09 |
| 湖北省 | 3 600.08 | 3 981.94 | 4 396.63 |
| 安徽省 | 3 100.52 | 3 411.83 | 3 748.03 |
| 江西省 | 2 468.12 | 2 705.13 | 2 959.09 |
| 河南省 | 3 746.38 | 4 124.59 | 4 533.97 |
| 四川省 | 3 895.91 | 4 231.20 | 4 586.79 |
| 重庆市 | 2 430.54 | 2 616.57 | 2 810.75 |
| 云南省 | 2 033.34 | 2 187.83 | 2 350.01 |
| 宁夏回族自治区 | 460.01 | 505.84 | 555.19 |
| 陕西省 | 2 134.10 | 2 264.64 | 2 398.09 |

## （二）可担保财政收入测算

在我国财政运行中，为了维持政府机构的正常运转和保障民生基本支出，每年的财政可担保收入中都有一部分是固定的刚性支出。因此，在计算地方政府债务的偿债担保时必须先从一般公共预算财政收入中扣除固定刚性支出，剩余的金额才能用来偿还地方政府债务。① 可担保财政收入可用式（11.20）计算：

$$可担保财政收入 = 地方财政收入 \times (1 - 刚性支出占总支出比重) \quad (11.20)$$

根据财政支出分类，地方政府有 12 项刚性支出，具体包括一般公共服务、外交、国防、公安、教育、社会保障和就业等。② 考虑到我国地方政府现行支出现状更符合广义刚性支出的含义，故本章按照广义刚性支出的概念来推算地方政府可担保财政收入。本章选择 2012~2016 年作为样本时间。根据国家统计局统计的分省份财政支出数据计算得出 15 个省份地方政府刚性支出占总支出的比重，结果如表 11-4 所示。

---

① 张海星、靳伟凤：《基于 KMV 模型的市政债券安全发行规模测度——以大连为实证样本》，载于《东北财经大学学报》2016 年第 4 期，第 85~91 页。
② 刘京焕、陈志勇、李景友：《财政学原理》，高等教育出版社 2018 年版。

表 11-4  2012~2016 年 15 个省份地方政府刚性支出占总支出比重   单位：%

| 省份 | 2012 年 | 2013 年 | 2014 年 | 2015 年 | 2016 年 |
| --- | --- | --- | --- | --- | --- |
| 广东省 | 80 | 81 | 77 | 70 | 77 |
| 浙江省 | 82 | 81 | 81 | 78 | 83 |
| 山东省 | 83 | 83 | 83 | 83 | 85 |
| 上海市 | 71 | 70 | 69 | 66 | 78 |
| 北京市 | 80 | 80 | 82 | 83 | 80 |
| 湖南省 | 81 | 81 | 82 | 82 | 82 |
| 湖北省 | 80 | 79 | 79 | 78 | 83 |
| 安徽省 | 79 | 81 | 80 | 80 | 82 |
| 江西省 | 77 | 76 | 75 | 79 | 81 |
| 河南省 | 82 | 83 | 82 | 84 | 86 |
| 四川省 | 78 | 77 | 77 | 79 | 81 |
| 重庆市 | 78 | 82 | 82 | 82 | 83 |
| 云南省 | 78 | 74 | 73 | 75 | 80 |
| 宁夏回族自治区 | 76 | 79 | 74 | 77 | 80 |
| 陕西省 | 81 | 81 | 78 | 81 | 85 |

由表 11-4 可知，各省份每年度的地方政府刚性支出占总支出比重基本相近，差距不大。为安全起见，本章选取 2012~2016 年中各省份刚性支出占总支出的最大比重作为测算各省份 2018~2020 年可担保财政收入的刚性支出比重，进而计算出 2018~2020 年的测算可担保财政收入，具体情况如表 11-5 所示。

表 11-5  2018~2020 年测算可担保财政收入

| 省份 | 可担保财政收入比重（%） | 测算可担保财政收入（亿元） | | |
| --- | --- | --- | --- | --- |
| | | 2018 年 | 2019 年 | 2020 年 |
| 广东省 | 19 | 2 411.25 | 2 700.94 | 3 022.02 |
| 浙江省 | 17 | 1 093.65 | 1 210.24 | 1 337.18 |
| 山东省 | 15 | 997 | 1 084.52 | 1 177.68 |
| 上海市 | 22 | 1 619.48 | 1 792.13 | 1 980.56 |
| 北京市 | 17 | 1 017.17 | 1 118.59 | 1 228.10 |
| 湖南省 | 18 | 557.30 | 623.26 | 694.47 |
| 湖北省 | 17 | 612.01 | 676.93 | 747.43 |

续表

| 省份 | 可担保财政收入比重（%） | 测算可担保财政收入（亿元） | | |
|---|---|---|---|---|
| | | 2018 年 | 2019 年 | 2020 年 |
| 安徽省 | 18 | 558.09 | 614.13 | 674.65 |
| 江西省 | 19 | 468.94 | 513.98 | 562.23 |
| 河南省 | 14 | 524.49 | 577.44 | 634.76 |
| 四川省 | 19 | 740.22 | 803.93 | 871.49 |
| 重庆市 | 17 | 413.19 | 444.82 | 477.83 |
| 云南省 | 20 | 406.67 | 437.57 | 470 |
| 宁夏回族自治区 | 20 | 92 | 101.17 | 111.04 |
| 陕西省 | 15 | 320.12 | 339.70 | 359.71 |

### （三）可担保财政收入增长率及波动率测算

可担保财政收入与地方财政收入有相同的变动趋势，故其也有相同的增长率和波动率。将 1998~2017 年的地方财政收入数据及通过一元自回归模型测算得到的 2018~2020 年的地方财政收入数据代入式（11.15）和式（11.16），并令 $T=1$，计算得出各省份的可担保财政收入增长率和波动率，结果如表 11-6 所示。

表 11-6　　15 个省份可担保财政收入增长率和波动率

| 省份 | 波动率 $\sigma$ | 增长率 $\mu$ |
|---|---|---|
| 广东省 | 0.057454 | 0.14764 |
| 浙江省 | 0.08185 | 0.170691 |
| 山东省 | 0.062576 | 0.143034 |
| 上海市 | 0.060463 | 0.145612 |
| 北京市 | 0.067248 | 0.159056 |
| 湖南省 | 0.069593 | 0.14802 |
| 湖北省 | 0.082087 | 0.151505 |
| 安徽省 | 0.081021 | 0.146868 |
| 江西省 | 0.081706 | 0.158623 |
| 河南省 | 0.0609 | 0.141893 |
| 四川省 | 0.08151 | 0.146334 |
| 重庆市 | 0.127661 | 0.175271 |

续表

| 省份 | 波动率 $\sigma$ | 增长率 $\mu$ |
|---|---|---|
| 云南省 | 0.075945 | 0.12274 |
| 宁夏回族自治区 | 0.097369 | 0.161237 |
| 陕西省 | 0.112976 | 0.15394 |

## 二、信用风险测算

### (一) 地方政府债券违约概率测算

测算地方政府债券违约概率需获取 2018~2020 年 15 个省份的地方政府债务偿还本息总额。根据中债资信网站的统计数据可得 15 个省份 2018~2020 年的债务本金到期金额数据，具体如表 11-7 所示。

表 11-7　　2018~2020 年 15 个省份债务本金到期情况　　单位：亿元

| 省份 | 2017 年总债务余额 | 2018 年还债本金 | 2019 年还债本金 | 2020 年还债本金 |
|---|---|---|---|---|
| 广东省 | 7 357.03 | 211.15 | 294.32 | 728.94 |
| 浙江省 | 10 181.50 | 490.20 | 725.02 | 1 034.23 |
| 山东省 | 10 677.78 | 606.71 | 956.27 | 1 256.22 |
| 上海市 | 4 477.60 | 217.60 | 534.90 | 575.20 |
| 北京市 | 3 566.42 | 260.83 | 392.47 | 588.22 |
| 湖南省 | 7 037.40 | 322.80 | 1 113.33 | 913.40 |
| 湖北省 | 5 514.01 | 217.30 | 520.22 | 717.81 |
| 安徽省 | 4 611.28 | 303.53 | 303.43 | 674.2 |
| 江西省 | 3 455.03 | 167.22 | 224.26 | 494.07 |
| 河南省 | 5 483.17 | 319.93 | 438.74 | 821.11 |
| 四川省 | 7 709.57 | 622 | 936.81 | 1 378.52 |
| 重庆市 | 3 429.60 | 174.91 | 342.47 | 588.22 |
| 云南省 | 5 776 | 406.40 | 432.60 | 730 |
| 宁夏回族自治区 | 1 053.86 | 84.01 | 108.64 | 117.51 |
| 陕西省 | 4 733.44 | 351.41 | 663.04 | 650.18 |

资料来源：中债资信网站。

每年的偿还债务总额即为该年度到期债务本金、利息和以后年度的债务本金该年度应偿还的债务利息。根据式（11.21）可计算 2018～2020 年政府偿债总额。

$$B_T = r_T \sum BV + (1 + r_T)$$ (11.21)

式（11.21）中，$r_T$ 代表地方政府债务的平均利率，$\sum BV$ 代表以后年度应偿还的地方政府债务本金的汇总，代表政府债务的本金余额，$BV_T$ 只代表当年度应偿还的债务本金，故每年度偿债债务总额 $B_T$ 就是以后年度应偿还地方政府债务本金总额的利息费用 $r_T \sum BV$ 和当年度应偿还的债务本息总额 $(1 + r_T)BV_T$。此外，由于截至 2017 年末，地方政府债券剩余平均年限为 5 年，平均利率为 3.5%①，可得地方政府债务平均利率 $r_T$。根据式（11.21）测算出 15 个省份每年的债务偿还本息总额。

将计算得出的各省份可担保财政收入增长率、波动率以及各省份 2018～2020 年的可担保财政收入、需偿还债务本息总额数分别代入式（11.17）和式（11.18）。因为本章利用当年可担保财政收入和应偿还债务本息总额来测算违约距离和违约概率，故假设预测周期为 1 年，即 $T=1$。运用 MATLAB 软件计算出不同年度的违约距离 DD 及预期违约概率 EDF。计算结果如表 11-8 所示。

表 11-8　　2018～2020 年 15 个省份债务违约相关参数值

| 省份 | 年份 | 可担保财政收入（亿元） | 偿还债务本息（亿元） | 违约距离 DD（亿元） | 违约概率 P |
| --- | --- | --- | --- | --- | --- |
| 广东省 | 2018 | 2 411.25 | 468.65 | 16.3737 | 0.0000 |
| | 2019 | 2 700.94 | 544.43 | 16.3136 | 0.0000 |
| | 2020 | 3 022.02 | 968.74 | 15.0964 | 0.0000 |
| 浙江省 | 2018 | 1 093.65 | 846.55 | 4.5619 | 0.0000 |
| | 2019 | 1 210.24 | 1 064.22 | 2.5669 | 0.0051 |
| | 2020 | 1 337.18 | 1 348.05 | -0.1837 | 0.5729 |
| 山东省 | 2018 | 997 | 980.43 | 0.492 | 0.3114 |
| | 2019 | 1 084.52 | 1 308.76 | -6.7602 | 1 |
| | 2020 | 1 177.68 | 1 575.24 | -11.6489 | 1 |

① 资料来源：财政部官网预算司债务统计情况，http：//yss.mof.gov.cn/zhuantilanmu/dfzgl/sjtj/201808/t20180817_2989843.html。

续表

| 省份 | 年份 | 可担保财政收入（亿元） | 偿还债务本息（亿元） | 违约距离DD（亿元） | 违约概率P |
|---|---|---|---|---|---|
| 上海市 | 2018 | 1 619.48 | 374.32 | 15.2572 | 0.0000 |
| | 2019 | 1 792.13 | 684 | 13.6009 | 0.0000 |
| | 2020 | 1 980.56 | 705.58 | 13.926 | 0.0000 |
| 北京市 | 2018 | 1 017.17 | 385.65 | 12.218 | 0.0000 |
| | 2019 | 1 118.59 | 508.17 | 11.2592 | 0.0000 |
| | 2020 | 1 228.1 | 690.18 | 9.6355 | 0.0000 |
| 湖南省 | 2018 | 557.30 | 569.11 | -0.5727 | 0.7166 |
| | 2019 | 623.26 | 1 348.34 | -47.9054 | 1 |
| | 2020 | 694.47 | 1 109.44 | -20.4156 | 1 |
| 湖北省 | 2018 | 612.01 | 410.29 | 6.3287 | 0.0000 |
| | 2019 | 676.93 | 705.60 | -0.9781 | 0.836 |
| | 2020 | 747.43 | 884.99 | -4.5235 | 1 |
| 安徽省 | 2018 | 558.09 | 464.92 | 3.5426 | 0.0002 |
| | 2019 | 614.13 | 454.2 | 5.2667 | 0.0000 |
| | 2020 | 674.65 | 814.35 | -5.2194 | 1 |
| 江西省 | 2018 | 468.94 | 288.15 | 7.1926 | 0.0000 |
| | 2019 | 513.98 | 339.33 | 6.5017 | 0.0000 |
| | 2020 | 562.23 | 601.29 | -1.6263 | 0.9481 |
| 河南省 | 2018 | 524.49 | 511.84 | 0.7314 | 0.2323 |
| | 2019 | 577.44 | 619.45 | -2.3066 | 0.9895 |
| | 2020 | 634.76 | 986.47 | -21.3672 | 1 |
| 四川省 | 2018 | 740.22 | 891.83 | -5.1281 | 1 |
| | 2019 | 803.93 | 1 184.88 | -13.2154 | 1 |
| | 2020 | 871.49 | 1 593.8 | -26.2329 | 1 |
| 重庆市 | 2018 | 413.19 | 294.95 | 3.5845 | 0.0002 |
| | 2019 | 444.82 | 456.38 | -0.3789 | 0.6476 |
| | 2020 | 477.83 | 690.15 | -7.6996 | 1 |
| 云南省 | 2018 | 406.67 | 608.56 | -15.1892 | 1 |
| | 2019 | 437.57 | 620.54 | -12.4123 | 1 |
| | 2020 | 470 | 902.8 | -32.7258 | 1 |

续表

| 省份 | 年份 | 可担保财政收入（亿元） | 偿还债务本息（亿元） | 违约距离 DD（亿元） | 违约概率 P |
|---|---|---|---|---|---|
| 宁夏回族自治区 | 2018 | 92 | 120.9 | -6.8345 | 1 |
|  | 2019 | 101.17 | 142.58 | -9.2459 | 1 |
|  | 2020 | 111.04 | 147.65 | -7.2181 | 1 |
| 陕西省 | 2018 | 320.12 | 517.08 | -12.9877 | 1 |
|  | 2019 | 339.7 | 816.41 | -38.015 | 1 |
|  | 2020 | 359.71 | 780.34 | -29.6008 | 1 |

由表 11-8 可知，广东省、上海市和北京市这三个地区 2018~2020 年违约概率都为 0；云南省、陕西省和宁夏回族自治区 2018~2020 年违约概率都为 1；其他省份，例如安徽省和江西省在 2018~2019 年违约概率几乎为零，但在 2020 年违约概率为 1。根据标准普尔和穆迪的信用等级标准，安全的公司债券必须达到标准普尔 BBB[①] 或者穆迪 Baa3[②] 以上的信用等级，高于这个信用级别违约的概率将会非常小。由于地方政府债券的发行主体为地方政府，有国家机关作为信用担保，因此相对于公司债券，地方政府债券信用风险违约值会更小。根据张海星（2016）等学者的研究，地方政府债务的预期违约率在 0.4% 以内才是安全的。根据这一标准可知，广东省、上海市和北京市 2018~2020 年的债券很安全，没有违约风险；云南省、陕西省和宁夏回族自治区这三个省份 2018~2020 年违约概率值接近 1，违约风险很大；其他省份的债券安全处于中间地带，虽没有云南省、陕西省和宁夏回族自治区的违约风险高，但也存在较大的风险隐患，因此也应引起高度关注。为防范地方政府债券信用风险，政府在进行地方政府债券信用风险管控时应对发债规模设置一条安全线，保证地方政府有足够财政收入偿还债务本息。

### （二）地方政府债券安全发债规模测算

由上文可知，地方政府发债规模过大，极易引发违约风险，存在较大的安全隐患，因此在进行地方政府债券管理时应对举债规模设置一个警戒线，在安全举

---

[①] 标准普尔长期债券信用等级，共设 10 个等级，分别为 AAA、AA、A、BBB、BB、B、CCC、CC、C 和 D，BBB 代表目前有足够偿债能力，但若在恶劣的经济条件或外在环境下其偿债能力可能较脆弱。

[②] 穆迪长期债务评级，Baa 级（Baa1、Baa2、Baa3）代表保证程度一般，利息支付和本金安全现在有保证，但在相当长远的一些时间内具有不可靠性。

债规模内发债就显得尤为必要。将 15 个省份 2018～2020 年的可担保财政收入、各省份可担保财政收入增长率 $\mu$ 和波动率 $\sigma$ 代入式（11.17）和式（11.18），在违约概率低于 0.4% 的安全线下，若 15 个省份政府债券的最高还债本息总额为 $BT$，可担保财政收入为 $AT$，财政总收入为 $GRT$，则测算的 $\dfrac{BT}{AT}$ 和 $\dfrac{BT}{GRT}$ 结果如表 11-9 所示。

**表 11-9　2018～2020 年 15 个省份地方政府债券安全发债规模**

| 年份 | 省份 | 违约距离 | 违约概率（%） | BT（亿元） | Bt/AT（%） | BT/GRT（%） |
|---|---|---|---|---|---|---|
| 2018 | 广东省 | 2.6623 | 0.39 | 2 205.09 | 91.40 | 17.4 |
| | 浙江省 | 2.6538 | 0.40 | 956.94 | 87.50 | 14.9 |
| | 山东省 | 2.6545 | 0.40 | 904.27 | 90.70 | 13.6 |
| | 上海市 | 2.6595 | 0.39 | 1473.73 | 91.00 | 20.0 |
| | 北京市 | 2.6536 | 0.40 | 914.43 | 89.90 | 15.3 |
| | 湖南省 | 2.6733 | 0.38 | 498.79 | 89.50 | 16.1 |
| | 湖北省 | 2.6679 | 0.38 | 535.51 | 87.50 | 14.9 |
| | 安徽省 | 2.6677 | 0.38 | 489.45 | 87.70 | 15.8 |
| | 江西省 | 2.6722 | 0.38 | 410.33 | 87.50 | 16.6 |
| | 河南省 | 2.6728 | 0.38 | 476.76 | 90.90 | 12.7 |
| | 四川省 | 2.6523 | 0.40 | 649.18 | 87.70 | 16.7 |
| | 重庆市 | 2.6537 | 0.40 | 329.31 | 79.70 | 13.5 |
| | 云南省 | 2.6553 | 0.40 | 360.71 | 88.70 | 17.7 |
| | 宁夏回族自治区 | 2.655 | 0.40 | 78.20 | 85.00 | 17.0 |
| | 陕西省 | 2.6584 | 0.39 | 263.77 | 82.40 | 12.4 |
| 2019 | 广东省 | 2.6772 | 0.37 | 2 468.66 | 91.40 | 17.4 |
| | 浙江省 | 2.6538 | 0.40 | 1 058.96 | 87.50 | 14.9 |
| | 山东省 | 2.6545 | 0.40 | 983.66 | 90.70 | 13.6 |
| | 上海市 | 2.6595 | 0.39 | 1 630.84 | 91.00 | 20.0 |
| | 北京市 | 2.6536 | 0.40 | 1 005.61 | 89.90 | 15.3 |
| | 湖南省 | 2.6733 | 0.38 | 557.82 | 89.50 | 16.1 |
| | 湖北省 | 2.6679 | 0.38 | 592.31 | 87.50 | 14.9 |
| | 安徽省 | 2.6677 | 0.38 | 538.59 | 87.70 | 15.8 |
| | 江西省 | 2.6722 | 0.38 | 449.73 | 87.50 | 16.6 |

续表

| 年份 | 省份 | 违约距离 | 违约概率（%） | BT（亿元） | Bt/AT（%） | BT/GRT（%） |
|---|---|---|---|---|---|---|
| 2019 | 河南省 | 2.6728 | 0.38 | 524.90 | 90.90 | 12.7 |
| | 四川省 | 2.6523 | 0.40 | 705.04 | 87.70 | 16.7 |
| | 重庆市 | 2.6537 | 0.40 | 354.52 | 79.70 | 13.5 |
| | 云南省 | 2.6553 | 0.40 | 388.12 | 88.70 | 17.7 |
| | 宁夏回族自治区 | 2.6550 | 0.40 | 85.99 | 85.00 | 17.0 |
| | 陕西省 | 2.6584 | 0.39 | 279.91 | 82.40 | 12.4 |
| 2020 | 广东省 | 2.6772 | 0.37 | 2 762.12 | 91.40 | 17.4 |
| | 浙江省 | 2.6638 | 0.39 | 1 169.37 | 87.45 | 14.9 |
| | 山东省 | 2.6545 | 0.40 | 1 068.15 | 90.70 | 13.6 |
| | 上海市 | 2.6595 | 0.39 | 1 802.31 | 91.00 | 20.0 |
| | 北京市 | 2.6536 | 0.40 | 1 104.06 | 89.90 | 15.3 |
| | 湖南省 | 2.6733 | 0.38 | 621.55 | 89.50 | 16.1 |
| | 湖北省 | 2.6679 | 0.38 | 654.00 | 87.50 | 14.9 |
| | 安徽省 | 2.6677 | 0.38 | 591.66 | 87.70 | 15.8 |
| | 江西省 | 2.6722 | 0.38 | 491.95 | 87.50 | 16.6 |
| | 河南省 | 2.6728 | 0.38 | 576.99 | 90.90 | 12.7 |
| | 四川省 | 2.6523 | 0.40 | 764.30 | 87.70 | 16.7 |
| | 重庆市 | 2.6537 | 0.40 | 380.83 | 79.70 | 13.5 |
| | 云南省 | 2.6553 | 0.40 | 416.89 | 88.70 | 17.7 |
| | 宁夏回族自治区 | 2.6550 | 0.40 | 94.38 | 85.00 | 17.0 |
| | 陕西省 | 2.6584 | 0.39 | 296.40 | 82.40 | 12.4 |

由表11-9可知，对于安全发债规模总量而言，总体来说我国地方财政收入从东部地区向西部地区递减，而安全发债规模也从东部地区向西部地区递减。由此可见，地方财政收入对地方政府安全发债规模有很大影响，可担保财政收入规模越大，安全发债总额越大；可担保财政收入规模越小，安全发债总额也越小。此外，地方财政收入的波动率和增长率也会对安全发债总额有影响，在其他条件不变的情况下地方政府可担保财政收入的波动率和增长率越大，安全发债规模越小。例如，2018年安徽省可担保财政收入高于湖南省可担保财政收入，增长率低于湖南省，但由于安徽省的财政收入波动率大于湖南省的财政收入波动率，因

而安徽省安全发债规模小于湖南省。

对于安全发债规模比重而言，2018~2020年，政府债券的最高安全还债量占可担保财政收入比重的区间为79.7%~91.4%，最高安全还债量占地方财政总收入比重的区间为12.4%~20%。据国际上有关地方政府债券发行的经验来讲，地方政府债券发行总量与总地方财政收入的比值结果只要保持在20%以内就相对安全。由此可知，本章用KMV模型测量的地方政府债券安全发债规模与现实较为吻合，这一结论对地方政府债券发行规模具有很大的现实意义。

对于安全发债规模比重的地区间差异，其与总量分布规律基本一致，安全发债规模比重也呈由东向西递减趋势。政府债券最高安全还债量占可担保财政收入比重最大的是东部的广东省（91.40%）和上海市（91.00%），最小的是西部的重庆市（79.70%）、陕西省（82.40%）和宁夏回族自治区（85.00%），中部区域除河南省（90.90%）较高外其他基本在88%上下波动。财政收入波动性也影响债券安全发债规模占可担保财政收入的比重，我国东部地区的地方财政收入波动由东部向西部递增，这与我国东中西部的经济和财政现状等差异较大有关。东部地区凭借良好的地理区位、便利的海陆交通以及改革开放初期国家的政策支持，其经济总量大，增长速度快，税源丰富，财政收入规模大而稳定；西部地区由于人口密度小、较偏远、经济发展相对落后，其财政收入增长速度慢且波动性大，因此安全发债规模占可担保财政收入的比重也较小。从产业分布来看，东部地区尤其是北上广一线城市圈金融业、高新技术产业和互联网行业分布较多，而这些产业是增长较为迅速且带来税收收入较多的行业，再加之行业聚集效应所带来的人口聚集，消费增长，为东部地区财政收入提供了有力支撑。相比之下，中西部省份产业结构偏向重工业，金融业、服务业和互联网行业发展不足，在国家进行"三去一补"的政策背景下，第二产业增速放缓，税收收入增长不足，财政收入受到很大影响。

### 三、实证结论

（1）根据测算得到15个省份的债券违约概率可知，广东省、上海市和北京市的债券较安全，没有违约风险；云南省、陕西省和宁夏回族自治区的债券违约概率值接近1，违约风险较大。

（2）在国际公认的同一违约概率安全线0.4%下，政府可担保财政收入的波动率与安全发债总额呈反比例变动关系，也与安全发债总额占财政收入比例呈反比例变动关系。

（3）就安全发债规模总量而言，总体来说地方政府可担保财政收入由东部向西部递减，而安全发债规模也从东部向西部递减。

（4）就安全发债规模比重而言，2018～2020年政府债券的最高安全还债量占可担保财政收入比重在79.7%～91.4%，占地方财政总收入比重在12.4%～20%。

（5）对于安全发债规模比重的地区间差异，其与总量分布规律基本一致，安全发债规模比重也呈由东部向西部递减趋势。政府债券的最高安全还债量占可担保财政收入比重最大的是东部的广东省（91.40%）和上海市（91.00%），最小的是西部重庆市（79.70%）、陕西省（82.40%）和宁夏回族自治区（85.00%），中部区域除河南省（90.90%）较高之外，其他省份基本在88%上下波动。

# 第十二章

# 国外政府债务预算管理的经验借鉴

第十二章侧重研究国外政府债务预算管理的经验与共性特点。美国政府债务预算管理历史悠久，且经验较为成熟，因此探究美国政府债务预算管理经验，有利于我国借鉴其地方政府债务预算管理经验。英国作为控制国债规模最为成功的国家之一，本章从财政预算计划、财政预算周期、政府预算控制以及债务风险控制等方面梳理英国政府债务预算管理经验，归纳其对我国地方政府债务预算管理的启示。德国有很好的债务预算管理法律基础，在政府预算信息的公开透明、政府财权划分、债务预算管理成本与风险控制以及国债制度设计等方面强化债务预算管理，借鉴德国经验有利于我国地方政府债务预算管理。日本政府在推进"地方分权化改革"过程中逐步实现"财政健全化"，本章从举债权限、举债方式、债务预算管理模式、管理机制债务风险控制和风险化解透析等梳理日本政府债务预算管理经验。归纳总结美国、英国、德国以及日本等发达国家地方政府债务预算管理的共性特点，这些经验对于完善和优化我国地方政府债务预算管理有着重要的参考价值。

## 第一节 美国政府债务预算管理的经验及启示

### 一、美国政府债务预算管理的经验

美国政府债务预算管理是以市场约束为主，制度约束为辅的综合管理模式，其债务预算管理历史悠久,且经验较为成熟。① 因此剖析美国政府债务预算管理体系,能为完善我国地方政府债务预算管理体系提供借鉴和启示。

一是政府债券发行方面,美国地方政府对于政府债券具有自主的发行权,不需要上级政府审核。政府债券的发行受自身资金需求状况和融资供求情况的约束。政府债券发行与企业发行债券类似,一般都需要还款担保和信用评级。专业保险公司为政府债券提供保险服务,信用评级机构对地方政府市政债券进行信用评级。而对于债务预算,美国实行经常性预算和资本性预算相结合的复式预算制度。

二是在债务规模控制方面,美国对新债的发行有着严格控制,债务规模的控制指标主要包括负债率、债务率、资产负债比和偿债率等。在债务发行规模上,美国中央政府和地方政府都出台了相关政策以保证债务规模维持在财政可承受范围内。在偿债准备金制度方面,美国地方政府建立了偿债准备金制度,以防止债券到期后无法偿还债务。偿债准备金数额一般都大于每年的债务还本付息额。

三是建立完善的风险控制体系,美国联邦政府对州政府举借债务并没有审批权,但州级政府发行债券需要经过严格的发行程序。在债务偿还机制方面,美国政府对偿债资金的来源和偿债责任的规范都做出了明确规定,保证了债务的按期偿还。建立信息披露制度,发行者必须及时披露市政债券发行前以及存续期内的相关信息,保证投资者都能够了解到发行者所发生的重大变化,包括财政能力和法律法规等方面。

## 二、对中国地方政府债务预算管理的启示

随着《预算法》(2014)的实施,中央加强了对地方融资平台的监管,因此有更多地方政府会选择通过正规债务发行渠道进行融资,进而需要建立一套规范的地方政府债务预算管理体系。美国政府债务预算管理体系提供了较为成熟的借鉴经验。

### (一)合理控制地方债规模,明确地方债券使用目的和方向

地方政府发行地方政府债务必须明确债务发行的目的和资金用途。地方政府的职能支出和公共支出应主要依靠政府税收等一般收入来源,而非政府债务融资;地方债券也不应成为政府弥补财政赤字的手段,这一点必须有明确的法律规定。我国地方政府债券应主要用于当地基础设施与市政设施建设和改善等长期资产的投资,是地方政府在税收收入等财政收入之外,用于提供地方性公共品的一

---

① 金荣学、傅鑫:《中美地方债务管理制度比较》,载于《当代经济》2017年第13期,第6~8页。

种补充。

## (二) 建立长期债务发行规划

债务预算管理应成为地方政府预算中的重要部分，不仅仅体现在每年定期公布地方债规模、债券种类以及未偿付本息额等，还应在地方预算中建立地方债券发行的中长期规划。建立长期债务发行规划配合基础设施建成后的长期性特征能改变地方债以短期债务为主的现状。因此，地方债应有更为合理的长期发行与偿付规划，如设计更适合的债券类型、设定合理的偿付期限等。建立中长期地方债发行与管理规划也有利于避免因官员调任而引起的新旧两任政府在地方债问题上出现断层现象，有助于保持地方长期发展的稳定。借鉴美国编制资本改善计划（CIP）的做法，由中央政府和各级地方政府共同编制中长期建设投融资规划。具体做法如下。

第一，在地方政府率先试编中长期建设投融资规划。建议选择一些基础设施投资需求较大的地方政府进行试点，主要行政领导负责，投资主管部门牵头，建立跨部门的协调机制。

第二，统筹考虑投融资规划与经济社会发展规划。各地在编制经济和社会发展规划纲要的同时，应同步编制中长期建设投融资规划。根据规划目标，依据前瞻性、战略性和综合性等原则，立足地区中长期发展利益，遴选规划期建设项目。

第三，衔接中长期财政规划。目前，我国正在推行三年滚动财政预算和中长期财政规划，建议中长期建设投融资规划与之有效衔接。根据政府财力和债务控制标准，测算建设资金规模，规定举债资金用途，明确偿债资金来源。在认真考察地方政府财政可承受能力的基础上，统筹兼顾，着力实现重大项目建设周期与不同融资工具之间的合理搭配与整体平衡。

第四，循序渐进、由短到长、滚动编制。为提高中长期建设投融资规划的前瞻性和可操作性，可考虑先编制 3~5 年的投融资规划，将来可延长至 5~8 年。

## (三) 建立地方债务信用评价和信用强化机制

《预算法》（2014）颁布前，地方政府依靠地方融资平台公司不断扩大融资规模，造成地方债规模急剧膨胀，其中一直存在一种"中央兜底"的错觉，一旦地方政府出现债务违约，往往希望依靠中央政府进行偿付。而《预算法》（2014）明确规定，地方债务由地方政府"自发自还"，中央不进行兜底，这就对地方政府债券的信用评价提出了更高的要求。美国州和地方政府市政债券的信用强化机制是一种较为成熟的设计，尤其是银行信用证和市政债券保险的引入以及金融市场第三方的介入有助于对地方债务进行更为客观合理的信用评价。同时，多方提供信用强化也使得地方债券更有市场吸引力，经过此类筛选的地方政府债券质量更高、违约风险较低。

利用信用评级机构代替普通投资者对地方政府的债务偿还能力和财务状况进行专业的评估，可降低或避免由于信息不对称引发的逆向选择和潜在的风险问题。探索建立市场化的信用评级制度，规范地方政府举债融资机制，完善地方政府债务管理体系，并通过科学的评级模型来判断债务风险，倒逼地方财政信息公开，有效解决信息不对称问题，有利于提高地方财政透明度，加强政府债券的法律约束和市场监督。

### （四）地方政府债务发行市场化程度

债券作为一种回报较为稳定的投资手段，应面向市场投资者而非限于银行贷款，地方政府债券也不例外。只有面向市场投资者且在各地政府发行的地方政府债券间形成有效的市场竞争，才能真正有效控制地方政府债券的规模和质量，形成一个良性循环的地方债市场。另外，还要考虑地方债券竞争可能带来的地方债券投资倾向不平衡现象，从而增强地方债券对本地投资者的吸引力，更好地发挥地方债券促进地方经济发展的作用。具体做法如下：

第一，推进地方市政债券发行注册制。建议地方政府自主决定市政债券的发行，相关部门不再进行审批和规模控制。市政债券发行标准与现有市场化债券发行标准并轨。债券发行规模和价格由市场决定，高风险高利率，低风险低利率。

第二，完善地方政府债务信息披露和信用评价机制。落实有关部门关于地方政府债务信息披露和信用评级的要求，及时披露历年统计公报、财政预决算报告以及地方政府债务报表等相关信息，提高地方经济、财政和债务管理透明度，不断提高信息披露的及时性、连贯性和完整性，形成有效的市场监督，切实保护投资者利益。

第三，培育和发展多元化的投资者队伍。为了吸引企业年金、社保基金、个人投资者以及境外投资者等长期投资者购买市政债券，建议对购买地方债券产生的收益实行减免税收优惠。同时，引导居民购买本地区的市政债券。

第四，建立地方政府债务风险预警和控制机制。各地根据实际情况，设立地方政府债务规模限额和债务比例约束指标。上级政府应建立对下一级政府的债务风险预警机制，适时采取早期纠正措施，切实防范债务风险。

### （五）明确划分地方政府经常性预算和资本性预算

我国正处于全面深化财税体制改革的攻坚阶段，因此有必要通过深化改革将地方政府经常性预算和资本性预算分账处理,经常性预算实行现收现付制政府会计制度,资本性预算实行权责发生制政府会计制度。相应地,在地方政府债务融资预算管理方面,也应该结合预算管理改革将其纳入专门的预算,即无论一般债券收入还是专项债券收入均纳入资本预算管理,与经常性预算分账处理,以便列收列支、单独考核,科学合理、公开透明,从而有助于将资本项目融资更加清晰地排除在财政赤字统计口径之外。

资本性预算通常被用来为地区基础设施建设和公益性项目融资,这些项目从融资到回收时间跨度很大,短则十几年,长则几十年,因此,将资本性债务一次性计入某一年的赤字显然不合理。而且美国大部分州和地方的法规规定,"平衡预算法则"只适用于经常性预算,资本性预算则不受此规则限制,为项目建设筹集的债务收入也不计入当年财政赤字,不能用于弥补经常性预算赤字。

美国地方政府非常重视资本项目融资的监管,各州不断地完善地方政府债务规模控制指标体系,该体系主要包含负债率和债务率。联邦证券法律和各州法律都控制了地方政府债务的发行与交易数额,因此政府部门或机构没有私自举债的权力。大部分州和地方都对税收、债务限制和公共基金等进行立法约束。[①] 在全体公民授权和允许的条件下,州和地方政府才能进行资本项目融资,且对全州年度债务发行数量也有限制,一般不得超过当年经常性预算的 20%。美国对债务利息支出设有上限的州有 33 个,其中不少州对债务利息支出也有要求,规定不得超过经常性收入的 5%~8%。[②] 另外,根据 2002 年美国全国州预算官员协会(NASBO)的调查可知,美国有 47 个州享有发行一般责任债券的权力,其中有 37 个州以立法的方式限制一般责任债券的发行数额。[③]

## (六) 拓宽民间资本投资渠道与领域

在经济低迷时期,扩大政府支出等积极财政政策可以直接并快速地增加需求,也能防止经济在短期内显著下滑。但经济的真正活跃运行最终还是要以政府投资带动民间投资以及市场拉动内需为主。因此,我国应逐渐放松政府对某些垄断行业的准入管制,拓宽民间资本投资的渠道以及投资领域,这有利于提高社会总投资水平以及引导社会资本进行投资。我国可以通过降低投资的准入门槛、创新机制以及加大政府投资中的市场与社会股权融资,缩减地方政府公债的规模,使政府做到"多办事、少借债"。具体做法包括:第一,一些公共项目开始初期

---

① 金荣学、傅鑫:《中美地方债务管理制度比较》,载于《当代经济》2017 年第 13 期,第 6~8 页。
② 张帆:《中美地方政府债务多维视角比较与分析》,载于《地方财政研究》2015 年第 5 期。
③ 龙小燕、黄亦炫:《美国市政债券发行交易概况及启示》,载于《债券》2021 年第 2 期。

可以尽量引入社会资本以便缓解地方政府债务融资的压力；第二，政府可以将某些具有投资潜力的政府项目适时加入民间资本以便置换出现金流，从而减缓政府的债务压力，有利于控制政府的债务风险。

## 第二节 英国政府债务预算管理的经验及启示

### 一、英国政府债务预算管理的经验

早在 17 世纪，英国政府就开始进行债务预算管理，现在英国政府债务预算管理已比较成熟，其债务预算管理目标是在长期内最小化财政融资的成本，并控制风险，确保财政管理政策和货币政策的协调配合。债务管理办公室是英国进行债务预算管理的主要机构，英国是近年来压缩财政收支、控制国债规模最为成功的国家之一。[①] 英国政府债务预算管理的成功经验具体如下。

#### （一）政府的财政预算计划

财政计划的制定为顺利开展财务运作提供了前提保障和准备条件。财政部门有责任做好财政计划，地方政府包括政府各部门和有关单位也应将财政计划作为其承担责任的重要组成部分。由此可见，地方政府必须建立合理有效的财政计划体系。此外，财政计划必须统一于政府的各项其他计划，具体包括总体战略规划、服务计划和"最佳价值"计划等。英国地方政府制定财政规划体系的目标是：为政府议员确定工作重点和时机提供指导。地方政府通过预测服务需求的变化，能够预见支出政策变化产生的支出，衡量选择不同政策所需的成本，从而实现社会需求资源的合理配置，这也为私人服务活动的开展提供了一个基准体系。编制预算是一项为期较短却不可或缺的计划活动。财政预算作为一项政策性文件，其涉及资本投资问题，需要规划一整个年度的经济活动，甚至是规划更长时间的经济活动。在编制预算时，人口、立法体制和经济形势变化等影响因素都需要考虑在内，否则，一些重要政策的预期目标将会受到影响，无法按预期实现。因此，英国地方政府一般需要提前 3~5 年制定财政预算计划。

---

① 王银梅、翟晓琳：《英国部门预算编审的管理及其启示》，载于《财政监督》2017 年第 18 期，第 5~10 页。

## (二) 政府财政预算的周期

各个地方政府在财政收支运行的过程中所设定的预算周期也各不相同,但他们在实践中一般会遵循十分相似的运行模式。英国地方政府预算的周期一般设定为 30 个月。当然,一些地方政府的预算周期在一定时期内会有缩短的可能性,原因在于法律规定政府必须提前 1 个月拿出一份预算草案,才能实施正式预算。英国政府通常将每年 4 月 1 日至下一年的 3 月 31 日设定为预算年度,地方议会一般在当年的 1 月或 2 月批准并确定地方预算。地方政府为了应对中央财政各项补贴发放较迟的问题,一般在确定最终预算时就提出第二年度的财政支出和地方税级的临时预算草案,避免在最后关头因为考虑不当而造成预算的变动,从而影响预算的严肃性。

年度预算作为地方政府经济政策文件之一,具有代表性。预算编制工作在地方政府财政管理体制中既具有广泛性又具有代表性,同时也是构成中长期战略规划的重要部分之一。预算过程一般包含以下四个阶段:

第一阶段是 4~10 月,由财政部门制定并下发详细的指导性文件给各部门,以供其对预算编制的详细内容进行相关学习。根据指导文件的要求,各个部门收集基础数据和资料,并且及时反馈给财政部门。财政部门为财政支出使用部门提供帮助和建议,汇总各部门的预算支出数,根据预算编制原则确定实际应支出标准。指导原则既要考虑有影响力的经济活动也要考虑议会的服务意向。

第二阶段是 10~11 月,由财政部门负责各个部门预算申请的收集整理工作,并向预算委员会提交一份预算报告,并在报告中指出支出的趋势和可能对地方税负造成哪些影响,同时由预算委员会分别收集各个部门的预算报告。

第三阶段是每年 12 月到次年 1 月,预算申请经由各委员会审议并投票决定通过后,各个部门收到各自的预算支出预估数和下年度享用补助的权限,但如果两者差异过大,将会继续调整预算。

第四阶段是次年 2~3 月,各部门最后确定其最终预算调整数后,由财政部门负责收集汇总其相关数据并向议会递交陈述报告,最后在议会投票通过后向全体公民公开政府的税收水平。

## (三) 政府债务预算基数的选择

关于预算基数,其包含两种选择方法:一是基期预算,二是零基预算(不连续预算)。选择基期预算是对前一年度的服务方式和做法表示完全认可,但也并不能说明基期的预算不能变支;而选择零基预算表示对前一年度的预算方式和做法不认可。

## （四）政府债务预算的追加和缩减

一般而言，政府预算不可能不变，当遇到上年度预算的编制对本年预算造成影响、人员工资变动以及养老金和其他奖金不足以支付等情况时都需要及时调整预算。

## （五）政府预算的控制

财政人员控制地方政府各个相关部门的预算，每个月都必须对预算监控部门的资金收支情况进行比照。无论任何例会，地方议会都有权审议预算监控报告，并对监控报告与预算的详细程度做出相关要求。如果监控报告反映出部门财政资金收支不合理则地方议会可能需要制定新的政策。

## （六）政府部门预算

英国政府已经建立了一套包括公共招标在内的财政管理机制，强化机构和社区服务的本地化管理。越来越多的经营决策权和预算权从财务部门转移到具体的业务部门。地方政府相较于中央政府而言更具灵活性，政府部门只要经过议会同意，就能够按照自己的需求对预算进行相关的调整。

## （七）英国地方政府举债权限和举债方式

### 1. 举债权限

英国是一个历史悠久的单一制国家，其一般采用三层政府管理框架。地方政府主要包括苏格兰、威尔士、英格兰和北爱尔兰以及所属县和区等。英国地方政府举债权由中央政府高度集权，并赋予地方政府相关权利，并要求其遵循三条原则：第一，中央有开征权，地方政府未经中央政府批准，无权征收地方税收；第二，地方政府借款须经中央政府批准；第三，地方政府不得借款用于经常性支出。中央政府以及拥有征税权力的地方政府（如苏格兰、威尔士和英格兰等）都可以举债，而北爱尔兰政府由于其权力有限无法举债，因此其没有债务。

### 2. 举债方式

英国地方政府一般有中央政府贷款、地方政府融资和公私合营（PPP项目）三种举债方式。当前英国的PPP项目在世界上规模最大，并且涉及的领域最广。英国地方政府债务管理模式尤其是PPP模式，给其他国家提供了借鉴价值，英国地方政府对该国财政实行高度集中的管理模式。地方政府被赋予了更多的财政自由，其受到的控制也逐渐放松。地方政府的财政来源主要包括中央财政补贴和拨款、资本收入、税收等地方收费和服务费。英国地方政府通过举借短期债务管理现金流,将长期债务用于资本性支出,从而投入融资性项目。英国地方政府三种举债方式的具体情况如下:

第一,中央政府贷款。1998年4月,英国开始设立附属于财政部的独立债务管理办公室(DMO),并由其对国家债务进行管理,替代了原先中央银行(英格兰银行)的国家债务管理工作。债务管理办公室的主要功能包括:(1)实施政府债务政策以降低长期债务融资成本。(2)在给定的风险水平,最小化的成本抵消了政府净现金流量下的风险偏好设置,给地方政府提供贷款和满足其资金需求。(3)按管理基金的具体公共部门机构划分:独立债务管理办公室(DMO)提供贷款给地方政府,主要是以英国公共工程贷款委员会(PWLB)为媒介,英国公共工程贷款委员会的贷款主要用于地方政府的资本项目,其也在危机中充当最后贷款人的角色。英国公共工程贷款委员会的贷款利率比英国政府国债"金边债券"利率略高。中央政府可以经由英国公共工程贷款委员会在公共支出和债务管理的框架内纳入地方政府的借款。英国公共工程贷款委员会提供的贷款利率也优于市场利率,确保贷款得到担保,同时降低了成本。

第二,地方政府融资。2013年之前英国由中央政府审批地方政府的信贷和借款融资以及设置借债上限。2013年,英国的《2003年地方政府法》废除了原有的信用审批制度,地方政府在新的"稳健资本融资制度"之下,对信贷进行资本支出和借款融资。地方政府无须中央政府批准就可以借款,前提是它们自己的收入能够审慎地负担得起。尽管在法律上,英国地方政府融资松绑,但由于英国公共工程贷款委员会的贷款利率低于市场利率,且银行利率又相对稳定,所以自2004年以后,英国地方政府自行发债融资较少。自2010年之后,英国公共工程贷款委员会的贷款利率在受到欧债危机影响之后出现了两次幅度较大的上升现象,这对英国地方政府的财政预算和决算都带来很大的负面影响。英国地方政府首选成本低的发债作为稳定的资金来源,但大部分英国地方政府承担不起高额的发债费用,为此,英国地方政府建立了一个地方政府联合机构发行债券,参与负债的地方政府共同承担债券费用,各个地方政府互相担保,信用评级可达主权债券级别,从而获得利率较低的资金。

第三,公私合营(PPP模式)。1992年,英国地方政府引入了"私人融资计划"(Private Finance Initiative,PFI),其实质是公私合营(PPP模式)。PFI的具体运作机制是地方政府提出需建设的项目(依据公共设施的需求而定),并以投招标的方式将建设与运营任务交由拥有特许权的私营部门处理,并在为期3年的特许权期满之时,将所建设运营的项目移交给政府,同时私营部门从政府接受服务方收取一定的服务费对冲建设成本。与传统政府投资不同的是,传统公共投资是政府支出对建设基础设施进行投资,而 PFI 是政府提出基础设施建设需求以后由私营部门进行投资,最初的投资是由民间筹措而得。在英国,政府债务和地方政府债务都有 PFI 项目,英国地方政府 PFI 项目能够在财政资金不充裕的时候,积极推动公共基础设施的建设进程。

### (八) 英国地方政府债务风险控制方略

第一,建立债务风险防范体系。对于地方政府来说,建立债务风险防范体系必不可少,而中央政府则要加强对地方政府财务及债务状况的监督。例如,中央政府可以通过建立债务融资谨慎性监管机构及对涵盖资本融资计划的地方政府债务偿债能力的谨慎性指标进行相关评价。政府对资本融资计划大小、债务到期情况、现有债务的还本付息计划及偿债收入来源的获得等相关指标进行实时追踪和密切监控,以便于能够在对地方政府债务的发展情况和债务风险级次有准确掌握的条件下有效预防地方政府风险的发生。第二,限制地方政府债务规模。限制地方政府债务规模以确保其债务的支出不超过规定的规模范围,且对全年债务余额占当期 GDP 的比重也作出了要求,规定不得超过 6%。① 第三,公开地方政府债务信息,保持其透明性和公开性。英国实施政府会计制度,该制度建立在权责发生制的基础上,通过编制年度财务预算、财务决算以及财务报告等,对地方政府的非现金流动进行及时披露,确保地方政府债务的公开透明度。

## 二、对中国地方政府债务预算管理的启示

### (一) 中央政府必须加强对地方政府债务预算规范化的管理

市场调节与加强宏观调控对于我国完善社会主义市场经济进程必不可少。目前,我国还不能完全依靠市场对政府债务进行约束。中央政府对地方政府债务进行较为严格的管理是保障经济安全、稳定宏观经济以及社会稳定的重要措施。国际经验表明地方政府债务风险与政府间财政关系的制度有紧密的关系。一般情况下,中央政府对其地方政府债务进行有序管理以及严格控制的国家,其地方财政就能有效运行,经济也能稳定增长,否则就容易造成债务膨胀并且引发债务风险,从而扰乱经济秩序并对经济社会持续稳定发展造成一定程度的

---

① 池柳怡等:《英国地方政府债务构成特征及监管研究》,载于《财政科学》2021 年第 1 期。

影响。因此，各国中央政府为了减少经济运行风险都承担了相应的监管地方政府债务的责任。当前，大部分国家为有效地监管地方政府举债行为都建立了地方政府债务管理机构，绝大部分国家的地方政府债务管理职能都由财政部直接承担，而我国尚未建立一个统一的地方政府债务管理制度体系。因此，中央政府应加快建立统一的债务管理机制体制，使得地方政府举债行为更为规范，并且建立规模控制以及风险预警机制，从根本上避免和解决我国目前地方政府隐藏的债务风险。

### （二）重视债务预算规模控制

我国地方政府债务规模庞大，中央政府的财政目标是维持稳定的财政秩序和保障公共债务稳定在较低的可持续水平上。因此，我国地方政府应将债务规模控制在一定范围之内。借鉴英国地方政府将地方政府债务余额占 GDP 的比重控制在 4% 的经验，我国同样应该根据地方政府债务风险级次和财力状况等指标制定地方政府债务的限额标准并规范地方政府债务不可超过规定的限额标准。此外，有必要为地方政府借款定义程序和规范使用举债基金，并把地方政府债务在全面预算管理中分成不同的类别，以便改变过度借贷的现状及不清晰的权利和责任，从而实现统一的借贷，使得地方政府使用债务和偿还债务更加明晰。

### （三）积极探索 PPP 模式

中国可以借鉴英国 PFI 模式，积极探索适合中国国情的公私债务模式。作为一种有效地结合了由地方政府控制的市场力量的债务模式，公私合作债务模型不仅可以发挥私营部门的资本和管理优势，在基础设施建设中发挥积极作用，而且也提高了民主决策水平，使当地政府融资高效运行。公私合作模式在中国仍处于起步阶段。如果能够通过资源配置改革解决要素价格、公共服务价格和市场化问题，就可以充分发挥民营企业参与公共设施建设的优势。需要注意的是，在实施过程中公共基础设施建设项目的程序和监督要标准化，要求对政府政务债务进行公开化和透明化管理，也需要对政府债务结构进行优化升级，并且需要对信息公开制度不断进行完善和补充。

### （四）科学控制以及有效管理地方政府的举债行为

第一，加强监管地方政府融资平台的力度，使其融资运作更加规范。当前，我国地方政府的大多数融资平台都依靠政府信用或公共资源（如矿产、土地等）

作为抵押物品并用企业法人的名义进行融资。因此，应保证地方政府在健康融资基础上加强对融资平台融资行为的监督，及时把握融资的规模与进度，对不具备举债条件的平台进行淘汰，并加强对符合条件的融资平台的监督与管理。

第二，合理增大中央代替地方政府发债的力度，以此逐渐减少地方政府不规范的平台融资。为规范融资活动并考虑到地方政府融资压力大的情况，在短期内可以合理加大中央政府发债规模，减少不规范平台融资情况的发生。长期来看，该做法也能为构建规范的地方政府公债制度创造条件。

第三，设立地方政府投融资的责任制。无论地方政府通过何种方式进行融资发债行为，地方政府的债务规模都应当与其财力相匹配，融资期限尽可能与政府任期保持一致，同时应当管束由地方政府做出的担保行为。应严格追究地方政府主要领导人的责任制度，对严重资不抵债、不能有效清偿的债务情况追责到底。

## （五）建立债务风险预警机制

英国建立了一套操作性强的地方金融风险预警与控制指标体系，对地方金融风险预警与识别，这对于有效防范地方政府债务危机乃至财政危机具有重要意义。目前，虽然我国尚未发生地方政府债务危机，但有一定的潜在风险。为了避免这种风险转为危机，需要尽快建立地方金融风险预警机制，并把相关的指标量化到每个级别的政府。政府应该进行供需双重控制，从而有效地识别与预警债务危机和金融风险。

## （六）提高债务信息透明度

地方政府应及时披露债务信息，中央政府可以借此判断地方政府债务规模是否达到法定上限，从而有针对性地防范债务风险。目前，我国的会计核算方法以及信息管理系统还不尽完善，没有统一的管理模式。地方政府债务状况多变，难以实时而准确地掌握地方政府债务情况，信息的不对称不利于国家进行宏观管理。传统的收付实现制度无法保证政府会计提供非现金交易信息给预算编制和管理，因而英国政府选择根据权责发生制替代前者编制政府预算和财务报告。这在对政府债务的全面反映上，尤其在对或有债务情况的全面反映上发挥了重要的基础性作用。因此，我国可以借鉴英国地方政府的经验，学习将权责发生制当作会计核算的基础，逐步地建立在全国范围内统一的地方政府债务预算管理系统，使债务预算管理更加公开透明。

## 第三节 德国政府债务预算管理的经验及启示

### 一、德国政府债务预算管理的经验

德国由于战争赔偿、私有化等历史原因，政府债务负担相当重。但从2014年开始，德国国民经济逐步复苏，进入经济增长阶段，就业增加带动消费增加，使政府财政状况大为好转，公共财政从2014年开始实现当年无赤字。德国政府债务预算管理的经验如下。

#### （一）预算管理的法律基础

20世纪40年代末，德国政府债务预算管理开始法治化建设，并不断发展完善至今。1949年德意志联邦共和国成立以后，德国继续沿用1922年生效的《帝国预算法》，将国家财政的任务明确为保证政府行政管理的正常运转，通过税收满足经常性支出，而公共设施建设允许通过贷款来筹集资金。1966年德国面临严重的财政危机，1967年德国开始改革预算基本法，1969年出台了《德国联邦和各州预算法基本原则法》和1971年出台了《联邦预算法》，使其能够适用于全国公共财政。《联邦预算法》规定在预算规则和评级标准上，联邦、州和市镇三级政府财政采用一致的制度。1997年德国政府为适应政府债务绩效评价方法的运用，通过了《持续发展法》，并修改了预算基本法和联邦预算规章。2009年德国对预算法进行再一次的改革，制定了《预算基本法——现代化法》。《预算基本法——现代化法》规范联邦与州政府债务行为，确定对经济落后州的总扶持数额，建立一个预警机制，并开发一个评价可行债务的标准以及引入债券限制线与"债务刹"等。这次改革的核心点是以预算法重新规范政府的举债行为，对联邦和州政府提出债务限制，也规定联邦共同体2011~2020年给予经济落后的五个州共计8亿欧元的扶持资金。

德国政府债务预算管理不仅受到本国法律的约束，而且还必须接受欧盟财政协议的统一指导。欧债危机后，为进一步控制债务问题，2013年3月，欧盟成员国在欧盟国际法的基础上达成欧盟财政协议，在欧洲经济与货币联盟内实现债务的稳定和协调，成员国内自我负责和监督，规定参与欧盟财政协议的国家必须提交预算与经济合作的规划，并受到欧盟议会与欧洲委员会的批准和监督。如果本国没有遵守财政协议的债务限制将被罚款，罚款最高可能达到 GDP 的 0.1%。根据这项财政协议，德国如果不实现债务控制，也将受到罚款等处罚，这形成一种强大的压力，使德国联邦政府必须执行预算法债务控制的规定。

### （二）政府预算信息的公开透明

长期以来，德国非常重视预算信息公开方面的法律建设，其透明度在国际上一直处于较高水平。《基本法》规定公民享有知情权、媒体享有新闻自由权，《信息自由法》明确了联邦政府机构应公开政务信息的义务。从技术上看，联邦政府预算具备完整性，在政府公开的预算中包括联邦特别财产项目、社会保障账户项目和债务项目的情况，不允许只公开税收收入和基本的财政支出项目公开。德国通过立法规范每一项支出（具体包括《差旅费管理法》《培训费管理法》《政府采购法》《投资法》《公共费支出法》等），使预算经费的支出项目都有具体法律条文为依据，杜绝随意的标准，为预算部门公开信息提供了比较好的条件。

政府不仅要公开财政预算的执行结果，还需要将预算编制过程、审查情况、预算和决算报告信息对社会公开透明，充分利用社会力量审查财政中存在的问题。预算公开通过电台直播、互联网下载、报纸和杂志刊登以及定期出版预算信息刊物等多种渠道将预算信息公布给公众，建立政府与社会群体间的对话机制，公民依申请公开信息，为非政府组织、媒体、专家和普通公民的介入提供通道，形成有独立判断和评价的政府预算。① 德国预算公开文件中对每个科目均有详细说明和规定，虽然科目多但每年变化不大，易于公众理解，增强了财政信息的易读性和可用性。

### （三）联邦、州、市镇三级政府财权划分方面

德国形成了联邦、州、市镇三级政府的财权划分机制，联邦政府和州、市镇政府的地位是平等的。在联邦制民主选举的框架下，联邦总理和各个州长之间并不存在服从的关系。在财权收入上明确划分各级政府独占和共享的税收，在联邦和州两级之间分配个人所得税、公司所得税和增值税，联邦和州之间可以协议确定增值税分配比例。1969 年成立财政计划委员会，通过为市镇级政府制定统一的体制使各地财政计划有可能进行统计和充分比较，委员会确定财政计划的基本设想，设立适应国民经济并满足财政经济要求的预算，并讨论与联邦、州和市镇有关的财政经济问题，以达到协调联邦、州和市镇各自财政计划的目的。从财政制度研究上看，州具有真实国家的意义。州政府预算体制框架基础由州基本法限

---

① 朱秋霞：《德国政府预算制度》，经济科学出版社 2017 年版，第 260 页。

定，各个州的预算模式基本相同，州预算法对州政府有具体的规定，如果预算草案中有通过取得贷款、担保或其他事项为满足未来预算年度的财政支出筹集资金的情况，需要法律授权确定明确的数额。此外，州预算法对贷款数额有原则性规定，从贷款中取得的收入不可以超过在预算计划中预估的投资支出。

对于州政府之间的财政关系，德国通过立法的形式使其促进区域的协调发展。《财政平衡法》规定在纵向分配调节机制上，联邦对州和州政府对市镇分别进行财政转移支付；横向机制通过州政府之间直接转移支付实现，致力于形成德国 16 个州之间以及州内各市镇之间的预算平衡，可细分为增值税收入预先平衡和财力横向直接平衡。朱秋霞详细阐述了德国政府条件转移支付的运作机制：根据税收来自某地区即返还到某个地区的公平税权原则，参考各州居民人口规模，将归属于地方增值税收入的 3/4 分配到州政府，剩余归地方所有的增值税收入被用作平衡州级财政，补助那些人均税力低于全国平均水平 92% 的州。① 德国政府规定财力大于财力需求的州有义务分享财政资金补助平衡指数小于 1 的州，通过以上措施尽可能地缩小区域间的财政差距。

### （四）债务预算管理成本与风险控制方面

德国的《基本法》明确指出本国债务管理的中心任务是确保政府的债务偿还能力，政府采取多项措施分别在发债前和发债后控制债务成本和风险。在发债前期，德国政府重点评估债券的利率风险和市场风险，利用压力测试工具测评当期和未来的财务预算受此次债务成本的影响，在合理参数范围内确定债券的价格和利息率。为了规避"债务陷阱"风险，各州政府在举债后应构建与当地实际贴合的风险防范指标体系。各州政府还需要精确地计算国库现金流，从而使其对国库现金余额和债务余额的管理更为有效，且在其能力允许的情况下使债务风险最低化。德国联邦政府和州政府利用包含政府债务利息税收比率和利息支出比率这两个核心指标来对债务管理进行量化考核，其已经掌握了精确计算国库现金流的技术，并通过该方式来确定政府的资金需求，以及掌握了利用市场化工具降低举债成本和控制风险的方法。

德国从法律的层面上约束政府债务规模，控制债务风险。在 1969 年的预算基本法改革中对债务规模进行了明确规定：在正常情况下，预算中估计的贷款数额不能超过投资总额，新的规定同时引入欧盟标准的债务限制线和债务刹车控制机制，对联邦政府与州政府都要求实现无贷款的收支平衡预算。允许联邦政府进行结构性元素贷款，但规模限制在国内生产总额的 0.35%，超过限制线即启动债

---

① 朱秋霞：《德国政府预算制度》，经济科学出版社 2017 年版，第 203~210 页。

务刹。对于州政府,其没有结构性元素贷款许可,除非面临经济危机,经济非正常浮动或巨大自然灾害则不受此项约束。《联邦预算法》对债务的限制为无结构性贷款的自动平衡。在经济景气—萧条周期的非正常状态下,政府可以将等于国内生产总额0.5%的贷款用于结构调整与就业措施。按照联邦制委员会的方案,0.5%的比例分给联邦政府0.35%、州政府0.15%。结构性元素贷款保证了联邦政府在经济不稳定的情况下实现其维持经济稳定的功能,债务限额政策取得成效。

德国各级政府制定了5年财政计划,致力于债务投资的持续性建设。1969年,新的《稳定增长法》要求联邦预算中要有5年的财政计划,在每个年度财政预算中根据需要制定或调整5年财政计划,这一规定敦促了各级财政主体通盘考虑国家财政收支的长期平衡,在做出重要税收政策的改变之前审慎思考对国家财政收支的长期影响,有效防止了当期领导人的短视行为,规避了可能对下任政府造成的财政困难。无论从实践还是理论来看,德国的五年财政计划都是衡量政治家执政能力的一个重要指标,具体包括执政期财政收支是否平衡、是否给后任留下巨大债务负担等。德国的财政计划是以预测的数据作为基础的,预测的数据必须是有事实作为依据来说明的,也必须是普通公民能够相信的。由于德国联邦政府的性质,州和市镇在财政预算上各自是独立和自助的,它们各自形成本级财政年度预算和五年滚动财政计划。

### (五) 国债制度设计方面

德国的相关法律法规较为完善,如《联邦预算法》《基本法》和《联邦证券管理法》等。法律法规对债券的发行、交易和管理等都作出了明确的规定。根据《基本法》,联邦政府如果要举债必须满足以下要求才具备发行条件,例如要先获得预算法的许可并且不能用筹集的资金进行消费活动,只能将这些资金用于投资建设基础设施,且在国家债券到期后归还本息。在债券的规模问题上,《基本法》做出明确安排,经由德国议会在批准每年的预算法案时确定发行国家债券的总规模,原则上其在预算支出中的比重应控制在10%以内。

在德国国债一级市场上,政府机构在国债发行管理体系中有明确的职责分工,其中有三类机构共同负责国债管理和发行工作,分别是联邦财政部、联邦银行和联邦金融署,各机构各司其职、共同发力。联邦财政部需要考虑国债的期限结构问题,确定国债的类别、利率的种类、投资群体、发行方式和发行的币种;联邦银行以代理人的身份参与联邦国债的发行;联邦金融署作为一家私营企业,由联邦政府全资控股,以政府的名义管理债务实施,主要负责公布和审核年度发债计划、降低债券利息成本、确定债务工具的选择、明确债务发行条件。

## 二、对中国地方政府债务预算管理的启示

### （一）推动政府债务预算法治化管理

我国国债发行最早的法律依据可追溯到 1981 年颁布的《中华人民共和国国库券条例》。在经历十余年的市场化改革后，为适应新的社会环境和满足未来发展需要，第八届全国人民代表大会第二次会议通过了《预算法》，该法律允许利用向国内和国外举债等方式筹集投资中所需的部分资金，地方政府不得自行发债，对政府的债务管理进一步作出法律约束，但除此之外再无条例规定政府举债。直到 2014 年全国人大对《预算法》进行首次调整，加大政府举债的规范力度，给予省（自治区、直辖市）政府发行地方政府债券的权利，但是必须在国务院设限的额度之内，限定筹集资金的使用范围，禁止地方政府及其附属部门举债，除此之外，《预算法》（2014）还规定国务院建立地方政府债务风险评估和预警机制，增强我国政府债务管理的规范性和科学性。

尽管从法律意义上我国政府债务法治化管理向前迈进了一大步，赋予了地方政府举债权力并明确发债主体、规模、方式等具体内容，但法律在制度设计上仍有漏洞，需要不断完善。地方政府的举债限额约束了融资规模，然而债务融资难以覆盖地方政府支出需求，这刺激了地方政府采取隐性债务的形式从外部获取资金以支撑庞大的财政支出。地方政府违法提供担保、"明股实债"以及在"负面清单"中以政府购买服务为依托产生负债等融资乱象层出不穷，对社会产生了一系列的不良影响，挤压宏观调控政策的运作空间，造成银行"呆坏账"风险上升，加大了政府财政压力，继而有可能引发经济波动乃至经济危机。我国现行规范债务融资的法律法规有很大的完善空间。相较于德国的政府债务法治化程度，我国还有很长的路要走，未来需要着力解决政府隐性债务问题。我国需要规范并严格执行政府土地管理、土地出让收入管理和使用制度，还需要对政府债务立法工作进行不断的修正和完善，保证《预算法》《担保法》和《政府采购法》等法律法规严格执行，同时也应该建立债务监测机制并保证口径统一，从而对债务管理走向良性发展的道路起到积极的推动作用。

### （二）以信息化驱动预算管理现代化进而提高财政信息公开透明度

我国政府债务信息在统计整理和公开透明度上都有不足之处。在填报地方财政报表时，地方政府具有很大的灵活度，上报程序复杂、效率慢等，这些增加了

统计数据的波动程度。况且，有些地方政府把自己的债务状况视为当地政府的最高机密，不会轻易公布。根据1994年通过的《预算法》第二十八条，地方政府没有发行地方政府债券的权力，故在法律上没有要求政府融资公开；而2014年新修订的《预算法》允许省、直辖市和自治州政府发行地方政府债券，要求融资形式公开，国务院财政部对地方政府债务实施监督。但省级政府的下属行政单位无权自主发行债券，即使是法律允许的省级债券也存在问题，其限额低于实际融资需求额，由此产生大规模的隐性债务，对地方政府造成巨大的负债压力，政府债务数据信息烦琐不易统计且具有极强的隐蔽性。反观德国，各州政府和联邦在网上公开了其负债情况，其中，一些州让全体民众对债务问题进行公共投票。

对于我国来说，推动地方政府债务资金信息系统建设和发展债务信息公开透明机制任重道远。我国应加快建立政府综合财务报告制度，不断创新地方政府债务融资管理的信息搜集、整理技术，借助制度改革逐步规范地方政府的隐性债务，应尽量避免每年指标和口径大的变动，保持口径的统一性，加快财政管理体系一体化改革。现代预算制度建设必须充分利用好现代信息技术，以信息化手段驱动实现预算管理现代化，加快实现预算制度改革目标，推动实现国家治理体系和治理能力现代化。可以通过建立以权责发生制为基础的政府综合财务报告制度来促进财政透明度的进一步提高和财政决策信息支持系统的完善。[①] 建立财政部门与公众之间的对话机制，政府财政运行状况不仅需要由国务院参与管理和监督，社会公众也享有知情权。政府要为非政府组织、媒体、专家和普通公民参与债务管理提供通道，在科目上进行清晰详细的规定和阐释，不断提升政府债务信息的透明度和可理解性，同时严厉惩罚对信息披露造假的地方政府，汲取希腊债务危机的经验教训。

### （三）采取制度约束与行政控制结合的预算管理模式

地方政府债务管理效果的关键在于采用何种管理模式。虽然目前我国已初步建立了基本的市场经济体制框架，但市场秩序仍不规范，采取市场约束模式对地方政府债务进行管理的条件尚不成熟。我国仍是发展中大国，政府级次较多且各地情况不统一。因此，采取制度约束和行政控制的结合模式更适合我国实际国情。具体而言，首先建立一个有效的管理制度，然后将地方政府债务管理纳入行政控制的范围，用以弥补地方政府债务管理的空缺。此外，许多国家都在宪法或相关法律中对各级政府的财权与事权划分作出了明确的规定，这避免了各级政府产生不必要的相互推诿以及为了争取资金采用不正当的手段。许多国家从资金管

---

① 杨志勇：《中国财政体制改革与变迁（1978—2018）》，社会科学文献出版社2018年版，第115页。

理、融资来源、投放范围以及债务偿还等都有明确的法律规定。因此，我国必须尽快制定与完善相关的法律制度，使地方政府债务管理逐渐法治化。

### （四）建立适合我国国情的债务规模控制和风险预警机制

实现债务预算管理的规范化、系统化和科学化的关键是建立健全各级政府债务风险预警体系，构建符合我国国情的风险防范化解机制以及政府债务风险预警体系，合理确定地方政府债务规模、建立科学的风险防范与预警机制是许多国家管理地方政府债务的有效手段。因此，要量化风险防范与预警机制具体的核心指标，同时各级政府也应进行需求与供给的双重控制，使这一机制可行有效。虽然目前地方政府债务危机尚未在我国发生，但债务危机的隐患隐藏在我国许多地区。为防止这种隐患变成现实风险，我国应当采用有效的控制措施并建立预警机制。通过对财政债务的结构、规模以及逾期违约展开实时监控，确定相关的预警指标与判别标准，从而达到债务风险预警的目的，通过测算各项负债参数与债务违约概率对政府负债的变动趋势作出预测分析，确定地方政府为偿还债务的财政资金支出需求。

### （五）完善地方政府债务融资机制

我国中央对地方政府债务融资限额的过低设定成为隐性债务产生的决定性因素。对于地方政府而言，发债融资无法填补其现实的资金缺口，没有足够的财政力量支撑起基础设施建设工程，合法渠道融资不足和地方发展建设资金需要产生矛盾，由此诱发一系列灰色或违规的融资操作，极大增加了社会治理的风险。因此，中央政府的债务融资额度限制显得格外重要，需要不断创新中央和地方的财政信息交流渠道，探索与地方融资需求相对称的规模约束，在目前设定金额的基础上谨慎地放松对地方债券新增发行规模的制约，并且使地方政府摆脱对一些隐蔽渠道的依赖，例如逐步削减对融资平台的隐性债务规模，使其转化为显性债务。这一做法能够降低地方融资成本的同时，也使得中央对地方财政结构有更清晰的认识，有利于提高转移支付的配置效率。

在把握好地方政府债务规模后，需要调整中央赋权的对象。现阶段地方政府债务融资额度仅指由省（自治区和直辖市）这一级地方行政单位发行的债券，其获取资金后下分到各个市级和县级政府，后者的融资需求必须通过省级政府批准同意并经由省级政府发行债券后通过配置才能获得资金，极大地降低了融资效率。然而，在城市化建设中发挥主要作用的是地级市政府，由它们落实中央决策并执行具体任务，地级市政府是经济发展的主力，禁止地级市举债融资已成为城市化发展的一大阻碍。应提高市级和县级政府对融资资金的可获得性，赋予地级市政府和县级政府发债的权力，完善法律制度以规范市和县政府债务发行的形式、程序、额度及管理制度，创造和维护地方债券流通市场，以充分调动地方发展的积极性，并优化政府债务在区域上的分配结构。杨志勇指出，以地方财政所谓的"缺口"为由反对地方政府举债，是未认识到分级财政的实质所在，要逐步向一级政府一级财政和分级财政体制转变。①

### （六）构建地方政府中长期投融资管理制度

德国的5年财政计划启发我们在编制预算报表时考虑债务的长期规划。20世纪60年代末，德国在经历经济萧条后，认识到财政需要对经济周期浮动进行反馈并实施影响，于1970年5月开始在每年的财政预算中纳入五年计划。长期以来，我国年度财政报告仅包含本年度的预算收支，没有最大化利用债务资金，大多数地方政府债务融资平台具有临时性，管理办法和监督措施距离规范化、制度化和长效化相差很远。一旦经济危机发生，财政收支的不稳定性不是仅凭一年的预算调整就能得到妥善解决的，经济影响在时间上具有明显的滞后性，因而财政预算并不只是为了筹集到政府需要的投资建设资金，财政预算也需要考虑到当期投融资对以后的影响及发展规划的调整，实现在技术上保障国家财政的稳定性。

因此，我国当前需要制定远景战略规划，编制未来数年财政计划，并将该项计划推及各层级政府，让政府形成事先的确定性预期。需要规定将计划报告建立在有事实作为依据的预测数据上，而不能是形式主义。在财政预算计划中，各地方政府立足于当地经济发展的客观条件，考虑未来的发展规划，如结合地方政府经济和社会发展规划编制未来五年的财政收支预算，实现城市基础设施建设在时间上的连续性和完整性，规避由于政治调动导致的前期工程搁置废弃，从而能够促进城市投融资环境的健康有序发展，提高政府债务借贷效率，在一定程度上减少支出的短期效应。在财政规划编制完成后的每年预算工作中，政府可对先前的计划作出合理调整，不断滚动完善，切实提高投融资的管理效率。另外，需加强省、市到区、县（区）的协调统一，推进预算管理一体化建设，以系统化的思维和信息化手段推进预算管理工作，构建现代信息技术条件下"制度+技术"的管理体制，全面提高各级政府预算管理规范化、标准化和自动化水平。在不同层级政府、同级政府的不同部门、政府部门和融资平台之间均要建立完善的交流机制，畅通财政信息沟通渠道，确保财政体系树立目标一致的信念，共同着手完成财政计划目标。实现各层级政府预算之间，各预算管理环节之间，政府预算、部

---

① 杨志勇：《中国财政体制改革与变迁（1978—2018）》，社会科学文献出版社2018年版，第81页。

门预算和单位预算之间的有效衔接控制。

## 第四节 日本政府债务预算管理的经验及启示

### 一、日本政府债务预算管理的经验

"二战"后，日本政府一直有意识地控制政府债务规模，注重防范财政风险。但随着日本经济的高速发展和"福利国家"政策的引进，日本政府开始采取积极的财政政策，增发国债，加大公共投资，使日本财政进入赤字扩张时代。在20世纪80年代末泡沫经济破灭的刺激下，庞大的国债规模成为日本政府的负担，严重威胁日本的财政安全，并带来了主权债务危机。"重建财政"成为后届日本政府长期面临的任务，之后日本推进"地方分权化改革"逐步实现了"财政健全化"。日本政府债务预算管理的成功经验具体如下。

#### （一）日本地方政府债务的举债权限和举债方式

**1. 举债权限**

日本以行政机构的划分对应产生三级财政，根据一级政府一级财政的原则，各级政府都有独立的预算权、征税权和举债权，地方政府享有一定举债自主权，但中央政府可以运用行政手段管理地方政府债务，既包括事前审批，也包括事后监控。

中央考察地方政府财务和资金状况，分类赋予地方不同的举债权限。具体分为以下三类：

（1）许可制。对于地方财政情况未达到"发债限制比率"要求的地方政府，其举债前需得到中央政府的许可审批，限制其举债筹集资金的使用范围，并要求制定地方政府债务计划，将其纳入预算计划统一管理。

（2）协商制。随着地方分权改革的推进，日本在2006年将地方政府债券发行制度从许可制过渡到协商制，在协商制度下，地方政府举债不需要上级政府的许可，向地方议会提交发债报告，经议会同意即可发行，进一步放宽了地方债发行的条件，原则上加强了地方举债自主权。

（3）通知制。对地方财政情况达标的地方政府，允许其在告知总务省后自行利用民间资金筹措举债资金。

**2. 举债方式**

袁帅（2016）指出日本地方政府债务主要通过借款和债券两种方式发行。刘穷志（2020）认为日本地方政府举债从中央全方位调控资金的许可制过渡到由地方政府负责人与总务大臣协商同意的协商制，促进了日本地方政府举债模式逐步走向市场化。日本地方债既有源于中央政府资金、公营企业金融公库资金这类用于财政投融资的"财政性资金"，也有向银行等机构举借的"债务性资金"。日本地方政府可以通过公募或私募这两种方式发行债券，其中，实力较强的地方政府发行中长期债券融资一般采取公募方式。依照日本年度《地方财政计划》的要求，地方政府举债要更加依赖民间资金。①

**3. 举债用途**

日本地方债可以分为"建设地方债"和"财政对策债"。根据《地方自治法》和《地方财政法》，"建设地方债"主要是通过公共团体举借的资金，应主要用于地方建设支出，如交通、煤气、上下水道事业、灾害赈济事业以及文教福利设施等方面；"财政对策债"则是通过制定特例法来发行特定目的的地方政府债券，包括为特定目的事业筹集资金的"边地债""减税补充债""再生转账特例债"以及为实施地方财政对策筹集资金的"临时财政对策债"等。

## （二）日本地方政府债务预算管理模式和管理机制

**1. 成立专门债务管理机构**

日本政府在国债市场外围条件及国债流通市场等方面建立了一套比较完善的管理办法，保障顺利发行国债，为财政筹集到更多资金。财政省作为日本国债发行注册主管机构，负责维持国债的平衡并决定国债的发行；日本银行受财政省委托负责国债的整体运作和管理（发行、登记和利息制度等日常业务）；金融厅作为日本最好的金融监管机构负责监管国债风险。

**2. 严格执行预算统一管理**

日本预算编制遵循总额预算主义原则，强调预算编制的收支统一和预算的完整性。日本的预算管理体制相对完整，日本政府预算分为预算总则、收支预算、递延支出、跨年度支出和负债许可制度五部分。日本通过一般会计预算管理政府基本事务收支，国家特殊事务的预算管理则通过特别会计预算和政府关联机构预算制度进行编制。日本实行单一国库账户制度，统一管理政府资金，日本银行对国库收支进行统筹管理。在预算编制程序上，日本采用跨年度预算编制制度，有

---

① 金荣学、魏晓兰：《日本 PPP 模式对我国的经验与启示》，载于《当代经济》2017 年第 16 期，第 10~12 页。

力地规避了财政年度和预算编制年度不协调的问题,提高了预算计划的精确性。

### 3. 坚持政府债务预算管理高度透明

日本政府审计信息化程度高,审计信息与预算编制过程信息公开化程度高,让日本民众可以及时了解相关信息,以及更多地参与到国家预算审计的过程中。日本预算信息的充分公开,不仅提高了其预算管理的透明度,还使日本的预算计划更加民主化,公众能更清楚地了解国家债务信息,有利于提高政府的公信力。

### 4. 健全监控、纠错和问责制度

日本建立了完善的财政法规体系,如《财政法》《国库法》《地方财政法》和《债券管理法》等法律,这提高了预算计划的执行性和预算程序的科学性。日本实行独立型政府审计体制,将审计监督权独立于立法、行政与司法之外,极大地保障了监察的独立性,提高了财政审计的公平性和科学性。

### 5. 利用金融工具降低政府债务成本

日本的地方政府债务制度由政府主导,以政府信誉作为担保,从而使债务安全得到了保障、地方政府债务风险得以降低、政府融资成本在一定程度上得以降低,特别是申请国家财政投资贷款项目(Fiscal Investment and Loan Program,FILP)、地方城市财务联合体(Japan Finance Organization for Municipalities,JFM)等贷款方式为地方政府债券提供了低息、长期且稳定的资金,较低的贷款利率很好地匹配了地方政府的大额、长期以及反复的融资需求。

## (三) 日本地方政府债务风险控制和风险化解透析

### 1. 建立债务规模控制制度

二阶俊博(Toshihiro Ihori,2002)研究日本基本经济存在的问题时发现 20 世纪 90 年代后日本财政改革的代际发生率达到标准,但其越来越依赖政府债券来弥补财政赤字。随着日本债务规模的不断扩大,建立完善的债务管理体制已成为历代政府需要解决的问题。为了有效控制债务规模、规避主权债务危机,日本致力于推行"财政重建"政策。如果实现"财政重建"相当于实现了三个政策目标:第一,取消特殊的平衡债券。与日本年度财政支出规模相平衡的年度财政收入正处在慢性不足状态中,其差额是通过发行国债等方式筹集"借款"来填补的。通过限制发行该类目的债券,政府在一定程度上可以抑制财政赤字规模的持续扩大。第二,降低债券依赖率,从而在实现平衡预算的道路上减少财政赤字。日本政府一直试图通过增税或削减公共支出来恢复预算平衡,旨在摆脱通缩和复苏经济,增加财政税收收入,降低财政支出对债务的依赖度。第三,降低累积债务的规模和服务成本。20 世纪 90 年代以来,日本政府致力于促进地方分权化改革,鼓励"广域联合",促进市町村合并,提高公共资源利用率,扩大公共基础设施辐射范围，降低服务成本。例如，缩减来自政府的公共商品，加大民间资金在地方政府债务中所占的比重，吸引地方居民参与地方治理，拓宽政府融资渠道，减轻地方政府债务负担。

**2. 保障地方政府还款能力**

日本的应债资金和偿债资金制度已经建立。政府财政收入、银行借款融资、公营性企业利润收入以及日本政府债务等都是日本政策财政的主要资金来源。地方政府拥有自主征税权为发行债务提供了保障，改革地方政府"三分自治"的情况，合理划分中央、地方税源，遵循事权决定财权的原则，保障地方财力。并且在地方公共财政计划中，债务本金和利息偿还额也在中央年度预算中获得了批准，除此之外，中央通过地方交付税、地方让与税、国库支出金等形式向地方进行转移支付，其资金中也涵盖债务资金，这些有力保证了地方政府有足够的能力还款。近年来，日本不断推进财政管理体制改革，在地方政府会计中引入权责发生制，以更为科学的计量方式准确反映地方政府的偿债能力，使地方政府债务市场化，增强地方政府债务透明度，提高市场对地方政府信用的信任度。

**3. 建立风险评估和预警制度**

张志华基于日本夕张市在 2006 年破产负债超过 500 亿日元后宣布放弃自力更生再建财政计划并申请成为置于国家严格管理之下的"财政再生团体"的背景，分析地方政府债务对政府在提供公共服务方面的能力产生了哪些影响，认为日本之所以引入财政健全化与重建制度，很大程度上是为了避免积累隐性债务风险，尽可能地提早诊断潜在的风险和问题，进而实施恢复措施，并对财政状况进行改善，从而规避地方政府陷入债务危机甚至是破产的风险。[1] 日本引入预先通知制度，将"发债协制度"改为"发债申报制度"，并建立起更为全面的发债许可评价指标体系，将原来仅仅以债务依存度作为评判标准的指标扩充为以地方政府实际赤字率、综合实际赤字率以及实际公债费率等存量指标和将来负担率等流量指标相互配合，更为全面和精确的"财政健全化制度"指标体系，旨在能在早期诊断地方政府财政状况是否良性、公营企业的经营状况是否良好，在它们之间又存在哪些问题，从而找到地方"隐性债务"风险，以便尽早采取措施规避风险。《地方财政再建促进特别措施法》规定以"发债限制比率"来控制地方政府债务规模，总务省通过要求实际公债费比率超过 18% 的地方政府制定《公债费负担适当化计划》限制其发债权力，及早采取纠正措施。通过风险评价体系，对地方政府的债务情况及其资金情况进行实时追踪和监控，以便于规避地方财政陷入债务危机的风险。

---

[1] 张志华：《日本地方政府债务管理》，载于《经济研究参考》2008 年第 62 期，第 29 页。

**4. 建立纠错和风险化解机制**

要限制有赤字比例过高、往期公债费率过高、地方税征收率过低以及公务员工资较高等现状的地方政府进行举债。例如，地方的实际公债费率超出35%的地方政府不允许"一般公共事业（防灾相关的事业除外）"发债，以确保每个地方政府都能偿还债券本息。财政不健全的地方政府需要接受外部监督。"财政健全化计划"，一般是在地方政府的财政指标超出了早期预警标准的条件下制定，并且要求地方政府接受来自外部的监察；如果地方政府财政指标在"财政再生"标准范围之外，则会被指定为"财政再生团体"，接受中央政府对其财政的严格审查，并且该地方政府举债必须得到上级政府的批准。日本针对地区间经济发生变化、社会结构发生变化以及财政差距在逐渐拉大等问题（如大城市存在税收集中现象的结构性问题），实施新的举措，创建专项公司营业税和专项公司业务转让税来处理缓解税源分配不均的问题，并加大对偏远地区的支持力度，增加其资金投入，为地方财力提供保障，以实现共同及可持续的发展。

**5. 预算硬约束**

日本引入中期预算管理，编制《中期财政框架》作为国会审议年度预算的参考，虽然不具有法律的强制约束力，但对预算编制具有实质性的约束力，强化了预算限额的硬性约束作用。针对公债发行问题，日本采取计划管理的措施。日本中央政府在"二战"后的每一年都对《地方政府债务计划》进行相关编制，其中，对地方政府债务规模以及发行方式都作出了相关要求。尽管国会审议的对象并不包括地方债计划，该计划只是作为提交给国会的参考资料，对预算编制并无强制约束，但是地方债计划必须作为自治大臣审批来自各个地方政府的发债申请的依据，因为该计划是大藏大臣和自治大臣共同协商制定而成的，其中对中央政府提供认购地方债资金的规模大小以及地方债资金有哪些具体用途都作出了相关要求和规定，因此该计划可以有效地控制地方政府债务规模。同《中期财政框架》作用类似，间接地加强了对地方预算的约束。

## 二、对中国地方政府债务预算管理的启示

日本与我国都是单一制国家，尽管中日两国在政治体制、经济社会发展水平和社会制度等国情方面都大相径庭，但日本地方政府债务治理措施对解决我国目前地方政府债务问题具有一定的借鉴意义，且日本现代化预算制度的指导原则和理念也具有通约性。目前受限于经济下行的压力，我国债务规模不断扩大，而财权和事权之间的不合理分配，也加剧了地方政府债务问题。日本地方政府债务预算管理体系为我国现阶段控制地方政府债务规模，促进政府债务健康持续发展提

供了非常好的借鉴经验。[①]

## （一）加强政府债务预算管理法律体系建设

近年来，随着法治化改革进程的推进，财政税收法律体系不健全与市场经济发展的矛盾越发突出。大力推进预算管理、债务管理的法治化建设将是我国现阶段深化分税制财税体制改革的重点。面对我国地方政府债务急剧增加引发的一系列问题，我国在相关法规制度上出台了《国务院关于加强地方政府性债务管理的意见》《财政部关于印发〈地方政府一般债券发行管理暂行办法〉的通知》等一系列管理指导意见，并在《预算法》（2014）中将地方政府债券融资纳入政府年度预算管理。但除《预算法》外，其他管理指导意见还未上升到法律层面，其权威性和公信力不足，而此方面日本较为完善的财政法律法规体系为我国财税法治化建设提供了借鉴，应以法律的形式理顺中央财权和地方事权的合理划分，规范地方财政收支责任，尽快建立地方政府债券发行管理和地方政府债务规模控制等一系列法律规范体系。

## （二）合理划分中央和地方财权事权

我国分税制与日本政府财权重心上移和事权重心下移的情况类似，虽然通过中央财政转移支付等方式补充地方财力，但远不能弥补现阶段地方政府事权过重财权过小的财政收支差距，可借鉴日本政府间事权及支出责任划分的方式，通过地方分配税等方式给予地方政府相应的财力，从而达到促进各地区公共服务均衡化发展的目的。日本政府债务主要源于中央政府，而地方政府的债务规模相对较小是因为地方政府债务被中央控制得比较严格，地方以新债还旧债的行为较少，地方政府债务负担较小且呈下降趋势。我国实行分税制管理体制，但中央与地方之间的财权事权划分仍需进一步完善优化。中央对地方的转移支付也未建立明确的分配机制，这使得地方政府编制年初预算的精确性难以提高。若要完善政府间事权财权责任与转移支付制度，可借鉴日本地方让与税和交付税的分配计算方法，比如，采用"以需定支"核算地方财力需求，该核算方法以其范围内提供的公共服务为核定基础，建立与地方政府事权相适应的财力保障机制。

## （三）加强地方金融体系建设，引入市场机制

日本政府债务管理市场化发展为我国提供了参考，在地方政府债务管理中，

---

[①] 金荣学、魏晓兰：《中国地方政府债券管理机制构建——以日本为鉴》，载于《行政事业资产与财务》2017年第13期，第1~3页。

单靠中央政府或地方政府管控债务规模是不合理的，过度压低债务规模会损害地区公共服务的发展，但同时也不能让政府完全放手，仅依靠市场机制进行自我调节。政府和市场"两只手"都要用好，通过中央与地方政府的协调合作来完善现有债务市场机制存在的不足。目前在我国地方金融市场体系发展不均衡的背景下，政府债务要实现市场化，首先需要加强地方金融体系的建设，以更好地解决区域金融发展不均衡问题，并为地方政府债务引入市场机制奠定基础。学习日本利用民间资金解决地方政府债务问题的手段，提高地方政府债务管理可持续发展的可能性。

### （四）建立风险防范控制体系

日本之所以没有出现像希腊那样严重的主权债务危机，很大程度上是因为日本政府在债务风险防范和控制方面取得成功。日本成功的做法值得借鉴学习，即通过中央政府一系列的管理和检查系统对地方政府进行分类管理，将地方财政状况划分为三种情况区分对待。第一类，地方政府财政稳健，享有较大的自主举债权；第二类，地方财政介于稳健和恶化之间，属于财政前期重建阶段，其举债需要取得总务省的同意；第三类，地方财政恶化，进行财政重建时政府发债受到中央的严格监管。以此确保地方政府债务到期按时偿付，保障地方举债的安全性。日本政府建立的财政评价指标体系能够使政府清晰地认识财政经济运转过程中的问题，并能及时采取合适的改进措施，尽可能降低风险，促使财政收支和经济建设能健康有效运转。

### （五）完善预算管理，提高预算科学性和精细性

日本的预算编制流程类似我国政府预算"二上二下"的编制流程。但我国存在预算空档期，造成年度预算起始时间早于人大审议批准时间，从而导致部分政府收支活动存在于预算管理之外，应借鉴日本预算编制时间同财政年度一致的做法，完善我国预算管理，将政府全部收支活动纳入预算管理之内。

在预算制度上，我国虽然采用复式预算的方式编制预算方案，但在具体会计准则的选取上存在一定的差异，如政府预算采用政府会计，包括预算会计和财务会计；而国库科采用的是总预算会计制度，分为一般预算、基金预算和债务预算，这属于一种宏观会计，它和预算部门的会计准则存在一些差异，因此推进国库总预算会计改革是当前的方向。

### （六）建立政府债务监管机制，加强人大对预算的监督职能

日本是世界上少数几个实行独立型政府审计体制的国家，"二战"后日本建

立了财政监督、审计监督、国会监督和社会监督相统一的多元监督体系，根据财政指标的差异给不同的地方政府分配不同的举债权，达到差异化管理地方政府债务的目的，保障地方发展积极性的同时，也加强了中央对地方财政情况的监管。我国预算方案的公开度和透明度都需要进一步加强，人大作为我国的立法机构更需要对政府预算的编制和执行进行全方位的持续监督。鉴于我国财政审计停留在合法性监督的层面，今后强化审计对财政资金合理性和有效性的监督，以及借鉴日本"财政健全化体制"的做法，尽快建立起我国地方政府债务风险预警机制是改革的主要方向。

## 第五节 国外地方政府债务预算管理的共性特点

地方政府债务预算管理是国家财政分级管理的重要内容之一。受国家内部社会历史、政治与财政体制、资本市场及金融机构完善程度等的影响，各国地方政府债务管理模式各有不同，中央政府控制地方政府举债的方式也不一样。但国外地方政府债务管理存在以下几点共性特点。

### 一、严格规范地方政府债务的举债权限与举债方式

地方政府举债是现代经济社会进步的重要产物与特征。美国地方政府债务的发展基本与城市化进程同步，而日本"二战"以前就已经允许举债。尽管每个国家的制度、具体国情、经济发展水平以及财政的收入筹集方式都不太相同，但地方政府举债已成为各国政府的普遍做法。举债已不只是发达国家地方政府采取的融资手段，发展中国家对举债也越来越重视。

#### （一）举债权限的类型

当前，各国限制地方政府举债权的方式大致可分为四类，分别为合作型、市场型、行政型以及制度型。合作型是中央政府通过与地方政府进行谈判进而限制地方的政府举债权。例如，澳大利亚在20世纪20年代成立了借款委员会，联邦政府和各州政府需要向借款委员会详细陈述下一个年度的净融资需求，借款委员会成员经过商定后确定给联邦政府和各州政府分配下一年度的融资额度。市场型指中央政府一般情况下不会干预地方政府的借款行为，通过市场的力量以及经济规律对地方政府债务进行控制、管理与约束。例如，加拿大的省级政府举债行为

不受任何法律以及联邦政府的限制，借款与否甚至借款额度都直接与金融市场有关。由于这需要国际投资机构对可授信债务额度进行评定，因此各省实际上都得服从市场秩序。行政型是中央政府采用一些行政手段管制地方政府的债务，包括事前审批与事后监控。例如，日本的地方政府在未经中央政府批准时是不能举债的，并且中央政府每年都需要同时制定地方政府贷款计划与地方政府财政计划。其中，地方政府的贷款计划具体包括地方债发行总额与方式、每种发行方式的额度以及用途等。制度型是指具体通过法律条款与相关财经法规对地方政府的借款实行管制。例如，巴西在2000年颁布了《财政责任法》与配套法案，建立了三级政府的财政及债务预算等框架，这对于地方政府举债来说是一个操作性极强的制度层面的约束。

各国限制举债权的手段有四种方式：方式一是实施年度举债计划。例如，澳大利亚、墨西哥以及日本等国的地方政府每年都会根据拟定的举债计划进行举债。方式二是对举债程序进行限制。在举债前会进行登记程序、特许或审批程序、投票表决程序以及授权程序等。例如，土耳其、韩国、巴西、委内瑞拉以及玻利维亚等国家采取中央政府审批；希腊、爱尔兰、西班牙与卢森堡等国实施政府部门审批；瑞士、加拿大、墨西哥以及印度尼西亚等国家是地方权力机关进行审批；而匈牙利等国家的长期借款需要由地方议会批准，短期借款则由当地的市长批准才能实施。方式三是限制举债形式。发达国家的地方政府主要采取发行债券与银行贷款的举债形式，而许多发展中国家的地方政府主要是通过中央政府向地方政府提供长期贷款进行借款。方式四是限制举债规模与期限。举债规模主要是通过上级政府确定每年的举债总规模或制定固定的上限进行限制。例如巴西、阿根廷、意大利等国家的地方政府均通过"偿债支出与地方政府收入的比值"与"偿债支出与地方当前储蓄的比值"这两项指标的上限来限制举债规模。另外，许多国家的地方政府举债期限都规定在债务投资项目的受益期内。

### （二）举债方式的类型

各国地方政府举债的主要方法是向金融机构借款与发行地方政府债券，其中银行借款的方式比较简单，地方政府只需提供必要信息给借款银行就能完成举债。这种方式适合规模相对较小的地方政府，但其成本比较高，并且因为银行对地方政府的监督有限，所以在管理层面可能会存在漏洞。而发行地方债券的定价则完全取决于市场，这一方式的优点是成本相对较低，且受市场监督约束程度较高，信息必须公开透明，比较适合基础比较好以及经济规模相对较大的地方政府。

发达国家地方政府更偏好发行政府债券或银行借款等举债方式。例如，美国的地方政府主要采取发行市政债券举债,另外,地方政府还会采取融资租赁以及银行借款的方式进行举债。而日本地方政府采取向中央政府、公营企业、金融公司以及银行等机构借款,辅之以公募以及私募的方式发行债券进行融资,实力强的地方政府较常采用公募的方式发行中长期债券进行融资。英国地方政府的融资方式主要是向公共工程贷款委员会以及商业银行进行贷款。公共工程贷款委员会隶属于英国财政部,其把来自国债资金的国家贷款基金以转贷的方式为地方政府提供了约80%的融资资金。法国地方政府很少发行债券,其负债基本源于银行。

### (三) 举债风险的控制

大部分国家的地方政府举债的目的是为地方资本性支出进行筹资,要求地方政府在举债时除短期债务外,举债资金不能用来弥补地方政府的经常性预算缺口,只能用在基础性与公益性项目的支出。但少部分国家如美国、加拿大、瑞士和德国等允许地方政府举债消除年度内财政收支的季节性波动。不少国家的地方政府都曾因举债发生过债务危机,并因此逐渐摸索出一系列防范以及控制融资风险的解决办法与相关政策,这些经验对我国具有一定的借鉴意义。

第一,制定相关的法律法规,严格管束地方政府的举债行为。对地方政府的债务管理较为有效的国家都会有一系列有效的法律制度作为保障。这些法律法规对债务融资的条件、限额、方式、审批、偿还以及违规举债的惩罚措施等内容作出了详细规定,为各国规范地方政府债务融资提供了具体指导方向,防止地方政府盲目追求短期利益而举债。

第二,设立相关机构,强化对地方政府债务的监管。大部分国家的中央政府都对地方政府债务有相应的监管职责并且基本建立了管理机构用以加强对地方政府债务的监督管理。

第三,规范设定地方政府举债的权限。虽然大多数国家的地方政府都有合法的举债权,但举债权基本都受到限制。发展中国家由于其市场机制与法律都不完善,地方政府举债权往往受到比较严格的控制。当前,各国对举债权的限制内容和方式大概有三个方面,具体包括举债程序限制、年度计划限制以及规模与期限的限制等。

第四,实施政府债务硬预算约束。通过举债融资获得的收入是政府财政收入的基本来源。必须将举债收入纳入预算中统一管理,有机结合债务预算与一般收支预算,统筹安排政府的公共资源配置。

第五,控制地方政府举债规模。为避免地方政府盲目过度举债,应考虑从需求以及供给两个方面控制债务规模。需求控制的对象主要是作为借款方的地方政府;供给控制的目的是使得商业银行的政府贷款行为更加规范。当前国际上控制债务供给方的方式主要有以下三种：其一是控制提供政府贷款的银行范围；其二是限定地方政府债务余额与银行净资产的比值；其三是金融机构务必配合政府实行需求控制。

第六，提高债务信息的透明度，建立债务信息披露制度。举债信息的公开与透明更方便社会公众进行监督，能有效地防止政府举债融资的恶性膨胀。

第七，建立债务问责制，严惩违规举债行为。许多国家普遍实施严厉的问责制，严惩违规举债的地方政府与相关人员，这能促使地方政府合理举债，强化责任意识。

## 二、设立政府债务管理的专门机构

大部分国家都会在中央政府设立进行地方政府债务管理的机构，并且预算与财政部门是其最重要的管理部门，肩负着管理地方政府债务的主要责任。但部分国家的地方财政部门还需要与国内事务综合管理部门、金融管理部门以及计划管理部门协商并管理地方政府债务。具体有两种类型：第一，财政部的业务部门代管。例如，南非设有省级财政处与城市财政处，分别管理省级和市级的债务；加拿大的融资、政府债务管理以及风险控制工作由财政部金融政策管理局下属的金融市场处负责。第二，单独在财政部内设置地方政府的债务管理机构。法国各级政府的资产和负债情况是由经济与财政部国库司下属的"债务管理中心"负责的，主要任务是对资产和债务进行日常的监督和管理，目的是确保各级政府能够及时偿还债务并且履行欧盟的义务；德国联邦财政部下设的第七理事会所属 A 理事会主要负责德国地方政府债务的控制与管理；保加利亚地方政府的债务管理统一由其财政部下属的债务司负责。

## 三、严格执行债务预算的统一管理

政府债务是政府收入的重要来源，因此应当将政府债务纳入政府预算统一进行管理。当前，许多国家对地方政府的债务实施硬预算约束。例如，南非的地方政府债务收入作为地方政府收入的一部分，地方政府根据《市政财务管理法案》将其纳入市政府财政计划与预算，并清查分类其可能存在风险的项目。这种做法可以让政府注意到以前忽略的债务风险，便于对债务风险采取预算管理。日本中央政府每年都会编制地方债计划，并对地方公债的发行实施计划管理。地方债计划虽然只作为参考资料提交国会，但由于其规定了地方债资金的规模及具体用途，因此，自治大臣将以该计划为依据对各地方政府的发债申请进行审批。巴西

2000 年颁布了《财政责任法》，严格禁止中央政府将融资发放给各州及市政府，若州及市政府将债务转移给联邦政府，则各州及市政府在完全偿还债务前不得再借新债。

## 四、坚持高度透明的债务预算管理

高度透明的债务预算管理要求地方政府公开债务信息以及相关的政府财政状况并需要对债务进行确认、记录与报告，这样政府债务的控制能力才能有效提高，进而避免地方政府债务恶性膨胀。南非的市政府在借款过程中规定了必须披露会影响潜在的贷款者或者投资者决定的信息，并且需要采取相关措施确保信息的准确性。瑞士的公民则可以参与对贷款、项目拨款、单笔支付信贷以及预算估算值等事项进行决定的表决。巴西的地方政府需要每年将财政账户收支情况向联邦政府进行汇报，每 4 个月需要发布政府债务报告并进行公示。信息的披露需要在与银行联网的国家信息系统中完成，因此所有的借贷交易情况都会在系统中进行记录，否则会被认定为非法交易。

## 五、健全预算监督和问责制度

部分国家运用审计与司法等部门形成全方位的监控体系对地方政府债务实行风险控制。例如，法国的中央政府依靠议会、审计法院、财政部及其监督机构与银行等机构严密监管地方政府负债和财政状况。日本地方政府债务情况的审计则是由地方监察委员会负责。许多国家建立了相关的地方政府债务纠错与问责机制，主要用于进行地方政府债务管理的事中和事后控制。其中，事中控制可以有效应对债务管理过程中的问题，能有效避免风险的积聚和增大；事后控制能够明确其中的风险责任，并在控制基础上降低风险再次发生的可能性以及避免风险继续累积。另外，该机制的建立能有效抑制地方政府盲目地、无序地借债。例如，巴西的《财政责任法》中规定对不履行义务的地方政府相关负责人给予处罚；对于更严重的失职行为，将对相关人员进行革职并禁止其在公共部门工作、处罚金甚至对其判刑。

## 六、政府债务的风险控制与风险化解

地方政府债务举借是发展和风险权衡的体现，为了使地方政府的举债行为更为规范，许多国家出台了地方政府债务规模的控制措施并建立了风险预警机制。

## （一）建立控制债务规模的相关制度

债务规模的控制分为需求端控制和供给端控制。首先，需求端控制即借款方控制，控制的主要内容包括扣除人员经费后的净预算收入、政府预算收入以及预算支出等。例如，巴西规定其国内各州及各市政府的债务余额分别为净收入的 2 倍与 112 倍。在特殊情况下，总统可以向参议院提交改变限额的建议，但只允许在经济不稳定、货币或汇率政策急剧变化的情况下进行。另外，州及市政府的新借款不能超过当年净收入的 16%，债务还本付息的总额不能超过净收入的 15%，如果超过限额则将不再允许其举借新债。俄罗斯在 1997 年出台了《俄罗斯联邦地方政府财政基础法》，规定地方政府的借款上限只能是预算支出的 15%。保加利亚有相似的规定：市政府的借款不能超过当年收入的 10%。其次，供给端控制的主体是银行以及提供贷款的其他非银行金融机构等。例如，加拿大在 20 世纪 80 年代制定了一套管理贷款和担保风险的规则，目的是控制以及管理财政风险，其规定银行也需要承担至少 15% 的与任何债务违约相关的净损失。

## （二）建立偿债的准备金制度

为了加强政府的债务管理以及防范债务风险，最有效的手段就是建立偿债准备金制度。当地方政府偿还不了到期债务时，地方政府可先从偿债准备金中支付。偿债准备金能在一定程度上减少债务风险对地方政府财政的冲击，起到一定规避风险的作用。例如，保加利亚建立偿债准备金制度并严格限制政府担保债务，目的是减少政府债务的风险，定期对债务风险进行分析与报告。美国偿债准备金的来源主要是投资项目收益、发行溢价收入以及信用证券收益等。偿债准备金可用于投资低风险的联邦政府支持债券但投资期限不能比债券剩余期限长。印度的 14 个邦政府统一建立了以中央银行为管理人的偿债基金，其基金筹集方案由中央政府根据储备银行的计划确定。

## （三）建立风险评估与风险预警制度

风险评估和风险预警制度是控制债务风险的核心制度，其目的是通过可量化的风险指标对债务风险进行评估和预警。美国的俄亥俄州模式以及哥伦比亚的"红绿灯"模式是较为典型的风险评估与预警制度。美国俄亥俄州模式下地方政府债务与财政状况相关联，州审计局采用相应的财政状况指标衡量地方政府的债务风险水平。风险高的地方政府将会被列入"预警名单"，严重的则将被列入

"危机名单",并由"财政计划和监督委员会"对其进行特别监控。而哥伦比亚的"红绿灯"模式则把地方政府的债务与偿付能力联系在一起,采用债务率与利息支出率来确定地方政府是处于"绿灯区"还是"红灯区"。

### (四) 建立纠错与风险化解的机制

国家解决地方政府债务的主要方法有三种:第一,地方政府自行处理债务。拉丁美洲部分国家规定中央政府不会对地方政府的债务违约进行财政援助,若向没有担保的地方政府进行贷款,贷款方应自行对其决定负责。例如,阿根廷的省政府出现债务危机时,中央政府拒绝对其进行援助并要求省政府把共享的收入作为其还款担保,只有在清偿债务之后才可重新获取。第二,中央政府将地方政府债务进行重组。例如,巴西的三次地方政府债务危机最终都是以地方政府债务被中央政府接管而结束。而不同之处在于巴西最后一次债务危机时在地方政府债务被中央政府接管后,出台了《财政责任法》。《财政责任法》的具体操作是中央政府发行中央债券并成为州和市政府的债权人,重新确认地方政府债务。[①] 中央政府以地方政府自有收入作为担保,并要求地方政府每月支付13%的净经常性收入。第三,由中央政府行政接管执政权。例如,法国的中央政府规定,地方政府一旦因对外负债或发债到期无法偿还而导致政府无法正常运转,则地方执政权交由总统代表并由中央政府先代为偿还债务,原有的地方政府或地方议会直接宣告解散,直到选举成立新的地方议会和政府后制定新的增税计划并逐步偿还中央政府代为垫付的资金以及原有债务款项。

### (五) 实行预算硬约束

对于中央与地方财政之间的关系,发达经济体有明确的法律约束。美国许多州的宪法都规定将地方政府债务纳入预算管理当中。新西兰和澳大利亚等国同样对地方政府债务实施了严格的预算管理。政府支出与收入以及债务举借与偿还情况都需要在政府预算体系上全面反映,以便确定合理的地方政府债务规模。日本、澳大利亚等国特别重视资产负债状况与风险等受地方政府债务影响的大小,并以此为基础考虑如何合理配置政府的公共资源。南非的中央政府也曾对地方预算赤字进行补贴。2003 年印度颁布的《市政财政管理法案》强化了政府对地方财政承担责任的要求。当前,越来越多的新兴市场经济体也开始通过立法的形式实施硬预算约束。

---

[①] 金荣学、傅鑫:《构建地方政府性债务责任承担机制的国际经验借鉴——以巴西实施〈财政责任法〉为例》,载于《财会月刊》2017 年第 18 期,第 74~78 页。

### (六) 控制债务规模

地方政府控制债务规模可以分别从需求控制与供给控制进行。债务余额控制以及增量控制属于需求控制，其核心指标有利息支出率、资产负债率、新增债务率、担保债务比重、债务率、负债率、偿债率以及债务依存度等。供给控制的核心指标包括地方政府净资产比、地方政府贷款、地方政府贷款与金融机构净资产比以及贷款损失债权人分担率等。地方政府普遍采用欧盟约束其成员国债务的警戒线标准，具体标准是当年的财政赤字与 GDP 的比值不能高于 3%，债务余额与 GDP 的比值不得高于 60%。[①] 2008 年的国际金融危机使得欧洲大部分国家都突破了这一警戒线，但许多新兴市场经济体如巴西、阿根廷、印度、哥伦比亚等国普遍严格限制了地方政府的债务融资，因此一般情况下不会突破欧盟债务警戒线的标准。

---

① 梁发苇：《提高赤字率是财政政策的重要选项》，载于《中国经营报》2020 年 4 月 4 日，https：//baijiahao. baidu. com/s？ id = 16630047649226492 52&wfr = spider&for = pc。

# 第十三章

# 优化政府债务预算管理的路径与对策

第十二章详细阐述了美国、英国、德国以及日本等发达国家的地方政府债务管理模式,并总结了其共性特点和成功经验,这为我国预防地方政府债务风险与完善地方政府债务管理提供了借鉴。本章重点研究优化地方政府债务预算管理的路径与对策。优化以绩效为导向的地方政府债务预算管理路径,有助于科学合理配置财政资源,确保发挥政府债务融资对促进地方公共服务供给、系统性风险防范化解和社会经济可持续发展的积极作用。首先,本章从规范政府举债、发行市场债券、推进公私合作(PPP)模式、统一政府债务管理、控制政府债务规模与风险、完善债务信息披露以及举债问责制度等方面分析如何约束政府举债行为;其次,从多个途径提出完善政府债务预算管理的对策;最后,探讨如何加快政府债务市场化改革。这对于解决政府债务融资问题,促进地区经济发展具有重要的现实意义。

## 第一节 约束政府举债行为

### 一、对政府的举债行为进行规范化

第一,需要加强地方政府债务的公开化和透明化建设,并且建立具有公开性和透明性的地方政府债务统计制度和融资平台财务报告制度,之外,硬预算约束管理也需要将地方政府债务纳入以进行管理。第二,需要制定地方政府的中期规划并且使之付诸实践。在我国,如若连续2~3年都超出了原先制定的目标任务,中央政府有权对相应的税收返还和转移支付进行截留处理,对政府存在的过度融资行为进行约束并要求其作出相应的调整,使之回到原先正常的中期规划进程中。第三,需要建立起能够预警风险的指标体系。首先,要建立起关键指标风险预警体系;其次,再以动态评估代替静态评估,将定性和定量结合起来以及将自身评价与市场评价结合起来的方式代替简单的阈值监测,从而使地方政府债务或辖区融资平台的可持续性得到科学全面的评估。

## 二、加大促进市政债发行的力度

在我国,地方政府融资平台目前存在多种融资方式,以银行贷款、公开发债渠道为主,其他大量的信托、理财类融资方式为辅,这些融资方式不仅成本高昂,还不具透明性。市场债发行这种市场化的融资替代方式具有规范性和透明性,通过"开前门、堵后门"的方式可以使地方融资平台的融资风险得以降低。逐渐以收益型市政债替代现有的各类城投债,从而逐步促进一般责任型市政债的探索与发行。国家可以先从沿海地区进行试点实施市政债,再逐步推广到中西部地区中财政实力较强的地区,从而促进全国市政债市场的形成,该市场由省市县不同层次地方发债主体构成。

## 三、在混合所有制改革中探索推进PPP融资

中央政府将地方融资平台作为地方国有企业或央企二级、三级企业开展试点的有效载体。推进PPP合作融资有三个主要的好处:一是对地方政府的债务结构进行优化升级,使债务由参与合作的各类资本共同承担;二是政府给各类资本提供信用支持鼓励其参与政府公益项目以降低融资成本;三是在完成合作后,社会资本能够通过市场化的方式退出。我国计划以PPP方式开展与私营机构的合作,使平台贷款、平台资产和PPP项目贷款证券化,并搭配与其相配套的信用风险缓释工具(CRM),最后形成市场需求旺盛的现象。

## 四、区别对待地方政府融资平台并使之分类转型

在我国,一些发达地区完成了基础设施建设,可能会促进公用事业投资型转

变为运营管理型，进而缩小债务杠杆率。但是，从长期来看，政府举债、投资、建设等相关职能必须由地方政府融资平台承担。一方面，如果融资平台的债务率比较高可以选择与其他各类资金合作，例如央企、民间资金及外资等并选择 PPP 的项目融资模式，从而形成由政府带头的多元化股权结构。另一方面，要求政府建立市场化机制，该机制需要满足融资平台"优胜劣退"的条件，分类融资平台并对其进行综合评价，促使有问题的平台、投入产出效率低下的平台以及管理成本费用过高的平台尽快退出市场，从而节省政府举债资源。

## 五、有限制地给予地方政府救助

未来即使地方政府债务融资已经充分市场化，但也可能存在地方政府出现债务违约的风险。因此，政府需要遵循以下原则去处理债务危机：第一，中央政府应该抓住重整地方政府债务的机会，对地方政府举债行为进行约束，甚至需要对财政收支行为进行约束，从而建立长期有效的防范债务风险机制。如果仅仅只是无条件求助，就容易在未来不断地产生"道德风险"。第二，秉持"救小、救弱为先"的原则，对市、县级层面存在的债务危机进行优先帮扶；那些拥有较大管辖权的地方政府有义务率先承担财政责任。第三，要控制救助资金的数额，使其在整个债务重整资金中的占比不能过高。

## 六、建立统一的政府债务融资管理体系

当前，世界各国的中央政府普遍对地方政府债务融资进行统一管理并且该项职能由财政部直接执行。国际经验也为我国提供了一些启示，具体如下：尽快对地方政府债务的"分权"管理模式进行改革，财政部应该在全国范围内建立统一的债务管理体系，将地方政府举债融资关进其可以掌控的"笼子"里。此外，还需要扭转目前政府存在的调控不力、权责不清、多头举债的被动局面。

## 七、建立债务融资规模控制和风险预警机制

根据世界各国的具体情况和管理经验可以看出，对债务融资规模进行确定和合理测算并建立科学的风险防范和预警机制是管理地方政府债务融资的一个有效手段。巴西和南非等国的指标体系为我国构建一套具备科学性并可以量化的指标体系和明确给出确定性的参考标准值提供了可借鉴的经验，该指标体系具体包括

债务依存度、偿债率、负债率、利息支出率和新增债务率等。与此同时，相关指标必须能具体量化到每一级地方政府上，从需求端与供给端对债务融资规模进行双向控制，严格管理财政预算。设置一系列预警指标来及时预警地方政府举债融资风险，实时追踪监控政府债务规模、结构以及逾期违约情况来分析和判断政府负债趋势的走向，从而合理安排政府举债和偿债。

### 八、完善地方政府债务融资信息披露制度

根据英国和美国的经验可知，保持政府债务信息公开化、透明化有助于利用社会公众产生的道德舆论力量来实现对政府举债行为的有效监督与制约。但是，我国缺少强制要求地方政府披露债务信息的相关法律，从而导致财政部和国家统计局也无法得到地方政府债务的准确数据。因此，地方政府债务信息披露制度的建立至关重要，并且地方政府必须对举债和偿还情况、偿债能力以及债务风险水平等进行定期公开，从而使得地方政府债务情况显性化。具体而言，应从以下三个方面公开地方政府的债务信息：一是由下级政府负责向上级政府报告债务收入预算表、支出预算表、偿还资金来源表及明细表等，使该年地方政府的债务整体情况在报告中清晰地反映出来，从而有助于上级政府分析和预测债务风险状况；二是财政部门应该向人大提交政府债务情况，并要求其作为财政预算报告的重要构成部分；三是举债情况应由政府以新闻媒体为媒介向社会进行公开披露，从而方便社会公众对其进行追踪监督和相关约束。

## 第二节　完善政府债务预算管理

《中华人民共和国预算法实施条例》（以下简称《条例》）于2020年10月1日施行，该条例规定政府债务预算管理主要包括促进地方政府债务风险评估指标体系的建立健全，对地方政府债务的风险状况进行相关组织评估，提前对债务高风险地区作出预警，通过加强监督化解债务风险。更确切地说，在《条例》中明确作出了相关规定的包括以下四个方面：一是对地方政府债务余额限额进行细化处理。地方政府债务限额必须遵循预算法的规定，并在《条例》第四十三条至第四十六条中得到了细化，明确要求财政部必须在全国人大或者其常委会批准的总限额内提出地方政府债务限额的方案并报告给国务院，需得到其批准。二是对一般债务和专项债务进行明确的定义。预算法中的"举借债务的规模"在《条例》

第四十四条中得到了界定且一般债务和专项债务也在该条例中得到了明确定义。其中,一般债务主要由一般债券和贷款转贷债务构成,一般债券主要是用于公益性事业发展且被纳入公共预算,而贷款转贷债务的主体通常指的是地方政府负有债务偿还责任的国际经济组织或国外政府。三是需要对地方政府债务风险评估和预警机制进行完善。如《国务院办公厅关于印发地方政府性债务风险应急处置预案的通知》的出台,财政部则按照预算法的要求对各地区债务风险状况进行了定期评估并且预警债务高风险地区的风险,依照行政法规的形式条例细化了地方政府债务风险评估和预警机制,其中,在《条例》第三十七条中作出了明确规定:包括财政部和省、自治区、直辖市政府财政部门在内的各部门需要促进地方政府债务风险评估指标体系的建立健全,并对地方政府债务风险状况进行组织评估,提前预警债务高风险地区的风险,从而加强监督,促进债务风险的化解。四是要对地方政府债券的结构、期限和时点进行合理的安排。

## 一、树立理性的地方政府债务预算管理理念

地方政府债务对经济发展既具有积极作用又具有消极作用,其积极作用是促进经济发展和改善民生,债务规模可以随着地区经济实力的提升而得到相应的扩大。反之,如果不顾其经济实力而盲目举债,则会对经济发展产生阻碍作用,对改善民生造成不利影响。在现代信用经济体系背景下,中央政府结合具体的实际情况,执行适度的反周期"逆向"操作,例如在经济萎靡或预期不振时期,可以选择发行适量的国债和采用更为积极的财政政策,从而刺激经济,推动经济的发展。目前,面对中央政府实施了积极的财政政策的背景,各级地方政府以及相关部门要根据经济运行的状况和趋势,把握准预期,还要与中央的宏观财政政策相呼应,在各自地区偿还能力允许的范围内,适度调节债务的规模和偿还节奏。

## 二、完善地方政府债务预算管理体制

目前,我国实行一般公共预算收支、政府基金收支、国有资本和社保基金等"四张表"体制。因此建议地方各级政府应该编制"债务收支表",实行"五张表"体制,即建立独立的地方政府债务收支与偿还制度,对债务形成、债务规模、期限结构、利率水平以及预算内可以安排的用于偿还债务的资金规模等,给予细化处理和反映。同时,对债务所形成的资产做相应的反映。如果想要顺利实施"第五张表"体制,则其前提条件是建立地方政府债务预算管理体制,政府有关部门需要在每年年底前统筹"五张表",经人民代表大会批准,同时报上级政

府备案后实施，年终地方政府债务预算执行情况要由人民代表大会审核，并向人民代表大会公布。通过此种方式，能够使地方政府债务规范化和透明化，将其"一表打进"、不留死角，坚决规避"隐性债务"的发生。通过这一体制，可以对债务形成的资产予以及时反映，既为考核债务资产的效益提供依据，对违规举债、低效益举债行为的约束提供依据，也为部分有效益的资产开展证券化奠定基础。

## 三、适当调整地方政府债务预算管理政策

首先，改变当前用发行地方政府债券和专项债券作为置换地方政府债务的单一方式。此外，可将已经确认的地方政府债务划分为3~5个类别，然后由贷款金融机构与地方政府及其平台重新签订贷款合同，将贷款期限分别延长至10年、15年、20年、25年直至30年。其次，适度调整贷款利率，按照央行的基准利率根据年限的不同确定贷款利率水平，并且在每年年底上交相关利息费用。再次，建议免除各类金融机构收取地方政府债务利息收入的相关税费。最后，建立全国性的地方政府债务信息平台，为保证透明性，金融机构需要在该平台上向社会公布有关地方政府债务的相关数据，以便于社会约束地方政府举债的行为和相关的金融机构。

## 四、构建开放多元的地方政府债务管理体系

对于地方政府债务在进行行政管理的同时，也应当运用市场机制深化地方政府债务管理改革。首先，应当鼓励地方政府将其资产证券化。当前，许多地方政府的名下均有大量的资产，且其中有一部分资产是具有收益性的，然而这部分资产都被抵押用于向金融机构贷款。因此，建议中央政府通过发行"过桥债券"的方式帮助地方政府解押这部分资产，再将这部分资产证券化，从而可以使地方政府获得更多的资金。其次，在得到上级政府批准的前提下，可以鼓励地方政府积极盘活有收益的资产，然后将这些资产直接用于发行地方政府债券以筹集资金。同时，还可以建立"地方政府债券再转让市场"，增加地方政府债券的流动性，使地方金融机构和个人在该市场上"吐纳"资金，提高资金的使用效率。最后，鼓励地方政府对有一定收益的平台公司进行"混改"，或者将有收益的资产经过评估以后进行"挂牌"转让等，从而获得资金用于地方政府债务的还本付息，增强地方政府的债务承受能力。

## 五、完善我国政府债务的市场发行机制

在我国，政府债务发行采用的是在债务总量被限制的情况下由中央分配额度到省级政府，再由省级政府分配到市县级政府的债务发行机制，作为发债主体的省级政府进行发债可能会使债务风险转移到中央政府。因此，中央政府需要对地方举债的规模进行限制，统筹兼顾省级政府的债务总量和债务结构，并对债务的审批依据以及发行规模的计算公式等都要有明确的要求，从而确立地方政府债务发行规模。应该加快完善政府债务发行制度，使债务风险与利率一致，从而对债务风险加强防范。

## 六、完善偿债预算管理机制

目前，我国已经基本建立地方政府债务偿还机制，但债务偿还机制的执行情况并不理想。通常情况下，地方政府是在还本付息当年才对兑付债券本息安排预算资金，如果当年地方政府出现一些突发情况，如收入突然大幅下滑，则可能不能及时偿还债务本金和利息。因此，非常有必要建立偿债预算管理和偿债基金机制。此外，偿债基金范畴必须涵盖部分预算资金以及地方政府债务融资项目的收入，从而使偿债资金保持稳定。

## 七、加强监管政府债务预算信息披露

要建立健全政府债务预算信息披露机制，对一些重要的以及需要公开的资金周转信息进行定期集中披露，确保资金在流出（分配使用过程）和流进（举债过程）时严格管制，各资金管理部门要自觉地以财政纪律严格要求自身和约束自我，依据相关规定对中央部门、债权人和公众这三个主体的监督要不断加强，并全部由第三方来负责保存募集或筹措的资金，严格执行专款专用计划，对募集资金的使用和流动情况要不定期地进行突击检查。要建立和健全事后惩罚机制，引入并严格执行责任追溯机制，对资金使用过程中出现的问题一定要采取事后惩罚措施来加以防范，相应地责任追溯也不受调离岗位、退休等人事变动影响，坚持责任终身制。在不断健全和完善相应的法律法规过程中，建立有序的法制管控机制，对地方政府过度举债行为加以监督，通过考核的方式来评价地方政府举债情况，使地方政府自觉地避免盲目举债或过度举债行为，从而提高债务资金的使用效率。

# 下 篇

## 地方政府债务绩效评价

# 第十四章

# 政府债务绩效评价文献梳理

第十四章将重点梳理政府债务绩效评价的相关文献。主要从公共支出绩效评价理论、公共支出绩效评价方法、公共支出绩效评价应用、地方政府债务绩效评价以及地方政府债务主流评价方法等方面系统梳理相关文献，对已有研究进行评述，从而形成研究政府债务绩效评价的基本研究框架。其中，公共支出绩效评价理论包括绩效及公共支出绩效评价内涵、公共支出绩效评价的发展历程、公共支出绩效评价标准等。公共支出绩效评价方法包括"3E"评价法、成本—效益分析法、标杆管理法和平衡计分卡等。地方政府债务绩效评价包括基本内涵、地方政府债务的风险及其可持续性以及地方政府债务的效应及其合理性等。地方政府债务主流评价方法包括通用绩效评价方法、主成分分析法及因子分析法、层次分析法、DEA二次相对评价方法以及AHP和熵权法等。

## 第一节 地方政府债务绩效评价

### 一、地方政府债务绩效评价的基本内涵

OECD（1994）曾经指出，绩效主要衡量实施一项活动的效率性、经济性和效益性，包括在该项活动中社会公众的满意度和活动主体的遵从度，绩效评价则

是评估实施一项活动所达到的绩效水平。朱尔斯和霍尔泽（2001）认为，选择合理的绩效评价方法对政府实现绩效管理具有重要意义，并从成本—收益、产出—影响和过程—政策管理三个维度分别进行绩效评价，实现全方位的绩效评估。贝恩（2003）认为绩效评价是评价不同类型的任务和工作，包括产出、结果和质量，其不仅能够有效促进上下级的关系平衡，激励员工积极工作，还能提高组织的管理水平以及项目的工作效率。贝尔曼（Berman Wang，2000）通过对美国各个县域政府项目工作进行绩效评价，发现从评价结果和工作任务两个角度出发，绩效评价结果受到政府组织管理水平的影响。芬威克（Fenwick，1995）、塔尔伯特（Talbot，1996）提出了著名的"3E"理论，用于评价实施一项活动应满足的三项主要绩效指标，即经济性（economics）、效率性（efficiency）及效益性（effectiveness）。具体来看，经济性衡量在一定活动质量下最低消耗的资源水平；效率性衡量在一定活动质量下投入和产出的最优比例水平；效益性衡量实际与预期效果的差异水平。福林（1997）在绩效"3E"维度的基础上加入公平维度，形成"4E"理论。他认为绩效评价若偏向经济性等硬性指标，会忽视经济社会中的公平、民主等软指标，有悖于政府的公共服务职能和服务宗旨。因此，纳入公平作为绩效衡量指标十分必要。它主要衡量当政府向社会提供公共产品和服务时，社会团体或个人是否能公平受益，特别是弱势团体或个人是否能相对受益更多。

哈利强调在追求"3E"目标的基础上，还应考虑公共产品及服务的改善，应把政府绩效评价侧重点转向追求公共服务质量和顾客满意度上，不能仅仅考虑和关注公共项目实施的经济性效益。阿蒙德（Almond）在《发展中的政治经济》中指出，政府绩效评价从政府能力、社会民主性、社会财富和社会福利四个维度进行。政府可以根据不同的活动目标设立不同的绩效指标，实现相同部门不同指标的统一性。尼文在研究政府及非营利组织绩效评价时，引入了 BSC 方法并发现该方法控制了对公共部门的政策和环境等外部因素，与以往的静态评估绩效方法相比，更能反映出经济发展的动态性和连续性。[①] 马国贤（2006）认为财政支出效益（绩效）评价是一项基于投入—产出原理、借助一定的数据分析工具，分析和评价财政支出结果的制度，并监控和管理地方财政支出从投入到运行再到产生效益的全过程。陈工、袁兴侯（2007）认为财政支出绩效评价实质是促进政府既定目标的实现和公共职能的转变，通过内部约束和监督政府行为，促进政府运行效率的提升。需要强调的是，这一过程要促进政府公共支出"目标—结果"之

---

[①] ［美］保罗·R. 尼文：《政府及非营利组织平衡计分卡》，胡玉明等译，中国财政经济出版社 2004 年版。

间的协调性和结果效益的稳定性。白文杰（2011）认为财政支出绩效评价的对象是财政支出活动，重点在于评估财政支出在活动前、活动中及活动后所体现的经济性、效率性和效益性，从而提炼出绩效评价活动的基本内涵。公共财政绩效评价是公共管理的主要方式，以结果和绩效为导向，选取相应的绩效指标衡量公共支出与公共服务之比，并将其用于各政府部门间的部门绩效评估和各公共项目间的项目绩效评估（马国贤和刘国永，2015）。

当公共财政支出绩效评价侧重于责任主体时，财政支出绩效评价作为政府绩效评价的重要内容，更强调审查支出在解决社会公平和需求问题时的效益性，其主要体现在政府维持国家—社会关系的责任主体职能（李艳和林秀玉，2016），财政支出投放到公共社会中，一方面要密切关注财政资金使用的合规性，促进政府内外部监督到位；另一方面要注意检验财政决策的有效性和科学性，积极促进政府财政执行力和公信力的有机统一，这亦是政府绩效评价的根本要求。郑方辉（2017）利用"二分法"研究政府绩效评价的价值理性和工具理性，认为在财政绩效评价中，既要追求预算民主的目标，也要提高政府管治的效率，运用科学方法、规范流程以及相对统一的指标和标准，发挥辅助决策的积极作用。薛亚云（2012）对我国水利财政支出进行绩效评价时，采用行业、计划、经验和历史等多重标准进行质量控制。

金荣学等对我国地方政府债务支出进行绩效评价时，采用"投入—产出"理论，并利用"4E"准则建立双重绩效评价标准。从投入、运行、产出和结果四个方面分别评价债务支出的经济性、效率性、效益性和公平性。[①] 李明和王帅（2023）对我国地方财政支出绩效进行测度时同样采用了"投入—产出"理论，紧扣新发展理念基本内涵，从"创新""协调""绿色""开放"和"共享"五个维度出发，选取相应的产出和效益指标构建评价体系。从综合设定标准来看，王瑞华等（2017）对我国地方政府财政支出进行绩效评价时，引入 BSC 方法，从财务体系、社会公众、内部运行以及学习与成长四个角度，形成一个将政府组织战略落实为可操作衡量标准和目标值的财政支出绩效管理体系。通过建立适应地方政府发展的战略标准，分析地方政府财政支出绩效评价水平。李金珊、王倩倩（2018）同样引入了平衡计分卡方法，借助"4E"评价准则，从效率、效果、可持续和效益四个角度构建财政支出绩效评价标准。财政支出效率实质上测算的是既定公共服务供给水平下最小投入成本与实际投入成本之间的差距，徐超等（2020）采用成本型随机前沿模型测算了地方政府的财政支出效率。代志新等

---

[①] 金荣学、宋菲菲：《地方政府债务支出的绩效评价体系研究》，载于《行政事业资产与财务》2013年第5期，第31～34页。

（2024）认为当前我国财政运行综合绩效管理在评价标准、评价机制、评价指标和评价质效方面存在一定的行为缺失，因此，建议从实施多元动态参照目标、加强绩效评价结果应用、关注绩效评价指标结构平衡、重视跨周期评价管理入手，优化我国地方政府财政运行综合绩效评价管理体系。

## 二、地方政府债务的风险及其可持续性

阿尔贝托和塔贝里尼（Alberto and Tabellini，1992）提出债务规模的无序膨胀引致两种政府债务风险：一种是债务额过多引致的货币贬值风险；另一种是政府无力偿还债务导致的信用违约风险。刘纪学（2014）、马海涛（2004）都认为政府债务风险源于地方政府偿债能力不足所引发的其他风险。赵晔（2009）、于海峰（2010）等一致认为在不确定因素的影响下，政府债务可能对社会和经济产生不利影响，造成的损失结果就是债务风险。刘尚希（2014）则首次将政府债务风险和公共资源放在同一分析框架，他指出，债务风险不能只用规模来衡量。债务使用效益不够大，会威胁到社会经济的稳定，引发债务风险。缪小林等（2016）认为债务风险是经济超速增长可能带来的危害以及人们的不乐观预期所致。德梅洛和鲁伊兹（De Mello and Luiz，2000）分析指出，发展中国家地方政府的负债融资风险在一定程度上是因为财政分权改革。庞保庆和陈硕（2014）认为对我国而言，主要是债务偿还过度依赖土地出让收入且方式单一，土地出让收入相当于预支未来收入，不利于经济的长远发展。玛丽安妮可（Marianne，1999）研究认为，地方财政预算软约束导致投资公共服务建设和设施的边际成本转嫁至上级政府，使得成本小于边际收益，可能导致地方政府盲目增发债务。芦亮（2013）认为通过企事业单位的融资平台筹集债务资金建设基础设施，会加大过度举债的可能性。方创琳、马海涛（2013）也认为在我国的城镇化建设过程中，有些地区会重复建设、浪费土地资源，地方政府债务风险形势更加严峻化。杨灿明等（2013）提出地方政府债务风险可分为三大类：一是现存的大规模隐性债务可能成为"定时炸弹"，二是现今难以及时有效地监控各地区的债务风险，三是地区财政及偿债过于依赖土地出让收入。

周学东等（2014）提出预算软约束是地方政府过度举债的动因，预算硬约束、激励相容和信息透明是地方政府债务可持续条件。韩鹏飞和胡奕明（2015）研究发现，虽然地方政府隐性担保有助于缓解国有企业债券风险，但却提高了地方融资平台发行的债券风险。徐军伟等（2020）认为地方政府对融资平台公司的资产延伸和风险联保导致融资平台公司存在资产与风险不对称性，金融势能是导致地方政府隐性债务持续增长风险的驱动因素。

张春霖（2002）指出地方财政能力在一定程度上决定了债务风险，财政收入不足以偿还存量债务的本息，则存在债务风险，即政府债务不可持续。可用债务负担率近似衡量债务可持续性，债务负担率的变化趋势和政府财政能力是影响政府债务可持续性的重要因素。伏润民等（2012）综合梳理了相关文献以后，针对地方政府债务可持续性提出四个论点：一是从表象上看，判断政府债务是否可持续就是判断政府财政是否平衡和政府是否有能力偿债，从本质上看债务可持续性应从其经济效应来判断；二是我国不适合从表象上理解和研究债务可持续性，因为我国的地方政府债务应划分为行政行为而不是市场行为；三是如果只注重从表象研究我国的地方政府债务，即使存在不断积累的债务风险，也极易得出债务可持续不正确的结果；四是应从本质上理解我国的地方政府债务问题，重点关注地方经济的运行、隐性债务风险的爆发以及债务风险转移的可能性等。

当前我国以 GDP 增长为主的政绩考核模式尚未完全改变，张文君（2012）认为地方政府在行动上具有道德风险等非理性融资的动机，进一步加大了隐性债务的发生概率。而李升和陆琛怡（2020）则认为无论是显性债务还是隐性债务，专项转移支付都会提升地方政府债务的"道德风险"。

近几年，经济下行的压力较大，地方债务存在含隐性债在内的整体地方债务规模庞大、地方债务成本过高、付息压力沉重等问题，导致地方债风险隐患的存在。从"稳预期、防风险"的底线思维出发，李红霞和袁潇潇（2024）认为我国地方债风险具有以下四个特点：一是我国地方显性债务压力上升，具体表现为显性债务增速过快与到期偿债压力加大但偿债能力较弱两个方面；二是地方隐性债务风险突出；三是地方债务分布不均，存在局部风险；四是地方债务成本高、效率低，且存在期限错配的问题。

本章认为，地方政府债务风险首先是地方政府债务增长异常，其次导致地方政府无法清偿到期债务，对自身财政和地区金融系统运行造成危害，并传导至社会经济和财政金融系统使其造成损失。可以看出，大部分研究认为地方政府债务风险来自政府债务资金的使用不能得到回报，致使债务不能按期偿还。因此，债务风险不能单凭规模判断，债务管理也不能从单个指标进行限制。政府投资刺激经济是我国发展特有的情况，在这种背景下，我国的政府债务资金主要投向了基础设施等生产性活动，政府投资冲动也促使债务大量增加，防控债务风险最重要的就是加强地方政府债务融资管理，严格把控举债规模。

## 三、地方政府债务的效应及其合理性

政府债务经济效应的研究大致经历了四个阶段。第一阶段由古典经济学家主导,他们提出政府支出为非生产性支出,政府债务规模的增大引起资本积累减少,导致的"挤出效应"加重民众负担,长期而言不利于经济增长,并可能引发国家的债务风险。第二阶段由凯恩斯主义经济学家主导,他们认为经济中有效需求不足导致经济衰退和严重失业,政府的债务收入降低税收,由此居民可支配收入增多,社会总需求增大从而刺激经济增长。第三阶段是以布坎南为代表的公共选择学派主导,他们认为债务对经济的影响可能不是非黑即白的,短期政府债务可能会刺激经济增长,公民预支的未来的收入债务最终要由税收偿还,从长期来看,政府债务对经济发展并没有实质性的影响。如果政府债务用于非生产性活动支出,那么政府举借债务将对经济增长产生负面影响。第四阶段以斯蒂格利茨为代表,他通过多角度深入分析债务风险得出在一定的条件下,政府债务刺激经济增长,但同时也需要完善和严格化政府债务的管理与监控。

在实证研究方面,莱因哈特和罗戈夫(Reinhart and Rogoff,2010)提出当政府负债率高于90%时,政府债务则不再促进经济增长。徐长生、程琳等(2016)基于中国1 424个政府融资平台的面板数据,利用面板分位数回归方法分析得出地方政府举债融资显著促进我国城市的经济发展。穆梓(Mouez,2014)等分析了政府性债务资金用于环境治理对资本积累的影响,得出在经济长期稳定的条件下,政府减少债务和加大污染治理力度可以促进资本积累和提升环境质量的结论。有学者利用内生增长的迭代模型实证分析得出当增长率大于真实利率时,政府举债会增大人均产出增长率,反之降低人均产出增长率(Shuanglin Lin,2000)。还有学者研究得出,70%的负债率是地方政府债务规模的阈值,偏离阈值,地方政府债务会通过影响私人储蓄、公共投资和全要素生产率影响经济增长(Checherita and Rother,2012)。李桂君等(2023)认为中国地方债务与区域经济增长之间存在非线性关系。项后军等(2017)认为地方债务波动会影响区域经济波动,伴随着地方债务规模变动幅度的增加,区域经济波动更加剧烈,并通过投资波动这条渠道冲击经济稳定。张曾莲和方娜(2021)的研究除了发现地方政府债务增长对经济高质量发展水平存在非线性影响以外,还发现省际经济高质量发展水平空间网络普遍存在较强的关联性,地方政府显性债务率和隐性债务率对经济发展存在三重门槛效应。

希尔德雷斯和米勒(Hildreth and Miller,2002)实证研究发现地方政府债务和经济发展有显著的互为因果关系,即地方政府债务规模越大,越能刺激地方经济增长;地方经济总量积累越大,越有能力举借更多的债务。有学者利用新凯恩斯模型检验了政府债务与私人投资的关系,研究发现引发债务扩张的政策冲击决定投资是否会被挤出:因资本税率的削减,较高的债务增加私人投资或直接增加政府投资,但是,融资市场的扭曲会挤出政府债务投资(Nora and Shu-chun S.,

2015）。缪小林等（2017）基于债务行为主体和债务约束主体的博弈关系，采用中国 1986～2013 年的宏观数据检验得出财政赤字虽然短期促进就业，但不具有长期促进经济增长的效应。林毅夫等（2023）利用中国 263 个地级市 2006～2017 年的地方投资平台债务数据，考察地方政府债务对经济增长的影响，研究表明地方政府债务规模上升能够在短期显著提振经济增长，并且在长期内仍然有显著促进效应。汪川和张明进（2023）通过将一般债务、专项债务和城投债纳入地方政府债务的统计范畴，选取 30 个省份的 2013～2019 年的面板数据，研究地方政府债务对经济增长的影响，研究发现：整体而言，地方政府债务增加对经济增长呈现轻微的负面效果；西部地区的地方政府债务增加对经济增长的影响显著为负；东部地区由于债务负担率较低，地方政府债务增加对经济增长仍呈现正向促进作用。

量化视角下的地方政府债务绩效评价。地方政府债务绩效评价客体既包括现时的、实物的投入与产出，又包含未来的、无形的投入与产出，因此绩效评价需使用合适的效益度量工具。设置具体的量化指标是一个基本路径。宓燕（2006）认为债务支出绩效评价不完全等同于微观经济组织的效益评价，在实际评价过程中，支出执行的结果有的可以直接通过定量的指标和标准衡量，如经济效益状况等，有的则只能通过定性指标和标准衡量，如公众的满意度等，地方政府债务支出绩效评价是定量与定性的有机融合。王磊（2010）指出乡镇债务与企业债务不同，其间接产生的现金流不仅为政府所用，而且为整个乡镇共同所用。应衡量乡镇债务的投入与产出状况和依据相对效率值这一指标测定乡镇债务风险的风险值排名来评价乡镇债务支出的绩效，从微观层面考察乡镇债务和检验乡镇债务绩效评价改进的效果。

## 第二节　地方政府债务主流评价方法

地方政府无法确切统计隐性债务，因此主要对地方政府显性债务进行绩效评价，分析政府债务的形成原因、构成、投入过程和领域等，并从支出结构、支出规模和支出管理方面掌握地方政府债务支出内涵。考燕鸣（2008）分析了地方政府债务的定义，并结合过程绩效和结果绩效两方面，从资金投入、使用过程、产出结果和外部效应四个方面，将地方政府债务支出绩效评价定义为从结构、导向、管理过程、经济、效率、质量、经济效应和社会效应等诸多方面进行的指标设计与实证分析。金荣学等指出地方政府债务支出绩效评价要从政府显性债务与政府隐性债务入手。地方政府债务支出的绩效评价考虑从投入、使用、产出和社会效应四个维度以及债务投入与产出结果两个方面,来具体分析地方政府债务支出绩效的评价指标,从而判定地方政府债务支出的绩效水平。[①] 洪源等(2014)根据地方政府融资平台运行的特点结合区域实际,运用三角模糊数的网络层次分析法,建立地方政府融资平台运行的绩效评价指标体系,并从投入、过程、产出和影响四个维度界定债务绩效评价的流程。国内学者在分析地方政府债务支出绩效评价内涵的同时,也分析了不同债务主体运用的诸多债务支出绩效评价方法。

在中国特色社会主义进入新时代后,面对经济形势和发展理念的转变、积极财政政策"提质增效"和防范化解地方债务风险的要求,地方政府债务治理战略亟须转型升级。冀云阳(2021)认为提高地方政府债务资金的使用效益和配置效率需要建立两类评价体系:包含绩效目标、事前评估、事中监控、事后评价和结果应用的地方政府债务绩效评价体系;涵盖申报、立项、建设、运营和债务偿还的项目债务绩效评价体系。李红霞和张阳(2021)提出,从目标导向和问题导向两个层面建立专项债绩效评价指标体系,以绩效目标管理为基础,依据实际产出结果评估绩效目标的实现程度,再以专项债绩效评价结果验证事前绩效目标管理的有效性。

## 一、通用绩效评价方法

罗建钢(2003)总结了比较通行的八种绩效评价方法,包括成本—效益分析法和因素分析法等。吴建南、阎波(2005)考察了政府绩效评价机制,分析了政府绩效评价系统的运行过程和政府绩效评价系统要素,并提出运用德尔菲法进行政府绩效评价。孟激等(2008)从"3E"理论出发,以SSM系统分析理论为基础构建了一套绩效评价指标体系,逐步逐层分析评价客体的内部功能、发展战略、外部环境和评价目的等。张梦茜(2009)分析了地方政府为何在绩效评价中引入标杆管理这一概念,并从地方政府绩效支出的绩效评价指标、方法及程序等方面论述了标杆管理如何改善地方政府绩效评价方法。汤建宁(2010)则借鉴美国财政支出绩效评价的经验,提出我国建立绩效考核指标体系的方法。

## 二、主成分分析法及因子分析法

这类方法主要是通过主成分模型自动生成指标权重数,从而在指标权重基础上

---

[①] 金荣学、宋菲菲:《地方政府债务支出的绩效评价体系研究》,载于《行政事业资产与财务》2013年第5期,第31~34页。

建立地方政府债务支出的绩效考核指标体系。伊淑彪（2011）通过分析地方政府财政收支，运用主成分分析法，选取六个主成分因子，分析2008年山西某地区县市的财政数据得出结论：这六个因子对政府财力指数特别是债务指数影响较大。王淑梅和考燕鸣（2006）将地方政府的债务支出方向分为居民福利、经济建设、科研教育和治安环保等，运用多元统计法和主成分分析法选取了七个主成分因子，根据得出的主成分因子权重，指出地方政府债务支出向经济建设和居民福利倾斜，提高债务资金在地方工业投入中的比重，通过扩大社保覆盖面和调控消费品零售价格来提高居民福利。金荣学和宋菲菲运用定量指标计分区间的方法，从投入产出的角度，设计了一个包含38个具体指标的三级结构绩效指标评价体系，提出要结合债务资金的绩效与预算。① 考燕鸣等运用因子分析法，选取了9小类51个指标，设置了一个比较全面的绩效评价指标体系，并构建评价模型，在构建指标体系和评价模型的过程中引入实证分析，指出政府债务绩效评价应在债务风险和债务支出产生的社会效益之间权衡，以便能够在风险较低的情况下提高债务投入产出效率。② 王曼利和田时中（2017）基于主成分分析法，选取了5小类18个指标，构建了高等教育财政投入评价指标体系，结果表明：整体而言，高等教育财政投入的绩效水平呈现逐年提高的趋势，但财政性资金投入的使用效率相对偏低。金荣学等（2017）运用主成分分析法选取基础设施建设、居民生活水平及质量和经济效益三个二级指标，并基于这三个二级指标选取具有代表性和可量化的22个变量作为三级指标，并运用数据包络分析法的BC2模型评价我国30个省的政府性债务绩效。

## 三、层次分析法

该方法主要是通过从众多的指标中筛选若干兼具代表性和独立性的指标构成评价体系，确定权重，最终得出地方政府债务绩效评价综合结果。宓燕借鉴国债绩效评价研究方法，运用层次分析法，指出比较系统的地方政府债务绩效评价指标体系应包括经济水平与产业结构调整、科技进步与人口素质提高及居民生活水平提高3大类20项具体指标。③ 王淑梅（2009）将"4E"理论与投入产出理论运用到地方政府债务支出绩效评价中，以此构建了地方政府债务支出的绩效考核指标体系，运用层次分析法确定指标权重，最终考察政府债务支出绩效。考燕鸣

---

① 金荣学、宋菲菲：《地方政府债务支出的绩效评价体系研究》，载于《行政事业资产与财务》2013年第5期，第31~34页。

② 考燕鸣、王淑梅、马静婷：《地方政府债务绩效考核指标体系构建及评价模型研究》，载于《当代财经》2009年第7期，第35~38页。

③ 宓燕：《地方政府债务绩效评价指标体系研究》，载于《经济与管理》2006年第12期。

等（2009）通过研究国内外绩效评价，在"4E"理论与投入产出理论的理论基础上，使用因子分析方法确立和构建指标体系，随后使用主成分分析方法实证研究我国债务绩效的实际情况，并提出优化建议。徐旭初和应丽（2010）构建了一个政府债务风险评价指标体系，并运用层次分析法研究分析了我国某个具体的地方政府债务样本。伊淑彪（2011）在2008年美国次贷危机时我国实行"4万亿经济刺激计划"的背景下，通过分析地方政府收入和支出与负债的关系，从财政收支、债务以及债务财政关系三个角度构建包括16个具体指标的评价体系和地方政府财力指数，为评估债务风险提供了有效借鉴。

陈怡帆（2012）从财政收支状况、债务状况以及财政收支与债务关系三个维度构建地方政府债务考核指标体系，将层次分析法运用到地方政府债务与地方政府绩效相关分析当中，得出地方政府债务与地方政府治理绩效之间具有显著的交互效应的结论。金荣学和宋菲菲学习"4E"理论与投入产出理论以后，构建包含投入、过程、结果和社会效益四个角度的指标体系，并结合绩效评价的系统、可行性以及成本效益原则进行了相关分析。[①] 缪小林和史倩茹从债务规模的角度研究财政效率，并运用理论分析和Tobit模型实证分析相结合的方法，通过实证分析发现债务规模和财政效率存在负相关关系，并且地方竞争更加强化了这种关系，此外，她们认为地方政府债务是财政资金低效的结果，地方政府债务只是财政风险的表象，根源还在于资金使用低效。[②] 李丽虹和李森焱（2017）以投入产出理论为依据，从四个角度构建包含36个具体指标的评价体系，并对我国债务预算管理提出相应的政策建议。朱健齐等（2024）通过层次分析法确定指标权重，采用模糊综合评价法计算广东省21个市专项债事前绩效评估综合得分情况，分析评估结果并研究影响综合评估得分的因素，总结广东省专项债项目在发行前的准备工作和材料披露中存在的问题。

层次分析法除了应用于地方债务绩效评价方面外，还常结合平衡计分卡被广泛应用到各种资金支出绩效评价中。吴高波等（2022）利用层次分析法确定指标权重，利用平衡计分卡构建绩效评价指标体系，分析高校财政专项资金绩效评价中存在的问题。向冰等（2024）联合运用平衡计分卡和层次分析法，选择财务、内部运营、产出效益、学习与成长4个维度，构建农业科研单位预算绩效管理评价指标体系，能更多角度、全方位、个性化对目标对象开展更加科学的预算绩效评价，使科技投入效能和资金管理水平进一步提升。

---

[①] 金荣学、宋菲菲：《地方政府债务支出的绩效评价体系研究》，载于《行政事业资产与财务》2013年第5期，第31~34页。

[②] 缪小林、史倩茹：《经济竞争下的地方财政风险：透过债务规模看财政效率》，载于《财政研究》2016年第10期，第20~35、57页。

## 四、DEA 二次相对评价方法

该方法主要是通过传统综合评价方法对样本地区债务风险划分区间，然后运用 DEA 二次相对评价模型考核选取的地方政府债务支出绩效，从横向、纵向上分别评价地方政府债务，判定债务有效或无效。考虑到不同的组织部门，评价对象和衡量要素各异，需要不同的绩效评价方法。自绩效评价方法创新研究以来，已经有 20 余种相关研究方法。本章主要选择了数据包络分析法（DEA），因此主要说明该方法的研究和应用现状。从计量原理来说，数据包络分析法适合用于多输出—多输入的有效性综合评价问题。它主要是通过数学规划模型，并利用线性规划的方法，相对有效地评价具有可比性的同类型决策单元（DMU）。在这个过程中，完全效率的决策单元被称为相对有效单元，而低于完全效率值的决策单元被称为无效率单元。

数据包络分析法有多种研究模型，包括 CCR、BCC 和 Malmquist 指数等，被广泛应用于公共支出绩效评价。王磊（2010）从财政支出视角考察乡镇债务支出的绩效，运用 DEA 二次相对评价方法实证分析 S 市乡镇，指出逐渐将绩效评价和债务风险相结合是未来绩效评价体系构建的方向。二次相对评价方法之所以比综合评价方法能更加精确的评价乡镇政府债务，主要在于二次相对评价方法中减少了主观上的指标选取，并且降低了综合评价方法中关于无量纲化方法、权重设置、区间设置和合成方法的主观性。洪源和秦玉奇（2014）运用三阶段的 DEA 模型对湖南省的地方政府债务支出进行绩效评价，发现该省地方政府债务支出效率整体低下，与此同时，外部环境和内部运行管理因素影响着地方政府债务支出的效率水平。陈平和欧阳洁（2016）拓展了传统 DEA 模型，利用超效率 DEA 方法，以 2013 年 6 月底数据和债务支出效率为研究对象。研究结果显示：我国债务支出效率水平整体呈现较高状态，但东、中、西部地区差异十分明显，并依据结果提出加强债务规模控制和地方之间横向经验借鉴的建议。

史庚元（2016）在充分考虑我国农村现状的情况下，构建了农村经济福利模型，并利用数据包络法中的 BCC 模型进行评价，研究发现我国财政支农资金使用效率低下，支农政策效益不明显，农村福利水平仍然较低。仲凡（2017）通过划分债务综合风险与绩效水平高低，将我国 30 个省份分为综合风险与绩效高低不同的四类，并利用风险评估的指标法和模型法，结合 DEA 方法测定我国各地债务支出绩效。汤子隆等（2019）不单纯研究地方政府债务效率，而是利用空间面板计量模型，研究金融分权对债务效率的影响，并将分权因素分为显性分权和隐性分权两个方面。李秀君（2018）通过借鉴企业绩效管理理念，选取财政支出规模、财政占地方 GDP 比重为输入变量，城镇教育资源等 11 个输出变量，利用 DEA 分析得出 2016 年 31 个省份财政支出有效性不足的结论，并对比广东和辽宁两省的财政投入—产出效率。沈田华（2018）从"生产有效性"和"管理有效性"出发，利用 DEA 二次相对效益模型，对贵州省生态公益林补偿财政支出进行绩效评价，发现贵州省该项财政支出在两个方面整体表现较差。姜文远（2018）通过选取合理的投入产出变量，控制一定的外部环境变量，运用 DEA 三阶段模型对财政科技支出进行绩效评价。研究发现受到地域环境的影响，不同区域的财政科技支出绩效水平存在较大的差异。张云晓和赵文举（2023）通过构建财政教育支出绩效评价指标体系，运用 DEA 模型，计算出全国 30 个省（自治区、直辖市）2005～2015 年财政教育支出的技术效率、纯技术效率与规模效率，发现我国财政教育支出绩效偏低，其中东部经济发达地区财政教育支出绩效低于中西部欠发达地区，东部地区浪费现象严重。张良勇等（2024）剔除外部环境和随机干扰后，基于三阶段 DEA 模型和 Malmquist 指数模型，分别从静态和动态两个方面对财政支农支出效率及其全要素生产率进行分析。结果表明，2013～2021 年我国财政支农支出仅黑龙江省和山东省处于 DEA 有效状态，财政支农支出全要素生产率以年均 1.8% 的速度下降。除此以外，孔繁利等（2024）运用 DEA 选取 7 项指标对我国 31 个地区的财政环保支出进行效率测度。

### 五、层次分析法和熵权法

国内将层次分析法（AHP）和熵权法用于地方政府债务支出效率评价的研究不是很多，因此本书较多地参考、学习并运用财政支出效率评价的 AHP、熵权法、地方政府债务风险及规模测度的 AHP 法。谢虹（2007）使用层次分析法，并依据公共支出特征，构建了科技定向支出评价体系，其中包含的指标能够有效反映科技支出的效益水平，并使用层次分析法进行实证评价计算。王莹等将 AHP 方法运用于农业科技财政专项资金绩效分析，以农业科技财政专项资金为绩效考核目标，以管理效率、科研产出和社会效益为 3 个准则层次目标，筛选出 12 个定量指标，构成农业科技政府专项资金绩效评价框架。最终实证结果显示，江苏省的农业科技自主创新资金的综合绩效水平具有"U"型趋势特征。① 陈瑾瑜和张文秀（2015）在研究低碳农业绩效评价时，提出相关基本原则并构建相对全面的指标体系，利用 AHP 计算指标权重值，将其用于四川省实际绩效评价实践中，

---

① 王莹、沈建新、王怀明：《农业科技财政专项资金绩效评价的实证研究——以江苏省农业科技自主创新资金为例》，载于《江苏农业科学》2014 年第 4 期，第 445～448 页。

促进四川省新型低碳农业的发展。谢思东等（2023）在研究江西省科技专项支出绩效时，利用 AHP 和熵权法进行组合赋权，构建包含 4 个一级指标、13 个二级指标的省级科技专项资金投入规模和资金分配综合评价指标体系，数据分析表明从 2020 年到 2022 年，江西省科学院科技专项资金投入与绩效产出呈现出持续上升变化趋势。

宋良荣和侯世英经过分析将地方政府债务风险分为规模、结构、流动性和不可持续 4 种，并以这 4 种风险作为层次分析法准则层指标建立债务风险评价体系，进行实证分析。结果表明，结构风险以及流动风险对当前我国债务风险的影响较大，并据此为加强债务管理提出建议。[①] 史贞（2018）以城投债偿还能力为目标层，以政府隐性担保能力、城投债负担水平以及 PPP 化解城投债务能力为准则层，利用层次分析法进行实证研究，并依据结果对城投债风险化解和防范提出可行建议。倪筱楠等（2014）构建层次分析法和模糊综合判断评价体系，以举债、用债和偿债三个阶段为准则层指标，并选择相关具体方案层指标，通过实证分析我国某市地方政府债务风险来验证所构建模型的现实可行性。

宋一萍（2018）针对当前地方债评级较少的现象，综合使用主成分分析方法和层次分析法，整理全国各省 11 个指标建立评价体系，研究评价我国地方债评级，为市场投资者提供借鉴。何雪锋等（2015）研究地方政府债务风险评估时，在构建评价体系的基础上利用层次分析法计算主观权重，并利用熵权法进行修正，得出充分考虑主客观因素的综合权重，从而科学评价债务风险。孙婷婷等（2016）在研究政府绩效公众满意度时，为了克服主观因素的影响，利用熵权法改变传统模糊综合评价方法，并将其用于实际案例分析，检验模型的合理性。张吉军等在国家防范化解重大金融风险背景下，以湖北省债务绩效为研究对象和目标层，结合"4E"评价标准，以输入、对象、处理和输出为准则层，以及若干方案层指标建立层次结构模型，进行层次分析法债务评价，并依据结果提出湖北省债务发展的政策建议。[②] 高威（2020）利用 AHP - EWM 法从政策效益、管理效益、经济效益三个方面构建出绩效考核指标体系，以助力强化引导基金绩效考核管理。杜龙波等（2024）基于政府引导基金近年发展特点和相关政策要求，遵循政策导向性、重要性、层次性等原则，从项目决策、经济效益、管理水平、可持续性 4 个维度构建政府引导基金绩效评价指标体系，采用 AHP—模糊综合评价法确定指标权重，并对山东省新旧动能转换基金进行绩效评价，结果表明该基金

---

[①] 宋良荣、侯世英：《我国地方政府性债务风险评价研究——基于资产负债视角》，载于《经济体制改革》2018 年第 3 期，第 146~152 页。

[②] 张吉军、金荣学、张冰妍：《高质量发展背景下地方政府债务绩效评价体系构建与实证——以湖北省为例》，载于《宏观质量研究》2018 年第 4 期，第 32~44 页。

总体运营状况良好。

马晓洁（2007）认为公共财政支出结构的合理性具有模糊性，运用模糊模式识别方法剖析公共财政支出的优劣，可以更加真实反映研究对象的状态，并以10个省份为例得出其公共财政支出综合效果及排名，最终得出经济发展水平越高的省份公共财政支出更合理的结论。屈龙（2010）以模糊数学分析法来评价长江三角洲地区经济与交通发展的协调度，利用模糊数学中隶属度的算法将协调度具体化，并得出区域经济与交通建设两者相互促进、共同发展的结论，指出这种协调度的计算可以扩展到其他经济圈的分析当中。黄章黎和李小伟（2011）在良好的经济增长模式才能带来优良的经济增长速度的背景下，将模糊数学应用到我国经济效益综合评价中，并认为模糊识别模型可以多方面识别影响我国经济效益的因素，并用于判别影响我国经济效益水平各项因素的指标权重。苏婷（2012）应用模糊综合评价方法针对确定的科技投入绩效评价指标，形成了评价科技投入绩效的指标体系，将绩效评价指标体系运用到实际，具体研究湖北省科技投入的绩效评价，最终得出湖北省科技投入绩效评价值为好的结论。

刘智慧和鲁五一（2009）将模糊数学理论中的综合评判方法运用到证券投资分析当中，将经典理论分析、技术面分析与基本面分析相结合，得出比较真实的结论，给证券投资者提供研究证券市场的新视角。张自煌（2007）在设计城市绿化工程质量评价指标体系的基础上利用模糊数学分析法建立了城市绿化工程质量的综合评价模型，划分出不同级别的城市绿化水平，一定程度上为政府部门城市绿化水平的提高起到启示作用。钱忠宝（2008）将模糊综合评价方法运用到政府采购当中，并以案例形式具体分析了政府采购的准备工作、评价因素、评价步骤以及由此形成的投标价因素评价表，为政府采购工作实践提供了理论依据。王伯涛（2008）依据模糊综合评级理论建立了区域风险评价指标体系，并以工业园区为例，分析了具体评价指标的选取以及评价结果的运用，得出影响区域环境的因素和影响社会环境的因素。杨文东（2002）将模糊综合评价法运用到大气环境质量评价中，首先建立了模糊综合评价法综合模型，在数据收集的基础上建立起了武汉市大气环境质量评价数学模型，指出利用模糊数学综合评价方法得出的模型结果与武汉市实际大气环境质量状况相符，具有较大的实用价值。

模糊模式识别在经济学中应用广泛，且其研究为政府进行宏观经济管理提供了众多理论借鉴。例如，翁少群和张红（2004）将模糊理论应用于房地产市场，利用模糊模式识别模型推测房地产最有可能的发展阶段，以北京市房地产市场状况为例，进而指出全国房地产所处的发展阶段，政府部门必须采取对应措施来保障房地产市场乃至整个市场经济的稳定。金菊良等（2007）将模糊模式识别——模糊层次分析法运用于分析区域水资源的合理配置，从而建立的熵耦合模型对政府部门有效进行水资源管理有着一定的实用价值。武建军和杨思全（2002）运用模糊模式识别理论，利用最大隶属度原则建立起陕西榆林地区土地利用合理性模糊性等级，用于推断土地利用结构的合理性，并认为模糊综合评级是科学合理的研究方法，以为政府部门提高土地利用效率提供借鉴。王宪恩等（2006）将模糊模式识别理论用于分析城市规划中环境的影响力，建立了秦皇岛市生态环境规划的环境影响评价标准，得出改善环境的基本建议，同时强化了其他地方政府加强生态环境建设的理论基础。白会人等（2009）利用模糊模式识别理论，分析影响资源枯竭型城市可持续发展的因素，针对资源枯竭型城市建立了模糊模式识别的可持续发展评价体系，判定某一城市所处的可持续状态，进而为分析如何实现资源枯竭型城市的经济转型、可持续发展提供了一种新的研究思路。顾婧等（2015）针对我国创业投资引导基金的特点，首先从政策效应、经济效应以及管理效应三个维度构建了创业投资引导基金的绩效评价指标体系；其次针对创业投资引导基金评价指标体系获取信息的特征，提出基于直觉模糊层次分析法的创业投资引导基金绩效评价方法，使得评价精度相较于传统模糊层次分析法更有优势。

# 第十五章

# 债务绩效评价的理论基础

基于第十四章的相关文献综述,本章首先界定地方政府债务的概念,并分析政府债务的发展以及规模测算,之后结合政府债务以及政府债务绩效评价相关理论,研究影响政府债务绩效的机理。主要理论包括公共产品理论、理性政府理论、财政分权理论和委托—代理理论等。在影响机理方面,重点分析财政分权、预算软约束和官员晋升激励等机制对政府债务绩效的影响。最后探讨影响地方政府债务的传导机制,分析政府投资冲动对债务增长的影响机制。

## 第一节 理论基础

### 一、分权理论

#### (一)理性政府理论

"经济人"和"理性人"的区别往往在于,最追求自身利益的是"经济人",而更注重社会利益最大化的是"理性人"。"理性政府"中的"理性"的目的是政府追求最大化社会利益,尽可能扩大经济和社会利益,其自身的各种行为都基于理性发生。而且，政府机构基于理性更加强调组织行为的合理化，所以说"理性政府"就是一个将行为分组的政府，它不仅要处理内部人员与政府机构之间的关系，还要令上级政府和下级政府的联系趋于平衡。从制度设计理论方面来说，"理性政府"规定政府坚持政策选择的制度合理性，坚持机制制定的合理性；从实际的治理工作中出发，"理性政府"必须克服"经济化"带来的盲目性、片面性、短视化和机械化，但仍要理性治理，注重整体、科学、长期和系统性，从而使结果呈现最大的理性。

地方政府举借债务行为不仅受地方经济和社会发展水平影响，也会受到国家宏观经济政策的影响。因此，地方政府举债不能仅从本级政府的社会利益和经济利益出发，更要考虑其他级次政府机构受到的影响，并协调所有级次政府与政府之间的关系是地方政府在举债过程中需要考虑的重要问题。地方政府举债必须考虑到整个经济社会福利的最大化，举债过程中各方的关系协调，经济与社会的发展目标要考虑的不是某一地方政府而是整个社会，清晰掌握偿债期限与金额、债务结构和规模等是"理性政府"理论的基本要求。但是现实中地方政府举债存在许多实际性的问题，违规举债以及受政府的"不理性"行为影响债务的使用效率等现象屡见不鲜，这些现象严重影响了整个社会经济的福利。

## （二）财政分权理论

财政分权理论最初由斯蒂格勒和瓦勒斯·奥茨提出。他们指出地方政府相较于中央政府，具备地理优势和信息优势，能更加清晰地了解区域内居民的实际需求。中央政府将一定程度的财政自主权移交给地方政府，这种行为在本质上可视为帕累托改进，能够促进资源优化配置。该理论着重阐述了地方政府存在的重要意义。对于全国性的公共产品，例如国防、外交等，能够使全体国民同等受益，理应由中央政府供应。然而在现实中，更多情况下公共产品往往受到地理、文化等因素限制，各地标准不一；某些公共产品仅服务于某一特定地域，如医疗卫生、基础教育等。若由中央政府提供区域性公共商品，不仅无法面面俱到地满足各地不同需求，资源配置也无法达到最优状态。[①]

财政分权阐明中央政府的局限性和地方政府的优越性。各辖区居民偏好在中央政府认知中存在误差，而地方政府更善于掌握辖区公众实际需求，这也是中央政府应当赋予地方政府适当程度财政自主权的重要原因之一。而地方政府依据自身财力状况，考虑地区性的财政安排，如借债融资等，也具备了相应的合理性。

从理论角度分析，中国式分权对地方政府债务的影响主要包括两个方面：一

---

① ［美］华莱士·E. 奥茨：《财政联邦主义》，陆符嘉译，译林出版社2012年版。

方面，财政分权会影响地方政府债务规模；另一方面，政治集权也会导致地方政府债务形成。

从财政分权角度分析，不同层级的政府都力求实现辖区社会福利最大化。根据偏好误识理论，地方公共商品供求存在信息不对称、信息不确定和信息传导时滞等特点，而且地方居民公共需求偏好不尽相同，这种情况下，由地方政府提供地方性公共物品会比中央政府提供更有效率。而且地方政府提供地方受益的公共商品能够将产品的成本分摊在本地区，解决公共商品成本收益外溢问题。提供辖区内公共商品是地方政府必须承担的支出责任，财政分权体制赋予地方政府在一定程度上自主决定预算收支规模和结构的自由裁量权，必然会产生地方财政资金不足以完全覆盖财政支出的情况。一旦地方政府出现财政赤字，相较于税收、转移支付和财政结余等手段，地方政府债务无疑能更有效地弥补财政收支缺口。此外，财政分权制度强化了地方政府自主性，地方政府能够直接参与经济活动。地方经济实力与地方政府获取的财政收入呈正相关关系，地方政府为了获取更多的财政支出自由，必然会大力刺激当地经济发展，这也引起了地方政府债务增长。

从政治集权角度分析，地方官员为了实现政治利益最大化，必然会遵循中央政府制定的GDP升迁考核规则，竭尽全力推动地区经济发展。根据国内学者提出的理论，有限的晋升名额迫使地方官员为脱颖而出而取得优于其他竞争者的成绩，这种政治利益的零和博弈强化了地方官员促进经济发展的动机。[①]为了在晋升机制中获得胜利，地方官员不断扩大预算支出规模。在财政收入现实条件的约束以及财政支出经济效应的诱导的双重作用下，地方官员选择大量举债来为升迁获取更多筹码。此外，地方政府债务与政府官员任期的错配，以及中央政府为地方政府债务的"兜底"行为，让当期地方官员享受了债务资金带来的收益而将债务成本转嫁给了继任者或中央政府，这种"收益内化，成本外化"的现象刺激了地方官员进一步非理性举借债务，引发了地方政府债务大规模增长。

### （三）财政支出理论

地方政府债务支出，隶属于财政支出。厘清财政支出理论，对于研究如何管理地方政府债务支出具有重要而深远的理论意义。财政支出理论，主要包含了财政支出的分类、规模、结构、效率、增长规律和成本效益等，是地方政府债务支

---

① 周黎安：《中国地方官员的晋升锦标赛模式研究》，载于《经济研究》2007年第7期，第36~50页。

出绩效评价的基本理论依据。

从财政支出规模上看，德国经济学家瓦格纳在考察了一些欧美国家的公共支出增长情况后，认为随着工业化经济的不断发展，市场主体之间的关系日益复杂化，完全依靠市场机制实现资源优化配置的可能性降低，而社会公众对教育、医疗和文化等民主需求日益提高，需要政府活动加以干预和管制，直接导致政府财政支出率不断提高。① 从财政支出结构上看，马斯格雷夫和罗斯托认为在不同的经济发展阶段，财政支出的重点也不同，而每一次支出重点的转移都会有公共支出较大幅度的增加。另外，他们认为在各个经济发展历程中，财政支出的作用也各具差异，支出结构也会相应变化。② 例如在社会建设的初期阶段，经济发展需要依托坚实的基础设施，此时财政支出主要集中在建设性支出，并往往应用于支持一些投资大、收益低和私人部门不愿意投资或没有能力投资的领域，为经济发展创造一个良好的投资环境。在社会建设的中期，私人投资逐步代替政府直接投资，公共投资规模日益缩小，此时的财政支出主要用于弥补市场缺陷。在社会建设的发展期，随着社会公众日益提高的生活需要，生活层次的消费性支出和公平性支出逐渐成为财政支出的重点。两种理论虽然从不同的角度说明了财政支出的作用机理，但都体现了财政支出是政府推动社会经济发展的重要手段。

### （四）委托—代理理论

最初此理论由美国经济学家在企业经营中提出，指在利益冲突和非对称信息的基础上，代理人如何能够被委托人设立的激励机制所激励，如今普遍适用于社会和经济领域。代理人、委托人之间的关系在委托关系中以契约的形式进行，委托人基于代理人提供不同的服务从而支付相应的报酬。基于信息不对称的博弈，委托—代理的理论发展时间更加漫长。代理人在信息不对称的背景下能够对实际情况更加了解，会出现不管委托人利益而追求个人利益最大化的现象，从而产生逆向选择的情况以及道德风险，以至于市场交易产品价格虚假、平均的质量变坏以及市场效率降低，甚至造成市场资源配置的扭曲等现象全都由逆向选择交易造成。委托人的信息被代理人所利用即产生道德风险，仍是为了个人利益最大化而不顾委托人利益。利益矛盾在代理人与委托人之间格外明显，若想化解这种冲突则需要更加有效的制度安排。

委托关系中，不仅地方政府代为进行经济建设和事务管理，充当代替公众管

---

① 刘京焕等：《财政学原理》，高等教育出版社 2018 年版。
② 樊丽明等：《公共财政概论》，高等教育出版社 2024 年版。

理的代理人角色；而且，上级政府指定的经济发展目标、建设基础设施等任务需要地方政府来完成，充当上级政府代理人的角色。在地方政府充当公众代理人的代理关系中，信息对于公众并不完全公开透明，只能从基础设施等实物形态了解当地的经济建设，并不能实现高效督查地方政府的行为。由于地方政府掌握着信息的优势，所以经济建设倾向依靠最大限度的借债方式。在经济发展之后公众对地方政府债务的抵制弱化，委托人的监管力度下降，无法起到应有的作用。地方政府代理上级政府发展任务过程中，2014年之前地方政府绩效考核并没有将地方政府债务纳入，以GDP等经济增长指数为依据是地方政府绩效评价的基本手段，大量地方政府官员为升迁不惜举借债务加大经济建设的投资力度，债务规模更加难以控制。

### （五）权力制约理论

权力制衡理论是西方国家在进行政治制度设计和国家事务管理上非常重要的理论依据。由权力制衡理论引申而来的"三权分立"思想在西方资本主义国家中得到了非常广泛的应用。"三权分立"思想是由法国著名的思想家孟德斯鸠在《论法的精神》这部著作中最早提出的。他强调法律和专制不能相容，一切个人在掌握了权力以后都可能会滥用自己手中的权力，而权力的滥用就会对民众的自由和民主造成损害，因此为了防止权力的滥用，必须用另一种权力对该权力进行制约。上升到一个国家，如果国家权力过于集中到某个人或某个组织，那么人们的权利和自由就会受到损害。因此国家层面的"三权分立"就是立法、司法和行政权的相互分离，进而形成三权的制约。如果决策权、执行权和监督权分权得当，权力制衡思想可以保证权力之间的分而不乱，并可减少人为因素对权力的干扰，使权力在监督之中得以顺利、规范运行。

权力制约理论最终希望实现的目标就是各种权力之间相互制约、相互独立，但又可以协调发展，使各权力的功效得以充分发挥。我们可以将权力制衡理论的内涵借鉴到地方政府债务的改革中来。当前我国地方政府债务的决策权、执行权和监督权并不相互独立，首先地方政府债务的决策权和执行权都掌握在各级政府手中，两权并不相互独立。政府作为最大的公共权力拥有者，理应做出理性的决策，来追求社会利益最大化。但是由于行政人员在认知能力、个人偏好和学识水平上存在不足以及掌握信息的有限性，会导致在举借政府债务时，很难做出完全理性的决定，最终难以实现社会利益的最大化，严重时可能会威胁社会的稳定。而监督权的缺失或监督不到位，进一步助长了政府这种"非理性"行为。因此三权之间缺乏相互制约导致地方政府重资金来源而轻债务资金使用效率，使得债务规模膨胀较快，债务资金的使用效率不高。因此需要对地方政府债务的决策权、执行权和监督权进行合理分权,让权力之间形成分权和制衡的相互关系,并将这种权力关系确定下来,形成条例或法律,并公之于众,接受民主的监督。只有这样才能严控地方政府债务规模,提高债务资金的使用效率。

### (六) 路径依赖理论

路径依赖理论的概念最早是由生物学家提出来的,生物学家用路径依赖来解释生物的进化会遵照原有的进化路径而进行。后来由经济学家诺思引入新制度经济学中,用来解释社会经济制度的变迁。诺思认为,社会中的各种制度或技术,一旦确定了某条发展路径后,便会按照惯性的力量,在该路径上不断得到强化,从而形成对制度变迁路径的依赖,即社会的各项制度如果一开始就进入良性发展路径,那么该制度就会在以后的发展中不断得到改进和完善;而如果一开始就进入一种无效率的发展路径,那么在后来的发展中就会一直处在这种无效率状态。路径依赖理论首先重视的是偶然的不确定性,因为这是当初选择走上哪条路径非常重要的因素,是后来形成路径依赖非常重要的初始条件。其次,路径依赖理论从动态的角度去分析制度的变迁,强调制度变迁的前后连续性和不可逆性。此外,路径依赖理论强调制度惯性的力量,惯性力量的存在会导致制度在后来的发展中不断强化初始制度。最后,路径依赖理论十分强调个体理性的有限性和较高的制度转换成本。个人受有限理性的局限,在面对各种偶然的不确定因素时,很难做出完整充分的考虑,因而会导致制度变迁受到这些偶然因素的影响。较高的制度转换成本又会加剧制度转换的难度,从而锁定和强化该制度。

根据路径依赖理论,当下我国地方政府这种非规范性的举债模式,由于其惯性力量的存在,将会在发展中不断得到强化,注重债务资金来源而不注重债务资金使用效率的倾向也会得到延续,这无疑会增大地方政府债务风险。因此为了提高债务资金的使用效率,降低地方政府债务风险,政府应制定新的规则和制度来约束和改善这种非规范化的融资制度,使其向良性的制度上发展。

### (七) 新公共服务理论

新公共服务理论是由美国罗伯特·登哈特等在反思新公共管理理论中企业家政府理论的缺陷时所提出的。新公共服务理论的主要观点包括以下七个方面:一是政府的职能是为社会公众服务而非掌舵和控制社会,这是其核心理念;二是公共管理的目标是追求公共利益,政府的职责是为社会创造公平、公正、平等的环境,并维护社会规则的有序执行,确保公共利益在公共事务管理中的主导地位;三是重视公民权和公共服务,强调公民在公共治理体系中的核心地位,实质上公民是公共资源的所有者、公共服务的接受者和监督者,官员只是政策执行者、公共资源的管理者和公民权的保护者,公民有权质疑执政者的行为;四是政府要具备战略性思维,采取的行动要遵循民主原则;五是政府提供服务的对象是公民而不是"顾客",为公民服务注重官民之间的相互合作、相互信赖,共同为社会长期发展以及为整体公共利益创造价值,而为"顾客"服务则偏向于追求短期的公共利益;六是政府所承担的责任是综合的而非单一地负责上级政府,官员在位期间除了注重政府层级间的关系外,更需考虑法律法规、社会价值观、道德情操和公众利益等;七是要注重以人为本而非仅仅看重生产率,强调人在公共管理中的重要性,要营造公平、正义和平等的管理氛围,而不是官僚层级限制的独断专权氛围。

新公共服务理论注重目标管理和结果导向,提倡政府为服务型政府,倡导以人为本的理念以及服务和责任意识。地方政府债务是地方政府提供公共产品和公共服务、实现其职能的重要途径,地方政府债务绩效确立的目标应该是满足地方政府职能需要,最大程度发挥地方政府服务社会公众的作用,新公共服务理论为地方政府债务绩效目标确立了标准和尺度。

## 二、债务成因及风险理论

### (一) 投资冲动理论

当前,地方政府投资概念的界定,主要集中在两个方面:一是对地方政府职能的界定;二是对地方政府投资方式和范围的定义。

在地方政府职能方面,为了管理和推动地方社会经济发展,地方政府以税收收入、地方政府债务、金融机构贷款和各项收费等途径筹集资金,通过直接投资或平台公司等间接投资的方式,将资金投向区域内公共事业、基础设施、教育、卫生、公共医疗、社会福利和环境保护等领域。在这一经济活动中,地方政府作为一个独立的经济主体,显示出了经济职能和管理职能的双重属性。[1] 一方面,地方政府直接进行投资,参与市场活动,运用自有资金在市场上买卖商品,获取自身经济利益的最大化,发挥经济职能。另一方面,地方政府投资的主要目的是社会效益最大化,例如,运用宏观政策应对经济周期波动、弥补市场失灵以及投资基础设施和公共设施来创造投资环境等,通过这些行为提高市场资源配置效率,发挥管理职能。

---

[1] 季建林:《地方政府投资行为分析》,载于《内部文稿》2002年第21期,第20~22页。

在地方政府投资方式和范围方面，地方政府投资行为可以分为狭义投资和广义投资（张卫国，2005）。狭义的地方政府投资行为是指地方政府以自有的预算内财政收入和土地财政以及地方政府债务和平台公司贷款等预算外收入，对基础设施等领域进行投资的行为。广义的地方政府投资行为是指地方政府发挥主导作用的所有投资行为，这不仅包括上述狭义的地方政府投资，还包括地方政府利用其管理者身份为其他主体进行投资所提供的优惠政策和便利条件，如优惠的土地和税收政策、为企业贷款担保和企业改革试点优先权等。

地方政府投资概念本身并不等同于地方政府投资冲动，地方政府投资冲动要在地方政府投资定义基础上对政府投资行为作进一步阐述。匈牙利经济学家亚诺什·科尔在《短缺经济学》中探讨了社会主义经济反复出现的投资膨胀问题。科尔指出，在社会主义经济中，投资的根本目的是扩张，过度的投资冲动造成投资饥渴，即使投资活动完成后也不满足，很快又会产生新的投资冲动。这种投资饥渴产生的根源在于计划经济体制下的政府对市场经济没有信心以及政企合一的计划经济的干预惯性。

中国经历了四十多年的改革开放，大致上已经建立了社会主义市场经济制度，但是一些地方政府在投资领域仍然保留了计划经济时期的顽疾，主要表现为强烈的投资冲动。具体而言，地方政府投资冲动是指在投融资体制和预算管理制度不完善的情况下，地方政府出于自身利益的考虑，不顾本身实际状况、忽视市场供求关系、不考虑市场容纳空间等现实条件以及不惜牺牲未来发展前景，进行超规模、超标准的非理性投资的行为。

地方政府投资冲动影响地方政府债务的理论。市场失灵理论是地方政府运用各种方式对市场经济活动进行干预的理论基础。根据市场失灵理论，市场并不完美，存在许多缺陷，依靠市场本身并不能实现社会资源配置效率的帕累托最优。由于"市场失灵"现象频频发生，市场机制缺陷客观存在，地方政府必须采取行动，干预经济活动，弥补"市场缺陷"，这是政府的基本职能。地方政府作为一个独立的经济主体，会运用各类财政政策履行其管理职能，例如，提供公共产品、修正外部性和减轻垄断竞争等，这一过程必然会产生地方政府投资。对于产生长期效益的资本性项目，运用政府债务融资资金能够在资金规模和期限结构上匹配。交通、环保和能源等基础设施项目通常具有投资金额大、建设周期长和经营风险高的特点，而债务资金在金额、风险和稳定性等方面能够满足这类公共项目的需求，实现风险和收益的契合。此外，运用债务资金投资公共商品，为后来者留下了债务，也留下了相应的资产，在代际之间合理分配项目成本，实现了代际公平。

根据国内学者提出的政府职能理论，地方政府存在双重职能，即地方政府在履行公共管理职能的同时，也行使着经济职能。① 地方政府债务规模随着地方政府推动本区域经济发展和社会稳定而快速增长，这其中固然包括实现政府目标而产生债务，也蕴藏了地方政府作为"理性人"追求利益最大化的行为产生的债务。在相关激励机制扭曲和约束机制不完善的情况下，地方政府并不总能按照国家和中央政府的意志行使其职能，相反，可能在某种程度上追逐自身利益，将私人利益置于公共利益之上，从而导致地方政府的诉求和中央政府的目标不一致。地方政府在自身利益最大化的激励下，会产生超出地方最优投资规模的投资冲动。这种投资冲动在预算软约束、财政收支压力和融资渠道不畅通等因素的作用下，通过某种方式转化为地方政府债务。

## （二）代际公平理论

代际公平理论首次由美国国际法学者爱迪丝·布朗·魏伊丝（1989）提出，认为每一代人都是后代的受托人，受其委托管理地球。代际公平理论是指当代人和后代人在享有并利用自然资源满足自身发展需要上拥有平等权利，在享受权利的同时也均等承担相应义务。有些地方性公共产品除了具备一般公共产品的非排他性和非竞争性特征外，还具备较强的代际外部效应，即该类公共产品不仅使当代人受益还惠及后代，这样的公共产品称为代际公共产品，如大型公共设施建设、水利水电设施建设等，这些公共产品的建成成本高、建设周期长以及发挥效益年限长，建设的当代人往往享受不到效益或者享受的效益非常有限，而后代人只需投入很少的维护成本就可以享受高水平效益，这类公共产品若完全由当代人承担并不公平，而地方政府就可以在调节代际间的不公平现象上发挥作用。因此，地方政府在建设这类公共产品时常以举债形式筹集资金，用后代人的税收来偿还债务，从而实现公共产品的建设成本在代际间的均衡分担，这就是地方政府债务成因的一个重要理论依据。

## （三）债务风险管理理论

通过梳理国内相关研究成果发现，国内在债务风险管理方面的理论并不成熟，无法满足当前实践中地方政府发展过程日益增长的管控需求。目前，针对如何有效抑制债务风险的理论大多比较笼统，地方政府债务风险应对的实践经验又相比中央更为缺乏，因此，对于风险的承受能力和发现预警能力相对更低。通常结合我国地方政府的实际情况来讲，其债务风险主要由如下几个因素导致：一是地方政府缺乏足够的信息和对全局经济情况的掌握，不够了解自身的财政能力，

---

① 季建林：《地方政府投资行为分析》，载于《内部文稿》2002年第21期，第20~22页。

在错误高估自身财政资源的基础上冲动盲目地过度支出，以致支出大大超出收入能力，只能以大量的债务来弥补自身的财政空缺；二是地方政府缺乏专业的指导，或是由于过于短视而对建设项目缺乏合理的规划，导致在项目的建设过程中资金大于前期的预估数目，从而加大了财政空缺，倾向于举借债务；三是对于已建成的项目缺乏有效的监管，以致得不到应得的收益从而造成亏损，这样一来，地方政府只能通过财政资金弥补，债务风险的承受能力由此下降。

综上，地方政府可以从两个层面提高债务风险的承受和应对能力：第一，从制度层面明确债务的担责主体，在风险显现的时候及时严格地执行惩罚和补救措施，反向激励各地区政府谨慎使用债务资金；第二，首先制定债务风险应急预案，定期对债务情况进行收集、整理和公布，同时初步评测债务风险，在债务风险初现端倪时做到第一时间采取措施进行控制，将债务风险的影响范围和规模控制在最微。总而言之，我国地方政府在债务管理方面还有很大的改进空间，相关的理论还需要跟上现实的发展，从实践中找寻新思路，为未来的债务指导工作作出更大贡献。

## 三、绩效评价理论

### （一）经济绩效理论

经济学研究的是有限资源的配置问题，即如何将有限资源在不同行业、区域和个体间进行合理分配，企业通常最大限度生产出人们最需要的产品并将产品在不同群体间配置以达到企业利润最大化。绩效是经济主体追求的重要目标，经济绩效根源于资源的稀缺性，在人类的需求和欲望无止境的情况下，资源总是相对稀缺的。经济学实质上是通过资源的不同配置和选择来追求绩效过程的科学。萨缪尔森认为经济学的研究基于以下方面：任何社会的经济资源都是稀缺的，都无法完全满足所有人的需要，有效利用资源来满足更多社会需要是非常必要的；任何经济主体的经济行为都是一个选择的过程，选择最少的付出获取各自需要的最多最好的效用，居民选择消费什么、消费多少以及怎样消费来达到效用的最大化，企业选择生产什么、生产多少以及怎样生产来达到利润的最大化，政府选择不同资源如何在社会中进行合理分配以及分配方案如何实施等，以达到社会福利的优化。①

---

① ［美］保罗·萨缪尔森、威廉·诺德豪斯：《经济学》（第19版），萧琛译，人民邮电出版社2024年版。

经济绩效理论阐述的核心是付出的成本与获得收益之间的关系，即揭示经济资源投入与产出之间的配比关系，要求资源的分配以追求绩效为目标。付出的成本主要包括经济主体在既定条件下生产产品所投入的自然资源、中间产品、人力资源和研发成本等，获得收益主要包括生产出来的满足人们需要并使其获得效用的产成品。地方政府债务绩效评价就是基于充分发挥地方政府债务效益，达到绩效水平最优化的目标考虑的。

### （二）系统评价理论

系统是指相互联系、彼此区别的个体间因共同目标而构成的统一集合体。系统论基于终极性、完整性、集中性、等级结构和逻辑同构等概念，研究子系统或综合系统的模式、原则和规律，并数学性和逻辑性地描述其结构和功能。系统认为世间万物之间都是相互联系的统一整体，都是由各个大系统、小系统组成的，所有系统都具有目的性、整体性、复杂性、关联性和动态平衡性等基本特征；系统论强调整体与外部环境之间、整体与局部之间以及各局部体系之间的内在联系，具有整体性、动态性和目的性三大基本特征。评价是指评价主体基于一定的目标，按照一定评价标准和原则，对评价对象的价值活动进行认识和评估。评价活动要求主体的目标明确、评价方法合理科学以及评价对象的相关信息真实且充分。一个完整的评价系统应当包括评价目标设立、评价对象选取、评价标准制定、评价方法选取以及评价内容和指标确立等要素，如图15-1所示，这些要素之间相互作用、彼此联系。

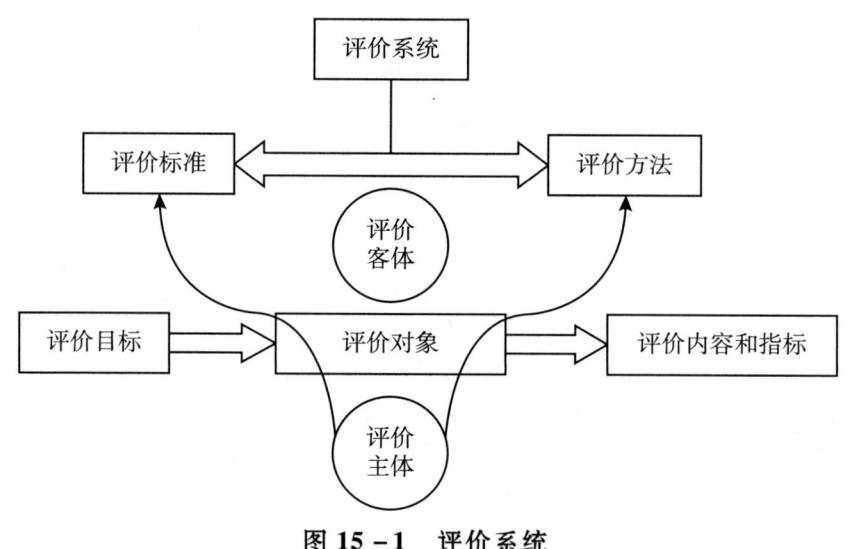

图15-1　评价系统

系统评价理论认为评价分析某一对象时，要有整体观念和全局视野，将整体还原成各局部，在弄清楚局部特征的基础上把握整体特征；要结合系统分析和系统综合的特征，确立系统中评价对象的组成元素，分析系统所处的环境特征，在局部分析的基础上进行整体综合。地方政府债务绩效评价体系本身就包含着众多复杂的因素，系统评价理论为开展地方政府债务绩效评价提供了可借鉴的思维方式。

### （三）模糊模式识别理论

模糊模式识别理论是在模糊数学框架下发展出来的，是在识别对象具有模糊性即识别对象量化分析存在困难的背景下，衍生出的利用模糊集合、模糊矩阵、隶属度及阈值等模糊数学概念来解决量化模糊现象的难题。随着经济学中模糊现象的不断出现，模糊模式识别由传统的自然科学领域转向社会科学特别是经济管理科学方面，并在经济学中运用广泛。在宏观经济增长领域，模糊模式识别理论被用于进行宏观经济效益的综合评价。由于影响一国经济效益的因素众多，且既有可量化的因素也有不可量化的因素，还要对众多影响因素的参数及模型进行对比，才有其评价意义，因此需要采用模糊识别方法，量化模糊现象，并采用择近原则得出对宏观经济效益影响最大的因素，针对这种影响因素提出对应的提高经济效益的方法。此外，针对交通运输与经济增长协调关系的模糊特点，采用模糊模式识别方法中的隶属度分析来研究交通等基础设施建设对地区经济增长的影响，更加全面具体。模糊模式识别理论除了在宏观经济增长中得以应用外，更能为政府部门发挥政府职能提供依据。

由于模糊模式识别中隶属度分析可以将定性评价转为定量评价，故比较适合用于政府采购评价、政府公共支出评价及政府债务支出绩效评价等领域。在这些评价过程中需要注意的是，评价对象具有模糊性，但评价方法本身是非常清晰的。在研究政府采购评价时，利用隶属度分析将评价值与评价对象的关系用函数关系定量表达出来，从而得出的政府采购评价结果更加真实、全面且科学。在政府公共支出评价方面，针对公共财政支出优劣评价即公共财政支出绩效评价的模糊性，首先建立模糊绩效评价的模糊集，结合公共财政管理长期的经验积累和实际情况建立模糊子集及模糊矩阵，以某省某种公共支出占公共支出总和的比重确定隶属度大小，根据模糊识别矩阵规定阈值，根据阈值原则得到最优向量，从而得出财政公共支出最优的省份。这种分析体现了科学评价方法在模糊对象分析中的应用。在以上分析的基础上，针对我国地方政府债务支出优劣评价即绩效评价的模糊性特点，以及地方政府债务产出的经济结果与地方政府财政资金投入产出的经济结果不能有效区分的局限性，运用模糊模式识别理论能提高地方政府债务绩效分析的有效性。

### （四）其他理论及评价标准

从我国国内研究学者的研究成果来看，除了"4E"评价理论外，比较常用的就是投入产出理论。例如，考燕鸣等建议基于投入产出理论对政府财政支出进行绩效评价。[①] 投入产出理论主要是依据政府财政行为中的投入与相应的社会经济效益和社会效益的结果之间的对比关系进行绩效评价。财政资金绩效评价标准直接决定了绩效评价指标体系，从而会影响项目绩效评价结果的准确性。薛亚云在其研究中提出可以根据指标的计量属性将评价标准分为定量标准与定性标准。[②] 而根据指标取值不同，可以将标准分为行业标准、经验标准、计划标准和历史标准。行业标准是指根据行业情况对财政支出进行历史水平的绩效评价过程。经验标准是根据专家的严密研究推演得出的评价准则。计划标准是指根据事先制订的计划进行财政绩效评价。历史标准是指根据财政支出历史数据进行绩效分析。还有部分学者提出建立财政支出绩效评价指标体系应该遵循的一些原则，比如寇琳琳提出应该遵循社会效益、合法性、相关性以及系统性原则，并依据这些原则选择具体的评价指标。[③]

## 四、地方政府债务经济效应理论

地方政府债务是把"双刃剑"，如果地方政府适度扩张债务规模，合理发债，无疑能够对当地经济发展起到积极的推动和促进作用；如果地方政府不考虑实际情况，盲目举借债务，则会产生债务风险，阻碍经济增长，甚至引发经济危机。

### （一）积极经济效应

根据乘数理论，地方政府债务能够对经济总量扩张产生促进作用。凯恩斯在《就业、利息和货币通论》中指出，经济社会有效需求不足是大萧条产生的根源，财政支出能够刺激有效需求，达成经济增长和充分就业的目标。地方政府债务为

---

[①] 考燕鸣、王淑梅、马静婷：《地方政府债务绩效考核指标体系构建及评价模型研究》，载于《当代财经》2009年第7期，第35~38页。

[②] 薛亚云：《水利财政支出绩效评价研究》，载于《会计师》2012年第22期，第70~72页。

[③] 寇琳琳：《健全我国财政支出绩效评价体系的思考》，载于《北方经贸》2012年第4期，第68~69页。

政府投资筹集资金,将零散的社会资源有效集中,在短期内获取大量资本,为需要高额投资的基础设施建设和公共服务项目提供动力。这些项目的开工,不仅会促进本行业的产品市场和劳动力市场发展,还能带动上下游产业链的扩张,带来数倍于地方政府债务投入的经济产出。地方政府债务不仅直接增加了当期的经济总量,还会间接地增加未来的经济总量。由于地方政府债务主要投资于基础设施建设等固定资产项目,属于资本性支出,而资本的收益具有长期性,地方政府债务支出形成的公共资本,与私人资本具有互补性,能够提高私人资本的边际收益率,产生"引致效应",优化投资环境和企业经营环境,为未来的经济发展打下物质基础。

地方政府债务能够对经济结构优化产生积极影响。在公共产品领域,私人企业出于"理性人"假设的考虑,往往不会投入充足的资金,从而导致公共商品供给不足,社会整体资源配置效率未达到帕累托最优。地方政府举借债务投向公共产品领域,会弥补此市场失灵现象,优化资源配置,提高社会效益。此外,地方政府举债能够引导私人部门将资金投向高科技、具有龙头潜力和未来前景的产业。这类产业高潜力、高收益的特点决定了其在当期并不会带来明显的收益,但是会在将来为地方经济发展赢得竞争优势。

### (二) 消极经济效应

地方政府举债投资会对私人部门消费和投资产生挤出效应。"李嘉图的等价定理"已经清晰地阐述了政府债务与税收相同的本质,地方政府债务资金的最终来源和税收一样来自居民,债务规模的增加意味着私人部门可用资金的减少,不可避免地会降低私人部门消费水平。地方政府投资的增加,在货币供应量不变的情况下,会引起实际利率水平上升,提高私人部门投资的成本,使私人企业投资规模下降。

地方政府债务可能导致金融风险。哈维·罗森提出"隐性债务"不仅是对地方政府债务概念的扩张,更体现了地方政府债务所包含的风险。地方政府债务以融资平台债务或其他难以统计的隐性债务的形式存在时,社会对地方政府债务风险的认知和应对会出现偏差。隐性债务和或有债务是地方政府以信用、土地等资源作为担保向银行取得的资金,这种让信用不良的债务人插队从债权人手中获取金融资源的市场干预行为,为债务风险的集聚和爆发埋下了隐患。一旦地方政府财力紧张,无力偿债,就只能通过举借新债偿还旧债的方式维持运转,这种"饮鸩止渴"的执政理念会引起财政困难和债务膨胀的恶性循环,导致债务规模爆炸式增长。地方政府债务滚雪球式的增长使政府无法及时偿还到期债务成为必然,银行体系内的不良贷款率由此上升,商业银行的坏账水平相应增加,银行自身经营状况受到威胁,地方政府债务风险经此途径由政府内部传导至金融领域,最终威胁地方金融体系长期健康发展。

## 第二节 地方政府债务影响机理分析

现如今,社会经济飞速发展,我国地方政府债务问题愈发突出。地方政府通过举债融资能够增加可支配收入,增强其支出能力,加强地区公共基础设施供给,而且通过政府投资也可以为地区发展经济注入活力,促进地区经济持续发展。但是地方政府债务问题有好处也有坏处,适当保持地方政府债务的规模有利于发展地区经济,而地方政府债务规模过大则可能对地区经济发展带来负面作用。当前我国虽然还没有发生大面积地方政府债务违约事件,但是风险已然成型,当前政府财政工作的重中之重是化解地方政府债务风险。

本节主要从财政分权、预算软约束和官员晋升激励等方面分析地方政府债务绩效的影响机制,为加强地方政府债务绩效管理提供理论依据。

### 一、财政分权对地方政府债务绩效的影响

财政分权是指中央政府给予地方相应的税收分成以及支出责任范畴,容许地方政府在自主事权范围内控制预算支出规模和支出结构,财政分权的核心在于地方政府自主事权。目前绝大多数国家都实行财政分权制度,但是,由于经济发展水平、政治体制和历史传统等因素的影响,各国财政分权的模式和制度设计可能存在差异。

我国的财政制度主要经历"统—分—统"三个历史时期。新中国成立之初,我国物资严重匮乏,经济发展水平较差,为加强对国家物资的集中管理,我国实施统一收取和统一支付的高度集中财政体制,中央拥有整个国家的财力支配权和财政管理权。这一时期地方政府几乎没有自主事权,由中央政府统一领导。这种财政制度是计划经济时期的必然产物,虽然有利于发挥国家宏观调控职能以及集中力量发展大中型建设项目,为我国经济发展奠定工业化基础,但是地方政府缺乏积极性和主动性,财政体制僵硬,不利于国家长久发展。在此之后,我国财政体制不断变革,中央政府不再大包大揽,开始将部分权力下放,地方政府的财力和事权一定程度上得到扩大,提高了地方政府财政积极性。

到 1978 年之后，为了适应市场经济的发展要求，我国财政体制开始向财政分权模式转变，中央政府大幅调整中央及地方的财政收入分成模式，地方的财权大大提高，并且赋予地方政府更多的自主事权，激发地方政府的自主性和责任意识，推动地区市场经济的快速发展。我国财政体制逐渐从高度集中的财政体制过渡为分散的、分层的财政体制，但是，过度分散的财权和事权也对我国经济社会发展产生不利的影响，中央政府财力下降过多会降低中央政府政策的执行力，导致中央财政调控能力下降、中央及地方的博弈失衡等问题，也会造成地方政府为保全地方财政收入分成增加而刻意压缩中央收入以及政府之间相互推脱责任等问题。

1994 年以来，为加快社会主义市场经济体制改革和逐步完善，我国开始实施分税制财政体制改革，即基于合理划分各级政府事权范围，主要按税种来划分中央与地方的分成，相对独立的各级预算，平衡责任明确，转移支付制度调节各级次间和地区间的差异。分税制财政体制改革强化地方政府事权责任，加强地方政府自主权利，通过划分中央税种、地方税种和中央共享税实现中央与地方税收分成，使得地方政府能够保留一部分自有财力行使地方财政职能，中央政府给予地方政府适当的财政补贴，弥补其支出责任的不足，并加强中央政府对地方政府的政策引导和宏观调控职能，缩小地区间发展差距，促进我国经济均衡发展。地方政府获得一定财政自主权利，激励地方政府的财政积极性，提高地方政府促进地区经济发展的主动性和责任意识。①

财政分权体制发展至今，是中央与地方政府持续博弈的结果，是界定中央及地方政府财政关系问题的重要依据，特别是对地方政府的政治与经济行为会产生重大的影响。但是我国现在的财政分权制度仍存在较多的问题需要进一步改善，特别是支出事权和财权不平衡问题，导致地方政府财政资金不足，虽然中央政府利用财政转移支付可以为地方政府填补部分缺口，但是地方政府依旧经常陷入资金支出不足的困境，我国地方政府赤字经营已经成为常态。我国财政分权中财权与事权不匹配的问题导致地方政府具有较强的被动负债激励，地方政府不得不寻求其他渠道弥补财政缺口，因此，依托于政府信用和国有资产的地方政府债务收入逐渐成为地方政府解决财政资金不足的有效途径。当前我国多数专家指出财政分权理论是研究地方政府债务问题的起点，大量地方政府债务问题研究基于财政分权理论。因此，从如下三个角度分析财政分权对地方政府债务绩效问题的影响机制。

---

① 冯宗容、杨明洪：《财政学》，四川大学出版社 2004 年版。

## （一）地方政府事权和财权失衡问题

首先，从我国政府事权划分方式入手，现行的财政分权制度仍有较多问题，主要表现为政府职能定位不清，本可以由市场发挥作用的事务，政府大包大揽、过度干预，而其他公共事务本应由政府承担，却职能失位、财政支出不足；中央与非地方政府事权和支出的责任划分不合理，中央对部分地方事务干涉过多，地方政府没有发挥优势作用、被动接受上级指令以及行政效率低下，应当由中央政府统一支出的事务却全权交给地方负责，地方承担的政策安排负担沉重，加剧地方政府的财政困境。这些问题都会对各级政府的财政职能作用产生不利影响，特别是对地方政府而言，事权和财权不相匹的问题会恶化地方政府的财政预算执行能力，增强支出负担，影响由地方政府提供的公共服务的质量。

财政分权体制虽然使得地方政府拥有相对的自主事权，但是就财政层级而言，中央政府依旧拥有更高权力，中央政府仍会向地方政府下达政策指令，指导地方政府的财政工作，甚至出现"中央请客、地方埋单"或"只给政策、不给钱"的现象，尽管我国中央政府下拨一定的转移支付以帮助下级政府解决资金困难问题，可是中央并不能准确预估出地方承担中央政策安排而发生的具体支出金额，很可能存在分配失衡的状况，造成转移支付欠缺或资金浪费。当前转移支付制度尚不健全，其制度并不能很好地施展补充财政支出不足、调节发展地区经济平衡的作用，地方政府承担过多的事权，但是自有财力不足以满足支出需要，因此，地方政府存在被动负债的情形。虽然地方政府也能通过推动地区经济发展、增加税收收入来弥补财政缺口，但是地方政府的部分税收收入需要与中央政府共享，并且推动经济发展所花费的时间周期较长，增加税收收入的效果又难以预计，为吸引更多的投资和鼓励企业投资，部分地区或企业经常从地方政府得到相应税收优惠，因此，地方政府争取更多税收收入的激励较小，地方政府更倾向于能够在较短期获得的一般预算以外的可支配收入，比如土地出让金、地方政府债券和银行借贷等，这类融资手段时间周期短、金额可控，逐渐成为地方政府获取可支配收入的重要手段。此外，由于事权和支出责任划分不合理以及地方政府职能的失位和越位，地方政府的财政支出分配存在较多不规范不合理的现象，造成地方政府财政支出效率低、绩效差等问题，这也会对地方政府债务绩效产生不小的负面影响，降低债务资金使用效率，导致地方政府债务偿债压力变大。

## （二）中央政府和地方政府的委托—代理关系问题

中央政府与地方政府在财政分权制度框架下存在较为明显的委托—代理关

系，中央政府和地方政府之间存在信息不对称问题。地方政府相较于中央政府而言，在地方事务处理方面更有信息优势，分税制和转移支付制度也在中央政府和地方政府之间建立起制约和激励机制，形成稳定的契约关系。因此，着眼于政府关系，委托人是中央政府，并制定系列政策，指导地方政府工作方向，实施宏观管理，地方政府作为代理人，是真正的政策实施者，可以更好地结合地方事务信息优势，因地制宜，促进地方事务管理的合理性与科学性。

在一段委托—代理关系中存在信息的不对称，由于委托人无法监督代理人的全部行为，代理人会滋生道德风险，即代理人为获取更大的个人利益而损害委托人利益的行为，使得委托人难以实现目标最大化。在政府关系中，社会福利最大化是中央政府宏观管理的方向，但在地方政府真正实施政策时，其方向可能发生转移，地方政府的政策受地方政府官员的主观因素影响，地方政府官员作为实际上的代理人，其利益最大化目标不一定与社会福利最大化目标相一致，部分地方政府官员更注意个人的权力、物质享受以及晋升利益，存在较大可能产生道德风险，造成地方政府行政效率低、财政支出绩效差，地方政府或政府官员甚至会有一些违规或违法行为。委托和代理关系中存信息不对称现象，中央政府无法完全了解地方政府真实情况，地方政府财政监督机制不健全，地方政府的职员在自身利益激励中会出现败德现象，在安排财政支出时以最大化个人的利益为目的，甚至可能影响地区福利水平，不利于地区经济长效发展。除此之外，在中央政府也存在信息不对称的现象，此时地方政府的财政状况不易了解及掌握，无法衡量地方政府因承受中央政府政策安排而负担的财政支出规模，中央政府的转移支付规模给予地方政府时缺乏客观依据，两级政府博弈时利用转移支付手段，可能会加剧地方政府竞争、增加地方政府和官员的道德风险等。

在地方的政府债务问题方面，早些年我国地方政府债务监管力度不强，中央政府在信息劣势的情况下不仅难以及时约束地方举债行为，而且无法有效监督地方政府债务资金的绩效情况，在缺乏有效约束的情况下，一些地方政府不顾实际财政能力，大肆举债融资，地方政府债务的规模迅速扩张，特别是地方政府隐性债务更加隐蔽复杂、监管难度大，地方政府隐性债务规模膨胀，引起地方政府债务存量的隐患。除此之外，部分地方政府官员的债务绩效管理意识较为匮乏，地方政府借债使用效率低、绩效差，这些问题会进一步恶化地方政府债务风险。虽然目前，我国中央政府全面提高债务信息透明度、加大地方政府债务监管力度以及加强对地方政府债务绩效的管理，但是早前积累的地方政府债务难题需要较长时期才能妥善处置，委托—代理关系仍存在于中央与地方政府之间，信息不对称和监督机制不健全的情况依旧存在，地方政府官员不可避免发生行为扭曲，彻底解决地方政府债务问题变得更加复杂困难。

## （三）中国式的财政分权激励问题

我国实施财政分权制度之后，地方政府被赋予了一定事权，同时承担相应的支出责任，下级政府可以在中央政府的政策框架下决定具体的地区发展方案，表达独立的利益诉求，专注于各自管辖地区的发展状况。这种分权方式有助于调动地方政府官员的积极性，推动地方乃至全国的经济增长，但是也使得我国各地区的发展水平、发展模式出现差异化转变，特别是经济发展水平在不同的区域具有较为显著的差距。我国经济分权模式和自上而下垂直政治管理模式密不可分，形成属于中国式特色鲜明的财政分权，这种中国式财政分权被认为是中国经济增长创造神奇的重要保障，然而不得不说，上述制度同样会导致我国的发展模式出现更多的难题。

在中国式的财政分权下，我国地方政府产生较为激烈的横向竞争，虽然适度的横向竞争有助于调动地方政府官员的积极性，提高地方政府工作的效率，但是恶性横向竞争激励可能会导致地方政府行为扭曲，并打破我国财政支出结构平衡，反而不利于地区经济的长效发展。我国经济方面采取分权模式，赋予地方政府自主权利，但是政治上的垂直管理模式使得地方政府仍必须服从中央政府的政策要求，而且我国实行自上而下的官员晋升制度，地方政府官员也会主动迎合中央政府的政策，增加自身的晋升筹码，使得我国地方政府为获取更多的经济利益与其他地方政府产生激烈的竞争。由于横向竞争激励，我国地方政府不可避免地会发生一定的行为扭曲，例如早前泛滥的"唯 GDP 论"、形象工程和面子工程等，财政政策的扩张令地方政府更加青睐超额安排财政支出以及过度增加政府投资。

中国式的财政分权模式下，我国地方政府自身的收入能力很难满足扩张的财政支出需要，在这种情况下，地方政府产生较强的主动举债融资激励。地方政府为弥补财政收支缺口，主动举债融资，这会造成我国地方政府债务规模迅速扩张。此外，昝志涛（2020）的实证研究结果表明，我国的地方政府财政分权度越高，越激励官员激烈竞争，地方政府债务规模越大。不仅如此，虽然我国近些年来淡化 GDP 竞争，但是经济建设依旧是重中之重，地方政府在财政支出分配上仍侧重于服务经济部门，财政支出结构相对不平衡，政府投资规模依旧较大，部分地区甚至形成地方政府投资带动地区经济增长的发展模式。然而，我国地方政府绩效管理意识较差，地方政府财政支出效率低、投资支出绩效差的问题依旧较为严重，这也会对我国地方政府债务绩效管理带来不利影响，造成地方政府债务绩效水平差、资金利用效率低以及加大地方政府债务偿债风险等。

## 二、预算软约束对地方政府债务绩效的影响

匈牙利经济学家科尔奈（J. Kornai）最早研究预算软约束的概念，主要指社会主义国家无法放任效益低下的国有企业破产，利用财政补贴和优惠贷款等方式维系其生存，从而导致市场上存在大量"僵尸国有企业"，严重影响市场效率。① 科尔奈认为政府"父爱主义"式监管是导致转轨时期社会主义国家国有企业出现广泛预算软约束情况的主要原因，政府对国有企业过度监管，使之丧失自主生存、竞争的能力，政府只有在经济上补偿国有企业的亏损才能维系这类国有企业存续发展，从而造成大量低效率、低收益的国有企业在市场上泛滥，严重影响市场正常运作。② 学者林毅夫结合具体国情提出我国国有企业预算软约束是因为政府的政策安排使得国有企业必须遵循，政策带来的负担让国有企业无法完全遵从市场化运作，政府必须承担弥补国有企业亏损的责任。

预算软约束理论逐步发展，部分经济学家开始将其概念运用于财政领域，分析重点放在中央政府和地方政府关系的问题上，用来考察地方政府预算安排是否能够对政府财政行为产生强有力约束，是否会突破年度预算安排和超额安排财政支出等。我国地方政府当前存在较为严重的预算软约束，绝大多数省份地方政府的财政支出决算数要高于预算数，未能严格按照年度预算安排支出，不利于加强我国地方政府预算管理、推进预算体制改革。我国学者主要从政治制度、财政分权和监督机制等方面解释地方政府预算软约束存在的原因，发现预算软约束会对地方政府行为产生很强的负面效果，特别是会造成地方政府债务规模扩张，加大地方政府债务风险。因而，硬化预算软约束成为改善地方政府财政状况、化解地方政府债务难题的关键之一。

我国地方政府债务存在的问题影响重大，不仅仅是单纯的政府问题，在一定程度上也与金融机构相联系，地方政府债务难题如果处置不当，很容易引发剧烈的金融动荡，形成系统性金融风险，严重危害我国市场经济的健康运行。因此，预算软约束对地方政府债务绩效的影响研究应从如下两个方面考虑，两者的综合作用才造成现今地方政府债务的困局。③

---

① 崔之元：《"软预算约束"、萨伊定律与宏观经济学》，清华大学国情研究院，https://new.qq.com/rain/a/20220429A07XE200，2022年4月29日。
② [匈牙利]雅诺什·科尔奈：《思想的力量》，刁琳琳译，中文大学出版社2009年版，第333页。
③ 郭平、江姗姗：《财政分权视角下预算软约束对地方政府债务规模的影响》，载于《河北大学学报》（哲学社会科学版）2017年第42期。

### （一）银行业的预算软约束

《预算法》（2014）和出台《国务院关于加强地方政府性债务管理的意见》以后，中央政府全面加强地方政府债务管理，严查地方政府违规举债，融资平台举债受限，但是在地方政府债务中依托于土地等国有资产担保的银行贷款依然是最大的一部分，发行和申购地方政府债券也与银行机构有很多关联。因此，银行业市场行为，特别是国有银行，会对地方政府举债融资产生较大影响。

1994年商业化改革之前，我国国有银行表现出明显的"计划经济工具"特征，大多数贷款业务按照中央及地方政府的政策安排投放到特定领域、特定项目上，银行缺乏自主权限，而当时我国经济发展状况虽有改善，但仍处于较为落后的状况，再加上政治干预和政策性安排，国有银行坏账率非常高，不良资产规模庞大。为加快国有银行改制上市的进程，我国采取剥离不良资产的方式直接解决国有银行的困境，虽然当前我国国有银行已实现全面转型，但是国有银行和政府依旧存在着千丝万缕的联系，国有银行的上层领导多由政府任命，从高校贷款、开发区优惠利率等政策来看，政策的负担依然落在国有银行的肩上。此外，当前我国银行业并没有规范的银行破产机制和相关配套制度体系，而且还存在国有银行"坏账报销"的先例，因此，我国国有银行运营过程中很可能存在机会主义的行为，比如为追求利润而投资高风险项目、加大产生不良资产的概率以及忽视银行的市场风险等。这种投机行为会恶化我国国有银行的预算约束情况，加大金融动荡风险。

地方政府进行债务融资时，银行不仅可能受到政治干预，放宽对地方政府贷款项目的审核和监督，地方政府能够较为轻易地获得贷款资金，而且普遍高估地方政府信用状况，将地方政府信用与中央政府信用相关联，不关注地方政府的真实财政及偿债能力，存在"信用幻觉"与机会主义行为。银行业的观点是即使地方政府无力偿还债务，中央政府也不会放任地方政府破产，会向地方政府施以援手，因此，我国的各种银行热衷于向地方政府提供贷款，甚至借用其他融资通道及时为地方政府提供应急资金、加大地方政府债务融资杠杆率。虽然近年来我国大力防范化解系统性金融风险，强调去杠杆，严格限制抵押国有资产和政府违规担保的行为，但是银行业存在很强的趋利本能，相关监管制度不完善，我国当前的地方政府债务规模依旧庞大，甚至部分地区依旧存在违法违规举债行为。银行业并未发挥出金融监管和信用审查的作用，反而帮助地方政府隐瞒债务困境，使得地方政府债务问题积重难返。与此同时，银行业特别是国有银行，坏账产生的概率也随之加大，一旦地方政府债务出现违约等情况，会迅速波及银行业乃至整个行业，造成严重的系统性金融风险，危害经济长期稳定发展。

由于存在预算软约束情况，银行业放松对债务融资的审查监管，地方政府可较轻易地从银行获得资金收入，无须过多考虑偿债能力和未来财政状况，对于提高地方政府债务资金绩效、增强地方政府偿债能力和债务的可持续性，地方政府本身并不存在较强的积极性与自主性。因此，银行预算软约束会弱化地方政府的债务绩效管理努力程度，增加地方政府债务管理难度，加剧地方政府债务风险扩张，不利于防范系统性金融风险。

## （二）地方政府的预算软约束

预算软约束对地方政府债务的影响更为突出。党的十九大报告中指出，要"建立全面规范透明、标准科学、约束有力的预算制度，全面实施绩效管理"①。其中，"约束有力"包括严格切实硬化预算约束和严格落实预算法，建立风险可控及管理规范的政府举债融资机制，增强财政可持续性。"全面实施绩效管理"的重点在于大力提升财政资金的使用效益，在预算编制和监督执行整个流程以及注重成本效益分析中要体现方法深度、绩效理念以及关注支出结果和政策目标实现程度。地方政府预算软约束情况会很大程度扭曲某些地方的政府行为，地方政府的预算软约束会弱化地方政府纳税努力，造成地方政府债务扩张，降低地方政府财政效率与行政效率，影响地方政府提供公共服务和公共物品的质量，因此，硬化预算约束不仅是完善现代预算制度的内在要求，更是解决地方政府诸多难题的决定性步骤。

地方政府债务预算管理和债务绩效管理实际上都是地方政府预算管理体系不可或缺的成分，地方政府预算软约束现象的产生严重恶化了地方政府的财政预算状况、增加了债务预算管理和绩效管理的难度以及加剧了地方政府债务风险等。正是如下两个原因能解释地方政府为什么存在严重预算软约束的现象，并因此对地方政府债务绩效产生较大影响。

一是救助预期。科尔奈提出预算软约束情况中涉及两大部分主体：预算约束体和预算支持体。预算约束体指当发生入不敷出的情况时，若不存在外部的支持则难以存续的政府及组织系统；预算支持体是指对陷入危机的预算约束体供应资金援助的政府及组织。② 在我国，地方政府和中央政府就是典型的预算约束体和预算支持体的关系。作为预算约束体的地方政府，本身存在很强的生存激励，为

---

① 《关于全面贯彻党的十九大精神做好地方人大预算审查监督工作的几点思考》，江苏人大网，https：//www.jsrd.gov.cn/rdlt/gztt/201805/t20180510_496091.shtml，2018年5月10日。
② 崔之元：《"软预算约束"、萨伊定律与宏观经济学》，清华大学国情研究院，https：//new.qq.com/rain/a/20220429A07XE200，2022年4月29日。

保障地方政府财政工作的持续运作，主动寻求外部资金支持，采取银行贷款、发行债券等方式获取更多的资金，而作为预算支持体的中央政府出于政治安全、经济稳定等方面的原因，对预算软约束提供相应的救济，解决对应地区政府的财政难题。然而，一旦地方政府意识到这种潜在的救助机制，它很可能采取更加机会主义的冒险行为，不计后果扩大开支，盲目举债融资。我国从来没有过地方政府破产的先例，也不存在完善的地方政府破产清算机制，因此，中央政府虽然多次申明：中央政府绝不会为地方政府的各种债务"埋单"、中央不会作出"兜底"行为，然而，申明的有效性值得商榷，地方政府官员依旧会有较强救助预期，可能会产生一定的道德危机。除此之外，金融机构在评估地方政府信用时仍然会与中央政府信用挂钩，即使地方自身财政状况较差、拥有居高不下的负债率，依旧愿意向地方提供贷款。下级政府在中央救助预期下产生投机心理，错误估计地方政府债务承受能力和偿债能力，扩大举债融资规模，造成债务规模迅速膨胀，政府官员缺乏改善地方政府债务的绩效激励，债务资金使用效率低下，较难实现地方政府债务良性循环，因此，地方政府债务存量和偿债风险不断地向上转移，一旦我国地方政府债务风险突破最终界限，中央政府也难以化解政府债务风险，形成全方位的政府债务危机，这样不仅会严重损害政府的信用，还可能对我国经济产生不可预估的干扰，引发剧烈社会动荡。

二是转移支付制度。自从 1994 年分税制改革实施以来，财政分权政策使得"财权上移，事权下放"，在处理地方事务方面，地方政府具备完善的信息系统与丰富的人力资本，中央政府将部分政策分配给各地方的政府实施，不过地方政府在承担中央政府的政策性安排时，自身可能并没有充足的财力进行支撑，中央政府需采取转移支付等措施弥补地方政府的财力不足。地方因上级政府的政策负担而产生的财政困难，中央政府负有不可避免的补偿责任，但是信息不对称导致中央无法分辨出下级资金不足的原因是政策性负担还是地方政府道德风险问题，中央政府很可能会为超出中央政府政策性安排范围之外的支出"埋单"。因此，中央政府的转移支付有很大概率会增加地方政府官员产生道德风险问题的可能性，使得地方政府缺乏征税积极性，自筹资金使用效率持续降低，形成对转移支付的依赖。

除税收返还以外的转移支付更是相当于公共池资源，地方政府通过争夺更多的转移支付收入来降低自身提供公共产品的平均成本，享受公共产品收益的同时将部分成本向其他省份转移，因而转移支付制度进一步激化地方政府间的横向竞争，促使地方政府采取更加积极有效的财政政策，扩大相应的财政支出规模。由此可知，现阶段我国财政转移支付制度还存在很多不健全之处，转移支付制度在具体实施过程中发生某种程度的扭曲，恶化地方政府预算软约束情况，地方政府也由此对转移支付产生较强依赖。

从理论上来说，中央政府的转移支付一定程度上发挥出弥补地方政府财政缺口、缓解地方政府赤字经营压力的作用，而不完善的转移支付制度则如同地方政府的"财政保护伞"，刺激地方政府官员产生道德风险。在横向竞争激励和预算软约束的条件下，地方政府执行预算时，缺乏硬约束，盲目扩张地方财政支出，扩大举债融资规模，加剧地方政府财政困境。地方政府支出效率低、绩效差，存在较为严重的资金浪费情况，这无疑增加了预算管理和绩效管理的难度，不利于债务绩效管理，对地方政府债务可持续能力产生负面影响，恶化政府财政环境。

此外，我国地方政府的预算执行、预算编制方面仍有较大的不足。部分地方政府出现无预算安排支出、代编预算不合理、追加预算较晚以及年初预算不细化等问题，虽然近些年来大力推行阳光政府行动，但地方政府预算信息透明度依旧相对较差，特别是在政府债务信息问题上，存在多种政府隐性债务问题亟待披露和解决。这些预算问题都不利于地方政府硬化预算约束，增加了地方政府预算管理和绩效管理的难度，降低了政府财政效率。潜在救助机制与转移支付制度的激励条件下，地方政府预算软约束问题不仅刺激地方政府债务规模的扩张，加剧债务存量风险，还损害地方政府债务绩效，增加地方政府的偿债风险，所以，地方政府债务风险问题的解决必须从根源上打破地方政府预算软约束形成机制，坚决消除地方政府救助预期，大力增强各地方政府官员的责任意识与债务自偿意识，提高预算执行能力，推进绩效预算管理。

## 三、官员晋升激励对地方政府债务绩效的影响

自 20 世纪 80 年代起，为适应市场经济的发展、调动地方发展经济的积极性，中央政府逐渐将权力下放，自主事权在地方政府之间持续增加，特别是在经济建设上，地方政府行为会较大程度上影响地区经济发展，地方政府进行积极调控工作，增加政府投资、购买，刺激经济需求，大力建设及完善基础设施，提供地方公共商品，为地区经济发展注入更多新鲜活力。地方政府的政策制定及执行，从某种意义上而言，就是官员的意志表现，地方政府人员个人观念会直接影响地方政府的一些行动决策。然而，地方政府官员的个人追求有时并不一定与地区社会福利最大化的目标保持一致，即对于部分地方政府官员而言，他们制定政府行政决策最重要的考虑因素是晋升和政治权利，而并非地区的整体福利水平，因此，地方政府有些官员可能为了自己的政治前途利益产生一些损害地区福利水平的行为。

在我国，官员晋升方式主要采用的是自上而下的任命式，为更好地甄选合适的官员，官员晋升制度自然形成，上级政府通过制定一系列具体的考核标准，下级官员针对其考核条件自发地展开竞争，竞争胜出人员可以得到有利于升职加薪的机会。官员晋升制度虽然能够较好地调动下级官员的努力积极性，但是考核指标的设定以及官员任期制的存在可能会使下级政府官员的政绩观念发生扭曲，从而对地区经济发展模式和水平产生较深影响。

### （一）官员考核指标体系

在计划经济时期，中央政府不合理的行政指令会扭曲地方政府以及下级职员的行为，这类事例很多。在市场经济时期，虽然中央政府将部分权力下放，但是中央政府依旧保有相当大的政治权威，地方政府的行政决策还会较大程度受到中央命令的影响，特别是省级地方政府官员得到中央政府的直接任命，且省级地方政府官员晋升渠道直接与中央政府挂钩，所以，中央政府作出的行政决策仍然会对地方政府官员观念与行为有直接的影响。

在市场经济早期，我国过分注重 GDP 指标，导致在官员考核指标体系建设方面出现"唯 GDP 论"，我国早期经济发展主要走粗放型经济路线，大搞城市建设，不计环境牺牲的代价，盲目注重 GDP 总量增速，虽然 GDP 数据显著上升，但是造成严重的环境污染和经济结构扭曲，发展的成本代价非常高，同时，城市规模也一扩再扩，引发"城市病"、城乡矛盾等诸多难题。地方政府官员在 GDP 等具体考核指标的激励下，其行政决策不可避免发生扭曲，包庇效益较好的重污染企业，地区保护主义愈发严重。

此外，由于大型国有企业、市政工程等项目有利于短期内突出地方政府官员的政绩，因而部分地方政府官员倾向做大国有企业、投资大型市政工程等项目，大力做"形象工程""面子工程"，以此来增加晋升的筹码。这些政绩类项目不考虑地区经济的长期发展、着眼于短期成效，甚至出现劳民伤财的情况，严重损害地方政府的财政效率，降低财政支出绩效。

中央政府意识到"唯 GDP 论"的不足，逐渐完善官员考核标准体系，增加更多的环境类指标和创新类指标等，试图扭转官员不健康的政绩观，督促地方政府能够加速转变经济发展模式。然而，为方便上级官员考核，一般来说，考核指标都需要具体化、数量化，更具备客观性，过分增加考核指标也会使得考核体系变得模糊化，并且经济建设始终是我国社会发展的重中之重，虽然 GDP 考核指标权重下降，不再过分强调 GDP 增速等，但是地方政府官员仍需要一定与经济建设相关的政绩，或者其他相关数据彰显地区经济的发展水平。因此，在考核指标体系趋向于综合性的同时，一些地方政府官员仍会自发地侧重考核指标范围以内的行政决策，不可避免形成观念和行为扭曲，有害于地区全面发展。

随着地方政府投资规模的扩大，地方政府的一般财政收入无法满足财政支出的需要，举债融资成为地方政府短期获得可支配收入的重要渠道。地方政府在晋升激励下投资政绩类工程，扩大政府投资，与此同时，地方政府债务规模也随之扩大，特别在早些年，地方政府投融资平台、PPP项目以及地方政府违法违规担保抵押等在我国缺乏有效管控，使得我国区域隐性债务迅速积累，更加不利于全面加强债务管理，仍会加重债务风险。自2014年修订《预算法》以来，我国持续全面加强严格管理非中央债务，更加强化防范债务风险发生，还把政府债务指标纳入官员考核体系中，矫正地方政府官员政绩观念和盲目举债融资行为，强化地方政府官员偿债责任，这些措施有利于化解地方政府债务难题，改善当前地方政府债务管理局面。

尽管地方政府官员考核指标在我国已经有较大改善，但是部分地方政府官员在高强度升职激励下，依旧会产生扭曲的政绩观，甚至不惜铤而走险，导致地方政府违法违规举债融资的行为仍时有发生。而且，在扭曲的晋升激励下，地方政府还存在财政支出项目不合理、财政支出安排不均衡、财政支出效率低和绩效差等问题，地方政府债务绩效管理不仅要注重地方政府债务的经济性、效率性，也要把握其公平性和社会性，因此，这些问题的存在都对地方政府债务绩效产生极大负面影响，不利于维持地方政府债务可持续性，增加地方政府偿债压力，造成地方政府债务问题不断扩张。

### （二）官员任期制

根据政治周期理论，官员的任期制与晋升激励有较大关联，进而可能会影响地区经济发展状况。无论是以美国为例的自下而上对选民负责的选举制，还是类似于我国自上而下的任命制，任期都相当于官员创造政绩的"机会集合"，官员会尽量在任期约束内进行策略规划，全力作为，即选民或者上级官员，保证在任期内回报更多，凭借这点政府官员晋升将得到更多机会。在我国，《党政领导干部职务任期暂行规定》规定党政领导职务的任期为5年，但是在具体的实践过程中，存在"任期弹性，随时迁调"的情况，官员任期并不固定，各级地方政府官员的流动性相对较高，官员任期呈现出逐渐缩短的态势。

地区经济的长效健康发展需要相对稳定的政治环境，过于频繁的官员更替会严重影响地区经济政策的稳定性和执行力。有些政府政策或投资项目需要长时间规划，发挥效果会有时间迟滞，时间的需求量会超出单个官员的一届任期，由于难以对这类政策的效果进行评估，不符合地方政府官员的晋升需求，所以地方政府官员更倾向于在任期内较快看到成果的政府决策。此外，一些新上任的地方政府官员出于个人政绩的考虑，不一定会接管上任官员的行政决策，而是"另起炉灶"重新规划，这不仅会使经济政策更加不稳定，而且也会浪费行政资源和经济资源。经济政策的长期规划和地方政府官员任期存在期限错配，地方政府官员的个人利益诉求加剧地方政府官员的短视行为，导致执政行为浮躁化、执政理念短期化以及执政政绩泡沫化的产生。

地方政府官员的短期政绩诉求需要大量的财政资金支持，而通过地区整体经济发展、重点扶植企业等方式增加税收的途径比较慢，税收收入还需要与中央政府分成，因此，地方政府官员更热衷于获得能够短期迅速增加收入的"快钱"，例如土地出让金、政府债券和银行贷款等，这类"快钱"大多与土地等国有资产或者政府信用挂钩。之前我国地方政府债务监督机制并不健全，地方政府官员在较短的任期内积极利用地方政府投融资平台、国有资产抵押以及PPP项目等手段汇集社会资本、扩张财政开支，以至于造成地方政府债务迅速膨胀，特别是隐性债务规模增长迅猛，政府的隐性债务由于其隐蔽性以及复杂性，至今都是加强地方政府性债务管理的难题之一。

在晋升激励下，我国地方政府官员在任期内可能会忽视其偿债能力而盲目举债融资，这不仅仅是因为存在"出了事由中央兜底"的观念，始终以为中央会主动帮助地方政府解决地方政府债务风险，更重要的是因为不负责任的官员在当前任期内可以享有政府债务的好处，偿债责任却推至以后接任的官员，将偿债风险向后转移，从而在自己任期内不计后果地举债融资。而且我国地方政府存在较多"新官不理旧账"的情况，新官需要新政绩，而"旧账"处理起来较为烦琐复杂，可能"出力不讨好"，所以新接任的地方政府官员对前任接揽的工作置之不理，对前期积累的政府债务无动于衷，一旦遇到追责情况，互相推诿、虚与委蛇，政府的形象与公信力在不负责任的态度下严重损失，中断的地方经济政策和烂尾的工程项目造成严重的资金浪费，大大降低地方政府的行政效率和资金使用效率，也会降低其地方政府债务相关绩效水平。

近年来，我国中央政府多次强调对地方政府债务实行终身问责倒查责任制度，举债必问效、无效必追责，即使举债官员已迁调或者退休，仍旧需要承担相应的责任，避免任期制下产生跨代道德风险。这在一定程度上可以遏制晋升激励下地方政府官员投机心理和短视举动，提高地方政府官员偿债责任意识，不断加强地方政府债务绩效。地方政府债务也需注重改善"新官不理旧账"现象，加强地区经济政策稳定性与连贯性，这对于提高政府整体效率、改善地方政府的信用状况具有很好的效果。虽然适度的官员晋升激励有助于提高地方政府官员的积极性和主动性，有利于一定程度提升地区发展水平，但是如果晋升机制不完善，地方政府官员晋升激励发生扭曲，也会在一定程度上加剧地方政府的负面影响。因此，改善债务绩效管理，化解风险必须矫正地方政府官员的政绩观念，提高地方政府官员责任意识，强化地方政府官员绩效思维。

## 四、监管机制不健全对地方政府债务绩效的影响

随着 1968 年还清所有内外债务，中国进入了一段既无内债又无外债的阶段，即便 1994 年实行"分税制"改革以后，当时《预算法》仍明确规定要按照"量入为出、收支平衡"的原则进行编制预算，不得列赤字。中央政府不允许地方政府自行发行债务，因此对于地方政府债务的监管始终处于空白状态。《预算法》(2014) 实施以来，地方政府每年举债规模要受到严格限额的管控。同时人大要监督地方政府债务总量，但是地方政府债务的监管仍存在较大缺陷。

### (一) 地方政府债务的监管不够健全

一是由于债务管理体制的改革滞后，管理机制的不健全，各级政府可以根据自身需要进行变相举债或提供隐性担保来进行融资，导致隐性债务仍大量存在，地方政府债务的举债决策权仍较分散。这部分债务资金很难得到事前监管，一方面会导致事中很难监督这部分债务资金的投向和使用情况，事后无法评价这部分债务资金的使用绩效，这就让各级政府不够重视债务资金的使用效率。另一方面会导致各级政府很难统计本级政府债务的实际规模，也就很难明确判断真正的地方政府债务风险，这就淡化了各级地方政府的债务风险意识，弱化了债务资金的使用绩效意识。二是融资的权责不明确，举借主体没有明确的偿还责任要求，举债的决策者和偿还者并不清晰，导致地方政府债务的约束性不强，因此各级地方政府更看重的是如何能够快速筹集到资金，而对债务资金的使用效率和风险重视程度不够，从而一定程度上降低了债务资金的使用效率。三是财政和审计部门对地方政府债务的规模、结构和风险水平的监督力度不够。四是没有将债务的"决策、举借、使用、管理和偿还"等纳入人员的考核体系中。五是在债务资金的使用上，各融资项目缺乏完善的评价指标体系，因而很难评判债务资金的使用效率和使用的科学性、合理性。

### (二) 监管机构较分散

目前，各级政府大多数都没有一个明确的职能部门来专门管理地方政府债务。即便制度上规定各级财政部门拥有债务管理的职能，但是财政部门管控的债务都是需要财政部门进行偿还的债务，而且财政部门内部各职能部门管控各自业

务范围内的债务，债务管理在财政部门内部之间存在较严重的分割现象。而其他各级政府部门发行的地方政府隐性债务不需要财政部门批准，也不需要向财政部门报备，因此各级财政部门并不能管控各级政府形成的隐性债务，而由各级政府部门自主管控，这种分散的债务管理方式导致增加了对债务来源和使用过程的监管难度，因而很难对债务支出绩效做出评价，致使债务资金的使用效率并不高。

## 第三节 地方政府债务传导机制分析

### 一、财政分权对地方政府投资冲动的机制分析

#### （一）财政激励对地方政府投资冲动的传导

财政分权的核心在于地方政府的财力自主权，它主要强调地方政府拥有一定规模可自由支配的财政资源，以及该资源能够激励地方政府和地方社会经济发展。财政分权的核心内涵赋予了地方政府独立的经济主体资格，允许地方政府在一定的行政区域内自由决策，完成中央政府交代给地方政府的任务。作为地区经济和社会发展的管理者和执行人，地方政府有责任和义务为当地居民提供公共服务，支持当地经济发展，提高社会福利水平。地方政府为了实现自身管理职能，需要雄厚的财力对政府行为予以支持。在财政利益的驱动下，地方政府选择效率最优、见效最快的投资拉动改善经济社会环境是一件自然而然的事情。而且，地方政府为了保持对当地经济的宏观调控能力，必然会参与市场经济活动，通过政府投资引导私人企业投资，实现调整市场发展的政策目的。

我国分税制财政体制是地方政府投资冲动产生的重要制度原因，不完善的财政体制扭曲了地方政府的投资行为。分税制财政体制下，财权重心上移、事权重心下移，地方政府财权事权不匹配引发了地方财政收支压力。地方政府的一项重要职能就是提供地方性公共商品，因而承担了大量基础设施建设、科教文卫和生态环境等支出任务。在财政收入不足以及财政支出过量的双重压迫下，地方政府的首要任务就是千方百计增加财政收入。因此，地方政府会加大投资力度，创造良好的投资环境以吸引企业，通过推动当地经济发展、培育税源和扩大税基的方

式获取更多的税收收入。分税制财政体制改革以来,很多地方政府税收收入的增速都高于当地 GDP 的增长速度。①

除了税收收入外,"土地财政"也是地方政府获取财政收入的一个重要资金来源。地方政府以"城市经营"的名义,将土地低价征用、高价出让,获取大量土地资本收益。土地出让收入被用来向银行抵押获取更多的银行贷款,为城市基础设施投资提供了充足资金。地方基础设施的投资改善了城市经营环境,并提高了土地的价值,进一步刺激地方政府增加投资,产生了更加强烈的投资冲动(范子英,2015)。

## (二) 政治激励对地方政府投资冲动的传导

中国式分权的另一个核心是政治集权:中央政府拥有地方官员人事任免权以及中央政府通过绩效考核制度选拔升迁官员。在现有的升迁考核体系中,GDP、财政收入以及外商直接投资(FDI)等指标是评价地方官员政绩最重要的"尺码",地方官员为了凸显自身政绩,可能会对某个行业过度投资,甚至与其他官员进行恶性竞争。"GDP 至上"的政绩考核体系刺激一些地方官员大搞面子工程、政绩工程和无效建设等,不考虑当地经济社会的情况,劳民伤财,投资一些华而不实的项目或是进行破坏性建设和重复性建设。上级政府政治晋升激励的扭曲,在一级一级地向下级政府传导的过程中被放大,最终导致整个社会出现过度投资的现象。②

中央政府"自上而下的尺标竞争",使地方官员不仅关注升迁考核指标的绝对增长速度,更重视晋升绩效指标的相对增长。由于经济增长,尤其是官员任期增长这类短期增长,在不同类型财政支出的作用下产生的效果截然不同,基于政治升迁的地方政府竞争,不仅会产生强烈的地方政府投资冲动,更会造成财政支出偏向见效快、增长效应明显的基础设施类投资,忽视见效慢、增长效应模糊的民生改善类投资。③

相对经济绩效的晋升考核制度,要素禀赋不同使得不同地区的部分地方官员还会基于自身经济利益,运用"攫取之手"实现自身利益最大化。要素禀赋差的地区的地方官员运用"攫取之手"实现自我补偿,要素禀赋好的地区的地方官员

---

① 郭庆旺、吕冰洋:《分税制改革与税收快速增长:基于分权契约框架的分析》,载于《税务研究》2006 年第 8 期,第 10~14 页。
② 周黎安:《中国地方官员的晋升锦标赛模式研究》,载于《经济研究》2007 年第 7 期,第 36~50 页。
③ 傅勇、张晏:《中国式分权与财政支出结构偏向:为增长而竞争的代价》,载于《管理世界》2007 年第 3 期,第 4~12, 22 页。

运用"攫取之手"实现自身效用最大化。① 地方官员通过"权力资本化"或"钱权交易",将公共权力用于谋求自身私人利益,开发本不该开发的项目,建设没有必要的工程,非理性地扩张了地方政府投资。从官员腐败的视角,可以解释地方官员热衷于加大投资的动机,阐明了"59 岁现象"以及"新官上任三把火"等不正常地方政府投资现象。②

## 二、地方政府投资冲动对地方政府债务增长的作用机理

### (一)财政收支压力对地方政府债务增长的作用

在中国式分权的制度背景下,地方政府一方面被动承担中央政府分派的支出责任,为推动地方社会市场化、城镇化和工业化,大量进行基础性、民生性投资;另一方面,地方官员在财政利益、政治利益以及直接经济利益的激励下,主动承揽各类工程项目投资。但是,不完善的地方政府税收体系以及未实现财力均衡目的的转移支付制度弱化了地方政府的财力,使本已左支右绌的地方财政收入更难以满足非理性增长的地方政府投资资金需求。

为了弥补财政收支缺口,地方政府必然想尽一切办法拓展收入来源。通过改善经营环境吸引企业,培育地方税源,拓宽地方税基固然能够增加地方税收收入,但因税收收入具有刚性,这一过程需要大量的事前铺垫以及漫长的时间酝酿。相比之下,诸如地方政府债务、土地出让金等预算外收入就显得直接、便捷,能够在短时间内满足建设资金需求。③ 在短期,预算内财政收入相对固定的情况下,财政支出过度扩张的压力会直接诱导地方政府通过发行债务获取投资资金。

### (二)投融资体制不健全对地方政府债务增长的作用

直接诱导地方政府举债进行投资建设的另一重要因素是投融资体制的不健全。在项目投资方面,我国尚处于向市场经济过渡的转轨时期,市场与政府的界限比较模糊,地方政府的投资范围过宽,不仅囊括了公共物品领域,在盈利性、

---

① 陈刚、李树、余劲松:《援助之手还是攫取之手?——关于中国式分权的一个假说及其验证》,载于《南方经济》2009 年第 7 期,第 3~15 页。
② 李猛、沈坤荣:《地方政府行为对中国经济波动的影响》,载于《经济研究》2010 年第 12 期,第 35~47 页。
③ 贾康、刘微、张立承、石英华、孙洁:《我国地方政府债务风险和对策》,载于《经济研究参考》2010 年第 14 期,第 2~28 页。

竞争性的私人物品领域也有所涉及，投资领域缺乏约束让地方政府投资项目选择显得非常盲目，为财政收入带来了很大压力。而一些地方政府投资缺乏科学的规划和论证，无效工程、烂尾工程比比皆是，这种不负责任、"跑马圈地"式的扩张又使得投资资金的使用效率极为低下，助长了地方政府债务过度膨胀的势头。①

在项目融资方面，政府目前的融资渠道无非下列三种：一是地方政府预算收入，包括税收收入、狭义的非税收入和上级政府的转移支付收入等；二是国有资产的直接融资或间接融资收入；三是地方政府债务、土地财政等预算外收入。地方政府采取哪种融资方式为投资项目融资，不仅需要考虑融资渠道的特点，还取决于政府投资项目本身的资金性质，即资金需求规模大、经营投放周期长和项目盈利能力弱。具体分析，当前财政体制下的地方政府预算内收入存在先天不足，连基本的建设资金需求都难以满足，更不用说为地方政府投资冲动"埋单"；国有资产的直接间接融资受制于资本市场发展的不完善，为地方政府投资建设提供资金"心有余，而力不足"；相比之下，通过地方政府债务融资是解决当前地方政府财政收支缺口最具可行性的现实出路。

### （三）预算软约束对地方政府债务增长的作用

地方政府债务的形成不仅有财政收支压力、投融资体制不完整等因素的直接作用，还有以预算软约束为代表的地方政府债务管理缺失等因素的间接影响。地方政府不仅面临"自下而上"的传统预算软约束，还面临"自上而下的"逆向预算软约束，在双重预算软约束的激励下，政府选择发行债务为地方投资建设筹集资金。②

一方面，在自上而下的传统预算软约束过程中，由于地方政府一旦出现债务危机，中央政府基于经济发展和社会稳定的考虑，会对地方政府施以援手，为地方政府债务"兜底"，因此，地方政府为实现自身利益最大化，往往会选择过度举借债务进行投资建设。某个地方政府的逆向选择行为，会对其他地方政府产生负面的示范效应，导致全国各地地方债规模均迅速膨胀。

另一方面，在自下而上的逆向预算软约束过程中，下级政府受到短期利益驱使，需要快速做出政绩，得到上级认可与提拔；上级政府也存在"快出成果，出大成果"的急功近利心态，要求下级政府承担超过其能力的支出责任。由于上下

---

① 贾康：《我国地方债成因与化解对策研究》，载于《债券》2013年第9期，第8~17页。
② 郑华：《预算软约束视角下地方政府过度负债偏好的制度成因分析》，载于《财政研究》2011年第1期，第48~51页。

级政府间的利益存在一致性,上级地方政府会对下级政府突破预算的行为"睁一只眼闭一只眼",加之不同层级政府间存在信息不对称,上级部门的预算约束行为就更加难以奏效,从而导致地方政府债务监管名存实亡。

## 三、财政分权、投资冲动和地方政府债务三因素传导机制

### (一) 三因素传导机制分析

基于前文中国式分权和地方政府投资冲动对地方政府债务的作用,本部分将两者结合起来,试图构建一个三者间的传导机制分析,即财政分权—地方政府财力不足—财政激励,在分税制财政分权制度下,地方政府财政收入相对不足,地方政府有弥补财力的激励;政治集权—以 GDP 为核心的政府绩效考核—政治激励,在政治集权的升迁考核制度中,GDP 增长是衡量官员政绩的关键指标,地方官员有政治晋升的激励;在财政激励和政治激励的双重作用下,地方政府必然大力推动地方经济增长,而促进经济增长最有效、最迅速的方式就是大规模投资建设,双重激励转化为强烈的投资冲动。地方政府的投资冲动产生了大量的资金需求,在地方政府财政收支本就已经存在缺口的情况下,投资冲动产生的资金需求构成了地方政府借债的根本原因;不完善的投资体制导致投资资金使用效率低下,再加上现有融资渠道的不畅通,地方政府无计可施,只能选择举借债务,这构成了地方政府借债的直接原因;"自上而下"的传统预算软约束和"自下而上"的逆向软约束等政府约束机制的缺失,为地方政府债务扩张提供了充足的空间,这构成了地方政府借债的间接原因。由此,中国式分权产生的双重激励在地方政府投资冲动的传导下,尽数转换为地方政府债务。

### (二) 基于传导机制的理论假设

根据上述财政分权、投资冲动以及地方政府债务三因素的传导机制分析,在中国式财政分权的制度背景下,追求预算内和预算外财政收入的财政激励和寻求晋升顺利的政治激励引发了地方政府投资冲动,投资冲动在财政收支压力、投融资体制不健全和预算软约束等原因的作用下,转换为地方政府债务。三者间的传导机制如图 15-2 所示。

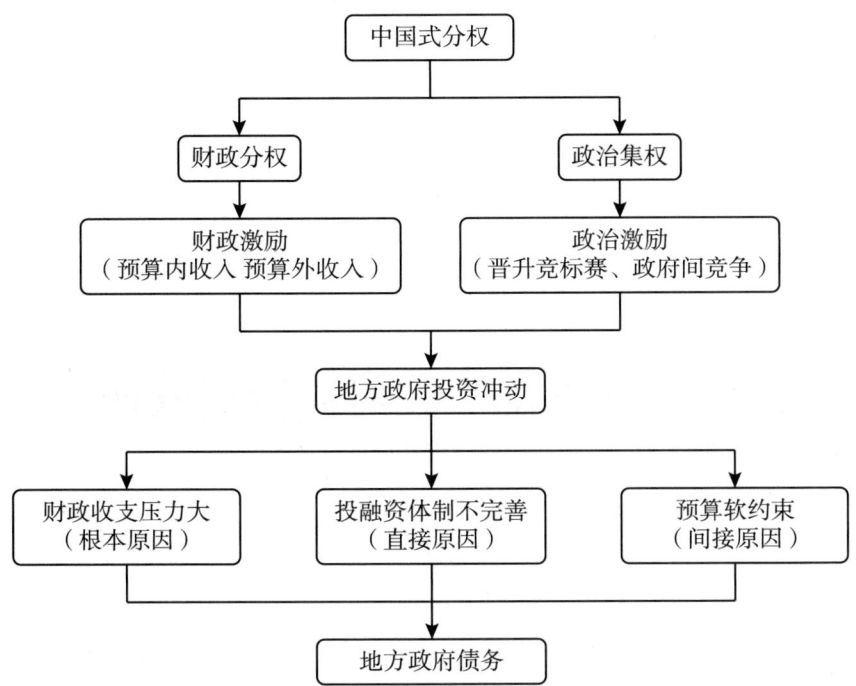

图 15－2　中国式财政分权、投资冲动和地方政府债务的传导机制

# 第十六章

# 基于 DEA 的地方政府债务绩效评价

近年来关于地方政府债务的现状、形成机理、风险及预警机制的研究相当盛行，地方政府债务支出效率同样决定着债务风险水平。基于效率评估的视角，对地方政府债务进行研究，在一定程度上丰富了政府债务理论。本章在明确评价指标构建原则的基础上，建立一套相对完整的评价指标体系，运用三阶段 DEA 效率评估模型，并结合 Malmquist 指数，对我国地方政府债务绩效进行评估。结果发现，我国 30 个样本省份地方政府债务的全要素生产率指数在研究期内下降了 15%，技术变化"拖累"造成了全要素生产率的下降。Malmquist 指数分析发现，2011~2013 年，我国地方政府债务支出效率每年平均增长 3%，这说明总体来说效率水平是有所提高的。

## 第一节 模型介绍

### 一、静态效率分析方法

数据包络分析（DEA）方法是查恩斯和库珀（Charnes and Cooper）于 1978 年创建出来的，作为一种非参数技术分析方法，其利用数学的规划方法，并结合决策主体（DMU）的投入产出数据，计算出某个给定决策主体的相对效率水平

(Worthington，2000)。它的优点是不需要设定特定的函数形式，不需要解释残差分布，可以突破参数技术的多种限制，因此很多公私部门的效率评估都使用这种方法。根据规模报酬可变与否的不同假设前提，可以将数据包络分析模型分为 BCC 模型（规模报酬可变）和 CCR 模型（规模报酬不变）。[①]

经典 DEA 模型存在着一个缺陷，就是并未考虑到测量误差、外生环境变量等对效率水平的影响，因为它认为所有的偏离都是管理无效率造成的，所以这种经典模型容易低估或高估实际效率。因此弗里德等（Fried et al.，1999）创建了三阶段效率分析模型来弥补这个缺陷，本章将用这种三阶段效率分析模型来静态评估地方政府债务支出效率。

首先假设地方政府债务支出的规模报酬具有可变性，其次重点考察当产出一定时，使要素投入最小化。评估有 N 个决策主体（DMU），各个决策主体投入 $I$ 类要素，生产 $R$ 类产出。

第一个阶段为不考虑外生环境变量影响，利用经典的 DEA 模型，求解 BCC 模型得到 $\hat{\theta}$（初始效率得分）和 $s^-$（投入松弛量），如式（16.1）所示。

$$\hat{\theta}_j = \arg\min_{(\theta,\lambda,s^+,s^-)}\left\{\theta - \varepsilon\left(\sum_{r=1}^{R}s_r^+ + \sum_{i=1}^{I}s_i^-\right) \middle| \begin{array}{l}\sum_{k=1}^{N}\lambda_k y_{rk} - s_r = y_{rj}, \forall r = 1,\cdots,R; \sum_{K=1}^{N}\lambda_K x_{ik} + s_i^- = \theta x_{ij} \\ \forall i = 1,\cdots,I; \sum_{k=1}^{N}\lambda_k = 1, \lambda_k \geq 0, \forall k = 1,\cdots,N; s_r^+, s_i^- \geq 0\end{array}\right\}$$

(16.1)

式（16.1）中，$\hat{\theta}_j$ 为第 $j$ 个 DMU 的效率得分；$s_r^+$ 和 $s_i^-$ 分别为产出松弛量和投入松弛量，$\lambda$ 为权重，$x$ 为投入，$y$ 为产出，$\varepsilon$ 为任意取定的无限小的正数。[②]

第二个阶段为将解释变量设为决策主体的外生环境变量，被解释变量设为每个投入的总松弛量，构造 $I$ 个投入种类数量的 Tobit 随机效应模型，如式（16.2）所示。

$$s_{ik} = \alpha_i + \beta_i z_{ik} + \mu_i, \quad i = 1,2,\cdots,I, \quad k = 1,2,\cdots,N \quad (16.2)$$

其中，$S_{ik} = (1 - \hat{\theta}_k)x_{ik} + s_{ik}^-$，为经典数据包络分析模型计算得到的第 $i$ 个投入的总松弛量；$z_{ik}$ 为外生环境变量向量；$\alpha_i$ 为常数项；$\beta_i$ 为待估系数向量；$\mu_i$ 为误差项。

依据计算出的投入松弛量拟合值 $\hat{s}_{ik} = \alpha_i + \beta_i z_{ik}$ 调整初始投入变量，具体计算公式如式（16.3）所示。

---

[①] 金荣学、董浩然：《基于数据包络分析法的地方债绩效评价——以 A 省地市州为例》，载于《现代商业》2021 年第 3 期，第 154~156 页。

[②] 陈思霞、田丹：《均衡性转移支付与公共服务供给效率——基于中国地市一级的经验证据》，载于《华中农业大学学报》（社会科学版）2013 年第 4 期。

$$x_{ik}^j = x_{ik} + [\text{Max}^k\{\hat{s}_{ik}\} - \hat{s}_{ik}], \quad i = 1, 2, \cdots, I;\ k = 1, 2, \cdots, N \quad (16.3)$$

第三个阶段为在初始产出数据及调整后的投入数据的基础上，利用数据包络分析法模型计算获得新的效率得分。新的效率得分可以认为是假设在最不利的外界条件下，决策单元可以实现有效率的运作水平，那么最少可以减少的投入比例为 $(1-\hat{\theta})$。

## 二、动态效率分析方法

Malmquist 指数是一种消费指数，1953 年由马姆奎斯特（Malmquist）提出，是基于距离函数的一种计算方法，1982 年凯夫斯（Caves）等学者在计算生产率的改变时采用了 Malmquist 指数。该指数假定有 N 个决策主体，并存在一个规模报酬不变的生产技术集 $T^t$，在该技术集上第 j 个主体能够将投入 $x^t$ 转化为产出 $y^t$，则该主体相应的产出距离函数定义为式（16.4）：

$$D_j^t(x_j^t, y_j^t) = \min\{\theta \mid (x_j^t, y_j^t/\theta) \in T^t\} \quad (16.4)$$

上式中的产出距离函数表示在既定投入 $x_j^t$ 的条件下，产出 $y_j^t$ 能够扩张倍数的倒数。在产出的弱处置性假设下，当 $(x_j^t, y_j^t) \in T^t$ 时，$D_j^t(x_j^t, y_j^t) \leq 1$ 且仅当决策主体处于生产前沿面上时等号成立，即为技术有效，在其他情形下，$D_j^t(x_j^t, y_j^t) < 1$ 表明决策主体存在效率改进空间。

如果以 $t+1$ 时期的投入 $x_j^{t+1}$ 在两个时期之间所能实现的最大产出变化作为技术进步的评价标准，则决策主体产出增长的 Malmquist 指数可以分解为式（16.5）：

$$M_j^{t+1} = \underbrace{\frac{D_j^{t+1}(x_j^{t+1}, y_j^{t+1})}{D_j^t(x_j^t, y_j^t)}}_{EC_j^{t+1}} \underbrace{\left[\frac{D_j^t(x_j^t, y_j^t)}{D_j^{t+1}(x_j^t, y_j^t)} \times \frac{D_j^t(x_j^{t+1}, y_j^{t+1})}{D_j^{t+1}(x_j^{t+1}, y_j^{t+1})}\right]^{\frac{1}{2}}}_{TC_j^{t+1}} \quad (16.5)$$

其中第一项 $EC_j^{t+1}$ 为第 j 个决策主体在 $t+1$ 期的效率变化指数，第二项 $TC_j^{t+1}$ 为第 j 个决策主体在 $t+1$ 期的技术变化指数。如果 $TC_j^{t+1}$ 小于 1，意味着技术退步，反之，则表示技术进步。同样地，如果 $EC_j^{t+1}$ 小于 1，意味着效率下降，反之，表示效率提高。

通过进一步的计算，我们可以得到第 j 个决策主体任意两个时期之间全要素生产率的几何平均增长率 $RM_j$，计算公式如式（16.6）所示：

$$RM_j = \left[\left(\prod_{t=t_1+1}^{t_2} M_j^t\right)^{1/(t_2-t_1)} - 1\right] \times 100\% \quad (16.6)$$

同样地，技术变化的几何平均增长率和效率变化的几何平均增长率也可以通过相同的方法计算得到。

综上，本章采用的方法是基于经典数据包络分析法模型，采取 Malmquist 指数和三阶段效率分析相结合的方法计算我国地方政府债务支出效率及其变化。该方法弥补了经典数据包络分析法模型无法考虑测量误差和外生环境变量的缺陷，同时也避免了纯粹使用三阶段效率分析而导致的动态效率评估不足的影响。

## 第二节 指标体系构建

### 一、评价体系构建的原则

财政绩效评价体系包括组织体系、技术体系和制度机制等，进一步分解，组织模式与指标体系构成评价体系的核心元素，前者决定评价的公信力及执行力，后者决定评价的科学性。[①] 构建科学、合理的指标体系是债务支出绩效评价工作的核心与关键，是保证支出预算科学性、提高资金使用效率的基本条件。

债务支出绩效评价原则作为衡量绩效的尺度和标准，其合理性和科学性是决定绩效评价质量的关键因素。在构建指标体系之前，明确指标选取的相应原则，从各方面优中选优、不重不漏，使指标独特可控、反映及时、真实可得。

#### （一）"3E" 原则

早在 20 世纪 80 年代，芬威克（1995）、塔尔博特（1996）提出了"3E"理论，认为绩效包含经济性（economics）、效率性（efficiency）及效益性（effectiveness）三方面内容。欧文·休斯提出了政府管理的"3E"目标，最终演化为政府绩效评价中著名的"3E 绩效评价模式"。经济性是指用最低的投入获取一定质量的资源，在投入上形成资金节约；效率性是指以一定的投入获取最大的产出，在结果上形成资金最大使用效率；效益性是指获取的产出能达到的最大政策目标、经营目标和其他预期效果，衡量产出与效果间的关系。债务支出绩效评价是根据管理效率、服务质量、公共责任和公共满意度等多方面判断，对债务支出的投入、产出以及最终结果所体现出来的绩效进行评定和认可。

---

① 郑方辉、廖逸儿等：《财政绩效评价：理念、体系与实践》，载于《中国社会科学》2017 年第 4 期。

"3E"原则，实际上是一种包含不同价值观点的标准体系，用多元价值标准体系取代传统的单一财务和预算标准（如财务、会计指标等），可以更好地体现"管理的责任"。[①]

### （二）定量与定性相结合原则

定量分析是进行债务支出绩效评价的基本研究方法，如利用现代统计方法中的层次分析、因子分析、标杆管理以及逻辑分析等进行分层分类分析，从而取得分析数据。但由于经济活动和项目本身的复杂性，债务支出绩效评价过程中，有些方面并不能直接进行定量分析，需要借助专业人员积累的经验、知识、水平和能力进行定性分析。在实践过程中，鉴于不同评价对象的性质各异，债务支出项目的产出分为可量化产出和不可量化产出。其中可量化产出，例如经济增长情况、医疗改善情况和就业增长人数等都能准确计量；而不可量化产出，例如居民幸福感、社会民主化等都无法用具体数据来衡量。因此，在进行债务支出绩效评价时，定量分析和定性分析是衡量全过程各环节各要素的重要保证。通常来说，定性分析是判断对象是否可量化的前提，需要一定的主观意识，也是定量分析的基础；而定量分析能够使结果更加客观、精准，促使定性分析得出广泛而深入的结论。因此，定量分析主要是通过收集债务支出项目的各种有关数据，利用多种计量方法开展绩效评价；定性分析是凭借综合分析债务支出项目的信息资料，借鉴以往学者研究的经验，并结合定量结果共同分析债务支出项目的绩效，使其更能准确、全面地反映真实的债务支出项目的绩效水平。

### （三）全面性与特殊性相结合原则

绩效信息的使用者，需要辨别在不同含义和用途中的项目信息，这要求对绩效信息进行准确定义和分类，从而建立一个具有普遍适用性、前后一致的指标评价体系。债务支出大多用于地方公益项目，类别多，内容浩繁，涉及经济建设、社会发展、科教文卫、农林水利和生态环保等众多领域。支出对象广泛，且绩效的表现形式多样，如何有效地分析债务支出长期效益和短期效益、直接效益和间接效益等，是形成科学、客观的债务支出绩效评价的前提，因此需要全面、准确地考虑和计量各种因素。在实际操作过程中，要充分考虑评价主体、评价对象、评价内容、评价方法、评价标准、评价指标以及评价应用等的有机统一，涉及全过程的内外部因素。同时，由于用于不同领域的债务支出，具有特殊的产出和效

---

① 邢俊芳、陈华、邹传华：《最新国外绩效审计》，中国时代经济出版社2004年版。

益表现形式，因此，债务支出绩效评价要充分考虑不同领域支出所产生的效益的特殊性，以及每个指标的特定意义。只有在全面性与特殊性相结合的原则下，才能有效做好债务支出项目的运行和管理工作。

总体来说，"3E"原则是遵循债务支出绩效评价事前目标和标准确立的。标准是否科学可靠，直接影响评价的结论，是债务支出绩效评价体系的核心要素之一。定量与定性相结合原则遵循债务支出绩效评价的事中运行。如何科学合理地分类和定位所选取的绩效指标，是保障指标体系全面性、科学性和有效性的关键步骤。全面性与特殊性相结合原则，遵循债务支出绩效评价的事后修正。在选取债务支出绩效指标后，需要根据具体项目情况赋予指标相应权重，勾选特定指标，并适当修正一般指标，减少外界环境因素的影响，以保证指标的科学性和准确性。评价指标体系构建原则如图16-1所示。

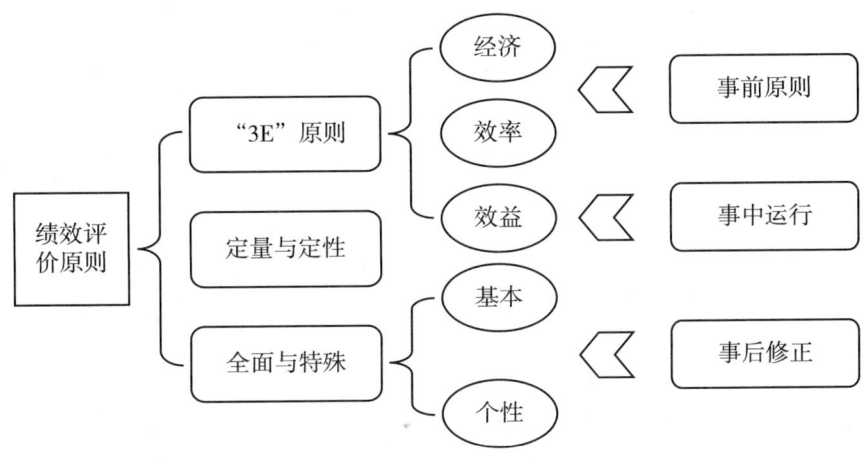

图 16-1 地方债务支出绩效评价原则

## 二、评价指标的层级设置

目前，大多数的债务资金用于大规模投资，投资项目主要是市政建设、交通运输建设、生态环保和农林水利等公共工程，这些项目基本上都具有公共品的生命周期。按照公共品生命周期的时间顺序，从投入、运行、产出和效益四个阶段分别选取具有代表性的绩效指标。

### （一）债务支出投向层

投入，即成本，是项目管理者或执行者为实现预期产出或结果，在项目过程中所耗费的人力、物力和财力等一切资源。因此，这类指标通常可以用具体消耗的人员数量、物品数量和货币量等表示。有关债务支出，基本的投入指标主要是一般债务和专项债务的投入量和债务总量；按照债务支出投入结构，可以从具体的公益性或者稳经济增长的项目中提取。本章正是基于此种分类，提取如表16-1所示的债务支出投向指标层。

表16-1　　　　　　地方政府债务支出投向层指标情况

| 层级 | 类型 | 具体指标 |
|---|---|---|
| 债务支出指标投向层 | 基本指标 | 一般债务投入比、专项债务投入比 |
| | | 一般债务占GDP比重、专项债务占GDP比重 |
| | | 人均债务率、债务占财政收入比重 |
| | 结构指标 | 债务对交通建设投入比率、债务对农林水利投入比率、债务对土地收储投入比率、债务对市政建设投入比率 |

具体指标说明如下：

（1）一般（专项）债务投入比 = 一般（专项）债务余额÷各地债务余额

（2）一般（专项）债务占GDP比重 = 一般（专项）债务余额÷各地GDP

（3）人均债务率 = 各地债务余额÷各地常住人口

（4）债务占财政收入比重 = 各地债务余额÷各地财政收入

（5）债务对交通/……/市政投入比率 = 债务投入交通……量÷债务总额

典型的投入类指标，可以直接从各地方政府每年的债务披露文件中获取。这类指标通常简单、直观，但也存在固有的局限——不能反映政府在投入债务资金时的绩效，只反映了投入的绝对数额，因此在绩效评价中不能直接运用。如果将该类指标与结果类指标结合，计算相对值，得到相应的效率类或效益类指标，就能衡债务资金投入的绩效水平，避免该类指标的固有局限性。

## （二）债务支出运行层

当债务支出投入项目后，应该对项目资金的运行全过程进行有效管理和把控。换言之，需要进行监管项目运行过程中涉及的质量控制、资金利用度和预算执行规划等。因此，运行层指标主要用于反映地方政府在向社会提供公共项目时，资金控制和预算执行的变量，即在公共项目实施过程中，是否定期按规定披露信息、是否按规范利用资金以及是否存在预算软约束等现象。因此，运行层的指标选取情况如表16-2所示。

表 16 – 2　　　　　　　地方政府债务支出运行层指标情况

| 层级 | 类型 | 具体指标 |
|---|---|---|
| 债务支出指标运行层 | 运行指标 | 财政偿债率、债务依存度、债务资金到位率、债务逾期率、偿债准备金率、预算执行率、政府负债率、债务费用发行率 |
| | 管理指标 | 债务资金运行监管体系完善度、信息披露完善度、债务管理行政开支与债务成本节约率、债务资金监管度 |

根据该阶段的债务支出使用性质，可以将指标分为两类，即运行指标和管理指标。其中，运行指标为定量指标，可以直接用数据信息进行分析；管理指标为定性指标，需要根据一定的标准以及专家学者的相关建议进行打分。具体指标说明如下：

（1）财政偿债率 = 当年债务还本付息额 ÷ 当年地方政府综合财政实力

（2）债务依存度 = 当年债务收入额 ÷ 当年地方财政支出额

（3）债务资金到位率 = 当年债务资金实际投入额 ÷ 当年债务资金计划投入额

（4）债务逾期率 = 年末逾期债务余额 ÷ 年末债务余额

（5）偿债准备金率 = 预算安排偿债准备金 ÷ 当年预算收入额

（6）预算执行率 = （实际完成额 – 预算额）÷ 预算额

（7）政府负债率 = 年末债务余额 ÷ 当年 GDP 总额

（8）债务费用发行率 = 发行债务费用 ÷ 当年债务余额

债务支出运行层的管理指标，以国内外债务绩效管理相对完善的地区为标准进行打分评价，形成可以用于计量统计分析的数据信息。

### （三）债务支出产出层

当债务项目支出投入公共领域后，通过生产建设能创造出各种公共物品和劳务用于社会公众消费和受益，因此这一类指标反映的是产出类指标。美国行政管理和预算司认为，该类指标涵盖了该类活动的事先标准，用于描述指标的特征（如及时性）。[①] 简而言之，主要用于衡量债务支出项目产出的类型和数量。通常来说，这类指标为可计量性指标，可以与历史数据相比较，揭示出产出的稳定性和变动率。因此，本章选取的债务支出产出层相关指标如表 16 – 3 所示。

---

① OMB, Guidance for Completing 2008 PARTs, P. 10.

表16-3　　　　　　　地方政府债务支出产出层指标情况

| 层级 | 类型 | 具体指标 |
|---|---|---|
| 债务支出指标产出层 | 市政建设 | 城市绿化覆盖变化率、污水日处理变动率、城市照明灯变动率、城市广场个数变动率 |
| | 交通建设 | 城市铁路里程增长率、城市交通总里程增长率 |
| | 保障性住房建设 | 保障性住房增长率、棚户区改造数量变动率 |

前文已分析，债务支出主要用于公益性或稳经济增长项目，包括市政建设、交通运输建设、农林水利、土地收储和保障性住房建设等方面，具有明显的结构特征。本章根据债务支出主要使用方向，选取投入资金规模较大的城市基础设施项目的相关指标，建立地方政府债务支出产出层指标体系。表中的指标均为变动或增长率指标，计算原理为：（当年投入项目产出量－上年项目产出量）÷上年项目产出量，故在此不再一一解释每个指标的含义。

### （四）债务支出结果层

所谓结果类指标，通常用于说明在给定条件下一项工作、活动或任务完成计划的程度，反映了活动达到的真实效果及其影响。[1] 该类指标最大的特征在于其既与项目和机构整个职责挂钩，存在于项目或活动之外，还对目标受益人有着直接影响，主要表现在所发生的事件在条件、行为或态度方面的变化，突出其在职责和目标方面取得的进展。[2] 某种具体的公共品供给结果既包括直接结果，也包括间接结果即所谓的外部效应。因此，选取的债务支出指标结果层如表16-4所示。

表16-4　　　　　　　地方政府债务支出产出层指标情况

| 层级 | 类型 | 具体指标 |
|---|---|---|
| 债务支出指标结果层 | 直接结果 | 债务投入基建项目竣工率、债务投入环境治理项目竣工率、债务投入保障性住房竣工率 |
| | 间接结果 | 就业增长率、城镇化率、职工平均工资增长率、地方生产总值指数、税收增长率、居民收入增长率 |

---

[1] 丛树海、周炜、于宁：《公共支出绩效评价指标体系的构建》，载于《财贸经济》2005年第3期。

[2] 晁毓欣：《政府预算绩效评价TSE模型及应用——基于公共品生命周期的研究》，社会科学文献出版社2015年版，第153页。

结果类指标,按照目标阶段的不同,还可以进一步分为中间结果指标和最终结果指标。鉴于有些项目难以定义量化指标,因此结果类指标中的间接结果指标,包括了部分中间结果指标和最终结果指标。其中,项目竣工率指标计算原理为:报告期竣工建设项目个数与报告期施工项目个数对比的相对数,增长率指标计算前文已分析,在此不再一一解释每个指标的含义。

(五)债务支出绩效评价修正指标

从投入到产出的整个过程,债务资金使用效率会受到多方面外部因素的综合影响。虽然内部运行管理系统是地方政府债务支出绩效水平的决定因素,但是外部环境的变化也会对地方政府债务支出效率产生影响。本章根据大环境、各地区的特点,选取债务支出绩效评价的几个主要修正指标,考察其对地方政府债务支出效率的影响程度,具体如图16-2所示。

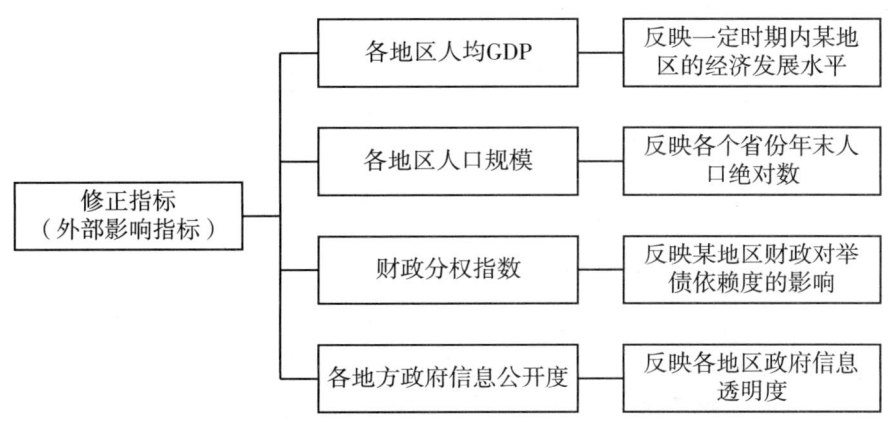

图 16-2 地方政府债务支出绩效评价外部修正指标

(1)各地区人均GDP,主要反映在一定时期内某一地区的经济发展水平。当前,学者们就地区经济发展对债务支出效率影响的看法并非一致。一方面,庄佳强等(2016)认为在经济相对发达的地区,居民拥有较高的收入水平,对地方政府支出投向和使用效率更加敏感,对提高债务绩效存在正面影响。另一方面,金荣学等(2019)认为在经济相对发达的地区,居民的成本控制意识相对薄弱,相应政府的支出效率会降低。

(2)各地区人口规模,主要反映各个省份的年末人口绝对数。目前,国内大多数学者认为一个地区的人口越多,政府支出的规模效应越显著,支出效率也会越高。但也有学者认为随着居民密度增加、交通拥堵、环境污染等社会问题日益凸显,增加了地方政府债务支出在城市环保和交通建设等方面的压力,其使用效率也受到一定影响。

（3）财政分权指数，主要反映地区的财政体制。地方财政收支水平直接影响地方政府债务支出规模，在中央与地方政府财权和事权不匹配的现状下，易导致各级地方政府公共资源配置效率低下，财政收支不平衡，举债需求增加。通常来说，财政收入分权指数较高的地区，对地方举债依赖度较低，债务规模较小，债务绩效管理压力减缓，相应的债务绩效较高；财政支出分权指数较高的地区，存在较高的资金需求，在收入和转移支付受限时，举债压力更大，债务绩效水平相对较低。

（4）各地方政府信息公开度，主要反映各地区政府信息透明度。通常来说，在信息披露机制相对完善的地区，政府工作会受到更广泛的社会监督，地方官员自觉考核和评价债务项目绩效的可能性越大。这种"阳光下的政府"，其工作环境和要求能够倒逼地方政府提高债务资金的使用效率和管理水平。

## 第三节　变量选取与数据来源

### 一、投入与产出变量

确定债务的投入与产出是评估地方政府债务支出效率的难点之一。在2014年之前，地方政府债务都较为隐蔽，债务的投入和产出数据并不完备，而在《预算法》进行新的修订之后，在法律层面上地方政府被赋予了通过发行地方政府债券来举借债务的权利。库尔茨和施兰克（Kurtz and Schrank，2007）通过实证研究分析发现，采用相同的绩效评估指标体系来研究各个国家的经济发展状况时，是可以忽略与国家治理相关的变量所存在的主观性的。同样，在评估我国的政府债务支出效率时（30个省份），若都选用同样的评估指标，则可以忽略地方政府治理相关变量所存在的主观性。

在投入指标方面，我国地方政府债务主要用于市政建设、交通运输等基础设施建设和土地储备投资，考虑到难以衡量土地收储对应的产出，将地方政府的土地储备专项债券从中剔除。为缩小地方政府债务支出效率评估值与其真实水平的差距，选取市政建设和交通运输基础设施两类政府债务支出的产出变量，来反映我国各省份的地方政府债务支出功能。将剔除后的地方政府债务额作为其投入的代理变量。在产出指标方面，应该选用30个省份都拥有的指标，比如交通运输和市政基础设施建设产出指标，目的是能够较全面地体现地方政府债务支出功能。综合考虑数据包络分析法模型对投入、产出指标个数的要求和资金投入比（交通运输基础设施建设：市政建设＝2∶3），从中选择最具有代表性的2个交通运输基础设施和4个市政建设产出指标，分别是城市桥梁数、实有道路面积和建成区绿化覆盖率、城市燃气普及率、供水综合生产能力以及城市污水日处理能力。

## 二、外生环境变量

由于经典的数据包络分析法没有考虑外生环境变量对地方政府债务支出的影响，所以由它计算出的效率得分并不能准确得出实际的效率水平。因此，目前最重要的是确定哪些环境变量会对地方政府债务支出效率产生影响。根据前人的研究经验，本章选取人均地区生产总值、人口规模、财政收入和支出分权度3个外生环境变量，从而去除外生环境变量对效率水平的影响。

### （一）人均地区生产总值

通常情况下，人均收入越高会使得公共支出拥有更高的效率，然而鲍莫尔（Baumol，1967）认为居民收入提高意味着政府公共服务成本也随之升高，从而可能会降低政府的服务效率。国内学者陈诗一、张军（2009）也认为，人均生产总值会对地方政府的支出效率产生逆向作用。但是，笔者初步认为，在人均GDP较高的地区，对于地方政府债务而言，其资金的运作和监管相对更合理科学，人均生产总值可能对地方政府的支出效率产生正向作用。

### （二）人口规模

格罗斯曼等（Grossman et al.，1999）认为，某一地区中人口规模越大，所带来的监管成本越低，这是因为在人口密度持续增长的某一地区中，其公共服务的供给会产生规模经济效应，从而可以提高其公共支出效率。但是，洛伊卡宁等（Loikkanen et al.，2005）的研究却发现，人口密度与公共支出效率之间呈现负相关的关系。国内学者陈诗一和张军的研究认为，某一地区人口规模对地方政府公共服务的供给具有积极作用。① 然而，针对地方政府债务，人口规模对其支出效率的影响以及影响程度还未得到进一步检验和解释。

---

① 陈诗一、张军：《中国地方政府财政支出效率研究：1978－2005》，载于《中国社会科学》2008年第4期，第65~78页。

### (三) 财政收入和支出分权度

财政分权度可以根据收入和支出这两个维度划分为财政收入分权度和财政支出分权度。根据金荣学等学者的研究可以得出，财政分权度对财政支出效率的影响程度具有不一致性。[①] 本章选用的财政收入和财政支出分权度指标的衡量标准分别是地方财政收入占国家财政收入的百分比和地方财政支出占国家财政支出的百分比。本章初步认为，财政收入分权度对地方政府的债务支出效率具有正向影响，财政支出分权度对地方政府债务支出效率具有负向影响。某一地区具有越高的财政收入分权度表明其财政资源越丰富，越能满足其在公益性项目建设和地方基础设施投资方面的需求，规模相对较小的债务却具有相对较高的支出效率。而当某一地区具有越高的财政支出分权度，这就代表着当地政府具有较大的公共服务成本的供给需求，只有通过举债来满足大量的公益性支出项目和基础设施投资所需要的资金，因此财政支出分权度可能会对地方政府债务支出效率产生逆向作用。

### (四) 政府规模

通常情况下，一般采用政府消费支出或者财政支出占地区生产总值的百分比来评估政府规模大小，本章采用的衡量指标是地方政府消费支出占地区 GDP 的百分比。一般情况下，政府规模与财政支出之间呈现负相关的关系，但对于地方政府债务来说，它与一般的财政支出不同，因此我们无法确定政府规模的大小对政府债务支出效率的影响是否与公共支出效率相同。

## 三、数据来源

为保持研究的一致性以及结果的可比较性，本节选取的地方政府债务绩效评价对象依旧是除了台湾、西藏、香港以及澳门以外的其他 30 个省级行政区 (以下分别简称为京、津、冀、晋、蒙、辽、吉、黑、沪、苏、浙、皖、闽、赣、鲁、豫、鄂、湘、粤、桂、琼、渝、川、黔、云、秦、甘、青、宁和新)。原始数据的主要来源除了包含各省份公布的地方政府债务审计结果公告、《中国统计年鉴》和《中国统计摘要》以外，还使用了《中国区域经济统计年鉴》《中国国土资源年鉴》以及《中国交通年鉴》上的数据。各变量的描述性统计分析见表 16-5。

---

[①] 金荣学、宋弦：《新医改背景下的我国公共医疗卫生支出绩效分析——基于 DEA 和 Mulmquist 生产率指数的实证》，载于《财政研究》2012 年第 9 期，第 54~60 页。

表 16-5　基于数据包络分析法的变量描述性统计分析

| 类型 | 变量 | 平均值 2011年 | 平均值 2012年 | 平均值 2013年 | 最大值 2011年 | 最大值 2012年 | 最大值 2013年 | 最小值 2011年 | 最小值 2012年 | 最小值 2013年 | 标准差 2011年 | 标准差 2012年 | 标准差 2013年 |
|---|---|---|---|---|---|---|---|---|---|---|---|---|---|
| 投入 | 地方政府债务额（千亿元） | 3.77 | 4.65 | 5.83 | 9.06 | 11.74 | 15.47 | 0.59 | 0.70 | 0.84 | 1.95 | 2.32 | 2.94 |
| | 污水日处理能力（千万立方米/日） | 0.44 | 0.46 | 0.49 | 1.72 | 1.71 | 1.76 | 0.03 | 0.03 | 0.03 | 0.39 | 0.39 | 0.40 |
| | 供水综合生产能力（千万立方米/日） | 0.89 | 0.90 | 1.02 | 3.51 | 3.53 | 3.50 | 0.09 | 0.09 | 0.15 | 0.76 | 0.76 | 0.80 |
| 产出 | 城市燃气普及率（%） | 91 | 91 | 92 | 100 | 100 | 100 | 72 | 66 | 72 | 8.3 | 8.9 | 7.6 |
| | 建成区绿化覆盖率（%） | 38 | 39 | 39 | 47 | 46 | 47 | 28 | 30 | 31 | 4 | 3.7 | 3.8 |
| | 实有道路面积（亿平方米） | 1.87 | 2.02 | 2.14 | 6.61 | 7.14 | 7.46 | 0.14 | 0.15 | 0.18 | 1.63 | 1.73 | 1.81 |
| | 城市桥梁数（万座） | 0.180 | 0.190 | 0.200 | 1.210 | 1.290 | 1.340 | 0.0082 | 0.0085 | 0.0126 | 0.260 | 0.280 | 0.290 |
| | 人均地区生产总值（万元） | 4 | 4.4 | 4.8 | 8.5 | 9.3 | 10 | 1.6 | 2 | 2.3 | 1.9 | 2 | 2.1 |
| 外生变量 | 人口规模（亿人） | 0.45 | 0.45 | 0.45 | 1.05 | 1.06 | 1.06 | 0.06 | 0.06 | 0.06 | 0.27 | 0.27 | 0.27 |
| | 财政收入分权度（%） | 1.7 | 1.7 | 1.8 | 5.3 | 5.3 | 5.5 | 0.1 | 0.2 | 0.2 | 1.3 | 1.3 | 1.3 |
| | 财政支出分权度（%） | 2.8 | 2.8 | 2.8 | 6.1 | 5.9 | 6 | 0.6 | 0.7 | 0.7 | 1.3 | 1.2 | 1.3 |
| | 政府规模（%） | 14 | 14 | 14 | 24 | 25 | 25 | 9 | 9 | 9 | 4 | 4 | 4 |

注：2011年和2013年的地方政府性债务额是根据审计公告中的2012年底债务额、2013年6月底债务额及年均债务增长率估算得出。

# 第四节 实证分析

## 一、经典 DEA 模型效率测算

本章利用规模报酬可变条件下的投入导向型 DEA 模型，测算 2011~2013 年我国 30 个省份的地方政府债务支出效率得分[①]，其中，投入量以地方政府债务额表示，由于地方政府债务资金主要投向市政工程，故产出量主要选取了城市污水日处理能力、供水综合生产能力、城市天然气普及率、建成区绿化覆盖率、实际道路面积和城市桥梁数，根据 2011~2013 年统计数据，可得到 BCC 模型效率测算结果，见表 16-6。

表 16-6  2011~2013 年经典 DEA 模型效率测算结果

| 地区 | 2011 年 | | | | 2012 年 | | | | 2013 年 | | | |
| --- | --- | --- | --- | --- | --- | --- | --- | --- | --- | --- | --- | --- |
| | (1) | (2) | (3) | (4) | (5) | (6) | (7) | (8) | (9) | (10) | (11) | (12) |
| | $\hat{\theta}_c$ | $\hat{\theta}$ | SE | R | $\hat{\theta}_c$ | $\hat{\theta}$ | SE | R | $\hat{\theta}_c$ | $\hat{\theta}$ | SE | R |
| 京 | 1.00 | 1.00 | 1.00 | — | 1.00 | 1.00 | 1.00 | — | 0.70 | 1.00 | 0.70 | |
| 津 | 0.39 | 1.00 | 0.38 | ↓ | 0.44 | 1.00 | 0.44 | ↓ | 0.47 | 1.00 | 0.47 | ↓ |
| 冀 | 0.51 | 1.00 | 0.51 | ↓ | 0.49 | 0.68 | 0.72 | ↓ | 0.47 | 0.61 | 0.77 | ↓ |
| 晋 | 0.50 | 0.52 | 0.97 | ↓ | 0.45 | 0.62 | 0.73 | ↓ | 0.35 | 0.54 | 0.65 | ↓ |
| 蒙 | 0.39 | 0.40 | 0.99 | ↑ | 0.42 | 0.43 | 0.98 | ↓ | 0.43 | 0.43 | 0.99 | ↑ |
| 辽 | 0.67 | 0.69 | 0.98 | | 0.64 | 0.73 | 0.88 | ↓ | 0.70 | 0.78 | 0.89 | ↓ |
| 吉 | 0.596 | 0.597 | 0.99 | ↑ | 0.61 | 0.65 | 0.94 | ↓ | 0.53 | 0.55 | 0.96 | ↓ |
| 黑 | 0.80 | 0.81 | 0.99 | ↑ | 0.77 | 0.78 | 0.99 | ↑ | 1.00 | 1.00 | 1.00 | — |
| 沪 | 0.53 | 1.00 | 0.53 | ↓ | 0.59 | 1.00 | 0.59 | ↓ | 0.68 | 1.00 | 0.68 | ↓ |
| 苏 | 0.90 | 1.00 | 0.90 | ↓ | 0.86 | 1.00 | 0.86 | ↓ | 0.80 | 1.00 | 0.80 | ↓ |
| 浙 | 1.00 | 1.00 | 1.00 | — | 1.00 | 1.00 | 1.00 | — | 1.00 | 1.00 | 1.00 | — |

---

① 金荣学、胡智煜：《基于 DEA 方法的地方政府性债务支出效率研究》，载于《华中师范大学大学学报》（人文社会科学版）2015 年第 4 期。

续表

| 地区 | 2011 年 | | | | 2012 年 | | | | 2013 年 | | | |
|---|---|---|---|---|---|---|---|---|---|---|---|---|
| | (1) $\hat{\theta}_c$ | (2) $\hat{\theta}$ | (3) SE | (4) R | (5) $\hat{\theta}_c$ | (6) $\hat{\theta}$ | (7) SE | (8) R | (9) $\hat{\theta}_c$ | (10) $\hat{\theta}$ | (11) SE | (12) R |
| 皖 | 0.80 | 0.83 | 0.97 | ↓ | 0.72 | 0.79 | 0.91 | ↓ | 0.66 | 0.75 | 0.88 | ↓ |
| 闽 | 0.82 | 1.00 | 0.82 | ↓ | 0.75 | 1.00 | 0.75 | ↓ | 0.63 | 0.93 | 0.68 | ↓ |
| 赣 | 0.51 | 1.00 | 0.51 | ↓ | 0.49 | 1.00 | 0.49 | ↓ | 0.48 | 0.90 | 0.53 | ↓ |
| 鲁 | 1.00 | 1.00 | 1.00 | — | 1.00 | 1.00 | 1.00 | — | 1.00 | 1.00 | 1.00 | — |
| 豫 | 0.78 | 0.79 | 0.99 | ↑ | 0.68 | 0.69 | 0.99 | ↑ | 0.59 | 0.59 | 0.99 | ↑ |
| 鄂 | 0.75 | 0.76 | 0.99 | ↓ | 0.63 | 0.67 | 0.95 | ↓ | 0.48 | 0.52 | 0.93 | ↓ |
| 湘 | 0.47 | 0.47 | 0.99 | — | 0.47 | 0.49 | 0.95 | ↓ | 0.37 | 0.38 | 0.97 | ↓ |
| 粤 | 1.00 | 1.00 | 1.00 | — | 1.00 | 1.00 | 1.00 | — | 1.00 | 1.00 | 1.00 | — |
| 桂 | 0.89 | 0.90 | 0.99 | ↓ | 0.99 | 1.00 | 0.99 | ↓ | 0.88 | 0.98 | 0.90 | ↓ |
| 琼 | 0.83 | 1.00 | 0.83 | ↓ | 0.73 | 1.00 | 0.73 | ↓ | 0.63 | 1.00 | 0.63 | ↓ |
| 渝 | 0.29 | 0.31 | 0.91 | ↓ | 0.30 | 0.42 | 0.71 | ↓ | 0.30 | 0.37 | 0.82 | ↓ |
| 川 | 0.39 | 0.39 | 0.99 | — | 0.36 | 0.37 | 0.98 | ↓ | 0.34 | 0.34 | 0.99 | ↑ |
| 黔 | 0.18 | 0.19 | 0.95 | ↑ | 0.17 | 0.18 | 0.96 | ↑ | 0.20 | 0.21 | 0.97 | ↑ |
| 滇 | 0.31 | 0.33 | 0.96 | ↓ | 0.30 | 0.32 | 0.94 | ↓ | 0.27 | 0.27 | 0.99 | ↓ |
| 陕 | 0.29 | 0.31 | 0.94 | ↓ | 0.30 | 0.39 | 0.77 | ↓ | 0.29 | 0.35 | 0.82 | ↓ |
| 甘 | 0.62 | 0.64 | 0.96 | ↑ | 0.51 | 0.51 | 0.99 | ↑ | 0.37 | 0.38 | 0.98 | ↑ |
| 青 | 0.87 | 1.00 | 0.87 | ↓ | 0.92 | 1.00 | 0.92 | ↓ | 0.72 | 0.75 | 0.95 | ↑ |
| 宁 | 1.00 | 1.00 | 1.00 | — | 1.00 | 1.00 | 1.00 | — | 1.00 | 1.00 | 1.00 | — |
| 新 | 0.99 | 1.00 | 0.99 | ↓ | 0.62 | 1.00 | 0.62 | ↓ | 0.55 | 0.87 | 0.63 | ↓ |
| 均值 | 0.67 | 0.77 | 0.89 | | 0.64 | 0.76 | 0.86 | | 0.56 | 0.72 | 0.85 | |
| 标准差 | 0.26 | 0.28 | 0.17 | | 0.25 | 0.27 | 0.16 | | 0.246 | 0.28 | 0.16 | |

注：$\hat{\theta}_c$、$\hat{\theta}$、SE、R 表示环境影响因素变量调整前的综合技术效率、纯技术效率、规模效率和规模报酬。

由表 16-6 的测算结果可得出以下结论：

第一，从综合技术效率来看，2011~2013 年我国地方政府债务综合技术效率总体得分不高，平均为 0.636，综合技术效率得分连续三年均为 1 的省份有 4 个，分别为浙江、山东、广东、宁夏，由这 4 个省份的地方政府债务支出与产出的线性组合构成综合技术效率前沿面。需要指出的是，处于生产前沿面上的省份只是相对效率较高，并不代表不存在效率提升的空间。综合技术效率连续三年低于 0.5 的省份是天津、内蒙古、重庆、四川、云南和陕西，说明这六个地区的政府债务支出效率存在很大的提升空间，效率水平亟须改善。

第二，从纯技术效率来看，30 个省份的技术效率连续三年的平均得分为 0.75，说明在保持投入比例和产出水平不变的情况下，如果能达到有效管理水平，地方政府债务支出可以减少 25%。

第三，从规模效率来看，我国地方政府债务支出的规模效率连续三年平均得分为 0.87，规模效率总体水平较高，说明地方政府债务规模基本处于合理范围内，另外也说明如果 30 个省级政府在地方政府债务使用方面都达到最优规模，则可减少 13% 的地方政府债务投入。

第四，从规模报酬来看，目前我国有 21 个省份的债务使用连续三年处于规模报酬递减或不变的阶段，说明这些省份可以通过控制或缩小地方政府债务规模来提高债务的支出效率。

## 二、投入松弛量 Tobit 模型回归分析

为检验地方政府债务投入松弛量是否会受到外生变量的影响，本章将第一阶段计算得到的一类投入松弛量 $s_k = (1 - \theta_k)x_k + s_k^-$（$k = 1, 2, \cdots, 30$）与外生环境变量结合起来，构造 Tobit 随机效应模型，回归分析结果见表 16-7。

表 16-7　2011~2013 年投入松弛量与外生变量的回归结果分析

| 解释变量 | 2011 年 | 2012 年 | 2013 年 |
|---|---|---|---|
| | 被解释变量 | | |
| | 地方政府债务投入松弛量 | | |
| 常数项 | 3 934.10 *<br>(2.15) | 3 874.02<br>(1.63) | 6 965.43 **<br>(2.42) |
| 人均地区生产总值 | -0.09 ***<br>(-2.72) | -0.08 **<br>(-2.01) | -0.07 *<br>(-1.72) |
| 人口规模 | -1.50 ***<br>(-4.52) | -1.32 ***<br>(-3.23) | -1.10 ***<br>(-2.74) |
| 财政收入分权度 | -3 456.94 ***<br>(-4.52) | -3 499.58 ***<br>(-3.14) | -4 649.14 ***<br>(-2.90) |

续表

| 解释变量 | 2011 年 | 2012 年 | 2013 年 |
| --- | --- | --- | --- |
| | 被解释变量 | | |
| | 地方政府债务投入松弛量 | | |
| 财政支出分权度 | 5 771.98*** <br> (4.74) | 5 673.18*** <br> (4.18) | 5 780.05*** <br> (4.47) |
| 政府规模 | -289.73*** <br> (-3.36) | -296.52*** <br> (-2.89) | -417.87*** <br> (-3.35) |
| 对数似然率 | -136.29 | -142.52 | -175.67 |

注：***、**、* 分别表示在 1%、5% 和 10% 的水平上显著。

表 16-7 报告了地方政府债务投入松弛量与外生环境变量的关系，其中，被解释变量为地方政府债务投入松弛量，解释变量为人口规模、政府规模等外生环境变量。如果地方政府债务投入松弛量与外生环境变量呈正向关系，表示外生环境对地方政府债务绩效水平的提升无效，反之，则表示外生环境变量能够促进地方政府债务支出水平的提高。因此，根据表 16-7 的回归结果可知，财政支出分权度与地方政府债务投入松弛量的相关系数在 1% 的显著性水平下为正，说明财政分权度越高反而会降低地方政府债务绩效水平；而其他外生变量与地方政府债务投入松弛量的相关系数在显著性水平下为负，说明这些变量的增加会提高地方政府债务绩效水平。

根据投入松弛量的拟合值调整初始投入变量，并采用调整后的投入数据和初始产出数据，再次使用 DEA 模型，测算得出调整后的 2011~2013 年各省份政府债务支出效率的得分情况，结果如表 16-8 所示。

表 16-8　2011~2013 年影响因素调整后的 DEA 效率测算结果

| 省份 | 2011 年 | | | | 2012 年 | | | | 2013 年 | | | |
| --- | --- | --- | --- | --- | --- | --- | --- | --- | --- | --- | --- | --- |
| | (1) | (2) | (3) | (4) | (5) | (6) | (7) | (8) | (9) | (10) | (11) | (12) |
| | $\hat{\theta}_{ce}$ | $\hat{\theta}_e$ | $SE_e$ | $R$ | $\hat{\theta}_{ce}$ | $\hat{\theta}_e$ | $SE_e$ | $R$ | $\hat{\theta}_{ce}$ | $\hat{\theta}_e$ | $SE_e$ | $R$ |
| 京 | 0.56 | 1.00 | 0.56 | 递减 | 0.60 | 1.00 | 0.60 | 递减 | 0.78 | 1.00 | 0.78 | 递减 |
| 津 | 0.37 | 1.00 | 0.37 | 递减 | 0.48 | 1.00 | 0.48 | 递减 | 0.53 | 1.00 | 0.53 | 递减 |
| 冀 | 0.60 | 1.00 | 0.60 | 递减 | 0.58 | 1.00 | 0.58 | 递减 | 0.69 | 0.87 | 0.80 | 递减 |
| 晋 | 0.79 | 0.79 | 1.00 | 递增 | 0.80 | 0.81 | 0.98 | 递减 | 0.71 | 0.81 | 0.88 | 递减 |
| 蒙 | 0.75 | 0.83 | 0.91 | 递增 | 0.80 | 0.88 | 0.91 | 递增 | 0.79 | 0.84 | 0.94 | 递增 |

续表

| 省份 | 2011 年 | | | | 2012 年 | | | | 2013 年 | | | |
|---|---|---|---|---|---|---|---|---|---|---|---|---|
| | (1) | (2) | (3) | (4) | (5) | (6) | (7) | (8) | (9) | (10) | (11) | (12) |
| | $\hat{\theta}_{ce}$ | $\hat{\theta}_{e}$ | $SE_e$ | $R$ | $\hat{\theta}_{ce}$ | $\hat{\theta}_{e}$ | $SE_e$ | $R$ | $\hat{\theta}_{ce}$ | $\hat{\theta}_{e}$ | $SE_e$ | $R$ |
| 辽 | 1.00 | 1.00 | 1.00 | — | 0.92 | 1.00 | 0.92 | 递减 | 1.00 | 1.00 | 1.00 | — |
| 吉 | 0.78 | 0.82 | 0.96 | 递增 | 0.82 | 0.87 | 0.95 | 递增 | 0.93 | 0.94 | 0.99 | 递增 |
| 黑 | 0.87 | 0.91 | 0.96 | 递增 | 0.76 | 0.83 | 0.92 | 递增 | 0.85 | 0.88 | 0.97 | 递增 |
| 沪 | 0.57 | 1.00 | 0.57 | 递减 | 0.54 | 1.00 | 0.55 | 递减 | 0.60 | 1.00 | 0.60 | 递减 |
| 苏 | 1.00 | 1.00 | 1.00 | — | 1.00 | 1.00 | 1.00 | — | 1.00 | 1.00 | 1.00 | — |
| 浙 | 1.00 | 1.00 | 1.00 | — | 1.00 | 1.00 | 1.00 | — | 1.00 | 1.00 | 1.00 | — |
| 皖 | 1.00 | 1.00 | 1.00 | — | 1.00 | 1.00 | 1.00 | — | 1.00 | 1.00 | 1.00 | — |
| 闽 | 0.64 | 1.00 | 0.64 | 递减 | 0.74 | 1.00 | 0.74 | 递减 | 0.79 | 1.00 | 0.79 | 递减 |
| 赣 | 1.00 | 1.00 | 1.00 | — | 1.00 | 1.00 | 1.00 | — | 1.00 | 1.00 | 1.00 | — |
| 鲁 | 1.00 | 1.00 | 1.00 | — | 1.00 | 1.00 | 1.00 | — | 1.00 | 1.00 | 1.00 | — |
| 豫 | 0.80 | 0.82 | 0.98 | 递增 | 0.89 | 0.89 | 0.99 | 递增 | 0.90 | 0.93 | 0.97 | 递增 |
| 鄂 | 0.78 | 0.78 | 1.00 | 递增 | 0.74 | 0.77 | 0.97 | 递减 | 0.81 | 0.81 | 1.00 | 递减 |
| 湘 | 0.68 | 0.69 | 0.98 | 递增 | 0.72 | 0.72 | 0.99 | 递增 | 0.80 | 0.80 | 0.99 | 递增 |
| 粤 | 1.00 | 1.00 | 1.00 | — | 1.00 | 1.00 | 1.00 | — | 1.00 | 1.00 | 1.00 | — |
| 桂 | 1.00 | 1.00 | 1.00 | — | 1.00 | 1.00 | 1.00 | — | 1.00 | 1.00 | 1.00 | — |
| 琼 | 0.80 | 0.80 | 1.00 | 递增 | 0.82 | 0.83 | 0.99 | 递增 | 0.80 | 0.80 | 1.00 | 递增 |
| 渝 | 0.76 | 0.77 | 1.00 | 递减 | 0.76 | 0.77 | 1.00 | 递减 | 0.71 | 0.72 | 0.98 | 递增 |
| 川 | 0.93 | 0.96 | 0.98 | 递增 | 0.85 | 0.85 | 1.00 | 递增 | 0.91 | 0.95 | 0.96 | 递增 |
| 黔 | 0.65 | 0.76 | 0.86 | 递增 | 0.64 | 0.81 | 0.79 | 递增 | 0.60 | 0.74 | 0.81 | 递增 |
| 滇 | 0.82 | 0.84 | 0.97 | 递增 | 0.87 | 0.94 | 0.93 | 递增 | 0.72 | 0.83 | 0.87 | 递增 |
| 陕 | 0.74 | 0.74 | 0.99 | 递增 | 0.77 | 0.77 | 1.00 | 递增 | 0.75 | 0.76 | 0.99 | 递增 |
| 陇 | 0.65 | 0.80 | 0.81 | 递增 | 0.76 | 0.93 | 0.82 | 递增 | 0.77 | 0.88 | 0.87 | 递增 |
| 青 | 0.74 | 0.77 | 0.96 | 递增 | 0.83 | 0.84 | 0.98 | 递增 | 1.00 | 1.00 | 1.00 | — |
| 宁 | 0.71 | 0.72 | 0.99 | 递增 | 0.78 | 0.87 | 0.90 | 递增 | 1.00 | 1.00 | 1.00 | — |
| 新 | 1.00 | 1.00 | 1.00 | — | 0.96 | 1.00 | 0.96 | 递减 | 0.81 | 0.95 | 0.86 | 递减 |
| 均值 | 0.80 | 0.89 | 0.90 | | 0.81 | 0.91 | 0.90 | | 0.84 | 0.92 | 0.92 | |
| 标准差 | 0.17 | 0.11 | 0.17 | | 0.15 | 0.09 | 0.15 | | 0.14 | 0.10 | 0.12 | |

注：$\hat{\theta}_{ce}$、$\hat{\theta}_{e}$、$SE_e$、$R$ 分别表示调整影响因素后的技术效率、纯技术效率、规模效率和规模报酬。

从表 16－8 可以看出，纯技术效率和规模效率的平均得分都有一定程度的上升。根据投入松弛量的拟合值调整投入变量后，2011 年、2012 年和 2013 年的纯技术效率平均得分分别为 0.89、0.91 和 0.92，相比经典 DEA 模型，其相应的纯技术效率分数分别高出了 0.13、0.16 和 0.20；而规模效率的平均得分是 0.90、0.90 和 0.92，研究年份内，调整影响因素后相应的规模效率得分分别提高 0.01、0.04 和 0.07。这说明，忽略外生环境变量影响会造成地方政府债务支出效率被低估，尤其是纯技术效率被低估的程度更加明显。

根据投入松弛量的拟合值调整投入变量后，各个研究省份的纯技术效率得分得到广泛提升。研究期内仅宁、青、琼和黑四省的纯技术效率得分下降。在此期间，京、津、沪、苏、浙、鲁和粤的纯技术效率分数保持为 1，而其余大部分省份的纯技术效率得分都有所提升。不难发现，因为外生环境因素的影响，经典 DEA 模型倾向于低估纯技术效率。

根据表 16－8 中规模效率得分变化情况，剔除外生环境因素影响后，各省份规模效率平均得分都有轻微的上升。在此期间，在影响因素调整前后，大多数省份都存在不同程度的变化（除浙、鲁、粤三个省的规模效率得分稳定不变为 1 外）。2011 年，在剔除外生环境变量的影响后，冀、晋、辽、沪、苏和皖等 14 个（占比 47%）省份的规模效率得分都有所上升，京、津、吉、闽、川和黔等 13 个（占比 43%）省份的规模效率得分有所下降。2012 年，规模效率得到提高的省份增加至 16 个（占比 53%），而京、冀、蒙、黑、沪和黔等 11 个（占比 37%）省份的规模效率得分都有所降低；2013 年，京、津、冀、晋、辽和吉等 18 个（占比 60%）省份的规模效率有所提高，蒙、黑、沪、豫、川、黔、滇和陇 8 个（占比 27%）省份规模效率得分均有不同程度的降低。

根据表 16－8 中规模报酬变化情况，规模报酬递增的省份数量显著增多，相应地，规模报酬递减的省份数量存在减少的现象。2011 年规模报酬递增省份为 6 个（蒙、吉、黑、豫、黔、陇），因素调整后增加至 15 个（晋、吉、黑、豫和鄂等）；2012 年为 4 个（蒙、豫、黔、陇），调整后增加到 13 个（吉、黑、豫、湘、琼和川等）；2013 年为 7 个（蒙、豫、川、黔、滇、陇、青），调整后增加到 12 个（吉、黑、豫、湘、琼和渝等）。2011 年规模报酬递减的省份原本为 17 个，调整后减少为 6 个（京、津、冀、沪、闽、渝）；2012 年为 21 个，调整后减少为 10 个（京、津、冀、晋、辽和沪等）；2013 年为 18 个，调整后减少为 8 个（京、津、冀、晋、沪、闽、鄂、新）。

### 三、动态效率分析

为了能了解地方政府债务效率的动态变化情况，本部分基于上文的三阶段效率分析，运用调整后的研究期内地方政府债务投入数据，利用 Malmquist 指数方法进行动态分析，结果如表 16-9 所示。

表 16-9　　　　2011~2013 年中国各省份政府债务
全要素生产率平均增长率　　　　　单位：%

| 省份 | 效率增长率 | 技术效率增长率 | 全要素生产率增长率 |
| --- | --- | --- | --- |
| 京 | 18 | -16 | -1 |
| 津 | 20 | -22 | -6 |
| 冀 | 8 | -18 | -12 |
| 晋 | -5 | -20 | -24 |
| 蒙 | 3 | -20 | -18 |
| 辽 | 0 | -16 | -16 |
| 吉 | 9 | -19 | -12 |
| 黑 | -1 | -17 | -18 |
| 沪 | 2 | -17 | -15 |
| 苏 | 0 | -20 | -20 |
| 浙 | 0 | -15 | -15 |
| 皖 | 0 | -19 | -19 |
| 闽 | 11 | -19 | -10 |
| 赣 | 0 | -15 | -15 |
| 鲁 | 0 | -9 | -9 |
| 豫 | 6 | -17 | -12 |
| 鄂 | 2 | -18 | -16 |
| 湘 | 9 | -19 | -12 |
| 粤 | 0 | -16 | -16 |
| 桂 | 0 | -14 | -14 |
| 琼 | 0 | -17 | -17 |
| 渝 | -4 | -17 | -20 |
| 川 | -1 | -20 | -21 |
| 黔 | -4 | -16 | -20 |
| 滇 | -6 | -16 | -21 |

续表

| 省份 | 效率增长率 | 技术效率增长率 | 全要素生产率增长率 |
| --- | --- | --- | --- |
| 陕 | 1 | -18 | -18 |
| 陇 | 9 | -21 | -14 |
| 青 | 17 | -22 | -10 |
| 宁 | 19 | -16 | 0 |
| 新 | -10 | -22 | -30 |
| 平均值 | 3 | -18 | -15 |
| 标准差 | 7 | 3 | 6 |

注：表中分别是研究期内中国各省份的全要素生产率、效率以及技术效率的几何平均增长率。

综合来看，我国30个样本省份的地方政府债务的全要素生产率指数在研究期内下降了15%，技术变化"拖累"造成了全要素生产率的下降，而提升效率能抑制其下降。从全国范围内来看，只有宁夏回族自治区的全要素生产率稍有提高，其他各省份的全要素生产率都存在显著的不同程度的降低，其中效率变化程度最大而技术退步差异则不明显。根据实证结果分析，自2011年至2013年，我国地方政府债务支出效率每年平均增长3%，这说明总的来说效率水平是有所提高的，其中效率提高幅度最多的省份有闽、津、京、青和宁等，而晋、川、琼、黔、滇、渝和黑等省份则有略有下降的态势。

## 第五节　实证结论与建议

### 一、实证结论

本章运用三阶段DEA效率评估模型，并结合Malmquist指数，评估我国地方政府债务绩效。结果发现，我国30个样本省份地方政府债务的全要素生产率指数在研究期内下降了15%，技术变化"拖累"造成了全要素生产率的下降。Malmquist指数分析发现，2011~2013年，我国地方政府债务支出效率每年平均增长3%，这说明总体来说效率水平是有所提高的。

## 二、相关建议

基于上述实证结果，本章提出如下建议：

第一，推进地方政府债务预算化管理进程，深入完善政府间财政关系，加强地方政府债务的预算管理和规模控制。从实证分析结果可以看到，我国部分地方政府的债务资金处于规模报酬递减阶段，债务资金规模过大导致资金的利用效率难以提高，严格控制债务规模有利于提高债务支出效率和化解债务风险。

第二，完善官员政绩考核制度，建立政府债务考核问责机制。以往我国对地方官员实行的政绩考核制度过于强调经济增长这一指标，在职位晋升利益的驱使下，部分地方官员盲目增加非竞争性领域的基础设施投资，甚至投资于竞争性的产业领域，从而在很大程度上导致地方政府债务规模的进一步扩大。为彻底解决该问题，需要进一步完善官员政绩考核制度，把举借和化解政府债务作为一项重要指标，并建立问责机制，引导地方政府官员树立正确的政绩观。

第三，建立健全地方政府债务项目监督管理制度，提高债务资金使用效益。目前，我国有的地方政府债务资金在投向具体的项目之前，缺乏审慎、科学的可行性分析，并且在项目的整体运行过程中，也缺乏对政府债务资金的严格监管，部分项目投资效益较低。因此，应对债务支出项目开展审慎、科学的可行性分析，并通过建立项目管理信息系统加强项目的成本管理，通过项目信息的公开来加强社会公众对项目建设和资金使用的监督职能。以成本—效益分析为基础，建立系列地方政府债务绩效考核体系，这些指标应体现出政府债务的经济效率和社会效益等内容，针对政府债务项目实施多维的绩效评价。在科学设计绩效考核指标和方法的同时，政府部门应完善地方政府债务统计报告制度，建立权责发生制的政府综合财务报告制度，全面反映政府的资产负债情况和公开完整的地方政府债务数据，确保项目绩效评价的科学性和真实性，并用好绩效评价的结果。明确界定政府与市场的职能范围，退出竞争性领域的债务性投资，把政府债务资金重点投入基础设施建设、公益性项目建设、生态环境建设等领域。同时，运用政府与社会资本合作模式（PPP模式），吸引社会资本到政府公益性项目建设中，形成多元化的投资主体，减轻政府举债压力，最终把政府部门由基础设施公共服务的提供者转变为监管者，可以大大改善基础设施建设质量，也有利于提高债务资金使用效率。

# 第十七章

# 基于随机前沿法的地方政府债务绩效评价

地方政府债务作为地方政府进行基础设施建设、满足公共需求的重要融资手段,其规模过度膨胀所引起的风险引起学术界广泛关注。在地方政府债务居高不下的情况下,通过对债务支出效率进行研究,有利于引导地方政府合理配置债务资金,促使地方政府债务管理向更加科学规范的方向发展。本章立足近年来地方政府债务的发展状况,以现有政策规范和债务数据为现实依据,基于 Battese – Coelli 模型,采用随机前沿方法评估效率水平,比较各省份的债务支出效率,并对相关影响因素进行具体分析,突破了现有 DEA 分析框架的若干局限,为地方政府债务支出效率分析引入了新的研究方法。结果发现,债务支出效率存在区域差异,尤其是西部地区与东、中部地区的差异较为明显。成本无效率影响因子可以较好地解释这种差异。

## 第一节 模型介绍

### 一、原始模型

SFA 方法的原始模型由米奥森等(Meeusen et al.,1977)建立,对于待分析的决策单元采用生产函数形式。其中,误差项同时考虑了技术无效率项和随机误差项两个部分。该原始模型的具体表述如式(17.1)所示:

$$Y_i = X_i\beta + (V_i - U_i), \quad i = 1, 2, \cdots, n \tag{17.1}$$

其中，$Y_i$ 代表第 $i$ 个决策单元的产出总量（通常取其对数值）；$X_i$ 代表 $k \times 1$ 向量，即第 $i$ 个决策单元所对应的投入量；$\beta$ 代表未知性的参数向量；$V_i$ 代表随机变量，服从 $N(0, \sigma_v^2)$ 这个正态分布；$U_i$ 代表非负随机变量，假定其服从截断于 $m_i$ 的正态分布 $N(m_i, \sigma_u^2)$，可用于权衡各个决策单元的技术无效率情况；$V_i$ 与 $U_i$ 相互独立。

以此原始模型为基础，随机前沿方法的模型设定在实证研究中广泛应用并不断变化改进，如 $U_i$ 更一般的分布假设、技术无效率项的时间变动、面板数据中的应用以及成本函数模型的引入等。需要注意，在借助极大似然估计预测随机前沿模型的参数估计值时，需要考虑无效率项的特定概率分布情况，且无效率项与解释变量需要保持相互独立。此外，样本类型和样本规模大小对无效率项和随机误差项的分布情况也有不同的要求。

## 二、成本函数模型

在随机前沿方法原始模型的基础上进行改进，可得到生产函数模型、成本函数模型和多元产出模型等。① 改进后使用最广泛的是贝泰斯和科埃利（Battese and Coelli, 1995）提出的成本函数模型：

$$Y_{it} = X_{it}\beta + (V_{it} + U_{it}), \quad i = 1, 2, \cdots, n; \ t = 1, 2, \cdots, T \tag{17.2}$$

其中，$Y_{it}$ 表示在时间 $t$ 内第 $i$ 个决策单位具有的实际总成本 $\ln TC_{it}$；$X_{it}$ 表示在时间 $t$ 内第 $i$ 个决策单位具有的产出量以及投入要素价格组建的 $K \times 1$ 向量；$\beta$ 代表待估的未知参数；$V_{it}$ 表示在时间 $t$ 内第 $i$ 个决策单位具有的随机误差项，服从 $N(0, \sigma_v^2)$ 正态分布，且独立于 $U_{it}$；$U_{it}$ 代表的是非负随机变量，用于评估时间 $t$ 第 $i$ 个决策单位具有的成本无效率项，且服从 $N(m_{it}, \sigma_u^2)$ 截断正态分布，在 $m = 0$ 处截断；支出无效率函数与 $m_{it}$ 对应，$m_{it}$ 数值越小则意味着支出效率越高。$m_{it} = z_{it}\delta$，$z_{it}$ 表示可能影响决策单位支出效率的变量组成的 $P \times 1$ 向量，$\delta$ 代表 $1 \times P$ 的待估参数向量。

贝泰斯和科埃利（1995）利用 MLE 方法得出随机前沿成本函数中各个参数的估计值，接着，在设置的成本函数当中导入样本数据，获取决策单位的最优支出 $C_{it}^*$，伯格（Berger, 1993）定义的成本效率（Cost Efficiency，CE）为理论成本同实际成本形成的比值：

$$CE_{it} = \frac{E(C_{it}^* \mid U_{it} = 0, X_{it})}{E(C_{it}^* \mid U_{it}, X_{it})} \tag{17.3}$$

---

① [美] 舒伯利·C. 昆伯卡、C. A. 诺克斯·拉维尔：《随机边界分析》，刘晓宏、杨倩译，复旦大学出版社 2007 年版。

通过 SFA 方法获取个体效率值以及参数估计之后，还必须检验上述随机前沿成本函数的有效性。在随机前沿成本函数中，通常借助对变差率 $\gamma$ 的零假设检验来实现。对变差率的定义如下：

$$\gamma = \frac{\sigma_u^2}{(\sigma_u + \sigma_v)} \tag{17.4}$$

其中，$\sigma_u^2$ 代表成本无效率项 $U$ 对应的方差，变差率 $\gamma$ 的取值范围是（0，1]。由变差率 $\gamma$ 的值，可分析随机误差项与成本无效率项各自对效率偏差产生的作用大小，若 $\gamma$ 与 1 更接近，意味着成本无效率项对成本偏差的作用占主导；若 $\gamma$ 与 0 更接近，意味着随机误差项对成本偏差的作用占主导。因此，变差率 $\gamma$ 的零假设统计检验，成为判定 SFA 手段有效性的关键参照。为了检验变差率 $\gamma$ 的零假设，可以采用单边似然比检验统计量 LR 的显著性检验。

### 三、实证模型

本章前沿成本函数的前提为投入要素具有固定价格，与贝泰斯和科埃利（1995）提出的成本函数模型相结合，构建我国地方政府债务支出效率的实证模型为：

$$\ln TC_i = \beta_0 + \sum_{m=1}^{6} \beta_m \ln G_{mi} + V_i + U_i \tag{17.5}$$

其中，$TC_i$ 代表第 $i$ 个地方政府的债务支出；$G_{mi}$（$m=1,2,3,\cdots,8$）为第 $i$ 个地方政府的第 $m$ 种公共品产出；$V_i$ 为随机误差项，且 $V_i \sim N(0, \sigma_v^2)$；$U_i$ 代表成本无效率项，假定 $U_i$ 服从 $N(m, \sigma_i^2)$ 截断正态分布，且在 $m_i = 0$ 处截断；$m_i$ 为外生变量函数，具体表示为：

$$m_i = \delta_0 + \delta_1 \ln gdp + \delta_2 \ln pd + \delta_3 gs + \delta_4 dfr + \delta_5 dfe + \delta_6 dum \tag{17.6}$$

## 第二节 指标体系构建

### 一、投入与产出变量

#### （一）投入变量

库尔茨和施兰克（Kurtz and Schrank，2007）通过实证研究分析发现，如果采用相同的绩效评估指标体系来研究各个国家的经济发展状况,可以忽略与国家治理相关的变量所存在的主观性。根据以上观点,在评价我国各省份的政府债务支出效率时,地方政府债务额应当保持口径一致,本章以债券市场上可获得的城投债和地方政府债券数据为基础。此外,考虑到土地收储对应的产出难以衡量,而置换债券属于债务内部结构变化,未增加实际投入,将地方政府的土地储备专项债券和置换债券均从中剔除。

### (二) 产出变量

据前述分析,我国地方政府债务主要用于市政建设、交通等基础设施建设投资,为缩小地方政府债务支出效率评估值与其真实水平的差距,选取市政建设和交通运输基础设施两类政府债务支出的产出变量,来反映我国各省份的地方政府债务支出功能。具体设定如表17-1所示。

表17-1　　　基于随机前沿法的地方政府债务支出产出变量

| 类别 | 产出变量 |
|---|---|
| 市政建设 | 城市燃气普及率($G1$) |
|  | 污水日处理能力($G2$) |
|  | 建成区绿化覆盖率($G3$) |
| 交通运输基础设施 | 实有道路面积($G4$) |
|  | 城市桥梁数($G5$) |
|  | 城市道路照明灯数($G6$) |

## 二、影响因素变量

借鉴现有文献,本章选取人均地区生产总值、人口密度、政府规模、财政收入分权度、财政支出分权度以及时间虚拟变量等外生环境变量作为成本效率影响因素变量。各影响因素变量汇总如表17-2所示。

表17-2　　　　　　　成本效率影响因素变量

| 影响因素变量 | 具体含义 |
|---|---|
| 人均地区生产总值($gdp$) | 地区年生产总值除以年平均常住人口 |
| 人口密度($pd$) | 每平方千米人口数 |

续表

| 影响因素变量 | 具体含义 |
| --- | --- |
| 政府规模（$gs$） | 地方财政支出占 GDP 比重 |
| 财政收入分权度（$dfr$） | 地方财政收入与国家财政收入的比值 |
| 财政支出分权度（$dfe$） | 地方财政支出与国家财政支出的比值 |
| 时间虚拟变量（$dum$） | 2015 年以前年份取 0，2015 年及以后年份取 1 |

## （一）人均地区生产总值

人均地区生产总值反映了在一定时期内某一地区的经济社会发展水平。一般而言，更多的人均财富或收入可促使公共支出效率增加，但有学者（Eeckaut et al., 1993）发现在人均收入较高的地区，民众对于财政支出成本管控的意识较为薄弱，导致公共支出效率出现逆向效应。国内部分研究采用实证分析法获取了相同的结论，即人均 GDP 越高，则地方政府的支出效率越低。① 然而，就地方政府债务的支出效率来看，人均 GDP 越高，对其地方政府债务资金的运行操作及监督控制可能更为合理高效，债务支出效率的预期可能更高。

## （二）人口密度

本章以每平方千米的人口数作为衡量人口密度的指标。桑福德·格罗斯曼等（1999）发现，地方人口密度越大，管控成本则越小。人口密度较大的地区，公共服务的规模效应较显著，公共支出效率上升较快。② 而洛伊卡宁等（2005）指出，人口规模和密度的增大却不利于提升公共支出效率。有关我国财政支出效率的分析发现，地区人口规模增加，尤其是人口密度的增大，有利于发挥公共支出的规模效应，更高效地提供地区性公共产品。③ 人口规模对地方政府债务支出效率的作用机理及两者的关联度还有待后续研究进行探讨。

## （三）政府规模

关于政府规模的度量，常见的做法是以政府消费支出或者财政支出所占 GDP

---

① 陈诗一、张军：《中国地方政府财政支出效率研究：1978 - 2005》，载于《中国社会科学》2008 年第 4 期，第 65~78 页。

② Philip Grossman, Panayiotis Mavros, Robert Wassmer. Public sector technical inefficiency in large U. S. cities [J]. *Journal of Urban Economics*, 1999, 46 (2): 278 - 299.

③ 余锦亮等：《人口增长、生产效率与地方政府财政支出规模——理论及来自中国地级市的经验证据》，载于《财政研究》2018 年第 10 期。

的比重来体现。本章采取财政支出占 GDP 比重作为评估标准。多数学者认为，在一定程度上，政府规模越大，就越有可能阻碍财政支出效率的提升。具体原因可能包括政府官僚机构臃肿、行政效率低下，或对私人投资的挤出等。考虑到地方政府债务支出不同于一般性的财政支出，政府规模对政府债务支出效率的影响也可能存在其自身特点，具体作用有待实证检验。

### （四）财政收入和支出分权度

按照支出和收入两个维度，可将财政分权度划分为财政支出分权度和财政收入分权度。在本书中，财政收入分权度通过全国财政收入中地区财政收入所占百分比予以评估，财政支出分权度通过全国财政支出中地区财政支出所占百分比予以评估。现有的大量实证分析成果发现，财政支出效率同财政分权度存在关联性，具体关联程度则各不相同。[1] 若某个地区财政收入分权度较高，则地方政府可利用的自有资金较多，便于为地区基础设施建设投资提供所需的资金。因此，当债务规模保持在适度范围内，可以拥有相对较高的债务支出效率。在拥有较高的财政支出分权度的地区，地方政府具有较强的公共支出需求，更加致力于推动大量基础设施项目，在自身财政资金不够充足的状况下，被迫采取债务融资方式。因此，财政支出分权度对地方政府债务支出效率可能存在着不利影响。[2]

### （五）时间虚拟变量

为了反映《预算法》（2014）施行带来的影响，设定时间虚拟变量。2014 年及以前年份取值为 0，2015 年及以后的年份取值为 1。《预算法》（2014）约束了地方政府的举债行为，但也开辟了新的资金来源，对债务支出效率的影响还有待观察。

## 第三节 数据来源

本节选取的分析样本为 2011~2016 年 30 个省级行政单位。由于部分数据缺

---

[1] 龚锋：《地方公共安全服务供给效率评估》，载于《管理世界》2008 年第 4 期，第 80~90 页。
[2] 田红宇、严宏、祝志勇：《财政分权与地方政府规模的空间计量分析》，载于《现代财经》（天津财经大学学报）2015 年第 7 期。

失等原因,将西藏、香港、澳门和台湾等排除在研究样本之外。其中,东部地区包括京、粤和鲁等 11 个省份,中部地区包括吉、鄂和晋等 8 个省份;西部地区包括川、陕和新等 12 个省份。债务信息来源为 Wind 资讯。表 17-3 是主要变量从变量名称(Variable)、观测值个数(Obs)、平均值(Mean)、标准差(Std. Dev.)、最小值(Min)及最大值(Max)方面进行的描述性统计。

表 17-3　　　　基于随机前沿法的主要变量描述性统计

| 变量 | Obs | Mean | Std. Dev. | Min | Max |
| --- | --- | --- | --- | --- | --- |
| $\ln TC$ | 180 | 5.889 | 0.962 | 3.072 | 7.997 |
| $\ln G1$ | 180 | 5.878 | 0.869 | 3.469 | 7.620 |
| $\ln G2$ | 180 | 92.715 | 7.210 | 66.460 | 100.000 |
| $\ln G3$ | 180 | 38.867 | 3.705 | 27.850 | 49.130 |
| $\ln G4$ | 180 | 9.700 | 0.804 | 7.265 | 11.327 |
| $\ln G5$ | 180 | 6.970 | 1.099 | 4.407 | 9.624 |
| $\ln G6$ | 180 | 6.351 | 0.723 | 4.605 | 8.164 |
| $\ln gdp$ | 180 | 10.712 | 0.418 | 9.706 | 11.680 |
| $\ln pd$ | 180 | 7.863 | 0.423 | 6.639 | 8.669 |
| $gs$ | 180 | 0.243 | 0.102 | 0.110 | 0.627 |
| $dfr$ | 180 | 0.018 | 0.013 | 0.002 | 0.065 |
| $dfe$ | 180 | 0.028 | 0.013 | 0.007 | 0.073 |
| $dum$ | 180 | 0.667 | 0.473 | 0.000 | 1.000 |

## 第四节　实证分析

### 一、稳健性检验

#### (一) 面板单位根检验

图 17-1 及图 17-2 显示,待估计数据属于平衡面板数据,涵盖截面个体总

数量为 30 个，观测值共有 6 期。尽管时序数比个体数要小，时序特征不明显，变量存在单位根的可能性通常很小，但由于涉及宏观经济数据，本课题出于谨慎考虑，仍然进行面板平衡性检验。

```
tsset province year
      panel variable:  province (strongly balanced)
       time variable:  year, 1 to 6
               delta:  1 unit
```

图 17-1　面板平衡性检验

```
. xtdes

province:  1, 2, ..., 30                                    n =        30
    year:  1, 2, ..., 6                                     T =         6
           Delta(year) = 1 unit
           Span(year)  = 6 periods
           (province*year uniquely identifies each observation)

Distribution of T_i:   min      5%     25%     50%     75%     95%     max
                         6       6       6       6       6       6       6

     Freq.  Percent    Cum. |  Pattern
       30    100.00  100.00 |  111111
       30    100.00         |  XXXXXX
```

图 17-2　面板数据集结构

根据现有研究，费雪式检测、HT 检测及 LLC 检测等均可用于面板根检验。① LLC 检测、Breitung 检测以及 HT 检测的缺陷在于共同根假设方面，所有个体需具有相同的自回归系数，而 IPS 检测可将所有变量之间出现共同根的可能性剔除掉。考虑到不同检验方法的特点和适用性，本章选用 IPS 检验方法对面板单位根进行检验。

由图 17-3 可知，变量 $\ln TC$ 对应的 t-bar 值是 -3.8489，小于 1% 水平的临界值 -1.850，且 Z-t-tilde-bar 对应的 p 值趋于零。基于两项检验，可拒绝原假设。依据同样原理，将滞后 1 阶、滞后 2 阶的 IPS 检验纳入考虑，可以得出其他主要变量也不存在单位根。

---

① 陈强：《高级计量经济学及 Stata 应用（第二版）》，高等教育出版社 2014 年版。

```
Im-Pesaran-Shin unit-root test for lnTC
─────────────────────────────────────────────────────────────
Ho: All panels contain unit roots      Number of panels  =   30
Ha: Some panels are stationary         Number of periods =    6

AR parameter: Panel-specific           Asymptotics: T,N -> Infinity
Panel means:  Included                              sequentially
Time trend:   Not included

ADF regressions: No lags included
─────────────────────────────────────────────────────────────
                                        Fixed-N exact critical values
               Statistic     p-value      1%       5%      10%
─────────────────────────────────────────────────────────────
t-bar           -3.8489                 -1.850   -1.750   -1.700
t-tilde-bar     -1.6133
Z-t-tilde-bar   -3.7941       0.0001
─────────────────────────────────────────────────────────────
```

图 17 - 3　变量 ln*TC* 的 IPS 检验

### (二) 固定效应与随机效应检验

在面板数据中,由于模型的假设不同,必须先使用 Hausman 检验决定采用固定效应还是随机效应,再进行后续的分析。通过对各个关键变量单独充当被解释变量的模型进行单独检验,获取的 p 值趋近于零,因此可以认为随机效应与固定效应的系数存在系统性差异,假设 $H_0$ 予以拒绝,应当采用固定效应模型。

此外,考虑到普通标准误和聚类稳健标准误过高时,Hausman 检验可能失效,采用过度识别检验进行进一步验证。固定效应模型与随机效应模型的一个重要区别在于,后者存在"解释变量与个体异质性不相关"的约束条件,可将其视为过度识别条件。通过 xtoverid 命令获取的结果如图 17 - 4 所示。$X_2(11)$ 统计量为 82.443,且 p 值为 0.0000,所以随机效应假设被拒绝。根据同一原理对主要变量进行检验,认为应当采用固定效应模型。

```
. xtoverid

Test of overidentifying restrictions: fixed vs random effects
Cross-section time-series model: xtreg re
Sargan-Hansen statistic   82.443   Chi-sq(6)    P-value = 0.0000
```

图 17 - 4　过度识别检验结果

## 二、随机前沿分析

### (一) 成本函数分析

本章采用以贝泰斯和科埃利 (1988; 1992; 1995) 等研究成果作为模型基础设定的 Frontier 4.1 数据处理软件进行具体操作。总体而言,为获得随机前沿成本函数的 MLE 估计值,操作步骤包括以下三个部分。第一步,通过普通最小二乘法 (OLS) 来估计函数中投入、产出变量对应的参数值,保证 $\beta$ 和 $\alpha$ 的最优无偏估计,但截距项可排除不予考虑;第二步,在系统当中查询参数 $\gamma$,将估算得来的参数 $\beta_i$ 以及 $\alpha$ 的数值保持不变,参数 $\beta_0$ 以及 $\alpha$ 的数值按照经过修正后的 OLS 予以调节。剩余参数(如 $\mu$, $\delta$)均设置为零。第三步则是通过格点搜索获取的数值做最后估算。采用 DFP 准牛顿算法,将上述运算过程获得的参数值作为迭代运算中的初始值,最后得到最大似然估计值。

数据处理的估计结果如表 17-4 所示。成本函数的变差率 $\gamma=0.8814$,意味着在成本效率方面,成本无效率项比随机误差产生的作用更大;当假定 $\gamma$ 等于零时,LR 取值为 131.8267,比显著性水平等于 1% 时具有的 mixed$\chi^2$ 临界值 5.4129 要大,通过了单边似然比检验,从而拒绝 $\gamma$ 的零假设,认为地方政府债务支出中具有成本无效率项。

**表 17-4　　　　地方政府债务支出随机前沿函数估计结果**

| 成本函数 | 参数 | 系数 | 标准误 | T 值 |
| --- | --- | --- | --- | --- |
| 截距项 | $\beta_0$ | -0.3892 | 0.0607 | -6.4093 |
| $\ln G1$ | $\beta_1$ | 0.5395 | 0.1674 | 3.2219 |
| $\ln G2$ | $\beta_2$ | 5.4761 | 0.9248 | 5.9215 |
| $\ln G3$ | $\beta_3$ | 0.3827 | 0.1424 | 2.6873 |
| $\ln G4$ | $\beta_4$ | 0.3490 | 0.1286 | 2.7139 |
| $\ln G5$ | $\beta_5$ | 0.2160 | 0.0717 | 3.0150 |
| $\ln G6$ | $\beta_6$ | 1.9056 | 0.3531 | 5.3969 |
| 无效率函数 | | | | |
| 截距项 | $\delta_0$ | -0.1325 | 0.0905 | -1.4638 |

续表

| 成本函数 | 参数 | 系数 | 标准误 | T 值 |
| --- | --- | --- | --- | --- |
| $\ln gdp$ | $\delta_1$ | -0.2848 | 0.1327 | -2.1466 |
| $\ln pd$ | $\delta_2$ | -0.1581 | 0.0606 | -2.6076 |
| $gs$ | $\delta_3$ | 0.1194 | 0.1004 | 1.1894 |
| $dfr$ | $\delta_4$ | -0.7185 | 0.2389 | -3.0079 |
| $dfe$ | $\delta_5$ | 0.5285 | 0.2052 | 2.5755 |
| $dum$ | $\delta_6$ | 1.1955 | 0.1250 | 9.5633 |
| 变异数参数 | | | | |
| | $\sigma^2 = \sigma u_2 + \sigma v_2$ | 0.1936 | 0.0218 | 8.8677 |
| | $\gamma = \sigma u_2 / (\sigma u_2 + \sigma v_2)$ | 0.8814 | 0.2751 | 3.2039 |
| 似然比检验统计量 | | | | |
| | LR | 131.8267 | | |

在成本函数中，产出项系数若为正，表示其与债务支出正相关；若为负，表示其与债务支出负相关。若 T 值的绝对值大于 2，则表明其通过了显著性水平为 5% 的 T 检验；反之，则未能通过检验。由表 17-4 可以看出，成本函数的 6 个产出项系数（$\beta_1$、$\beta_2$、$\beta_3$、$\beta_4$、$\beta_5$、$\beta_6$）均为正数，且 T 值均大于 2，即在 5% 水平上显著，表明本课题选取的产出变量对地方政府债务支出确实有显著影响。截距项的估计结果在函数并没有严格约束，但其 T 值 -6.4093 仍然满足绝对值大于 2 的条件。由于各项产出变量涉及不同计量单位，且数据进行了对数化等处理，不便于对各项产出相应系数的绝对值大小进行比较分析。但从债务支出投向来看，这一估计结果与审计署 2013 年《全国政府债务审计结果》相吻合。换言之，道路及桥梁修建、污水处理、燃气普及以及公共环境绿化等市政建设与交通运输基础设施领域的具体进展，均与债务资金的投入支持显著相关。

### （二）无效率函数分析

在无效率函数中，影响因子的系数若为正，表示其会阻碍地方政府债务支出效率的提高；若为负，表示其能够促进地方政府债务支出效率的提高。若 T 值的绝对值大于 2，则表明其通过了显著性水平为 5% 的 T 检验；反之，则未能通过检验。根据表 17-4 的随机前沿函数估计结果，6 个成本无效率影响因子中，有

5 个均通过了显著性水平为 5% 的 T 检验。

政府规模影响因子 T 值为 1.1894，未能通过检验，对地方政府债务支出效率的影响表现不显著。一般认为"小政府"的公共支出效率更为有效，但对于地方政府债务支出，涉及大型基础设施项目等的开展，考虑到一定的规模经济和外部性，更大的政府规模可能更有利于债务支出效率的提升。因此，政府规模对于债务支出效率的影响可能自行抵消，具体作用机理有待探究。

地方 GDP 体现地区经济运行状况，其系数为负，意味着经济运作水平高的地方具有较高的债务支出效率。这与通常观点相同，即更多的人均收入或者财富将给公共支出效率带来有利影响，这可能与经济发达地区的资金支出运作相对更加规范高效等情况有关。

人口密度 pd 的系数为负，表明一个地方的人口密度越大，债务支出效率越高。这可以用规模经济效应来解释。人口密度大的地区，在生产和建设领域更容易产生规模效应，从而更加有利于地方政府组织提供公共产品和服务，这与大部分学者关于公共支出效率的研究论断一致。

财政收入分权度 dfr 的系数为负，表示当一个地方财政收入的分权度越高，对应的债务支出效率越高。财政收入分权度较高的地区本身就存在较为充足的财政资源，能够依托自有财政资金满足区域性公共产品需求，对债务资金的依赖相对较小。从投入与产出的视角来看，提供同样数量的公共产品，债务资金投入较少，支出效率相应就较高。

财政支出分权度 dfe 的系数为正，表示地方财政支出分权度越高，债务支出效率就越低。地方财政支出分权度高，表明地方政府对公共支出的需求较大，而其自有资金难以满足，因此这些地方有更强烈的举债冲动，也会对债务资金产生一定程度的依赖，因而不利于支出效率的提高。

时间虚拟变量 dum 的系数估计值为正值，表明《预算法》（2014）的实施使地方政府债务支出效率有所降低。《预算法》（2014）为地方政府开辟了新的资金来源，但地方政府短期内大量举债，对于资金支出的安排可能还缺乏更细致科学的管理，或未能及时高效地转化为公共产品，从而导致了债务支出效率的下降。然而，从长远角度来看，若能在后续债务资金的支出过程中及时改进管理，债务支出效率预计能够重新提升。

## 三、成本效率分析

以 MLE 方法获取函数的各参数估计值后，可得出各省份债务支出效率值。全国 30 个省份 2011～2016 年地方政府债务支出效率值如表 17-5 所示。

表 17-5　全国 30 个省份 2011~2016 年地方政府债务支出效率值

| 省份 | 2011 年 | | 2012 年 | | 2013 年 | | 2014 年 | | 2015 年 | | 2016 年 | |
|---|---|---|---|---|---|---|---|---|---|---|---|---|
| | 效率值 | 排名 | 效率值 | 排名 | 效率值 | 排名 | 效率值 | 排名 | 效率值 | 排名 | 效率值 | 排名 |
| 皖 | 0.7716 | 24 | 0.7764 | 24 | 0.7762 | 26 | 0.7825 | 24 | 0.7266 | 23 | 0.7314 | 23 |
| 京 | 0.8908 | 2 | 0.8913 | 2 | 0.8927 | 2 | 0.8934 | 2 | 0.8224 | 3 | 0.7983 | 4 |
| 闽 | 0.8024 | 14 | 0.8059 | 14 | 0.8113 | 13 | 0.8132 | 14 | 0.7510 | 13 | 0.7552 | 13 |
| 甘 | 0.8054 | 13 | 0.8191 | 11 | 0.8139 | 12 | 0.8159 | 13 | 0.7696 | 9 | 0.7761 | 8 |
| 粤 | 0.8340 | 7 | 0.8451 | 5 | 0.8491 | 5 | 0.8478 | 5 | 0.7809 | 6 | 0.7852 | 6 |
| 桂 | 0.7490 | 27 | 0.7499 | 27 | 0.7522 | 27 | 0.7614 | 27 | 0.7048 | 28 | 0.7092 | 28 |
| 黔 | 0.8131 | 11 | 0.8067 | 13 | 0.8057 | 17 | 0.7809 | 25 | 0.7220 | 25 | 0.7187 | 27 |
| 琼 | 0.8461 | 5 | 0.8282 | 8 | 0.8298 | 7 | 0.8351 | 8 | 0.7706 | 8 | 0.7755 | 9 |
| 冀 | 0.7713 | 25 | 0.7754 | 25 | 0.7805 | 24 | 0.7872 | 23 | 0.7340 | 22 | 0.7393 | 21 |
| 豫 | 0.8087 | 12 | 0.8108 | 12 | 0.8143 | 11 | 0.8271 | 11 | 0.7669 | 10 | 0.7693 | 11 |
| 黑 | 0.8690 | 3 | 0.8783 | 3 | 0.8822 | 3 | 0.8921 | 3 | 0.8394 | 2 | 0.8424 | 2 |
| 鄂 | 0.7832 | 22 | 0.7852 | 22 | 0.8058 | 16 | 0.8059 | 16 | 0.7414 | 15 | 0.7454 | 17 |
| 湘 | 0.7987 | 15 | 0.8031 | 15 | 0.8113 | 14 | 0.8164 | 12 | 0.7522 | 12 | 0.7641 | 12 |
| 吉 | 0.7923 | 16 | 0.8030 | 16 | 0.8091 | 15 | 0.8102 | 15 | 0.7497 | 14 | 0.7295 | 24 |
| 苏 | 0.7914 | 18 | 0.7936 | 18 | 0.7973 | 19 | 0.8016 | 18 | 0.7393 | 17 | 0.7429 | 19 |
| 赣 | 0.8239 | 8 | 0.8302 | 7 | 0.8292 | 8 | 0.8348 | 9 | 0.7746 | 7 | 0.7782 | 7 |
| 辽 | 0.7884 | 19 | 0.7887 | 21 | 0.7909 | 22 | 0.7945 | 22 | 0.7380 | 19 | 0.7517 | 14 |
| 蒙 | 0.7060 | 30 | 0.7274 | 30 | 0.7327 | 30 | 0.7521 | 30 | 0.7072 | 27 | 0.7223 | 26 |
| 宁 | 0.7394 | 29 | 0.7456 | 28 | 0.7478 | 28 | 0.7540 | 29 | 0.7000 | 29 | 0.7000 | 30 |
| 青 | 0.7661 | 26 | 0.7717 | 26 | 0.7798 | 25 | 0.7799 | 26 | 0.7229 | 24 | 0.7287 | 25 |
| 鲁 | 0.7403 | 28 | 0.7422 | 29 | 0.7470 | 29 | 0.7543 | 28 | 0.7000 | 29 | 0.7057 | 29 |
| 晋 | 0.7921 | 17 | 0.8019 | 17 | 0.8220 | 9 | 0.8403 | 7 | 0.7898 | 5 | 0.7969 | 5 |
| 陕 | 0.8375 | 6 | 0.8364 | 6 | 0.8387 | 6 | 0.8419 | 6 | 0.7617 | 11 | 0.7706 | 10 |
| 沪 | 0.9386 | 1 | 0.9438 | 1 | 0.9475 | 1 | 0.9511 | 1 | 0.8709 | 1 | 0.8718 | 1 |
| 川 | 0.7872 | 20 | 0.7918 | 20 | 0.7940 | 21 | 0.8037 | 17 | 0.7091 | 26 | 0.7454 | 18 |
| 津 | 0.8628 | 4 | 0.8686 | 4 | 0.8713 | 4 | 0.8854 | 4 | 0.8224 | 4 | 0.8322 | 3 |
| 新 | 0.8222 | 9 | 0.8199 | 9 | 0.8216 | 10 | 0.8275 | 10 | 0.7341 | 21 | 0.7352 | 22 |

续表

| 省份 | 2011年 效率值 | 排名 | 2012年 效率值 | 排名 | 2013年 效率值 | 排名 | 2014年 效率值 | 排名 | 2015年 效率值 | 排名 | 2016年 效率值 | 排名 |
|---|---|---|---|---|---|---|---|---|---|---|---|---|
| 滇 | 0.8132 | 10 | 0.8194 | 10 | 0.7836 | 23 | 0.7987 | 20 | 0.7403 | 16 | 0.7467 | 15 |
| 浙 | 0.7870 | 21 | 0.7919 | 19 | 0.7947 | 20 | 0.7986 | 21 | 0.7384 | 18 | 0.7464 | 16 |
| 渝 | 0.7761 | 23 | 0.7837 | 23 | 0.7989 | 18 | 0.8003 | 19 | 0.7376 | 20 | 0.7421 | 20 |

考虑到6年30个省份的样本数据量太大，不方便进行区域差异、时间趋势等方面的比较，取算术平均值，得到2011～2016年各省份的效率平均值，如表17-6所示。从各个省份的支出效率平均值来看，效率平均值排名前五位的依次是沪、黑、京、津、粤，其中四个为东部省份。效率平均值排名后五位的依次是青、桂、鲁、宁、蒙，其中四个为西部省份。三大区域之间横向比较来看，东部区域具有最高的平均效率值，而后依次为中部区域、西部区域。总体而言，债务支出效率的区域差异，尤其是西部地区与东、中部地区的差异较为明显。成本无效率影响因子可以较好地解释这种差异。东部地区经济发达，且拥有较高的人口密度，债务支出投入项目的规模效应也更为显著。此外，东部地区地方政府财政收入较为充足，财政自主性高，对债务资金依赖度也较小。西部地区大都位于地理学上"胡焕庸线"西侧，地广人稀，低密度的人口分布难以产生规模效应，且经济发展水平相对落后，公共支出对于债务资金的依赖性较大，这些都不利于债务支出效率的提高。中部地区的情况介于两者之间，体现出来的效率值也居于两者中间。

**表17-6　全国30个省份2011～2016年效率平均值及排名**

| 东部省份 | 效率平均值 | 排名 地区 | 排名 全国 | 中部省份 | 效率平均值 | 排名 地区 | 排名 全国 | 西部省份 | 效率平均值 | 排名 地区 | 排名 全国 |
|---|---|---|---|---|---|---|---|---|---|---|---|
| 京 | 0.8648 | 2 | 3 | 皖 | 0.7608 | 8 | 25 | 甘 | 0.8000 | 2 | 10 |
| 闽 | 0.7898 | 6 | 14 | 豫 | 0.7995 | 4 | 11 | 桂 | 0.7377 | 9 | 27 |
| 粤 | 0.8237 | 4 | 5 | 黑 | 0.8672 | 1 | 2 | 黔 | 0.7745 | 5 | 21 |
| 琼 | 0.8142 | 5 | 7 | 鄂 | 0.7778 | 7 | 17 | 蒙 | 0.7246 | 11 | 30 |
| 冀 | 0.7646 | 10 | 24 | 湘 | 0.7910 | 5 | 13 | 宁 | 0.7311 | 10 | 29 |
| 苏 | 0.7777 | 7 | 18 | 吉 | 0.7823 | 6 | 16 | 青 | 0.7582 | 8 | 26 |
| 辽 | 0.7754 | 9 | 20 | 赣 | 0.8118 | 2 | 8 | 陕 | 0.8145 | 1 | 6 |

续表

| 东部省份 | 效率平均值 | 排名 | | 中部省份 | 效率平均值 | 排名 | | 西部省份 | 效率平均值 | 排名 | |
|---|---|---|---|---|---|---|---|---|---|---|---|
| | | 地区 | 全国 | | | 地区 | 全国 | | | 地区 | 全国 |
| 鲁 | 0.7316 | 11 | 28 | 晋 | 0.8072 | 3 | 9 | 川 | 0.7719 | 7 | 23 |
| 沪 | 0.9206 | 1 | 1 | | | | | 新 | 0.7934 | 3 | 12 |
| 津 | 0.8571 | 3 | 4 | | — | | | 滇 | 0.7836 | 4 | 15 |
| 浙 | 0.7762 | 8 | 19 | | | | | 渝 | 0.7731 | 6 | 22 |
| 东部平均 | 0.8087 | — | 1 | 中部平均 | 0.7997 | — | 2 | 西部平均 | 0.7693 | — | 3 |

就区域内部而言，效率平均值的排名也存在着一定的区别。以东部地区为例，效率平均值排名靠前的沪、京以及津等都属于我国经济发达的直辖市，城市化进程和政府管理水平也处于国内前列。此外，排名靠前的广东省也是我国经济最为发达的省份之一，在构建阳光财政、推动服务型政府建设等方面表现较为突出，这些都有利于债务支出效率的提升。而鲁、冀等省份，虽处于东部地区，但效率平均值排名靠后。两省在经济发展模式转变和产业升级等方面稍显落后，可能对债务支出造成不利影响，但还需要进一步研究证实。而对于债务支出效率较为靠后的西部地区，大规模举债用于满足公共支出可能不是其最为合适的发展方式。

此外，对于债务支出效率的分析可能还需要考虑规模报酬变化的影响。随着中部地区近年来承接产业转移等方面的进展，其公共支出的规模效应在不断增强，与东部地区发达省份债务支出效率的差距正在逐步缩小。而东部地区基础设施较为完善，对于部分选定的产出领域指标，可能触及规模报酬的拐点，导致后续规模报酬无法继续增大，反而可能由于过度投入而出现下跌。因此，东部地区凭借财政实力盲目扩大债务支出的做法也未必可取。

为了考量地方政府债务支出效率值在不同年度的变化及《预算法》（2014）实施的影响，将各地区效率平均值逐年变化情况表示在图17-5中。由图17-5可以看出，三个地区的效率平均值排序在所有年份均为东部最高、中部居中、西部最低。西部地区债务支出效率的平均值低于全国水平。2011～2014年，三个地区的效率平均值整体保持稳步上升的趋势。而2014～2015年，三个地区的债务支出效率都出现了较明显的下降趋势。由于2015年东部地区的下降幅度较大，东部地区与中部地区的效率值差距变小。而2015～2016年，各地区的效率值又缓慢回升。这一变化可能与《预算法》（2014）的施行有关。总体来说，《预算法》（2014）在细化全口径预算管理制度、赋予地方政府有限发债权以及强化预算责任约束等方面都起到了积极作用。然而，地方政府获得相应举债权后，短期内可能存在举债冲动，导致债务规模迅速扩大。新增加的地方政府债务虽然在责任主体和风险承担方面更加明晰可靠，但对于债务资金的后续支出安排还缺乏更细致、科学的管理，这在短期内导致债务支出效率降低。在2016年及以后年度，随着债务资金使用安排的规范化，效率平均值预期逐步增长。因此，在《预算法》（2014）顺利实施以及地方政府获得一定举债自主权的情况下，未来优化完善债务支出的管理、监督等全过程对于提高债务支出效率显得尤为重要。

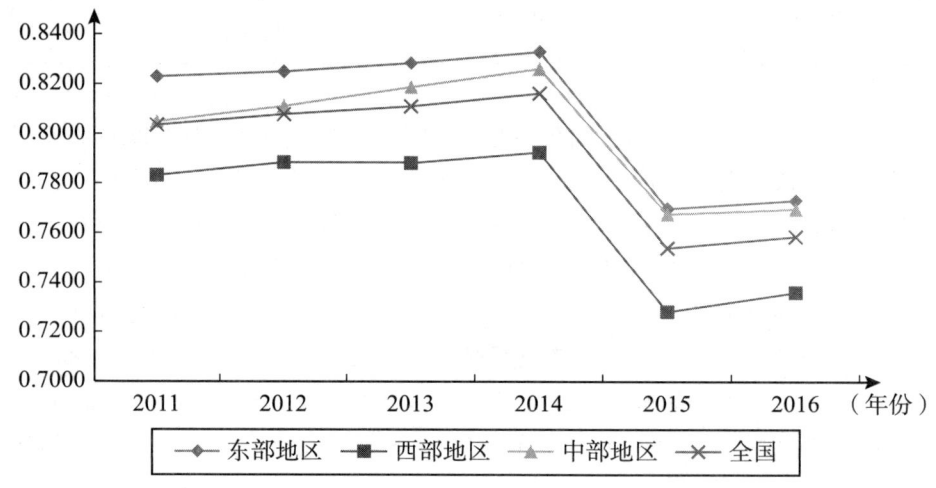

图17-5　2011~2016年各地区效率平均值

## 第五节　研究结论与建议

### 一、实证结论

本章基于近年来我国地方政府债务的发展状况，以现有政策规范和债务数据为研究基础，基于Battese-Coelli模型，采用随机前沿方法评估我国地方政府债务支出效率，然后对各省份政府债务支出效率进行比较，并分析其相关影响因素。结果发现，债务支出效率存在区域差异，尤其是西部地区与东、中部地区的差异较为明显。成本无效率影响因子可以较好地解释这种差异。

## 二、相关建议

基于上述研究结论，本章提出如下建议：

### （一）强化财政部门监督管理

随着地方政府债务管理日益规范化，各级政府财政部门可通过年度预决算对债务额度进行管理。上一级财政的角色也由预算软约束下的"兜底"转变为债务事项全环节的监督管理者。各级财政部门中一直存在绩效股，对于公共部门的绩效评价积累了一定的实践经验，可将债务支出效率评估纳入其绩效评价体系。这就需要加强绩效股的独立性，并采取奖惩措施保证执行效力。财政部驻各地监管局能够为地方政府债务的监督发挥重要作用。依据相关文件，财政部驻各地监管局对于债务预算编制、调整、执行等各环节均可开展核查，对于地方政府具体的举债融资事项，可以依托信息优势进行规范和约束。

### （二）发挥审计部门监督作用

从近几年对地方政府债务的监督管理来看，审计部门在我国地方政府债务的摸底排查中发挥了重要作用。对于历史原因形成的融资平台债务、地方政府提供的担保等，往往由于其复杂性和隐蔽性难以被识别和发现。基于专业性和相对的独立性，审计署公布的债务审计结果成为权威的学术研究依据和政策参考。随着融资平台等前期债务问题的逐渐化解和地方政府债券的发展完善，地方政府债务的后续使用和资金投向日益成为关注的重点。审计部门在防范债务风险的基础上，可以将债务支出与工程项目审计、经济责任审计相结合，为债务资金的使用情况提供新的证据，有助于支出效率评价体系的丰富和完善。

### （三）提高债务信息透明度

目前我国各地方政府财政透明度状况均有待改善。由于地方政府债务类别、筹措和管理等方面的复杂性，债务信息披露也并不充分。在每个财政年度结束后，应将地方政府债务的一般债务限额和余额情况纳入地方一般公共预算中披露，将政府专项债务限额和余额情况纳入基金预算中披露。与举债相关的其他事项和信息应当单独披露。在政府预决算中应包含地方政府债务信息，经本级人民代表大会或其常务委员会批准后 20 日内向社会公开。各级地方政府主要负责人对公开披露信息的完整性和真实性负责，地方各级财政部门对信息披露程序的正当性和及时性负责。地方政府债务信息披露的内容不仅应包括政府一般债务、政府专项债务的限额和余额，还应当包括债务资金流向的各个环节和债务使用情况，如地方政府债券发行的规模和方式、资金使用状况、偿债资金来源和偿还情况。地方政府债务管理的各类政策文件和相关解读也应当及时公布。全面可靠的债务数据与债务支出效率的优化举措可呈现良性循环。

# 第十八章

# 基于 ANP 和熵权法的政府债务绩效评价

当前学者们关于债务资金使用效率的研究主要采用 DEA 方法，其他方法涉猎较少，同时尚未形成比较系统全面的地方政府债务支出效率的评价指标体系。明确地方政府债务支出效率可以为地方政府的债务监管提供依据，让债务资金的使用更加规范化、合理化和高效化，从而从根本上为防范化解债务风险提供相应支持。本章基于 2015~2017 年中国 30 个省份的实际数据，运用层次分析法和熵权法相结合的主客观附权重方法，测算债务资金使用效率。结果发现：从总体上来说，我国地方政府债务绩效水平不高，改进和完善的空间较大；从结构上来说，地方政府债务总体绩效水平不仅取决于其内部绩效，也取决于其外部绩效，并且内部绩效与外部绩效之间相互独立；从地方政府债务绩效与地区经济发展水平来看，两者不存在明显的正相关性。

## 第一节 模型介绍

### 一、网络层次分析法

网络层次分析法（the Analytic Network Process，ANP）是由运筹学家托马

斯·塞蒂（T. L. Saaty）于 1996 年提出的新方法[①]，由层次分析法延伸而来，在层次分析法（AHP）的基础上得到了进一步提升，是针对决策结构问题的依赖性和反馈性情况而使用的系统分析和决策方法。

20 世纪 70 年代，塞蒂教授提出在对复杂问题进行分析时，可以使用某种系统分析方法，通过定性与定量相结合、系统性和层次性相结合的方式，致力于将问题的复杂度进行简单化以及层次化，这就是层次分析法（AHP）。作为一种分析数据的方法，主要为了解决多重目标的决策问题。其分析思路首先是对复杂问题的本质进行深入研究，再分析问题的影响要素以及要素之间的联系，如并列关系、归属关系等，并针对这些关系进行逐层逐级的分类，通过对许多个相互关联的子系统进行组合来分析研究多准则和多目标的复杂问题，层级结构模型如图 18 - 1 所示。

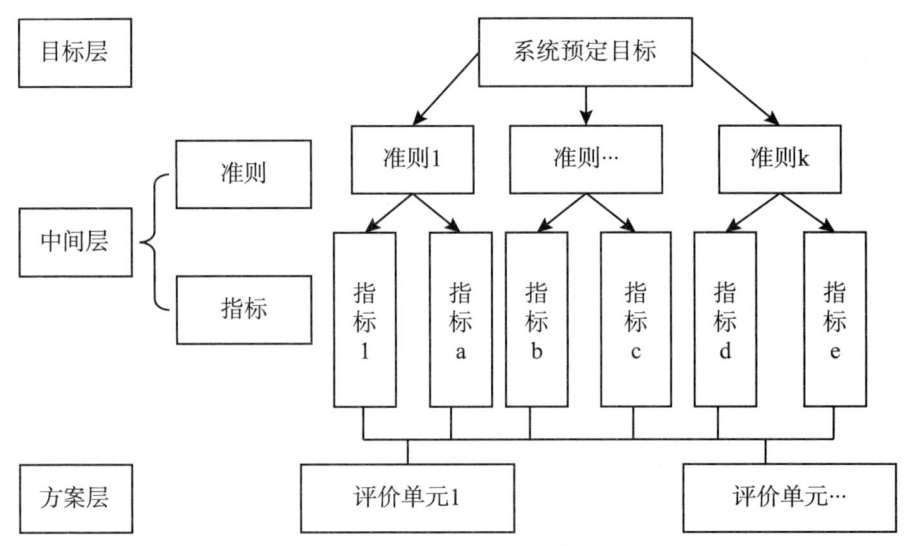

图 18 - 1　AHP 层次结构模型

根据层次分析设定目标的长远性和前瞻性，通常在最高层只设定一个元素，即目标层；其次是中间层，可以包括多个层级，每个层级也可以由若干个元素组成，通常情况下，问题的复杂程度和分析程度与层级的数量有关，层级越多以及每个层级中所包含的子层级越多，问题的复杂程度和分析程度越高。分析的详细程度高是由问题的复杂程度高而决定的；最后是最底层，也是对象层或方案层，是指为了实现目标所采取的具体策略、方案等。在层次分析结构模型中相邻层级之间的隶属关系是下一层级隶属于上一层级，中间的隔层之间则不存在相互的

---

[①] T. L. Saaty 于 1996 年在温哥华举行的第四届 AHP 国际研讨会上正式提出的。

支配关系；相反，若元素在同一层级的话，相互并不存在联系，是两两独立的关系。

然而现实中很多问题很难严格界定相互独立的关系或者控制、支配隶属关系，通常情况下元素与元素之间都是相互联系的，并不符合层次分析法所要求的前提条件。因此，塞蒂教授在层次分析法的基础上进行了发展和延伸，充分考虑到问题的外部依存性和内部依赖性，即不同层级之间相互影响以及同一层级中元素之间相互影响的特性，提出了网络层次分析法（ANP），如图18-2所示。

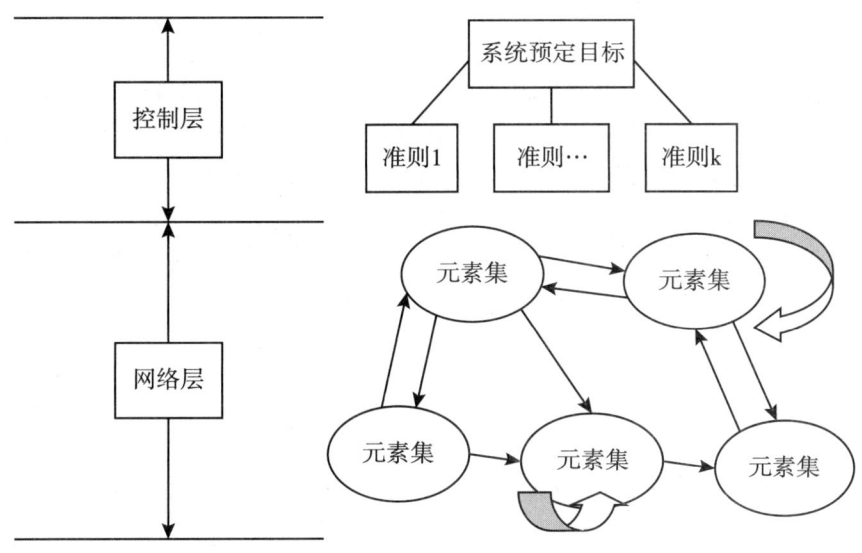

**图 18-2　ANP 层次结构模型**

网络层次分析模型包括两个层级结构，一是控制层，它又包括两个子层级，即目标层和准则层，其中，目标层和 AHP 一样，一般来说，目标层必须存在一个元素，但是，准则层和目标层有所区别，准则层的元素可以存在也可以不存在，联系实际的问题，准则层与元素是没有关联的。二是网络层，元素之间存在相互关联的关系，并形成元素集。因此，元素之间相互影响，组合成的元素集之间也存在相互影响的联系。由此可以看出，网络层次结构更符合现实世界中事物相互联系的特性，比层次分析结构更具有灵活性，得出的结果也会具有更高的可信度。

网络层次分析法的分析思路与之前的层次分析法类似，首先分析所存在的问题，然后构建相关的网络层次模型，确定各元素、各元素集以及各层级之间的相对重要程度。依据该层级中每个元素的重要性，对同一层级中不同要素间的重要程度进行评估、排序，通过数学计算方法，确立每个要素的权重，即在本层级及总体目标层中所占的比重，逐层逐级量化。具体实施过程如下：数据是两者之间进行判断的重要依据，利用 Saaty 的 1~9 标度的方式，且用数值表示每一层级的重要指标，形成每个层级的判断矩阵 $U$。指标 $u_i$ 的重要程度用 $u_{ij}$ 来衡量（$i$, $j$ = 1, 2, 3, …, $n$），当指标 $u_i$ 的重要程度比指标 $u_j$ 的重要程度高时，则 $u_{ij} > 1$，并且相对于 $u_j$ 的重要程度来说，$u_i$ 的重要程度越高，则 $u_{ij}$ 越大。如果指标 $u_j$ 的重要程度比指标 $u_i$ 的重要程度高，则 $u_{ij} < 1$。将 $u_{ij}$ 组成判断矩阵 $U$，其中 $u_{ij} = 1$（$i$, $j$ = 1, 2, 3, …, $n$），$u_{ij} \times u_{ji} = 1$（$i$, $j$ = 1, 2, 3, …, $n$）。

$$U = \begin{pmatrix} u_{11} & \cdots & u_{1n} \\ \vdots & \ddots & \vdots \\ u_{n1} & \cdots & u_{nn} \end{pmatrix} \tag{18.1}$$

其次，求出 $U$ 中每行元素的几何平均值，将其组成数集，然后计算出在本层级中每个指标的权重，即归一化处理数集中的元素，将计算结果组成本层级的指标权重集 $U*$，然后利用一致性检验的方法来确定该判断矩阵是否可以接受以及是否出现自相矛盾的情况。根据这种方法得到一级指标、次一级和二级指标的权重集 $U1*$、$A*$、$B*$、$C*$、$D*$⋯、$Ai*$、$Bj*$、$Cm*$、$Dn*$⋯，然后通过对这些权重集依次相乘，得到在整个评价体系中最终的各二级指标所占的比重。

## 二、熵权法

熵权法的思想起源于熵的概念。1854 年，德国物理学家克劳修斯（Clausius）提出了度量热力学可逆程度的状态指标概念；1877 年，玻尔兹曼（Boltzmann）在测度分子热运动过程中，发现了无序运动的概率性，并将其作为分子热运动混乱度的衡量指标，由此发展了熵的定义。此后，熵概念逐渐被运用到信息论中用于测度事物的不确定性，逐渐演变为熵权法，其核心思想为：事物的确定性与熵值成反比，熵值越小，对应事物的确定性在评价指标中越重要。指标的原始数据关乎评价系统的重要与否，熵权法通常应用在构建指标体系之后，以避免受评价主体偏好的影响，它是一种客观的权重测度方法，但该方法存在测度前提，即要求评价模型中各指标数据都可获得。指标的信息量是确定权重的重要依据，信息的不确定性大，说明指标的信息量小，造成该指标在评价系统中不重要，所占的熵值就会变大；反之，指标的信息量大，则表明指标是很重要的，熵值小。

熵权法测度各指标权重的步骤如下。

### （一）根据指标数值，建立各指标原始评价矩阵

假设模型建立 $m$ 个评价指标，需要 $n$ 个评价对象，由已有数据计算出 $n$ 个评

价对象的 $m$ 个指标的数值，构成如下原始评价矩阵：

$$U = \begin{bmatrix} u_{11} & u_{12} & \cdots & u_{1m} \\ u_{21} & u_{22} & \cdots & u_{2m} \\ \vdots & \vdots & \ddots & \vdots \\ u_{n1} & u_{n2} & \cdots & u_{nm} \end{bmatrix} \quad (18.2)$$

### （二）数据的归一化处理

在绩效评价指标体系中，由于各指标的内容、单位、取值标准、优劣程度各有不同，对绩效评价最终总体目标的影响也不同，未经处理的指标数值不足以成为评价总体目标的单个指标，因此需要对各指标的数据进行统一化处理。利用极差变换的方法，将负向指标正向化，正向指标无量纲化，最后做到归一的数据化处理，处理过程如下：

若指标与绩效水平呈现负相关，即指标数值越小导致绩效水平越高，反之，指标数值越大，绩效水平越低，如成本类指标，其标准化过程为：

$$u'_{ij} = \frac{\max u_{ij} - u_{ij}}{\max u_{ij} - \min u_{ij}} \quad (18.3)$$

若指标与绩效水平呈现正相关，即指标数值越大导致绩效水平越高，反之，指标数值越小，绩效水平越低，如效益类指标，其标准化过程为：

$$u'_{ij} = \frac{u_{ij} - \min u_{ij}}{\max u_{ij} - \min u_{ij}} \quad (18.4)$$

处理后的数据具有统一的度量标准，并且各数据值都介于 0～1。这样就将初始矩阵 $U = (u_{ij})_{n \times m}$ 变标准矩阵 $U' = (u'_{ij})_{n \times m}$。

$$U' = \begin{bmatrix} u'_{11} & u'_{12} & \cdots & u'_{1m} \\ u'_{21} & u'_{22} & \cdots & u'_{2m} \\ \vdots & \vdots & \ddots & \vdots \\ u'_{n1} & u'_{n2} & \cdots & u'_{nm} \end{bmatrix} \quad (18.5)$$

### （三）计算每个评价指标的熵值

首先计算出各评价对象下每个指标数值之和，即每列之和，然后将每个具体指标除以所在列指标数值之和，得到的结果是评价对象中的每个评价指标占全部的比重：

$$p_{ij} = \frac{u'_{ij}}{\sum_{i=1}^{n} u'_{ij}} \quad (i = 1, 2, \cdots, n; j = 1, 2, \cdots, m) \quad (18.6)$$

然后根据信息熵公式 $e_j = -k\sum_{i=1}^{n} p_{ij}\ln p_{ij}(j = 1, 2, \cdots, m)$ 计算每个指标的熵值，其中 k 为信息列最大熵的倒数，即 $k = \frac{1}{\ln n}$，计算出 $0 \leq e_j \leq 1$。

### （四）确定各指标在绩效评价体系中的权重数

各个评价对象之间的差异越大，对每个指标而言，其包含的信息量越大，则在评价系统中越显著，熵值越小，因此定义1与各指标熵值之差为其差异系数，并将差异系数占所有之和的比值作为指标的客观权重赋值。

$$w_j = \frac{1 - e_j}{\sum_{j=1}^{m}(1 - e_j)} \quad (j = 1, 2, \cdots, m) \tag{18.7}$$

最终得出每个指标权重构成的向量 $(w_1, w_2, \cdots, w_m)$。

## 第二节 构建指标体系

基于遵循评价的原则，本节构建了地方政府债务绩效评价体系，按照网络层次分析法的逻辑思路以及地方政府债务借款—用款—还款—借款的循环过程，构建地方政府债务绩效评价结构模型，分为投入阶段（成本）—过程阶段（运作）—产出阶段（结果）—影响阶段（外部性）四个层次。

地方政府债务的内部绩效包括投入阶段和过程阶段，债务的举借属于投入阶段，债务的使用属于过程阶段；地方政府的外部效益包括产出和影响阶段，债务产生的结果发生在产出阶段，债务产生的影响发生在影响阶段，通常情况下，债务产生的结果和影响具有一定的滞后性，并不是立竿见影的。需要构建地方政府绩效评价体系的完整思路，首先依据"4E"原则选择评价指标，其次利用模糊综合法和网络层次分析法确定指标之间的关系，最后形成绩效评价指标体系。[1]

### 一、投入阶段：经济性指标

我国地方政府主要是通过金融机构融资、信托融资、银行贷款、债券发行、

---

[1] 金荣学、毛琼枝、张说：《基于AHP和熵权法的我国高等职业教育绩效评价》，载于《财会月刊》2017年第36期，第59~66页。

BT（Build—Transfer）等方式获取债务资金，这一环节就是投入阶段。为了更好地满足地方政府债务绩效的要求，更有效地发挥债务的作用，需要了解当地的经济水平和地方财力状况，并结合这些情况进行绩效分析。根据绩效评价的四个原则，我们可以采用债务获取过程中"最低成本最少花费"这一经济性指标来评估地方政府债务在投入阶段的绩效，根据投入阶段的特点选取影响绩效水平的关键因素。通常情况下，当前债务的基本情况越好，地方政府获取债务的成本就越低。地方政府债务的来源差异导致获取成本的差异，因此，绩效因素与地方政府当前的债务结构以及基本面有关，可以从三个方面来考虑在投入阶段影响绩效的关键因素，即基本现状、成本节约和结构经济。

首先，在衡量基本现状时，负债率、债务增长率、人均负债额以及负偿还责任债务占比等指标都可作为衡量的标准，对于负债率、债务增长率以及人均负债额而言，指标高意味着债务潜在风险变大，获取债务的成本高，这三个指标与绩效水平呈负相关。而负偿还责任债务比率越大，地方政府债务则具有更强的确定性，有利于后续控制和监管，负偿还责任债务比率与绩效水平正相关。其次，可以用平均偿还年限和债务率指标来衡量成本节约，通常情况下，债务评价偿还年限越长，债务风险越分散，债务绩效水平与债务偿还年限呈正相关关系，债务率越低，偿还债务能力和潜力越大，债务的获取成本越低，债务绩效水平与债务率呈相反的关系。最后对于债务的结构经济，可以用债务结构和债务资金来源衡量，债务资金来源影响债务的偿还和运作，也反映了债务的基本成本情况。考虑指标的简洁性以及数据的可得性，选取银行贷款、融资平台以及政府机构和部门衡量结构经济，其中银行贷款是债务资金来源的主要方式，融资平台和政府机构及部门是债务人中比率以及发行债券比率最高的。由于中国的银行贷款市场利率普遍高于地方政府债券发行利率，发行债务成本低于银行贷款成本，因此绩效水平与债券的资金来源比率正相关，与银行贷款资金来源比率负相关。此外，地方政府通过融资平台借债的成本理论上比通过政府机构和部门借债成本高。基于上述分析，本章假设政府机构及部门借债比率与绩效水平正相关，融资平台借债比率与绩效水平负相关。

## 二、过程阶段：效率性指标

理论上，地方政府债务作为特殊的经济行为，运作的目的在于投向不同领域，例如土地收储、市政建设、保障房、科教文卫、水利水电、地方桥梁道路等建设。地方政府债务资金保持高效运作，提高了债务的绩效水平和产出效益，充分发挥债务资金的杠杆作用，有必要科学引导地方政府债务资金的支出流向，保证债务支出效率最大化,更好地服务地方社会经济的发展,因此过程阶段是地方政府债务绩效评价中最重要的阶段,该阶段可以用一些关键因素来衡量,如地方政府的管理效率、使用效率以及配置效率等效率性指标。管理效率可通过债务绩效情况的反馈机制、债务监督机制完善程度以及债务管理制度机制建设程度来衡量,由于获取这些数据存在一定的困难,本章中债务资金的管理效率仅用地方政府债务逾期率来反映,若债务资金管理水平过低,则表明债务逾期率过高,两者呈现负相关。可以通过综合考虑债务资金的使用情况来衡量使用效率,如项目中债务资金的到账率、债务资金专款专用比率、使用率等,基于数据的可获得性,用债务支出占债务余额的比率衡量债务资金的使用效率,用固定资产投资项目建成投产率和固定资产投资项目交付使用率代表债务资金使用情况,这三个比率越高,表明债务运营效率越高、利用率越好,即债务资金的使用效率和情况与债务绩效正相关。

可以用地方政府债务支出结构衡量配置效率,即投向公共项目、水电气等基础建设以及保障性住房、医疗改善、教育科学、环境保护等社会公益性项目的债务资金使用情况,综合考虑债务投向是否有利于实现地方政府债务功能,是否科学高效。衡量指标考虑投向环境保护和科教文卫比例、投向交通运输和市政建设比例、公益性和基础性债务支出比例。投向环境保护生态建设和科教文卫领域利于国家和人民,能够发挥长期作用,与绩效水平正相关,而投向公益性和基础性领域是地方政府举借债务最主要的功能,与绩效水平正相关,投向交通运输和市政建设领域能够改善地区投资的客观环境,不仅能提高地方基础设施水平,也能有一定稳定的收入支撑,与绩效水平正相关。

## 三、产出阶段:效益性指标

地方政府债务运作在过程阶段之后还需要考虑债务产出阶段的效果,且地方政府绩效水平采用效益性指标评价。由过程阶段可知,地方政府债务很大部分用于土地收储以及市政建设等领域,保障房、科教文卫等民生建设,水利水电、地方桥梁道路等基础设施建设,该阶段的绩效水平可以通过债务产出的短期效益和长期效益来衡量。短期效益即债务资金带来的直接效益,通常情况下,城市绿地面积和道路面积增长越快,说明地方政府债务投向这些领域的产出效益越明显,所以城市绿地面积、城市道路面积等关键指标与地方政府债务绩效水平正相关。长期效益即间接效益可以通过绿化覆盖率、投资增长率、公共交通改善率来衡量,这三者数值越高,代表地方基础设施建设水平越完善,债务资金用于轨道交通、道路桥梁等基础设施建设,可以很大程度上提高投资吸引力,绿化覆盖率、投资增长率、公共交通改善率都与债务绩效水平正相关。

## 四、影响阶段：公平性指标

影响阶段的最终目标是改善地方基本的福利水平和发展地方经济，我们需要评价地方政府债务最终产出效益所带来的外部影响绩效，可以通过公平性指标来衡量，主要由社会和经济两个方面组成。衡量社会公平的指标可以考虑居民生活水平（恩格尔系数）、环境污染指数、就业率、城镇化率等。经济公平可以由收入分配公平、人均收入增长、财政收入水平的影响、债务支出对地区生产总值的影响等来衡量，结合投入、过程、产出阶段选取的指标，本章用失业率和城镇化率衡量社会公平，通常情况下，失业率与债务绩效水平呈负相关，失业率越高，地方政府债务外部影响越不明显，而城镇化率与债务绩效水平呈正相关，城镇化率越高，地方政府债务绩效水平越高。通过居民人均可支配收入增长率、地区生产总值指数、地方财政收入增长率等指标来衡量经济公平，这三个指标与债务绩效呈正相关，数值越高，债务产出的正外部性越明显。

前文对模型进行了简单的分析，并选取了模型四阶段的经济性、效率性、效益性以及公平性四个指标，以多层次评价地方政府债务绩效，如表 18-1 所示。

表 18-1　基于网络层次分析法的地方政府债务绩效评价指标体系

| 指标阶段 | 绩效因素 | | 具体指标<br>（二级指标） | 债务绩效相关性 |
|---|---|---|---|---|
| | 一级指标 | 次一级指标 | | |
| 投入阶段 | 经济性指标<br>（A） | 基本现状<br>（A1） | 负偿还责任债务占比（A11）<br>负债率（A12）<br>人均负债额（A13）<br>债务增长率（A14） | 正相关<br>负相关<br>负相关<br>负相关 |
| | | 成本节约<br>（A2） | 债务率（A21）<br>平均偿债年限（A22） | 负相关<br>正相关 |
| | | 结构经济<br>（A3） | 银行贷款债务来源占比（A31）<br>发行债券债务来源占比（A32）<br>融资平台借债占比（A33）<br>政府部门及机构借债占比（A34） | 负相关<br>正相关<br>负相关<br>正相关 |

续表

| 指标阶段 | 绩效因素 一级指标 | 绩效因素 次一级指标 | 具体指标（二级指标） | 债务绩效相关性 |
|---|---|---|---|---|
| 过程阶段 | 效率性指标（B） | 配置效率（B1） | 投入基础性和公益性领域占比（B11）<br>投入市政建设和交通运输领域占比（B12）<br>投向科教文卫和环保领域占比（B13） | 正相关<br>正相关<br>正相关 |
| 过程阶段 | 效率性指标（B） | 使用效率（B2） | 债务资金使用率（B21）<br>专款专用比率（B22）<br>债务资金到位率（B23） | 正相关<br>正相关<br>正相关 |
| 过程阶段 | 效率性指标（B） | 管理效率（B3） | 管理制度完善度（B31）<br>债务逾期率（B32） | 正相关<br>负相关 |
| 产出阶段 | 效益性指标（C） | 直接效益（C1） | 城市道路面积变化率（C11）<br>城市绿地面积变化率（C12） | 正相关<br>正相关 |
| 产出阶段 | 效益性指标（C） | 间接效益（C2） | 公共交通改善率（C21）<br>投资增长率（C22）<br>绿地覆盖率变化率（C23） | 正相关<br>正相关<br>正相关 |
| 影响阶段 | 公平性指标（D） | 经济公平（D1） | 地方生产总值增长率（D11）<br>财政收入增长率（D12）<br>人均收入增长率（D13） | 正相关<br>正相关<br>正相关 |
| 影响阶段 | 公平性指标（D） | 社会公平（D2） | 城镇化率（D21）<br>失业变化率（D22） | 正相关<br>负相关 |

## 第三节 数据来源

前文对地方政府债务的绩效评价模型进行了详细介绍，根据模型理论，将绩效划分为四个部分。在传统的网络层次分析法及模糊综合评价法中，一般人为估计评价指标，主观干预往往缺乏对信息量的考虑，也会间接地影响指标的评价结果，包括对结果区分度的影响。使用熵权法虽能保证指标采纳的客观性，却可能因为不同阶段指标选取的差异性而失之偏颇。因此，本章在使用网络层次分析法对绩效指标进行主观赋权的基础上，引入熵权法对各阶段的指标权重进行赋值，能够更加接近客观事实，尽可能避免主观因素对结果的扰动。

考虑模型对于评价指标一致性和数据可得性的要求，在选取数据进行评价时，未将台湾、西藏、香港以及澳门纳入考察范围，故选取的研究对象是除以上四个地区以外的其他 30 个省份。通过对这 30 个省份 2014 年各自公布的地方政府债务审计结果公告、《中国统计年鉴》、《中国统计摘要》汇总，得到模型所需要的数据。在反映地区中的债务绩效成果时，主要考虑数据的详细度与可使用性，由于地方政府债务审计公告较详细，投入阶段以及过程阶段的数据依据该公告搜集汇总，由于我国《中国统计年鉴》和《中国统计摘要》反映全国性的数据，产出阶段、影响阶段的数据主要从这两个年鉴中 2012～2014 年的统计报告获得。本节中地方政府债务数据是以审计署 2013 年 6 月出台的审计报告数据为基础，在不影响绩效结果的前提下，本章试图计算债务平均偿债年限，设定 2013 年 6 月为基期，2013 年 6～12 月的偿债年限为 1 年，2014 年为 2 年，以此类推，2017 年为 5 年，2018 年以后的年份都为 8 年，在此基础上，采用加权平均法计算 30 个省份地方政府债务的偿还年限。由于产出的结果和影响的大小需等到项目完工投入使用以后才可观测，计算地方政府债务产出和影响阶段的变化率时需滞后一期（以 2014 年的变化率为依据）。①

基于"4E"② 评价指标原则，在本书构建的"投入—过程—产出—影响"的地方政府债务绩效评价四阶段模型的基础上，不仅要考虑数据的相关性、可得性，还要考虑指标体系的重要性、一致性，有必要在此先对本章实证部分选取的指标及对指标所赋的权重进行说明。③

首先，投入阶段包含相对数与绝对数的指标。其中，相对数指标主要包括负债率、债务增长率、债务率、负偿还责任占比、银行贷款债务来源占比、发行债券债务来源占比、融资平台借债占比、政府部门及机构借债占比；绝对数指标包括人均负债额、平均偿债年限。④

---

① 根据国家统计局网站信息，北京市道路面积 2013 年为 13 884 万平方米，2014 年为 13 834 万平方米；北京道路长度 2013 年为 0.79 万千米，2014 年为 0.81 万千米。基于前文假设以加权平均法计算的北京地区 2014 年道路面积增长率为负，但北京地区统计年鉴显示该地区道路长度变化率为正，因此本章中北京地区 2014 年道路面积增长率用道路长度变化率代替。

② 此处"4E"原则指的是经济性、效率性、效益性和公平性。

③ 如无特殊说明，书中的地方政府债务即为地方政府负偿还责任的债务，总债务为地方政府债务，由于地方政府债务的三种债务不能简单相加减，因此总债务余额为地方政府负担保责任债务和可能承担一定救济责任债务分别按照一定的比率折算的余额与地方政府负偿还责任债务余额相加得到的，这两个比率分别为 2007 年以来历年地方政府负担保责任债务偿还本金中实际由财政资金偿还的最高比率，即 19.13%；地方政府可能承担一定救济责任债务偿还本金中实际由财政资金偿还的最高比率，即 14.64%。

④ 负债率为地方政府负偿还责任债务占当年地区 GDP 的比重，债务增长率为当年年均债务增长率，债务率为地方政府负偿还责任债务占地方当年综合财力的比重，负偿还责任占比为地方政府负偿还责任的债务占总债务的比重，银行贷款债务来源占比为地方政府负偿还责任债务资金来源于银行贷款的比率，发行债券债务来源占比为地方政府负偿还责任债务资金来源于地方政府发行债券的比率，融资平台借债占比为地方政府债务举借主体中融资平台所占的比重，政府部门及机构借债占比为地方政府债务举借主体中政府部门及机构所占的比重，人均负债额为地方政府负偿还责任债务与地区当年常住人口比值，平均偿债年限为地方政府负偿还责任债务未来偿还年限加权总和。

其次，考虑到项目实施过程以寻求高效为主要目的，可以从效率的角度探讨过程阶段的指标，主要包括使用效率、管理效率及配置效率。地方政府负有偿还责任的债务占当年地方政府债务余额的比重，可以用来衡量使用效率，并且可以在使用范围内加入固定资产投资（不含农村）项目建成投产率和固定资产（不含农村）交付使用量①；管理效率主要是通过债务逾期率来衡量；配置效率主要指债务资金投入基础公共领域的比重。

再次，在产出阶段，效益可以用来衡量，在评价中，主要分为直接效益以及间接效益。直接效益通过城市的基础设施变化来体现，主要包括城市道路面积改造率以及城市绿地面积覆盖率②；间接效益则通过居民生活便捷度以及企业投资环境等的变化来体现，主要包括公共交通改善率、投资增长率和绿地覆盖率变化率③。

最后，根据公平性原则选取影响阶段的指标，其中包括经济公平以及社会公平。经济公平的指标包括财政收入增长率、地区生产总值变化率、人均收入增长率④；社会公平⑤的指标包括城市化率、城市化变化率以及城市居民失业变化率三个指标。

## 第四节 实证分析

### 一、构建绩效评价层次集

在对涉及模型的研究对象以及评价指标有了清晰的认识之后，需要构建地方政府债务评价的四阶段层次集。

第一层次集，即归属于地方政府债务 ANP 模型控制层的目标层，它奠定了

---

① 选取这两个指标主要是考虑数据的可得性，数据可直接从国家统计局网站上获得。
② 这两个指标的计算主要是用该地区当年面积相对上一年度面积的变化率来表示。
③ 公共交通改善率用当年的该地区城市公共交通车辆运营数相对于上年度变化率表示，投资增长率用当年该地区全社会固定资产投资相对于上年度增长率来表示，绿地覆盖率变化率用当年该地区建成区绿化覆盖率相对于上年度变化率来表示。
④ 财政收入增长率为当年地方一般预算总收入相对于上年的增长率，地区生产总值变化用当年度地方生产总值变化率衡量，人均收入增长率采用居民人均可支配收入变化率衡量。
⑤ 城市化率用当年度地区城镇人口占常住人口比重，城市化变化率用当年城镇化率相对于上年的变化率来表示，失业变化率用地区当年度失业率相对于上年度失业变化率来表示。

整体的评价目标。在此假定目标层为 $U$，$U = \{U_1, U_2, U_3, \cdots, U_{30}\}$，$U_i$ 表示 30 个省份地方政府债务绩效。

第二层次集，即归属于地方政府债务 ANP 模型控制层的准则层，在准则层中，各指标之间是相互独立的。在此假定 $U = (A, B, C, D)$，其中，$A$ 表示投入阶段绩效指标，$B$ 表示过程阶段绩效指标，$C$ 表示产出阶段绩效指标，$D$ 表示影响阶段绩效指标；反映经济性的指标可以用投入绩效指标，反映效率性的指标可以用过程绩效指标，反映效益性的指标可以用产出指标，体现公平性用影响绩效指标。

第三层次集，即归属于地方政府债务 ANP 模型网络层的绩效因素层，假定 $A = (A1, A2, A3)$，$B = (B1, B2, B3)$，$C = (C1, C2)$，$D = (D1, D2)$。其中，A1 代表目前投入阶段的基本状况，A2 代表投入阶段的成本节约，A3 代表投入阶段的结构经济；B1 代表过程阶段的配置效率，B2 代表过程阶段的使用效率，B3 代表过程阶段的管理效率；C1 代表产出阶段的直接效益，C2 代表产出阶段的间接效益；D1 代表影响阶段的经济公平，D2 代表影响阶段的社会公平。

第四层次集，即归属于地方政府债务 ANP 模型网络层的绩效具体指标层，具体包括上文在构建指标体系中的具体指标。具体而言，假定 $A1 = (A11, A12, A13, A14)$，则 A11 代表的是衡量投入阶段的相对指标负债率，A12 代表的是衡量投入阶段的相对指标债务增长率，A13 代表的是衡量投入阶段的相对指标债务率，A14 代表的是衡量投入阶段的相对指标负偿还责任占比等。

## 二、赋予每个阶段权重

在图 18-2 所示的各因素层次划分和层次分析法研究思路的基础上，对地方政府债务绩效评价体系中的指标进行两者之间的对比，包括投入、过程、产出及影响四个阶段的重要性，得出判断矩阵，由于个人的主观判断影响层次分析法，故需对判断矩阵进行一致性检验，检验结果如下：

$$U = \begin{pmatrix} 1 & 0.41 & 0.31 & 0.75 \\ 2.45 & 1 & 0.52 & 1.34 \\ 3.26 & 1.91 & 1 & 2.63 \\ 1.33 & 0.88 & 0.38 & 1 \end{pmatrix} \xrightarrow{\text{行几何平均}} \begin{vmatrix} 0.5557 \\ 1.1431 \\ 2.0116 \\ 0.8166 \end{vmatrix} \xrightarrow{\text{归一化}} \begin{vmatrix} 0.1227 \\ 0.2525 \\ 0.4444 \\ 0.1804 \end{vmatrix}$$

(18.8)

由归一化结果可知，矩阵 $U$ 通过了一致性检验。由此可得出"投入—过程—产出—影响"在评价地方政府债务中的权重分别为 0.1227、0.2525、0.4444、0.1804。

## 三、具体指标的归属权重

层次分析法的主观性属性会导致结果存在一定的偏差,为减少这类偏差,更加客观性地描述评价结果,在模型中,依据熵权法,调整信息的有序度,并且修正其效用计算评价指标对层次分析法确定的主观权重。[①] 因此,本部分是在熵权法的具体操作方法的基础上,对上述30个省份地方政府债务绩效四个阶段的指标权重进行调整,具体估算出各阶段的细化指标在所处阶段的归属权重。[②]

首先,对各省份公布的地方政府债务审计结果公告、《中国统计年鉴》及《中国统计摘要》上的统计数据进行整理,计算得出各省级区域地方政府债务投入阶段的10个指标数值,构成30行10列的判断矩阵 $\{A_{ij}\}$,见表18-2。

表18-2　　　　30个省份投入阶段经济性指标数值　　　　单位:%

| 省份 | 负债率($A11$) | 债务增长率($A12$) | 债务率($A13$) | 负偿还责任债务占比($A21$) | 银行贷款债务来源占比($A22$) | 发行债券债务来源占比($A23$) | 融资平台借债占比($A24$) | 政府部门机构借债占比($A25$) | 人均负债额($A31$) | 平均偿债年限($A32$) |
|---|---|---|---|---|---|---|---|---|---|---|
| 京 | 36.4 | 33.2 | 98.9 | 97.6 | 59.4 | 5.9 | 11.1 | 9.2 | 3.1 | 4.0 |
| 津 | 17.6 | 9.0 | 57.5 | 83.6 | 77.4 | 3.2 | 44.8 | 5.1 | 1.6 | 4.8 |
| 冀 | 14.9 | 18.1 | 66.9 | 87.6 | 39.1 | 7.8 | 25.8 | 38.0 | 0.5 | 3.0 |
| 晋 | 12.6 | 19.8 | 33.0 | 75.5 | 48.7 | 13.3 | 37.8 | 46.5 | 0.4 | 3.7 |
| 蒙 | 21.4 | 22.9 | 68.4 | 94.2 | 29.4 | 10.9 | 25.9 | 45.0 | 1.4 | 2.7 |
| 辽 | 22.8 | 16.3 | 68.8 | 94.4 | 62.9 | 12.8 | 42.3 | 22.2 | 1.3 | 3.9 |
| 吉 | 21.6 | 13.6 | 76.0 | 90.0 | 53.7 | 10.5 | 18.5 | 53.2 | 0.9 | 3.2 |
| 黑 | 14.9 | 19.9 | 45.9 | 88.2 | 59.7 | 13.5 | 35.5 | 40.4 | 0.5 | 4.2 |
| 沪 | 25.7 | 33.2 | 76.1 | 91.2 | 71.3 | 6.9 | 33.2 | 21.3 | 2.2 | 3.8 |
| 苏 | 14.1 | 17.9 | 53.6 | 87.5 | 51.7 | 12.7 | 45.9 | 17.8 | 1.0 | 3.1 |

---

① 金荣学、毛琼枝、张说:《基于AHP和熵权法的我国高等职业教育绩效评价》,载于《财会月刊》2017年第36期,第62页。

② 本部分以30个省级地方政府债务投入阶段经济性指标数值为例。

续表

| 省份 | 负债率 ($A11$) | 债务增长率 ($A12$) | 债务率 ($A13$) | 负偿还责任债务占比 ($A21$) | 银行贷款债务来源占比 ($A22$) | 发行债券债务来源占比 ($A23$) | 融资平台借债占比 ($A24$) | 政府部门机构借债占比 ($A25$) | 人均负债额 ($A31$) | 平均偿债年限 ($A32$) |
|---|---|---|---|---|---|---|---|---|---|---|
| 浙 | 14.7 | 13.8 | 63.5 | 94.7 | 55.7 | 15.5 | 48.6 | 8.8 | 0.9 | 3.5 |
| 皖 | 17.9 | 32.7 | 44.7 | 89.7 | 42.1 | 23.6 | 47.5 | 34.4 | 0.5 | 3.6 |
| 闽 | 12.5 | 28.3 | 49.9 | 89.3 | 43.2 | 14.2 | 29.8 | 23.5 | 0.7 | 3.3 |
| 赣 | 18.7 | 23.9 | 53.1 | 90.4 | 45.1 | 15.9 | 42.7 | 40.6 | 0.5 | 3.3 |
| 鲁 | 9.0 | 22.5 | 48.8 | 91.2 | 41.6 | 11.1 | 47.9 | 34.3 | 0.5 | 3.1 |
| 豫 | 11.9 | 26.0 | 45.4 | 92.0 | 36.5 | 11.6 | 14.9 | 41.3 | 0.4 | 3.2 |
| 鄂 | 23.2 | 23.8 | 77.6 | 92.7 | 46.0 | 12.0 | 52.5 | 24.0 | 0.9 | 3.3 |
| 湘 | 15.7 | 22.1 | 60.3 | 84.1 | 45.3 | 13.1 | 52.4 | 25.5 | 0.5 | 3.6 |
| 粤 | 12.2 | 8.5 | 54.4 | 93.0 | 67.0 | 7.4 | 32.6 | 17.8 | 0.7 | 4.3 |
| 桂 | 15.9 | 15.5 | 47.7 | 84.3 | 53.3 | 9.1 | 45.5 | 30.6 | 0.4 | 3.9 |
| 琼 | 36.8 | 18.6 | 70.2 | 94.4 | 65.0 | 8.5 | 55.5 | 23.9 | 1.2 | 5.0 |
| 渝 | 31.3 | 10.9 | 69.9 | 84.5 | 52.5 | 6.3 | 66.3 | 10.4 | 1.2 | 3.6 |
| 川 | 27.4 | 22.4 | 71.6 | 93.3 | 39.1 | 7.8 | 36.6 | 37.2 | 0.8 | 3.1 |
| 黔 | 67.5 | 25.3 | 83.6 | 94.1 | 26.7 | 5.4 | 38.8 | 38.4 | 1.3 | 3.2 |
| 滇 | 37.1 | 22.8 | 77.1 | 92.0 | 51.7 | 9.3 | 28.2 | 52.8 | 0.8 | 3.8 |
| 陕 | 18.9 | 23.4 | 56.8 | 83.6 | 45.3 | 12.2 | 27.6 | 45.7 | 0.7 | 3.2 |
| 甘 | 21.6 | 33.5 | 40.4 | 81.7 | 28.7 | 21.9 | 25.5 | 46.8 | 0.5 | 3.2 |
| 青 | 39.3 | 38.8 | 55.2 | 93.4 | 58.2 | 22.2 | 32.9 | 48.3 | 1.3 | 4.0 |
| 宁 | 21.5 | 11.8 | 39.5 | 90.9 | 36.6 | 19.9 | 23.5 | 52.2 | 0.8 | 2.8 |
| 新 | 21.9 | 30.8 | 45.9 | 89.3 | 45.7 | 20.3 | 46.5 | 42.2 | 0.7 | 3.7 |

注：负偿还责任债务占比是负偿还责任与总债务的比值，总债务是将负偿还责任债务与相应比例折算后的地方政府负担保责任债务和可能承担一定救济责任债务折算相加所得。

其次，对数据进行标准化及无量纲化处理。具体而言，基于前文所描述的指标和绩效之间的相关性，区分出判断矩阵 $\{Aij\}$ 中的正向性及负向性指标。对于正向性指标，标准化及无量纲化处理的方式是用具体指标下的各省份数据减去该指标的最小值再除以该指标下最大值与最小值之差，负向性指标的标准化及无量纲化处理则是用该指标下的最大值减去各省份数据的具体数值再除以该指标下最大值与最小值之差，按照此方法将整个判断矩阵转化为数值在 0~1，小数点保留 2 位的矩阵，见表 18-3。

表 18-3　30 个省份投入阶段经济性指标标准化及无量纲化处理结果

| 省份 | 负债率（A11） | 债务增长率（A12） | 债务率（A13） | 负偿还责任债务占比（A21） | 银行贷款债务来源占比（A22） | 发行债券债务来源占比（A23） | 融资平台借债占比（A24） | 政府部门机构借债占比（A25） | 人均负债额（A31） | 平均偿债年限（A32） |
|---|---|---|---|---|---|---|---|---|---|---|
| 京 | 0.53 | 0.18 | 0.00 | 1.00 | 0.36 | 0.13 | 0.00 | 0.09 | 0.00 | 0.59 |
| 津 | 0.85 | 0.98 | 0.63 | 0.37 | 0.00 | 0.00 | 0.61 | 0.00 | 0.56 | 0.92 |
| 冀 | 0.90 | 0.68 | 0.49 | 0.55 | 0.76 | 0.23 | 0.27 | 0.68 | 0.94 | 0.14 |
| 晋 | 0.94 | 0.63 | 1.00 | 0.00 | 0.57 | 0.50 | 0.49 | 0.86 | 0.98 | 0.42 |
| 蒙 | 0.79 | 0.52 | 0.46 | 0.85 | 0.95 | 0.38 | 0.27 | 0.83 | 0.64 | 0.00 |
| 辽 | 0.76 | 0.74 | 0.46 | 0.85 | 0.29 | 0.47 | 0.57 | 0.35 | 0.67 | 0.51 |
| 吉 | 0.78 | 0.83 | 0.35 | 0.65 | 0.47 | 0.36 | 0.14 | 1.00 | 0.80 | 0.20 |
| 黑 | 0.90 | 0.62 | 0.80 | 0.57 | 0.35 | 0.50 | 0.44 | 0.73 | 0.94 | 0.68 |
| 沪 | 0.71 | 0.18 | 0.35 | 0.71 | 0.12 | 0.18 | 0.40 | 0.34 | 0.35 | 0.47 |
| 苏 | 0.91 | 0.69 | 0.69 | 0.54 | 0.51 | 0.46 | 0.63 | 0.26 | 0.79 | 0.16 |
| 浙 | 0.90 | 0.82 | 0.54 | 0.87 | 0.43 | 0.60 | 0.68 | 0.08 | 0.80 | 0.34 |
| 皖 | 0.85 | 0.20 | 0.82 | 0.64 | 0.70 | 1.00 | 0.66 | 0.61 | 0.95 | 0.42 |
| 闽 | 0.94 | 0.35 | 0.74 | 0.63 | 0.67 | 0.54 | 0.34 | 0.38 | 0.90 | 0.26 |
| 赣 | 0.83 | 0.49 | 0.70 | 0.67 | 0.64 | 0.62 | 0.57 | 0.74 | 0.94 | 0.26 |
| 鲁 | 1.00 | 0.54 | 0.76 | 0.71 | 0.71 | 0.39 | 0.67 | 0.61 | 0.97 | 0.19 |
| 豫 | 0.95 | 0.42 | 0.81 | 0.75 | 0.80 | 0.41 | 0.07 | 0.75 | 1.00 | 0.24 |
| 鄂 | 0.76 | 0.50 | 0.32 | 0.78 | 0.62 | 0.43 | 0.75 | 0.39 | 0.81 | 0.25 |
| 湘 | 0.89 | 0.55 | 0.59 | 0.39 | 0.63 | 0.48 | 0.75 | 0.42 | 0.95 | 0.39 |
| 粤 | 0.95 | 1.00 | 0.68 | 0.79 | 0.21 | 0.21 | 0.39 | 0.26 | 0.90 | 0.71 |
| 桂 | 0.88 | 0.77 | 0.78 | 0.40 | 0.48 | 0.29 | 0.62 | 0.53 | 0.98 | 0.51 |

续表

| 省份 | 负债率 (A11) | 债务增长率 (A12) | 债务率 (A13) | 负偿还责任债务占比 (A21) | 银行贷款债务来源占比 (A22) | 发行债券债务来源占比 (A23) | 融资平台借债占比 (A24) | 政府部门机构借债占比 (A25) | 人均负债额 (A31) | 平均偿债年限 (A32) |
|---|---|---|---|---|---|---|---|---|---|---|
| 琼 | 0.52 | 0.67 | 0.44 | 0.85 | 0.24 | 0.26 | 0.80 | 0.39 | 0.71 | 1.00 |
| 渝 | 0.62 | 0.92 | 0.44 | 0.41 | 0.49 | 0.15 | 1.00 | 0.11 | 0.70 | 0.39 |
| 川 | 0.69 | 0.54 | 0.41 | 0.81 | 0.75 | 0.23 | 0.46 | 0.67 | 0.84 | 0.17 |
| 黔 | 0.00 | 0.45 | 0.23 | 0.84 | 1.00 | 0.11 | 0.50 | 0.69 | 0.66 | 0.24 |
| 滇 | 0.52 | 0.53 | 0.33 | 0.75 | 0.51 | 0.30 | 0.31 | 0.98 | 0.84 | 0.49 |
| 陕 | 0.83 | 0.51 | 0.64 | 0.37 | 0.63 | 0.44 | 0.30 | 0.84 | 0.87 | 0.23 |
| 甘 | 0.78 | 0.18 | 0.89 | 0.28 | 0.96 | 0.91 | 0.26 | 0.87 | 0.96 | 0.21 |
| 青 | 0.48 | 0.00 | 0.66 | 0.81 | 0.38 | 0.93 | 0.40 | 0.90 | 0.67 | 0.58 |
| 宁 | 0.79 | 0.89 | 0.90 | 0.70 | 0.81 | 0.82 | 0.23 | 0.98 | 0.86 | 0.03 |
| 新 | 0.78 | 0.26 | 0.80 | 0.62 | 0.63 | 0.83 | 0.64 | 0.77 | 0.87 | 0.43 |

在对数据进行标准化处理之后，计算出各个具体指标的熵值。用每一个标准化处理的指标数值除以该指标下所有标准化处理的数值之和，得到各省份在该指标中相应获得的比重，计算公式见式（18.9）。

$$p_{ij} = \frac{A'_{ij}}{\sum_{i=1}^{30} A'_{ij}} \quad (i = 1, 2, \cdots, 30; j = 1, 2, \cdots, 10) \quad (18.9)$$

再依据 $e_j = -k \sum_{i=1}^{30} P_{ij} \ln P_{ij} (j = 1, 2, \cdots, 10)$ 的信息熵公式求出每个指标的熵值，其中 $k$ 为信息列最大熵的倒数，即 $k = \frac{1}{\ln 30}$，计算得出 $0 \leqslant e_j \leqslant 1$ （$j = 1, 2, \cdots, 10$）。

根据上述计算方法，得到地方政府债务绩效投入阶段各指标的熵值：$e_j =$ （0.99、0.96、0.97、0.97、0.97、0.95、0.96、0.95、0.98、0.94），$j = 1, 2, \cdots, 10$。

最后，基于以上计算出的熵值结果，进一步运用熵权表示地方政府债务投入阶段的 10 个指标在该阶段中的权重数。具体计算公式为：

$$w_j = \frac{1-e_j}{\sum_{j=1}^{10}(1-e_j)} \quad (j=1,2,\cdots,10) \quad\quad (18.10)$$

以此类推，重复以上步骤计算出过程、产出、影响阶段的各指标数值，具体内容见表 18-4、表 18-5 及表 18-6，并进一步对数据进行标准化及无量纲化处理，计算指标的熵值，得出各指标在该阶段的权重数。具体而言，过程阶段的权重矩阵 W(B) = (0.06、0.14、0.11、0.13、0.11、0.29、0.17)，产出阶段的权重矩阵 W(C) = (0.48、0.09、0.14、0.06、0.23)，影响阶段的权重矩阵 W(D) = (0.09、0.17、0.33、0.26、0.15)。①

表 18-4　　　　30 个省份过程阶段效率性指标数值　　　　单位：%

| 省份 | 债务资金使用率（$B11$） | 固定资产投资项目建成投产率（$B12$） | 固定资产投资交付使用率（$B13$） | 逾期债务率（$B21$） | 基础公共领域项目资金占比（$B31$） | 科教文卫及生态环保占比（$B32$） | 市政建设及交通运输占比（$B33$） |
|---|---|---|---|---|---|---|---|
| 京 | 92.7 | 38.7 | 43.1 | 0.1 | 95.7 | 2.5 | 32.6 |
| 津 | 95.7 | 63.2 | 61.2 | 0.0 | 95.1 | 4.9 | 52.9 |
| 冀 | 96.8 | 70.8 | 77.5 | 2.6 | 82.7 | 9.5 | 57.2 |
| 晋 | 90.1 | 65.3 | 58.0 | 1.9 | 82.7 | 20.4 | 53.6 |
| 蒙 | 92.2 | 72.3 | 65.1 | 3.7 | 88.4 | 18.1 | 46.1 |
| 辽 | 95.1 | 65.8 | 59.2 | 2.6 | 87.7 | 3.8 | 49.6 |
| 吉 | 96.6 | 81.0 | 76.4 | 1.8 | 88.4 | 5.0 | 52.5 |
| 黑 | 93.7 | 70.9 | 70.5 | 2.4 | 88.4 | 6.3 | 55.0 |
| 沪 | 96.7 | 25.2 | 47.2 | 0.0 | 93.6 | 3.8 | 52.5 |
| 苏 | 95.9 | 76.5 | 73.3 | 1.4 | 87.8 | 11.0 | 51.0 |
| 浙 | 92.9 | 52.4 | 53.4 | 0.2 | 79.5 | 6.8 | 43.3 |
| 皖 | 89.4 | 67.0 | 61.4 | 2.4 | 87.3 | 12.0 | 48.8 |
| 闽 | 89.8 | 59.0 | 55.2 | 0.9 | 87.8 | 6.3 | 51.1 |

---

① W(B) 的具体指标包括债务资金使用率、固定资产投资项目建成投产率、固定资产投资交付使用率、逾期债务率、基础设施领域项目资金占比、科教文卫及生态环保占比、市政建设及交通运输占比；W(C) 的具体指标包括城市道路面积改造率、城市绿地面积覆盖率、公共交通改善率、投资增长率、绿化覆盖率变化率；W(C) 的具体指标包括财政收入增长率、地区生产总值变化率、人均收入增长率、城市化变化率、居民失业变化率。

续表

| 省份 | 债务资金使用率（B11） | 固定资产投资项目建成投产率（B12） | 固定资产投资交付使用率（B13） | 逾期债务率（B21） | 基础公共领域项目资金占比（B31） | 科教文卫及生态环保占比（B32） | 市政建设及交通运输占比（B33） |
|---|---|---|---|---|---|---|---|
| 赣 | 93.6 | 68.6 | 63.6 | 1.6 | 84.6 | 6.6 | 48.3 |
| 鲁 | 94.5 | 69.3 | 64.1 | 2.8 | 81.5 | 13.3 | 49.3 |
| 豫 | 88.6 | 58.1 | 62.0 | 3.4 | 82.8 | 7.9 | 56.3 |
| 鄂 | 90.3 | 60.0 | 54.2 | 1.9 | 88.0 | 4.4 | 58.4 |
| 湘 | 90.2 | 64.9 | 64.2 | 4.1 | 85.7 | 10.2 | 59.8 |
| 粤 | 91.2 | 57.1 | 64.1 | 1.9 | 88.9 | 4.9 | 58.2 |
| 桂 | 85.7 | 67.6 | 62.5 | 1.9 | 90.8 | 7.1 | 60.9 |
| 琼 | 90.1 | 25.3 | 35.9 | 0.2 | 88.0 | 10.6 | 57.8 |
| 渝 | 95.1 | 65.5 | 64.0 | 2.5 | 81.2 | 7.3 | 49.1 |
| 川 | 94.0 | 56.9 | 65.0 | 3.2 | 79.5 | 7.1 | 49.8 |
| 黔 | 91.4 | 29.4 | 46.6 | 2.3 | 85.1 | 10.5 | 60.8 |
| 滇 | 94.6 | 65.4 | 48.3 | 4.1 | 90.7 | 8.9 | 58.3 |
| 陕 | 97.2 | 62.0 | 56.8 | 3.7 | 85.8 | 11.7 | 46.5 |
| 甘 | 87.3 | 57.1 | 63.5 | 3.0 | 79.8 | 12.0 | 49.5 |
| 青 | 76.5 | 57.5 | 51.5 | 0.8 | 92.5 | 14.8 | 46.0 |
| 宁 | 93.4 | 62.2 | 57.8 | 2.4 | 84.2 | 24.5 | 34.4 |
| 新 | 88.0 | 52.2 | 61.4 | 2.6 | 77.1 | 10.8 | 39.5 |

表18-5　30个省份产出阶段效益性指标数值　　单位：%

| 省份 | 城市道路面积改造率（C11） | 城市绿地面积覆盖率（C12） | 公共交通改善率（C21） | 投资增长变化率（C22） | 绿化覆盖变化率（C23） |
|---|---|---|---|---|---|
| 京 | 2.5 | 0.0 | 2.7 | 1.1 | 4.3 |
| 津 | 5.7 | 9.1 | 14.3 | 15.2 | 0.0 |
| 冀 | 2.8 | 4.5 | -8.7 | 15.0 | 1.7 |
| 晋 | 6.3 | 11.3 | -7.3 | 12.0 | 0.3 |

续表

| 省份 | 城市道路面积改造率（C11） | 城市绿地面积覆盖率（C12） | 公共交通改善率（C21） | 投资增长变化率（C22） | 绿化覆盖变化率（C23） |
|---|---|---|---|---|---|
| 蒙 | 5.8 | 16.4 | 1.7 | 23.7 | 9.9 |
| 辽 | 3.2 | 1.2 | 2.3 | -1.5 | -0.3 |
| 吉 | 10.1 | 18.0 | 4.2 | 13.6 | 14.0 |
| 黑 | 2.6 | 1.6 | 0.7 | -14.2 | 0.0 |
| 沪 | 0.3 | 1.1 | -1.9 | 6.5 | 0.0 |
| 苏 | 6.2 | 3.6 | 7.9 | 15.3 | 0.5 |
| 浙 | 4.7 | 3.7 | 6.0 | 16.8 | 1.2 |
| 皖 | 7.6 | 6.7 | 6.9 | 17.5 | 3.3 |
| 闽 | 4.3 | 4.9 | 8.2 | 18.6 | 0.0 |
| 赣 | 6.3 | 3.3 | -5.5 | 17.4 | -1.1 |
| 鲁 | 4.9 | 6.0 | -2.6 | 15.5 | 0.5 |
| 豫 | 4.4 | 6.1 | 7.9 | 18.0 | 1.9 |
| 鄂 | 6.7 | 5.5 | 4.1 | 18.7 | -0.5 |
| 湘 | 1.7 | 7.1 | 12.4 | 19.1 | 2.7 |
| 粤 | 4.0 | 2.4 | 4.0 | 17.9 | -0.2 |
| 桂 | 6.7 | 3.6 | 2.1 | 16.3 | 4.2 |
| 琼 | 3.0 | 2.1 | 7.8 | 15.4 | -1.9 |
| 渝 | 14.2 | 9.2 | 3.4 | 17.7 | -2.6 |
| 川 | 6.3 | -7.7 | 3.0 | 14.7 | -2.3 |
| 黔 | 9.5 | 5.0 | 7.0 | 22.4 | -1.5 |
| 滇 | 43.2 | 6.9 | 8.5 | 15.4 | 0.8 |
| 陕 | 6.8 | 7.4 | -0.9 | 15.5 | 0.8 |
| 甘 | 10.1 | 5.2 | 2.4 | 20.8 | -4.1 |
| 青 | 2.8 | 10.4 | 1.4 | 21.2 | 1.3 |
| 宁 | 27.6 | 5.9 | 3.3 | 19.7 | -1.3 |
| 新 | 7.5 | 6.3 | 8.9 | 22.2 | 1.1 |

表 18-6　　　　30 个省份影响阶段公平性指标数值　　　　单位：%

| 省份 | 财政收入增长率（D11） | 地区生产总值变化率（D12） | 人均收入增长率（D13） | 城市化变化率（D21） | 居民失业变化率（D22） |
|---|---|---|---|---|---|
| 京 | 10.0 | 7.3 | 9.0 | 0.1 | 8.3 |
| 津 | 15.0 | 10.0 | 9.4 | 0.3 | -2.8 |
| 冀 | 6.6 | 6.5 | 9.6 | 2.5 | -2.7 |
| 晋 | 7.0 | 4.9 | 9.4 | 2.3 | 9.7 |
| 蒙 | 7.1 | 7.8 | 10.0 | 1.4 | -2.7 |
| 辽 | -4.5 | 5.8 | 9.6 | 0.9 | 0.0 |
| 吉 | 4.0 | 6.5 | 9.5 | 1.2 | -8.1 |
| 黑 | 1.9 | 5.6 | 9.4 | 1.1 | 2.3 |
| 沪 | 11.6 | 7.0 | 9.0 | 0.0 | 2.5 |
| 苏 | 10.1 | 8.7 | 9.7 | 1.7 | 0.0 |
| 浙 | 8.6 | 7.6 | 9.7 | 1.4 | 0.0 |
| 皖 | 6.9 | 9.2 | 10.8 | 2.7 | -5.9 |
| 闽 | 11.5 | 9.9 | 10.0 | 1.7 | -2.8 |
| 赣 | 16.1 | 9.7 | 10.8 | 2.8 | 3.1 |
| 鲁 | 10.2 | 8.7 | 9.8 | 2.3 | 3.1 |
| 豫 | 13.4 | 8.9 | 10.5 | 3.2 | -3.2 |
| 鄂 | 17.1 | 9.7 | 11.0 | 2.1 | -11.4 |
| 湘 | 11.4 | 9.5 | 10.1 | 2.8 | -2.4 |
| 粤 | 13.9 | 7.8 | 9.7 | 0.4 | 0.0 |
| 桂 | 7.9 | 8.5 | 10.5 | 2.6 | -3.0 |
| 琼 | 15.5 | 8.5 | 11.1 | 2.1 | 4.6 |
| 渝 | 13.5 | 10.9 | 10.8 | 2.2 | 2.9 |
| 川 | 10.0 | 8.5 | 10.7 | 3.1 | 2.4 |
| 黔 | 13.3 | 10.8 | 11.6 | 5.8 | 0.0 |
| 滇 | 5.4 | 8.1 | 9.5 | 3.1 | 0.0 |
| 陕 | 8.1 | 9.7 | 10.2 | 2.5 | 0.0 |
| 甘 | 10.8 | 8.9 | 11.2 | 3.9 | -4.4 |

续表

| 省份 | 财政收入增长率（D11） | 地区生产总值变化率（D12） | 人均收入增长率（D13） | 城市化变化率（D21） | 居民失业变化率（D22） |
|---|---|---|---|---|---|
| 青 | 12.4 | 9.2 | 11.0 | 2.7 | -3.0 |
| 宁 | 10.2 | 8.0 | 9.2 | 3.2 | -2.4 |
| 新 | 13.6 | 10.0 | 10.4 | 3.6 | -5.9 |

根据熵权法计算的地方政府债务"投入—过程—产出—影响"绩效评价的各具体指标归属权重 W(A)、W(B)、W(C)、W(D)，将其与无量纲化的指标数值相乘，可计算出 30 个省份在各阶段的绩效结果和绩效排名，再结合前述层次分析法赋予的各阶段权重，可得出各省份地方政府总的绩效排名①，具体排名见表 18-7。

表 18-7　各省份地方政府债务绩效全过程数值及排名

| 省份 | 投入阶段 | | 过程阶段 | | 产出阶段 | | 影响阶段 | | 总绩效水平 | |
|---|---|---|---|---|---|---|---|---|---|---|
| | 绩效值 | 排名 | 绩效值 | 排名 | 绩效值 | 排名 | 绩效值 | 排名 | 总绩效值 | 排名 |
| 京 | 0.27 | 30 | 0.39 | 28 | 0.25 | 21 | 0.14 | 30 | 0.27 | 29 |
| 津 | 0.46 | 27 | 0.62 | 3 | 0.36 | 8 | 0.38 | 21 | 0.44 | 13 |
| 冀 | 0.48 | 26 | 0.57 | 8 | 0.19 | 28 | 0.37 | 22 | 0.35 | 25 |
| 晋 | 0.60 | 5 | 0.63 | 2 | 0.24 | 23 | 0.21 | 27 | 0.38 | 22 |
| 蒙 | 0.50 | 21 | 0.61 | 4 | 0.45 | 4 | 0.41 | 17 | 0.49 | 5 |
| 辽 | 0.53 | 17 | 0.44 | 22 | 0.20 | 27 | 0.21 | 26 | 0.30 | 28 |
| 吉 | 0.51 | 19 | 0.59 | 6 | 0.55 | 2 | 0.33 | 25 | 0.52 | 3 |
| 黑 | 0.62 | 4 | 0.55 | 10 | 0.17 | 29 | 0.20 | 28 | 0.32 | 27 |
| 沪 | 0.35 | 29 | 0.46 | 21 | 0.16 | 30 | 0.18 | 29 | 0.26 | 30 |
| 苏 | 0.49 | 23 | 0.65 | 1 | 0.31 | 13 | 0.41 | 18 | 0.43 | 15 |
| 浙 | 0.54 | 14 | 0.40 | 27 | 0.30 | 14 | 0.35 | 23 | 0.36 | 24 |
| 皖 | 0.65 | 1 | 0.54 | 11 | 0.37 | 5 | 0.63 | 6 | 0.49 | 4 |
| 闽 | 0.49 | 22 | 0.49 | 17 | 0.29 | 15 | 0.50 | 15 | 0.41 | 17 |

① 绩效排名的满分为 1 分。

续表

| 省份 | 投入阶段 | | 过程阶段 | | 产出阶段 | | 影响阶段 | | 总绩效水平 | |
|---|---|---|---|---|---|---|---|---|---|---|
| | 绩效值 | 排名 | 绩效值 | 排名 | 绩效值 | 排名 | 绩效值 | 排名 | 总绩效值 | 排名 |
| 赣 | 0.59 | 8 | 0.49 | 16 | 0.21 | 25 | 0.62 | 7 | 0.40 | 18 |
| 鲁 | 0.56 | 11 | 0.52 | 12 | 0.24 | 22 | 0.42 | 16 | 0.39 | 21 |
| 豫 | 0.53 | 16 | 0.42 | 26 | 0.32 | 12 | 0.62 | 9 | 0.43 | 16 |
| 鄂 | 0.50 | 20 | 0.47 | 19 | 0.29 | 16 | 0.73 | 3 | 0.44 | 10 |
| 湘 | 0.55 | 12 | 0.50 | 14 | 0.33 | 10 | 0.55 | 13 | 0.44 | 12 |
| 粤 | 0.54 | 13 | 0.50 | 13 | 0.25 | 20 | 0.34 | 24 | 0.37 | 23 |
| 桂 | 0.57 | 10 | 0.56 | 9 | 0.33 | 11 | 0.56 | 12 | 0.46 | 8 |
| 琼 | 0.59 | 9 | 0.46 | 20 | 0.24 | 24 | 0.58 | 10 | 0.40 | 20 |
| 渝 | 0.48 | 25 | 0.44 | 23 | 0.36 | 7 | 0.62 | 8 | 0.44 | 11 |
| 川 | 0.49 | 24 | 0.38 | 29 | 0.21 | 26 | 0.57 | 11 | 0.35 | 26 |
| 黔 | 0.45 | 28 | 0.43 | 25 | 0.33 | 9 | 0.90 | 1 | 0.47 | 6 |
| 滇 | 0.54 | 15 | 0.49 | 15 | 0.74 | 1 | 0.40 | 20 | 0.59 | 1 |
| 陕 | 0.52 | 18 | 0.47 | 18 | 0.28 | 17 | 0.52 | 14 | 0.40 | 19 |
| 甘 | 0.60 | 6 | 0.43 | 24 | 0.28 | 19 | 0.73 | 2 | 0.44 | 14 |
| 青 | 0.59 | 7 | 0.58 | 7 | 0.28 | 18 | 0.66 | 5 | 0.46 | 7 |
| 宁 | 0.65 | 2 | 0.61 | 5 | 0.51 | 3 | 0.40 | 19 | 0.53 | 2 |
| 新 | 0.64 | 3 | 0.35 | 30 | 0.36 | 6 | 0.67 | 4 | 0.45 | 9 |

根据以上层次分析法和熵权法的结合对我国 30 个省份地方政府债务绩效评价的实证分析，可以得出以下结论：

第一，总体而言，我国地方政府债务绩效水平不高，存在较大改进和完善的空间。在以总分为 1 分①的计分方式下，本章研究的各地方政府债务绩效水平平均得分为 0.42，最高得分仅为 0.59，总绩效分值在 0.5 以上的仅有滇、宁、吉 3 个省份，大部分省份②总绩效得分集中于 0.4~0.5，其余 10 个省份的得分都低于 0.4，最低分低至 0.27。参考总体得分可知，在我国地方政府债务投入、过程、产出三个阶段和影响各阶段的绩效工作中，仍然存在许多有待改善的地方。

---

① 以每个具体指标下 30 个省份指标数值中的最优值为满分值计算。
② 总共 17 个省份。

第二，从结构上来说，地方政府债务总体绩效水平不仅取决于其内部绩效，也取决于其外部绩效，并且内部绩效与外部绩效之间相互独立。各省份的总绩效与各个阶段不同的绩效息息相关，某一阶段绩效水平的高低无法单独决定某省份总体的绩效水平排名。有些省份某一阶段绩效水平高，但总体绩效水平差，比如，黑龙江省投入阶段的绩效排在第 4 名，但综合计算四个阶段的绩效水平以后，其排名落到第 26 名。究其原因，黑龙江省注重债务支出的前期投入，忽视了后期产出及影响阶段的绩效考核，这两个阶段的绩效值在 30 个省份中排到了第 29 名及第 28 名。从其具体指标体系中可窥见黑龙江省排名落后的根本原因，在产出阶段，黑龙江省的投资增长变化率是唯一一个呈现负两位数增长的省份，在影响阶段，其地方一般预算增长低于 2%，经济增长乏力。有些省份可能某一阶段绩效水平较低，但总体绩效水平却居于前位，比如吉林省，其地方政府债务投入阶段绩效水平在 30 个省份中只排到了第 19 名，但总体的绩效水平却排在第 3 名。因此，针对不同的省份，应该详细分析导致其绩效水平不高的原因，对症下药。

第三，地方政府债务绩效与地区经济发展水平，不存在明显的正相关关系。由表 18-7 可知，绩效水平排在前十的分别是滇、宁、吉、皖、蒙、黔、清、桂、新、鄂；排在中间十名的分别是渝、湘、津、甘、苏、豫、闽、赣、陕、琼；排在最后十名的则是鲁、晋、粤、浙、冀、川、黑、辽、京、沪。一方面，从排名可以发现地方政府债务绩效水平较高的地区大多集中于经济欠发达的中西部地区，经济发展水平较高的东部地区反而排名较后。另一方面，《中国统计年鉴》数据显示，地方政府债务总体绩效水平排名前十的省份，除内蒙古居民人均年可支配收入超过 20 000 元以外，其他省份均低于 20 000 元，甚至还有 6 个省份①低于 15 000 元；而排在后十名的省份，有 6 个省份的人均年可支配收入超过 20 000 元②，其中，京、沪、浙三省的居民人均年可支配收入超过 30 000 元③。

究其原因，一方面是由于资金的使用存在边际效用递减规律，经济越发达，城市化水平越高，基础设施越完善，则通过举债继续在这些方面增加投资所获得的效用增长潜力有限，为此地方政府举债可能会投向能够获利的经济领域，对民间投资产生"挤出效应"，这违背了地方举债的初衷；另一方面由于经济发展水平较高，地方政府财力雄厚，倾向于向商业银行贷款快速获得资金，而银行贷款利率高于发行地方债利率，进一步加重了地方政府还债的负担。

---

① 6 个省份具体包括云南、宁夏、贵州、青海、广西和新疆。
② 全国居民可支配收入超过 20 000 元的只有 10 个省份。
③ 数据源于国家统计局公布的 30 个省份（除西藏、香港、澳门、台湾外）的 2014 年居民人均可支配收入。

## 第五节 研究结论与建议

本章基于 2015~2017 年中国 30 个省（自治区、直辖市）的实际数据，运用层次分析法和熵权法相结合的主客观附权重方法，测算债务资金使用效率。结果发现：从总体上来说，我国地方政府债务绩效水平不高，改进和完善的空间较大；从结构上来说，地方政府债务总体绩效水平不仅取决于其内部绩效，也取决于其外部绩效，并且内部绩效与外部绩效之间相互独立；由地方政府债务绩效与地区经济发展水平的关系研究来看，地方政府债务绩效与地区经济发展水平之间不存在明显的正相关性。

本章关于地方政府债务支出现状、问题分析以及效率评估分析的结果显示，我国地方政府债务支出过程不完善，资金使用效率水平仍然较低，反映了我国地方政府债务在管理过程中还存在许多亟待改进的问题。本章从加强地方债管理、债务预算管理和体制改革三个角度给出提高债务支出效率的具体建议。

### 一、加强地方债管理

#### （一）实施绩效预算改革

首先，实行包括支出绩效审查在内的绩效预算，学习西方国家相关的经验。比如 OECD 国家的支出绩效审查，英国、加拿大、荷兰、澳大利亚等国开展的综合支出审查在节约财政资金、优化财政支出结构、保障政府战略和政策目标实现方面取得了显著成效。世界银行的项目绩效管理体系按照项目执行主体对照特定指标（支付关联指标 DLI）所实现的成果（支付关联成果 DLR），为项目支出提供资金的模式也可以为我国绩效预算提供先进经验。其次，深化绩效预算管理改革。建立问效和问责的良性互动机制；构建"广覆盖，多层次，全过程"的绩效预算管理体系；将绩效信息随同预算、决算向人大报告，逐步向社会公众公开；建立健全绩效评价结果与预算挂钩机制和行政问责机制。

#### （二）推广债务支出绩效评价

推广债务支出绩效评价，推动政府关注资金使用效益。首先，政府和社会研究者应该形成合力，研究构建统一的债务绩效评价指标体系。统一的评价指标体系是研究结果推向实际使用，政府为提高债务资金使用效率采取相应措施的前提。其次，政府要促进债务信息公开。各级政府要统一公开数据口径，形成数据可比性。还要促进地方政府债务细化信息公开，数据是评估政府债务支出实际效率的前提。目前债务绩效评价存在的限制多数来自数据的有限性，许多采用代理变量代替相关指标进行实证分析，而这与使用实际数据进行分析必然是存在很大差别的。最后，要建立效益对比惩罚机制，形成横向比较效应，使各级政府养成彼此之间学习先进的习惯，给予地方政府自主提高债务资金使用效率的内生动力。

### （三）探索地方政府债券新品种

首先，完善地方政府债券管理，积极探索地方政府债券新品种，减少或有债务比重，提高债务资金使用效率。加强研究项目收益类专项债券新品种。比如，2017年5月财政部与自然资源部和交通运输部试点发行了土地储备和收费公路专项债券，项目收益专项债券首次将"专项"落到实处，有利于地方债券管理，这是专项债券的一大发展。其次，要积极响应国家政策号召，按照《关于做好2018年地方政府债务管理工作的通知》文件要求，抓紧置换地方政府存量债务，促进或有债务显性化，并加强置换资金管理。要区分一般债务和专项债务、普通专项债券和项目收益专项债券，按照各自特征制定不同的债务限额。针对非债券形式的债务也可以尝试使用限额管理的方法，并且要加强预算约束，减少预算执行的随意性。

### （四）完善债务资金项目管理制度

由于我国地方政府债务资金大规模投向市政建设、交通运输设施建设等项目，因此，提高地方政府债务支出绩效水平，应该着重强化并完善债务资金投入项目全过程的管理，包括项目选择论证、项目可行性评估以及投入后管理等。部分地方政府官员更多关注项目建成的基础设施项目数量和带动地方生产总值提高的绝对规模，忽视债务投入成本，在一定程度上导致地方政府债务投入的项目存在盲目投资，缺乏科学、合理的考察与评估，以及对项目管控不严等现象，最终会影响地方政府债务资金利用效率的优化。因此，为了提高效益和完善政府债务管理，需要完善项目评估与论证机制，实现自我监督与优化。

## 二、债务预算管理

### （一）强化预算约束力

树立《预算法》指导地位，提高其威信力。将债务管理与预算管理相结合，完善债务预算编制、审批、执行和绩效评价等过程,尤其要严格预算审批和地方政府发行债务审批机制,强化预算约束力,合理控制债务规模,重点关注强化融资平台债务预算硬约束。首先,要依据《预算法》(2014),为各类债务建立专门的偿债资金预算,比如一般债务、专项债务和融资平台债务,统一核算债务资金的收支与偿还。其次,在完善政府间财政关系的基础上,明确举债责任人,"谁举债,谁负责",为预算硬约束扫除人为障碍,否则会产生道德风险并导致恶性循环现象。预算硬约束可以避免地方政府责任转嫁,可以形成地方政府科学资源配置的良性激励,有益于债务效率的提高。最后,要规范举债程序,并建立健全相关法律法规,将违规举债控制在合法程序的阀门下。

## (二)提高债务透明度

近年 PPP 模式盛行,许多省市借着 PPP 模式的名义盲目举债导致债务规模扩张。在《预算法》(2014)给予地方适当举债权之前,地方政府为了弥补财政收支缺口,以各种名目通过融资平台等渠道举债,隐性债务激增,形成了债务资金违规使用和不规范使用的情况。地方政府要在打开举债融资"前门"的同时堵死违规举债的"后门"。各级政府要促进债务全过程的规范操作,提高债务透明度是重中之重。

第一,建立健全债务信息公开机制,对包括债务规模与结构在内的各方面信息进行全方位监督,为充分发挥社会各界、各部门的监督引导作用奠定基础。要对债务细化信息进行定期公开,比如债务资金投向各领域的具体数据,为债务资金使用效率提高提供可研究的数据。第二,明确地方债信息公开目录细则。一方面,可以根据政府会计相关规定,对债务支出核算强化监督,不断促进隐性债务的显性化。另一方面,加强债务的预算化管理,将融资平台债务纳入政府预算管理框架中,通过预算制度约束地方政府债务管理。第三,为社会公众提供债务信息监督渠道,降低隐性债务发生的可能性。

## (三)强化法治约束

针对地方政府债务制定专门的法律,对举债程序进行科学全面诠释,对违规举债行为惩罚进行明确规定,形成威慑力。目前,对地方政府债务的管理约束主要来自《预算法》和中央以及地方各部门发布的政策文件,尚未形成针对地方政府债务的专门法律法规,导致违规举债或者资金使用低效等结果没有在各级政府之间形成明确的惩罚后果,缺少法律约束力。未来加强债务法治管理,应该建立专门针对地方政府债务支出绩效评价的法律法规,要更加明确地方政府债务的内涵和举债主体、发行条件、债务资金投向等具体信息以及违规举债的后果。通过法律制度的完善为债务绩效评价提供法律约束力。完善地方债的责任追究制度，最大限度杜绝地方官员任意举债、腐败以及渎职等隐患。另外，针对隐性债务，应该强化其显性化路径，加强债务管理法律监督职能。

## 三、强化体制改革

### （一）完善政府财权与事权划分

地方政府债务产生和规模扩张，以及资金使用效率低下的深层次原因主要在于我国分税制改革后财政分权制度，财权事权划分不合理，支出责任过大。因此要提高当下债务资金使用绩效水平，必须加快财税体制改革。

深入完善各级政府之间的财政关系，可以有效促进地方政府债务科学化管理。完善中央与地方之间转移支付制度，降低财政分权过程中的效率损失。而且，在现在的制度、经济框架下，适度的财政集权有利于提高地方政府债务支出效益，不要追求盲目的财政分权改革。

因此，未来要将目光重点放在合理划分政府间事权与支出责任上，保障政府公共服务职能的有效实现。在当前我国税系改革过程中存在的地方主体税难以满足地方支出的现实情况下，结合公共产品空间收益范围，可以适度将基本公共服务提供的事权与支出责任向上划分，让上级政府承担更多基本公共服务提供责任，减轻市县级政府的财政压力。同时，还要合理划分政府间的财政收入，促进财权与事权匹配。可以通过转移支付对失衡支出进行定向调节，弥补财政收支缺口。

### （二）完善官员晋升与问责机制

完善地方政府的政绩评价体系，改变官员政绩考核主要看经济发展的现象。各省发展不能盲目追求经济总量和增速，要提高经济发展的质量水平。过去地方政府之间的竞争是助推债务规模攀升的一个重要因素，只有解决这一问题，才能从根本上为债务管理提供有利条件。债务风险不仅仅在于地方财力收支矛盾，还在于官员盲目举债行为。因此完善债务管理还需要完善官员晋升与考核机制，在考核指标中不仅要体现经济建设，还要囊括民生以及环保等更长远的因素，激励地方官员从长远发展考虑，做出科学决策。可以将偿还债务情况纳入地方官员政绩考核考虑过程中，强化官员责任意识，从根源上减少违规举债和"形象工程"发生的可能性。

完善对地方政府官员违规举债行为的问责机制。2017 年《财政部关于坚决制止地方政府违法违规举债　遏制隐性债务增量情况的报告》[①] 中透露要求官员对在任期间举借隐性债务行为终身问责，未来要加强实践，减轻地方官员在任期间的举债随意性，促使地方官员依据经济发展实际需求科学举借债务。对任期内违规举债行为要建立终身问责，使官员形成不管未来在哪里都要负责的意识。同时，要加强各省之间横向比较，学习其他省市债务管理和资金使用的优秀经验。在上文的绩效评价过程中，许多省份绩效水平得分较高，在债务管理方面值得其他省份学习借鉴。

### （三）建立政府间协调机制

探索建立政府间协调机制。在加强地方政府债务管理过程中，可以探索政府协商性的债务管理模式，重点关注协商发展，促进各级政府债务预算与整个国家的宏观调控节奏相适应。债务管理也可以采用规则控制为主、市场调控为辅的债务管理模式，在这种模式下政府间协商同样能发挥重要作用，实现债务管理宏观目标。日本便提供了一个成功的实践经验，它通过各级政府联合发行债券的方式，缓和了各级政府之间的矛盾，并有效促进债券信用级别的提高，最终有效降低了债务风险。在债券发行过程中还特别容纳外资机构参与，体现了竞争市场约束机制的作用，效果显著，值得我国学习借鉴。因此，地方政府可以联合搭建相关协商平台，比如财政协会，促进各级政府之间加强债务预算协调管控，并进一步促进中央政府与地方政府之间债务预算的协调，缩减地方政府债务成本。

## 四、完善政府债务监督机制

### （一）加强中央政府的监督管理职能

一直以来存在中央政府对地方政府债务兜底和救助现象。随着 2014 年以来国家强化债务管理，债务预算强化能力逐渐增强，这种现象逐渐改善。2017 年底财政部发文再次强调中央不救助原则，坚决破灭地方政府和金融机构的各种幻觉，严厉打击违规举债等行为。这种背景下，中央政府应该积极主动改变自身在国家债务管理中扮演的角色，要从过去的兜底保障者变为监督监控者。在当前债务限额管理制度和全国人大审批制度前提下，配合使用中央政府备案制度，对地

---

[①] 详见泉州市财政局，https：//czj.quanzhou.gov.cn/ztzl/zfzw/201712/t20171226_584046.htm。

方大规模举债行为进行限制，减少随意举债危害政府债务良性发展的现象，从根本上提高资金使用效率。

### （二）加强审计部门的监督职能

由于地方政府债务风险问题突出，国家越来越重视债务管理工作，比如地方政府债务审计和融资平台清理等，以规避系统性金融风险。通过开展政府债务国家审计，我国地方政府债务基数和问题已经逐渐明朗。审计部门可以有效发挥风险预防功能、揭示功能和抵御功能，在新时期地方政府债务的监督管理中应充分发挥审计部门作用。第一，政府审计部门需要制定科学完备的地方政府债务审计监管体系，实时关注地方政府债务风险。第二，审计部门不仅要对地方政府债务资金和举债行为进行直接审计，还应该关注包括银行和其他金融机构在内的各类金融机构对政府发放贷款的流程和规模，严格监控政府债务规模变化情况。第三，审计部门要对地方政府在债务举借、债务管理、资金使用等全过程中存在的问题进行披露，促进对地方政府债务事前、事中和事后监督。

# 第十九章

# 基于模糊综合评价法的政府债务绩效评价

关于地方政府债务的绩效评价,最普遍的做法是根据评价的不同价值取向,截取"投入→过程→产出"全部或者部分环节,选择与设置若干指标,最后形成一套绩效评价体系。这些评价体系的有效使用存在两个需要改进的地方:一是指标的设置必须根据不同省份的具体情况进行修改,评价体系在应用普适性与评价效率之间难以达到完美平衡;二是收集指标数据的成本可能比较高,很难获取一些指标的真实数据。鉴于前述原因,本章拟从财力与债务匹配的角度,考虑债务支出方向,借鉴模糊理论的方法,评价和分析我国30个省份(西藏、香港、澳门、台湾除外)政府债务支出的绩效情况。结果发现,东部地区的绩效排名为浙江省、广东省、河北省、海南省、辽宁省、山东省、江苏省、福建省、上海市、天津市、北京市,排名在前的省份的政府债务集中投在市政建设、交通运输建设、农林水利等领域;地方政府债务绩效与当地经济发展水平没有必然的联系。

## 第一节 模型介绍

### 一、模式识别的方法选择

现如今,学术上对于计算机的研究和计算机对于学术的应用日益拓宽,在此背景下，模式识别技术已然作为一门独立的学科发展起来。模式识别是利用函数、样式、图形等方式对现实已知事物进行结构性定量描述，判定事物的类别属性以及它们之间的相似程度，也称相互融合度。集合中的模式类指这个集合中的模式相同或具有相似性。通常情况下，现实世界中的事物难以用单个的特征来进行描述，所以模式识别会采用一种模拟人类大脑思考方法的自动技术，将不同的特性进行关联并组成新的模式来对事物进行识别分类。模式识别包括多种方法，其中句式结构法以及统计决策法作为技术的基础，发展得较为成熟，在解决模式识别的问题上也能发挥很好的作用。其他方法是在这两种方法的基础上发展而来的，如模糊识别法、逻辑推理法和人工神经网络方法，这些方法的产生扩宽了模式识别的方法，极大地改进了事物分类的效果。[1]

相较于其他方法，统计模式识别法的发展较为成熟，其以概率论和数理统计为理论基础，通过特征向量和聚类法来描述模式并判别模式类，能考虑到噪声、干扰等问题所带来的影响，其中，识别模式基元能力很强，但从整体的角度上来说，存在该方法难以识别的复杂结构，且在评估识别问题上也存在困难。句法结构法以形式语言和自动机技术为主要的理论基础，通过符号串、树、图来描述模式，通过一个文法来描述一类，类别与文法——对应，然后通过判定未知模式遵循的方法来识别类，识别方法主要有三种，即 Earley 算法、CYK 剖析算法和自动机技术。在反映模式的结构特征上，识别方法可以从最简单的基元开始并逐步向复杂的方向发展，但在抽取基元上存在一定的困难，并且主观性的存在导致结果偏误，不适合干扰和噪声环境。智能模式识别法包括逻辑推理法和神经网络方法，其中逻辑推理法以演绎逻辑和布尔代数为主要的理论基础，运用一系列规则，从事实出发，即用字符串描述模式，通过布尔演算判定模式类。对于必须通过复杂规则的推理才能完成的需要识别目标的问题，逻辑推理法有着很好的效果，但当规则不明、背景不清或样品缺损时，该方法的效果不佳。人工神经网络方法以心理学和神经生理学模式的描述为主要的理论基础，主要通过不同表示的输入节点集，将未知模式判定为其最接近的记忆，但准确性不够，有待完善。通过对以上方法的分析和甄别，本章将采用模糊模式识别法评价地方政府债务支出绩效，以规避识别困难和难以量化的问题。

## 二、模式识别的基础分析

美国加利福尼亚大学控制论专家扎德（L. A. Zadeh）发表了《模糊集合》，

---

[1] 金荣学、宋菲菲、赵常恒：《基于模糊理论的地方政府性债务支出绩效评价》，载于《财会月刊》2017 年第 24 期，第 124～128 页。

这篇开创性论文标志着模糊数学的诞生。模糊数学是一种定量方法，用来研究模糊现象，补充和发展传统的精确数学，扩大了数学的应用范围，从原始领域到模糊现象领域，从准确和简单的现象领域到模糊现象领域，模糊不具备数学准确性的性质，但"模糊集合"是模糊计算的基础，要求明确概念和现象特征。模糊数学的出现不仅为处理模糊现象提供了定量的分析思维，而且为解决复杂度和准确性之间的矛盾提供了有效的方法，其在控制管理过程、经济管理研究、科技进步等"软"科学与"硬"科学相结合的实践中得到了广泛的应用，比精确数学更有效。模糊数学在采用数学方法研究模糊现象时具有以下三个特点：采用定量的思维方式描绘模糊事物，过程具有实用性和客观性；指导人们观察模糊事物并解决模糊问题，具有哲学中方法论的特点；通过选取浮动的阈值并计算出对应的结果，能够设计出可供选择的多种方案。

对社会活动中的复杂信息描述和分类，并找到其中存在的规律和造成的结果称为模糊识别。模糊识别已在社会经济学、医学、人工智能等学术领域广泛应用，也支持预测预报、专家系统、工程控制、信息检索等领域的发展。根据研究对象的特征对其进行识别和分类称为模式识别（pattern recognition），最开始被应用于解决计算机相关问题，近年来在理论及实践上有着迅速的发展，被应用于自然科学、社会科学及技术管理多个领域。[①] 模式识别在人类大脑最基本的功能中起到了关键的作用，即将外部客观事物加工成人类自己的概念的过程。

为了提升辨别与分类模糊现象或事物的能力，在传统模式识别过程中添加模糊数学的方法，形成了模糊模式识别方法，这种方法广泛应用于各个领域，它将定量的方法从自然科学等"硬科学"领域延伸到社会经济等"软科学"领域。

## 三、模式识别的一般步骤

模糊模式识别有两种基本方法，第一个是模糊概念的确定，主要为模糊子集、模糊研究样本标准值和相对隶属度的确定。识别模糊子集并测算所对应的指标特征值向量，可以形成指标特征值矩阵，判别指标值的状态，最后将指标特征值向量和指标特征值标准矩阵分别转化为模糊子集的指标相对隶属度矩阵和模糊子集的指标标准值相对隶属度矩阵。第二个是将各项样本指标相对隶属度与其对应的指标标准值相对隶属度进行模糊模式识别，比较样本上限值与下限值，算出样本集相对于模糊子集的最优隶属度。[②]

---

[①] 沈清、汤霖：《模式识别导论》，国防科技大学出版社1991年版。
[②] 徐扬等：《模糊模式识别及其应用》，西南交通大学出版社1990年版。

模糊集合的主要思想是定量地刻画模糊概念，为实现这一目的就必须拓展普通集合中绝对隶属关系，使元素对集合的隶属度由原来的 0 和 1 两个数值拓展到单位区间 [0, 1] 中的任意一数值。表达模糊现象或者模糊事物以及解决这些模糊性问题，不可以用普通集合中的绝对隶属关系表示和分类，必须将普通集合中绝对隶属关系的概念拓宽到一定程度隶属的关系，即借助模糊集合，用 0~1 的某一数值来替代原来的 0 和 1 两个数值。基于这种思想，按如下方法定义模糊集合，从论域 $U$ 到闭区间 [0, 1] 的任意一个映射 $A: X \to [0, 1]$，对任意 $u \in u \to (u)$，将 $A$ 称作 $U$ 的一个模糊子集，将 $A(u)$ 称为 $U$ 的隶属函数。

模糊子集的特点可归纳为以下三点：

第一，模糊集合定义解决了普通集合"非此即彼"的关系问题，很好地描述了工程中的中间过渡问题。

第二，若模糊集合 $A$ 的隶属函数只取 0、1 两个值，$A$ 则转换为一个普通集合。

第三，$A(u)$ 在 0~1 取值，$A(u)$ 值越接近 0，表示 $u$ 从属于 $A$ 的程度越小，$A(u)$ 值越接近 1，表示 $u$ 从属于 $A$ 的程度越大，因此 $A(u)$ 的大小反映 $u$ 对于模糊集合 $A$ 的从属程度。

确定模糊模式识别的三个基本概念分别是模糊矩阵、隶属度和阈值。

模糊矩阵的定义：假设 $Y = \{y_1, \cdots, y_n\}$，$Y$ 均为有限集，则 $X$ 与 $Y$ 的模糊关系可以用一个 $n \times n$ 的矩阵来表示：

$$R = \begin{pmatrix} a_{11} & \cdots & a_{1n} \\ \vdots & \ddots & \vdots \\ a_{n1} & \cdots & a_{nn} \end{pmatrix} \tag{19.1}$$

其中 $a_{ij} = R(x_i, y_j)$。$R$ 表示模糊矩阵，且矩阵的元素在区间 [0, 1] 上取值。

隶属度的定义：假设 $A$ 是论域 $X$ 到区间 [0, 1] 的一个映射，即 $A: X \to [0, 1]$，$x \to A(x)$，称 $A$ 是 $X$ 上的模糊集，$A(x)$ 为对模糊集 $A$ 的隶属度。隶属度表示待识别对象对给定的模糊模式的隶属程度，其取值范围是从 0 到 1 闭区间内的实数。

阈值的定义：假设 $A \in f(x)$，$a \in [0, 1]$，记：$A_\partial = \{x \in X \mid A(x) \geq \partial\}$，则 $A_\partial = \{x \in X \mid A(x) \geq \partial\}$ 为 $A$ 的强 $\partial$ 截集；$\partial$ 称为阈值。

最后，总结模糊模式识别的一般步骤如下：

第一个步骤是提取特征，这是模糊模式识别方法过程中最关键的一步，只有从识别对象中选取并度量合理正确的特征，才能使模糊模式识别得到良好的效果，具体方法是赋予每个识别对象 $x$ 一个特征值向量，其中 $x_1, x_2, \cdots, x_n$ 分别为每个特征的度量值。

第二个步骤是建立标准类型的隶属函数，标准类型通常是论域 $U = \{(x_1, \cdots, x_n)\}$ 的模糊集，其中 $x_i$ 是识别对象的第 $i$ 个特征。

第三个步骤是建立识别判决标准，根据特定的归属原则判定识别对象所属标准的类型。根据识别对象的不同，常用的判别标准可以分为最大隶属度原则（直接法）和择近原则（间接法）两种。前者用于直接识别个体，一般在识别对象是论域中的某一类元素（或某一个体）时使用，被识别对象的隶属度不绝对为1，即不完全符合某类判别标准的类型，属于某个模糊概念的模糊集。而后者用于间接识别群体。依据上述观点，解决处理个体对象识别问题的有效方法是直接方法，即"最大隶属度原则"。由于本章研究对象是 30 个省份的债务支出绩效问题，出于均衡性的考虑采用"最大隶属度原则"。

最大隶属度原则：设 $A_1$，$A_2$，$\cdots$，$A_N \in F(U)$ 准类型，$x_0 \in U$，若

$$A_i(x_0) = \max\{A_k(x_0) \mid 1 \leq k \leq n\} \tag{19.2}$$

则认为 $x_0$ 隶属于 $A_i$ 所代表的类型。

## 第二节 指标体系构建

地方政府债务支出绩效评价对支出指标具有较强的依赖性，指标选择的合理适当与否将直接关系到绩效评价的效果，在选取指标时应遵循以下四个原则：

相关性原则。支出指标变量之间要存在显著的相关性，且被评价对象与所选择的评价指标之间要存在直接的逻辑联系。

代表性原则。考虑到债务支出指标的相关性，过多或过少的指标数量均不妥当，过多的指标会降低评价结果的准确性，单一的指标无法整体反映出实际的支出绩效情况，因此，选取的指标应当具有代表性。

适用性原则。选取的指标需反映出支出绩效的真实水平，既不能夸大评价结果也不能低估绩效水平，对于相同或类似的情况可以同样适用，能对结果举一反三。

数据的可得性原则。在选择指标的过程中，存在典型性变量数据不完整的情况，或者在数据统计和操作过程中较难收集和获得，要根据数据的实际可得性和可操作性原则选取变量。

我国地方政府债务主要投向公益性项目和基础设施建设，具体而言，主要是土地收储、交通运输及市政建设三个领域，由于这些公益性项目建设和基础设施

建设能充分反映债务投入效果，而且这些领域的投入具有显著的相关性。基于指标选取的四大原则，本章将综合财力引入地方政府债务支出指标体系，最终将地方政府债务绩效分析指标确定为八大指标。具体如表19-1所示。

表19-1　　基于模糊综合评价法的地方政府债务支出指标

| 地方政府债务支出指标 | 交通运输设施支出 |
| --- | --- |
| | 市政建设支出 |
| | 土地收储支出 |
| | 保障性住房支出 |
| | 科教文卫支出 |
| | 农林水利支出 |
| | 工业和能源支出 |
| | 生态建设和环境保护支出 |
| | 政府综合财力 |

## 第三节　数据来源

本章搜集了2013~2015年的数据，并分别对不同年份、不同来源的债务数据进行绩效评价。研究数据主要源于政府审计署网站、Wind数据库、历年财政年鉴等。

本部分的研究期定为2013年上半年，以全国30个省（自治区、直辖市）的政府债务为决策单元并进行地区划分。地区划分如下：东部地区包括京、津、冀、沪、苏、浙、闽、粤、鲁、辽、琼等11个省（自治区、直辖市）；中部区包括吉、黑、豫、鄂、湘、皖、赣、晋等8个省；西部地区包括桂、蒙①、渝、川、黔、滇、陕、陇、青、宁、新等11个省（自治区、直辖市）。

地方政府债务绩效评价的关键在于地方政府债务余额与相关经济指标的定量分析。尽管债务余额是时点量，GDP、财政收入等属于存量，在逻辑意义上不可比，但存在部分债务需要用财政收入偿还，在经济意义上可比。我国每年财政可偿债收入远小于债务规模，所以采用当年任意一点的债务数据都不会对结论有本

---

① 西部大开发战略包括内蒙古，因此将内蒙古划分为西部地区。

质影响。考虑到数据的可获得性和客观真实性，本部分拟采用 2013 年 6 月债务余额数据（见表 19-2）。

表 19-2　截至 2013 年 6 月底地方政府债务分类支出表　　单位：亿元

| 省份 | 综合财力 | 市政建设支出 | 交通运输设施支出 | 土地收储支出 | 保障性住房支出 | 科教文卫支出 | 农林水利支出 | 工业和能源支出 | 生态建设和环境保护支出 |
|---|---|---|---|---|---|---|---|---|---|
| 京 | 6 343 | 1 682 | 282 | 3 352 | 213 | 78 | 93 | 14 | 76 |
| 沪 | 7 564 | 2 269 | 369 | 1 590 | 234 | 80 | 50 | 11 | 109 |
| 津 | 4 201 | 1 092 | 54 | 701 | 85 | 37 | 24 | 2 | 69 |
| 渝 | 5 657 | 1 072 | 596 | 508 | 213 | 110 | 122 | 153 | 139 |
| 川 | 7 114 | 1 924 | 1 129 | 716 | 507 | 317 | 167 | 145 | 117 |
| 皖 | 5 083 | 1 056 | 285 | 297 | 343 | 179 | 95 | 16 | 151 |
| 闽 | 5 623 | 720 | 407 | 436 | 197 | 104 | 37 | 25 | 34 |
| 陇 | 1 599 | 424 | 104 | 100 | 61 | 99 | 34 | 29 | 4 |
| 粤 | 11 756 | 2 551 | 1127 | 896 | 155 | 223 | 583 | 75 | 85 |
| 桂 | 4 657 | 963 | 117 | 290 | 79 | 73 | 35 | 13 | 54 |
| 黔 | 3 518 | 1 774 | 796 | 234 | 235 | 377 | 113 | 138 | 67 |
| 琼 | 1 587 | 477 | 69 | 134 | 38 | 75 | 15 | 2 | 25 |
| 冀 | 6 624 | 1 689 | 505 | 323 | 200 | 264 | 90 | 16 | 99 |
| 豫 | 4 690 | 1 258 | 502 | 302 | 175 | 181 | 107 | 12 | 65 |
| 湘 | 4 862 | 1 268 | 608 | 198 | 151 | 218 | 141 | 30 | 103 |
| 鄂 | 4 856 | 2 283 | 434 | 770 | 267 | 134 | 135 | 68 | 69 |
| 黑 | 2 273 | 693 | 359 | 148 | 220 | 55 | 153 | 7 | 64 |
| 吉 | 3 760 | 833 | 476 | 545 | 177 | 75 | 50 | 34 | 50 |
| 辽 | 8 883 | 2 206 | 465 | 1369 | 342 | 105 | 133 | 88 | 102 |
| 赣 | 5 241 | 935 | 162 | 190 | 285 | 97 | 200 | 26 | 52 |
| 苏 | 14 592 | 2 703 | 1032 | 1209 | 392 | 222 | 290 | 67 | 585 |
| 蒙 | 4 092 | 1 205 | 237 | 296 | 295 | 408 | 166 | 29 | 158 |
| 宁 | 4 673 | 108 | 53 | 21 | 64 | 63 | 35 | 7 | 52 |

续表

| 省份 | 综合财力 | 市政建设支出 | 交通运输设施支出 | 土地收储支出 | 保障性住房支出 | 科教文卫支出 | 农林水利支出 | 工业和能源支出 | 生态建设和环境保护支出 |
|---|---|---|---|---|---|---|---|---|---|
| 青 | 1 355 | 126 | 136 | 57 | 85 | 76 | 39 | 2 | 8 |
| 鲁 | 9 911 | 1 877 | 221 | 245 | 290 | 295 | 267 | 19 | 271 |
| 晋 | 3 960 | 487 | 248 | 42 | 120 | 222 | 57 | 1 | 57 |
| 陕 | 3 902 | 738 | 496 | 324 | 315 | 132 | 96 | 10 | 179 |
| 滇 | 5 616 | 552 | 1 556 | 447 | 226 | 243 | 177 | 38 | 81 |
| 浙 | 9 735 | 1 398 | 648 | 620 | 467 | 168 | 302 | 130 | 155 |
| 新 | 3 165 | 457 | 115 | 50 | 218 | 93 | 122 | 37 | 122 |

## 第四节 实证分析

### 一、模糊隶属度计算

基于上述原理，对30个省（自治区、直辖市）的地方政府债务进行分析并对其债务支出的均衡性进行模糊识别。

依据公共产品理论，债务资金主要投向基础设施建设，主要目的是提高公共服务水平，城市发展资金需求是政府举债的决定性因素，同时城市基础设施建设是资金使用方向的决定性因素。地方政府只有在充分利用债务资金来满足公共需求的同时，杜绝盲目追求政绩建设，才能切实提高地方政府债务支出绩效水平。

要准确全面地判断地方政府债务情况，既需要研究其规模、动态变化和风险现状，又要评价其支出绩效，这样有助于丰富债务管理经验，保障政府因地制宜，采用适当的措施提高债务效率，进而降低债务风险。

本部分采用模糊识别的方法，利用前文确定的评估指标体系对样本省（自治区、直辖市）的债务支出绩效水平进行横向比较，在此基础上展开分析。

首先利用式（19.3）对地方政府债务支出指标进行标准化处理。

$$x_i = \frac{D_i - D_{\min}}{D_{\max} - D_{\min}} \tag{19.3}$$

其中，$D_i$ 为某项债务支出负担率，表示 i 省某项债务支出与综合财力的比，$D_{\max}$ 和 $D_{\min}$ 分别为 i 省债务负担率的最大值和最小值（标准化后的结果见表 19-3）。

表 19-3　　　　　　　地方政府债务支出标准化指标

| 省份 | 市政建设支出 | 交通运输设施支出 | 土地收储支出 | 保障性住房支出 | 科教文卫支出 | 农林水利支出 | 工业和能源支出 | 生态建设和环境保护支出 |
|---|---|---|---|---|---|---|---|---|
| 京 | 0.50 | 0.12 | 1.00 | 0.24 | 0.03 | 0.21 | 0.07 | 0.22 |
| 沪 | 0.58 | 0.14 | 0.39 | 0.21 | 0.02 | 0.02 | 0.04 | 0.27 |
| 津 | 0.49 | 0.01 | 0.31 | 0.08 | 0.00 | 0.00 | 0.01 | 0.32 |
| 渝 | 0.35 | 0.35 | 0.16 | 0.29 | 0.11 | 0.36 | 1.00 | 0.51 |
| 川 | 0.51 | 0.55 | 0.18 | 0.70 | 0.36 | 0.41 | 0.75 | 0.32 |
| 皖 | 0.38 | 0.17 | 0.10 | 0.65 | 0.27 | 0.30 | 0.11 | 0.62 |
| 闽 | 0.22 | 0.23 | 0.14 | 0.26 | 0.10 | 0.02 | 0.15 | 0.08 |
| 陇 | 0.50 | 0.20 | 0.11 | 0.30 | 0.54 | 0.36 | 0.67 | 0.00 |
| 粤 | 0.40 | 0.32 | 0.14 | 0.10 | 0.10 | 1.00 | 0.23 | 0.11 |
| 桂 | 0.38 | 0.05 | 0.11 | 0.04 | 0.07 | 0.04 | 0.09 | 0.21 |
| 黔 | 1.00 | 0.81 | 0.12 | 0.64 | 1.00 | 0.60 | 1.45 | 0.38 |
| 琼 | 0.58 | 0.12 | 0.15 | 0.13 | 0.39 | 0.08 | 0.04 | 0.31 |
| 冀 | 0.48 | 0.24 | 0.08 | 0.20 | 0.31 | 0.18 | 0.08 | 0.29 |
| 豫 | 0.51 | 0.36 | 0.11 | 0.29 | 0.30 | 0.39 | 0.08 | 0.26 |
| 湘 | 0.49 | 0.43 | 0.07 | 0.21 | 0.37 | 0.53 | 0.22 | 0.43 |
| 鄂 | 0.93 | 0.29 | 0.29 | 0.50 | 0.19 | 0.51 | 0.51 | 0.27 |
| 黑 | 0.59 | 0.55 | 0.12 | 1.00 | 0.16 | 1.40 | 0.09 | 0.59 |
| 吉 | 0.41 | 0.43 | 0.27 | 0.40 | 0.11 | 0.18 | 0.32 | 0.25 |
| 辽 | 0.47 | 0.15 | 0.29 | 0.30 | 0.03 | 0.21 | 0.36 | 0.21 |
| 赣 | 0.32 | 0.07 | 0.06 | 0.49 | 0.10 | 0.74 | 0.17 | 0.17 |
| 苏 | 0.34 | 0.22 | 0.15 | 0.16 | 0.06 | 0.32 | 0.16 | 0.86 |
| 蒙 | 0.56 | 0.18 | 0.13 | 0.70 | 0.92 | 0.80 | 0.25 | 0.83 |

续表

| 省份 | 市政建设支出 | 交通运输设施支出 | 土地收储支出 | 保障性住房支出 | 科教文卫支出 | 农林水利支出 | 工业和能源支出 | 生态建设和环境保护支出 |
|---|---|---|---|---|---|---|---|---|
| 宁 | 0.00 | 0.00 | 0.00 | 0.00 | 0.05 | 0.04 | 0.04 | 0.20 |
| 青 | 0.15 | 0.33 | 0.07 | 0.60 | 0.48 | 0.52 | 0.05 | 0.09 |
| 鲁 | 0.35 | 0.04 | 0.04 | 0.19 | 0.21 | 0.48 | 0.06 | 0.57 |
| 晋 | 0.21 | 0.19 | 0.01 | 0.21 | 0.48 | 0.20 | 0.00 | 0.27 |
| 陕 | 0.34 | 0.44 | 0.15 | 0.81 | 0.25 | 0.43 | 0.08 | 1.00 |
| 滇 | 0.16 | 1.00 | 0.14 | 0.32 | 0.35 | 0.59 | 0.24 | 0.27 |
| 浙 | 0.25 | 0.21 | 0.11 | 0.42 | 0.08 | 0.58 | 0.49 | 0.31 |
| 新 | 0.25 | 0.09 | 0.02 | 0.67 | 0.21 | 0.75 | 0.42 | 0.83 |

接下来确定用作判定的指标体系，明确需要进行模糊识别的论域 X。确定研究范围是 30 个省（自治区、直辖市），将地方政府债务支出系统模糊划分为：市政建设支出、交通运输设施支出、土地收储支出、保障性住房支出、科教文卫支出、农林水利支出、工业和能源支出、生态建设和保护环境支出等子块，上述子块构成论域 X：

$X = \{X_1, X_2, X_3, X_4, X_5, X_6, X_7, X_8\}$ = ｛市政建设支出、交通运输设施支出、土地收储支出、保障性住房支出、科教文卫支出、农林水利支出、工业和能源支出、生态建设和环境保护支出｝。

基于论域 X 并结合我国地方政府债务的现实因素，建立 X 子集 $A_j$ 表示地方政府债务支出的模糊状态。令 $j = 1 - 30$，根据上文则有：

$A = \{A_1, A_2, \cdots, A_{30}\}$ = ｛京、沪、津、渝、川、皖、闽、陇、粤、桂、黔、琼、冀、豫、湘、鄂、黑、吉、辽、赣、苏、蒙、宁、青、鲁、晋、陕、滇、浙、新｝。

为了更加全面地对我国地方政府债务支出进行绩效评价，需考虑政府偿债因素，依据量能负担原则，本部分采用表 19-3 的标准化指标，基于模糊识别矩阵设置原则得到 λ 截矩阵 $R$[①]，去掉最优向量后依次重复，得出次优向量。结果如表 19-4 所示。

---

[①] λ 截矩阵 R：在模糊关系矩阵基础上构成的矩阵，大于或者等于阈值 λ 的元素均记为 1，小于阈值 λ 的元素均记为 0。

表 19-4　　　　　　　　　计算隶属度值

| 隶属度 | $X_1$ | $X_2$ | $X_3$ | $X_4$ | $X_5$ | $X_6$ | $X_7$ | $X_8$ |
|---|---|---|---|---|---|---|---|---|
| $A_1$ | 50 | 0.13 | 1.00 | 0.24 | 0.03 | 0.21 | 0.07 | 0.22 |
| $A_2$ | 58 | 0.14 | 0.39 | 0.21 | 0.02 | 0.02 | 0.04 | 0.27 |
| $A_3$ | 49 | 0.01 | 0.31 | 0.08 | 0.00 | 0.00 | 0.01 | 0.32 |
| $A_4$ | 35 | 0.35 | 0.16 | 0.29 | 0.11 | 0.36 | 1.00 | 0.51 |
| $A_5$ | 51 | 0.56 | 0.18 | 0.70 | 0.36 | 0.41 | 0.75 | 0.32 |
| $A_6$ | 38 | 0.17 | 0.10 | 0.65 | 0.30 | 0.30 | 0.11 | 0.63 |
| $A_7$ | 22 | 0.23 | 0.14 | 0.26 | 0.10 | 0.02 | 0.15 | 0.08 |
| $A_8$ | 50 | 0.20 | 0.11 | 0.30 | 0.54 | 0.36 | 0.67 | 0.00 |
| $A_9$ | 40 | 0.32 | 0.14 | -0.00 | 0.10 | 1.00 | 0.23 | 0.11 |
| $A_{10}$ | 38 | 0.05 | 0.11 | 0.05 | 0.07 | 0.05 | 0.09 | 0.21 |
| $A_{11}$ | 00 | 0.81 | 0.12 | 0.64 | 1.00 | 0.60 | 1.45 | 0.38 |
| $A_{12}$ | 58 | 0.12 | 0.15 | 0.13 | 0.39 | 0.08 | 0.04 | 0.31 |
| $A_{13}$ | 48 | 0.24 | 0.09 | 0.20 | 0.32 | 0.18 | 0.08 | 0.29 |
| $A_{14}$ | 51 | 0.36 | 0.12 | 0.29 | 0.30 | 0.39 | 0.08 | 0.26 |
| $A_{15}$ | 49 | 0.43 | 0.07 | 0.22 | 0.37 | 0.53 | 0.22 | 0.43 |
| $A_{16}$ | 93 | 0.29 | 0.29 | 0.50 | 0.19 | 0.51 | 0.51 | 0.27 |
| $A_{17}$ | 59 | 0.55 | 0.12 | 1.00 | 0.16 | 1.40 | 0.09 | 0.59 |
| $A_{18}$ | 41 | 0.43 | 0.27 | 0.40 | 0.11 | 0.18 | 0.32 | 0.25 |
| $A_{19}$ | 47 | 0.15 | 0.29 | 0.30 | 0.03 | 0.21 | 0.36 | 0.21 |
| $A_{20}$ | 32 | 0.07 | 0.06 | 0.49 | 0.10 | 0.74 | 0.17 | 0.17 |
| $A_{21}$ | 34 | 0.22 | 0.15 | 0.16 | 0.06 | 0.32 | 0.16 | 0.86 |
| $A_{22}$ | 56 | 0.18 | 0.13 | 0.70 | 0.92 | 0.80 | 0.25 | 0.83 |
| $A_{23}$ | 00 | 0.00 | 0.00 | 0.01 | 0.05 | 0.04 | 0.04 | 0.20 |
| $A_{24}$ | 15 | 0.34 | 0.07 | 0.60 | 0.48 | 0.52 | 0.05 | 0.09 |
| $A_{25}$ | 35 | 0.04 | 0.04 | 0.19 | 0.21 | 0.48 | 0.06 | 0.57 |
| $A_{26}$ | 21 | 0.19 | 0.01 | 0.21 | 0.48 | 0.19 | 0.00 | 0.27 |
| $A_{27}$ | 35 | 0.44 | 0.15 | 0.81 | 0.25 | 0.43 | 0.08 | 1.00 |
| $A_{28}$ | 16 | 1.00 | 0.14 | 0.32 | 0.35 | 0.59 | 0.24 | 0.27 |
| $A_{29}$ | 25 | 0.21 | 0.11 | 0.42 | 0.09 | 0.58 | 0.49 | 0.31 |
| $A_{30}$ | 25 | 0.09 | 0.02 | 0.67 | 0.21 | 0.75 | 0.42 | 0.83 |

$A_0 = (0.48, 0.27, 0.52, 0.08, 0.10, 0.04, 0.03, 0.04)$，其中 $A_{0k} = \max(X_k) - \min(X_k)$，$1 \leq k \leq 30$。建立模糊矩阵过程的标定方法有主观评分法、相似系数法、绝对值减数法等，考虑到操作性因素，本课题采用绝对值减数法。

$r_{ij} = 1 - C \sum_{k=1}^{m} |x_{ik} - x_{jk}|$，计算得 $C = 5.7$，使 $r_{ij} \in [0, 1]$，且在该区间内离散度最高。

在利用上述公式计算得到结果的基础上，用1替换矩阵主对角线上的元素。结合已知隶属度，可以获得模糊模式识别矩阵 $R = \begin{pmatrix} r_{11} & \cdots & r_{1n} \\ \vdots & \ddots & \vdots \\ r_{n1} & \cdots & r_{nn} \end{pmatrix}$。

## 二、模糊模式识别

在隶属度均较小的情况下最大隶属度原则容易偏离实际，而最大阈值原则不存在这种情况。因此，本部分依据最大阈值原则作出判决。

水平阈值 $\lambda = \{0.43, 0.42, 0.41, 0.40, 0.39, 0.37, 0.35, 0.35, 0.34, 0.31, 0.31, 0.30, 0.30, 0.29, 0.28, 0.27, 0.27, 0.26, 0.25, 0.24, 0.22, 0.21, 0.16, 0.15, 0.14, 0.12, 0.09, 0.05, 0.00\}$。按照最大阈值原则依次得到对应的λ截矩阵，在 $\lambda = 0.43$ 可得矩阵 $R_{0.43}$。

$R_{0.43}$ 的第16行元素都是1，所以第16行对应的省份，即鄂的政府债务支出效率最高。删去类似矩阵的第16行和第16列，同理可以得到排名第二的地区。

在 $\lambda = \{0.43, 0.42, 0.41, 0.40, 0.39, 0.37, 0.35, 0.35, 0.34, 0.31, 0.31, 0.30, 0.30, 0.29, 0.28, 0.27, 0.27, 0.26, 0.25, 0.24, 0.22, 0.21, 0.16, 0.15, 0.14, 0.12, 0.09, 0.05, 0.00\}$ 时，依次可得结果。通过选取阈值，与比较对象进行比较来确定某特定对象是否最优：若全部模糊向量中的元素都高于阈值，则该省（自治区、直辖市）的政府债务支出绩效为最优。删除最优省（自治区、直辖市），另外提取一个阈值，同理，若全部模糊向量元素都高于阈值，选取出的结果为次优。依上所述操作得出最终的排名为鄂、渝、湘、滇、川、浙、豫、青、陇、皖、吉、粤、新、蒙、冀、陕、赣、黑、琼、辽、晋、鲁、苏、闽、沪、桂、津、京、黔、宁（见表19-5）。

表19-5 基于模糊综合评价法的地方政府债务支出绩效评价结果及排名

| 省份 | 所属区域 | λ值 | 排名 |
| --- | --- | --- | --- |
| 鄂 | 中部 | 0.43 | 1 |
| 渝 | 西部 | 0.42 | 2 |
| 湘 | 中部 | 0.41 | 3 |
| 滇 | 西部 | 0.40 | 4 |
| 川 | 西部 | 0.39 | 5 |
| 浙 | 东部 | 0.37 | 6 |
| 豫 | 中部 | 0.35 | 7 |
| 青 | 西部 | 0.35 | 8 |
| 陇 | 西部 | 0.34 | 9 |
| 皖 | 中部 | 0.31 | 10 |
| 吉 | 中部 | 0.31 | 11 |
| 粤 | 东部 | 0.30 | 12 |
| 新 | 西部 | 0.30 | 13 |
| 蒙 | 中部 | 0.29 | 14 |
| 冀 | 东部 | 0.28 | 15 |
| 陕 | 西部 | 0.27 | 16 |
| 赣 | 中部 | 0.27 | 17 |
| 黑 | 中部 | 0.26 | 18 |
| 琼 | 东部 | 0.25 | 19 |
| 辽 | 东部 | 0.24 | 20 |
| 晋 | 中部 | 0.22 | 21 |
| 鲁 | 东部 | 0.21 | 22 |
| 苏 | 东部 | 0.16 | 23 |
| 闽 | 东部 | 0.15 | 24 |
| 沪 | 东部 | 0.14 | 25 |
| 桂 | 东部 | 0.12 | 26 |
| 津 | 东部 | 0.09 | 27 |
| 京 | 东部 | 0.05 | 28 |
| 黔 | 西部 | 0.10 | 29 |
| 宁 | 西部 | 0.08 | 30 |

## 第五节 实证结论与建议

### 一、实证结论

本章提出地方政府债务支出模糊模式识别模型，充分考虑了"地方政府债务支出绩效"的模糊性，将模糊模式识别方法用于分析多个研究对象、多个目标权重的情形。在对选定的30个省（自治区、直辖市）的地方政府债务支出情况进行优劣判断的基础上，对其债务支出绩效结果进行了排序。本章研究结论如下：

第一，地方政府债务支出大部分关注短期项目的收益，这会影响债务支出绩效的水平。债务支出中，土地收储支出较大的省级政府，在实际经济运行中，对土地收储的投入大，对土地收入也会格外依赖，即依赖于"土地财政"。这种买地、卖地差价带来的直接收益是短期且显著的，因而受到地方政府的重视。相对而言，市政建设、交通运输设施、农林水利等领域大多属于长期性项目，以长期性资产的形式存在，项目收益期较长，"土地财政"依赖性较强的政府会较少进行这些方面的债务支出，从而其债务支出绩效水平相对较低。

第二，债务资金的管理与使用不规范会大大降低债务资金支出的绩效水平。根据省级政府债务支出绩效水平的排名，只有规范债务资金使用范围及用途，严格控制债务支出投向，遏制违规使用债务资金的行为，才能从根本上提高地方政府债务资金支出的绩效水平。将主要债务资金用于基础设施建设及公益性项目的地方政府，倾向于将债务资金用于绩效水平较高的领域，因而其债务支出绩效水平排名靠前。

### 二、相关建议

针对上文的研究结论，提出以下三点政策建议：

第一，加强地方政府债务的预算管理和规模控制，提高政府债务支出效率。一方面，要贯彻落实有利于地方政府债务管理的预算管理制度，统一政府债务预算的统计口径和编制方法。另一方面，实行债务指标控制，为地方政府债务确定合理的债务区间，及时约束接近债务规模上限的地方政府过度举债行为，将地方政府债务规模控制在合理的范围内，以防范债务的潜在风险演化为现实风险。对地方政府债务实行全过程预算管理，以预算控发债、以预算促管理、以预算化风险，将地方政府债务的风险纳入预算控制的约束范围之中，切实加强地方政府债务发行、管理和偿还整个过程的规范化、制度化运行。

第二，完善地方政府官员政绩考核制度，深化"去 GDP 主义"政绩考核观。在考核指标中加入地方政府债务管理、地区生态环境治理等方面的指标，深化"去 GDP 主义"政绩考核观。对地方政府债务实行终身问责制，真正做到谁举债、谁负责，促进地方政府债务领域的权责对等，减少地方政府治理中的道德风险和逆向选择行为。

第三，建立健全地方政府市政建设项目管理制度。应对每个市政建设项目开展审慎、科学的可行性分析，并通过建立项目管理信息系统加强项目的成本管理和时间管理，通过项目信息的公开来强化社会公众对项目建设和资金使用的监督职能。同时，在所有政府债务支出项目中，统一实行地方政府债务评价制度，对债务支出的经济效益和社会效益进行评价，用事后监督来进一步加大对债务支出行为的综合激励约束力度，减少无效率和低效率的债务支出行为。

# 第二十章

# 基于 Super – SBM 分析法的地方政府债务绩效评价

  **大**多数文献在构建评价指标体系时很少考虑非合意性产出，利用 SBM 模型且考虑松弛变量来评价地方政府债务资金使用效率的研究较为少见。在债务数据的使用上，大多数文献采用的是存量数据即地方政府债务余额，使用地方政府债务余额与使用新增债务额进行效率评价的结果之间难免存在偏差。上述两方面的不足可能导致现有的研究成果难以真实反映出我国地方政府债务资金的使用效率。为弥补上述不足，本章测算 30 个省（自治区、直辖市）各年的债务增量，在考虑非期望产出的基础上，运用 Super – SBM 模型来测算地方政府债务资金的使用效率，并通过构建面板 Tobit 模型来分析债务资金使用效率的影响因素。结果发现 2008 ~ 2017 年中国地方政府债务支出效率总体呈现下降趋势，由 2008 年的 0.815 下降到 2017 年的 0.685，过程波动幅度不大，支出效率均值达到有效水平的省份仅有 6 个，且波动较大，东、中、西各自区域内覆盖的省份尚且不能够做到全部达到有效水平。区域间债务支出效率存在较大差异，且这种差异呈现出扩大趋势；全要素生产率、技术进步和技术效率指数总体上都得到了小幅提升，平均全要素生产率下降的省份有 14 个；回归结果报告，金融化水平、市场化水平、人口密度显著提升了地方政府债务支出效率，城市化水平和财政分权度则抑制了地方政府债务支出效率。

# 第一节 模型介绍

目前大部分文献采用 DEA 模型来研究地方政府债务资金使用效率，该方法无须事先设定生产函数和权重，可以采取线性规划的方法计算效率值。由于传统的 DEA 模型中的产出指标多为期望产出指标，在构建模型时不考虑松弛变量对效率结果的影响，因此不适用于存在非期望产出的情形。基于此，托恩（Tone，2001）提出了非径向、非角度的 SBM 模型，由于 SBM 模型的测算结果会出现多个决策单元的效率值都有效的情形，无法对效率值做进一步的排序和比较，托恩又做出了进一步的改进，提出 Super – SBM 模型。模型如式（20.1）所示：

$$\begin{aligned}
\rho = \min & \frac{\frac{1}{m}\sum_{i=1}^{m}\bar{x}_i/x_{i_0}}{\frac{1}{s_1+s_2}(\sum_{t=1}^{s_1}\bar{y}_t^a/y_{t_0}^a + \sum_{k=1}^{s_2}\bar{y}_k^b/y_{k_0}^b)} \\
& x_0 = x\gamma + n^-,\ y_0^a = y^a\gamma - n^a,\ y_0^b = y^b\gamma + n^b \\
& \bar{x} \geq \sum_{j=1,\neq 0}^{n}\gamma_j,\ x_j\bar{y}^a \leq \sum_{j=1,\neq 0}^{n}\gamma_j y_j^a,\ \bar{y}^b \leq \sum_{j=1,\neq 0}^{n}\gamma_j y_j^b \\
& \bar{x} \geq x_0,\ \bar{y}^a \leq y_0^a,\ \bar{y}^b \geq y_0^b \\
& \sum_{j=1,\neq 0}^{n}\gamma_j = 1,\ s^- \geq 0,\ s^a \geq 0,\ \gamma \geq 0
\end{aligned} \quad (20.1)$$

在式（20.1）中，$\rho$ 为各地区的地方政府债务资金使用效率。当 $\rho$ 大于 1 时，表示地方政府债务资金使用效率达到有效；当 $\rho$ 小于 1 时，表示地方政府债务资金没有得到有效使用。投入变量、期望产出变量和非期望产出变量分别是 $x$、$y^a$、$y^b$、$m$、$s_1$、$s_2$，分别代表相应变量的个数。向量 $n^-$、$n^a$、$n^b$ 分别为投入的松弛变量、期望产出的松弛变量和非期望产出的松弛变量；$\gamma$ 为权重系数。

# 第二节 构建指标体系

1994 年 "分税制" 使得地方财政 "入不敷出"，地方政府被迫寻找财源来满足其支出需要，融资平台在地方政府融资过程中发挥了重要作用。2008年经济危机后，地方政府为满足市政建设和日常开支需要，凭借着政府所拥有的土地垄断权为资金支持提供通道，目前使用的融资方式包括划拨土地、股权等。

银行贷款是最重要的融资方式，具体而言，融资平台将土地的使用权作为担保，以项目收益和土地出让金作为还款来源。地方政府将融资资金投入到市政建设和交通运输，一方面是因为随着城镇化进程的加快，需要完善基础设施和公共服务来满足人民日益增长的公共服务需要；另一方面也与政府的政绩需要相契合，除此之外，还可以提升土地价值，这些资本投资通过地价资本化提高土地价值。与此同时，政府积极开展土地征用和保管，垄断土地使用权，控制土地出征价格和数量。房地产开发商利用有限的土地资源建设经济适用房，由于政府进一步缩减土地供应，迫使土地价值上升，抬高了房地产开发商的土地成本，开发商为了实现自身利益最大化必然将高成本转嫁给消费者，最终导致房价上涨。在中国的"财政分权，政治集权"体制下，由于经济考核仍是最直接、最有效的官员考核方式，地方政府为了增加财政收入，促进经济发展，将大量债务资金投向了煤炭、石油、钢铁、电厂等污染较大行业的生产性基础设施建设。这些企业在产能过剩的背景下，利润大幅下滑甚至出现严重亏损，之后又通过大量举债来维持企业发展。此外地方政府热衷于运用债务资金进行市政建设，给当地居民的生产、生活带来极大便利的同时，也带来了很大的空气、水、噪声等污染。因而，由于发展带来的环境污染问题不容小觑。

地方政府债务为发展地方生产和改善居民生活条件发挥了积极作用，但也抬高了房价，抑制了居民消费，在对环境造成破坏的同时，影响了居民的正常生活，最后导致居民的福利水平大幅度下降。[①] 因此，在评价政府债务资金的使用效率时，不能忽略其造成的问题，要同时考虑积极作用以及对城市发展的负面影响。本章通过构建期望产出指标体系和非期望产出指标体系来综合评价地方政府债务资金的使用效率。

在为应对2008年经济危机，中央出台财政政策，以及中央银行鼓励地方政府融资的背景下，地方政府债务规模快速扩张。基于经济背景的考虑，本章选取的投入指标为2008年以来各省级区域（包含自治区和直辖市）的新增债务额。2013年《全国政府性债务审计结果》报告，地方政府债务的主要支出方向是市政建设、交通运输设施建设、科教文卫和农林水利四大领域。根据地方政府债务的支出方向，选取8个相应的子指标，构建期望产出指标体系。选取二氧化硫排

---

[①] 李晓春、董哲昱：《污染消费与污染治理技术水平的进步：环境、失业和福利》，载于《中国经济问题》2017年第6期，第34~43页。

放量和商品房平均销售价格作为非期望产出指标。为了剔除物价水平对效率值可能产生的影响，本章用以 2008 年为基期的价格指数对新增债务额和商品房价格进行平减。具体的地方政府债务支出效率评价指标体系如表 20-1 所示。

表 20-1　　　　地方政府债务支出效率投入产出指标体系

| 指标类型 | 一级指标 | 二级指标 |
| --- | --- | --- |
| 投入指标 | 地方政府债务 | 新增债务额（万元） |
| 期望产出指标 | 市政建设 | 城市桥梁（座） |
| | | 城市排水管道长度（千米） |
| | | 城市污水日处理能力（万立方米） |
| | 交通运输建设 | 运营路线总长度（公里） |
| | | 年末实有道路面积（万平方米） |
| | 科教文卫 | 医疗卫生机构床位（万张） |
| | | 每十万中小学在校人数（人） |
| | 农林水利 | 有效灌溉面积（千公顷） |
| 非期望产出指标 | 环境污染 | 二氧化硫排放量（万吨） |
| | 商品房价格 | 商品房平均销售价格（元） |

## 第三节　数据来源

本章借鉴张忆东等对各年地方政府债务的估算方法[①]，且杨灿明等认为此方法可以较为全面地测算地方政府债务[②]，具体公式可表示为：地方政府各年新增债务额 = 市政领域固定资产投资 - 预算内资金投入 - 土地出让收入中用于投资资金 - 投资项目的盈利现金流。基于该方法测算全国 30 个省级区域（包含自治区和直辖市）各年地方政府新增债务额，汇总数如表 20-2 所示。

---

① 张忆东、李彦霖：《地方债务清查及"排雷"风险》，兴业证券 A 股策略报告，2013 年 7 月 27 日。
② 杨灿明、鲁元平：《我国地方债数据存在的问题、测算方法与政策建议》，载于《财政研究》2015 年第 3 期，第 50～57 页。

表 20-2    2004～2017 年地方政府新增债务额    单位：亿元

| 年度 | 新增债务 | 年度 | 新增债务 |
| --- | --- | --- | --- |
| 2004 | 14 220.19 | 2011 | 28 419.49 |
| 2005 | 17 859.78 | 2012 | 33 314.18 |
| 2006 | 19 939.84 | 2013 | 36 475.97 |
| 2007 | 19 961.83 | 2014 | 52 806.69 |
| 2008 | 25 221.13 | 2015 | 64 412.60 |
| 2009 | 34 407.02 | 2016 | 75 097.84 |
| 2010 | 37 530.28 | 2017 | 82 191.48 |

注：由 30 个省 2004～2018 年市政领域固定资产投资、预算内资金投入、土地出让收入中用于投资资金和投资项目的盈利现金流计算，测出地方政府新增债务额。

资料来源：国家统计局：《中国统计年鉴（2004～2018）》，中国统计出版社 2004～2018 年版。

## 第四节 实 证 分 析

### 一、支出效率时间演变分析

运用 DEA—Solver pro 5.0 软件测算全国 30 个省份的地方政府债务支出效率，具体结果如表 20-3 所示。

表 20-3    2008～2017 年 30 个省份地方政府债务支出效率

| 地区 | 2008年 | 2009年 | 2010年 | 2011年 | 2012年 | 2013年 | 2014年 | 2015年 | 2016年 | 2017年 | 均值 | 排名 |
| --- | --- | --- | --- | --- | --- | --- | --- | --- | --- | --- | --- | --- |
| 北京 | 0.692 | 0.726 | 0.860 | 0.948 | 0.582 | 2.505 | 1.591 | 1.791 | 1.566 | 1.646 | 1.291 | 3 |
| 天津 | 0.764 | 0.703 | 0.597 | 0.576 | 0.324 | 0.303 | 0.337 | 0.339 | 0.361 | 0.468 | 0.477 | 22 |
| 河北 | 0.590 | 0.510 | 0.421 | 0.461 | 0.571 | 0.428 | 0.454 | 0.499 | 0.358 | 0.412 | 0.471 | 24 |
| 山西 | 0.546 | 0.538 | 0.397 | 0.497 | 0.444 | 0.358 | 0.416 | 0.395 | 0.258 | 1.083 | 0.493 | 20 |
| 内蒙古 | 0.269 | 0.265 | 0.226 | 0.271 | 0.348 | 0.303 | 0.299 | 0.375 | 0.264 | 0.335 | 0.296 | 30 |

续表

| 地区 | 2008年 | 2009年 | 2010年 | 2011年 | 2012年 | 2013年 | 2014年 | 2015年 | 2016年 | 2017年 | 均值 | 排名 |
|---|---|---|---|---|---|---|---|---|---|---|---|---|
| 辽宁 | 0.566 | 0.643 | 0.471 | 0.721 | 0.570 | 0.325 | 0.382 | 0.628 | 1.923 | 1.213 | 0.744 | 11 |
| 吉林 | 0.539 | 0.567 | 0.477 | 0.645 | 0.540 | 0.461 | 0.574 | 0.579 | 0.423 | 0.492 | 0.530 | 19 |
| 黑龙江 | 0.782 | 0.543 | 0.459 | 0.933 | 0.702 | 0.888 | 0.975 | 1.489 | 1.052 | 1.760 | 0.958 | 8 |
| 上海 | 0.663 | 0.675 | 1.286 | 1.430 | 2.827 | 1.159 | 1.765 | 1.406 | 1.013 | 1.150 | 1.337 | 2 |
| 江苏 | 1.703 | 1.273 | 1.173 | 1.209 | 1.086 | 0.700 | 0.288 | 0.758 | 0.754 | 0.763 | 0.971 | 7 |
| 浙江 | 0.753 | 1.581 | 1.491 | 1.181 | 0.969 | 0.738 | 0.549 | 0.597 | 0.503 | 0.795 | 0.916 | 9 |
| 安徽 | 0.655 | 0.844 | 0.918 | 1.499 | 0.960 | 0.896 | 0.809 | 0.775 | 0.607 | 0.689 | 0.865 | 10 |
| 福建 | 0.485 | 0.500 | 0.446 | 0.437 | 0.423 | 0.314 | 0.300 | 0.286 | 0.199 | 0.228 | 0.362 | 28 |
| 江西 | 0.668 | 0.607 | 0.523 | 0.738 | 0.823 | 0.776 | 0.636 | 0.637 | 0.490 | 0.573 | 0.647 | 16 |
| 山东 | 1.030 | 0.938 | 0.839 | 0.753 | 0.909 | 0.479 | 0.522 | 0.492 | 0.342 | 0.420 | 0.672 | 15 |
| 河南 | 0.627 | 0.663 | 0.573 | 0.634 | 0.754 | 0.679 | 0.736 | 0.642 | 0.410 | 0.434 | 0.615 | 17 |
| 湖北 | 0.758 | 0.762 | 0.602 | 0.512 | 0.653 | 0.499 | 0.556 | 0.560 | 0.327 | 0.405 | 0.563 | 18 |
| 湖南 | 0.596 | 0.558 | 0.573 | 0.500 | 0.585 | 0.449 | 0.465 | 0.490 | 0.272 | 0.325 | 0.481 | 21 |
| 广东 | 0.905 | 0.752 | 0.648 | 0.842 | 0.990 | 0.444 | 0.536 | 0.636 | 0.623 | 0.654 | 0.703 | 12 |
| 广西 | 1.085 | 1.572 | 0.895 | 0.538 | 0.454 | 0.387 | 0.476 | 0.509 | 0.369 | 0.455 | 0.674 | 14 |
| 海南 | 1.242 | 1.137 | 1.117 | 1.197 | 1.223 | 1.024 | 1.247 | 1.472 | 1.392 | 1.497 | 1.255 | 5 |
| 重庆 | 0.420 | 0.492 | 0.490 | 0.527 | 0.476 | 0.417 | 0.494 | 0.515 | 0.263 | 0.308 | 0.440 | 25 |
| 四川 | 0.463 | 0.449 | 0.482 | 0.451 | 0.583 | 0.434 | 0.356 | 0.465 | 0.255 | 0.351 | 0.429 | 26 |
| 贵州 | 0.562 | 0.690 | 0.542 | 0.484 | 0.541 | 0.354 | 0.408 | 0.463 | 0.314 | 0.351 | 0.471 | 23 |
| 云南 | 0.375 | 0.423 | 0.329 | 0.541 | 0.548 | 0.446 | 0.518 | 0.529 | 0.300 | 0.261 | 0.427 | 27 |
| 陕西 | 0.324 | 0.365 | 0.334 | 0.377 | 0.599 | 0.334 | 0.382 | 0.356 | 0.177 | 0.197 | 0.344 | 29 |
| 甘肃 | 0.690 | 0.690 | 0.608 | 0.662 | 0.851 | 0.731 | 0.563 | 0.689 | 0.433 | 0.830 | 0.675 | 13 |
| 青海 | 1.260 | 1.564 | 2.072 | 2.140 | 1.010 | 0.839 | 1.115 | 1.021 | 1.026 | 0.792 | 1.284 | 4 |
| 宁夏 | 1.236 | 1.195 | 0.854 | 0.931 | 1.452 | 1.678 | 1.144 | 0.827 | 0.759 | 0.993 | 1.107 | 6 |
| 新疆 | 3.199 | 2.813 | 2.687 | 1.431 | 1.818 | 1.368 | 1.257 | 0.831 | 1.181 | 0.665 | 1.725 | 1 |
| 均值 | 0.815 | 0.835 | 0.780 | 0.802 | 0.820 | 0.691 | 0.672 | 0.702 | 0.607 | 0.685 | — | — |

由表20-3可以看出，2008~2017年中国地方政府债务支出效率整体呈现下降趋势，其中有20个省份处于效率持续下滑的状态，全国效率的平均水平由2008年的0.815下降到2017年的0.685，但支出效率值始终在0.6~0.85范围内波动，这表明全国整体债务支出效率基本保持稳定。若债务支出效率值大于或等于1，则表明债务资金使用达到了最优；若债务支出效率值小于1，则表明债务资金没有得到有效使用。从各省份债务支出效率的均值来看，有6个省份的债务支出效率均值大于1，分别是北京、上海、海南、青海、宁夏和新疆，债务资金没有得到有效使用的省份个数是债务资金得到有效使用省份个数的4倍。东部和西部地区各有3个省份能够有效地使用债务资金，而中部各省均未达到有效使用债务资金的水平。从中可以看出，债务支出效率与经济发展水平并不存在严格的正相关关系。北京、上海、海南三个省份的经济发展水平较高，有着较好的资金管理水平，能够很好地规划和管理债务资金的使用，因而债务资金的使用效率较高。而对于青海、宁夏、新疆三个自治区来说，其基础设施不够完善，尽管这些地区在经济发展水平和管理水平上与东部省份存在一定的差距，但由于历史投资薄弱，债务资金的边际投入可以显著地改善当地基础设施水平，使得债务资金的使用效率得到提升。海南省的平均效率值位列榜首，且其是唯一一个债务资金使用效率在各年都达到最优的省份。海南作为东部地区的旅游大省，经济较发达且管理水平较高，一直注重完善省内基础设施和保护旅居环境，与此同时，当地的平均商品房价格在考察期内增长较缓慢，数股因素共同促成海南省常年保持较高的债务资金使用效率。上海、北京的债务支出效率略逊于海南，分别排在第二和第三的位置，平均效率最低的省份是内蒙古，通过分析原始数据可以发现，相较于其他省份，内蒙古的环境污染问题更为突出，这是导致其债务资金使用效率低的主要原因。

## 二、支出效率空间演变分析

由图20-1显示的地方政府债务支出效率空间演变可以看出，2008年达到债务支出效率有效水平的省份有7个，其中有3个位于东部地区，分别是江苏、山东和海南，有4个位于西部地区，分别是广西、青海、宁夏和新疆，而在中部地区没有省份能够达到债务支出效率有效的水平。2013年达到债务支出效率有效水平的省份有5个，与2008年相比出现了下降，其中有3个位于东部地区，分别是北京、上海和海南，当年江苏和山东未在列，有2个位于西部地区，分别是宁夏和新疆，而在中部地区仍没有省份能够达到债务支出效率有效的水平。2017年达到债务支出效率有效水平的省份有6个，其中有4个位于东部地区，分别是北京、辽宁、上海和海南,有 2 个位于中部地区,分别是山西和黑龙江,而在西部地区没有省份能够达到债务支出效率有效的水平。从中可以看出,在全国范围内,达到债务支出效率有效水平的省份个数在三个考察期内基本保持稳定,东部地区拥有达到债务支出效率有效水平的省份的个数也基本保持稳定,没有出现东、中、西三个地区同时拥有达到债务支出效率有效水平的省份的情形。就具体省份而言,在三个考察期内债务支出每年都有效的省份只有海南省,而宁夏、新疆、北京和上海的债务支出两个考察期都有效,其余省份的债务支出效率存在较大波动。在三个观察期内,地方政府债务支出效率有效省份的个数少且波动较大,地方政府债务支出效率仍有较大的提升空间。

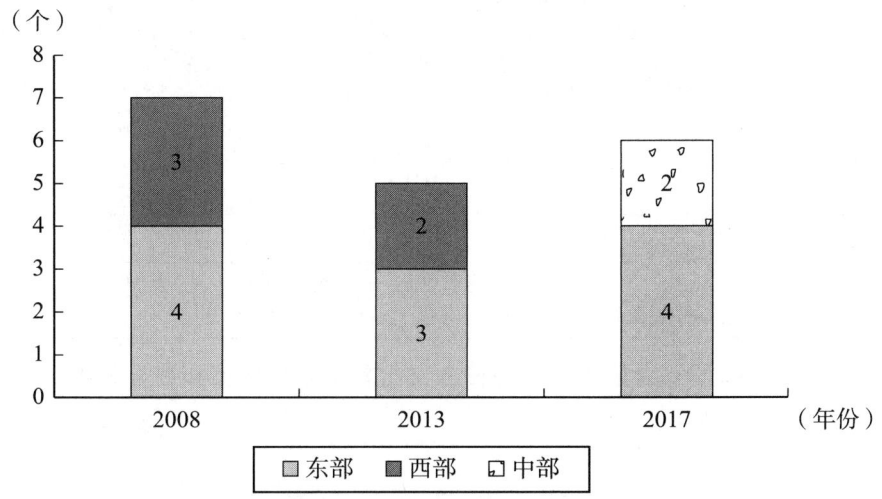

图 20-1　各观察期地方政府债务支出效率达到有效省份的个数及区域分布

## 三、支出效率区域差异分析

为了更好地反映地方政府债务支出效率的区域差异,分别计算出东北、西北、华北、华中、华南、华东、西南七大区域的平均地方政府债务支出效率和变异系数,具体结果如图 20-2 所示。由图 20-2 可以看出,西北地区的政府债务支出效率高于全国平均水平,而华中和西南地区的政府债务支出效率低于全国平均水平,其他区域的效率水平上下波动,在个别年份低于平均水平。其中,华南地区的政府债务支出效率只在 2013 年低于全国平均水平,华东地区的政府债务支出效率在 2016 年以后低于全国平均水平,东北地区的政府债务支出效率在 2014 年以前一直低于全国的平均水平,而从 2015 年开始高于全国平均水平,华北地区只在 2013 年和 2017 年高于全国平均水平,其余年份都低于全国平均水平。因此,可以看出西北地区、华南地区和华东地区的政府债务支出使用效率较高,华中地区、西南地区和华北地区的政府债务支出使用效率较低,东北地区的政府债务使用效率逐渐向好。观察各区域之间的差异性可以看出,七大地区的变异系数波动较大,整体呈现出扩大趋势,这表明七大区域的政府债务支出效率存在较大差异。

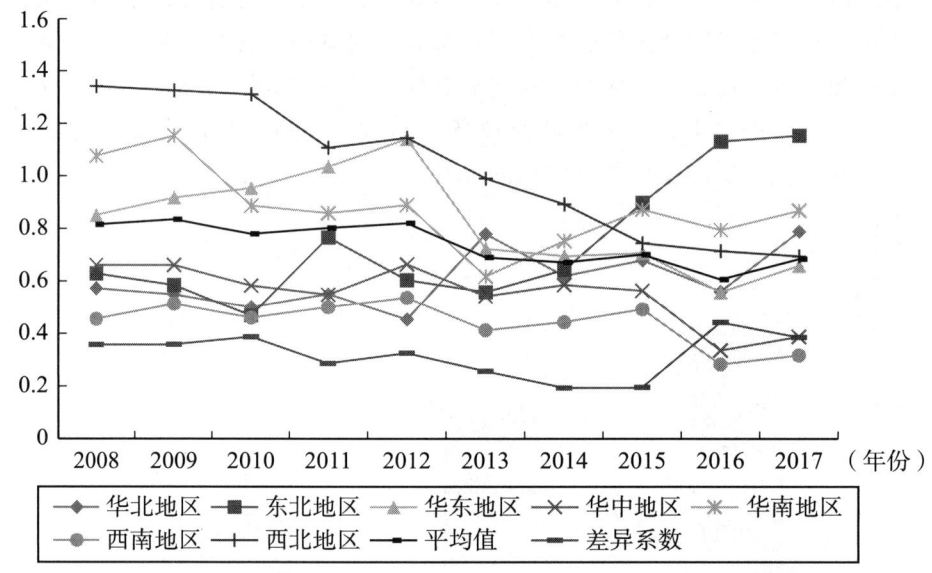

图 20-2 七大区域、全国债务支出效率各年均值和变异系数

## 第五节 实证结论与建议

### 一、实证结论

本章通过运用 Super-SBM 模型测算了 2008~2017 年中国 30 个省份的地方政府债务支出效率,并通过构建面板 Tobit 模型分析了地方政府债务支出效率的影响因素,结果显示:

就地方政府债务支出效率的时间演变而言,2008~2017 年中国地方政府债务支出效率总体呈现下降趋势,由 2008 年的 0.815 下降到 2017 年的 0.685,债务支出效率整体呈现下降趋势的省份有 20 个,平均效率值大于 1 的省份仅有 6 个。就地方政府债务支出效率的空间演变而言,在 2008 年、2013 年、2017 年三个考

察期，分别有 7 个、5 个和 6 个省份的债务支出效率达到有效，各年数量基本保持稳定。2008 年和 2013 年债务支出效率达到有效的省份分布在东部地区和西部地区，而 2017 年分布在东部地区和中部地区。债务支出效率始终处于有效的省份只有海南。就地方政府债务支出效率的区域差异而言，西北地区、华南地区、华东地区的债务支出效率较高，华中地区、西南地区、华北地区的债务支出效率较低，东北地区的债务支出效率逐步提升。区域间地方政府债务支出效率存在较大差异，整体上呈现出扩大趋势。就地方政府债务支出效率的动态演变而言，平均全要素生产率、技术进步变化和技术效率指数总体上得到了提升。平均全要素生产率得到提升的有 14 个省份，全要素生产率提升受技术进步制约的有 17 个省份，受技术效率制约的有 12 个省份。

就地方政府债务支出效率的影响因素而言，金融化水平、市场化水平、人口密度显著地促进了地方政府债务支出效率的提升，城市化水平和财政分权度则抑制了地方政府债务支出效率的提升，同时区域间的支出效率存在显著差异，东部地区的地方政府债务支出效率高于中、西部地区。

## 二、相关建议

根据上述研究结论，可以看出地方政府债务支出效率仍有较大的提升空间，提出如下建议：

第一，完善地方政府债务的监管和考核机制。中央以及各省份要加大地方政府债务的审计工作，严控地方政府隐性债务增加，保证债务资金使用有理有据；加大法律、法规的建设力度，在制度层面上为地方政府债务资金的提质增效创造条件；引入市场机制，完善地方政府债务资金的绩效考核指标体系，同时将债务资金的绩效考核结果作为官员考核的重要指标；建立健全问责机制，对绩效责任不合格的官员进行问责，倒逼官员管好债务资金、用好债务资金，使债务资金的作用得到最大发挥。

第二，各地区要结合自身实际采取"一区一策"的原则来提升地方政府债务支出效率。不同地区的经济发展水平、债务资金管理水平、债务资金规模各不相同。纯技术效率制约债务支出效率提升的地区，应注重提升债务资金的监管和配置水平。规模效率制约债务支出效率提升的地区，要结合自身实际合理管控债务规模。

第三，注重外部环境的改善和提升。通过债支出效率影响因素的分析，可以看出金融化水平、市场化水平促进了地方政府债务支出效率的提升，因此，应进一步在金融化水平和市场化水平的改进上下功夫，完善中央和地方间的财政关系，在债务资金的管理上，地区间要互相借鉴和学习。

# 第二十一章

# 基于层次分析法和专家打分法的地方政府债务绩效评价

我国学者对于地方政府债务绩效问题的研究方法呈现多样化趋势，但有的研究方法未能将定量分析和定性分析较好地结合在一起，在可行性和合理性方面也各有优劣。本章在遵循绩效评价相关原则的前提下，根据系统论相关知识，建立地方政府债务绩效评价四阶段结构模型，采用层次分析法（AHP）和"4E"评价法选取地方政府债务绩效评价指标，并结合专家打分法和模糊综合评价法（FCE）确定各具体指标权重，运用定量分析和定性分析相结合的研究方法多层次地构建地方政府债务绩效评价体系。此外，通过以 H 省为例进一步验证了地方政府债务绩效评价体系的可行性和合理性。结果发现 H 省的政府债务资金使用效率较高，该省在政府债务绩效输入阶段存在很大的改善空间。

## 第一节 模型介绍

全面实施地方政府债务绩效管理，是实现高质量发展的客观要求。地方政府债务是公共支出的重要组成部分，与财政经济支出类似，从借款的来源、过程和结果的角度评价地方政府的绩效，是防范和管理系统性财政风险的重要手段。因此，结合优质发展的要求和地方政府债务运作的基本特征，本章提出运用丛树海（2005）等提出的公共支出绩效考核的基本程序，对公共支出进行主流评价的方法，并采用层次分析法（AHP）① 构成输入、对象、处理和输出四个阶段。

## 一、输入阶段

输入阶段是地方政府优质经营和债务绩效考核体系的基础，现阶段，应明确地方政府债务的战略目标，确定地方政府债务的绩效目标，制定过程尽可能做到明确、清晰和合理，在区域经济发展、产业发展、人口和环境等方面，应明确预期的经济、社会和环境影响。经济效应主要包括地方政府债务对市政建设、投资环境改善和基础设施建设的直接经济影响；社会效应主要包括地方政府债务用于民生、卫生、教育、就业等带来的社会福利增加；环境效应主要包括与改善环境有关的地方政府节能环保工程和节能环保项目带来的生态改善。

## 二、对象阶段

对象阶段是整个地方政府债务绩效评估体系的基础。在这个阶段，必须确定地方政府债务绩效评估的主体和对象。主体通常是在开始绩效评估之前履行对地方政府债务评估职能的组织，其对象是地方政府债务绩效评估，需要明确地方政府债务规模结构和债务融资方向。地方政府债务的规模结构可以用偿还债务的比例、债务总额和担保金额、债务与教育的比例、债务与环境保护的比率等指标来衡量。

## 三、处理阶段

处理阶段是整个地方政府债务绩效评估系统的核心。现阶段，需要客观、科学、清晰地了解地方政府债务管理情况，以用于评价地方政府债务的总体效率、治理效率和公正性。可多视角衡量债务基金和金融里程碑的可得性，如债务管理系统、债务基金管理和监督、债务披露、债务纠纷等，通过完成债务投资项目和债务项目的收入评估地方政府债务绩效。处理阶段需要整合输入阶段和对象阶段

---

① 层次分析法（Analytic Hierarchy Process，AHP）：该方法由美国运筹学家匹兹堡大学教授萨蒂于 20 世纪 70 年代初提出，是将与决策有关的元素分解成目标、准则、方案等层次，在此基础之上进行定性和定量分析的决策方法。层次分析法既不单纯追求高深数学，又不片面地注重行为、逻辑和推理，而是把定性方法与定量方法有机地结合起来，从评价者对评价问题的本质和要素的理解出发，比一般的定量方法更讲究定性的分析和判断。

信息，根据地方政府债务管理、运行和资金使用情况，对地方政府债务效率信息进行评估。

## 四、输出阶段

输出阶段是整体绩效评价体系最后也是最重要的阶段。在该阶段，必须准确地评估和反馈债务的总体效益，说明绩效和绩效指标的绩效，衡量地方政府债务实现经济和社会目标的完成程度，评估债务管理和生产经营绩效的复杂程度，以及判断绩效水平是否与实现债务绩效目标直接一致。从生产阶段出发，其得到的结果反馈有助于我们了解债务融资的总体效率，会对下一个地方政府债务融资计划产生重大影响。

## 第二节 构建指标体系

高质量的发展保证了高效率的地方政府债务支出。因此，在选择指标和确定指标在地方政府债务绩效评价体系建设中的权重时，应做到兼具质量和效率。本章基于经济性、效果性、效率性和公平性的原则进行指标选择，地方政府债务绩效评估的第一、二项指标采用专家打分法和模糊综合法，参照一般指标权重的建立方法，确定地方政府债务绩效评估的第一、二等指标。本章综合运用专家评分法和模糊评价方法，建立地方政府债务绩效评价体系，该方法有助于评估地方政府的债务表现，为防范地方政府债务风险和实现优质金融条件提供新思路。

### 一、指标选取

本章参考薛菁的观点，在理论和方法的基础上，根据效果性、经济性、效率性和公平性四个绩效标准总结评价指标，综合考虑评价指标数据的可得性和相关性，在评价模型的每个阶段选择一个维度，建立地方政府债务绩效评价体系。[①]具体如表21-1所示。

---

① 薛菁：《地方政府债务绩效管理：评价机制与实施基础》，载于《太原理工大学学报》（社会科学版）2014年第2期，第44~47页。

表21-1　地方政府债务绩效评价各阶段及绩效评价指标

| 指标阶段 | 指标类型 | | 具体指标（二级指标） |
|---|---|---|---|
| | 一级指标 | 次一级指标 | |
| 输入阶段 | 效果性指标 ($A$) | 目标效果 ($A_1$) | 债务绩效目标（$A_{11}$）<br>绩效目标明确性（$A_{12}$） |
| | | 经济效果 ($A_2$) | 地方人均负债额（$A_{21}$）<br>债务增长率（$A_{22}$） |
| | | 社会效果 ($A_3$) | 财政赤字率（$A_{31}$）<br>债务逾期率（$A_{32}$） |
| 对象阶段 | 经济性指标 ($B$) | 结构经济 ($B_1$) | 负偿还责任债务率（$B_{11}$）<br>总债务率（$B_{12}$） |
| | | 方向经济 ($B_2$) | 债务投向基础设施建设的比率（$B_{21}$）<br>债务投向生态环保的比率（$B_{22}$）<br>债务投向民生建设的比率（$B_{23}$） |
| 处理阶段 | 效率性指标 ($C$) | 配置效率 ($C_1$) | 债务资金到位比率（$C_{11}$）<br>专款专用比率（$C_{12}$） |
| | | 管理效率 ($C_2$) | 债务管理制度完善度（$C_{21}$）<br>债务资金运作监管情况（$C_{22}$）<br>债务信息披露制度的完善度（$C_{23}$）<br>债务纠纷案发比率（$C_{24}$） |
| | | 使用效率 ($C_3$) | 债务投入项目竣工或结项比率（$C_{31}$）<br>债务项目的投入收益率（$C_{32}$） |
| 输出阶段 | 公平性指标 ($D$) | 经济公平 ($D_1$) | 地方GDP变化率与债务变化率的比例（$D_{11}$）<br>固定投资地方项目变化率与债务变化率的比例（$D_{12}$） |
| | | 社会公平 ($D_2$) | 失业变化率（$D_{21}$）<br>CPI指数变化率（$D_{22}$） |

### （一）输入阶段的效果性指标

效果性指标将反映地方政府债务实现目标的完成度，并在绩效评价体系的输入阶段确定，地方政府债务绩效指标主要表现为目标效应、经济后果、社会效应和环境影响。若债务绩效目标不明确，则会增加债务基金后续运营工作的难度，债务的业绩水平相对较高，导致其难以衡量经济、社会和环境影响。人均债务和债务增长与生活质量有关，地方政府的财政和偿债能力对区域的可持续发展影响很大。环境影响通常是经济发展和社会进步的综合反映，相关指标不再直接列出。

## （二）对象阶段的经济性指标

经济性指标反映地方政府债务的静态结构和债务资本的动态流动方向。结构经济是以债务与总负担的比率来衡量的。债务的比率是未偿债务与整体政府财政实力的比率，与债务绩效水平呈正相关。此外，债务价值越高，则债务越透明，债务绩效水平也越高。相比之下，总债务是年终债务余额与较高价值的比率，与债务绩效水平负相关，高债务值意味着未来还款压力增加，代表着较低的债务水平。经济投向可由一系列指标反映，如债务与基础设施建设的比例、债务与环境保护的比例和债务与民生建设的比例等，各指标与绩效的相关性程度不一致。

## （三）处理阶段的效率性指标

效率性指标能够显示债务资金的配置效率、管理效率和使用效率。其中，地方政府债务分配的有效性，可以通过债务资金比例和专项资金比例等具体指标来反映。对于管理效率而言，可以通过债务管理制度的完整性程度和债务资金运行监督等具体指标衡量，其中债务披露制度的完整性与债务表现正相关，债务变化率与债务绩效负相关。地方政府债务使用的有效性可以通过债务投资项目完成率等指标反映，债务投资项目完成率与债务表现呈正相关关系。

## （四）输出阶段的公平性指标

公平性指标主要体现在经济公平和社会公平两个方面，反映地方政府债务支出的外部效应。地方 GDP 变动与债务变动的比率、地方项目变动率与债务变动率之比等反映了地方政府债务的经济公平，地方政府债务的社会公平由失业和 CPI 指数反映，其中 CPI 变化率和债务绩效呈负相关关系，失业率变化与债务绩效呈正相关关系。

## 二、指标权重确定

在现有地方政府债务绩效评估框架的基础上，由于地方政府的特殊主体地位，尚存在提高债务信息透明度的空间，导致地方政府债务绩效评估模棱两可，本章采用模糊综合评估法（FCE）和专家评分方法确定地方政府债务绩效指标的权重，并进行全面评估。①

## （一）建立地方政府债务模糊综合评价集

考虑到地方政府债务绩效评估模型和绩效指标的要求，根据 FCE 和 AHP 方法的一般原则，建立模型和总体评价集，分为五个模块和评价等级：e = E1（优秀）、E2（良好）、E3（中间）、E4（次）和 E5（差），其中，E1（优秀）意味着指数的价值非常好，它反映最佳表现，假设得分范围为 80～100 分的状态，平均值为 90 分；E2（良好）表示指数值良好，反映较高绩效，假设分数为 60～80 分，平均得分为 70 分；E3（中）表示指标的中等值和平庸表现，假设分数为 40～60 分，平均得分为 50 分；E4（次）的值指标较低，假设状态为 20～40 分，平均值为 30 分，表示性能较低；E5（差）表示指数值非常低，假设状态中的分数范围为 0～20 分，平均值为 10 分，说明性能非常低。

## （二）建立地方政府债务绩效评价指标权重集

地方政府债务绩效评价指标是一个复杂的系统，不同指标在系统中具有不同的重要性。本章采用 AHP 方法，邀请相关政府人员和地方政府债务研究专家进行访谈，采用 Saaty 来确定每个级别的相对重要性，组合数值形成判断矩阵，见式（21.1）。$U_{ij}$ 表示对于指标 $u_j$ 而言，指标 $u_i$ 的重要程度（$i, j = 1, 2, 3, \cdots n$），如果 $u_{ij} > 1$，表示指标 $u_i$ 比指标 $u_j$ 重要，$u_{ij}$ 越大，说明相对于 $u_j$ 来说 $u_i$ 越重要。如果 $u_{ij} < 1$，表示指标 $u_j$ 比指标 $u_i$ 重要。将 $u_{ij}$ 组成判断矩阵 $U$，其中 $u_{ij} = 1$，（$i, j = 1, 2, 3, \cdots, n$），$u_{ij} \times u_{ji} = 1$，（$i, j = 1, 2, 3, \cdots, n$）。

$$U = \begin{Bmatrix} u_{11} & \cdots & u_{1n} \\ \vdots & \ddots & \vdots \\ u_{n1} & \cdots & u_{nn} \end{Bmatrix} \qquad (21.1)$$

然后，计算决策矩阵 $U$ 中每个线元素的几何平均值，结果由数值集组成，通过对数值集的元素进行规范化，获得该级别上每个指标的权重集 $u*$，最后使用一致性测试来检验决策矩阵是否为一致性矩阵。根据这种方法，分别获得 $a*$、$b*$、$c*$、$d*$、$Ai*$、$Bj*$、$Cm*$、$Dn*$ 等，然后通过有序乘法获得整个评估系统最后两个级别的指数。

---

① FCE 法是运用模糊数学理论，将多种反映主观或客观因素的定性或定量指标进行有效综合评价的方法。

以第一层级的效果性、经济性、效率性以及公平性四个一级指标为基准,判断矩阵如式(21.2),并在此基础上进行归一化操作。

$$U_1 = \begin{Bmatrix} 1 & \frac{1}{3} & \frac{1}{4} & \frac{1}{2} \\ 3 & 1 & \frac{1}{2} & 2 \\ 4 & 2 & 1 & 3 \\ 2 & \frac{1}{2} & \frac{1}{3} & 1 \end{Bmatrix} \xrightarrow{\text{行几何平均值}} \begin{vmatrix} 0.4507 \\ 1.3167 \\ 2.2134 \\ 0.7579 \end{vmatrix} \xrightarrow{\text{归一化}} \begin{vmatrix} 0.0951 \\ 0.2778 \\ 0.4671 \\ 0.1600 \end{vmatrix} = U_1^*$$

(21.2)

判断矩阵 $U_1$ 通过一致性检验,由此可以得到一级指标的权重集 $W = \{0.0951, 0.2778, 0.4671, 0.1600\}$。

同理,使用专家评分方法获取每个子索引和子索引的确定矩阵,并且使用同一操作计算此类每个子索引的权重,并加权设置(按此级别的百分比)(注意:中间过程的四舍五入与表 21-1 略有不同),依次类推,得到的所有指标权重系数如表 21-2、表 21-3 所示。

表 21-2　　　　　　　　　　次一级指标的权重系数

| 判断矩阵 | $w_1$ | $w_2$ | $w_3$ |
| --- | --- | --- | --- |
| 效果性指标（$A$） | 0.4887 | 0.1990 | 0.3123 |
| 经济性指标（$B$） | 0.4142 | 0.5858 | |
| 效率性指标（$C$） | 0.1990 | 0.3123 | 0.4887 |
| 公平性指标（$D$） | 0.5858 | 0.4142 | |

表 21-3　　　　　　　　　　二级指标的权重系数

| 判断矩阵 | $w_1$ | $w_2$ | $w_3$ | $w_4$ |
| --- | --- | --- | --- | --- |
| 目标效果（$A_1$） | 0.4142 | 0.5858 | | |
| 经济效果（$A_2$） | 0.4142 | 0.5858 | | |
| 社会效果（$A_3$） | 0.4142 | 0.5858 | | |
| 结构经济（$B_1$） | 0.5858 | 0.4142 | | |
| 方向经济（$B_2$） | 0.2292 | 0.3854 | 0.3854 | |
| 配置效率（$C_1$） | 0.4142 | 0.5858 | | |

续表

| 判断矩阵 | $w_1$ | $w_2$ | $w_3$ | $w_4$ |
| --- | --- | --- | --- | --- |
| 管理效率（$C_2$） | 0.3724 | 0.1517 | 0.2380 | 0.2380 |
| 使用效率（$C_3$） | 0.4142 | 0.5858 | | |
| 经济公平（$D_1$） | 0.5858 | 0.4142 | | |
| 社会公平（$D_2$） | 0.5858 | 0.4142 | | |

经检验，各层级的判断矩阵均通过一致性检验。

### （三）确定各指标的最终权重值

通过将子级别指标的权重值乘以子级别指标之上的子级别指标的权重值，可以获得整个子级别指标的权重值，即地方政府债务绩效评估指标系统的层次结构，如表21-4所示。然后，次要指标的权重值乘以次要指标的权重值，获得整体次要指标的权重值，即地方政府债务绩效指标的权重分配表，如表21-5所示。

**表21-4　地方政府债务绩效评价指标体系层次排序**

| 指标层 | | 效果性指标（$A$） | 经济性指标（$B$） | 效率性指标（$C$） | 公平性指标（$D$） | 次一级指标相对权重 |
| --- | --- | --- | --- | --- | --- | --- |
| | | 0.0951 | 0.2778 | 0.4671 | 0.1600 | |
| 次一级指标 | $A_1$ | 0.4887 | | | | 0.04648 |
| | $A_2$ | 0.1990 | | | | 0.01892 |
| | $A_3$ | 0.3123 | | | | 0.02950 |
| | $B_1$ | | 0.4142 | | | 0.11506 |
| | $B_2$ | | 0.5858 | | | 0.16274 |
| | $C_1$ | | | 0.1990 | | 0.09295 |
| | $C_2$ | | | 0.3123 | | 0.14588 |
| | $C_3$ | | | 0.4887 | | 0.22827 |
| | $D_1$ | | | | 0.5858 | 0.09373 |
| | $D_2$ | | | | 0.4142 | 0.06627 |

**表 21-5　地方政府债务绩效评价指标权重赋值**

| 一级指标层 | | $A_1$ | $A_2$ | $A_3$ | $B_1$ | $B_2$ | 最终权重 | 绩效相关性 |
|---|---|---|---|---|---|---|---|---|
| | | 0.04648 | 0.01892 | 0.02950 | 0.11506 | 0.16274 | | |
| 二级指标层 | $A_{11}$ | 0.4142 | | | | | 0.0193 | 正相关 |
| | $A_{12}$ | 0.5858 | | | | | 0.0272 | 正相关 |
| | $A_{21}$ | | 0.4142 | | | | 0.0078 | 负相关 |
| | $A_{22}$ | | 0.5858 | | | | 0.0111 | 负相关 |
| | $A_{31}$ | | | 0.4142 | | | 0.0122 | 负相关 |
| | $A_{32}$ | | | 0.5858 | | | 0.0173 | 负相关 |
| | $B_{11}$ | | | | 0.5858 | | 0.0674 | 正相关 |
| | $B_{12}$ | | | | 0.4142 | | 0.0477 | 负相关 |
| | $B_{21}$ | | | | | 0.2292 | 0.0373 | 正相关 |
| | $B_{22}$ | | | | | 0.3854 | 0.0627 | 正相关 |
| | $B_{23}$ | | | | | 0.3854 | 0.0627 | 正相关 |
| 一级指标层 | | $C_1$ | $C_2$ | $C_3$ | $D_1$ | $D_2$ | 最终权重 | 绩效相关性 |
| | | 0.09295 | 0.14588 | 0.22827 | 0.09373 | 0.06627 | | |
| 二级指标层 | $C_{11}$ | 0.4142 | | | | | 0.0385 | 正相关 |
| | $C_{12}$ | 0.5858 | | | | | 0.0545 | 正相关 |
| | $C_{21}$ | | 0.3724 | | | | 0.0543 | 正相关 |
| | $C_{22}$ | | 0.1517 | | | | 0.0221 | 正相关 |
| | $C_{23}$ | | 0.2380 | | | | 0.0347 | 正相关 |
| | $C_{24}$ | | 0.2380 | | | | 0.0347 | 负相关 |
| | $C_{31}$ | | | 0.4142 | | | 0.0945 | 正相关 |
| | $C_{32}$ | | | 0.5858 | | | 0.1337 | 正相关 |
| | $D_{11}$ | | | | 0.5858 | | 0.0549 | 正相关 |
| | $D_{12}$ | | | | 0.4142 | | 0.0388 | 正相关 |
| | $D_{21}$ | | | | | 0.5858 | 0.0388 | 正相关 |
| | $D_{22}$ | | | | | 0.4142 | 0.0274 | 负相关 |

## 第三节 实证分析

本章以 H 省为例，对政府债务绩效进行了四个阶段的评价，以验证地方政府债务评估指标体系的合理性。根据 EPS 中国区域经济数据库（按省划分）的数据和 2014 年 1 月 24 日 H 省政府公布的债务审计结果，计算模型绩效评估的定量指标，每个专家根据数据的大小和经验判断进行评审，实现每个指标的绩效，权衡每个指标，最终整理结果如表 21-6~表 21-9 所示。

表 21-6　　H 省地方政府债务输入阶段效果性指标绩效值

| 指标 | | | $A_{11}$ | $A_{12}$ | $A_{21}$ | $A_{22}$ | $A_{31}$ | $A_{32}$ |
|---|---|---|---|---|---|---|---|---|
| 指标值 | | | — | — | 73.7% | 23.78% | 8.70% | 1.91% |
| 权重 | | | 0.0193 | 0.0272 | 0.0078 | 0.0111 | 0.0122 | 0.0173 |
| 绩效值 | 目标值 | 9.49 | 100 | 100 | 100 | 100 | 100 | 100 |
| | 实际值 | 5.092 | 45.8 | 45.4 | 69.2 | 57 | 67.6 | 56.4 |
| 优（90） | | | 0 | 0 | 0.21 | 0 | 0.18 | 0 |
| 良（70） | | | 0.24 | 0.22 | 0.54 | 0.42 | 0.54 | 0.43 |
| 中（50） | | | 0.39 | 0.42 | 0.25 | 0.51 | 0.26 | 0.46 |
| 次（30） | | | 0.29 | 0.27 | 0 | 0.07 | 0.02 | 0.11 |
| 差（10） | | | 0.08 | 0.09 | 0 | 0 | 0 | 0 |

资料来源：数据根据 EPS 中国区域经济数据库（分省级）、《H 省政府性债务审计结果》及专家评分计算整理。

表 21-7　　H 省地方政府债务对象阶段经济性指标绩效值

| 指标 | | | $B_{11}$ | $B_{12}$ | $B_{21}$ | $B_{22}$ | $B_{23}$ |
|---|---|---|---|---|---|---|---|
| 指标值 | | | 77.64% | 88.00% | 66.81% | 1.50% | 10.73% |
| 权重 | | | 0.0674 | 0.0477 | 0.0373 | 0.0627 | 0.0627 |
| 绩效值 | 目标值 | 27.78 | 100 | 100 | 100 | 100 | 100 |
| | 实际值 | 18.121 | 69.4 | 72.2 | 69.4 | 49.2 | 69 |
| 优（100） | | | 0.12 | 0.25 | 0.08 | 0 | 0.17 |

续表

| 指标 | $B_{11}$ | $B_{12}$ | $B_{21}$ | $B_{22}$ | $B_{23}$ |
| --- | --- | --- | --- | --- | --- |
| 良（80） | 0.73 | 0.61 | 0.81 | 0.23 | 0.62 |
| 中（60） | 0.15 | 0.14 | 0.11 | 0.54 | 0.20 |
| 次（40） | 0 | 0 | 0 | 0.19 | 0.01 |
| 差（20） | 0 | 0 | 0 | 0.04 | 0 |

资料来源：数据根据 EPS 中国区域经济数据库（分省级）、《H 省政府性债务审计结果》及专家评分计算整理。

表21－8　H 省地方政府债务处理阶段效率性指标绩效值

| 指标 | | $C_{11}$ | $C_{12}$ | $C_{21}$ | $C_{22}$ | $C_{23}$ | $C_{24}$ | $C_{31}$ | $C_{32}$ |
| --- | --- | --- | --- | --- | --- | --- | --- | --- | --- |
| 指标值 | | — | — | — | — | — | — | 58.9% | — |
| 权重 | | 0.0385 | 0.0545 | 0.0543 | 0.0221 | 0.0347 | 0.0347 | 0.0945 | 0.1337 |
| 绩效值 | 目标值 | 46.7 | 100 | 100 | 100 | 100 | 100 | 100 | 100 |
| | 实际值 | 28.1 | 54 | 63.8 | 46.6 | 72.6 | 54.4 | 73.4 | 60.8 | 61.2 |
| 优（90） | | 0 | 0.11 | 0 | 0.18 | 0 | 0.36 | 0.07 | 0.06 |
| 良（70） | | 0.34 | 0.54 | 0.25 | 0.62 | 0.33 | 0.45 | 0.45 | 0.53 |
| 中（50） | | 0.52 | 0.28 | 0.33 | 0.20 | 0.56 | 0.19 | 0.43 | 0.32 |
| 次（30） | | 0.14 | 0.07 | 0.42 | 0.10 | 0.11 | 0 | 0.05 | 0.09 |
| 差（10） | | 0 | 0 | 0 | 0 | 0 | 0 | 0 | 0 |

资料来源：数据根据 EPS 中国区域经济数据库（分省级）、《H 省政府性债务审计结果》及专家评分计算整理。

表21－9　H 省地方政府债务输出阶段公平性指标绩效值

| 指标 | | $D_{11}$ | $D_{12}$ | $D_{21}$ | $D_{22}$ |
| --- | --- | --- | --- | --- | --- |
| 指标值 | | 56.1% | 100% | －7.32% | －2.74% |
| 权重 | | 0.0549 | 0.0388 | 0.0388 | 0.0274 |
| 绩效值 | 目标值 | 15.99 | 100 | 100 | 100 | 100 |
| | 实际值 | 10.064 | 54.8 | 66 | 79.4 | 51.6 |
| 优（100） | | 0 | 0.13 | 0.47 | 0 |
| 良（80） | | 0.36 | 0.54 | 0.53 | 0.32 |

续表

| 指标 | $D_{11}$ | $D_{12}$ | $D_{21}$ | $D_{22}$ |
| --- | --- | --- | --- | --- |
| 中（60） | 0.52 | 0.33 | 0 | 0.44 |
| 次（40） | 0.12 | 0 | 0 | 0.24 |
| 差（20） | 0 | 0 | 0 | 0 |

资料来源：数据根据 EPS 中国区域经济数据库（分省级）、《H 省政府性债务审计结果》及专家评分计算整理。

从表 21-6~表 21-9 来看，H 省政府债务加总的最终绩效值 E 为 61.333，业绩状况良好，表明基金的资金增加。根据第一层指标，输入阶段（实际值/目标值）、对象阶段、处理阶段、输出阶段的评分率分别是 53.65%、65.23%、60.07% 和 62.94%，而 H 省政府债务绩效输入阶段的改进空间非常大，处理阶段是除输入阶段外最需关注的阶段。具体来说，二级指标显示有 4 个得分低于 50 分的指标，包括债务绩效指标的明确性、债务与生态和环境保护的比率以及债务管理系统的完整性等。债务管理和管理不完善是 H 省政府债务支出缺乏有效性的关键因素。为提高地方政府债务支出绩效，需要建立公开透明的债务数据库，加强对地方政府债务的预算约束和规模控制，报告债务贷款和投资基金的目的，同时加强对政府债务的管理和监督，相关部门做好配套的债务数据统计处理工作。

## 第四节 本章小结

本章按照高质量发展的内在要求，构建地方政府债务评价体系。遵循绩效评价的基本流程，运用层次分析法，建立包含输入、对象、处理和输出四个阶段的地方政府债务绩效评价体系框架，并从经济性、效率性、效果性和公平性四个维度确定地方政府债务绩效评价体系的一、二级评价指标。实际操作中，该评价体系可根据高质量发展的内在要求和评价的具体目标，运用专家打分法和模糊综合评价法确定各指标的权重，对定性指标进行量化处理，全方面、多维度反映地方政府债务运作流程中各环节的绩效情况。实证结果发现：H 省的政府债务资金使用效率较高，该省在政府债务绩效输入阶段存在很大的改善空间，对债务不完善的管理和控制是拉低 H 省政府债务效率的主要原因。

# 第二十二章

# 典型国家政府债务绩效评价经验借鉴

财政支出的绩效评价管理是一套革新管理理论，也是发达国家政府管理改革中的一项重要举措。地方政府债务支出作为各国财政支出的重要组成部分，其绩效评价体系包含在财政支出绩效评价体系之内，由于政治体制、经济水平、文化背景等各方面存在差异，各国的绩效管理模式各具特色。本章重点考察美国、英国和日本等国的财政支出绩效评价与管理体系，分析这几个发达国家绩效管理的发展历程、重点内容以及取得的成效，以启发我国构建科学合理的地方政府债务支出绩效的评价体系并提供借鉴。

## 第一节 美国地方政府债务支出绩效管理模式

目前，美国的地方政府债务支出运行较完备，经验也较丰富，其城市基础设施建设及融资的成功无不受益于它。美国有着较为悠久的地方债券发行历史、相对完善的地方政府债务市场机制，以及较大的地方债券规模，其中有相当一部分债券是由政府担保发行的。早在19世纪末，美国就开始探索通过地方财政预算控制政府债务支出。作为世界上历史最悠久的债券市场之一，其在市场运行机制建设、稳定经济发展和制度运行等方面发挥了不可磨灭的作用，其实行的先进做法和机制值得其他国家借鉴。近年来，美国政府财政支出绩效评价体系得到快速发展，已经形成了较为完备的绩效管理模式。

## 一、管理模式发展历程

在美国的发展进程中，地方债又被称为市政债（municipal bonds），它是根据信用原则，以地方政府及其下属机构为主体向社会普遍发行募资的债务凭证。美国的市政债在建造地方基础设施、带动地方经济发展方面发挥了巨大的作用，从最初的管理无序模式逐步演变为当前相对分散化、高度市场化、法治化的管理模式。

### （一）大危机前的自由放任管理阶段

美国的市政债起源时间早，比公司债的历史更悠久，约在1812年发行了第一只市政债，是纽约市政府为建造大运河而发行的一般义务债券。此后，正赶上美国经济全面恢复、城市化进程加快阶段，市政债广泛应用于城市基础设施建设和公益性教育领域。基于当时的社会环境，为平衡好居民对城市基础设施的高度生活需求与地方政府捉襟见肘的财政现状，市政债逐渐赢得地方政府青睐并得以兴起。但在19世纪70年代美国内战结束后，经济迎来大衰退时期，大量的地方政府债务资金投向铁路建设等公益项目，由于这些项目无法产生固定的收益，造成了大规模的债务违约情况。为挽救地方政府破产局面，一些州政府通过借款等诸多渠道填补财政漏洞，这也督促市场对市政债发行进行把控、对后期运行进行管理。1930年大危机到来时，这种需求和转变显得尤为迫切，当时的资源集中用于提高军事力量，使得地方政府在背负无力偿还债务的压力下，只能通过提高税收来聚集资金，造成美国市政债发展停滞不前。

在这一阶段中，美国市政债的发展初具规模，但存在着严重的管理不善问题。地方政府一旦有发债需求，就能通过证券市场向社会募集资金，既没有相关法律的严格约束，也没有上级政府的严格管控，更没有社会相关机构或力量的严厉监督，这造成地方政府债务后续没有稳定的偿债来源，更谈不上市政债项目在绩效管理方面有很大的作为，市政债的后续管理显得十分无力。

### （二）大危机后的市场约束阶段

1930年经济大危机后，市政债暴露出一系列的管理问题，特别是后续缺乏稳定的偿债来源问题，规范市政债的发行管理和提高其偿债管理水平的呼声越来越高，市政债步入发展改革期。由于承担的支出责任增加而财政收入来源缩小，地方政府被迫通过举债的形式募集资金以发展地方经济，出现因债务危机而陷入财政困境的情况。1934年，美国通过了《破产法》，明确规定允许地方政府破产，这实质上给予了地方政府法律上的保护。此后，美国政府逐步通过完善法律制度、放宽市场条件、准入相关机构参与市政债管理等多种形式，加强了市政债的规范绩效管理，提高了债务资金的使用效率，使美国市政债市场发展日益成熟，形成了独特的市场化和法治化管理模式。例如，在风险管控方面，美国建立了市政债券保险制度，保险公司负责举债主体出现债务违约的理赔问题，有效减轻了市政债发行中的信息不对称问题。[①] 在债务信息披露方面，美国政府会计准则委员会（GASB）制定了政府债务支出报告基本准则、政府会计准则，州和地方政府必须在该准则下如实报告地方政府债务相关情况，包括债券存续期间地方经济发展、政策法律等重要信息，且这些信息的披露要求甚至高于公司债券。[②] 在偿债保障方面，一般责任债券的本息可用税收收入偿还，若地方政府无力偿还，债券持有人可通过上诉申请赔偿；收益债券的本息通过投资项目的收益偿还，法律禁止将财政收入用作"兜底"。同时，为保障市政债券顺利偿还，地方各级政府还设置了相应的偿债准备金机制。

在这一阶段，美国市政债在市场自由化的前提下，受到来自《破产法》《证券法》等相关法规的约束。当市场出现紧急状况时，债券持有者卖出债券，抽走资金，迫使地方政府在发行债券前后加强绩效管理，提高债券资金使用效率，做好偿债保障机制和市场监管机制，从而保障市政债市场的良好运行。

## 二、绩效评价体系发展历程

以《政府绩效与结果法》（Government Performance and Result Act，GPRA）为分界线，可以将政府债务支出绩效管理在美国的改革历程分为两个阶段：一个是GPRA颁布之前的效率导向型绩效评价阶段，另一个是GPRA颁布之后的结果导向型绩效评价阶段。

### （一）效率导向型绩效评价阶段

从20世纪五六十年代开始，政府财政支出绩效管理在美国逐渐受到重视。在1949年预算与会计报告中，胡佛委员会强调预算的编制应更强调产出而非投

---

① 卢鹏宇：《地方政府债券发行管理存在的问题、国际经验与启示》，载于《金融发展评论》2017年第4期。
② 陈志勇：《地方政府性债务管理与风险防范研究》，经济科学出版社2017年版，第342页。

入，这标志着美国政府开始重视财政支出绩效评价，由于没有提出具体有效的方法，这一时期并没有普遍推广财政支出绩效评价体系。直至 20 世纪 70 年代，美国出现严重的"滞胀"现象，为缓和经济波动，美国联邦以及地方政府开始大量发行政府债券以满足财政支出的需要。为了对政府债务支出进行有效管理，1973年，美国出台了《联邦政府生产率测定方案》，试图将政府绩效评价规范化、系统化和制度化。① 这一时期美国的政府债务支出绩效评价主要是以效率为中心，该评价体系完全是受公共行政"效率中心主义"的影响。

这一阶段美国政府债务支出的主要特点是，不关注政府在债务支出过程中花了多少钱，而是关注政府在使用这些政府债务资金过程中体现出来的效率性和经济性，以及政府如何将债务资金具体分配到各项不同的政府活动之中并进行效率测度。

## （二）结果导向型绩效评价阶段

20 世纪 90 年代，收益管理改革的浪潮席卷全球，美国政府评估债务支出绩效的方法侧重于以生产的效率为导向，以客户满意度为焦点。1992 年，克林顿政府发起了一场政府改革运动，首先推动福利预算。1993 年，美国国会通过了一项 GPRA 法案，规范了政府支出的绩效评估，要求所有联邦机构对绩效结果负责。GPRA 并不是一经提出就全面开展，而是先经过 1994～1996 年的试点，在试点过程中发现并解决法案中存在的问题，直到 1997 年才在美国全面推广。经过试点修改后的法案一经推广便使得美国债务规模得到控制，并在 1998 年和 1999年实现了财政盈余。此后，在结果导向型绩效评价的基础上，美国政府陆续出台了"项目评估分级工具""三色等级评价体系"等改进方法，逐步建立起了较为完善的结果导向型的绩效评价体系。

这一阶段美国政府债务支出的主要特点是，在债务支出过程中，不仅仅关注支出的方向和效率，更关注支出的质量，以及部门在债务支出预算编制及提出支出请求之时是否制定了相应的绩效评价指标，是否量化了管理政府债务的支出。

## 三、实行双重的地方政府债务绩效管理模式

美国作为典型的联邦制国家，明文规定了各级地方政府的事权和财权，地方

---

① 环境保护部环境保护对外合作中心环境金融咨询服务中心：《绩效评价：国际经验与实践研究》，中国环境出版社 2014 年版，第 4 页。

政府拥有较强的财力支配权和发债自主权,这主要表现在,地方政府只要获得了议会的审批或者公众投票表决同意,就可以直接决定是否发行市政债券进行财政融资。在这一过程中,无须获得上级政府的同意和审批,也无须向美国证券交易委员会(SEC)报告和登记,甚至是核准发行等。美国法律赋予了地方政府很大的自主发债权,但这并不意味着地方政府能随意发债,地方发债需要受证券交易委员会和债券规则制定委员会监管。因此,美国地方政府债务支出绩效管理具有浓厚的市场自由化和法治约束色彩。

## (一)债务资金运行问效

在美国,随着市政债的规模逐渐扩张,其在地方基础设施建设和刺激地方私人投资方面的作用日益明显,加强债务资金运行的绩效管理逐步被提上日程。美国的市政债属于注册豁免债券,可免于市政债券发行的注册程序。由于不受经济政策的影响,法律规定市政债一般只能用于"资本工程",不可用于政府各项支出。因此,地方政府需要谋求多种渠道的收入向投资者还本付息,例如项目收益、税收收入等地方财政收入,以此缩减一般责任债券规模。法律规定地方政府可以利用项目收费和专项收益来偿还收益债券或者非担保债券,不可以将财政收入用作兜底。通过法律严格约束债务资金用途和偿债来源,从源头和末端防止地方政府滥用资金的行为。此外,美国实行严格的平衡预算规则,这主要贯彻在预算通过到执行的过程中,首先州长向州议会提交相关的平衡预算执行议案,通过审批后由州长签署并发布。根据管控力度和执行程度的不同,该规则被分为三个级次,以议会颁布的平衡预算法令为例,地方政府不能透支下一预算年度的财政收入,只能自行消化预算年度内出现的财政赤字,更不得结转预算经费至下一预算年度。

## (二)信用评级督促政府绩效

美国市政债风险较低的一个重要原因是引入了政府信用评级机制。这主要反映在,在地方政府发行市政债券之前,需要审查发行人的偿债能力,并发布评级机构(主要是标准普尔、穆迪和惠誉三大信用评级机构)出具的评级报告或证书。评级公司一般考虑地方政府的能力和意愿,通过选择与区域财政实力、区域经济发展、地方政府债务和地方行政能力相关的适当变量或因素,评估发行人及时全额偿还地方政府债务的能力,具体的指标选取见表22-1。

表22-1　地方政府财务和债务状况相关的绩效评价指标

| 评级机构 | 评级要素 | 关键评价指标 |
| --- | --- | --- |
| 标普 | 前瞻性的债务负担 | 地方政府直接债务利息总额；<br>地方政府的相关财务状况 |
| | 暴露于市场风险的债务 | 利率风险；<br>货币风险；<br>债务到期情况 |
| | 或有债务 | 属性；<br>重要性；<br>检测力度 |
| | 内部流动性 | 地方政府平均和最低现金储备的前瞻性；<br>每年还本付息和其他现金流出的内部现金产生能力 |
| | 源于银行承诺信贷和市场资金的外部流动性 | 承诺的银行信用额度；<br>外部流动性的可获得性 |
| 穆迪 | 利息负担 | 利息支出/经常性收入 |
| | 流动性 | 现金及流动性管理 |
| | 债务负担 | 直接和间接性净债务/经常性收入 |
| | 债务结构 | 短期直接债务/全部直接债务 |
| 惠誉 | 债务率和趋势 | 已发行、未偿付的债务发展趋势；<br>偿债资源的趋势；<br>总体债务负担和基于税收的债务负担 |
| | 未来资本和债务需求 | 基础设施建设需求；<br>资本计划；<br>满足资本需求的能力 |
| | 债务结构 | 固定利率的债务比例；<br>短期债务水平；<br>分期偿还债务的平均期限 |
| | 间接风险和或有负债 | 未来有义务承担的债务；<br>非独立的公共部门实体债务；<br>未建立基金的养老金债务 |
| | 流动性 | 税收安排；<br>收到转移支付的时间；<br>支出时间；<br>应收、应付款的质量和期限 |

资料来源：陈志勇：《地方政府性债务管理与风险防范研究》，经济科学出版社2017年版，第352~353页。

信用评级机构对地方政府的财务和债务情况进行测度，能够起到良好的外部市场监督作用，倒逼地方政府做好债务绩效管理和政府信息透明度工作，有效保障了私人投资的信息知情权，保护了投资者和公众的利益，维护了市政债券市场的良好运行。

## 四、地方政府债务支出绩效评价主要内容

在地方政府债务支出绩效评价方面，美国制定了较为完善的法律制度框架、构建了合理的绩效评价方法，明确了财政支出绩效的评价对象。

### （一）建立绩效管理的法律制度框架

美国先后出台了 GPRA 和《总统管理议程》（President Management Agenda，PMA），这为美国政府财政支出绩效评价以及地方政府债务支出绩效评价提供了法律支撑。

GPRA 评估政府支出绩效的制度化框架是法律决定的第一步，它要求所有联邦机构向总统办公室提交战略绩效管理计划。[1] 其首要目的是通过制定绩效管理计划，将绩效管理目标制定起来，通过比较年度绩效目标与实际绩效结果，得出绩效评价结果。同时，为保证该法案的顺利实施，美国政府还制定了一系列配套法规，其中《联邦绩效检查》是重中之重，该法规的中心内容包含两个方面：一是绩效协议，即美国联邦政府各部长与美国总统签订督促完成绩效目标与结果的协议，将个人考评制度和绩效协议关联起来，保证绩效管理目标的可实现性；二是服务标准，即将社会公众对政府提供的基础设施以及基本服务进行的评价纳入绩效管理评价体系内，促使政府更好地向社会公众提供产品和服务。

PMA 的提出表明了美国政府将继续推进包括地方政府债务支出在内的财政支出绩效化改革的决心。针对长期存在的政府债务资金浪费的现象，联邦政府倡导各地方政府实行绩效化管理，具体的改革内容包括 5 项政府动议和 9 项特别动议，5 项动议分别为人力资本战略管理、竞争机制、提高财务业务、扩大电子政务及预算与绩效一体化。[2] 其中，预算与绩效一体化强调将整合预算和绩效作为重点，要求政府财政支出应尽量简化，地方政府在编制预算时应具有清晰的成果目标和产出目标，通过给予成功的项目更多的资金支持等措施，提高项目绩效。

---

[1] 财政部财政科学研究所：《美国政府绩效评价体系》，经济管理出版社 2004 年版。
[2] 朱厚玉、赵宇、刘长海等：《财政支出绩效管理》，齐鲁书社 2011 年版，第 187 页。

## (二) 合理的绩效评价方法

为实现政府债务支出绩效管理的合理化，美国政府在实行绩效评价过程中，提出了"项目评估分级工具""三色等级评价体系"等。

项目评估分级工具（Program Assessment Rating Tool，PART）由一系列精心设计的提问组成，设计这些提问的目的在于为联邦政府内部预算项目绩效等级提供一种一致性方法。[①] 每一个项目评估分级工具的子类都由4个部分组成，每个组成部分包含了25个基本问题以及根据不同类型项目设计的额外题目。四大部分分别为战略管理、项目目标与设计、项目效果和项目管理，每个部分的权重分别为10%、20%、50%、20%。采用"是/否"的形式对提出的问题进行回答，"是"代表项目的绩效达到目标或高于目标水平，"否"则代表项目没有达到预期的绩效水平。PART本质是通过客观的数据对政府部门实施项目的执行情况进行测评，从而确定项目整体的绩效。

不同于PART主要对项目的实施结果进行绩效评价，三色等级评价体系（也称红、黄、绿计分卡式评级制度）强调的是对政府部门支出责任进行绩效评估。该体系要求政府部门各机构每个季度都要接受中央政府的监督，中央政府可对部门的债务支出绩效进展情况和完成情况进行红色、黄色、绿色标注，进展情况良好的以绿色标示，进展情况一般的以黄色标示，进展不力的以红色标示，同时各部门需详细说明为完成目标所采取的措施，并对以红色标示的项目提出改进措施。三色等级评价体系在很大程度上提高了政府部门管理绩效水平，它能够督促部门及时发现问题并随时纠正，有效提高了部门内部的自我管理能力。三色等级评价体系极大地改善了联邦政府各部门的绩效，最初评价时各部门的"绿灯"仅有1个，而红灯有110个，到2005年，"绿灯"数量提高到了43个，而"红灯"降为33个。[②]

## (三) 明确的政府债务支出绩效评价对象

在美国，政府债务支出绩效评价对象包含部门绩效评价、跨部门绩效评价和项目绩效评价。

项目作为支撑部门和地方政府工作的基础元素，其绩效评价工作处于多层级绩效评价的基础环节，因此，项目是政府开展绩效评价最关注的对象。项目绩效评价主要包括：（1）立项决策评价，主要是在项目立项之前评价项目的合理性；

---

[①] 张志超：《美国政府绩效预算的理论与实践》，中国财政经济出版社2006年版，第162页。
[②] 王海涛：《我国预算绩效管理改革研究》，财政科学研究所博士学位论文，2014年。

（2）综合影响评价，主要是对项目的获利能力、成本效益以及对地区和行业的经济发展等方面的影响进行测评；（3）持续性评价，主要是在结束项目之后对持续影响社会与经济的效果进行跟踪评价。

部门绩效评价由联邦各部门负责，各部门内部针对每个部门对年度财政绩效目标的完成进度情况进行自我评价，之后向公众与国会报告评价的结果。报告的内容包括：年度本部门的绩效完成情况、解释绩效目标尚未实现的项目情况、已取得的绩效与计划中的绩效进行比较的结果和描述年度内完成的项目评估中取得的重要发现等。

跨部门绩效评价是在项目绩效评价和部门绩效评价的基础上，由管理与预算局（OMB）采用三色等级评价体系，统一对联邦各部门执行项目的进展状况进行评价并打分。

## 五、地方政府债务支出绩效管理主要成效

美国政府财政支出在实践中不断发展完善，尤其是 20 世纪 90 年代以来建立的结果导向型绩效评价体系推动了美国政府财政支出绩效改革，规范支出绩效管理的工作取得了前所未有的进展。

### （一）地方政府和中央政府建立了良性的伙伴关系

中央政府与地方政府之间签订协议，逐级分解工作，在中央和地方政府以及各非地方政府机构之间建立了平等的契约关系，改变了传统的垂直式权力结构，推动着政府间由传统的组织关系向新型伙伴关系转变。

### （二）促进政府职能转变

1997 年，美国政府第一次发行政府标准工作手册——《顾客至上：服务美国民众的标准》，中央机构施行 4 000 条顾客服务标准用于约束和规范 579 个项目与组织。① 该工作手册强调政府应注重对结果、服务质量以及顾客满意度的关注，尽可能提高政府的公共服务质量，促使政府由管制型政府向服务型政府转变。

### （三）加强了信息的公开与运用

一方面，在中央政府和地方政府之间建立电子信息共享平台，以更快捷和更

---

① 张雷宝：《地方政府公共支出绩效管理研究》，浙江大学出版社 2010 年版，第 58 页。

低成本的方式分享政务信息；另一方面，建立和发展电子化政府，便于公民快速地获得所需信息；同时，在公共平台上公开政府信息，更大限度保障公民的知情权和监督权。

市政债作为美国各级地方政府或机构的重要筹资渠道，在弥补地方财政收支缺口、促进地方经济发展中发挥了不可磨灭的作用。在债务支出绩效管理方面，美国主要采用了自由市场主导债券运行、法律制度约束发行行为、社会中介机构监督债券发行的管理模式，这为维护美国市政债券市场良好运行发挥了重要的作用。

第一，实现事前规则明晰，奉行"自用自还"原则。美国有着严明的三级政府支出责任，即联邦政府、州政府和地方政府。当地方政府债务发生危机时，中央政府坚持"不救助原则"，不再为地方政府债务兜底，因此，地方政府只能通过在债券发行前后以及资金使用中加强管理，以提高债务资金使用效率，达到提高财政自救能力的目的。

第二，允许多方力量介入，保证事中管理有效。美国吸取债务违约的历史教训，在发行市政债之后，不仅要求地方政府自身负责提高债务收益，还允许社会评级机构定期评估政府债务情况，社会公众参与监督债务项目管理，这对于加强债务绩效管理、降低违约风险有着一定的积极意义。

第三，建立多种偿债保障机制，提高事后处置效率。举借债务建立在未来具备一定偿债能力的前提下，设计良好的事后管制能够强化地方政府的硬预算约束。经历了几次经济危机后，各州政府均设立了偿债备用金，用以保障市政债券的顺利偿还，同时为了防止准备金贬值，政府允许偿债基金投资。此外，美国政府还通过债务展期的方式为缓解债务危机创造时间窗口。

## 第二节 英国地方政府债务支出绩效管理模式

与美国相同的是，英国地方政府债务支出绩效管理内容也在财政支出绩效管理改革之内，所以探讨财政支出绩效管理就包含了地方政府债务支出绩效管理；而与美国不同的是，英国的改革是在中央政府对地方治理改革的历史基础上发展起来的，并伴随改革的不断推进而走向成功。目前，英国的中央和地方政府之间已经有了相对完善的支出绩效评价制度结构，形成相对系统的评价体系。因此，英国一度被认为是财政支出绩效评价体系最健全的国家。

# 一、地方政府债务支出绩效评价体系发展历程

20世纪70年代,为了缓解经济危机、财政危机以及随之产生的公众对政府的信任危机,英国政府自上而下开展了一场规模空前的地方政府财政支出绩效评价改革。根据改革侧重点的不同,一般将绩效评价分为效率优先和质量优先两个不同的阶段。

## (一) 效率优先阶段

由于中央政府和地方政府之间存在的管理目标与责任划分不清、行政效率低下和地方政府官僚主义现象严重,1979年由英国前首相撒切尔夫人执政的中央政府开始探索对地方政府行政活动实行绩效管理改革。改革起始于著名的"雷纳评审计划"(Rayner Scrutiny Program),该评审的重点是地方政府财政支出的经济性和效率性;改革发展于"部长管理信息系统"(Management Information System for Ministers,MINIS),通过充分利用MINIS,中央政府能够及时监控地方政府财政支出的走向,同时为了使该系统更完善,英国财政部进一步发行《财务管理新方案》(Financial Management Initiative,FMI)用以规范政府财政支出的成本考核方式;改革最终完善于"下一步行动方案"(The Next Steps),该方案提出要引进商业管理的手段用以考核公共服务执行机构,从而提高公共支出的效率。

在效率优先阶段,英国地方政府财政支出改革的主要特点是:政府部门"绩效意识"越来越强烈,"经济性""效率性""效益性"的"3E"体系逐渐开始建立,通过提高效率降低政府部门支出的成效显著。

## (二) 质量优先阶段

通过开展强调效率的绩效改革运动,英国地方政府的公共部门效率得到很大程度的提高,但公共服务的质量却不尽如人意。因此,英国进入了质量优先取代效率优先的阶段。这一阶段,英国政府陆续实施了三大改革方案:竞争求质量运动、政府现代化运动和公民宪章运动,同时,政府颁布了《地方政府法》、《地方政府:接近人民》白皮书、《支出综合审查》、《英国国家审计法》等一系列旨在促进地方政府提供优质服务的法案。具体而言,《地方政府法》规定了地方政府应严格执行最佳绩效评价与管理条例;《地方政府:接近人民》白皮书试图通过"灯塔计划"来促进地方政府之间形成互相学习、互相竞争、共同进步的氛围;《支出综合审查》旨在通过建立三年的财政支出计划,对地方政府的财政支

出进行全面动态审查；《英国国家审计法》则是将审计部门引入绩效管理当中，通过第三方部门来监管非中央财政支出的绩效结果。此外，为了进一步完善地方政府的财政支出考核制度，英国政府在2006年修订和完善了地方政府全面绩效考核体系（Comprehensive Performance Assessment，CPA），并于2009年推出了绩效评价体系（Comprehensive Area Assessment，CAA），建立了包含整个地方政府的全方位支出绩效评价体系。

在质量优先阶段，英国地方政府债务支出绩效管理的特点是：政策的制定注重对结果的评价，政策的执行强调提供高质量和有回应的公共服务，政策的改革提倡不同部门、不同地方政府以及民众共同参与。

## 二、地方政府债务支出绩效评价主要内容

关于地方政府债务支出，英国债务支出的业绩评估主要侧重于地方政府部门的投资和建设项目以及地方政府债务基金。因此，不论是管理城市的行政效率，还是管理项目的完成度，都很重要。针对本节，我们重点研究地方政府债务支出绩效管理的主要内容，即如何对地方政府债务支出进行绩效评估。目前，英国地方政府债务支出绩效管理的主要内容包括绩效预算、绩效审计和绩效评价。

### （一）绩效预算

对于英国来说，预算绩效主要体现在《支出综合审查》（Comprehensive Spending Review，CSR）之中，其明确要求政府部门执行三年中期财政支出计划，并自我组织人员对本部门的预算支出进行绩效评价。具体内容包括：首先，以部门为单位拟定包括绩效目标、评价指标在内的预算草案；其次，财政部等预算管理机构通过征求其他绩效管理人员、领域专家以及民众的意见，给各部门分配预算资金，并要求部门提供有关资金需求的信息，此外，部门需要对其所提供的公共服务进行自我评价，提出今后五年的改进计划，以实现"用正确的方式做正确的事情"；最后，部门每年需向中央提供两份绩效报告，其中春季绩效报告说明本地区绩效完成的最终情况，秋季年度报告需全面总结本部门年度内绩效目标的完成情况。

### （二）绩效审计

英国之所以被认为是财政支出绩效评价体系最健全的国家，是因为其重视绩效审计在财政支出绩效评价中的运用。然而，在1983年之前，英国审计部门参

与各部门财政支出绩效评级并没有任何法律依据,直至 1983 年颁布《英国国家审计法》,明确规定主计审计长有对公共部门进行监督检查的权力,这才为审计部门开展绩效审计工作提供了法律基础。同时,该法将绩效审计定义为:"审计部门对任何组织(包括政府和其他相关组织)为履行其职能而使用所掌握资源的经济性、效率性和效果性(即'3E')进行检查",该定义明确了绩效审计的对象及目标。因此,英国绩效审计主要是检查政府财政资金的"经济性""效率性""效益性"。

审计的主要目的是在保证项目投资质量的前提下,最大限度地减少地方政府的债务支出,进而确保地方政府债务支出达到预期效果。绩效审计主要包括比较项目生产成果与资源消耗的关系,即实现生产与特定资源消耗的最大产出或者实现一定产出的最小资源消耗,以及比较项目建成后的实际效果与预期效果的差异。事实上,在具体的绩效审计过程中,英国政府明确要求需"保持灵活性和创造力"[1],故"经济性""效率性""效益性"之间并没有明确的界限区别,只是在对地方政府所提供的公共服务进行绩效审计之时需要将三项内容综合起来考虑,从而判断地方政府债务支出是否具有价值。

### (三)绩效评价

"经济性""效率性""效益性"是英国地方政府债务支出绩效评价的核心理念,对地方政府、基层单位、实施项目以及评估参与机构或个人的评价是围绕这一理念展开的,其中存在着交叉评价,比如对地方政府的评价包含着对基层单位的评价,而对实施项目的评价则是对单位评价的基础。因此,评价项目是根本,事实上,英国地方政府债务支出绩效评价主要针对的也是政府部门实施的项目。具体而言,一是针对项目立项决策效果的评价,即在项目立项之初以风险分析为基础进行成本效益分析,判断项目是否符合"经济性";二是针对项目技术支出策略成效的评价,即评价项目时使用得体的方式方法检查项目的最终成效;三是针对项目对社会产生的影响的评价,即结束项目之后,测评经济社会发展和居民生活受到的影响。

除此以外,为了保证地方政府债务支出整体目标的实现,英国审计部门还会对整个地方政府债务支出情况进行综合绩效评价,评价结果不仅用于强化地方政府的预算管理,还用于作为中央调整地方政府长期经济目标和计划的重要依据。

---

[1] 参见 Value for Money Handbook——A Guide for Building Quality into VFM Examination,NAO of UK,2003,P. 9。

## 三、地方政府债务支出绩效评价主要成效

相对于美国，英国地方政府债务支出评价在促进地方政府发展方面取得了较好的成效，具体表现为以下几点。

### （一）形成相互推进的地方政府发展模式

《地方政府：接近人民》白皮书中阐述：为贴近人民，中央政府启动了"灯塔"的地方自治方案。根据该方案，灯塔是荣誉的象征，地方当局因提供最高质量的公共服务而参与评估，由地方事务部授予地方当局。事实上，这是一种评价活动，中央政府在地方政府中传播经验，为地方政府授予良好的"灯塔"称号，这为地方治理模式的相互进步和相互促进提供了机会，使地方政府相互学习、相互竞争、相互进步，并促进地方政府的发展，鼓励地方政府为居民提供更优质的公共服务。

### （二）地方政府债务资金使用效率提高

英国政府设立了一个审计部门，以管理地方政府债务支出的执行，并敦促地方当局通过审计司的非强制性监督提高债务资金使用的效率。除了定期公布正式审计报告外，英国审查司还将举行一系列特别会议，实地招聘相关工作人员或有关专家，讨论审计过程，总结存在的妨碍地方政府杠杆业务效率的问题，而审查司将联系新闻界公布审计单位。上述举措的施行使每个人都能在审计门户网站上查看整个审计报告，给被审计单位带来社会压力，最终提高了市政债务资金使用效率。

## 第三节 日本地方政府债务支出绩效管理模式

日本作为单一制国家，在"二战"结束后的相当长时期内，一直致力于控制政府债务，以防范财政风险。20世纪50年代中期，日本开始发行地方债券，经历了半个多世纪的探索和发展，现已逐步形成了一套以严格的行政审批制度为主的债务支出绩效管理模式。在中央检查和管控地方政府的体系下，该模式确保了地方政府债务融资能够平稳顺利进行，并最大限度地减少了政府的中长期债务融

资成本,有效控制了地方政府的财政风险。

## 一、地方政府债务支出绩效评价发展历程

20世纪90年代中期以来,日本地方财政与国家财政一样深受经济萎靡、失业率上升等的影响,地方财政收入增速放缓,债务规模日趋膨胀,债务率远超国际通行警戒值。在此背景下,日本政府针对财政赤字持续增加、行政效率低下等问题,开始自上而下地推行行政制度改革,并提出要重建财政目标。根据中央政府权力集中度的不同,可将改革分为审批制绩效评价阶段和协商制绩效管理阶段。

### (一)审批制绩效评价阶段

1947~2006年,日本对于地方政府债务的管理一直采取严格的行政审批制度。1947年,为防止地方政府债务继续增长,也为遏制中央对地方政府债务的隐性担保日益增多的趋势,日本出台《地方自治法实施令》,该法令规定:都道府县发行地方债时,必须经过自治大臣(现总务大臣)的认可;市町村发行地方债则需都道府县知事的认可。即下一级地方政府发债需得到上一级地方政府相应管理机构的认可,这就是所谓的"发债许可制度"。[①] 地方政府不能擅自发行地方债,其发债权需要经过中央的审批。首先,地方政府需向自治省申报发债计划,并报告所需发债的建设项目、资金来源以及发债额度,自治省对申报计划进行汇总并上报中央,中央根据发债资金的使用项目以及地方政府的财政状况对上报的发债计划进行甄别和审查。具体而言,中央通过地方政府债务依存度(地方债券发行额/地方财政收入)等系列指标限制发债额度较大的地方自治省,并通过相应指标对地方财政及公营企业的经营状况和存在的问题作早期诊断,以便及时发现可能存在的"隐性债务"负担问题,从而降低地方政府债务风险。

在这一阶段,地方政府债务的承购资金大部分源于中央的行政划拨资金。当地方政府有发债或增加债务的需求时,需层层申报,并接受层层审批,受到中央政府严格的行政干预,而民间资金准入困难,使得地方政府债务支出管理模式僵化,指标体系单一使得管理效率低下。另外,中央对地方政府债务提供了"隐性担保",当地方政府债台高筑时,容易切断中央与地方的资金供求链,引发地方政府财政危机。

---

① 杨华:《日本政府预算制度》,经济科学出版社2016年版,第161页。

## (二) 协商制绩效管理阶段

严格的行政审批制度使得日本地方政府的债务支出规模得到有效的控制,债务支出效率得到极大的提高。但在实践中,由于中央政府实质承担地方政府债务最终买单者的角色,中央和地方财政分权导致信息不对称,地方政府举债选择权受到严格的管制,因此,不乏地方政府通过粉饰预决算来掩饰隐性债务的现象,使得地方财政丧失了活力。

自2006年起,日本在地方债管理方面,基于分权化改革,将严格的行政审批制转变为协商制。这一行政改革给予了地方更多的举债选择权,促使各地政府开始自我管理债务规模,大大提高了地方政府债务支出绩效管理的质量。具体来说,地方政府发行债券必须获得地方议会的批准,只有获得议会许可后,才有借用公共资金的资格;之后,如果地方政府的财力满足一定的条件,即使未得到中央政府的同意,也可向地方议会报告直接发债。协商制发展后期,地方政府逐渐发行以民间资金为主体的转期债,使地方举债资金过渡为以民间资金为主体,减轻了中央对地方政府的"隐性债务"的担保压力。

在这一阶段,地方政府债务支出绩效评价指标体系更为完善,判断和审批标准由原来的债务依存度的单一指标转变为实际公债费率等多重指标,债务支出质量得到了有效保证。虽然中央政府对地方政府仍然保持一定的监督和控制,但是这一制度的转变促使地方政府在债务支出绩效管理方面的自主性和独立性得到增强。

## 二、地方政府债务支出绩效评价主要内容

近年来,日本政府对地方财政进行了一系列的改革。一方面,地方公债制度的建立开辟了日本地方新的财源,有力地支持了地方公共服务和基础设施事业的发展,极大满足了人民基本生活诉求。另一方面,日本通过一系列严谨的法律规范和行政管理,强化了中央对地方政府债务的监控并抑制了地方政府债务规模进一步扩大。类似"投入—产出"理论,日本地方政府债务支出绩效评价主要分为严格债务计划管理、债务项目风险预警和债务支出绩效审计三个方面。

### (一) 严格债务计划管理

为保证地方财政的稳健性,防止地方出现财政危机,日本地方政府在举债的过程中,受到偿债率、财政赤字率和实际公债费率等指标的限制,偿债率过高或

者财政赤字超过警戒线的地方政府,在获得相应的行政审核和批准之后才可以发行地方债。在程序上,地方政府要向地方议会申报发债计划以及所要发展的建设项目、资金额度和还款计划,由总务省按照中央政府每年编制的《地方政府债务计划》进行审查并汇总各地的债务计划,总务省与财务省协商后,统一下达各地区的债务限额,从而有效防范地方政府盲目、毫无限制举债。同时,总务省可以对相关区域内的资金供求关系进行宏观调控,防止资金向富裕地区集中,确保资金在不同地区之间合理分配。地方公债计划与协议审批制度的有效结合,不仅能够阻止债务问题持续加剧,还能平衡中央与各地市之间资金的供求关系,有效管理地方政府债务支出项目。

### (二) 债务项目风险预警

为避免地方政府陷入债务危机甚至破产,日本在债务管理中引进风险预警体系,并在宪法中作出规定,不论地方政府财务状况是否严重恶化,其仍然需要偿付债务。[①] 这意味着在日本,地方政府的破产是不被允许的。为此,日本颁布了一系列旨在预防各区域债务风险的法案。2007 年,日本制定发布了防范债务风险、改善财政状况的法案——《地方公共团体财政健全化法》,这一法案构建了系统监控地方政府财政状况的指标体系,要求上级及下级政府共同参与财政重整,并于 2009 年起引入了"财政健全化制度"。引入该制度的目的在于能够及早发现地方财政及公营企业在经营状况上存在的问题,尤其是能及早地发现存在的"隐性债务"问题,以便能够针对不同的情况及时采取措施,以促进地方财政和公营企业的良好发展及健康运营。[②] 同时,在地方政府项目运行的外部监管方面,需将债务项目的年度执行情况向中央政府、议会以及公众报告,若项目运行中存在问题,中央政府需要对地方政府提出改进建议,以此对地方政府债务规模进行管控,确保地方政府财政状况的良性循环。

### (三) 债务支出绩效审计

日本政府的审计机构是由国家会计检察院和地方监察委员会组成的。其中,国家会计检察院是最高的审计机关,属于国家行政系列,不受政府的干涉,独立于内阁。对地方政府财政收支及行政行为的监督与审查主要由地方监察委员会负

---

[①] 张志华、周娅、尹李峰、刘谊、闫晓茗、陈志洁:《日本地方政府债务管理》,载于《经济研究参考》2008 年第 62 期,第 24~31 页。

[②] 杨华、肖鹏:《日本解决地方财政困境的改革措施与启示》,载于《经济理论与经济管理》2011 年第 10 期,第 96~102 页。

责，由该委员会对地方政府的具体行为出具审计报告，并交由国会或委托政府审计部门审议。地方政府每年提交债务支出项目的运转结果，监察委员会以一定的指标体系为参考，对债务支出项目的绩效进行审计和监督，基于"经济性""效率性""效益性"等原则开展工作，致力于对地方政府每年的债务支出从投入到产出进行绩效评价。

除此之外，日本政府近年来致力于推进行政信息公开，并专门出台了相关法律——《关于行政机关持有信息公开的法律》，该法律要求各部门在不违反非公开信息规定的前提下，原则上必须提供相关信息。日本总务省等官方网站会详细公开全国地方债的总体情况，各地方政府官方网站则详细公开本地的地方债，推行"阳光下的财政"，使地方政府债务接受社会的广泛监督，激发社会公众参与地方政府债务支出绩效监督的积极性。

## 三、地方政府债务支出绩效评价主要成效

整体看来，"二战"后，日本在地方政府债务支出绩效评价方面主要采用中央政府直接行政控制，辅以相关法律和制度来监督和约束地方政府债务规模的模式。在地方分权化改革的同时，开始逐渐减少国家的直接干预，赋予下级政府更多的自主性，并通过市场机制对地方政府债务进行调节，取得了良好的进展。

### （一）建立了较为完备的地方政府债务绩效评价法律体系

日本在地方政府债务支出绩效评价方面出台了一系列法律规章，使地方在申报和执行债务支出计划时有法可依，地方政府按照严格的管理程序运行债务项目，理顺了各层级政府间财权与事权的关系，规范了地方政府的债务支出责任，为构建地方政府债务支出绩效评价体系奠定了良好的法律基础。

### （二）建立了债务风险预警和控制机制

日本改革前后的实践表明，构建操作性强的地方政府债务风险预警指标体系，对于预警和识别地方政府债务风险，特别是"隐性债务"风险具有重要意义，有助于防范地方政府债务危机甚至财政危机。

### （三）强化了对地方政府债务的绩效审议和信息化公开

日本设立了专门的行政机构，对地方政府每年编制的地方财政报告进行审议

和绩效评价。同时，各地方政府官方电子网站按具体要求分门别类地公布债务信息，使地方政府债务透明化，赋予了民众更广泛的监督权。

## 第四节 澳大利亚地方政府债务支出绩效管理模式

澳大利亚作为联邦制国家，同样拥有三级政府，即中央政府、州政府和地方政府。澳大利亚联邦政府自成立以来便十分注重地方政府债务绩效管理，并开始探索符合本国国情的债务支出绩效管理模式。经过一个多世纪的探索和创新发展，澳大利亚已逐步形成了一套中央和地方共同协商的债务支出绩效管理模式，这种模式在防范和化解地方政府债务危机中发挥了积极而又深远的作用。

### 一、发展历史："监管制"向"法政结合"过渡

第二次世界大战后，澳大利亚的地方政府承担的经济责任范围日益扩展，在地方经济发展中发挥着越来越重要的作用，而在西方资本市场普遍低迷的环境下，地方财力不足的问题日益明显，债务规模日趋膨胀，逐渐逼近国际警戒线，风险积聚。澳大利亚政府在面对巨额赤字和债务违约困境的情况下，开始进行财政改革，重点是评估债务支出的业绩。从改革过程的角度看，可分为规范绩效管理阶段和法治与咨询相结合的绩效管理阶段。

#### （一）规范绩效管理阶段

澳大利亚联邦政府成立初期，为促进当地经济发展，各级地方政府作为独立的借债主体纷纷向市场进行债务融资，造成借债成本不断攀升，由于债务还款能力和来源不足，形成了恶性循环，对经济和社会造成了严重的负面影响。1927年，澳大利亚为了加强对各级地方政府债务支出的监管，调控国内各项借款以完成财政政策目标，并成立了专门的监督机构，即借款委员会（Loan Council）。在借款委员会成立之时，就赋予了各级政府在借债数量、期限等事项上的唯一决定权。各级地方政府有借债需求时，需要上报借款委员会，并由其实现对资本市场的债券融资的严格管制，地方政府对各州政府的债务数量、条件、种类和期限等给予特别关注，这有利于整肃举债秩序，通过限定政府举债权力能够直接从供给端控制债务规模。

在这一阶段中，澳大利亚严格把控各级地方政府举债的权限，限定了地方财

政兜底的底线。当地方政府有发债或者增加债务的需要时,需要层层申报,且受到中央政府严格的行政干预,最终由借款委员会决定是否审批通过。在这一时期,从源头上遏制了地方政府的举债欲望,但当借款委员会通过行政审批的举债项目发生债务违约时,最终只能迫使联邦政府出面解决,以摆脱困境。

### (二) 法治与咨询相结合的绩效管理阶段

经历第二次世界大战后,澳大利亚国内急需实现经济恢复。由于短期内资本市场供应不足,各级政府迫切需要扩大基础设施建设以恢复经济,严格的举债管制阻碍了各地经济的发展。为保证财政资金安全高效的投入,防止出现大规模的债务违约引发财政危机的情况,澳大利亚政府出台了一系列有关公共支出绩效管理的法律法规。1992年《基于绩效的支付协议法案》中明确规定,要密切关注公共财政支出项目的结果,将支付协议的出发点转移至项目可能达到的绩效水平。这一法案将绩效作为公共财政支出项目的重点关注指标,并贯穿于实行公共项目的每个阶段。1999年《财政管理及问责法》明确规定了政府各部门公职人员在职期间的绩效职责,并要求公共部门的相关人员提高公共服务效率,注重最大化公共服务的效果。同时,在全国逐步建立起财政信息公开制度和绩效责任制度,为地方政府债务实行绩效管理营造了良好的法律环境。

另外,通过中央与地方共同协商对话,增强了绩效管理的灵活性。各级地方政府向借款委员会提交举债申请,借款委员会设立举债限额,督促地方政府提供举债风险报告,并负责向社会公开披露财政信息。如果地方政府有特定的信贷需求,则其评级程序应该严格,但必须结合地方政府的财政状况、经济表现,以及具体债务分配方案的制定,给予地方政府灵活性。对债务水平进行咨询后,地方政府可以通过贷款、发行债务等渠道借款。

在这一阶段,地方政府的举债权限虽然受到了法律的约束,但保持了一定的自主性。在绩效管理方面,坚持以绩效目标为约束手段,强化了政府各部门在债务支出项目上的绩效责任,有效保证了债务支出质量。同时,政府各部门可以自由地选择实现绩效目标的途径和方式,这赋予了地方财政资金使用的灵活性,促进地方各项资源实现效率配置,推动地方达到项目目标乃至财政目标。

## 二、贯彻全过程的地方政府债务绩效管理模式

澳大利亚实施公共财政支出绩效管理起步较晚,但随着近年来地方财政改革的不断深入,财政支出效率得到提高,这不仅为地方财政节流,还有效地支持了城市基础设施建设项目的发展,促进了地方财政政策和管理的有机融合。与此同

时，澳大利亚政府制定了会计制度、公共支出项目的明确目标和实现债务业绩管理的生产框架，并以此为基础建立了会计制度。在具体的改革实践中，地方政府债务支出绩效管理主要表现为完备的债务绩效指标、高效的绩效评价过程和积极的绩效结果应用三个方面。

## （一）完备的债务绩效指标

由于债务支出项目目的的特殊性、收益群体的广泛性，以及影响其绩效的因素的多重性，绩效评价工作不是简单地衡量投入与产出之间的关系。类似于"投入—产出"理论，澳大利亚政府从投入、产出、效率和结果四个方面分别选取债务支出项目的绩效评价指标。选取评价指标以公平、效率和效益三个主要绩效管理准则为前提，并充分考虑指标选取的科学性和合理性。各州政府在设计指标体系时，可参考财政部于2010年发布的《绩效信息指南》，从及时性、实用性、可比性、准确性和平衡性五个方面关注债务支出绩效指标的数据质量。同时，要考虑政府在举债和项目管理过程中的主体地位，密切关注政府组织履行职责的最终结果，落实相关人员的绩效责任，加强结果运用的创新能力，优化内部的业务流程，以提高项目管理能力。在具体指标方面，澳大利亚没有建立统一的指标体系，不同部门、行业可根据具体情况分别设立。以项目投入阶段为例，该阶段的绩效评价体系主要包含了财政偿债率、财政赤字率和债务预期收益率等指标，为了严格防范项目的风险，一旦某类指标过高或者超过警戒线，则该项目需要及时进行调整，只有在获得相关的行政审核和批准之后才能够继续实施。

## （二）高效的绩效评价过程

为确保债务业绩评估的完整性和公正性，澳大利亚强调必须允许公民参与到债务支出项目的业绩评估过程。根据不同的考核水平，债务支出绩效考核可划分为综合绩效考核和部门绩效考核。前者主要表现为：政府服务筹划指导委员每年定期对中央政府上报的债务项目进行绩效评价，重点关注债务项目在经济建设、社会福利等方面的综合性指标，同时争取公民的广泛参与并鼓励社会公众提出反馈意见，实现对政府职能定位、社会满意度等方面的绩效评价。后者主要表现为：各个政府部门需要按照澳大利亚财政部制定的原则，对债务绩效信息、债务绩效考评和报告等方面进行管理。同时，各部门需要将本年度或者季度的债务绩效评价报告同以前年度或同期比较，总结本年度债务支出绩效的先进做法和不足之处，包括债务绩效目标的完成度、债务支出的合理性以及评价方法的科学性等，以为下一年度债务项目目标和战略安排提供相应的参考。

### (三) 积极的绩效结果应用

通常来说，债务支出绩效评价报告准确反映了该预算年度内地方政府债务项目的基本情况，根据该报告改进公共债务项目是工作的重中之重。首先，债务绩效评价报告应为战略决策提供真实而具体的参考。债务支出效率较高的部门，可根据实际情况留用一定比例的资金（一般不超过预算规模），以促进资金的流动性和灵活性；而债务支出效率较低的部门，应该及时对项目预算安排和运行管理作出相应的调整，在下一年的债务资金绩效考评中将债务支出效率低的部门作为重点考察对象。其次，需要灵活运用债务支出绩效指标信息。在绩效指标体系的设计中，应针对体系漏洞及时提出弥补措施，改进项目管理。同时，还需要及时考评项目管理人员的资质和绩效，培养项目人员的责任意识，最终达到提高地方政府债务管理效率的目的。

此外，澳大利亚十分重视政府信息披露工作。《公共服务法》明确要求地方各级政府逐步建立起财政信息公开制度。各地方政府需要在部门网站详细公开地方债的运行项目，议会、审计署等都有权对政府债务项目本身及其绩效情况进行监督和建议，督促地方政府自觉加强对债务支出项目的绩效管理。

## 三、地方政府债务支出绩效管理主要成效

总体来看，澳大利亚分别对债务支出项目的各个阶段实行绩效评价，实现了一体化、全过程的债务绩效管理模式。随着地方财政改革不断深入推进，借款委员会对地方举债的直接干预程度逐步降低，在外部监督和市场竞争的双重约束下，与地方政府共同协商，制定具体的举债额度和计划等举措取得了良好的成效。

第一，建立普遍完善的政府债务绩效管理法律框架。为保证债务资金使用的合法性和高效性，澳大利亚政府构建了一系列完备的法律制度，将债务项目绩效目标提高到了法治化的高度，这为全面开展债务绩效管理工作奠定了良好的法律基础。

第二，构建相对灵活的中央政府与地方政府共同协商制度。澳大利亚通过立宪成立了专门的举债管理机构，用于约束地方举债行为，从源头上避免地方政府债务大幅度扩张，实现对地方政府债务规模的把控。同时，赋予地方政府一定的自主权，各地方政府可根据当地的实际情况，与举债管理机构共同协商，确定举债计划。

第三，开展一体化的地方政府债务绩效评价工作。澳大利亚每年设立专门的

绩效评价组织机构,该机构对地方政府债务项目定期开展评价工作。与此同时,积极动员社会各主体参与到评价和监督工作中,这保证了债务绩效评价的科学性和广泛参与度,提高了地方政府债务信息的透明度,更促进了债务绩效管理的稳定性和可持续性。

## 第五节 巴西地方政府债务支出绩效管理模式

巴西作为发展中国家,在某些方面与我国具有相似的国情。由于发展模式的缺陷及发展过程中出现的特殊情况,巴西先后遭受了三次债务危机,且一次比一次严重,这使巴西国内的经济和社会稳定都受到了重大的冲击。此后,巴西政府开始对地方政府债务采取积极而强硬的改革措施,并且不断发展创新,逐步形成了一套符合本国发展理念的债务管理模式。

### 一、发展历史:"中央兜底"向"地方自治"过渡

20世纪后期,巴西爆发了三次较为严重的地方政府债务危机,为从根本上避免重蹈覆辙,巴西中央政府在每次危机爆发后都提出了系列改革措施,以治理地方政府债务,从此巴西便开启了地方政府债务支出绩效管理的道路。总结归纳三次债务危机的特点,以及危机爆发后实行的一系列改革,可以将巴西地方政府债务支出绩效管理分为两个阶段:中央政府债务兜底阶段和地方政府责任强化阶段。

#### (一)中央政府债务兜底阶段

20世纪中期,巴西经济开始向高速发展阶段迈进。但由于国内资本金储备较少,增长动力不足,为了支持国内经济发展和满足城市化进程的需要,外债成为主要的筹资来源和渠道。在石油危机中,利率上升大大增加了巴西政府的偿债压力,出现了国家难以填补的沉重的债务漏洞。作为承包商,巴西中央政府不得不通过与外国债权人签署协议,以债务重组的形式接管巨额外债,从而解决资本转换问题。自那时以来,一出现地方政府无法偿还联邦金融机构债务的情况,中央政府就出手相助。前两次危机中,都以中央政府作为最后偿债人收尾,而相关的债务管理机制并没有起到相应的作用。危机初步化解后,联邦政府设置还债下限,修订宪法赋予地方政府使用转移支付资金偿债的权利,上述措施对地方政府的无序举债和管理起到了一定的约束作用,但并未从根本上建立全面有效的债务

风险预警和绩效管理机制。

在这一阶段,地方政府无序举债,预算硬约束徒有虚名的现象严重,且没有相应的配套措施和机制用以管理庞大的债务,债务资金的使用没有得到有效控制,每次危机爆发后都以中央政府作为兜底,最终落得草率治理。

### (二) 地方政府责任强化阶段

在饱尝三次地方政府债务危机的苦果之后,巴西政府痛定思痛,推出了一系列改革措施,旨在全面加强地方政府债务管理。20 世纪末期,巴西政府将控制地方政府债务的任务提上了法律日程,通过实施"财政稳定计划"构建公共财政管理的法律框架,将债务管理任务纳入了法律体系。21 世纪初期,巴西政府通过了《财政责任法》及其配套法案,该法案的设立在其后很长时间内对管理地方政府债务绩效起到积极的作用并产生了深远的影响。它明确了公共财政规则,在各级政府间建立了财政及债务预算等一系列法律框架,引入了系列量化指标用以衡量地方政府举债的规范性和效率,严守地方政府举债的警戒线。同时,建立"谁举债、谁负责"的问责机制,落实举债主体的债务管理责任,严控地方发生大规模的债务风险。另外,法律要求各级地方政府保证债务信息系统公开透明,定期向联邦政府汇报财政收支情况,并向全社会公布地方政府债务项目的报告,接受全社会的监督(见表 22 - 2)。

表 22 - 2　　　　　　　　巴西地方政府举债指标情况

| 指标 | 释义 | 警戒线 |
| --- | --- | --- |
| 州政府债务率 | 债务余额/州政府净收入 | <200% |
| 市政府债务率 | 债务余额/市政府净收入 | <120% |
| 新增债务率 | 新增债务额/政府净收入 | ≤18% |
| 担保债务比重 | 政府担保债务余额/政府净收入 | <22% |
| 偿债率 | 还本付息额/政府净收入 | ≥13% |
| 银行净资产规模 | 地方政府债务余额/银行净资产 | <45% |

资料来源:张志华、周娅、尹李峰、吕伟、刘谊、闫晓茗:《巴西整治地方政府债务危机的经验教训及启示》,载于《经济研究参考》2008 年第 22 期,第 11~14 页。

在这一阶段,巴西政府通过直接的法律和行政干预,抑制了地方政府债务继续膨胀,减少了债务资金滥用的情况。总体上看,巴西对地方政府债务管理模式采用事前控制和事后惩罚相结合的原则,有效控制了债务风险,增强了债务支出的可持续性和稳定性,提高了债务支出的管理水平。

## 二、"两端"控制的地方政府债务绩效管理模式

根据前文的分析,巴西地方政府债务支出管理模式主要是基于三次债务危机治理经验形成的。在应对债务危机时,从最初的中央政府作为债务担保人到后来强化地方政府责任,通过贯彻落实一系列措施,逐步提高了债务治理能力和绩效管理水平。这主要表现在事前控制和事后处置两个方面。

### (一)事前举债严格控制

为了改变原有的举债无序现象,弱化地方官员对举债的依赖,巴西政府通过严格的法律途径,将举债责任下放到事前举债阶段。举债作为地方政府债务活动的第一步,要求地方政府对自身财政状况和资本计划有着充分的认识和考量,需要在法律的规定下同地方金融机构签订有效的债务合同。一旦地方政府出现不具备偿债能力、债务空间溢出或债务合同明显违反法律等行为,则禁止地方政府举借新债,即使其已签订债务合同,该合同也不具备法律效力,并且相应的地方官员将接受严厉的处罚。这一系列看似苛刻的要求,实质上有效规范了地方政府的事前举债行为,更为后续的债务支出管理,特别是绩效管理创造了良好的条件。

### (二)事后偿债积极应对

《财政责任法》最大的特征是,将举债责任层层落实到地方官员,建立了"举债必问责,问责必问效"的原则,这一原则提高了地方官员偿还和治理地方政府债务的积极性。如通过法律形式,将财政透明列为建立新型财政管理框架的关键内容,要求政府广泛而规范地披露有关提案、法律和账目,包括通过电子媒介等渠道,积极接受社会公众和相关机构的监督。同时,地方政府还需要按季度发布财政管理报告,对财政目标执行情况和债务项目进展进行充分说明,并接受审计法院的审查。未通过审计法院审查的财政管理报告,需要向全社会公布,相关地方政府需要按照要求提出解决措施,以提高债务项目绩效管理水平,实现财政目标。

## 三、地方政府债务支出绩效管理主要成效

从"财政稳定计划"到《财政责任法》及其相关配套法案,巴西政府都致力于不断强化地方政府举债的主体责任,加强地方官员对债务支出的自觉管理,

提高地方政府债务资金的使用效率,这在维护地方经济稳定、应对系统性金融风险等方面发挥了重要作用。

第一,有效强化了政府官员责任。巴西政府强调举债决策过程中的责任应当落实到人,建立"谁举债、谁负责"的问责机制,抑制举债行为的随意性,这提高了举债的规范性和科学性。当出现地方政府官员违法违规举债行为时,会根据与《财政责任法》相配套的《财政犯罪法》,严肃终身问责,追查惩处。

第二,加强了对举债规模的控制。一方面,控制地方财力范围,根据地方发展战略和预算控制地方举债额度,在需求端控制下,举债不仅有条件限制,还有偿还债务的规定;另一方面,加强对银行等金融机构的管控,在供给端控制下,严格管控金融机构的放贷条件,且禁止关联贷款。通过规范地方政府的举债行为,提前将债务风险置于有效控制之内。

第三,明显提高了债务透明度。巴西政府注重强化债务审计和信息透明度建设,借助互联网实现了政务信息系统的全面公开,积极打造"阳光下的政府"。各级地方政府需要按照确定的统一框架要求,在网上充分反映政府各项经济活动,定期汇报地方政府债务项目报告,披露所有直接债务和或有债务的信息。

## 第六节 国外政府债务支出绩效评价的经验启示

以美国、英国和日本为代表的发达国家,在探索建立地方政府债务支出绩效评价体系的实践中积累了大量的经验,取得了丰硕的成果,形成了系统的理论支撑。与发达国家相比,我国当前的地方政府债务支出绩效管理存在诸多问题,对于如何完善地方政府债务支出绩效管理,我国可以从发达国家的改革中获得启示。

### 一、建立健全政府债务支出绩效评价的法律制度

对发达国家地方政府债务支出绩效评价的考察表明,多数国家都通过法律对各级政府的支出责任权作出明确规定,即使英国一开始没有采用法律的形式进行规定,但其后通过了《英国国家审计法》以明确相应的权责划分,避免出现因法律规范缺失导致政府之间权责划分不明的现象。同时,为了贯彻落实绩效管理的法律文件,我国在后续操作过程中需出台操作性强的配套法规。

我国《预算法》(2014)要求进行预算绩效改革,但目前地方政府债务支出绩效评价体系的构建工作尚处于起步阶段,缺乏一套完善的法律法规用于规范地

方政府债务支出绩效评价以及测试绩效结果。因此，应提升地方政府债务支出绩效评价管理的法律层级，使地方政府绩效评价有法可依、有章可循，推动地方各级政府自觉开展本地区政府债务支出的绩效评价工作，使之常态化。

## 二、创新政府债务支出的绩效审计制度

政府债务支出的绩效评价不仅仅是财政部门的事情，审计部门、社会公众以及各类专家也应该参与其中。英国的绩效审计制度是其成功建立财政支出绩效评价体系的关键，每年绩效审计工作占支出评价体系工作总量的40%左右，充分体现了英国各级政府对绩效审计的重视程度。[1]

我国目前正考虑对财务管理的实施过程进行业绩审计，这对于完善绩效管理制度具有重要意义。在评价公共债务支出绩效的实际过程中，地方政府债务公共投资基金和浪费性亏损建设方面存在的问题十分严峻，我国采取了一系列的积极措施予以应对，包括引入审计机构、开展绩效审计、加强对公共投资项目的审计监督和完善国家行政监督体系等。

## 三、建立地方政府债务支出绩效评价指标体系

经过多年的发展，美国、英国和日本已初步建立了包括政府债务支出在内的财政支出绩效评价体系，宏观上确立了项目绩效评价、部门绩效评价以及跨部门绩效评价等层级较强的指标体系，同时，微观上建立了过程评价、效益评价、影响评价以及持续性评价等具体评价指标，从而全方位地对政府债务支出活动进行绩效评价。

我国目前绩效预算发展迅速，但由于缺乏针对地方政府债务支出绩效评价的具体指标，导致出现绩效评价制度不规范、评价结果的采用率不高等问题。因此，在进行绩效评价指标设计时，宏观上应建立不同层级的政府债务支出考核指标体系，微观上应针对债务支出的不同项目设计相应的指标，使各地方政府债务支出绩效结果可量化。

## 四、完善地方政府官员政绩考核制度

地方政府债务支出绩效评价能否取得预期效果与地方政府官员政绩考核制度

---

[1] 王雁红：《英国政府绩效评估发展的回顾与反思》，载于《唯实》2005年第6期。

密不可分。美国、英国及日本在实施绩效管理过程中，将绩效结果与地方政府官员的自身利益挂钩，对于绩效优良的地方政府，不仅给予财政奖励，而且会适时扩大地方自治权，以此促进地方官员关注支出结果，不断提高支出绩效；对于绩效不理想的地方政府，中央帮助该地区分析原因，找到改进方法和措施，以此为基础对支出责任人实施问责制。

过去我国对地方官员实施政绩考核时，最注重的就是经济增长的数字，部分地方官员为了获得职位晋升和工资利益，盲目投资非竞争性领域的基础设施，甚至在竞争性产业领域进行投资，很大程度上导致地方政府债务规模进一步扩大。[①]因此，在建立地方官员政绩考核制度时，应将地方官员在位期间实施项目的绩效结果与其职位晋升挂钩，使得地方官员"能升也能降"。

---

① 金荣学、胡智煜：《基于DEA方法的地方政府性债务支出效率研究》，载于《华中师范大学学报》（人文社会科学版）2015年第4期，第45页。

# 第二十三章

# 政府债务绩效优化路径与政策建议

中共中央、国务院于2018年9月1日印发并实施《中共中央 国务院关于全面实施预算绩效管理的意见》（以下简称为《意见》），是为解决当前预算绩效管理存在的突出问题，加快建成全方位、全过程、全覆盖的预算绩效管理体系提出的意见。《意见》将地方政府债务追责作为加强地方政府债务考核及评估的重要组成部分。因此，加强地方政府债务绩效管理成为化解地方政府债务风险、增强我国债务可持续性的重要手段，与此同时，防止系统性风险成为必然前提。优化地方政府债务绩效应从事前、事中、事后三个层次出发，通过改善制度环境和完善相关配套机制全面加强地方政府债务绩效管理。

## 第一节 事前规范制度建设

### 一、完善债务管理制度

#### （一）深化财政分权体制改革

分税制改革不完善导致中央与地方政府财权与事权不匹配，主要表现在基层政府事权范围过大以及没有稳定独立的税源两个方面,地方政府不得不依靠上级政府转移支付和债务融资满足日益扩张的建设资金需求。因此,应当不断加大分税制的改革力度,明确划分省级与市、县级政府之间的事权范围,完善现行财政体制,从根源上遏制地方政府债务规模过度扩张。首先,根据管辖权的效用原则,通过国家立法的形式适当划分中央和地方政府之间的事权责任,确认和统一各级政府的权力范围。其次,在简化政府级次的基础上,按照"谁办事,谁拿钱"的原则划分地方政府间的事权范围和支出责任,避免出现省级政府将应承担的支出责任逐级转嫁给基层政府的情况,减少需要基层政府提供配套资金的专项资金所占比重。应当注意的是,省、县共同事务经费的分配,必须充分考虑省、县、乡的利益和财政的承受能力,确定各级负担的部分适当。

各级政府在税收征用以及行政权力之间的充分收入分配,使各级政府能够相对稳定和独立,达到行使税收所需的政府职能水平。首先,在保证中央政府执政地位的前提下,需要保障地方政府的有限税源,这是深化改革的一部分,具有明显地理特征的税收,可以考虑在地方人民代表大会上征收,征收和管理救济的权利属于地方政府,如完善房产税的征收管理范围。其次,需要实行稳定可靠的地方税收制度,以为地方政府提供稳定可靠的税收收入,这是建立和完善地方税收制度的关键。税收分配既要保障中央的宏观调控能力,又要符合地方税收制度的要求。中央与地方共享税(例如增值税)的分享比例可以考虑"因地制宜",经济较为发达的地区适用于较高的增值税共享比例,反之亦然。合理界定地方政府事权和财权范围是财政分权体制的内在要求,从长期来看,也是抑制基层政府债务融资规模扩张冲动最有效的方法。

## (二)加强金融市场监管

自中国放开地方政府的借贷权以来,地方债券逐渐取代银行贷款成为地方政府债务的主要来源。地方政府债券的债务主体是强大的中国政府,因此它也被称为"银方债券",具备信贷和流动性风险低的特征,公共机构和金融机构在购买地方国债时关注其利率较高且信贷风险较低,但尚未研究地方政府债务项目的未来收益率状况。地方政府债券的规模和价格尚未完全由政府投资项目的回报和风险折中决定,这在一定程度上增加了地方政府债务融资的成本,削弱了市场对债务的约束力。

考虑主要从以下两个方面加强对金融市场的监管。一方面,构建市场主导、自由开放的金融市场环境,减少地方政府对辖区范围内金融机构的政策性干预,由市场决定地方政府债券的规模和利率水平。在自由开放的金融市场环境下,理性投资人会合理预期政府投资项目的可行性和未来收益的稳定性,通过权衡项目未来的风险和收益来决定是否购入地方政府债券以及购入的规模等。另一方面，加强监管机构对金融机构的监管力度，严格管控对地方政府和相关事业单位的放贷程序，从供给源头上控制地方政府信贷规模和担保债务规模。我国地方政府银行贷款和担保债务的绝对规模和相对规模均呈逐年下降趋势，但总量规模不容忽视。对于地方政府债务存量，监管机构应当对放贷银行进行定期检查和监督指导，对相关政府投资项目的可行性和未来现金流状况重新评估；对于地方信贷规模增量，需要在规范的放贷标准和程序的基础上进行全面审查，对于未按照正常放贷程序操作、不符合放贷标准的项目进行整治，在金融机构建立内部责任追究机制，充分发挥监管机构的金融监管作用，严控地方政府信贷规模和担保债务规模增量。

### （三）健全地方政府债务法律法规

纵观域外，美国、澳大利亚、巴西等诸多国家都制定了专门的债务法甚至地方政府债务法，以规范和管理地方政府债务，中国尚未实施政府公债立法。地方政府要充分评估自身的债务能力，不断完善司法法规，切实落实地方政府债务管理。要把债务绩效纳入地方政府债务支出项目的全过程管理中，必须做好法律和制度建设的基础性工作。这不仅要求科学化的顶层设计、清晰的工作思路以及指导性的宏观思想，还要求做好制度落地工作，增强制度的可操作性和执行力。同时，各级政府部门要注重积极探索债务绩效管理的实际执行力，以提高绩效水平为核心，细化各项指标和准则，加强制度的执行，层层传递压力，逐步建立科学高效的法律体系。①

完善债务约束机制是解决我国债务问题和地方政府绩效问题的重要举措。其中，最重要的是法律约束，偿债责任需要法律约束，债务管理需要法律监督，因此，在规范的法律基础上建立地方政府债务管理制度，能够使地方政府债务管理的各个方面都依法得以实现。《预算法》（2014）开始设计中国最高级别的地方政府债务制度框架，概述了未来地方政府债务管理的方法和内容，指出了中央和地方政府债务管理的方向，限制了地方政府债券的释放，解决了借款性质、资金使用和债券发行等借款问题。中国地方政府将严厉打击非法债务融资行为，严格管理地方政府的债务融资渠道。此外，还提出了地方政府加强债务管理、规避债务风险的法律规范纲要。《预算法》（2014）加强了对地方政府债券的法律约束，在一定程度上有助于确立地方政府债券的法律水平。但是，《预算法》（2014）

---

① 金荣学、胡晓倩：《地方政府债务预算模式选择和实现路径探讨——基于公共产品理论的视角》，载于《财政监督》2019 年第 19 期，第 76~81 页。

只是从最高层提出对市政债务管理的法律要求，地方政府债务的相关法律并未真正细节化、规范化，相关配套法律尚不完善，彻底解决地方性政府债务的诸多难题仍需要更多的立法予以保障。为此，我国当前应从以下三个方面改善地方政府债务管理的法律环境，建立健全的法律规范体系，加强立法保障和法律监督。

**1. 加强宪法约束，完善顶层设计**

目前，我国地方政府债务的相关法律文件中，效力最高的就是《预算法》，它也被称为"经济宪法"。由于地方政府债务问题的重要性和复杂性，在宪法的高度上对我国地方政府债务进行立法保障实属必要。美国、澳大利亚等国家在宪法中对地方政府债务问题都有明确的规定，在明确举债主体和举债责任、加强地方政府信用管理等方面起到了重要的作用。地方政府债务涉及地方政府信用、国家信用、经济权力和政权稳定等重要问题，借鉴其他国家的做法，我国也应该尝试在《宪法》中强调地方政府债务的信用主体、融资方式、偿债责任等内容，全面提高地方政府债务问题在法律上的重要性，强化宪法约束。

此外，《预算法》（2014）意味着解决地方政府债务问题在法律层面上取得了突破性进展，提出要有限制地放开地方政府举债融资的权力，加强债务监管水平。在一定程度上，这些举措为实现地方政府债务在法律规范下运作奠定了基础，但是依旧需要改进以解决其中一些与现实不相适应的问题，例如，《预算法》（2014）规定，所有省级地方政府举借的债务一律列入本级预算调整方案，由地方人大常委会批准。这使得地方人大代表在很大程度上丧失了对债务的相关监督权利，地方政府官员的举债融资行为更加肆意妄为。尽管《预算法》授予了民众监督的权利，但是相关规定非常宽泛，没有明确指出民众监督的渠道，权力可行性缺乏制度保障。此外，《预算法》（2014）缺乏债务绩效的相关规定条款，地方政府债务绩效评估机制的建设和绩效管理缺少法律依据。因此，我国需要进一步完善《预算法》中与地方政府债务相关的条目，加强地方政府债务的顶层法治约束。

**2. 建立健全地方政府债务法律法规体系**

《预算法》（2014）主要从大纲上对地方政府债务设定制度规范，而地方政府债务法治管理在具体落实过程中需要更加细化，因此需要健全法律法规体系，特别是完善地方性法规。一方面，我国需要加快出台《地方公债法》《地方政府破产法》等相关法律文件，建立健全地方政府债务法律体系。另一方面，需要大力完善地方政府债务的地方性法规，细化债务管理各个环节的相关法律内容，法律条款要尽量明确具体，以加强对地方政府债务的合规性管理，加大执行工作力度，使得法律约束真正落到实处。

地方政府债务的事前、事中和事后管理都需要完善的法律制度作为依托，地方政府债务的相关法律体系要对举债主体、资金用途、债务存量、绩效评估、偿债责任和风险测度等做出更加具体合理的规定。相关法律制度应明确政府、金融机构和社会公众等参与举债融资的法律要求，真正做到有法可依、有法必依。此外，地方政府还应结合各地区的具体实际，适当调整地方性法律法规的部分相关条款，保障地方政府债务法律法规体系具备科学性和可行性，全面推行法治管理。

**3. 完善相关配套法律法规，综合解决债务难题**

为解决地方政府债务问题，除了健全地方政府债务法律法规体系外，中国还需要完善其他支持性法律法规。政府一级的行政权力和支出不平衡导致地方政府缺乏财政资源，存在被动债务的情形，需要进一步完善财政支出责任划分、收入分配制度和转移支付制度等法律法规。加强《证券法》《担保法》等法律与地方政府债务法律规范的协调一致性，由于主体的特殊性，需要对地方政府债券、国有资产担保等方面的具体条款进行特别规定的调整，使其与地方政府债务法律法规相适应。加大对官员违法违规举债行为的刑罚力度，矫正官员的政绩观和投机行为，严厉打击违法违规举债行为，加强对债务绩效问责。完善《审计法》的地方政府债务审计条款，加强债务预算审计及债务绩效审计，使得债务管理工作更加公开、透明、高效。地方政府债务问题非常复杂，彻底解决地方政府债务难题需要建设综合性的法律法规体系，从根源上加以治理，从整个流程上加以规范。

### （四）适当加入债务合理规模测算

首先，在统一县债务空间标准的基础上，结合不同地区的实际情况，科学确定各地区债务的合理规模。在为设定各地区债务合理规模提供统一标准方面，可由省财政厅确定统一的大类标准指标，再下至各市财政局对不同县级地方的合理水平债务进行测算。如上所述，各县级地区的经济发展水平和结构、地区财力状况以及城镇化推进需求等都存在一定程度的不同，因此，各地区对于自身的债务规模上限的确定标准也各有不同，从这一层面来说，由上级财政部门统一标准，可以在同时点从更全面的角度，对县级政府债务的合理规模进行横向比较，这样做更具合理性和权威性。另外，在前述基础上，各地区也可以确定更具针对性的本地区内的政府债务合理水平测算标准，以此来规范和约束地方政府举债行为。

其次，在合理设定地方政府债务规模的情况下，加强对地方政府债务限额的预算管理，硬化预算约束。通过对债务空间的动态测算和分析，为不同地区确定相应的债务规模区间，及时发现接近规模上限的地方政府，严控超过规模上限的地方新增债务，从而避免债务风险扩大。在债务合理规模的测算方面，可根据不同情况添加相应的控制变量,从而更全面地分析出适合不同地区的债务规模。对于债务规模超过上限的地方政府,可根据其债务风险程度,合理减少其新增债务额度,甚至采取一定时期内禁止其产生新增债务的措施,以约束地方的过度举债。但是,控制债务规模并不意味着压缩债务规模或者杜绝借债,而是要把握好举债和还债之间的平衡,在财政收入的承受能力范围内,合理发债融资以促进当地市政建设和地方经济的发展,债务的增长速度不得超过财政收入和经济的增长速度。

### (五) 采取地区差别化规范政策

由前文分析可知,全国各省的经济社会发展水平、人口分布和财政分权度等现实状况各不相同,在"一级政府、一级事权、一级财权"的管理体制下,债务支出效率也呈现出显著的地域差异。对于不同地区的债务支出管理,不仅要保证制度刚性,还需保持一定的灵活度,促使地方政府主动积极地提高债务支出效率。对于经济较为发达的东部省份,地方财政抗风险能力较强,债务支出效率也较高,地方政府可充分发挥债务支出的作用,服务地区基础设施和市政建设,拓展公共服务的广度和深度;但在债务资金的管理过程中,也需要注意避免在部分领域重复投资,越过规模报酬的拐点,造成债务资金的浪费。中部地区部分省份具备较好地运用债务资金提供公共产品的能力,也具备依据财政承受能力和债务额度进行适度的债务支出的能力。对于部分地广人稀、经济欠发达的西部省份,虽然当地居民对基础设施等方面的公共需求较大,但地方政府并不适宜通过大量依赖举债进行投资建设。对于不同地区债务支出的管理优化仍需在实践中不断探索和改进。

### (六) 建立风险预警与应急处置机制

我国已出台了一系列政策措施规范地方债券发行,但目前,我国地方政府债务仍然面临总量大、风险高的困境,因此地方政府应改变以往粗放式的发债形式,应在发债前准确了解自己的偿债能力,有效把握债务情况,建立标准的地方政府债务评价指标体系、有效的风险预警和应急处置机制,根据预警的风险级别及时采取相应的应急处置措施来化解迫在眉睫的风险。2014年《国务院关于加强地方政府性债务管理的意见》明确规定,财政部要对各地区债务加强风险管控,准确把握各地区的各种债务情况,如债务余额、债务未来年度偿还额、一般债务额和专项债务额等,建立指标评估体系,测算债务率、偿债率等具体债务指标,根据指标反映的情况评估风险等级,确定应急处置方案。此后又出台债务风险分类处理方案和债务风险应急处置方案等相关文件,进一步加强了风险管理,降低了债务风险。当前,我国已经有了地方政府债券风险预警和应急机制的雏形,但还不够成熟和完善,其有效性也仍待检测,因此可应用 KMV 等风险测量模型进行风险预测,确定风险等级,并在地方政府债券发行的实践中不断改进和完善风险预警与处置机制。

## 二、改进政府官员考核方式

改善官员晋升制度,矫正地方政府官员的政绩观。扭曲的官员政绩观会对地方政府官员的行为产生负面影响,地方政府官员在晋升激励下更加注重个人政治利益,强调任期内的政绩最大化,这可能引诱其做出损害地方长效发展利益和整体福利水平的行为。政治竞赛制度下,容易在地方政府官员中滋生道德风险并出现投机主义行为,地方官员为满足完成短期政绩项目的投资需求,不顾地方政府财政的承受能力,盲目扩大地方政府债务规模,过度的政府投资引发较为严重的效率问题和公平性问题,导致地方政府债务绩效差,财政资金使用效率低,扩大了地方政府的信用风险。此外,"新官不理旧账"、官员任期过短等现象可能造成地方政府经济政策不稳定、政府资金无序滥用等问题,这会进一步降低地方政府债务绩效水平,引发政府债务风险膨胀。为解决上述问题,我国应从如下方面改善官员晋升制度,矫正地方政府官员的政绩观。

### (一) 树立正确的政绩观

中央政府应引导官员树立正确的政绩观,完善各级官员的考核指标体系,加大对地方性政府债务项目的考核力度。由于我国官员选拔是自上而下进行的,中央政府对省级地方政府官员的考核方式会层层向下传递,考核力度也会逐渐加强。因此,中央政府对省级地方政府官员的考核具有很强的政策导向性,中央政府应该首先引导省级地方政府官员树立正确的政绩观,注重各省的综合发展,提高发展的质量,拒绝过度的 GDP 攀比,在地方政府官员考核体系中增加更多量化指标,并制定详细的量化方案,使得官员考核体系具有更好的可行性、规范性和综合性。为防止地方政府债务风险向上转移,一方面,中央政府要进一步明确"中央不救助"的原则,提高省级政府官员的偿债责任意识,使地方政府具有相应的偿还水平;另一方面,必须要把地方政府债务的相关指标纳入地方政府官员考核体系,除一般的负债率、债务率和偿债率以外,中央政府应增加地方政府债务绩效的考核项目,将地方政府债务绩效与官员的晋升考核直接挂钩,坚决贯彻"举债必问效、无效必追责"的原则。

## （二）细化考核指标体系

地方政府应积极响应中央政府的政策要求，结合各个地方的实际情况，因地制宜地细化地方政府官员考核指标体系，综合考察地区整体发展状况，全方位评估地方政府官员的能力。地方政府官员应树立正确的政绩观，强化官员的服务意识和责任意识，力戒形式主义和官僚主义，减少形象工程和政绩工程，提高政府工作的积极性和主动性，制定政策应着眼于地区的长远利益和整体福利，保证地区长效可持续发展。地方政府应该进一步明确其职能作用，防止地方政府行为的越位和缺位，合理发挥政府投资拉动地区经济的积极作用，避免过度干扰市场经济行为，影响市场机制的正常运作。

此外，地方政府还要加强廉政建设和作风建设，杜绝贪污腐败，避免政府官员的个人行为对政府决策和市场秩序的干涉，纠正官员的不良作风。地方政府应大力推广正确的债务融资方式，杜绝违法违规举债行为的发生，严防隐性债务扩张，地方政府官员要树立偿债责任意识和绩效管理意识，不能存在中央救助的机会主义心理，大力改善地方政府债务绩效，增强政府的偿债能力和偿债责任意识，实现财政资金的良好运转。

## （三）健全官员任期制度

地方政府官员的任期要更趋于稳定，避免过于频繁地抽调地方政府官员，保障地方政府政策的稳定性和延续性，相对稳定的官员任期制度会使得政府机构运转更加协调、更有效率。地方政府要建立长效的政务失信记录机制，健全守信激励与失信惩戒机制，提高地方政府官员的信用意识，减少官员的违规失约行为，这也有利于减少"新官不理旧账"、懒政怠政等行为，维持地方政府政策的平稳性，保障政府工作效率，减少财政资金的浪费。地方政府官员应严格履行合法的政策承诺、认真执行签订的相关协议及合同，不允许由于官员换届、责任人更换等理由违反约定，积极维护政府信用，形成诚实可信的政府管理模式。各地政府官员要对任期内的举债融资行为负责到底，不得存在债务风险向后转移的投机心理，在合理的限额内以合法合规的方式举借债务，杜绝违法违规的担保、抵押行为，加强地方政府债务绩效管理，提高地方政府的偿债能力和财政可持续能力，严防债务存量风险和偿债风险。

## 三、优化地方政府债券发行管理

《预算法》（2014）赋予了地方政府发行债券的合法权利，地方政府可在规定的限额内，通过发行债券增加可支配收入，这有助于缓解地方政府的财力短缺压力，弥补财政收支缺口，保证财政职能更好地发挥效用。因此，为确保地方政府债券的良性运作，我国应该首先在发行环节中完备债券管理工作，以制度的形式大力规范发行规模、发行主体、债券期限、发行方式、资金用途以及利率等具体内容。

目前，我国地方政府债务的发行主体是省级政府，省级以下政府收入不稳定，因此高度依赖地方政府。现阶段农村金融体系不完善，金融风险承受能力不高，我国地方政府债务监管机制不完善，由于地方盲目分散债务，监管难度进一步加大，地方债券融资和使用性能受到损害。因此，我国当前仍应该将发债主体资格限制在省级政府，方便对地方政府债券规模和债务绩效进行管理，在我国全面提高地方政府债券管理和监督能力之后，再适度下放举债权，保障基层政府的资金需求。我国地方政府债券实行限额管理，这一管理方式能够有效地控制政府债务存量，但是随着对地方政府隐性债务的监管力度的加强，发行债券成为地方政府筹集债务资金最主要的方式，因而我国应该适度提高地方政府债券发行的限额额度，开好"前门"，综合考虑各省份的实际资金需求情况和财政状况，合理分配好地方政府债券额度，这也有益于地方政府债务显性化。在发行环节，地方政府债券管理要特别强化人大的监督作用，当前主要是由人大常委会进行监督，这会使得地方政府债券发行带有主观随意的色彩，人大代表应积极发挥对地方政府债券的监督作用，加强债券发行的审核和监管力度，落实人大监督职责。

当前，我国还存在较为严重的地方政府债券期限不匹配、不协调的问题，要积极防范政府短期债券集中到期还款造成巨大的偿债压力，该问题易引发金融系统和社会公众的信用恐慌，甚至导致严重的债务危机。因此，我国应合理发行地方政府置换债券，优化政府债券的期限结构，丰富地方政府债券的期限品种，科学规划债券到期日，在合理规避风险的同时也可以满足不同投资者的投资需求。此外，要推进地方政府债券发行定价市场化，在将国债收益率作为定价基准的前提下，要结合对地方政府债券信用的科学有效的评级结果，充分考虑流动性风险、信用风险溢价等因素，合理地设定市场利率。在资金用途方面，《预算法》（2014）明确规定地方政府举借的债务资金只能用于公益性资本支出，严禁用于经常性支出。因此，我国要特别加强对地方政府债券资金用途的审查，防止滥用地方政府债券资金，提高资金的使用效率，加强绩效管理。

## 四、健全地方政府债券信用评级制度

地方政府债券依托于信用状况，因而信用评级是地方政府债券发行过程中非常关键的一步。然而，大多数投资者将地方政府信用与中央政府信用关联，对地方政府的信用存在较大"信用幻觉"，投资时不考虑地方政府的实际财政能力，高估了地方政府债券的信用水平。这种"信用幻觉"会严重影响地方政府债券的正常发行定价和发行管理，还可能扩大地方政府的信用风险，损害财政的可持续性。因此，建立健全系统科学的债券信用评级制度对地方政府债券的良性运转起到重要的作用。目前，我国的信用评级业的形成时日较短，还处于初级阶段，相关法律法规制度尚未健全，信用评级监督机制也较为缺乏。虽然我国早已正式启动地方政府债券信用评级工作，但是地方政府债券的信用评级结果尚未产生实质性的作用，仍存在评级方案和评级流程信息披露不充分、信用评级质量难以衡量、信用评级缺乏有效管控等诸多问题。为强化地方政府债券信用评级的公信力，我国应当从如下方面进行改善。

## （一）推进信用评级机构建设

推进信用评级机构建设，建立健全信用评级机构管理制度，强化信用评级机构的监管和资质审核工作，提高信用评级从业人员的专业素养和资格认定条件，保证信用评级工作科学规范。

## （二）加大信息披露程度

加大信用评级机构的信息披露程度，公开信用评级方案和信用评级流程，真实、准确、充分地披露信用评级相关重要内容，全面提高信用评级的透明度和规范性，严厉处罚违反信息披露制度规范的机构或人员。近年来，随着地方政府债务管理越来越科学化、规范化，我国地方政府债务信息也逐渐公开化、透明化，现阶段仍需进一步完善我国地方政府债券披露体制。首先，需要建立数据资源共享的地方政府债券信息管理平台。地方政府作为地方政府债券的发行主体，应像债券市场中的其他发行主体一样公开债券的相关信息，这是地方政府应尽的义务。其次，要做好信息披露工作，确保披露信息的准确性、真实性、完整性和及时性，在信息披露过程中，要确保信息没有重大遗漏，没有主观误导性词句和表述，这样有利于政府监督部门和社会民众舆论对地方政府进行监督。债券的发行说明书是信息披露的主要材料，是债券投资者了解考察债券的重要途径，所以发行说明书必须包含足够丰富的内容，其中必须包括发行条件、交易与转让等一般信息，此外也包括税费税率、相关的税收优惠政策、发行承销团成员和主承销人的分配方案等。最后，在信息披露过程中，地方政府还应重视信息披露的方式方法，在电子化阅读时代，应采用易于阅读的形式向公众披露债券信息，力求简化形式，做到披露内容简单易懂，提高信息的可理解性。

### （三）健全责任追究机制

健全对信用评级机构及从业人员的责任追究机制，由于地方政府债券的受评主体具有特殊性，如若评级机构存在违法违规行为，开具虚假的信用评级报告会对地方政府债券产生很大的负面影响。因此，我国要严格规范地方政府债券信用评级机构和评级工作人员的法律责任，全面保证评级工作的合法性和合规性，确保信用评级报告的质量。

### （四）公开地方政府信息

公开地方政府信息对其债券信用评级工作也极为重要，政府应全面推进综合财务报告制度改革，提高政府财务的透明度，确保披露信息的真实性、充分性和及时性，且不存在虚假记载、误导性陈述或者重大遗漏，尤其是地方政府债务相关的数据一定要尽量真实可靠，以为信用评级机构开展工作打下良好的基础。

完善地方政府债券的发行制度是加强债务管理的关键步骤，一方面有助于地方政府通过合法合规的方式举债融资，弥补财政资金缺口，推动地区经济发展；另一方面有助于地方政府债务显性化，避免隐性债务的不可控性。规范举债程序和资金用途，为提高政府债务支出效率和加强政府债务管理提供了有效的方法和思路，在实践中应基于当前债务限额的规定，对资金运用及举债流程实行更为严格的监管。由于我国债券市场的发行和交易程序规范较为完备，已完成公开发行的地方政府债券可以作为规范举债程序的重要参考。近几年兴起的PPP模式、政府出资设立的各类投资基金等金融产品的结构设计复杂，极易造成地方政府违法违规变相举债，需逐项进行排查清理，防止举债方式异化。根据《预算法》（2014）的要求，禁止将债务资金用于经常性财政支出。对于资本性支出的具体项目和实际情况，其性质和数额也需要在支出环节进行严格监控，防止借用资本性支出的名义将资金用于其他项目，或非法占用公共资金，从而保证债务资金的支出运用符合预期。

## 五、完善地方政府债务预算管理制度

预算软约束会对地方政府债务绩效造成极大的负面影响。受救助预期、政策性负担和公共池激励等多重因素的影响，我国地方政府存在较为普遍的预算软约束情况，这不仅会使债务规模膨胀，继而引发存量风险，也会使政府债务绩效管理的工作难度大大提升。我国地方政府需要全面加强预算约束力度，完善预算管理制度。此外，由于地方政府债务的特殊要求，我国地方政府还应重点推进地方政府债务预算管理制度改革，大力推行新型绩效管理模式。

### （一）硬化预算约束

地方政府债务预算是政府预算制度的一部分，硬化预算约束对于完善地方政府预算管理制度、加强债务预算管理和提高债务绩效水平具有重要意义。党的十九大报告提出"建立全面、规范、透明、标准、科学、约束有力的预算制度"[1]，其中"全面、规范、透明"的重点是完善政府预算管理，加强综合预算的分配能力，提高中期财政规划的科学性，进一步完善年度预算平衡机制，全面提高预算透明度。明确国家宏观管理要求、产业发展需要、重大支出预算安排的基本规范等因素。"强约束"要求各部门和单位严格执行《预算法》，切实加强预算约束，建立管理规范，建立风险管理的政府债务融资机制，增强财政的可持续性，完善绩效考核体系，落实地方政府主要职责，加大责任追究和调查工作。在《预算法》（2014）基本框架下，我国需要深化预算制度改革，提高现行预算制度的适应性，加强预算约束，全面提高预算的可提供性和绩效水平。此外，我国地方政府要加强对预算制度落实情况的监督，大力肃清无预算安排支出、代编预算不合理、追加预算较晚和年初预算不细化等问题，严格落实预算编制规范，提高地方政府的预算执行能力。

### （二）改善转移支付制度

《预算法》（2014）正式允许地方政府的财政出现赤字，但其实地方政府赤字经营早已经成为常态，我国地方政府需要合理规划财政收支，特别是要避免无效浪费。财政分权制度导致我国地方政府事权和财权不匹配，为弥补地方财政的不足，国家通过转移支付等方式补偿地方政府资金缺口，然而转移支付制度却可能触发地方政府的道德风险。

一方面，地方政府认为转移支付制度相当于潜在的公共池资源，其可能会扩张财政支出，以此争夺更多公共池资源份额，转嫁本地公共服务及公共商品的成本，因而放大了地方财政收入不足的困境；另一方面，转移支付可能会弱化地方政府的征税努力程度，对外在的转移支付产生较强依赖性，这也会进一步增加地方对债务资金的需求。为此，我国必须改革转移支付制度，完善转移支付的审核和审批程序，规范资金的分配流程，减少份额划分时的人为干预，避免出现份额

---

[1] 王春晖：《强化预算绩效文化引领》，载于《新华日报》2024年4月2日，https://xh.xhby.net/pc/con/202404/02/content_1312704.html。

划分不规范、不科学引发资金浪费和资金短缺并存的困境。加强转移支付预算管理，保证资金到位率和预算执行能力，完善转移支付绩效管理制度；建立有效的追踪审查机制，定期审查转移支付资金绩效情况，确保地方政府按照预算安排和规定用途分配使用资金，提高转移支付资金的信息透明度，强化监督问责机制，严厉处罚违法违规使用转移支付的情况，坚决将责任落实到相关部门及个人。

我国要合理规划中央与地方政府收入分成，确保下级能有足够的财政收入投入到财政政策中去。此外，还应该大力加强对地方政府税收体系的改革，特别是要推进财产税税制改革，优化地方税制体系，开辟新税源，提高财政自给率。我国地方政府应该加强对税务机关的审查监督，保证税务机关的征税效率，增强税务工作人员的征税努力程度，在合法合规的范围内提高税收收入及其他收入。地方政府应逐渐减轻对转移支付的依赖性，规避公共池激励、救助预期等因素引发的道德风险，缓解地方政府的预算软约束情况。

要降低地方政府对债务的依赖，与此同时，有效控制债务规模的无序膨胀，并深入完善政府间的财政关系。为此，首先应尽快实现"财权事权相匹配"，具体而言，参考国际的先进经验，主要是在公共支出占比最大的基础设施和公共服务领域，合理界定各级政府的责任。其次是给予各级政府对应的财政收入来源，在此基础上，还要充分利用转移支付制度的作用，加大一般转移支付力度，有效弥补低层级地方政府的财政资金缺口。值得注意的是，在确立基本财政制度之外，应同样重视严格的硬预算约束发挥的作用，这样可以避免县区级地方政府以各种手段将债务风险转移至上级，从而有利于促进低层级政府合理配置资源。

### （三）完善地方政府债务预算管理制度

考虑到债务问题的严重性和复杂性，其预算管理制度的要求更高，完善地方政府债务预算管理制度不仅是加强地方政府债务管理的必经之路，也是深化财政预算体制改革的关键环节。首先，应该建立地方政府债务预算专账，将地方政府债务预算从一般财政预算的编制和管理中独立出来，这有利于提高债务预算的规范性和灵活性。从长期来看，地方政府还应设置专门的债务预算管理机构，针对性地培养政府债务预算管理人才，全面提高相关工作人员的技术能力和业务素养，组建专业规范高效的管理团队。其次，建立健全地方政府预算管理制度，明确债务预算管理目标，细化债务预算编制规划，严格债务预算执行，完善地方政府债务报告信息公开机制，公开报告内容应准确、充分、及时。最后，建立完备的审查监督机制，健全地方政府债务预算编制、预算执行和信息披露等相关程序的监管制度，全面提高债务预算管理的规范性和有效性。

除此之外，我国地方政府应在债务预算管理制度中积极引进绩效预算管理方法，合理运用"预算编制有目标、预算执行有监控、预算完成有评价、评价结果有应用"的全过程预算绩效管理模式，完善地方政府债务绩效制度框架，规范绩效管理流程，夯实绩效管理的制度基础。

### （四）规范县级政府新增债务程序和资金用途

政府层级越往下，约束和规范往往越软化。为加强政府债务管理，提高县级政府债务的支出效率，进一步规范其扩大债务规模的程序必不可少。低层级地方政府也需在一定的债务限额内举借资金，且举借行为只能由政府部门负责，使债务举借环节和使用环节不脱节，明确偿还责任。新增债务和债务资金的使用都必须通过一定的标准程序，这样一来，地区就能根据实际情况合理确定债务规模并实现债务的高效使用。在债务资金的使用方面，严格执行《预算法》，如有必要可设立专门的债务管理机构，禁止将债务资金用于经常性支出而只能用于资本性支出。

### （五）加大县区级政府债务的信息公开力度

在《预算法》（2014）出台以前，大部分地区都有大规模的隐性债务存量，部分地区的债务存量甚至超过当地负偿还责任的债务规模，而有关政府债务的信息几乎都是不公开的，信息透明度非常低。本书研究发现，在政府层级越低或是经济发展程度越低的地区，其信息透明度倾向于更低，不透明的信息机制对债务资金的不合理形成以及不规范使用有一定的影响。因此，要促进债务资金在各个环节的规范化管理，应在锁定和控制隐性债务规模的基础上，加大债务信息公开力度，建设规范和完善的各级地方政府债务信息工程和信息管理系统，进而使得社会公众、市场机制和政府部门都可以及时监督和掌握县区级地方政府债务的多方面信息，充分发挥各方力量的积极作用。

## 第二节 事中管理体系建设

### 一、完善地方政府债务信息公开制度，提高债务信息透明度

加大地方政府债务信息公开力度对于加强地方政府债务管理来说实属必要，

有助于更好地落实监督机制，促进地方政府债务管理透明化、规范化，提高管理工作的效率。由于存在地方政府债务信息不对称的缺陷，债权人无法充分了解地方政府的整体负债情况，难以做出合适的投资决策，而且这会导致债权人更容易产生"信用幻觉"，高估地方政府的信用状况，扩张地方政府债务的信用风险。此外，在信息不对称的条件下，债权人无法有效监督地方政府债务资金的运用情况，社会公众的监督权也较难实现，可能会引起地方政府债务规模无序扩张、债务资金使用效率低和绩效结果差。因此，地方政府债务必须继续加大公开力度，使信息更加透明。

其一，制定与公开地方政府债务信息相关的法律制度。地方政府债务信息披露程度和披露质量能够在很大程度上影响债务管理，因此，我国必须用法律刚性来约束各区域政府公开债务信息，地方政府债务信息披露需要做到合法合规。全面强化地方政府官员对信息公开的职责意识，要严厉追究伪造数据、虚假报告等行为的法律责任，大力提高地方政府债务信息透明度，保障信息披露报告质量，促进债务信息披露程式化、规范化。鼓励社会公众及第三方中介积极行使监督权利，有效利用地方政府债务披露信息，监督地方政府的举债融资工作。

其二，完善地方政府债务信息公开细则。针对不同类型的地方政府债务信息，其公开的侧重点和具体规定应有所区别，例如，地方政府的一般政府债券应当重点披露地区的总体经济水平、财政收支状况以及债务风险等内容，在此基础上，还应该披露债券规模、利率、期限、资金用途和偿债计划等债券相关信息；地方政府的专项债务除披露基础信息以外，还应重点披露运用债券资金的公益性项目的具体情况、投资计划、风险测评、绩效评估以及审计报告等。相关机构及其工作人员应严格按照信息公开细则履行信息披露职责，保障公众的知情权和监督权。地方政府债务信息公开应该切实履行充分性、准确性和及时性的要求，充分满足其他政府机关、金融机构以及社会公众的需求，弱化信息不对称可能造成的负面影响。

其三，构建地方政府债务信息的审核反馈机制，确保信息公开的合规性、合理性和充分性。由于地方政府债务信息处理的难度较大，政府应该组建或者指定独立的专业审查监督机构定期审核地方政府债务的公开信息，出具专业的审核结果报告，对地方政府债务信息公开工作提出权威性建议，及时反馈问题和建议，优化信息披露报告的质量。此外，地方政府还应该开拓更广泛的反馈渠道，广泛接收来自媒体、专家和社会公众的监督建议，建立督促整改机制，整理地方政府债务信息公开的反馈意见，对切实存在的问题及时整改，并向社会公告整改内容，保障公众监督权利的落实。

其四，建立健全地方政府债务信息公开的责任追究机制。地方政府债务问题影响重大，因而，地方政府必须严格贯彻落实法律法规及相关政府实施细则，对部门或个人的违法违规行为，视情节轻重程度追究其责任，对于情节严重的违法违规行为施以严厉的处罚。地方政府官员应严格履行地方政府债务信息公开的职责，强化责任意识，严明工作纪律，严格工作标准，合法合规地执行相应的信息披露工作。同时，我国地方政府追究责任时，应当充分听取相关责任人的陈辩，建立责任追究申诉和复核机制，保障责任追究工作的有效性和合理性。

## 二、加强管理地方政府债务，积极防控地方政府债务风险

地方政府必须要对各地债务可能发生的情况负责，积极监管地方政府债务风险，防止风险指标失控引发系统性金融风险。因此，我国应当加强地方政府债务风险管理，系统评估各项风险指标，做好风险预警工作，严格防控债务风险，及时阻断风险扩大的可能性。

第一，完善地方政府债务风险预警机制。风险隐患不仅存在于偿债环节，还可能滋生在举借债务、使用债务资金和偿还阶段，因而债务风险披露和预警提示要贯穿整个过程。地方政府首先应当设计基本的地方政府债务风险指标，建立风险防控信息系统，针对动态监控风险指标的变动设置不同程度的指标警戒线，科学划分风险信号类别，方便地方政府掌握当前地方政府债务的风险状况，并及时采取有效措施防范、控制及化解债务风险，实现将风险指标控制在合理范围之内。设定地方政府的风险预警机制，要综合考虑地方政府的财政收支、负债水平、还本付息和偿债能力等因素，选择科学合理的风险指标和评估方法，分别从短期、中期和长期考察地方政府债务风险，建立起长效管控机制。

第二，健全地方政府债务风险报告制度。地方政府应当定期组建独立的专家团队或者聘请第三方社会专业机构全面评估其债务风险状况，出具风险评估报告书，并为管控地方政府债务风险提出专业合理的建议。地方政府债务的风险评估报告应当包括整体负债水平和预期债务风险状况，甚至可以纳入对重大政府项目的负债状况的针对性评估。出具地方政府债务风险报告书的团队或机构要对风险报告书的具体内容负责，保障报告书的专业性、权威性及独立性，风险报告书还应当及时向社会公众公开，方便社会公众行使监督权力。

第三，金融机构应该主动配合各部门调查地方政府债务情况。评估地方政府实际债务规模，特别是隐性债务规模，协助地方政府进行债务风险管理工作，避免金融机构出现大规模坏账造成难以预计的后果。隐性地方政府债务的存在加大了地方政府债务风险管理的难度，其规模测算和风险评估均存在较大的难度，需要做好金融机构和政府部门的协调工作。金融机构应增强风险防范意识，严禁违

法违规为地方政府提供债务资金，加强与政府相关的贷款审核管理工作，主动披露本机构与政府债务资金往来的具体内容。

第四，完善和加强与地方政府债务相关的风险监督制度。首先，地方政府应当完善防控地方政府债务风险的相关法律条款，通过立法保障各主体对地方政府债务风险的监督权利，加强官员及其他责任人员的风险责任意识。政府内部应构建系统的地方政府债务监督体系，确定不同层级的监督主体职责，加大对各级政府的负债状况和偿债情况的监督力度，防止风险自下而上转移。其次，加强人大对监督权利的行使意识。人大监督是我国监督体系重要的一环，要提高地方人大代表对地方政府债务风险的重视程度，除通过人大代表会议披露地方政府债务风险外，还要开拓更多的监督渠道，地方人大代表也应该积极主动地行使监督权利。最后，要畅通社会公众监督渠道，运用媒体、政府网站、微博和公众号等途径向社会公布披露风险，建立系统便捷的信息反馈平台，广泛接受社会的质询并及时采纳公众的意见。

## 三、优化政府与社会资本的合作方式，稳步推进 PPP 模式的应用

近年来，我国大力鼓励政府与社会资本合作，创新地方政府的融资模式，畅通社会资本进入公共服务领域的渠道，积极发挥政府和市场的优势作用，提高相关项目的资金效率、绩效水平及服务质量。早些年，有两类针对已建成项目的PPP 模式选择，一种是采用转让—经营—转让，即 TOT 模式，政府将正在运营或建设的项目转让给私人部门，私人部门得到转让权后经营和管理项目活动，在特许经营期结束后又将项目转让给政府。例如在理论上，准公益性项目能面向使用者收取一定的费用，在一定时期内收回成本，甚至可以得到一定的收益，这就是利用 TOT 模式化解已建成项目中的政府债务。另一种是否将 BT 模式转为 BOT 模式。部分地区政府为了快速得到刺激经济发展的效果，或者短期建成特定的基础设施，采用了 BT 模式，这种模式会让政府在较短的时间内承受较高的偿债压力，该情况下，可采用将 BT 模式转为 BOT 模式的方法，但这种转换方法在实际操作中面临困难。我国对于 PPP 模式的运用尚不成熟，这导致很多 PPP 项目运营困难，甚至出现大批 PPP 项目中止、废弃的情况，项目资金又变相成为地方政府的财政负担，形成地方政府的隐性负债。不过，如果 PPP 模式运营得当，能够很好地帮助地方政府解决财政收支困局，减轻财政压力，提高财政资金的使用绩效，缓解地方政府债务风险。因为在社会资金进入基本公共服务领域之后，地方政府可以减少在相关领域的开支，缓解地方政府的支出压力，政府与社会资本合作有助于地方政府转移财政风险，与私人部门共同承担公共服务项目的运营风险，并

且公私合作也有利于提高相关项目的管理效率和资金使用绩效，帮助解决地方政府债务难题。

地方政府应当响应政府的号召，积极开展与社会资本合作的模式，为了真正发挥公私合作的优势作用，地方政府必须从如下四个方面优化合作方式，稳步推进 PPP 项目的实施。

第一，完善 PPP 模式的相关法律法规体系建设，PPP 模式必须要在法律允许的范围内运行，加强对 PPP 模式的规范化管理，构建完备的管理制度体系。地方政府要在建立科学、合理、详尽的 PPP 模式下推广方案，包括 PPP 项目的立项要求、立项流程、招投标方式、投资计划、运营方式、管理机制、争端解决机制和项目排他性等，系统全面地规定 PPP 项目的整个运作流程。此外，要提高 PPP 项目监督机制的法治化水平，避免 PPP 项目滥用和运营过程中的违法违规行为产生新的地方政府财政压力，造成地方政府隐性债务扩张。

第二，严格规范 PPP 项目选择，审慎实施 PPP 项目。适合采用 PPP 模式化解的地方政府债务项目一般要满足以下几个基本要求：投资规模较大、经营周期长、区域性强和项目易于收取费用。可以说，县级这样的基层政府的支出结构较符合 PPP 模式的应用要求。例如基础设施建设中的用户供水、学校教学大楼、运动区域和公租房等项目，从理论上来看，都可以运用 PPP 模式进行融资建设。值得强调的是，适合 PPP 模式融资的项目应尽量选择预期可以产生一定收益的项目。PPP 项目开通了私人资本进入公共领域的渠道，但是 PPP 项目的过度运用可能会影响地方政府公共服务职能的发挥，导致地方政府丧失对部分基础公共服务领域的控制权，引发严重的社会问题。因此，我国必须恰当合理地管控好 PPP 模式的运用，谨慎选择合作项目。

对于产出较易度量和协商定价的公共服务项目，能够通过收费在较快的期限内收回成本，这类项目的收益率较为稳定，并且私人部门进入后可以确保公共服务质量，应鼓励私人资本与地方政府在这些项目上积极开展合作，推进 PPP 模式的运用。然而，某些关键领域或者缺乏市场机制运作条件的项目并不适合应用 PPP 模式，运营此类项目应严格限制私人资本的介入。此外，地方政府在选择项目和正式立项过程中，必须要加强对实施项目合理性、合规性及必要性的评估，综合考察私人资本的资金实力、信用水平以及管理能力，确保 PPP 项目符合法律法规及地方政策的具体要求。

第三，制定科学合理的风险分担机制，优化 PPP 项目的风险管理。PPP 融资项目如果缺乏有效的风险控制机制，很可能会对私人部门和政府部门都产生较强的负面影响。PPP 模式的成功运营还需要政府机构、私营部门等的多方面有效配合，其对当地的政策和市场环境有一定的要求，同时还需要制定适当的运行规定和完善监管机制。最重要的是，PPP融合资规模应当严格匹配当地的经济发展状况和财政承受能力。需要短期偿还的债务极大地影响地区偿债压力是学界共识，相比之下长期债务因为有更长的期限来筹集偿债资金，正好匹配公共服务建设回报周期长的特点，不会给地方造成太大压力。因此，在优先顺序方面，应尽量先化解短期债务。否则可能导致过多的长期债务被纳入PPP项目中，项目总量一旦超过地区的承受能力将引发隐性债务风险。因此，在运用PPP模式化解存量债务的同时，要加强对项目选择和运营的监管，防范隐性风险。

第四，创新PPP项目发展模式，推行PPP项目资产证券化。随着PPP项目不断增多，PPP模式在运转过程中逐渐暴露出一些问题，如融资困难、流动性不足和社会资本参与度不高等。因此，为适应新形势、满足新需求，我国必须推动PPP项目的创新发展，其中推行PPP项目资产证券化是合理的发展方向之一。我国要加快发展PPP项目资产证券化，拓展融资方式，提高社会资本参与的积极性，增强资本的流动性，提高投资收益，降低投资风险。此外，我国还应加快金融工具创新，在PPP项目资产证券化的基础上，开发出更多的衍生产品，通过不同方式的结构化调整，开发出期限、风险和收益多元化的资产证券化产品，满足不同人群的投资需求，进一步提高资本的流动性，广泛吸收社会闲置资金。最后，我国地方政府还应完善相关配套制度，加快制度创新的步伐，如建立健全与PPP项目相关的资产评估、信用评级和信息披露等相关制度，以及深化公共服务价格改革等，以此为PPP项目资产证券化创造完备的制度条件。

## 四、全面实施地方政府债务绩效管理，完善债务绩效评估体系

党的十九大报告提出"要全面实施绩效管理"，而全面实施绩效管理重在"全面"二字。① 今后我国政府在绩效管理工作中要把握三个要求：一是全方位，政府要转变以项目绩效评价或部门绩效评价为主的绩效管理方式，要将各级政府的全部预算单位和预算部门、财政政策都纳入绩效评价范围，形成政府总预算、部门预算、项目预算的全方位绩效预算管理格局。二是全过程，绩效管理要融入预算的决策、编制、执行、决算、监督全过程，实现预算管理和绩效管理的协调运作，优化绩效预算管理流程。三是全覆盖，预算绩效管理要覆盖各级政府包括投融资活动产生的资金在内的所有财政资金。目前，我国地方政府预算绩效管理已初步取得成效，但是还需要加大改革力度，着重克服改革难题，特别是要实施

---

① 王春晖：《强化预算绩效文化引领》，载于《新华日报》2024年4月2日，https://xh.xhby.net/pc/con/202404/02/content_1312704.html。

地方政府债务绩效管理。虽然我国多次强调"举债必问效",但是地方政府债务绩效评估体系流于形式,缺乏有效规范,相关政府部门及工作人员并不能准确掌握绩效评价方法和绩效管理流程,不能科学合理地衡量我国地方政府债务绩效水平。

优化地方政府债务绩效评价指标体系,完善绩效评价方法。系统科学地衡量地方政府债务绩效是改进地方政府债务绩效管理工作的首要前提。债务支出绩效评价标准是衡量各项绩效评价指标得分的基准,也是判断绩效目标完成度的准则,更是确保绩效评价结果不偏不倚、客观科学的尺度。债务支出绩效管理的标准具有时代性,在不同的经济和社会环境中具有不同的指导意义,要充分考虑地方经济社会发展现实和需要,推动标准调整、更新、与时俱进。同时,标准的形成需要有大量的实际依据支撑。因此要逐步建立地方政府债务支出绩效评价信息资源库,在此基础上,逐步扩大评价数据信息的收集范围,提高对评价数据信息的归类和分析,并在实践中不断改进和补充,增强数据信息的针对性,从而为债务支出绩效评价标准的设置提供更加充足的依据。

当前,我国各区域绩效目标较为单一,绩效管理目标不明确,债务绩效评价指标不健全、不细化,债务绩效评价方法不完善,评价流程不规范、不公开,这都不利于推进地方政府债务绩效管理工作。因此,我国应当明确绩效目标,结合"4E"理论模型,注重考察地方政府债务支出的经济性、效率性、有效性和公平性,建立健全地方政府债务绩效评价指标体系,把握评价指标的科学性、全面性和合理性,采用恰当有效的评价方法,推进地方政府债务绩效评价工作,增强地方政府债务绩效的规范性和可比性。地方政府债务绩效评价方法要简单易行、尽量能实现流程化,要建立相应的电子信息平台,公开评价方法和评价流程,提高地方政府债务绩效评价工作的效率和透明度,自觉接受社会公众的监督。此外,我国还要大力发展绩效管理相关的专业第三方机构,部分地方政府或者特定项目的债务绩效管理工作可以委托给第三方机构完成,弥补其绩效管理能力不足的缺陷,确保债务绩效管理工作顺利开展,提高工作的效率和专业性。

明确地方政府债务支出的绩效目标。从现实情况来看,绩效评价试点工作已经在部分省级财政部门展开,并且层层传递压力,深入市级、县级政府债务项目,逐渐打破层级和地域限制,将绩效管理思想深入基层,试点工作范围在不断扩大。在这一过程中,也暴露出地方政府债务绩效目标管理不够规范、设定不清、制定难以量化和细化、管理的可操作性不强等问题,这要求在构建地方政府债务支出绩效评价指标体系前,明确支出管理目标,做好顶层设计的第一步,注重加强宏观层面的指导,促进目标建设的提升。同时,在适应基本原则和管理目标下,要充分考虑具体债务支出项目的特殊性,保证项目绩效管理的有效性、严肃性和可延续性，充分发挥绩效目标的先导性作用。

债务支出绩效评价指标是反映债务支出绩效总体现象的特定概念和具体数值，用于衡量债务资金使用的经济性、效率性和效益性，从数据信息的角度揭露债务资金使用过程中所存在的系列问题。当前存在缺乏健全的债务支出绩效评价体系、评价指标单一、可比性和相关性不强等问题。因此，在具体设计债务支出绩效评价指标时，首先，要充分与各地方政府（部门）战略规划相关，与所设定目标保持一致；其次，选取的指标要基于地区经济发展水平和客观现实因素，既要保证数据的实际意义，使绩效工作具有可操作性，不浮于表面，还要考虑指标数据的可获得性，坚持成本最小化原则；最后，要考虑具体项目的评价重点和方向，使指标能够反映支出绩效的重要内容和主要方面，避免面面俱到而不能突出关注焦点。

债务支出绩效评价结果应用是绩效评价工作的归宿，也是将债务绩效预算与事后债务绩效工作报告的有机结合。评价结果的应用程度直接影响着下一财政预算年度的执行水平，也影响着绩效评价结果整改事项的落实情况，更决定着绩效管理的连续性。因此，首先要强化债务支出绩效评价结果应用，针对结果反馈的问题，制定具体的整改计划，确保整改措施落到实处，增强评价结果的引导作用。其次要提升其对行政管理能力的影响力，及时反馈被评价单位和部门的行政管理问题，督促其弥补管理漏洞，从而完善行政管理制度；最后要加强对绩效评价结果的审核与分析，向上级部门进行报告，重点报告社会关注度高、影响范围广的债务项目，使评价结果在部门内部公开、在各级政府之间公开，最后在全社会公开。

把地方政府债务绩效纳入官员考核指标体系中，建立健全债务绩效监督问责制度，矫正扭曲的政绩观，抑制地方政府过度举债融资的倾向。官员关注的侧重点不能仅仅聚焦于化解地方政府债务存量风险，更重要的是全面提高债务绩效水平，增强地方政府的偿债能力和政府债务自身的可持续性。我国必须高度注重地方政府债务绩效的考核，将债务绩效水平与官员晋升明确关联起来，建立健全债务绩效问责机制，进一步强化官员的绩效管理意识，绩效评估结果较差的地区或项目，其相关负责人要坚决问责追责，视其情节严重程度不同施以不同程度的处罚，一并记入档案。这种方式可以进一步突出绩效管理的重要性，推进绩效管理的优化变革，进一步提高地方政府债务绩效管理工作的积极性和效率性。

加强地方政府债务绩效审计监督，保障债务绩效管理工作的合规性和有效性，避免债务绩效评估结果中出现虚假不实的结果。我国必须要加强地方政府债务绩效审计，在内部自评的基础上，对地方政府债务绩效管理执行过程、执行结果依法实施更加严格的审查监督程序，出具具体的审计报告。地方政府必须及时公开其债务绩效评价指标的相关数据及资料、评价方法和评价流程，定期报告债务绩效评价结果和审计结果等，提高债务绩效管理工作的透明度，方便开展相关审计监督工作。此外，我国还应该制定强有力的惩罚制度，严厉审查地方政府债务绩效管理工作的合法性和合规性，保障绩效评价结果的完整性和真实性，确保绩效评估结果报告的质量，严厉处分出具虚假不实地方政府债务绩效评估结果报告的相关政府部门及负责人员。

## 第三节 事后处置机制建设

### 一、优化地方政府债务风险应急机制，增强债务危机应对能力

建立地方政府债务风险实时监控系统，风险指标一旦超过危机警戒值，说明我国地方政府债务规模正持续膨胀，已超过其自身的清偿能力，可能会出现政府债务违约的情形，继而引发地方政府信用危机，甚至会导致更大范围的社会信用崩溃。因此，地方政府一旦发现债务风险监测指标异常，就需要适时启动相应的风险应急措施，防止地方政府债务风险蔓延。加强事前和事中的风险管控机制固然重要，但是，仍存在地方政府监管不力的可能性。我国政府还必须建立完善的债务风险应急机制，以削弱地方政府债务风险，避免进一步扩大政府的债务风险。地方政府应该根据地方政府债务风险的具体危急程度，采取不同的风险应急举措。

#### （一）建立地方政府偿债基金，制定地方政府财政调整计划

地方政府应当建立偿债基金，抽取一定比例的地方财政收入用于偿债基金，确保地方政府预留一定的偿债资金，以满足债务到期还本付息的支出需要。当我国地方政府债务风险处于初级阶段时，地方政府应当优先动用偿债基金，及时化解地方政府债务风险，避免债务风险向后积累。而地方政府的偿债基金较为有限，当偿债基金无法满足当前到期债务还本付息的支出需要时，我国地方政府应该开启地方政府财政调整计划，制定财政调整方案。在短期内，严格限制新增地方政府债务，设计合理的财政收入方案，努力扩大收入来源，优化地方政府财政支出结构，减少不合理的财政开支，削减赤字。从长期来看，地方政府应当努力发掘财政收入新增长点，拓宽税基，增加财政收入新来源；地方税务机关人员要

提高工作效率和征税能力，加强地方政府税收征管，促进税收管理的电子信息化，减少税收筹划和避税空间；地方政府要加强绩效预算管理，着力提高财政资金使用效率，减少无效的资金损失。地方政府应该从增收、节支和提效三个方面安排财政调整计划，增强地方政府的偿债能力和风险应对能力，防范地方政府债务危机。

地方政府为应对短期较大的偿债资金需求，避免债务违约，还可以采用国有资产担保、抵押以及拍卖、减持国有上市公司股份等方式来筹集偿债资金。地方政府应盘清地方政府资产，确定政府资产拍卖顺序，一旦出现债务违约的可能性，及时变现政府资产，弥补偿债准备金的不足，阻断地方政府债务风险蔓延。

### （二）采取债务置换措施，缓解地方政府短期偿还压力

《财政部关于做好2016年地方政府置换债券核查情况整改工作的函》提出各项整改要求，要求规范使用置换债券资金，置换债券资金要严格用于偿还清理甄别认定的截至2014年末存量政府债务，严禁用于其他用途。按照此文件要求，2018年是地方政府置换债券高峰期，用地方政府债券取代原有的地方政府债务，有助于调整债务到期结构，用高成本、短期和长期政策计划代替地方政府债务，以及用成本较低的长期地方政府债券代替地方政府债务，减轻地方政府短期财政负担，并减轻地方政府债务压力。控制债务存量的风险，加强财政可持续性。但是，债务的替代并不能真正解决地方政府的债务风险，而只是扩大债务风险，为地方政府长期规划财政收入和支出，真正解决地方政府债务问题提供更多的时间缓冲。与此同时，各级地方政府都要意识到置换债更不等同于债务转移，明确地方政府的债务主体责任，地方政府官员要打消通过债务置换来逃避清偿责任的幻觉，增强地方政府的偿债主体意识，积极地按期还本付息清偿债务，真正实现地方政府债务的良性循环，保证地方财政的稳定性和可持续性。

除了发行置换债券以外，债转股也是解决地方政府债务问题的可行方法之一。地方政府可以将地方政府债务转换为股票，此时的债权人则转变为股东，地方政府不再负有到期偿还本息的义务，而是采取分红等方式分配投资利润，从而大大减轻地方政府的债务负担，化解债务风险。

### （三）审慎选择债务重组和债务免除，避免地方政府债务危机

地方政府债务的举债主体是地方政府，地方政府必须树立强烈的偿债主体责任，积极维护债权人的合法权益，到期偿还本金和利息，防范政府信用风险。地方政府债务违约不仅会严重损害债权人的利益，而且会对地方政府信用产生极大

的负面影响，导致地方政府信用危机，甚至可能引发更严重的社会问题。因此，除在紧急的财政状况下，地方政府应该优先综合运用多种措施履行地方政府的偿债责任，慎重选择启动债务重组或者债务免除计划。

我国地方政府应该制定完善的债务重组计划，包括完整的债务偿还计划、债务项目运营计划、财政支出控制计划以及特殊用途资金使用计划等。由于我国政治体制的特殊性，我国地方政府的债务重组计划应该首先保障个人债权人的利益，优先偿还个人债权人的本息，然后再调整金融机构、企业以及投资基金等机构债权人的债务负担和成本分担。债务免除是由中央政府宣布暂时性地对地方政府债务负责，通过中央财政的代垫资金代为偿还地方政府债务。但是，必须明确的是地方政府仍然是地方政府债务的最后偿还人，并没有免除其最终的清偿责任，中央政府只是暂时性地代为履行偿债责任，为地方政府延长一定的偿债期限，因此，地方政府仍应制定科学合理的财政规划，增加财政收入，提高相关债务投资项目的收益率，提升债务资金绩效，积极按照上级政府制定的偿债计划规划偿债准备金，承担最终的清偿责任。债务免除不等于中央政府最终会为地方政府债务兜底，地方政府不要存在不切实际的救济预期，债务免除计划要在危急情况下审慎启动，遏制地方政府的机会主义行为，防止债务风险自下而上地转移积累。

## 二、建立地方政府有限破产机制，制定财政重建方案

虽然我国中央政府多次申明"中央不救助"原则，但是我国并没有政府破产的先例，也没有制定完善的政府破产机制，因此，地方政府官员在举借债务时不可避免地存在中央救助的预期。为硬化地方政府债务预算约束，强化偿债主体意识，我国应该制定完善的政府破产机制，在局部地区发生特别严重的政府债务危机时，中央不应再施以援手，如若地方政府在尝试其他方法之后依旧无法化解当前的政府债务危机，可直接进入最终破产流程。

地方政府破产机制和一般公司破产存在差异，即使地方政府破产，其职能依然保留，破产机制只是作为地方政府和债权人债务清算的最终手段，但是破产的地方政府会在很大程度上丧失政府信用，影响政府形象重建，而且不利于部分财政职能的发挥。

第一，我国应当完善地方政府破产机制相关的法律法规，完善立法保障，从法律层面上允许地方政府破产。打破中央政府会为地方政府行为买单的信用幻觉，当地方政府发生严重的资不抵债情况时，法律应当允许其开启破产流程，尽可能阻断政府债务风险，避免地方政府债务危机对地区的经济和社会生活造成更

大的混乱影响。

第二，启动破产流程应当先明确破产发生条件。根据债务风险预警机制中风险指标的警戒值，对不同恶化程度的债务风险，应该适用不同的化解方案，而当地方政府债务风险警戒值达到最严重程度且无力挽回时，地方政府才可考虑启动破产机制。借鉴国际经验发现，不同国家对政府申请破产的条件要求差异较大。我国应审慎结合地方政府的具体情况，确立合理的破产发生条件，避免对债权人造成重大损失，及时防范地方政府债务危机蔓延。由于我国政治制度的特殊性，地方政府破产机制也要兼顾债权人的权益，不能仅由地方政府作为单独的破产申请人，地方政府必须优先与债权人协商解决债务难题，在其他债务风险化解方案都未能生效、债务重组和债务免除遭到拒绝，地方政府最终无法解决债务危机的情况下，再慎重考虑申请地方政府破产，破产申请必须报备上级政府和债权人，并经地方人大代表决议之后才可以正式开启。

第三，当地方政府正式进入破产程序之后，应当首先启动冻结程序，冻结地方政府资产，实施破产清算。由中央政府、地方法院和债权人等组建相关专家团队，或委托其他专业人员清算地方政府资产，使得地方政府在合理范围内最大限度地履行清偿责任，尽可能地保障债权人的合法权益。对于地方政府这一特殊主体，还应适度保留一定的政府资产以满足履行地方政府基本职能的需要，避免造成社会管理无序的局面。

第四，地方政府要启动财政重建程序，尽可能恢复财政稳定性和可持续性。财政重整计划一般包括如下五部分：一是增加税收收入及使用者收费。地方政府可在法律允许范围内增添新的税种，调高原有税种的税率，增加更多的公共设施收费项目，提高公共设施收费标准等。二是减少地方政府财政支出。缩减政府部门支出，减少不必要的政府开支，避免资金浪费，降低公共设施及服务的供给水平，适度调低地区整体的福利标准。三是变卖政府资产，换取偿债资金。四是地方政府举债融资。地方政府破产之后，信用水平会严重受损，地方政府信用评级降低，融资难度加大，一般需要中央政府担保，并保留追索权，此时地方政府仍可以采取借贷举债的方式在资本市场融资。五是中央政府的财政转移支付。在破产环节，中央政府可以给予地方政府一定程度的资金援助，但是中央政府转移支付必须要在严格的规定范围之内，避免无条件的资金援助，防止地方政府产生道德风险。

第五，宣布破产终结。在财政重建计划实施之后，地方政府通过自身努力，积极调整财政状况，清偿全部到期债务，对未到期的债务也制定相对可靠的偿债计划，地方财政能力逐渐恢复，此时可以宣布终结财政重建程序。破产终结之后，地方政府可以自主举债融资、开展新的政府投资项目、自行购买公共资产、增加财政机构以及工作人员等，地方政府重新获得财政自由度，能自主规划财政收支，全面履行政府职责。

## 三、加强地方政府债务监督，建立健全长效问责追责机制

近些年来，我国高度重视地方政府债务管理工作，强化政府债务监管，完善相关的问责追责机制，建立健全长效监督管理机制不仅有利于规范地方政府的举债行为和提高债务资金使用绩效，而且有利于遏制地方政府债务风险、保障地方政府财政可持续性发展。改善地方政府债务管理，既要开好"前门"，加强债务限额管理，规范地方政府举债融资行为，更要严堵"后门"，坚守住地方政府债务的"红线"、严防地方政府债务危机，牢牢把握住财政可持续发展底线。为化解地方政府债务风险，规范地方政府举债融资行为，我国应该从如下三个方面改善地方政府债务的监管工作。

一是强化举债主体责任，加快落实地方政府债务终身责任制和倒查责任制。根据《预算法》和政府公告，我国严格限制地方政府违法违规举债行为，但是仍有部分官员铤而走险。因此，对于地方政府官员在举债融资过程中出现的违法违规举债、担保和抵押等问题，要严厉问责追责相关地方政府官员，按照"谁主管谁负责，谁审批谁负责"的原则，推行终身追责和责任倒查制度，即地方官员在举债融资过程中不正确履行职责或履行职责不到位，造成重大损失、恶劣影响，要对其进行责任倒查，终身追究其法律责任，即使责任人已经调离转岗、提拔或者退休，仍要严厉问责追究。具体来说可以弱化GDP增长考核等硬指标，增加官员对地方政府债务管理情况的考核指标，包括债务的举借、使用和偿还，相应的可以从债务依存度、负债率和偿债率等指标来设定考核标准。在债务的使用方面，要适度奖励债务规模处于合理区间的地区政府，而对于地方政府债务规模可能失控的地区政府应予以惩罚，可以有效调动地方官员科学管控债务的积极性，在制度层面，从源头控制债务风险。目前，我国部分县级地方政府债务的管理和负责机构人员尚不明确，明确的处罚机制也未作出具体有效的规定，这不利于地方政府债务管理的程序化和规范化，也阻碍着债务空间的有效实施。我国可参考国外政府管理的有益经验，明确管理条例，将政府债务规范化和制度化管理提上日程。要严格贯彻落实终身问责和责任倒查机制，使之真正发挥效力，这还有利于官员树立正确的政绩观，遏制其盲目融资举债的行为倾向，强化官员的偿债责任意识，加强地方政府债务管理的合法性和合规性。

二是加大地方政府债务绩效审计力度，举债必问效、无效必问责。地方政府债务规模巨大，因而债务资金的绩效情况会严重影响地方政府的偿债能力、财政

效率及财政可持续性。所以，我国必须要加强地方政府债务绩效审计，督促地方政府合理规划债务收入，最大限度发挥其价值作用。地方政府必须建立实时长效的地方政府债务绩效审计监管机制，强化对债务资金使用情况和相关项目实施情况的监管，严格管控地方政府债务资金用途，只能用于法律允许的公益性支出项目，特别是专项债务，要加强对相关政府项目的资金监管，全面考察项目绩效情况。地方政府债务绩效审计制度的建立和完善意味着我国政府债务管理工作迈上了新的台阶，监督问责的重点放在债务绩效上，这有助于各级政府进一步强化绩效观念以及全面提高债务资金绩效水平。

三是建立健全债务监督联动机制，提高政府监管效率。由于地方政府债务问题较为复杂、关联较广，单独的监管部门难以把握地方政府债务的全貌，难以全面实时有效地开展监管工作。因此，地方政府需要建立跨部门联合监管机制，调动多部门地方政府债务相关专业人员，组建跨部门联动小组，用以协调各部门的监管工作，从而提高债务监管工作的全面性和有效性。地方政府应当联合审计部门、财政部门等，加强部门的横向联系，建立沟通交流机制，协调各部门工作，同时还应当建立地方政府债务信息共享平台，保证相关信息资料的完整性、及时性和准确性，保障跨部门联合监管工作的顺利推进。通过开展联合调研核查，充分发挥各部门自身优势，整合力量，集中攻克地方政府债务监管难题。此外，相关金融机构应当主动配合监管部门开展工作，及时提供与地方政府债务相关的文件、报表和数据，提高政府与金融机构的工作协调性，调动其配合地方政府常态化债务监管的积极性。

# 参 考 文 献

［1］安春明：《关于地方政府债务风险生成机理的探讨》，载于《社会科学战线》2009 年第 2 期。

［2］安秀梅、徐颖：《完善我国政府预算监督体系的政策建议》，载于《中央财经大学学报》2005 年第 5 期。

［3］奥茨：《财政联邦主义》，中国财政经济出版社 2006 年版。

［4］巴曙松：《地方债务问题应当如何化解》，载于《西南金融》2011 年第 10 期。

［5］白积洋、刘成奎：《中国地方政府债务可持续、财政空间与经济增长》，载于《经济理论与经济管理》2022 年第 8 期。

［6］白文杰：《财政支出绩效评价内涵解析》，载于《地方财政研究》2011 年第 1 期。

［7］鲍静海、王凡、胡恒松：《对当前我国地方政府债务管理问题的探究》，载于《金融理论与实践》2017 年第 8 期。

［8］蔡红英：《优化政府收入预算管理的思考》，载于《当代财经》2007 年第 4 期。

［9］蔡秋宇、孙良权：《地方债务置换做法与思路》，载于《中国金融》2017 年第 8 期。

［10］蔡玉：《地方政府性债务现状、成因及对策》，载于《财政研究》2011 年第 9 期。

［11］曹萍、周巧洪：《公共选择理论视角下地方政府债务风险研究》，载于《财经问题研究》2015 年第 8 期。

［12］常晓飞：《财政分权条件下地方政府债务治理问题研究》，吉林大学硕士学位论文，2017 年。

［13］陈爱雪、刘艳：《层次分析法的我国精准扶贫实施绩效评价研究》，载于《华侨大学学报》（哲学社会科学版）2017 年第 1 期。

[14] 陈安：《可持续公共债务水平下的政府违约问题研究》，载于《中南财经政法大学学报》2011 年第 6 期。

[15] 陈宝东、邓晓兰：《财政分权、金融分权与地方政府债务增长》，载于《财政研究》2017 年第 5 期。

[16] 陈步飞：《对地方政府债务置换实施效果的调查与思考》，载于《金融经济》2018 年第 6 期。

[17] 陈都：《中国高铁基础设施 PPP 项目模糊综合绩效评价研究——以京沪高铁项目为例》，载于《理论月刊》2017 年第 12 期。

[18] 陈瑾瑜、张文秀：《低碳农业发展的综合评价——以四川省为例》，载于《经济问题》2015 年第 2 期。

[19] 陈菁、李建发：《财政分权、晋升激励与地方政府债务融资行为——基于城投债视角的省级面板经验证据》，载于《会计研究》2015 年第 1 期。

[20] 陈静、倪鹏：《主权政府债务规模影响因素的传导路径及定量分解——以美国为例》，载于《世界经济研究》2012 年第 4 期。

[21] 陈凯、申现杰：《地方政府专项债券发行管理的演进历程、问题根源与思考建议》，载于《经济研究参考》2022 年第 6 期。

[22] 陈凯：《我国政府债务管理面临的重大任务和政策建议》，载于《西部学刊》2024 年第 17 期。

[23] 陈磊：《地方政府隐性债务成因及界定》，载于《中国审计报》2017 年 10 月 18 日，第 006 版。

[24] 陈丽宇：《基于经济增长视角下的地方政府债务研究——以山东省十七城市为例》，载于《沈阳航空航天大学学报》2019 年第 3 期。

[25] 陈诗一、汪莉：《中国地方债务与区域经济增长》，载于《学术月刊》2016 年第 6 期。

[26] 陈新光、李一喆、崔文成：《我国地方政府性债务及其风险防范》，载于《科学发展》2013 年第 10 期。

[27] 陈雪君：《政府预算管理体制改革研究》，载于《财政研究》2013 年第 12 期。

[28] 陈志刚、吴国维：《地方政府债务促进了区域经济增长吗？——基于地方政府"招拍挂"工具变量视角》，载于《现代财经》（天津财经大学学报）2018 年第 4 期。

[29] 程瑜：《政府预算中的委托代理关系研究——一个契约经济学的分析框架》，载于《华中师范大学学报》（人文社会科学版）2009 年第 2 期。

[30] 丛树海、李生祥：《我国财政风险指数预警方法的研究》，载于《财贸

经济》2004年第6期。

[31] 代志新、杨素、王若云：《财政行为与地方政府财政运行综合绩效评价管理——一个行为财政学视角》，载于《财政科学》2024年第2期。

[32] 单菲菲、高秀林：《基于DEA方法的新疆基本公共服务财政支出绩效评价——以新疆14个地州市为例》，载于《新疆社会科学》2015年第2期。

[33] 邓淑莲：《政府实行新绩效预算的国际经验分析》，载于《山东经济》2008年第1期。

[34] 刁伟涛、郭慧岩、孙晓萱：《分类预算管理、限额分配使用与县级政府举债——中国地方债务制度变革下的新发现》，载于《财贸经济》2022年第12期。

[35] 刁伟涛、孙晓萱：《察言观行以知其心——从预算报告文本中理解地方政府债务治理逻辑》，载于《经济学报》2024年第2期。

[36] 刁伟涛：《债务率、偿债压力与地方债务的经济增长效应》，载于《数量经济技术经济研究》2017年第3期。

[37] 董浩然、金荣学、徐文芸：《中介与遮掩效应下的私人消费、税收与地方政府债务》，载于《中国电化教育》2021年第6期。

[38] 董仕军：《论地方政府举债总量的规模控制》，载于《中央财经大学学报》2013年第11期。

[39] 窦欣：《基于DEA模型的县级财政支出效率研究》，载于《天津商业大学学报》2011年第2期。

[40] 窦玉明：《财政支出效益评价综论》，载于《财政研究》2004年第10期。

[41] 杜洪林：《地方政府债务最适规模的数理分析》，载于《上海市经济管理干部学院学报》2011年第2期。

[42] 杜龙波、王湿杰、王晓晨等：《基于AHP-模糊综合评价法的政府引导基金绩效评价研究》，载于《科技管理研究》2024年第1期。

[43] 杜思正、冷艳丽：《地方政府债务规模动态调整机制研究——基于县域面板数据的实证分析》，载于《统计与信息论坛》2015年第11期。

[44] 范子英、张军：《粘纸效应：对地方政府规模膨胀的一种解释》，载于《中国工业经济》2010年第12期。

[45] 方红生、张军：《中国地方政府竞争、预算软约束与扩张偏向的财政行为》，载于《经济研究》2009年第12期。

[46] 方振邦、姜颖雁：《基于平衡计分卡的地方政府绩效框架探析——以北京市延庆区为例》，载于《社会科学论坛》2017年第4期。

[47] 方振邦、罗海元：《政府绩效管理创新：平衡计分卡中国化模式的构建》，载于《中国行政管理》2012年第12期。

[48] 冯俏彬：《美国预算过程的发展演变及其启示》，载于《财政研究》第6期。

[49] 冯宗容、杨明洪：《财政学》，四川大学出版社2004年版。

[50] 伏润民、缪小林、高跃光：《地方政府债务风险对金融系统的空间外溢效应》，载于《财贸经济》2017年第9期。

[51] 高华、张璇：《地方政府债务风险评价研究：动态系统模型与预测》，载于《财经论丛》（浙江财经学院学报）2020年第3期。

[52] 高培勇、中国社会科学院财经战略研究院课题组：《完善预算体系，加快建立现代预算制度》，载于《中国财政》2015年第1期。

[53] 高威：《基于AHP-EWM法构建引导基金绩效考核评价指标体系——以某省级股权投资引导基金为例》，载于《财政监督》2020年第23期。

[54] 龚强、王俊、贾坤：《财政分权视角下的地方政府债务研究：一个综述》，载于《经济研究》2011年第7期。

[55] 苟燕楠、王海：《美国预算改革对中国的启示》，载于《财政研究》2009年第6期。

[56] 辜胜阻、韩龙艳、吴永斌：《我国地方政府债务的突出问题及其治理思路》，载于《江海学刊》2017年第6期。

[57] 顾海兵、丁孙亚：《政府债务可持续性研究：综述分析与前瞻》，载于《国家行政学院学报》2015年第2期。

[58] 顾婧、任珮嘉、徐泽水：《基于直觉模糊层次分析的创业投资引导基金绩效评价方法研究》，载于《中国管理科学》2015年第9期。

[59] 管治华、范宇翔：《预算软约束、经济增长与地方政府隐性债务规模》，载于《安徽大学学报》（哲学社会科学版）2020年第3期。

[60] 郭剑鸣、周佳：《规约政府：现代预算制度的本质及其成长的政治基础——以中西方现代预算制度成长比较为视角》，载于《学习与探索》2013年第2期。

[61] 郭平、洪源、潘郭钦：《多层次、立体的财政支出绩效评价指标体系构建研究——以中部地区某市新农合医疗基金项目绩效评价为例》，载于《经济纵横》2011年第1期。

[62] 郭平、江姗姗：《财政分权视角下预算软约束对地方政府债务规模的影响》，载于《河北大学学报》（哲学社会科学版）2017年第5期。

[63] 郭玉清：《分税制改革视域下的地方政府债务治理：理论辨析与路径

展望》，载于《经济理论与经济管理》2024 年第 5 期。

［64］郭玉清、孙希芳、何杨：《地方财政杠杆的激励机制、增长绩效与调整取向研究》，载于《经济研究》2017 年第 6 期。

［65］郭月梅、陈平、毛琼枝：《财政分权、投资冲动与地方政府债务增长》，载于《广西财经学院学报》2019 年第 1 期。

［66］韩冰：《财政转移支付与预算软约束》，载于《现代管理科学》2013 年第 7 期。

［67］韩锟：《实行绩效预算的影响因素分析》，载于《当代财经》2006 年第 9 期。

［68］韩明宇：《中国地方政府债务特点以及成因探究》，载于《经济研究导刊》2016 年第 9 期。

［69］韩鹏飞、胡奕明：《政府隐性担保；地方融资平台》，载于《金融研究》2015 年第 3 期。

［70］韩鹏飞：《我国地方政府债务布局及其成因》，载于《上海金融》2015 年第 2 期。

［71］韩文琰：《我国地方政府专项债风险形成的三重逻辑与治理出路》，载于《金融发展研究》2024 年第 4 期。

［72］韩鑫韬、梁雁：《地方债务风险预警经验》，载于《中国金融》2016 年第 2 期。

［73］何代欣：《主权债务适度规模研究》，载于《世界经济》2013 年第 4 期。

［74］何杨、王蔚：《土地财政、官员特征与地方债务膨胀——来自中国省级市政投资的经验证据》，载于《中央财经大学学报》2015 年第 6 期。

［75］何涌、侯文浩：《基于 PCA 方法的地方政府债务风险预警分析——以 H 省为例》，载于《广西财经学院学报》2022 年第 3 期。

［76］贺俊、张杰、唐述毅：《财政分权、转移支付与地方政府债务——基于关联视角分析》，载于《华南理工大学学报》（社会科学版）2018 年第 5 期。

［77］洪源、秦玉奇、王群群：《地方政府债务规模绩效评估、影响机制及优化治理研究》，载于《中国软科学》2015 年第 11 期。

［78］洪源、万里、秦玉奇等：《政府债务预算硬约束与地方财政可持续性提升》，载于《中国软科学》2024 年第 1 期。

［79］洪源、王群群、苏知立：《地方政府债务风险非线性先导预警系统的构建与应用研究》，载于《数量经济技术经济研究》2018 年第 6 期。

［80］侯雨菲：《北京市公共教育支出绩效评价研究——基于层次分析法》，

载于《现代经济信息》2016年第19期。

[81] 胡华强、胡胜、吴桃娥：《地方政府债务风险管理研究文献综述》，载于《财会通讯》2016年第28期。

[82] 胡娟、范晓婷、陈挺：《地方政府性债务可持续性测度及对策研究——基于中国审计公报数据》，载于《中央财经大学学报》2016年第6期。

[83] 胡胜、陈小林、蔡报纯：《地方政府债务风险的博弈论分析及优化治理研究》，载于《中国软科学》2017年第8期。

[84] 胡欣然、雷良海：《我国地方政府债务的再思考——基于新供给理论与供给侧结构性改革的视角》，载于《财经科学》2018年第8期。

[85] 胡奕明、顾祎雯：《地方政府债务与经济增长——基于审计署2010~2013年地方政府性债务审计结果》，载于《审计研究》2016年第5期。

[86] 胡宗义、鲁耀纯、刘春霞：《我国城市基础设施建设投融资绩效评价——基于三阶段DEA模型的实证分析》，载于《华东经济管理》2014年第1期。

[87] 胡祖铨、黄夏岚、刘怡：《中央对地方转移支付与地方征税努力——来自中国财政实践的证据》，载于《经济学（季刊）》2013年第3期。

[88] 扈文秀、张欣星：《基于融资平台公司的地方政府或有债务风险研究》，载于《地方财政研究》2016年第1期。

[89] 华国庆、汪永福：《论地方债预算的制度逻辑与规范控制》，载于《学术界》2015年第2期。

[90] 黄春元、毛捷：《财政状况与地方债务规模——基于转移支付视角的新发现》，载于《财贸经济》2015年第6期。

[91] 黄飞鸣：《地方政府融资平台债务扩张的金融约束分析》，载于《经济体制改革》2014年第3期。

[92] 黄冠华：《基本公共服务财政支出绩效评价与差异性分析——来自湖北省17地州市的证据》，载于《财政监督》2017年第13期。

[93] 黄国桥、徐永胜：《地方政府性债务风险的传导机制与生成机理分析》，载于《财政研究》2011年第9期。

[94] 黄海燕：《加快实施规范透明的预算管理制度》，载于《宏观经济管理》2015年第2期。

[95] 黄健、毛锐：《地方债务、政府投资与经济增长动态分析》，载于《经济学家》2018年第1期。

[96] 黄昱然、卢志强、李志斌：《地方政府债务与区域金融差异的经济增长效应研究——基于非线性面板平滑转换回归PSTR模型》，载于《当代经济科

学》2018 年第 3 期。

［97］冀云阳：《新时代地方政府债务管理改革研究：从预算管理到绩效治理》，载于《经济学家》2021 年第 2 期。

［98］贾康、孙洁：《平衡计分卡（表）方法在财政支出绩效评价中的应用设计初探》，载于《山东经济》2010 年第 1 期。

［99］贾康、赵全厚：《国债适度规模与我国国债的现实规模》，载于《经济研究》2000 年第 10 期。

［100］贾晓俊、顾莹博：《我国各省份地方债风险及预警实证研究》，载于《中央财经大学学报》2017 年第 3 期。

［101］江涛、薛媛：《基于政治资源诅咒效应的地方政府债务风险形成机制及治理》，载于《理论探讨》2017 年第 5 期。

［102］姜爱华、辛婷：《地方政府债务支出效率动态测评及影响因素研究》，载于《公共财政研究》2019 年第 6 期。

［103］姜文远：《基于三阶段 DEA 模型的我国财政科技支出绩效评价》，载于《中国集体经济》2018 年第 13 期。

［104］姜扬、贾文哲：《美国公共预算管理制度的改革及启示》，载于《经济纵横》2011 年第 7 期。

［105］姜子叶、胡育蓉：《财政分权、预算软约束与地方政府债务》，载于《金融研究》2016 年第 2 期。

［106］蒋悟真：《预算公开法治化：实质、困境及其出路》，载于《中国法学》2013 年第 5 期。

［107］金大智：《推进建立政府债务预算绩效管理体系》，载于《财政监督》2020 年第 17 期。

［108］金芳、金荣学：《农业产业结构变迁对绿色全要素生产率增长的空间效应分析》，载于《华中农业大学学报》（社会科学版）2020 年第 1 期。

［109］金荣学：《财政经济性支出的绩效评价分析》，载于《商业时代》2008 年第 25 期。

［110］金荣学、董浩然：《地方政府债务绩效评价主流方法科学总结及对比》，载于《财会月刊》2021 年第 2 期。

［111］金荣学、董浩然：《基于数据包络分析法的地方债绩效评价——以 A 省地市州为例》，载于《现代商业》2021 年第 3 期。

［112］金荣学、傅鑫：《构建地方政府性债务责任承担机制的国际经验借鉴——以巴西实施〈财政责任法〉为例》，载于《财会月刊》2017 年第 18 期。

［113］金荣学、傅鑫：《中美地方债务管理制度比较》，载于《当代经济》

2017年第13期。

[114] 金荣学、胡晓倩：《地方政府债务预算模式选择和实现路径探讨——基于公共产品理论的视角》，载于《财政监督》2019年第19期。

[115] 金荣学、胡晓倩：《债务分权影响地方政府预算纪律吗？——基于地方政府债券发行机制改革的视角》，载于《华中师范大学学报》（人文社会科学版）2021年第2期。

[116] 金荣学、毛琼枝：《基于主成分与数据包络组合法的地方政府债务绩效评价》，载于《华中师范大学学报》（人文社会科学版）2017年第3期。

[117] 金荣学、宋菲菲、赵常恒：《基于模糊理论的地方政府性债务支出绩效评价》，载于《财会月刊》2017年第24期。

[118] 金荣学、魏晓兰：《日本PPP模式对我国的经验与启示》，载于《当代经济》2017年第16期。

[119] 金荣学、魏晓兰：《中国地方政府债券管理机制构建——以日本为鉴》，载于《行政事业资产与财务》2017年第13期。

[120] 金荣学、徐文芸：《地方政府隐性债务特征、成因及治理》，载于《中国财政》2020年第11期。

[121] 金荣学、徐文芸：《中国地方政府债务支出效率研究——基于CRITIC赋权和产出滞后效应分析》，载于《华中师范大学学报》（人文社会科学版）2020年第1期。

[122] 金荣学、张迪：《地方政府债务风险管理模式比较》，载于《行政事业资产与财务》2017年第16期。

[123] 靳来月：《基于平衡计分卡的地方政府财政支出绩效评价》，载于《大庆社会科学》2015年第4期。

[124] 景宏军：《地方政府引入绩效预算的理性思考》，载于《地方财政研究》2015年第1期。

[125] 考燕鸣、王淑梅、马静婷：《地方政府债务绩效考核指标体系构建及评价模型研究》，载于《当代财经》2009年第7期。

[126] 孔繁利、张晓东、王伟：《基于DEA和Tobit模型的财政环保支出效率研究》，载于《内蒙古民族大学学报》（自然科学版）2024年第4期。

[127] 寇琳琳：《健全我国财政支出绩效评价体系的思考》，载于《北方经贸》2012年第4期。

[128] 寇铁军、高巍：《建立政府全口径预算与完善政府复式预算体系的思考》，载于《中国财政》2013年第21期。

[129] 寇铁军：《预算监督制衡的新变化及努力方向》，载于《财政监督》

2014年第31期。

[130] 匡小平、蔡芳宏：《论地方债的预算约束机制》，载于《管理世界》2014年第1期。

[131] 匡小平、何灵：《从美国州税收预测程序看我国税收计划改革取向》，载于《税务研究》2006年第10期。

[132] 匡小平、熊高鹏：《中国现代财政制度建设的时代背景、理论基础和主要内容——对党的二十大关于深化财税改革的思考》，载于《当代财经》2023年第1期。

[133] 类承曜：《我国地方政府债务增长的原因：制度性解释框架》，载于《经济研究参考》2011年第38期。

[134] 李本松：《当前我国地方政府性债务风险防范管理的创新机制与对策研究》，载于《当代经济管理》2020年第6期。

[135] 李斌、郭剑桥、何万里：《一种新的地方政府债务风险预警系统设计与应用》，载于《数量经济技术经济研究》2016年第12期。

[136] 李传武、王雯霖：《中国的部门预算改革：一个官僚预算最大化的视角》，载于《特区经济》2013年第3期。

[137] 李丹、庞晓波、方红生：《财政空间与中国政府债务可持续性》，载于《金融研究》2017年第10期。

[138] 李冬妍：《"制度外"政府收支：内外之辨与预算管理》，载于《财贸经济》2011年第6期。

[139] 李栋林、关忠良：《财政支持新型城镇化建设绩效评价方法研究》，载于《东岳论丛》2015年第3期。

[140] 李栋林、梁益琳：《新型城镇化建设财政支出绩效评价模型构建与应用》，载于《经济问题》2014年第7期。

[141] 李方方、王瑷玲、刘凤荣、张蕊：《基于主成分分析法和层次分析法的宁阳县农地效益评价及方法比较》，载于《山东农业大学学报》（自然科学版）2015年第1期。

[142] 李德刚、周莉：《新疆地方财政支出绩效的实证分析——基于DEA二次相对效益模型》，载于《地方财政研究》2013年第3期。

[143] 李桂君、田宗博、宋砚秋：《地方政府债务对城市经济高质量发展的影响研究》，载于《中央财经大学学报》2023年第1期。

[144] 李海南：《预算绩效管理工作存在问题的原因探析》，载于《中国财政》2014年第7期。

[145] 李红霞、李沐林：《论现代预算制度的健全——以预算绩效管理纵深

发展为视角》，载于《财政监督》2023 年第 15 期。

[146] 李红霞、袁潇潇：《地方政府债务风险：评价、预警及防控》，载于《财政监督》2024 年第 14 期。

[147] 李红霞、张阳：《疫情冲击下地方专项债绩效管理与风险防范》，载于《当代财经》2021 年第 1 期。

[148] 李虹：《我国实施零基预算改革研究》，载于《企业经济》2014 年第 5 期。

[149] 李将军：《美国预算制度变迁及其对我国预算改革的启示》，载于《经济论坛》2010 年第 5 期。

[150] 李金珊、王倩倩：《财政支出绩效评价体系刍议：3E 维度的引入与改进》，载于《财政研究》2018 年第 3 期。

[151] 李进省、张辉、项勇：《财政支出绩效评价的分类研究》，载于《经贸实践》2015 年第 6 期。

[152] 李景峰、王继光：《基于 KMV 模型的地方政府债券信用风险问题研究》，载于《广东金融学院学报》2011 年第 5 期。

[153] 李敬辉：《以深化预算管理制度改革为抓手，全面贯彻落实新预算法》，载于《中国财政》2015 年第 1 期。

[154] 李娟、郭健：《有效政府建设：基于公共预算的分析》，载于《学术界》2012 年第 6 期。

[155] 李丽珍、安秀梅：《地方政府隐性债务：边界、分类估算及治理路径》，载于《当代财经》2019 年第 3 期。

[156] 李茂媛：《地方政府债务风险的本源探究及防范对策》，载于《江西社会科学》2012 年第 3 期。

[157] 李明、王帅：《中国地方财政支出绩效（2008~2020）：趋势与周期》，载于《管理世界》2023 年第 2 期。

[158] 李鹏：《财政投融资绩效评价体系的构建及其实证筛选》，载于《社会科学辑刊》2014 年第 5 期。

[159] 李秋婵：《跨期预算约束下地方政府债务规模的实证研究》，载于《统计与决策》2015 年第 10 期。

[160] 李权、朱波强：《基于平衡计分卡的高校预算管理绩效评价探究》，载于《财会通讯》2014 年第 26 期。

[161] 李全文、王泽彩：《预算绩效动态监控体系建设初探》，载于《中国财政》2015 年第 3 期。

[162] 李茹霞：《以改革促发展：中国式现代化视角下地方政府债务治理转

型机制及化解路径》，载于《榆林学院学报》2024年第4期。

[163] 李升：《地方政府隐性债务风险及其治理》，载于《地方财政研究》2018年第12期。

[164] 李升、陆琛怡：《地方政府债务风险的形成机理研究：基于显性债务和隐性债务的异质性分析》，载于《中央财经大学学报》2020年第7期。

[165] 李卫东、韩海龙：《强化预算编制和管理的建议》，载于《中国财政》2014年第10期。

[166] 李卫刚、郝鑫：《政府预算的公众网络参与式监督》，载于《宁夏社会科学》2012年第5期。

[167] 李艳、林秀玉：《国家治理体系创新与治理能力提升的新探索——广东省人大委托第三方评财政绩效的现实思考》，载于《公共管理学报》2016年第3期。

[168] 李燕、王宇龙：《论绩效预算在我国实施的制度约束》，载于《中央财经大学学报》2005年第6期。

[169] 李一花、亓艳萍、祝婕：《人大预算监督能改善地方政府债务支出效率吗？》，载于《财政研究》2019年第11期。

[170] 李志鹏：《深化县级全口径预算管理改革问题及对策》，载于《地方财政研究》2014年第8期。

[171] 梁宏亮、黄欣洣：《基于AHP模型的灾害救援重建财政支出绩效评价研究》，载于《当代教育理论与实践》2012年第8期。

[172] 廖家勤：《我国财政支出规模变化的分析及其合理控制》，载于《当代财经》2004年第12期。

[173] 林慕华、马骏：《中国地方人民代表大会预算监督研究》，载于《中国社会科学》2012年第6期。

[174] 林世权：《地方政府债务风险的成因、评估与防范——以广西壮族自治区为例》，载于《海南大学学报》（人文社会科学版）2022年第3期。

[175] 林晓宁：《基于财政视角下我国地方政府债务危机再探讨》，载于《东北师大学报》（哲学社会科学版）2013年第1期。

[176] 林毅夫、文永恒、顾艳伟：《地方政府债务与经济增长——基于地方投资平台债务的分析》，载于《财政研究》2023年第2期。

[177] 林志超：《我国地方政府债务的现状、成因及政策建议》，载于《中国市场》2023年第17期。

[178] 刘畅、马光荣：《财政转移支付会产生"粘蝇纸效应"吗？——来自断点回归的新证据》，载于《经济学报》2015年第1期。

［179］刘国永：《高等教育财政支出绩效评价指标设计原理、方法及运用》，载于《教育与经济》2007年第3期。

［180］刘国永、赵宝利、王萌：《部门支出、项目支出、公共政策绩效评价的思考》，载于《财政监督》2014年第7期。

［181］刘昊、陈工：《地方政府债务规模的决定因素：探求省际差异的来源》，载于《财政研究》2019年第2期。

［182］刘继东：《美国联邦政府推行绩效预算的历程及启示》，载于《管理现代化》2004年第5期。

［183］刘佳：《论我国预算制度变革之路：高效与公开》，载于《西安财经学院报》2015年第1期。

［184］刘金林：《基于经济增长视角的政府债务合理规模研究：来自OECD的证据》，载于《经济问题》2013年第12期。

［185］刘蕾：《地方政府债务预算约束的制度逻辑、规范控制与实践检验》，载于《财经理论与实践》2018年第2期。

［186］刘宁杰、李昕：《工业行业财政科技投入绩效评价——以南宁市为例》，载于《教育教学论坛》2016年第21期。

［187］刘穷志、白云：《政府债务增加降低了企业杠杆吗？》，载于《财政研究》2020年第3期。

［188］刘穷志、岳明阳、李晓淳：《地方财政政策逆周期调节：财政分权还是债务增发》，载于《经济理论与经济管理》2021年第6期。

［189］刘尚希：《财政风险及其防范问题研究》，经济科学出版社2004年版。

［190］刘尚希、赵全厚：《政府债务：风险状况的初步分析》，载于《管理世界》2002年第5期。

［191］刘叔申：《政府预算的科学性与软约束——基于中国财政预算执行情况的实证分析》，载于《中国行政管理》2010年第2期。

［192］刘馨月、金兆怀：《人口流动、财政分权与地方政府债务——基于省级面板数据的经验分析》，载于《经济问题》2021年第5期。

［193］刘煜辉、张榉成：《中国地方政府融资平台分析》，载于《商业银行》2013年第3期。

［194］刘子茜：《地方政府财政重整的规范逻辑与制度建构——兼论破产法律框架的价值与局限》，载于《中国政法大学学报》2024年第2期。

［195］刘子怡、陈志斌：《地方政府债务规模扩张的影响研究——基于省级地方政府城投债的经验证据》，载于《华东经济管理》2015年第11期。

[196] 龙俊桃、杜碧、欧健:《地方政府债务风险分析和管理安排》,载于《西南金融》2018年第1期。

[197] 鲁靖、嵇欣欣:《公共政策审计绩效评价体系构建——基于平衡计分卡》,载于《财会月刊》2018年第12期。

[198] 鲁玉秀:《稳定我国宏观税负亟须规范政府性基金收入管理——基于供给侧改革》,载于《经济研究参考》2016年第44期。

[199] 鲁元平、王军鹏:《数字鸿沟还是信息福利——互联网使用对居民主观福利的影响》,载于《经济学动态》2020年第2期。

[200] 吕健:《地方债务对经济增长的影响分析——基于流动性的视角》,载于《中国工业经济》2015年第11期。

[201] 罗辉:《改善和提高公共部门绩效的会计使命——关于建立公共部门管理会计的基本思考》,载于《会计研究》2006年第3期。

[202] 马蔡琛:《论阳光财政视野中的公共预算绩效管理》,载于《现代财经》(天津财经大学学报)2006年第3期。

[203] 马蔡琛:《中国公共预算管理改革的制度演化与路径选择》,载于《中央财经大学学报》2007年第7期。

[204] 马恩涛、任海平:《党的十八大以来我国地方政府债务治理的新成就新经验》,载于《地方财政研究》2022年第11期。

[205] 马恩涛:《政府或有债务控制:国外经验与启示》,载于《财贸研究》2012年第5期。

[206] 马国贤:《行政事业单位资产管理要以绩效为基础》,载于《中国机关后勤》2017年第6期。

[207] 马海涛、崔运政:《地方政府债务纳入预算管理研究》,载于《当代财经》2014年第6期。

[208] 马海涛、李升:《我国分税制财政体制改革的再认识》,载于《经济与管理评论》2013年第4期。

[209] 马骏、叶娟丽:《零基预算:理论和实践》,载于《中国人民大学学报》2004年第2期。

[210] 马骏:《中国的零基预算改革:来自某财力紧张省份的调查》,载于《中山大学学报》2005年第1期。

[211] 马骏:《中国公共预算改革:理性化与民主化》,中央编译出版社2005年版。

[212] 马骏、周超、於莉:《尼斯坎南模型:理论争论与经验研究》,载于《武汉大学学报》(哲学社会科学版)2005年第5期。

[213] 马立平：《关于财政支出与总产出效果的数量分析》，载于《决策参考》2005年第12期。

[214] 马乃云、候倩：《基于平衡计分卡方法的财政科技经费绩效评价体系研究》，载于《中国软科学》2016年第10期。

[215] 马强：《模糊综合评价法用于公立医院绩效考核的理论架构》，载于《南通大学学报》（社会科学版）2015年第3期。

[216] 马原驰：《财政分权视角下地方政府债务规模与风险研究》，载于《经贸实践》2018年第19期。

[217] 毛捷、黄春元：《地方债务、区域差异与经济增长——基于中国地级市数据的验证》，载于《金融研究》2018年第5期。

[218] 毛捷、马光荣：《政府债务规模与财政可持续性：一个研究综述》，载于《财政科学》2022年第11期。

[219] 宓燕：《地方政府债务绩效评价指标体系研究》，载于《经济与管理》2006年第12期。

[220] 倪秋菊：《零基预算的发展以及在我国的适用性》，载于《湖北经济学院学报》2005年第4期。

[221] 倪修凤、孔小龙：《连片特困区扶贫开发绩效模糊评价——基于安徽省片区12县的调研》，载于《农村经济与科技》2018年第5期。

[222] 聂丽洁、王俊梅：《关于绩效预算与零基预算相结合的预算方法体系的思考》，载于《中央财经大学学报》2004年第12期。

[223] 牛美丽：《中国地方绩效预算改革十年回顾：成就与挑战》，载于《武汉大学学报》（哲学社会科学版）2012年第6期。

[224] 潘俊、杨兴龙、王亚星：《财政分权、财政透明度与地方政府债务融资》，载于《山西财经大学学报》2016年第12期。

[225] 庞保庆、陈硕：《央地财政格局下的地方政府债务成因、规模及风险》，载于《经济社会体制比较》2015年第5期。

[226] 彭健：《中国政府预算制度的演进（1949～2006年）》，载于《中国经济史研究》2008年第3期。

[227] 彭军龙：《公路建设项目可持续性评价指标体系构建》，载于《公路交通技术》2010年第4期。

[228] 彭玉华：《地方政府债务适度规模的实证研究——基于安徽省H市的个案分析》，载于《赤峰学院学报》（自然科学版）2011年第5期。

[229] 乔宝云、范剑勇、彭骥鸣：《政府间转移支付与地方财政努力》，载于《管理世界》2006年第3期。

[230] 秦德安、田靖宇：《地方政府融资平台研究综述》，载于《地方财政研究》2010 年第 4 期。

[231] 邱峰：《地方债务置换效应及其对商业银行的影响》，载于《中国内部审计》2016 年第 7 期。

[232] 任喜荣：《地方人大预算监督权力成长的制度分析——中国宪政制度发展的一个实例》，载于《吉林大学社会科学学报》2010 年第 4 期。

[233] 荣莉、金晶、喻旻昕：《财政监督、政府审计与地方政府债务风险》，载于《当代财经》2023 年第 7 期。

[234] 申亮、范润婕：《基于全生命周期的地方政府专项债绩效评价研究》，载于《地方财政研究》2023 年第 4 期。

[235] 申宇冰：《地方财政预算绩效管理评价指标体系的探讨——基于逻辑分析法》，载于《山西财税》2017 年第 4 期。

[236] 深化财税体制改革课题组、汪德华、马珺，等：《深化财税体制改革与中国式现代化》，载于《财贸经济》2024 年 9 月 29 日。

[237] 沈斌：《关于城镇化建设与政府债务风险的几个问题》，载于《金融论坛》2013 年第 7 期。

[238] 沈沛龙、樊欢：《基于可流动性资产负债表的我国政府债务风险研究》，载于《经济研究》2012 年第 2 期。

[239] 沈雨婷：《财政分权与晋升激励对地方政府债务影响研究》，载于《甘肃社会科学》2019 年第 1 期。

[240] 盛虎、刘青：《地方政府债务对区域经济增长的影响及传导机制研究》，载于《金融经济》2020 年第 2 期。

[241] 时红秀：《地方政府债务出路问题再讨论》，载于《银行家》2010 年第 3 期。

[242] 时红秀：《地方政府债务的成因究竟是什么？》，载于《银行家》2021 年第 3 期。

[243] 史庚元：《我国财政支农支出福利绩效的 DEA 评价》，载于《公共财政研究》2016 年第 4 期。

[244] 侍文蕾、夏秀桂、柴婧：《基于平衡记分卡和层次分析的我国高校管理绩效评价研究》，载于《经济师》2018 年第 4 期。

[245] 司海平、刘小鸽、魏建：《地方政府债务融资的顺周期性及其理论解释》，载于《财贸经济》2018 年第 8 期。

[246] 宋姗姗：《财政分权、投资冲动与地方债务增长研究》，载于《上海金融》2018 年第 2 期。

［247］睢党臣、李盼：《我国地方政府债务问题研究——基于财政风险视角下的动态可持续性分析》，载于《云南财经大学学报》2013年第5期。

［248］孙海凤：《我国地方政府债务研究：述评与展望》，载于《经济研究参考》2015年第18期。

［249］孙克竞：《地方政府债务成因的长期动态关系及其疏导——基于省际面板数据的VAR/VEC模型分析》，载于《经济管理》2015年第5期。

［250］孙琳、陈舒敏：《债务风险、财政透明度和记账基础选择——基于国际经验的数据分析》，载于《管理世界》2015年第10期。

［251］孙轩：《系统性公共风险的数字化防控：以地方政府债务管理为例》，载于《行政论坛》2023年第6期。

［252］孙玉栋、庞伟：《中国地方政府债务适度规模研究》，载于《经济研究参考》2018年第19期。

［253］谭志武：《政府预算软约束的制度分析》，载于《审计研究》2006年第1期。

［254］汤建宁：《我国财政支出绩效评价实施战略刍议》，载于《中国农业会计》2010年第5期。

［255］汤坤：《我国政府预算管理改革探讨》，载于《合作经济与科技》2013年第9期。

［256］唐勇军、王文婷、刁诚诚：《供给侧改革下地方政府对企业财政性支出的绩效评价——以江苏省常熟市设备投资贴息项目为例》，载于《财政研究》2018年第5期。

［257］唐云锋：《我国预算监督的新出路：政府预算社会监督》，载于《财政监督》2011年第9期。

［258］汪川、张明进：《地方政府债务对经济增长的影响：基于债务拐点的视角》，载于《当代经济研究》2023年第8期。

［259］汪德华、侯思捷：《建立防范化解地方政府债务风险的长效机制——债务与资本性预算的路径探索》，载于《学习与探索》2024年第3期。

［260］王斌斌、刘薇娜：《地方政府债务规模扩张与民生发展》，载于《财经问题研究》2018年第1期。

［261］王贺嘉：《央地财政关系：协调失灵与地方政府财政赤字扩张偏向》，载于《财经研究》2016年。

［262］王红莉：《改革开放以来地方政府债务管理的历史变迁及演进逻辑——基于历史制度主义的分析》，载于《中共宁波市委党校学报》2024年第4期。

[263] 王剑、张黎群、兰晓强:《官僚预算最大化理论对提高政府预算效率的启示——基于预算行为视角的研究》,载于《财政研究》2009年第3期。

[264] 王杰茹:《分权、地方债务与现代财政改革——基于财政分权不同角度的效应分析》,载于《当代经济科学》2016年第6期。

[265] 王克强、刘红梅、陈玲娣:《财政支出绩效评价研究综述》,载于《开发研究》2006年第5期。

[266] 王曼利、田时中:《基于主成分分析的高等教育财政投入绩效评价研究——来自中国2006－2015年的时间序列数据》,载于《财政监督》2017年第10期。

[267] 王明慧、张桥、凌飞翔:《改进层次分析法在PPP项目绩效评估中的应用》,载于《数学的实践与认识》2017年第13期。

[268] 王瑞华、靳来月:《基于平衡计分卡的地方政府财政支出绩效评价研究》,载于《财会通讯》2017年第13期。

[269] 王润北:《中国地方政府隐性债务规模分析》,载于《新经济》2018年第12期。

[270] 王世涛:《地方政府债务风险的宪法学释析》,载于《财经法学》2021年第1期。

[271] 王熙:《美国预算制度变迁及其对中国的启示》,载于《中央财经大学学报》2010年第2期。

[272] 王喜梅:《地方政府债务风险管理机制研究——基于新〈预算法〉视角的分析》,载于《西南金融》2017年第11期。

[273] 王银梅、陈志勇:《地方政府性债务预算管理研究》,载于《经济研究参考》2016年第32期。

[274] 王银梅、饶玲玉:《我国县级政府预算公开的现状、问题与对策——基于政府门户网站的实证查验》,载于《经济研究参考》2017年第51期。

[275] 王银梅、翟晓琳:《英国部门预算编审的管理及其启示》,载于《财政监督》2017年第18期。

[276] 王银梅、张亚琼:《完善我国预算管理制度的思路》,载于《经济研究参考》2014年第54期。

[277] 王莹、沈建新、王怀明:《农业科技财政专项资金绩效评价的实证研究——以江苏省农业科技自主创新资金为例》,载于《江苏农业科学》2014年第4期。

[278] 王泽彩:《均衡财政:新一轮财税体制改革的再思考》,载于《中国行政管理》2023年第12期。

[279] 王志刚、杨白冰：《财政分权、积极财政政策与预算支出偏离度》，载于《宏观经济研究》2019年第8期。

[280] 王志扬：《新一轮财税体制改革下预算管理制度改革方向》，载于《中国财政》2015年第3期。

[281] 魏加宁：《地方政府投融资平台的风险何在》，载于《中国金融》2010年第16期。

[282] 魏加宁：《中国地方政府债务风险与金融危机》，载于《商务周刊》2004年第5期。

[283] 魏西、赵鑫：《地方政府财政重整的现状、问题与制度建构》，载于《南方金融》2024年第3期。

[284] 魏一鸣、冯向前：《基于DEA模型的高等学校二级学院绩效评价实证研究——以N大学为例》，载于《高校教育管理》2014年第6期。

[285] 温来成、彭羽、刘洪芳：《强化我国地方政府举债融资约束机制研究——以美国地方政府破产机制为例》，载于《中央财经大学学报》2014年第9期。

[286] 温来成、张旭博：《二战后典型国家政府债务危机特征、治理措施及借鉴》，载于《财政监督》2022年第3期。

[287] 温来成：《中国地方政府债务管理改革的里程碑》，载于《理论视野》2014年第10期。

[288] 吴高波、王瑞欣、孟凡斌：《高校财政专项资金绩效评价及其提升对策研究》，载于《会计之友》2022年第18期。

[289] 吴季钊：《地方政府综合负债率上限及债务可持续性研究——以重庆市为例》，载于《经济研究导刊》2023年第5期。

[290] 吴建南、刘佳：《构建基于逻辑模型的财政支出绩效评价体系——以农业财政支出为例》，载于《中南财经政法大学学报》2007年第2期。

[291] 吴健梅、王涛、王英家：《经济新常态下我国地方政府债务风险特征及空间溢出效应研究》，载于《东岳论丛》2018年第4期。

[292] 吴敏、刘畅、范子英：《转移支付与地方政府支出规模膨胀——基于中国预算制度的一个实证解释》，载于《金融研究》2019年第3期。

[293] 夏诗园、郑联盛：《地方政府债务治理——基于国家治理体系现代化的视角》，载于《经济体制改革》2020年第5期。

[294] 向冰、张俊林、周军等：《平衡计分卡联合层次分析法研究农业科研单位预算绩效评价》，载于《西南农业学报》2024年9月29日。

[295] 项后军、巫姣、谢杰：《地方债务影响经济波动吗》，载于《中国工

业经济》2017 年第 1 期。

［296］肖青、王欢：《基于 DEA 模型的我国互联网货币基金绩效的实证研究》，载于《湖北经济学院学报》（人文社会科学版）2019 年第 12 期。

［297］谢思东、黄艳、肖番等：《基于 AHP－熵权法的省级科技专项资金投入规模和资金分配综合评价研究——对江西省科学院 2020—2022 年数据的考察》，载于《江西科学》2023 年第 6 期。

［298］邢路：《转移支付、财政分权与地方政府债务》，中国科学技术大学硕士学位论文，2018 年。

［299］徐长生、程琳、庄佳强：《地方债务对地区经济增长的影响与机制——基于面板分位数模型的分析》，载于《经济学家》2016 年第 5 期。

［300］徐超、庞雨蒙、刘迪：《地方财政压力与政府支出效率——基于所得税分享改革的准自然实验分析》，载于《经济研究》2020 年第 6 期。

［301］徐建国、张勋：《中国政府债务的状况、投向和风险分析》，载于《南方经济》2013 年第 1 期。

［302］徐军伟、毛捷、管星华：《地方政府隐性债务再认识——基于融资平台公司的精准界定和金融势能的视角》，载于《管理世界》2020 年第 9 期。

［303］徐瑞娥：《我国政府预算管理制度改革的主要观点综述》，载于《经济纵横》2002 年第 7 期。

［304］徐涛、萨如拉：《我国各地区财政支出结构对经济增长的影响研究》，载于《商学研究》2019 年第 6 期。

［305］徐文芸、金荣学、董浩然：《地方政府债务、腐败与经济增长》，载于《海南大学学报》（人文社会科学版）2021 年第 1 期。

［306］徐旭初、应丽：《地方政府债务风险评价体系及例证》，载于《商业现代化》2010 年第 26 期。

［307］徐亚荣：《规范政府预算编制工作浅见》，载于《楚天主人》2013 年第 3 期。

［308］徐友华、朱卫东、吴勇：《地方政府债务性规模影响因素的实证研究——来自安徽省的经验证据》，载于《华东经济管理》2017 年第 4 期。

［309］许友传：《中国地方政府债务的结构性风险》，载于《统计研究》2018 年第 2 期。

［310］薛菁：《公共财政受托责任视角下政府预算的权责发生制改革》，载于《税务与经济》2011 年第 2 期。

［311］薛亚云：《水利财政支出绩效评价研究》，载于《会计师》2012 年第 22 期。

［312］亚洲开发银行编著：《政府支出管理》，财政科学研究所译，人民出版社 2001 年版。

［313］闫坤：《我国政府职能转变的现状及对策》，载于《河北青年管理干部学院学报》2015 年第 1 期。

［314］闫先东、廖为鼎：《基础设施投资、财政支出分权与最优地方政府债务规模》，载于《财政研究》2019 年第 2 期。

［315］阳建勋：《论我国地方债务风险的金融法规制》，载于《法学评论》2016 年第 6 期。

［316］阳敏、胡慧姣、蒋乐：《债务预算约束强化与地方政府债务绩效——来自新〈预算法〉实施的经验证据》，载于《地方财政研究》2024 年第 6 期。

［317］杨灿明、鲁元平：《地方政府债务风险的现状、成因及防范对策研究》，载于《财政研究》2013 年第 11 期。

［318］杨大楷、汪若君、夏有为：《基于竞争视角的地方政府债务研究述评》，载于《审计与经济研究》2014 年第 1 期。

［319］杨丹芳：《财政支出经济分析》，上海三联书店 2001 年版。

［320］杨继东、杨其静、刘凯：《以地融资与债务增长——基于地级市面板数据的经验研究》，载于《财贸经济》2018 年第 2 期。

［321］杨肃昌：《"立法审计"：一个新概念的理论诠释与实践思考——基于加强地方人大预算监督的视角》，载于《审计与经济研究》2013 年第 1 期。

［322］杨皖宁、梁三利：《现代预算制度视域下地方政府债务预算管理的完善》，载于《地方财政研究》2023 年第 8 期。

［323］杨雅琴、江南：《公共财政框架下政府预算监督的新视角》，载于《当代财经》2009 年第 10 期。

［324］杨友才、赖敏晖：《我国最优政府财政支出规模》，载于《经济科学》2009 年第 4 期。

［325］杨宇焰、杨雪：《稳健推动地方债务置换》，载于《中国金融》2016 年第 20 期。

［326］杨志安、邱国庆：《税制结构变迁对地方政府预算软约束的影响》，载于《税务研究》2019 年第 2 期。

［327］杨志安、杨枫：《我国地方政府债务风险测算及可持续性分析》，载于《地方财政研究》2022 年第 10 期。

［328］杨志勇、张馨：《公共经济学》，第四版，清华大学出版社 2018 年版。

［329］姚立岩：《财政支出绩效评价研究》，载于《合作经济与科技》2017

年第 2 期。

[330] 伊淑彪：《地方政府债务评价指标体系构建及实证分析》，载于《财政管理》2011 年第 4 期。

[331] 殷剑峰、费兆奇、范丽君：《地方政府债务置换选择》，载于《中国金融》2015 年第 9 期。

[332] 游宇：《地方政府债务的公共财政化：制度框架与多元影响》，载于《甘肃行政学院学报》2022 年第 6 期。

[333] 于海峰、崔迪：《防范与化解地方政府债务风险问题研究》，载于《财政研究》2010 年第 6 期。

[334] 于树一：《当前我国地方政府性债务风险分析与管理建议》，载于《地方财政研究》2014 年第 1 期。

[335] 于杨：《基于模糊综合评价模型的内蒙古高等教育财政支出绩效研究》，载于《现代计算机》2013 年第 10 期。

[336] 于志洁、王茂庆：《地方政府债务的问责监管与制度完善》，载于《金融发展研究》2023 年第 9 期。

[337] 余红艳、储德银：《构建我国现代预算制度的约束与路径选择》，载于《经济纵横》2015 年第 3 期。

[338] 余应敏、杨野、陈文川：《财政分权、审计监督与地方政府债务风险——基于 2008－2013 年中国省级面板数据的实证检验》，载于《财政研究》2018 年第 7 期。

[339] 於莉：《渐进预算理论 50 年：成就、论争与发展》，载于《武汉大学学报》（哲学社会科学版）2012 年第 6 期。

[340] 於莉、刘罡：《从官僚预算最大化到官僚机构塑造模型：公共预算理论中的理性选择》，载于《江西行政学院学报》2006 年第 4 期。

[341] 袁浩然：《政府收支分类改革对我国预算编制的影响分析》，载于《生产力研究》2008 年第 21 期。

[342] 袁金凌、李琪琦：《地方政府债务风险管理研究：现状对比、经验借鉴与启示建议》，载于《西南金融》2023 年第 11 期。

[343] 袁宁：《我国地方政府性债务预算的研究综述及展望》，载于《公共财政研究》2018 年第 6 期。

[344] 袁星侯：《政府预算渐进主义及其改革评述》，载于《经济学家》2003 年第 6 期。

[345] 詹绍菓、李昕：《财政分权对地方政府债务规模的非线性影响——基于财政透明度的调节效应》，载于《东北大学学报》（社会科学版）2023 年

第 3 期。

[346] 张迪、金荣学：《省际环境治理支出效率及其影响因素研究》，载于《华中农业大学学报》（社会科学版）2018 年第 3 期。

[347] 张海涛：《多层次政府预算监督制衡机制研究》，载于《湖北社会科学》2009 年第 1 期。

[348] 张海涛：《我国政府预算制度变迁的影响因素分析》，载于《财经理论与实践》2010 年第 4 期。

[349] 张会萍：《从现代市场经济角度看预算制度变革》，载于《宁夏大学学报》（人文社会科学版）2001 年第 3 期。

[350] 张吉军、金荣学、张冰妍：《高质量发展背景下地方政府债务绩效评价体系构建与实证——以湖北省为例》，载于《宏观质量研究》2018 年第 4 期。

[351] 张英杰、赵继志、辛洪波：《我国地方政府适度债务规模与偏离度问题研究》，载于《经济纵横》2014 年第 8 期。

[352] 张俊：《县际竞争、转移支付与县级财政债务决策——基于中部 A 县的个案研究》，载于《当代财经》2012 年第 2 期。

[353] 张良勇、关慧、杜雷：《我国财政支农支出效率测度及评价》，载于《现代农业科技》2024 年第 17 期。

[354] 张梦茜：《标杆管理——推进地方政府绩效评估改进的有效途径》，载于《科技管理研究》2009 年第 4 期。

[355] 张敏强、董亮、郭艳娇：《地方政府公共债务可持续性评估视角选择》，载于《地方财政研究》2019 年第 6 期。

[356] 张明、孔大鹏：《中国地方政府债务：特征事实、潜在风险与化解策略》，载于《辽宁大学学报》（哲学社会科学版）2021 年第 4 期。

[357] 张青、李灯强：《部门预算管理与公共资产占用相结合的机制设计》，载于《当代财经》2008 年第 7 期。

[358] 张蕊：《多措并举防范新时代税务风险——第四届税务风险防控高峰论坛在京举行》，载于《中国财政》2017 年第 1 期。

[359] 张守文：《预算监督、能力提升及其法律保障》，载于《探索与争》2015 年第 2 期。

[360] 张淑翠：《我国财政支出对经济增长非线性效应》，载于《财经研究》2011 年第 8 期。

[361] 张婉苏：《地方政府债务治理法治化的理论拓补与制度调适》，载于《江海学刊》2024 年第 4 期。

[362] 张文君：《晋升博弈、政绩考核与地方政府债务扩张》，载于《上海

金融学院学报》2011 年第 5 期。

［363］张旭、龚睿、甘莉：《基于 KMV 模型的我国地方债适度规模研究》，载于《商业时代》2011 年第 28 期。

［364］张旭昆、李晓红：《财政分权、地方政府竞争与地方债发行》，载于《社会科学战线》2016 年第 9 期。

［365］张延、赵艳朋：《预算软约束与我国地方政府债务》，载于《经济问题探索》2016 年第 4 期。

［366］张晏：《中国式分权与财政支出结构偏向：为增长而竞争的代价》，载于《管理世界》2007 年第 3 期。

［367］张友棠、李思呈、曾芝红：《基于 DEA 的大学预算绩效拨款模式创新设计》，载于《会计研究》2014 年第 1 期。

［368］张远：《地方政府债务的效应及形成机制新探》，载于《南京政治学院学报》2005 年第 3 期。

［369］张云晓、赵文举：《中国地方财政教育支出绩效研究——基于 DEA 模型的分析》，载于《财务与金融》2023 年第 2 期。

［370］张曾莲、白宇婷：《财政分权，省级官员特征与地方政府债务规模——基于 2010－2014 年省级政府数据的实证分析》，载于《科学决策》2017 年第 5 期。

［371］张曾莲、方娜：《地方政府债务对经济高质量发展影响的空间网络与门槛效应研究》，载于《国际金融研究》2021 年第 10 期。

［372］张曾莲、江帆：《财政分权、晋升激励与预算软约束——基于政府过度负债省级政府数据的实证分析》，载于《山西财经大学学报》2017 年第 6 期。

［373］张曾莲、严秋斯：《土地财政、预算软约束与地方政府债务规模》，载于《中国土地科学》2018 年第 5 期。

［374］张志红、王露露、宋艺：《预算绩效管理与地方政府债务：评述与展望》，载于《会计之友》2023 年第 24 期。

［375］赵爱玲、李顺凤：《地方政府债务绩效审计质量控制评价指标体系研究》，载于《西安财经学院学报》2015 年第 2 期。

［376］赵方亮、王波、刘莉：《地方政府债务风险管理：理论依据与国际借鉴》，载于《财会通讯》2018 年第 8 期。

［377］赵红梅：《基于多级模糊综合评判法地方政府绩效评估研究》，载于《科技管理研究》2008 年第 10 期。

［378］赵珺：《关于加强我国地方债管理的政策研究》，载于《经济纵横》2013 年第 2 期。

[379] 赵丽江、胡舒扬：《制度变迁与政府债务：我国地方政府债务成因的制度分析》，载于《河南社会科学》2018 年第 11 期。

[380] 赵全厚、姜楠楠、刘超群：《述评：财政视角下的PPP》，载于《经济研究参考》2016 年第 15 期。

[381] 郑安：《地方政府性债务的演进与应对：从财政重整谈起》，载于《财会通讯》2023 年第 18 期。

[382] 郑长军、尹磊、钱宁宇：《预算软约束下的地方政府融资行为——基于城投债视角的实证》，载于《研究财政科学》2017 年第 9 期。

[383] 郑方方、陈素云、蒋格格：《我国地方政府债务绩效管理体系的构建及展望》，载于《地方财政研究》2022 年第 12 期。

[384] 郑华：《预算软约束视角下地方政府过度负债偏好的制度成因分析》，载于《财政研究》2011 年第 1 期。

[385] 郑洁、陈建：《我国地方政府债务的风险评估及治理路径》，载于《经济研究参考》2018 年第 21 期。

[386] 郑洁、寇铁军：《地方政府性债务预算的框架设计与实现路径选择》，载于《财政研究》2014 年第 7 期。

[387] 郑洁、翟胜宝：《预算约束视角下的地方政府性债务管理研究》，载于《宏观经济研究》2014 年第 6 期。

[388] 郑明怀：《预算软约束理论视角下乡镇债务的制度成因探讨》，载于《商业时代》2012 年第 13 期。

[389] 郑越：《地方政府债务风险成因分析及预警管理研究》，载于《商业》2024 年第 18 期。

[390] 中国发展研究基金会组织：《公共预算读本》，中国发展出版社 2008 年版。

[391] 中国人民银行广州分行国库处课题组：《经济新常态下地方财政体制问题的财力结构视角研究：演变趋势、负面影响及成因分析——以广东省为例》，载于《西南金融》2019 年第 9 期。

[392] 中国人民银行靖安县支行课题组：《地方政府债务与当地经济发展关系调查分析——以江西靖安为例》，载于《金融与经济》2011 年第 12 期。

[393] 钟辉勇、陆铭：《财政转移支付如何影响了地方政府债务？》，载于《金融研究》2015 年第 9 期。

[394] 仲凡：《基于风险与绩效相关性的地方政府性债务管理研究》，载于《财政研究》2017 年第 3 期。

[395] 周程：《地方政府负债与居民福利的倒 U 型关系》，载于《审计与经

济研究》2019 年第 2 期。

[396] 周海赟、王晓芳：《地方政府债券信用风险研究——基于改进的 KMV 模型》，载于《审计与经济研究》2015 年第 4 期。

[397] 周航、高波：《财政分权、预算软约束与地方政府债务扩张》，载于《郑州大学学报》（哲学社会科学版）2017 年第 2 期。

[398] 周学东、李文森、刘念：《地方债务管理与融资规范研究》，载于《金融研究》2014 年第 10 期。

[399] 周雪光：《"逆向软预算约束"：一个政府行为的组织分析》，载于《中国社会科学》2005 年第 2 期。

[400] 朱芳芳：《西方发达国家公共预算管理改革及其趋势》，载于《经济社会体制比较》2008 年第 3 期。

[401] 朱洪杰：《深化项目支出预算管理改革的探讨》，载于《中国财政》2015 年第 2 期。

[402] 朱健齐、黄希颖、蒋雨晨等：《地方政府专项债券事前绩效评估指标体系构建及实践——基于广东省 105 个重大项目的实证分析》，载于《地方财政研究》2024 年第 6 期。

[403] 朱娜、胡振华、倪青山：《经济增长视角下我国地方政府债务可持续性测度》，载于《系统工程》2018 年第 5 期。

[404] 朱文蔚：《稳增长与防风险双重目标下的地方政府债务风险评估研究》，载于《当代经济管理》2019 年第 2 期。

[405] 朱宣霖、金荣学：《我国交通运输业支出效率研究》，载于《财政监督》2021 年第 5 期。

[406] 朱德云、孙若源：《地方财政对转移支付长期依赖问题：理论机制及治理选择》，载于《财政研究》2018 年第 9 期。

[407] 庄佳强、陈志勇、解洪涛：《我国地方政府性债务的非线性增长效应研究》，载于《当代财经》2017 年第 10 期。

[408] 邹蓉：《政府预算管理创新》，载于《经济体制改革》2015 年第 3 期。

[409] Akin Z, Bulut‐Cevik Z B, Neyapti B. Does fiscal decentralization promote fiscal discipline? *Emerging Markets Finance and Trade*, 2016, 52 (3): 690–705.

[410] Alfred Tat‐Kei Ho. From Performance Budgeting to Performance Budget Management: Theory and Practice. *Public Administration Review*, 2018, 78 (5): 748–758.

[411] Asatryan Z, Feld L P, Geys B. Partial fiscal decentralization and sub-na-

tional government fiscal discipline: Empirical evidence from OECD countries. *Public Choice*, 2015, 163 (3-4): 307-320.

[412] Behn, Robert. Why Measure Performance? Different Purposes Require Different Measures. *Public Administration Review*, 2003, 63 (5).

[413] Berman, Evan and Xiao HU Wang. Performance Measurement in U.S. Counties: Capacity for Reform. *Public Administration Review*, 2000, 60 (5).

[414] Bernardin H J, Kane J S, Ross S, et al. Performance appraisal design, development, and implementation. 1996.

[415] Caldeira E. Yardstick Competition in a Federation: Theory and Evidence from China. *China Economic Review*, 2012.

[416] Corsetti, G. &Mackowiak, B. A Fiscal Perspective on Currency Crises and Original Sin other People's Money: Debt Denomination and Financial Instability in Emerging. *Market Economies*, 2005: 68.

[417] Foremny, D. Sub-national deficits in European countries: The impact of fiscal rules and tax autonomy. *European Journal of Political Economy*, 2014, 34: 86-110.

[418] Fromaget X The Soft budget Constraint Problem in Transition and Developing Countries. University of Friburgensis, 2008.

[419] Égert B. Public debt, economic growth and nonlinear effects: myth or reality? *Journal of Macroeconomics*, 2015, 43: 226-238.

[420] Hamiliton. J. D and Flavin. M. A. On the Limitations of Government Borrowing: A Framework for Empirical Testing. *American Economics Review*, 1986, 76 (4): 808-819.

[421] Hildreth, W. B. Miller, G. J. Debt and the Local Economy: Problems in Benchmarking Local Government Debt Affordability. *Public Budgeting & Finance*, 2002 (4): 99-113.

[422] Ira Sharkansky. Agency Requests, Gubernatorial Support and Budget Success in State Legislatures. *American Political Science Review*, 1968, 62 (4): 1220-1231.

[423] Islam, M. Faizulaizul & Hasn, Mohammad S. The Macroeconomic Effects of Government Debt on Capital Formation in The United States: An Empirical Investigation [J]. *Manchester School*, 2007 (5): 598-616.

[424] Jack Diamond. *Performance Measurement and Evaluation* [M]. OECD Working Papers, 1994.

［425］Kaplan, Atkinson R, Anthony A et al. *Advanced Management Accounting*. PWS – Kent Pub. Co. 2011.

［426］Kaplan R S, Miyake D N. The Balanced Scorecard. *Technometrics*, 1996, 40（3）: 266.

［427］Koppl-turyna M, Pitlik H. Do Equalization Payments Affect Subnational Borrowing? Evidence from Regression Discontinuity. *European Journal of Political Economy*, 2018（53）: 84 – 108.

［428］Kourtellos A, Stengos T, Tan C M. The effect of public debt on growth in multiple regimes. *Journal of Macroeconomics*, 2013, 38（4）: 35 – 43.

［429］Kroszner R S, Strahan P E. What drives deregulation? Economics and politics of the relaxation of bank branching restrictions. *The Quarterly Journal of Economics*, 1999, 114（4）: 1437 – 1467.

［430］Lejour A, Lukkezenj, Veenendaalp. Sustainability of Government Debt in the EU. MPRA Paper, 2010（7）.

［431］Luiz R, de Mello, Jr. Fiscal Decentralization and Intergovernmental Fiscal Relations: A Cross-Country Analysis. World Development, 2000.

［432］Mitchell W C, Niskanen W A. Bureaucracy and Representative Government. *American Political ence Association*, 1971, 68（4）: 1775.

［433］OplasBienbenido, JR. Local Government and Civil Society 2008 Seminar. Friedrich Naumann Foundation Report, 2008.

［434］Qian Y, Roland G. Federalism and the soft budget constraint. *American Economic Review*, 1998: 1143 – 1162.

［435］Ratchford, Benjamin U. History of The Federal Debt in the United States. *American Economic Review*, 1947. 37（2）: 131 – 142.

［436］Robinson S. E. Punctuated Equilibrium Models in Organizational Decision Making. In Morcol, G. Eds. *Handbook of Decision Making*. New York: CRC Taylor&Francis, 2007.

［437］Rodden J, The Dilemma of Fiscal Federalism: Grants and Fiscal Performance around the World. *American Journal of Political Science*, 2002, 46（7）: 670 – 687.

［438］Rostow W. *The Stages of Economic Growth: A Non-communist Manifesto*. Cambridge University Press, 1990.

［439］Sandra Tillema, Henk J. ter Bogt. Performance auditing Improving the Quality of Political and Democratic Processes. *Critical Perspectives on Accounting*, 2010

(21).

[440] Sanguinetti P, Tommasi M. Intergovernmental Transfers and Fiscal Behaviour: Insurance versus Aggregate Discipline. *Journal of International Economics*, 2004, 62 (1): 149 – 170.

[441] Schick A. The Performing State: Reflection on an Idea Whose Time Has Come But Whose Implementation Has Not. *OECD Journal on Budgeting*, 2003, 3 (2): 71 – 104.

[442] Singh R, and APlekhanov How Should Subnational Government Borrowing Be Regulated? Some Cross-Country Empirical Evidence IMF Staff Papers, 2006: 426 – 452.

[443] Stigler G. The Tenable Range of Functions of Local Government" in US Congress Joint Economic Committee. (ed.) *Federal Expenditure Policy for Economic Growth and Stability* (Government Printing Office: Washington, DC). 1957.

[444] Tiebout C M. A pure theory of local expenditures. *Journal of Political Economy*, 1956, 64 (5): 416 – 424.

[445] Weingast B, KShepsle, C Johnsen, The Political Economy of Costs and Benefits: A Neoclassical Approach to Distributive Politics. *Journal of Political Economy*, 1981, 89 (4): 642 – 664.

[446] Weingast B R. Second generation fiscal federalism: The implications of fiscal incentives. *Journal of Urban Economics*, 2009, 65 (3): 279 – 293.

[447] Wildasin D E. *Externalities and bailouts*: Hard and soft budget constraints in intergovernmental fiscal relations. The World Bank, 1999.

[448] Williams D W. Evolution of Performance Measurement Until 1930. *Administration & Society*, 2004, 36 (2): 131 – 165.

# 后　记

　　本书的研究从 2015 年 12 月被批准为教育部哲学社会科学研究重大课题攻关项目，到 2021 年 12 月结项，历时 6 年。又经过数月的修改和完善，成为目前呈现给读者的最终研究成果。

　　在 6 年的研究过程中，课题组围绕需要把握和解决的问题，先后奔赴湖北、湖南、江苏、浙江、广东、四川、贵州、新疆等地开展调查研究，掌握了大量的一手资料和数据。课题组召开了多次课题讨论会，交流情况、探讨思路、制订计划、明确任务、论证观点、分析方法、达成共识。对取得的阶段性成果，征求意见、反复论证，最终形成本书，之后，经过了多次修改、完善、补充新的政策和成果。课题研究期间，课题组向湖北省政府办公厅、财政厅等部门提交了多篇专题书，有多篇专题书获得湖北省政府主要领导批示，有近 20 篇政策建议报告和成果被政府部门采纳，有 30 余篇论文在学术期刊上发表，有两项相关研究成果获得省部级奖项。

　　本书是课题研究团队集体努力和智慧的结晶。金荣学教授作为首席专家，负责研究思路和框架确定，指导并参与重点章节的撰写，以及负责本书的修改、总纂和定稿。张晴副教授和宋菲菲博士主要负责地方政府债务绩效评价的理论、评价指标体系、评价方法研究；赵常恒博士和胡晓倩博士主要负责债务预算管理理论和预算方法；张晓旭博士、徐文芸博士、董浩然博士、何珮珺博士、胡智煜硕士、张说硕士等承担了政府债务绩效评价研究任务。本书分为上下两个篇章，上篇由金荣学、张晴、宋菲菲统稿，下篇由金荣学、张晴、赵常恒统稿。各章节撰写的具体分工如下：第一章，金荣学、张晴；第二章，金荣学、张晴、张说、曾雨晴、李锐；第三章，金荣学、赵常恒、张晓旭；第四章，赵常恒、张晴、金芳；第五章，赵常恒、胡晓倩、金荣学；第六章，金荣学、郝飞飞、张晴；第七章，金荣学、胡晓倩、张说；第八章，赵常恒、张晴；第九章，胡晓倩、赵常恒、张晴；第十章，金荣学、李伊鑫、张说；第十一章，金荣学、董浩然、徐文芸；第十二章，金鑫、纪德诚、张洸瑀、傅鑫；第十三章，张晴、胡银、胡智煜、刘婷婷；第十四章，金荣学、胡智煜、范文卓；第十五章，金荣学、张晓旭；第十六章，金荣学、胡智煜、董浩然；第十七章，金荣学、傅鑫；第十八章，金荣学、毛琼枝、张晴；第十九章，金荣学、宋菲菲、赵常恒；第二十章，金荣学、张晓旭、宋菲菲；第二十一章，金荣学、陆倩生、张迪；第二十二章，魏晓兰、傅鑫、金鑫、纪德诚；第二十三章，金荣学、宋菲菲、朱宣霖、张双龙。

参与课题的重要单位有审计署财政审计司、教育部社会科学司、湖北省财政厅、湖北经济学院、十堰市财政局、钟祥市财政局、安陆市财政局、洪湖市财政局、房县财政局、郧西财政局、十堰市茅箭区财政局、十堰市郧阳区财政局、竹溪县财政局等诸多单位。

参与课题指导和研究的重要学者和领导有中国财政科学研究院贾康研究员、中南财经政法大学杨灿明校长、审计署徐永胜副司长、长江财险董事长赵红兵、湖北省审计厅厅长陈明、湖北省财政厅副厅长徐晶华、湖北省财政厅原副厅长黄明、华中科技大学钟书华教授、华中科技大学宋德勇教授、武汉大学刘穷志教授、四川大学王敬尧教授、中央财经大学姜爱华教授、浙江财经大学钟晓敏教授、浙江工商大学向书坚特聘教授、湖北经济学院蔡红英教授、湖北经济学院严飞教授、湖北经济学院王珂瑛教授、湖北经济学院邓毅教授、湖北经济学院谭词博士、武汉轻工大学金芳博士、武汉市武昌区大数据中心主任张吉军、日本国岛根县立大学张忠任教授等领导和知名专家。

参与课题指导和研究的校内主要学者有甘行琼教授、孙群力教授、王银梅教授、梅建明教授、何威风教授、李波教授、侯石安教授、庄佳强教授、刘京焕教授、王昌锐教授、鲁元平教授、张鸿武教授、田彬彬教授、解洪涛教授、俞杰副教授、高亚军副教授、周春英副教授等。

参与课题研究和后期完善工作的还有已获得博士和硕士学位的研究生张迪、冯园林、周炜杰、朱宣霖、胡海燕、伍旖旎、李伊鑫、陆倩生、孙悦悦、郝飞飞、毛琼枝、魏晓兰、傅鑫、石盈盈、陈平、王敏、胡银、胡智煜、张琪、陈悦、曹国利、何庆鸿、范文卓等；在校博士和硕士研究生张双龙、刘奥、张洸瑀、金鑫、陈荟文、纪德诚、孔瞳瞳、覃梅娟、徐晓蕊、李锐、余宁萍、刘婷婷、陈荟文、彭琳惠、张嘉慧、乐君霞、赵梦怡、曾雨晴等。

本书研究是在中南财经政法大学领导、科研部以及财政税务学院的关心、协调和帮助下进行的。经济科学出版社编辑孙丽丽、纪小小为本书的出版付出了辛勤劳动。

此外，本书引用了不少已有的研究成果，尽量——列示，仍可能有所遗漏，敬请海涵。地方政府债务预算管理和绩效评价涉及面广、实践性强，问题具有复杂性，尽管本书对其中的一些问题进行了探讨，但限于条件和首席专家能力，不足乃至错误之处在所难免，敬请各位专家学者批评指正！

由衷感谢教育部社会科学司对课题组的充分信任！

由衷感谢中南财经政法大学对课题研究的大力支持！

由衷感谢课题组的全体成员和协作单位的大力支持！

由衷感谢匿名评审专家提供的宝贵修改意见！

由衷感谢关心和支持本书研究的所有人员！

**金荣学**

2023 年 12 月

# 教育部哲学社会科学研究重大课题攻关项目成果出版列表

| 序号 | 书　名 | 首席专家 |
|---|---|---|
| 1 | 《马克思主义基础理论若干重大问题研究》 | 陈先达 |
| 2 | 《马克思主义理论学科体系建构与建设研究》 | 张雷声 |
| 3 | 《马克思主义整体性研究》 | 逄锦聚 |
| 4 | 《改革开放以来马克思主义在中国的发展》 | 顾钰民 |
| 5 | 《新时期　新探索　新征程——当代资本主义国家共产党的理论与实践研究》 | 聂运麟 |
| 6 | 《坚持马克思主义在意识形态领域指导地位研究》 | 陈先达 |
| 7 | 《当代资本主义新变化的批判性解读》 | 唐正东 |
| 8 | 《当代中国人精神生活研究》 | 童世骏 |
| 9 | 《弘扬与培育民族精神研究》 | 杨叔子 |
| 10 | 《当代科学哲学的发展趋势》 | 郭贵春 |
| 11 | 《服务型政府建设规律研究》 | 朱光磊 |
| 12 | 《地方政府改革与深化行政管理体制改革研究》 | 沈荣华 |
| 13 | 《面向知识表示与推理的自然语言逻辑》 | 鞠实儿 |
| 14 | 《当代宗教冲突与对话研究》 | 张志刚 |
| 15 | 《马克思主义文艺理论中国化研究》 | 朱立元 |
| 16 | 《历史题材文学创作重大问题研究》 | 童庆炳 |
| 17 | 《现代中西高校公共艺术教育比较研究》 | 曾繁仁 |
| 18 | 《西方文论中国化与中国文论建设》 | 王一川 |
| 19 | 《中华民族音乐文化的国际传播与推广》 | 王耀华 |
| 20 | 《楚地出土戰國簡册［十四種］》 | 陈　伟 |
| 21 | 《近代中国的知识与制度转型》 | 桑　兵 |
| 22 | 《中国抗战在世界反法西斯战争中的历史地位》 | 胡德坤 |
| 23 | 《近代以来日本对华认识及其行动选择研究》 | 杨栋梁 |
| 24 | 《京津冀都市圈的崛起与中国经济发展》 | 周立群 |
| 25 | 《金融市场全球化下的中国监管体系研究》 | 曹凤岐 |
| 26 | 《中国市场经济发展研究》 | 刘　伟 |
| 27 | 《全球经济调整中的中国经济增长与宏观调控体系研究》 | 黄　达 |
| 28 | 《中国特大都市圈与世界制造业中心研究》 | 李廉水 |

| 序号 | 书 名 | 首席专家 |
|---|---|---|
| 29 | 《中国产业竞争力研究》 | 赵彦云 |
| 30 | 《东北老工业基地资源型城市发展可持续产业问题研究》 | 宋冬林 |
| 31 | 《转型时期消费需求升级与产业发展研究》 | 臧旭恒 |
| 32 | 《中国金融国际化中的风险防范与金融安全研究》 | 刘锡良 |
| 33 | 《全球新型金融危机与中国的外汇储备战略》 | 陈雨露 |
| 34 | 《全球金融危机与新常态下的中国产业发展》 | 段文斌 |
| 35 | 《中国民营经济制度创新与发展》 | 李维安 |
| 36 | 《中国现代服务经济理论与发展战略研究》 | 陈 宪 |
| 37 | 《中国转型期的社会风险及公共危机管理研究》 | 丁烈云 |
| 38 | 《人文社会科学研究成果评价体系研究》 | 刘大椿 |
| 39 | 《中国工业化、城镇化进程中的农村土地问题研究》 | 曲福田 |
| 40 | 《中国农村社区建设研究》 | 项继权 |
| 41 | 《东北老工业基地改造与振兴研究》 | 程 伟 |
| 42 | 《全面建设小康社会进程中的我国就业发展战略研究》 | 曾湘泉 |
| 43 | 《自主创新战略与国际竞争力研究》 | 吴贵生 |
| 44 | 《转轨经济中的反行政性垄断与促进竞争政策研究》 | 于良春 |
| 45 | 《面向公共服务的电子政务管理体系研究》 | 孙宝文 |
| 46 | 《产权理论比较与中国产权制度变革》 | 黄少安 |
| 47 | 《中国企业集团成长与重组研究》 | 蓝海林 |
| 48 | 《我国资源、环境、人口与经济承载能力研究》 | 邱 东 |
| 49 | 《"病有所医"——目标、路径与战略选择》 | 高建民 |
| 50 | 《税收对国民收入分配调控作用研究》 | 郭庆旺 |
| 51 | 《多党合作与中国共产党执政能力建设研究》 | 周淑真 |
| 52 | 《规范收入分配秩序研究》 | 杨灿明 |
| 53 | 《中国社会转型中的政府治理模式研究》 | 娄成武 |
| 54 | 《中国加入区域经济一体化研究》 | 黄卫平 |
| 55 | 《金融体制改革和货币问题研究》 | 王广谦 |
| 56 | 《人民币均衡汇率问题研究》 | 姜波克 |
| 57 | 《我国土地制度与社会经济协调发展研究》 | 黄祖辉 |
| 58 | 《南水北调工程与中部地区经济社会可持续发展研究》 | 杨云彦 |
| 59 | 《产业集聚与区域经济协调发展研究》 | 王 珺 |

| 序号 | 书名 | 首席专家 |
|---|---|---|
| 60 | 《我国货币政策体系与传导机制研究》 | 刘伟 |
| 61 | 《我国民法典体系问题研究》 | 王利明 |
| 62 | 《中国司法制度的基础理论问题研究》 | 陈光中 |
| 63 | 《多元化纠纷解决机制与和谐社会的构建》 | 范愉 |
| 64 | 《中国和平发展的重大前沿国际法律问题研究》 | 曾令良 |
| 65 | 《中国法制现代化的理论与实践》 | 徐显明 |
| 66 | 《农村土地问题立法研究》 | 陈小君 |
| 67 | 《知识产权制度变革与发展研究》 | 吴汉东 |
| 68 | 《中国能源安全若干法律与政策问题研究》 | 黄进 |
| 69 | 《城乡统筹视角下我国城乡双向商贸流通体系研究》 | 任保平 |
| 70 | 《产权强度、土地流转与农民权益保护》 | 罗必良 |
| 71 | 《我国建设用地总量控制与差别化管理政策研究》 | 欧名豪 |
| 72 | 《矿产资源有偿使用制度与生态补偿机制》 | 李国平 |
| 73 | 《巨灾风险管理制度创新研究》 | 卓志 |
| 74 | 《国有资产法律保护机制研究》 | 李曙光 |
| 75 | 《中国与全球油气资源重点区域合作研究》 | 王震 |
| 76 | 《可持续发展的中国新型农村社会养老保险制度研究》 | 邓大松 |
| 77 | 《农民工权益保护理论与实践研究》 | 刘林平 |
| 78 | 《大学生就业创业教育研究》 | 杨晓慧 |
| 79 | 《新能源与可再生能源法律与政策研究》 | 李艳芳 |
| 80 | 《中国海外投资的风险防范与管控体系研究》 | 陈菲琼 |
| 81 | 《生活质量的指标构建与现状评价》 | 周长城 |
| 82 | 《中国公民人文素质研究》 | 石亚军 |
| 83 | 《城市化进程中的重大社会问题及其对策研究》 | 李强 |
| 84 | 《中国农村与农民问题前沿研究》 | 徐勇 |
| 85 | 《西部开发中的人口流动与族际交往研究》 | 马戎 |
| 86 | 《现代农业发展战略研究》 | 周应恒 |
| 87 | 《综合交通运输体系研究——认知与建构》 | 荣朝和 |
| 88 | 《中国独生子女问题研究》 | 风笑天 |
| 89 | 《我国粮食安全保障体系研究》 | 胡小平 |
| 90 | 《我国食品安全风险防控研究》 | 王硕 |

| 序号 | 书　名 | 首席专家 |
|---|---|---|
| 91 | 《城市新移民问题及其对策研究》 | 周大鸣 |
| 92 | 《新农村建设与城镇化推进中农村教育布局调整研究》 | 史宁中 |
| 93 | 《农村公共产品供给与农村和谐社会建设》 | 王国华 |
| 94 | 《中国大城市户籍制度改革研究》 | 彭希哲 |
| 95 | 《国家惠农政策的成效评价与完善研究》 | 邓大才 |
| 96 | 《以民主促进和谐——和谐社会构建中的基层民主政治建设研究》 | 徐　勇 |
| 97 | 《城市文化与国家治理——当代中国城市建设理论内涵与发展模式建构》 | 皇甫晓涛 |
| 98 | 《中国边疆治理研究》 | 周　平 |
| 99 | 《边疆多民族地区构建社会主义和谐社会研究》 | 张先亮 |
| 100 | 《新疆民族文化、民族心理与社会长治久安》 | 高静文 |
| 101 | 《中国大众媒介的传播效果与公信力研究》 | 喻国明 |
| 102 | 《媒介素养：理念、认知、参与》 | 陆　晔 |
| 103 | 《创新型国家的知识信息服务体系研究》 | 胡昌平 |
| 104 | 《数字信息资源规划、管理与利用研究》 | 马费成 |
| 105 | 《新闻传媒发展与建构和谐社会关系研究》 | 罗以澄 |
| 106 | 《数字传播技术与媒体产业发展研究》 | 黄升民 |
| 107 | 《互联网等新媒体对社会舆论影响与利用研究》 | 谢新洲 |
| 108 | 《网络舆论监测与安全研究》 | 黄永林 |
| 109 | 《中国文化产业发展战略论》 | 胡惠林 |
| 110 | 《20世纪中国古代文化经典在域外的传播与影响研究》 | 张西平 |
| 111 | 《国际传播的理论、现状和发展趋势研究》 | 吴　飞 |
| 112 | 《教育投入、资源配置与人力资本收益》 | 闵维方 |
| 113 | 《创新人才与教育创新研究》 | 林崇德 |
| 114 | 《中国农村教育发展指标体系研究》 | 袁桂林 |
| 115 | 《高校思想政治理论课程建设研究》 | 顾海良 |
| 116 | 《网络思想政治教育研究》 | 张再兴 |
| 117 | 《高校招生考试制度改革研究》 | 刘海峰 |
| 118 | 《基础教育改革与中国教育学理论重建研究》 | 叶　澜 |
| 119 | 《我国研究生教育结构调整问题研究》 | 袁本涛<br>王传毅 |
| 120 | 《公共财政框架下公共教育财政制度研究》 | 王善迈 |

| 序号 | 书　名 | 首席专家 |
|---|---|---|
| 121 | 《农民工子女问题研究》 | 袁振国 |
| 122 | 《当代大学生诚信制度建设及加强大学生思想政治工作研究》 | 黄蓉生 |
| 123 | 《从失衡走向平衡：素质教育课程评价体系研究》 | 钟启泉 崔允漷 |
| 124 | 《构建城乡一体化的教育体制机制研究》 | 李　玲 |
| 125 | 《高校思想政治理论课教育教学质量监测体系研究》 | 张耀灿 |
| 126 | 《处境不利儿童的心理发展现状与教育对策研究》 | 申继亮 |
| 127 | 《学习过程与机制研究》 | 莫　雷 |
| 128 | 《青少年心理健康素质调查研究》 | 沈德立 |
| 129 | 《灾后中小学生心理疏导研究》 | 林崇德 |
| 130 | 《民族地区教育优先发展研究》 | 张诗亚 |
| 131 | 《WTO主要成员贸易政策体系与对策研究》 | 张汉林 |
| 132 | 《中国和平发展的国际环境分析》 | 叶自成 |
| 133 | 《冷战时期美国重大外交政策案例研究》 | 沈志华 |
| 134 | 《新时期中非合作关系研究》 | 刘鸿武 |
| 135 | 《我国的地缘政治及其战略研究》 | 倪世雄 |
| 136 | 《中国海洋发展战略研究》 | 徐祥民 |
| 137 | 《深化医药卫生体制改革研究》 | 孟庆跃 |
| 138 | 《华侨华人在中国软实力建设中的作用研究》 | 黄　平 |
| 139 | 《我国地方法制建设理论与实践研究》 | 葛洪义 |
| 140 | 《城市化理论重构与城市化战略研究》 | 张鸿雁 |
| 141 | 《境外宗教渗透论》 | 段德智 |
| 142 | 《中部崛起过程中的新型工业化研究》 | 陈晓红 |
| 143 | 《农村社会保障制度研究》 | 赵　曼 |
| 144 | 《中国艺术学学科体系建设研究》 | 黄会林 |
| 145 | 《人工耳蜗术后儿童康复教育的原理与方法》 | 黄昭鸣 |
| 146 | 《我国少数民族音乐资源的保护与开发研究》 | 樊祖荫 |
| 147 | 《中国道德文化的传统理念与现代践行研究》 | 李建华 |
| 148 | 《低碳经济转型下的中国排放权交易体系》 | 齐绍洲 |
| 149 | 《中国东北亚战略与政策研究》 | 刘清才 |
| 150 | 《促进经济发展方式转变的地方财税体制改革研究》 | 钟晓敏 |
| 151 | 《中国—东盟区域经济一体化》 | 范祚军 |

| 序号 | 书　名 | 首席专家 |
|---|---|---|
| 152 | 《非传统安全合作与中俄关系》 | 冯绍雷 |
| 153 | 《外资并购与我国产业安全研究》 | 李善民 |
| 154 | 《近代汉字术语的生成演变与中西日文化互动研究》 | 冯天瑜 |
| 155 | 《新时期加强社会组织建设研究》 | 李友梅 |
| 156 | 《民办学校分类管理政策研究》 | 周海涛 |
| 157 | 《我国城市住房制度改革研究》 | 高　波 |
| 158 | 《新媒体环境下的危机传播及舆论引导研究》 | 喻国明 |
| 159 | 《法治国家建设中的司法判例制度研究》 | 何家弘 |
| 160 | 《中国女性高层次人才发展规律及发展对策研究》 | 佟　新 |
| 161 | 《国际金融中心法制环境研究》 | 周仲飞 |
| 162 | 《居民收入占国民收入比重统计指标体系研究》 | 刘　扬 |
| 163 | 《中国历代边疆治理研究》 | 程妮娜 |
| 164 | 《性别视角下的中国文学与文化》 | 乔以钢 |
| 165 | 《我国公共财政风险评估及其防范对策研究》 | 吴俊培 |
| 166 | 《中国历代民歌史论》 | 陈书录 |
| 167 | 《大学生村官成长成才机制研究》 | 马抗美 |
| 168 | 《完善学校突发事件应急管理机制研究》 | 马怀德 |
| 169 | 《秦简牍整理与研究》 | 陈　伟 |
| 170 | 《出土简帛与古史再建》 | 李学勤 |
| 171 | 《民间借贷与非法集资风险防范的法律机制研究》 | 岳彩申 |
| 172 | 《新时期社会治安防控体系建设研究》 | 宫志刚 |
| 173 | 《加快发展我国生产服务业研究》 | 李江帆 |
| 174 | 《基本公共服务均等化研究》 | 张贤明 |
| 175 | 《职业教育质量评价体系研究》 | 周志刚 |
| 176 | 《中国大学校长管理专业化研究》 | 宣　勇 |
| 177 | 《"两型社会"建设标准及指标体系研究》 | 陈晓红 |
| 178 | 《中国与中亚地区国家关系研究》 | 潘志平 |
| 179 | 《保障我国海上通道安全研究》 | 吕　靖 |
| 180 | 《世界主要国家安全体制机制研究》 | 刘胜湘 |
| 181 | 《中国流动人口的城市逐梦》 | 杨菊华 |
| 182 | 《建设人口均衡型社会研究》 | 刘渝琳 |
| 183 | 《农产品流通体系建设的机制创新与政策体系研究》 | 夏春玉 |

| 序号 | 书名 | 首席专家 |
|---|---|---|
| 184 | 《区域经济一体化中府际合作的法律问题研究》 | 石佑启 |
| 185 | 《城乡劳动力平等就业研究》 | 姚先国 |
| 186 | 《20世纪朱子学研究精华集成——从学术思想史的视角》 | 乐爱国 |
| 187 | 《拔尖创新人才成长规律与培养模式研究》 | 林崇德 |
| 188 | 《生态文明制度建设研究》 | 陈晓红 |
| 189 | 《我国城镇住房保障体系及运行机制研究》 | 虞晓芬 |
| 190 | 《中国战略性新兴产业国际化战略研究》 | 汪涛 |
| 191 | 《证据科学论纲》 | 张保生 |
| 192 | 《要素成本上升背景下我国外贸中长期发展趋势研究》 | 黄建忠 |
| 193 | 《中国历代长城研究》 | 段清波 |
| 194 | 《当代技术哲学的发展趋势研究》 | 吴国林 |
| 195 | 《20世纪中国社会思潮研究》 | 高瑞泉 |
| 196 | 《中国社会保障制度整合与体系完善重大问题研究》 | 丁建定 |
| 197 | 《民族地区特殊类型贫困与反贫困研究》 | 李俊杰 |
| 198 | 《扩大消费需求的长效机制研究》 | 臧旭恒 |
| 199 | 《我国土地出让制度改革及收益共享机制研究》 | 石晓平 |
| 200 | 《高等学校分类体系及其设置标准研究》 | 史秋衡 |
| 201 | 《全面加强学校德育体系建设研究》 | 杜时忠 |
| 202 | 《生态环境公益诉讼机制研究》 | 颜运秋 |
| 203 | 《科学研究与高等教育深度融合的知识创新体系建设研究》 | 杜德斌 |
| 204 | 《女性高层次人才成长规律与发展对策研究》 | 罗瑾琏 |
| 205 | 《岳麓秦简与秦代法律制度研究》 | 陈松长 |
| 206 | 《民办教育分类管理政策实施跟踪与评估研究》 | 周海涛 |
| 207 | 《建立城乡统一的建设用地市场研究》 | 张安录 |
| 208 | 《迈向高质量发展的经济结构转变研究》 | 郭熙保 |
| 209 | 《中国社会福利理论与制度构建——以适度普惠社会福利制度为例》 | 彭华民 |
| 210 | 《提高教育系统廉政文化建设实效性和针对性研究》 | 罗国振 |
| 211 | 《毒品成瘾及其复吸行为——心理学的研究视角》 | 沈模卫 |
| 212 | 《英语世界的中国文学译介与研究》 | 曹顺庆 |
| 213 | 《建立公开规范的住房公积金制度研究》 | 王先柱 |

| 序号 | 书 名 | 首席专家 |
|---|---|---|
| 214 | 《现代归纳逻辑理论及其应用研究》 | 何向东 |
| 215 | 《时代变迁、技术扩散与教育变革：信息化教育的理论与实践探索》 | 杨 浩 |
| 216 | 《城镇化进程中新生代农民工职业教育与社会融合问题研究》 | 褚宏启 薛二勇 |
| 217 | 《我国先进制造业发展战略研究》 | 唐晓华 |
| 218 | 《融合与修正：跨文化交流的逻辑与认知研究》 | 鞠实儿 |
| 219 | 《中国新生代农民工收入状况与消费行为研究》 | 金晓彤 |
| 220 | 《高校少数民族应用型人才培养模式综合改革研究》 | 张学敏 |
| 221 | 《中国的立法体制研究》 | 陈 俊 |
| 222 | 《教师社会经济地位问题：现实与选择》 | 劳凯声 |
| 223 | 《中国现代职业教育质量保障体系研究》 | 赵志群 |
| 224 | 《欧洲农村城镇化进程及其借鉴意义》 | 刘景华 |
| 225 | 《国际金融危机后全球需求结构变化及其对中国的影响》 | 陈万灵 |
| 226 | 《创新法治人才培养机制》 | 杜承铭 |
| 227 | 《法治中国建设背景下警察权研究》 | 余凌云 |
| 228 | 《高校财务管理创新与财务风险防范机制研究》 | 徐明稚 |
| 229 | 《义务教育学校布局问题研究》 | 雷万鹏 |
| 230 | 《高校党员领导干部清正、党政领导班子清廉的长效机制研究》 | 汪 曦 |
| 231 | 《二十国集团与全球经济治理研究》 | 黄茂兴 |
| 232 | 《高校内部权力运行制约与监督体系研究》 | 张德祥 |
| 233 | 《职业教育办学模式改革研究》 | 石伟平 |
| 234 | 《职业教育现代学徒制理论研究与实践探索》 | 徐国庆 |
| 235 | 《全球化背景下国际秩序重构与中国国家安全战略研究》 | 张汉林 |
| 236 | 《进一步扩大服务业开放的模式和路径研究》 | 申明浩 |
| 237 | 《自然资源管理体制研究》 | 宋马林 |
| 238 | 《高考改革试点方案跟踪与评估研究》 | 钟秉林 |
| 239 | 《全面提高党的建设科学化水平》 | 齐卫平 |
| 240 | 《"绿色化"的重大意义及实现途径研究》 | 张俊飚 |
| 241 | 《利率市场化背景下的金融风险研究》 | 田利辉 |
| 242 | 《经济全球化背景下中国反垄断战略研究》 | 王先林 |

| 序号 | 书 名 | 首席专家 |
|---|---|---|
| 243 | 《中华文化的跨文化阐释与对外传播研究》 | 李庆本 |
| 244 | 《世界一流大学和一流学科评价体系与推进战略》 | 王战军 |
| 245 | 《新常态下中国经济运行机制的变革与中国宏观调控模式重构研究》 | 袁晓玲 |
| 246 | 《推进21世纪海上丝绸之路建设研究》 | 梁 颖 |
| 247 | 《现代大学治理结构中的纪律建设、德治礼序和权力配置协调机制研究》 | 周作宇 |
| 248 | 《渐进式延迟退休政策的社会经济效应研究》 | 席 恒 |
| 249 | 《经济发展新常态下我国货币政策体系建设研究》 | 潘 敏 |
| 250 | 《推动智库建设健康发展研究》 | 李 刚 |
| 251 | 《农业转移人口市民化转型：理论与中国经验》 | 潘泽泉 |
| 252 | 《电子商务发展趋势及对国内外贸易发展的影响机制研究》 | 孙宝文 |
| 253 | 《创新专业学位研究生培养模式研究》 | 贺克斌 |
| 254 | 《医患信任关系建设的社会心理机制研究》 | 汪新建 |
| 255 | 《司法管理体制改革基础理论研究》 | 徐汉明 |
| 256 | 《建构立体形式反腐败体系研究》 | 徐玉生 |
| 257 | 《重大突发事件社会舆情演化规律及应对策略研究》 | 傅昌波 |
| 258 | 《中国社会需求变化与学位授予体系发展前瞻研究》 | 姚 云 |
| 259 | 《非营利性民办学校办学模式创新研究》 | 周海涛 |
| 260 | 《基于"零废弃"的城市生活垃圾管理政策研究》 | 褚祝杰 |
| 261 | 《城镇化背景下我国义务教育改革和发展机制研究》 | 邬志辉 |
| 262 | 《中国满族语言文字保护抢救口述史》 | 刘厚生 |
| 263 | 《构建公平合理的国际气候治理体系研究》 | 薄 燕 |
| 264 | 《新时代治国理政方略研究》 | 刘焕明 |
| 265 | 《新时代高校党的领导体制机制研究》 | 黄建军 |
| 266 | 《东亚国家语言中汉字词汇使用现状研究》 | 施建军 |
| 267 | 《中国传统道德文化的现代阐释和实践路径研究》 | 吴根友 |
| 268 | 《创新社会治理体制与社会和谐稳定长效机制研究》 | 金太军 |
| 269 | 《文艺评论价值体系的理论建设与实践研究》 | 刘俐俐 |
| 270 | 《新形势下弘扬爱国主义重大理论和现实问题研究》 | 王泽应 |

| 序号 | 书名 | 首席专家 |
|---|---|---|
| 271 | 《我国高校"双一流"建设推进机制与成效评估研究》 | 刘念才 |
| 272 | 《中国特色社会主义监督体系的理论与实践》 | 过 勇 |
| 273 | 《中国软实力建设与发展战略》 | 骆郁廷 |
| 274 | 《坚持和加强党的全面领导研究》 | 张世飞 |
| 275 | 《面向2035我国高校哲学社会科学整体发展战略研究》 | 任少波 |
| 276 | 《中国古代曲乐乐谱今译》 | 刘崇德 |
| 277 | 《民营企业参与"一带一路"国际产能合作战略研究》 | 陈衍泰 |
| 278 | 《网络空间全球治理体系的建构》 | 崔保国 |
| 279 | 《汉语国际教育视野下的中国文化教材与数据库建设研究》 | 于小植 |
| 280 | 《新型政商关系研究》 | 陈寿灿 |
| 281 | 《完善社会救助制度研究》 | 慈勤英 |
| 282 | 《太行山和吕梁山抗战文献整理与研究》 | 岳谦厚 |
| 283 | 《清代稀见科举文献研究》 | 陈维昭 |
| 284 | 《协同创新的理论、机制与政策研究》 | 朱桂龙 |
| 285 | 《数据驱动的公共安全风险治理》 | 沙勇忠 |
| 286 | 《黔西北濒危彝族钞本文献整理和研究》 | 张学立 |
| 287 | 《我国高素质幼儿园园长队伍建设研究》 | 缴润凯 |
| 288 | 《我国债券市场建立市场化法制化风险防范体系研究》 | 冯 果 |
| 289 | 《流动人口管理和服务对策研究》 | 关信平 |
| 290 | 《企业环境责任与政府环境责任协同机制研究》 | 胡宗义 |
| 291 | 《多重外部约束下我国融入国际价值链分工战略研究》 | 张为付 |
| 292 | 《政府债务预算管理与绩效评价》 | 金荣学 |
| | …… | |